NEUES SCHÜLER LEXIKON

in Farbe

compact kids

Die Autoren dieses Lexikons sind:
Dr. Heinz Aubeck (Geschichte), Katharina Bosnjak (Kunst), Bettina Breckheimer-Süßmeir (Religion), Luisa Dangl (Astronomie, Wetterkunde, Chemie, Geografie), Ulrich Dangl (Geografie), Günther Dunst (Musik), Erich Fock (Technik, Erfindungen), Heinz Gascha (Mathematik, Physik, Maße und Gewichte), Reiner Gross (Computer, Elektronik, Neue Medien), Dietmar Gruchmann (Politik, Wirtschaft), Rainer Hartmann (Tiere und Pflanzen), Birgit Klettenheimer (Biologie, Medizin, Sexualkunde), Alexander Landt (Personen aus Politik und Geschichte), Dipl.-Ing. agr. Gerhard Meier (Natur und Umwelt), Monika Sattrasai (Sprache und Literatur, Biografien), Thomas Wanka (Allgemeines).

Aktualisierung:
Matthias Häber, Feryal Kanbay, Peter Zemla.

compact kids ist ein Imprint der Compact Verlag GmbH

Baierbrunner Straße 27, 81379 München
Ausgabe 2015
4. Auflage

Chefredaktion: Dr. Matthias Feldbaum
Redaktion: Elena Bruns, Anja Fislage
Produktion: Ute Hausleiter
Abbildungen: Gruppo Editoriale Fabbri, Mailand; Lidman Production, Stockholm;
dpa Picture-Alliance, Frankfurt
Titelabbildungen: dpa Picture-Alliance, Frankfurt; www.fotolia.de (estima; Frédéric Bouvier; Phototom)
Gestaltung: Axel Ganguin
Umschlaggestaltung: ekh Werbeagentur GbR

ISBN 978-3-8174-6639-9
5466391/4

www.compactverlag.de

Vorwort

Das NEUE SCHÜLERLEXIKON IN FARBE enthält in über 7000 Stichwörtern alles Wissenswerte zu Technik und Wissenschaft, Kunst, Kultur und Sport, Geschichte und Politik, Natur, Geografie und Biologie. Dieses übersichtliche und moderne Lexikon ist für den jungen Leser ein idealer Begleiter in Schule und Freizeit!

Über 1400 Abbildungen veranschaulichen die Informationen und machen das Gelesene leicht nachvollziehbar. Zahlreiche Info-Kästen liefern wichtiges Hintergrundwissen zu besonders interessanten Stichwörtern und topaktuellen Themen. Außerdem bieten themenspezifische Internet-Tipps die Möglichkeit zur eigenständigen Recherche und Wissenserweiterung.

PRAKTISCHE HINWEISE

Die Stichwörter sind von A bis Z alphabetisch geordnet. Unter jedem farbigen Stichwort findet man die wichtigsten Informationen zum betreffenden Thema übersichtlich zusammengefasst. Um die Suche zu erleichtern, steht das jeweils erste Stichwort einer Doppelseite oben auf der linken Buchseite, das letzte Stichwort oben auf der rechten Seite.

Bezieht sich ein Stichwort auf mehrere Bedeutungen, so wird dies durch die Nummerierung kenntlich gemacht. Außerdem sind alle Schlagwörter, die unmittelbar mit dem jeweiligen Thema zu tun haben, fett gedruckt: So findet man z. B. die Wörter Blutplasma und -körperchen unter dem Stichwort Blut. Wiederholt sich das Stichwort im Laufe des Artikels, so wird es mit seinem jeweiligen Anfangsbuchstaben abgekürzt.

Verweise auf zusätzliche Stichwörter und weiterführende Informationen sind durch kleine Pfeile → gekennzeichnet.

Abkürzungsverzeichnis

Abkürzungen wurden möglichst sparsam verwendet: Zum einen treten Abkürzungen auf, die man leicht selbst ausformulieren kann (zum Beispiel Endsilben wie -lich, -isch); darüber hinaus kommen folgende Abkürzungen vor:

A. T.	Altes Testament
A.	Adjektiv
Abb.	Abbildung
Abk.	Abkürzung
ahd.	althochdeutsch
allg.	allgemein
amerik.	amerikanisch
bes.	besonders
BR Dtl.	Bundesrepublik Deutschland
bzw.	beziehungsweise
ca.	circa
d. Ä.	der Ältere
d. h.	das heißt
d. J.	der Jüngere
dt.	deutsch
EW	Einwohner
frz.	französisch
Ggs.	Gegensatz
gr.	griechisch
Hauptst.	Hauptstadt
insb.	insbesondere
ital.	italienisch
Jh.	Jahrhundert
Jt.	Jahrtausend
lat.	lateinisch
MA	Mittelalter
Mio.	Millionen
Mrd.	Milliarden
musik.	musikalisch
N	Norden
n. Chr.	nach Christus
N. T.	Neues Testament
O	Osten
österr.	österreichisch
phil.	philosophisch
S	Süden
sog.	sogenannte/r/s
Sub.	Substantiv
u. Ä.	und Ähnliches
u. a.	und andere/r/s
ugs.	umgangssprachlich
v. a.	vor allem
v. Chr.	vor Christus
V.	Verb
W	Westen
z. B.	zum Beispiel
zw.	zwischen

A

a, 1) 6. Ton der C-Dur-Tonleiter, → Kammerton; 2) Abk. für → Ar, → Maßeinheiten; 3) Abk. für anno. – **A**, Abk. für Ampere, Einheit der elektrischen Stromstärke, → Ampère.
à (frz.), je, zu.
@ (At-Zeichen, auch „Klammeraffe"), ist Bestandteil von E-Mail-Adressen, innerhalb derer es den Benutzernamen vom Servernamen trennt; ursprünglich kaufmänn. Bedeutung „zu", „à".
Aasfresser, fleischfressende Tiere (z. B. Geier), die nicht jagen u. töten, sondern bereits tote Tiere (Aas) fressen.
Abba, 1) (aramäisch) Vater, Anrede Gottes im Gebet; 2) schwed. Popgruppe (1972–1982); *Waterloo*.
Abbasiden, Kalifengeschlecht in → Bagdad von 750–1258 u. in → Kairo bis 1517.
Abchasien, autonome Republik in Georgien, 8600 km^2, ca. 250.000 EW, *Hauptst.* Suchumi, *Staatsoberhaupt:* Raul Chadschimba (seit 2014), *Premierminister:* Beslan Butba (seit 2014).
ABC-Staaten, Bezeichnung für die südamerik. Staaten → Argentinien, → Brasilien, → Chile.
ABC-Waffen, Bezeichnung für **a**tomare, **b**iologische u. **c**hemische Waffen.
Abdankung, freiwilliger oder erzwungener Verzicht auf ein Staatsamt, z. B. auf die Königswürde.
Abendland (Okzident), Bezeichnung für den europäischen Kulturkreis im Ggs. zum → Morgenland.
Abendmahlsfeier (Kommunion), gemeinsames Mahl der Gläubigen in der christlichen Kirche, bei dem mit Wein u. Brot symbolisch an das Blut u. den Leib Jesu erinnert wird.
Abendstern, der Planet → Venus.
Abfahrtslauf, Disziplin des alpinen Skisports; seit 1936 olympisch.
Abgeordnete(r), Mitglied eines → Parlaments. Er wird in demokratischen Staatsformen vom Volk für einen bestimmten Zeitraum, die → Legislaturperiode, gewählt. Der A. entscheidet stellvertretend für seine Wähler.
Ablass, nach katholischer Lehre die Nachlassung von zeitlichen Sündenstrafen durch Buße- u. Sühnewerke.
Ablativ, Deklinationskasus (→ Deklination, → Kasus) z. B. in der lat. Grammatik; der A. antwortet u. a. auf die Frage: „woher?/womit?".
Abolitionismus (der, lat.), im 19. Jh. in den USA entstandene Bewegung zur Abschaffung der Sklaverei.
Aborigines, dunkelhäutige Ureinwohner → Australiens. Ursprünglich Jäger u. Sammler. Heute gibt es noch etwa 500.000, von denen viele in Reservaten leben.
Abort(us) (der, lat.), → Fehlgeburt.
Abraham, im A. T. der Name des von Gott erwählten Stammvaters des Volkes Israel.
Abrüstung, Einschränken oder Verringern der Waffenbestände eines Staates, um eine Kriegsgefahr zu vermindern.
ABS, Abk. für **A**nti**b**lockier**s**ystem; verhindert bei Autos u. Motorrädern das Blockieren der Räder bei einer Vollbremsung.
Abschiebung, die Entfernung unerwünschter Personen aus dem eigenen Staatsgebiet.
absolute Mehrheit, liegt vor, wenn bei einer Abstimmung mehr als die Hälfte

Abbasiden: Moschee

Aborigines auf einer Treibjagd

Abraham (Miniatur)

Abfahrtslauf

Abstrakte Kunst: Bild von Kandinsky

Achat

Aconcagua

der abgegebenen Stimmen auf einen Kandidaten oder Antrag fallen.

absoluter Nullpunkt, tiefster Temperaturpunkt (–273,16 °C).

Absolution (die, lat., „das Loslösen"), Erlassen der Sündenschuld in der katholischen Kirche.

Absolutismus, Herrschaftsform, in der alle Gewalt unumschränkt in den Händen eines Monarchen (Kaisers, Königs) liegt (→ Monarchie). In dieser Staatsform gibt es keine → Gewaltenteilung.

absorbieren (lat.), aufsaugen, in sich aufnehmen.

Absorption (die, lat.), Schwächung einer Strahlung beim Durchgang durch Medien (Gegenstände, Substanzen), wobei die zurückgehaltene Energie vorwiegend in Wärme umgewandelt wird.

Abstinenz (die, lat.), Enthaltsamkeit, bes. Verzicht auf Alkohol.

abstrakt, nicht gegenständlich, theoretisch, rein gedanklich oder begrifflich. Abstraktion ist die Verallgemeinerung eines Begriffes.

abstrakte Kunst, Darstellungsweise, die sich nicht mehr um naturnahes Gestalten oder um einen erzählbaren Inhalt bemüht.

Abstrich, Flüssigkeiten oder Gewebeproben werden dem Körper entnommen u. auf Krankheitskeime hin untersucht.

absurd, unsinnig, sinnwidrig.

Abszess (der, lat.), eine Entzündung mit Eiteransammlung.

Abszisse (die, lat.), Rechtswertachse in einem rechtwinkligen Koordinatensystem, → Koordinaten.

Abt, Bezeichnung für den Vorsteher einer **Abtei**, d. h. einer Mönchsgemeinschaft. Die Vorsteherin eines Frauenklosters wird **Äbtissin** genannt.

Abtreibung, → Schwangerschaftsabbruch.

Abu (arabisch, „Vater"), oft Teil arabischer Namen.

Abu Dhabi, Hauptst. der → Vereinigten Arabischen Emirate, 613.000 EW; Erdölfelder.

Abu Simbel, 2 Felsentempel am Nassersee im südlichen Ägypten.

a cappella (ital., „wie in der Kapelle"), mehrstimmiger Gesang ohne Instrumentalbegleitung.

Accessoires (frz., von lat. accedere „hinzufügen"), Zubehör zur Kleidung, z. B. Gürtel, Schal, Schmuck usw.

Accra, Hauptst. von → Ghana, 2,2 Mio. EW; bedeutender Hafen, Industrie- u. Handelszentrum.

Acetylen, geruchloses Gas; als Luftgemisch hochexplosiv; Schweißgas.

Achat, brauner Halbedelstein, wie Jaspis, Amethyst u. Bergkristall ein → Quarzmineral. A. wird zu Schmuck u. Murmeln verarbeitet.

Achilles, Sagenheld der Griechen im Trojanischen Krieg. Seine einzig verwundbare Stelle war die Ferse, an der er durch einen Pfeil tödlich getroffen wurde. Deshalb spricht man von **Achillesferse**, wenn jemand an einem Punkt bes. verletzlich ist.

Acht (Ächtung), im frühen → MA der Ausschluss eines Missetäters von der Rechtsordnung, sodass er „vogelfrei" war u. von jedermann ungestraft getötet werden durfte.

Aconcagua (6962 m), höchster Berg der südamerik. → Anden. Der erloschene Vulkan liegt im W Argentiniens an der Grenze zu Chile.

ad acta (lat., „zu den Akten"), erledigt.

adagio (ital.), musik. Tempobezeichnung: langsam.

Adam (hebräisch, „Mensch"), im A. T. der erste von Gott geschaffene Mensch; → Eva.

Adapter (der, lat.), ein Zwischenstück, um 2 nicht zusammenpassende Teile (z. B. Stecker) miteinander zu verbinden.

Adaption (die, lat., auch **Adaptation**), Anpassung, z. B. eines Lebewesens an eine sich verändernde Umgebung; in der Literatur: Bearbeitung, Umarbeitung. V.: **adaptieren**.

Abu Simbel (Detailansicht)

Addis Abeba, Hauptst. der Bundesrepublik → Äthiopien, ca. 3,5 Mio. EW.
Addition (die, lat., „das Hinzufügen"), die erste Grundrechenart: Zusammenzählen von Zahlen.
Adel, mit sozialen u. politischen Sonderrechten (Privilegien) ausgestattete Bevölkerungsschicht innerhalb einer Gesellschaft.
Adenauer, Konrad (1876–1967), dt. Politiker. Er war bereits 1917–1933, vor der Machtergreifung → Hitlers, Oberbürgermeister von Köln. Nach dem Krieg wurde A. einer der Väter der → CDU u. der BR Dtl. Von 1949–1963 1. Bundeskanzler der BR Dtl.
Adern, Leitungsbahnen, in denen das → Blut transportiert wird.
Adjektiv (das, lat.), Eigenschaftswort.
Administration (die, lat.), Verwaltung.
Admiral, 1) Offizier der Kriegsmarine, der vom Dienstgrad einem General bei den Landstreitkräften entspricht; 2) schwarzbrauner Schmetterling mit orangeroten Binden auf den Vorderflügeln. Er ist in → Eurasien u. Nordafrika verbreitet.
Adonis, in der gr. Sage der schöne Geliebte der → Aphrodite.
Adoption (die, lat.), ein fremdes Kind als eignes annehmen.
Adrenalin, ein → Hormon, das die Blutgefäße verengt u. den Herzschlag beschleunigt. A. wird bei Aufregung vermehrt ausgestoßen.
Adria, ein 850 km langer Teil des Mittelmeers zw. Italien u. der Balkanhalbinsel, 132.000 km², 1260 m tief (**Adriatisches Meer**).
Adsorption (die, lat.), feinste Verteilung fester u. flüssiger Stoffe in Gas.
Advent (der, lat., „Ankunft"), die Vorbereitungszeit auf Weihnachten.
Adverb, Umstandswort; es steht immer beim → Verb u. erläutert die näheren Umstände (wie, wann, wo, weshalb). Beispiel: Er läuft schnell. Das A. ist im Ggs. zum → Adjektiv unveränderlich.
Advokat (der, lat.), → Rechtsanwalt.
aero..., Aero... (gr.), Luft..., Gas..., z. B. → Aerodynamik.
Aerodynamik (die, gr., „Luft" + „Bewegung"), Lehre von den Bewegungsgesetzen der Gase; sie behandelt z. B. das Problem des Luftwiderstandes an Fahr- u. Flugzeugen, die **aerodynamisch** (stromlinienförmig) geformt sein sollen.
Affäre (die, frz.), 1) Angelegenheit, Sache; 2) kurze Liebesverbindung.
Affen, (Primaten) höchste Ordnung der Säugetiere; beheimatet in Afrika, Asien u. Südamerika, überwiegend pflanzenfressende Baumbewohner, einige gehen auch aufrecht. Am menschenähnlichsten sind Schimpanse, Orang-Utan u. Gorilla.
Affinität (die, lat., „Nachbarschaft"), 1) Wesensverwandtschaft; 2) das Streben chemischer Stoffe, sich miteinander zu verbinden.

Afghanistan

islamische Republik in Mittelasien, 652.000 km², 30 Mio. EW, *Hauptst.* Kabul, *Staatspräsident:* Aschraf Ghani (seit 2014), *Regierungschef:* Abdullah Abdullah (seit 2014). *Naturraum:* subtropisches trockenes Gebirgs- u. Steppenhochland. *Bevölkerung:* Paschtunen, Tadschiken u. a., 4 Mio. in Nachbarländer geflohen. *Wirtschaft:* Viehnomadismus, etwas Anbau, kaum genutzte Bodenschätze (Steinkohle, Erdgas). A. war von 1979–1989 sowjetisch besetzt; 2001 Sturz der radikal islamischen Taliban.

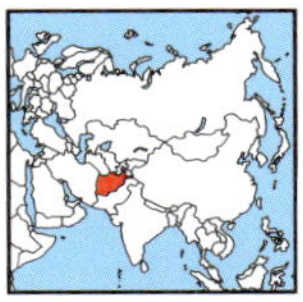

Afrika, siehe Kasten S. 8.
Afrikaans, Sprache der → Buren in Südafrika; Mischung aus holländischen Dialekten mit afrikanischen, englischen u. dt. Elementen. A. ist neben Englisch Amtssprache in Südafrika.
AG, Abk. für → **A**ktien**g**esellschaft.
Ägäisches Meer (Ägäis), Teil des östlichen Mittelmeers zw. Griechenland u. der Türkei.
Agamemnon, König von Mykene in den gr. Göttersagen.

Admiral

Turbulente Strömung

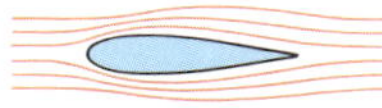

Laminare Strömung

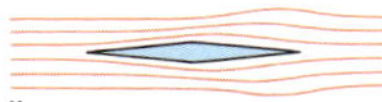

Überschall-Strömung

Aerodynamik: Je stromlinienförmiger die Gestalt eines Körpers ist, desto weniger Luftwiderstand wird erzeugt.

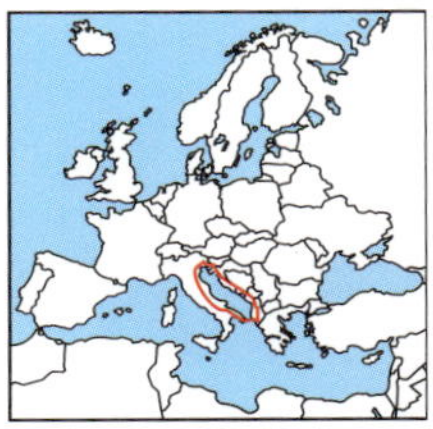

Adriatisches Meer

Afrika

Afrika ist nach Asien der **zweitgrößte Kontinent** der Erde. Seine Landfläche beträgt 30,3 Mio. km² (ca. 20 % der festen Erdoberfläche) und dehnt sich in Nord-Süd-Richtung mehr als 8000 km und von West nach Ost über rund 7600 km aus. Meere umgeben den Kontinent. Die **Vegetation** ist sehr unterschiedlich: Im nördlichen Erdteil liegt die größte Wüste der Welt, die Sahara, dann folgt ein Savannengürtel, der mit offenem Laubwald und ausgedehnten Grasflächen bedeckt ist. Um den → Äquator schließt sich der immergrüne tropische → Regenwald an, der nach Süden wieder in eine Savanne übergeht. Im südlichen Teil Afrikas sind dann erneut Wüsten zufinden.
In diesen so unterschiedlichen Lebensräumen kommt eine reiche **Tierwelt** vor. Im Regenwald sind das z. B. → Affen, Papageien und Baumschlangen, die großen → Savannen bieten Zebras, Giraffen, Antilopen, Elefanten, Nashörnern, Löwen und vielen anderen Tieren eine Heimat und in den Wüsten leben neben Gazellen und Antilopen auch der Wüstenfuchs, Schlangen und kleine Nagetiere. Zum Schutz der Tiere wurden große Reservate eingerichtet.
In Afrika leben etwa 1,1 Mrd. Menschen, was ca. 15 % der Weltbevölkerung ausmacht. Im Norden vorwiegend Araber, südlich der Sahara vorwiegend Sudanvölker und bantusprachige Volksgruppen (Schwarzafrika). **Landwirtschaft:** Kaffee, Kakao, Erdnüsse, Bananen und Baumwolle. Bodenschätze: Diamanten, Gold, Kupfer, Mangan und Erdöl.

Afrika: Holzskulptur

Agra: Tadsch Mahal

Agassi, Andre (*1970), amerik. Tennisspieler, siegte 1992 in → Wimbledon.
AGB, Abk. für → **A**llgemeine **G**eschäfts**b**edingungen.
Agenda 2010, Konzept der → Bundesregierung unter Kanzler Gerhard → Schröder, mit dem die → Sozialleistungen der BR Dtl. bis zum Jahr 2010 hätten reformiert werden sollen, was auch weitgehend ungesetzt wurde.
Aggregat (das, lat.), 1) Technik: aus mehreren Teilen (z. B. Kraft- u. Arbeitsmaschine) bestehender Maschinensatz; 2) Mathematik: mehrgliedriger Ausdruck; 3) Geologie: unregelmäßige Verwachsung verschiedener Mineralien (Kristalle).
Aggregatzustand, physikalische Erscheinungsform von Stoffen. Unterschieden werden: **fester, flüssiger** u. **gasförmiger A.**
Aggression (die, lat.), Angriffslust.
Agitation (die, lat.), anhaltende Beeinflussung von Menschen zur Verinnerlichung einer bestimmten politischen Idee oder Meinung.
Agnostizismus (der, gr.), phil. Haltung, die sich auf die Erfahrung beschränkt u. metaphysische Bereiche (z. B. Erkennbarkeit Gottes) leugnet.
Agonie (die, gr.), Todeskampf.
Agra, Stadt in Indien, 1,6 Mio EW; islamische Prachtbauten (z. B. → Tadsch Mahal); Universität; Textil- u. Lederindustrie.
agrar..., Agrar... (lat.), landwirtschaftlich.
Agrippa, Marcus Vipsanius (64 oder 63–12 v. Chr.), röm. Feldherr u. Staatsmann.

Ägypten

präsidiale Republik in Nordafrika, 1.001.449 km², 82 Mio. EW, *Hauptst.* → Kairo, *Staatsoberhaupt:* Abd al-Fattah as-Sisi (seit 2014), *Regierungschef:* Ibrahim Mahlab (seit 2014). *Naturraum:* überwiegend Wüste, fruchtbare Niloase u. Nildelta. Im O Arabische Wüste, im W Libysche Wüste, im Nordosten die gebirgige Halbinsel Sinai. *Klima:* am Mittelmeer Regen im Dezember, sonst trocken-heiß. *Bevölkerung:* überwiegend muslimische Araber, Nubier, Beduinen. Fast 50 % der Einwohner leben in Städten am Nil, weil 97 % des Landes Wüste sind. *Wirtschaft:* Bewässerungsfeldbau, nomadische Viehzucht; Industrie, z. B. Erdöl.

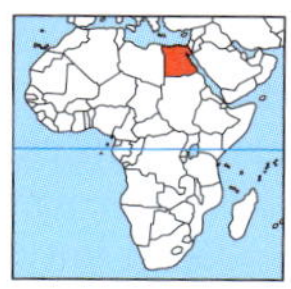

ägyptische Kunst, seit 3000 v. Chr. Hochkultur; 1) Baukunst: Steinarchitektur, Stufenpyramiden, Obelisken, Felsgräber bei → Gise(h) am unteren Nil bzw. bei Luxor am oberen Nil u. → Abu Simbel bei Wadi Halfa/Sudan; 2) Skulptur: Statuen mit abgewinkelten Armen, Sitzende u. Schreitende. Auch harte Gesteine wurden verwendet; 3) Malerei (Relief): Naturdarstellungen ohne Perspektive; 4) Kunstgewerbe: Töpferscheibe, Steingefäße, Edelmetallbearbeitung, Schmucksteine; Porzellan, Glas.

Ähre, Blütenform, bei der die Blüten ungestielt zu beiden Seiten des Stängels sitzen.

AI, engl., Abk. für **A**mnesty **I**nternational, internationale Menschenrechtsorganisation. Sie setzt sich für die Freilassung von Häftlingen ein, die aus politischen, religiösen oder rassistischen Gründen verfolgt u. eingesperrt werden; Friedensnobelpreisträger 1977.

Aids, siehe Kasten S. 10.

Ainu, die früher als Fischer, Jäger u. Sammler lebenden Ureinwohner Japans, die heute meist Landwirtschaft betreiben.

Aischylos, auch **Äschylus** (525–456 v. Chr.), gr. Dichter; er führte den dramatischen Dialog ein.

Airbus, europäischer Flugzeughersteller; baut u. a. den A 380, das derzeit größte Passagierflugzeug der Welt u. das einzige mit zwei übereinanderliegenden Großraumkabinen.

Ajatollah (persisch), höchster religiöser Würdenträger der → Schiiten.

Akademie (die, gr.), ursprünglich von → Platon gegründete Philosophenschule, heute Bezeichnung für verschiedene Hochschulen.

Akkord, Zusammenklang von 3 oder mehr Tönen verschiedener Tonhöhe.

Akkordarbeit, auch Stücklohn genannt; bezahlt wird nach der Arbeitsleistung, z. B. am Fließband nach der vollendeten Stückzahl.

Akkumulator (Akku; der, lat.), 1) Speicher elektrischer Energie, z. B. in jedem Auto; 2) zentrales Register als Bestandteil von Mikroprozessoren.

Akkusativ (der, lat.), der 4. Beugefall (→ Deklination); er antwortet auf die Frage: „wen/was?".

Akne, häufige Hautkrankheit mit schmerzhaften Pusteln, die meist nur während der → Pubertät auftritt.

Akquisition (die, lat.), Anwerbung, z. B. von Anzeigenkunden bei einer Zeitung. V.: **akquirieren.**

Akrobat (der, gr.), ursprünglich Seiltänzer, heute jemand, der Geschicklichkeitsübungen im Allgemeinen vorführt.

Akropolis (die, gr.), in der gr. → Antike hoch gelegene Burg- u. Tempelbefestigung inmitten der Stadt.

Akt, 1) Handlung; 2) Darstellung des nackten menschlichen Körpers in der Kunst; 3) Teil eines Bühnenstücks.

Aktie, ein → Wertpapier, das dem Besitzer (**Aktionär**) Anteilsrechte an Unternehmen verbrieft; der an der → Börse ausgehandelte Preis der A., der täglich steigen (Hausse) oder fallen (Baisse) kann, ist der **Aktienkurs.**

Aktiengesellschaft (AG), eine Gesellschaft (Unternehmen), deren Gesellschafter (Aktionäre) mit Einlagen in Form von → Aktien am Grundkapital beteiligt sind.

Aktienindex, Berechnung der durchschnittlichen Kurswerte bestimmter Aktien, z. B. → Dow-Jones-Index.

Akupunktur, chinesisches Heilverfahren, bei dem Nadeln in festgelegte Punkte des Körpers knapp unter die Haut eingestochen werden. Ohne Medikamente können dadurch z. B. bestimmte Krankheiten geheilt oder kann Schmerzempfinden ausgeschaltet werden.

Akustik (die, gr., „das Gehör betreffend"), Lehre vom → Schall.

akut, 1) dringend; 2) offen zutage tretend (Krankheit), im Ggs. zu → latent.

Akzent (der, lat.), 1) Betonung in einem Wort; 2) Zeichen für die Betonung, z. B. der Accent im Französischen; 3) typische Art der Aussprache oder Tonfall.

akzidentiell (frz.), zufällig, unwesentlich, nebensächlich.

à la ... (frz.), nach Art des, von ..., z. B. à la carte = ein Menü nach der Speisekarte zusammenstellen.

Alabaster, feinkörnige, durchscheinende Gipsart, die für Reliefs, kleine Plastiken u. a. verwendet wird.

Akrobat: Seiltänzer

Ägyptische Kunst: Lautenspielerin

Akropolis von Athen

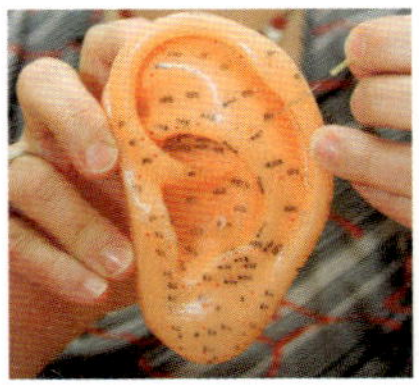
Akupunktur

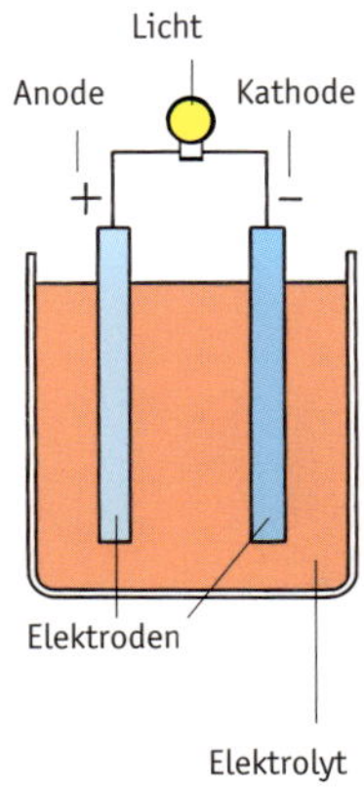

Akkumulator

Aids

Die Immunschwächekrankheit Aids ist auch im 21. Jahrhundert eine der größten Bedrohungen der Menschheit. Während in der BR Dtl. rund 78.000 Menschen und in Österreich rund 12.000 Menschen das Aids auslösende HI-Virus in sich tragen, sind es allein in Afrika südlich der Sahara rund 25 Millionen Menschen! Trotz intensiver Forschung und neuartiger Medikamente gilt nach wie vor: Aids führt zum Tod. Noch immer wissen die Wissenschaftler zu wenig über diese Krankheit, deren Buchstaben für **A**cquired **I**mmune **D**eficiency **S**yndrom stehen, was so viel bedeutet wie „Erworbenes Immundefektsyndrom". Was die Krankheit heimtückisch macht, ist die Tatsache, dass zwischen der Ansteckung und ihrem Ausbruch oft viele Monate vergehen können. Wenn es soweit ist, verhindert das **HIV** (steht für **H**umanes **I**mmundefizit **V**irus) die Bildung von Abwehrkörpern, um eigentlich harmlose Erreger zu bekämpfen.
Erstmals festgestellt wurde Aids Anfang der 1980er-Jahre. Von der Krankheit waren zunächst v. a. Homosexuelle und Drogenabhängige betroffen. Das führte dazu, dass Aids-Kranke massiv diskriminiert worden sind. Seit bekannt ist, dass das HI-Virus nur durch Körperflüssigkeit, also nicht durch Benutzung z. B. desselben Glases übertragen wird, gibt es keinen Grund, Aids-Kranke als Aussätzige zu behandeln. Denn jeder kann sich schützen, vor allem durch Safer Sex, d. h. das Benutzen von → Kondomen. Im Zweifelsfall bringt der 1985 entwickelte Aids-Test Klarheit.
http://www.aidshilfe.de; http://www.gib-aids-keine-chance.de

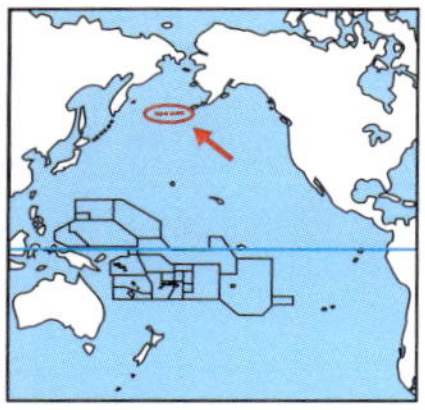

Aleuten

Albanien

parlamentarische Republik an der Ostküste der Adria, 28.748 km², 2,8 Mio. EW, meist Moslems, *Hauptst.* Tirana, *Staatspräsident:* Bujar Nishani (seit 2012), *Regierungschef:* Edi Rama (seit 2013). Nach 46 Jahren kommunistischer Herrschaft 1991 erste freie Wahlen. Seit 1992 Demokratisierung.

Albertus Magnus (Albert Graf von Bollstädt, um 1193–1280), Dominikanermönch, Naturwissenschaftler u. Philosoph, verbreitete die Lehren des → Aristoteles im → Abendland.

Albino (der, von lat. albus, „weiß"), Mensch oder Tier, bei dem der Farbstoff in Haut, Haar u. Augen fehlt. Ein A. ist weißhaarig, hellhäutig u. extrem lichtempfindlich.

Alcatraz, Insel vor San Francisco, USA, 1934–1963 als Gefängnis benutzt.

Alchemie, Mischung aus Wissenschaft u. Magie; Vorläufer der Chemie, die als Naturwissenschaft erst im 18. Jh. aufkam.

Algarve

Aldrin, Edwin (*1930), amerik. Astronaut; am 21.7.1969 mit Neil → Armstrong als erste Menschen auf dem Mond.

alea iacta est (lat., „Der Würfel ist gefallen"), Ausspruch Julius → Caesars, im Sinne von „Jetzt ist es entschieden".

Alemannen, nordgerman. Stamm.

Aleuten (sprich: Ale-uten), zu Alaska gehörende Inselkette; 6 tätige Vulkane.

Alexander der Große (356–323 v. Chr.), König von → Makedonien. Er unterwarf als Feldherr seines Vaters Philipp II. das klassische Griechenland (dabei Zerstörung Thebens). 336 eroberte er das Perserreich u. Ägypten u. drang bis nach Indien vor.

Alexandria, ca. 4 Mio. EW, zweitgrößte Stadt u. zugleich wichtigster Hafen Ägyptens im Nildelta. A. wurde 331 von → Alexander dem Großen gegründet.

Alexandriner, 12- bzw. 13-silbiger Vers, der auf der 6. u. 12. Silbe betont wird.

Algarve, südlichste Provinz Portugals, Fischerei, Wein- u. Obstanbau, Fremdenverkehr.

Algebra (arabisch), Teilgebiet der Mathematik. Die **lineare A.** behandelt Vektorräume u. das Lösen von linearen Gleichungssystemen mit n Variablen. Die **höhere A.** befasst sich mit den Zusammenhängen von abstrakten Größen.

Algerien

nordafrikanische Volksrepublik am Mittelmeer, 2.381.741 km², 39,2 Mio. EW, *Hauptst.* Algier, *Staatsoberhaupt:* Abdelaziz Bouteflika (seit 1999), *Regierungschef:* Abdelmalek Sellal (seit 2014). Reiche Erdöl- u. Erdgaslagerstätten. Bei den ersten freien Wahlen 1991 putschte das Militär, worauf es zu einem jahrelangen Bürgerkrieg zwischen Militärs u. radikalen Islamisten kam.

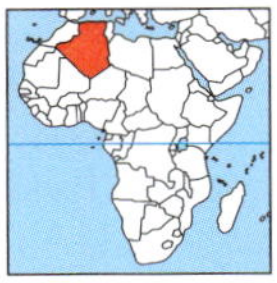

Algorithmus, Lösungsverfahren z. B. bei einer Rechenaufgabe, das immer nach dem gleichen Schema abläuft.

Alhambra, berühmter maurischer Palast in Granada aus dem 13./14. Jh.

Alibi (das, lat., „anderswo"), Nachweis, dass man bei einem Verbrechen zur Tatzeit nicht am Tatort war.

Alimente (lat.), gesetzlich geregelte Unterhaltszahlungen, v. a. für (oft nicht eheliche) leibliche Kinder.

Alkaloide, organische Basen, die in bestimmten Pflanzen, z. B. Mohn, Kaffee u. Chinarindenbaum, enthalten sind. Sie beeinflussen die Tätigkeit des Gehirns, sind Gifte u. Heilmittel, anregend oder betäubend: Atropin, Chinin, Kodein, Koffein, Kokain, Kolchizin, Kurarin, Morphin, Nikotin.

Alkoholismus, eine Krankheit, die durch übermäßigen Alkoholgenuss entsteht u. körperliche u. geistige Störungen verursacht.

Alkopops, alkoholische Mischgetränke aus Schnaps, Bier oder Wein u. Limonade.

Alkoven (der, arabisch), seit dem 17. Jh. bis ca. 1850 in Europa verbreitete fensterlose Bettnische im Zimmer.

Allah, Name für Gott im → Islam.

Allegorie (die, gr.), bildhafte Darstellung von abstrakten Begriffen, z. B. Frau mit verbundenen Augen (= Justitia) steht für Gerechtigkeit. A.: **allegorisch**, sinnbildlich.

Allegro (ital.), musik. Tempobezeichnung: lebhaft, schnell.

Allen, Woody (*1935), amerik. Filmschauspieler u. -regisseur, z. B. *Der Stadtneurotiker* (1977).

Allergie (die, gr.), Abwehrreaktion des Körpers gegen verschiedene Stoffe, z. B. Tierhaare, Blütenpollen oder Zusatzstoffe in Lebensmitteln. Eine A. kann z. B. zu Heuschnupfen oder Asthma führen.

Allerheiligen, Gedenktag an alle Heiligen (1. November); wird seit dem 9. Jh. in der katholischen Kirche gefeiert.

Allerseelen, katholischer Gedenktag an alle Verstorbenen (2. November), an dem die Gräber geschmückt werden.

Allgäu, Nordabhang der Alpen zw. Bodensee u. Lech, zu → Bayern bzw. zu → Baden-Württemberg gehörig; Milchviehhaltung, Textilindustrie u. Fremdenverkehr.

Allgemeine Geschäftsbedingungen (AGB), die vorformulierten Bedingungen (z. B. Lieferungs- u. Zahlungsbedingungen) in vielen Verträgen, das sog. Kleingedruckte.

Allianz (die, frz.), 1) Bündnis; 2) vertraglich geregelter Zusammenschluss von Staaten zur Verfolgung gemeinsamer politischer Ziele.

Alligator, gehört zu den → Krokodilen u. wird bis 5 m lang; lebt in den Fluss- u. Sumpfgegenden Nordamerikas u. Chinas.

Alligator

Alliierte, 1) durch eine → Allianz verbundene Staaten; 2) im → Zweiten Weltkrieg Bündnis von Frankreich, Großbritannien, USA u. UdSSR gegen die Achsenmächte.

Alliteration (die, lat.), Stabreim; mehrere Wörter hintereinander fangen mit dem gleichen Buchstaben an, z. B. Haus u. Hof, Mann u. Maus, Kind u. Kegel.

Allopathie (die, gr.), Bezeichnung für die übliche Behandlungsmethode von

Algerien: Erdölförderung

Alhambra: Innenhof

Alhambra: Kapitell

Altai: Holzfetisch aus der Gegend von Altai

Altamira: Höhlenmalerei

Alpen: Edelweiß

Krankheiten mit entgegengesetzt wirkenden Medikamenten; Ggs. → Homöopathie.

Almanach, 1) im 15. Jh. ein Kalender, der jährlich erschien u. Angaben über den Stand der Planeten enthielt; 2) heute für Jahrbuch gebraucht.

Alonso, Fernando (*1981), span. Rennfahrer. Wurde 2005 u. 2006 jüngster Weltmeister aller Zeiten in der → Formel 1.

Alpaka, eine in Bolivien u. Peru als Haustier gehaltene Form des Guanako, das Wolle liefert.

Alpaka

Alpen, höchstes Gebirge Europas. Man unterscheidet die **Westalpen** (Mont Blanc, 4807 m) u. **Ostalpen** (Bernina 4049 m), die Grenze dazwischen verläuft vom Bodensee zum Comer See. Von N nach S gliedert man die Westalpen in 2, die Ostalpen in 3 Hauptketten: Die **nördlichen Kalkalpen**, die **Zentralalpen** (Urgestein) u. die **südlichen Kalkalpen** (→ Dolomiten).

Alpha, α, der erste Buchstabe im gr. → Alphabet.

Alphabet, dt. **Abc**, die Reihenfolge der Schriftzeichen einer Sprache; nach den ersten beiden gr. Buchstaben → **Alpha** u. → **Beta** benannt.

Alphastrahlen, Korpuskularstrahlen, die aus zweifach positiv geladenen Heliumkernen bestehen. Sie werden beim Zerfall bestimmter radioaktiver Atomkerne mit hoher Energie ausgestrahlt.

Alphateilchen, zweifach positiv geladene Heliumkerne. Beim Alphateilchenmodell (Kernmodell, Atom) werden neben den Nukleonen ganze Alphateilchen als Kernbausteine betrachtet.

Alpine Kombination, Disziplin des alpinen Skisports, bestehend aus → Abfahrtslauf u. → Slalom; seit 1985 olympisch.

Al-Quaida (arabisch; auch El Kaida), Netzwerk islamischer Terrororganisationen, verantwortlich für den Anschlag auf das New Yorker → World Trade Center am 11. September 2001.

Altai, bis 4506 m hohes Gebirge in Innerasien.

Altamira, berühmte Höhlen in Spanien, in denen man die ersten → Höhlenmalereien der Altsteinzeit entdeckte.

Altar (der, lat.), kasten- oder tischartiger u. erhöht stehender Aufbau, auf dem Opfer dargebracht werden. In der Antike stand der A. vor dem Tempel; im Christentum befindet er sich in der Kirche.

Alter, im weiteren Sinne eine bestimmte Entwicklungsphase bei allen Lebewesen, die z. B. beim Menschen in Säuglings-, Kleinkind-, Vorschul-, Schul-, Jugend-, Adoleszenz-, Erwachsenen- u. Greisenalter eingeteilt wird; im engeren Sinne die Phase der Rückentwicklung u. des Abbaus. Das höchstmögliche Alter verschiedener Lebewesen ist unterschiedlich: beim Menschen um 110 Jahre, Elefanten bis 70 Jahre, Stubenfliegen 75 Tage, Landschildkröten bis 130 Jahre, Eichen, Fichten u. Linden rund 1000 Jahre, Mammutbäume etwa 4000 Jahre.

alternativ (lat., frz.), wahlweise, entweder – oder; unter **Alternative** versteht man ausschließlich eine von 2 Wahlmöglichkeiten; im heutigen Sprachgebrauch wird das Wort meist für eine andere (oft: bessere) Möglichkeit oder Lösung gebraucht.

alternative Energien, besser: sich erneuernde Energien: → Bioenergie, → Solarenergie, Wind, Meeresgezeiten, Umgebungswärme.

Altertum, geschichtlicher Zeitabschnitt vom Beginn der menschlichen Kultur im 4. Jt. v. Chr. in Mesopotamien u. Ägypten bis (je nach Einteilung) zum Einsetzen der → Völkerwanderung 373, zum Untergang des Weström. Reiches 476 (= Anfang des MA) oder zur Ausbreitung des → Islam im 7. Jh. n. Chr.

Altes Testament (A. T.), → Bibel.
Alte Welt, die Kontinente Afrika, Asien u. Europa im Ggs. zu Amerika, → Neue Welt.
Altgriechisch, die gr. Sprache im Altertum u. bis ins 15. Jh. n. Chr.
Althochdeutsch (Ahd.), die früheste Stufe der dt. Sprache, von ca. 767 bis zum → Mittelhochdeutschen (Mitte/Ende 11. Jh.).
Altruismus (der, lat.), Nächstenliebe, Liebe für die anderen, im Ggs. zum Egoismus; A.: **altruistisch**.
Aluminium (Alu), silbriges Leichtmetall, aus → Bauxit gewonnen.
Amalgam, Lösung eines oder mehrerer Metalle in → Quecksilber, z. B. zur Gewinnung von Gold u. Silber aus Erzen. A. mit Zinn u. Silber wird für Zahnplomben verwendet.
Amateur (der, frz.), 1) jemand, der sich mit einer Sache nicht aus beruflichen Gründen, sondern aus Liebhaberei beschäftigt; 2) Sportler, der keine finanzielle Zuwendungen erhält.
Amazonas, 1) größtes Stromsystem der Erde (7,18 Mio. km^2) in Südamerika, mit 6437 km zweitlängster Strom der Erde, von den Anden bis zum Atlantik über 200 Nebenflüsse. Der A. ist ca. 4500 km lang schiffbar, bis Manaus sogar für Ozeandampfer. Das **A.-Tiefland** ist die größte Regenwaldfläche der Erde; 2) größter Staat → Brasiliens.
Amazonen, 1) in der gr. Sagenwelt ein kriegerisches Frauenvolk in Kleinasien; 2) Springreiterinnen.
Amber, auch **Ambra**, ist ein wohlriechendes Stoffwechselprodukt der Pottwale, dient als Grundsubstanz bei der Parfümherstellung.
Amboss, 1) eiserne Unterlage beim Schmieden; 2) das mittlere Gehörknöchelchen; → Ohr.
ambulant (lat.), nicht ortsfest, z. B. ambulante Behandlung (= Behandlung im Krankenhaus, ohne auf der Krankenstation zu liegen).
Ameisensäure, die einfachste organische Säure ist im Gift von Ameisenarten u. Brennnesseln enthalten; wird zur Konservierung von Lebensmitteln verwendet.
Amen (hebräisch, „wahrlich", „so sei es"), wird im → Christentum u. → Islam als Schlusswort beim Gebet gesprochen.
Amenophis (Amenhotep), Name von 4 ägyptischen Königen: z. B. 1) A. III. (1408–1372 v. Chr.), erbaute u. a. den Tempel von Luxor; 2) A. IV. → Echnaton.
Amerika, Doppelkontinent, besteht aus → Nord- u. → Südamerika, verbunden durch → Mittelamerika.
Amethyst (gr.), ein violettes Quarzmineral; wird als Schmuckstein verwendet.

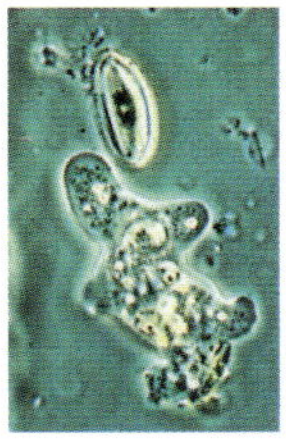
Amöben

Amethyste

Aminosäuren, organische Säuren, die u. a. für den Aufbau von Eiweißen im menschlichen Körper wichtig sind.
Amman, Hauptst. → Jordaniens, ca. 1,9 Mio. EW; Universität; Handels- u. Industriezentrum des Landes.
Ammoniak (NH3), stechend riechendes Gas, wasserlöslich (Salmiakgeist).
Ammoniten, Versteinerungen schneckenartiger Tintenfische, die vor ca. 570 Mio. Jahren lebten.
Amnestie (die, gr., „das Vergessen"), Begnadigung rechtskräftig Verurteilter.
Amöben (gr.), einzellige Urtierchen, leben meist im Wasser u. verändern ständig ihre Gestalt.
Amor, röm. Liebesgott.
Amortisation (die, lat.), Zeitraum, in dem eine → Investition wieder hereingewirtschaftet worden ist.
Ampere, Einheit der elektrischen Stromstärke, benannt nach → Ampère.
Ampère, André Marie (1775–1836), frz. Physiker u. Mathematiker, entdeckte die Wechselwirkungen zw. elektrischen Strömen u. Magnetfeldern.
Amphetamin, synthetisch hergestellte Substanz (Droge) mit stark aufput-

Amazonas

Amazonas

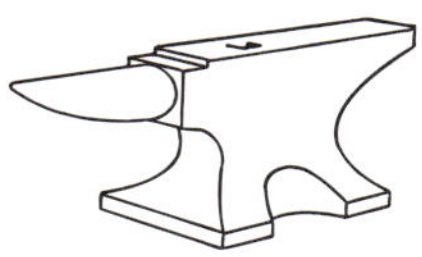
Amboss

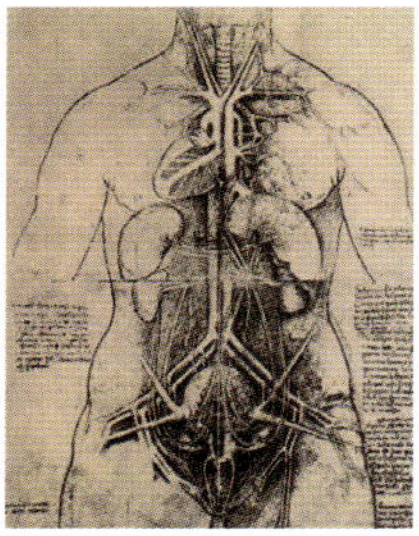

Anatomie (Zeichnung von Leonardo da Vinci)

Anden

Anden: Figur eines Kriegers

schender Wirkung, auch in Arzneimitteln enthalten.

Amphibien, Tiere, die im Wasser u. auf dem Land leben können.

Amphitheater, Theater der Römer, eine Arena mit rundum ansteigenden Sitzreihen unter freiem Himmel.

Amplitude (die, lat.), größter Ausschlag einer Schwingung, z. B. beim Pendel.

Amputation (die, lat.), bei einer A. wird ein Körperteil operativ entfernt.

Amrum, nordfriesische Insel, Seebad.

Amsterdam, Hauptst. der → Niederlande, nicht Regierungssitz, 738.400 EW. Bekannt durch seine → Grachten, 2 Universitäten.

Amulett (das, lat.), Gegenstand, der als magischer Schutz gegen Dämonen u. Unheil helfen soll.

Amun (Ammon), Reichsgott im alten Ägypten.

Amundsen, Roald (1872–1928), norweg. Polarforscher, als erster Mensch vor seinem Rivalen Robert → Scott am Südpol.

Amur, größter Strom Ostsibiriens, 4416 km, bildet die Grenze zw. → Russland u. → China.

Anabolika, den Muskelaufbau fördernde Substanzen.

Anachronismus (der, gr.), nicht zeitgemäße Erscheinung oder Haltung.

Anagramm (das, gr.), die Umstellung der Buchstaben eines Wortes, wodurch ein neues entsteht; z.B. Roma – Amor.

Anakonda, in Südamerika vorkommende, mit bis zu 9 m Länge größte Riesenschlange; lebt meist im Wasser.

anal, zum After gehörend, durch den After (z. B. Einnahme eines Zäpfchens, ärztliche Untersuchung).

analog (gr.), 1) entsprechend; 2) → Analoganzeige; Sub.: **Analogie.**

Analoganzeige, kontinuierlich anzeigendes Messinstrument. Geschwindigkeitsmesser oder Uhren, die mit Zeiger funktionieren; → Digitalanzeige.

Analphabet, jemand, der nicht lesen u. schreiben kann.

Analyse (die, gr., „Auflösung"), 1) wissenschaftliche Untersuchung; 2) Zerlegung eines Stoffes in seine chemischen Bestandteile.

Analysis (die, gr.), ein Teilgebiet der höheren Mathematik, bei dem mit Grenzwerten gearbeitet wird; z. B. Differenzial- u. Integralrechnung.

Anämie (die, gr.), Mangel an roten Blutkörperchen. Tritt oft bei Vitamin-B12- oder Eisenmangel auf.

Anarchie (die, gr.; **Anarchismus**, der), politische Weltanschauung, deren Ziel ist, jede Herrschaft von Menschen über Menschen sowie jede gesetzliche Ordnung abzuschaffen.

Anästhesie (die, gr., „Unempfindlichkeit"), Unterbrechung der schmerzleitenden Nerven durch Verletzung oder Krankheit. Künstliche A.: → Narkose.

Anatolien, asiatischer Teil der Türkei.

Anatomie (die, gr.), Lehre von Gestalt, Bau u. Lage der Körperteile (z. B. Knochen) von Lebewesen.

Ancien régime (das, frz.), Bezeichnung für die Herrschaft der Bourbonen in Frankreich vor 1789, die Regierungsform des → Absolutismus.

Andalusien, Region Südspaniens, Hauptst. Sevilla, Zentrum der Stierzucht.

andante (ital.), musik. Tempobezeichnung: gehend, ruhig.

Anden, der mittel- u. südamerik. Teil der Kordilleren. 8000 km lang, bis 6959 m hoch (→ Aconcagua), viele Vulkane. Das Hochland zw. den beiden Hauptketten liegt 3400–4200 m hoch u. ist der am dichtesten besiedelte Raum Südamerikas. Reiche Erzlagerstätten (u. a. Silber).

Andersen, Hans Christian (1805–1875), dän. Dichter, v. a. durch seine Märchen (*Des Kaisers neue Kleider*) bekannt.

Andorra

Kleinstaat in den → Pyrenäen, 468 km², 79.000 EW, *Hauptst.* Andorra, seit 1993 parlamentarisches Co-Fürstentum, *Staatsoberhaupt:* Josep Mauria Mauri u. Sylvie Hubac, *Regierungschef:* Antoni Marti Petit. Das Land lebt vorwiegend von Viehzucht u. Fremdenverkehr.

Andreaskreuz, der Apostel Andreas soll an einem x-förmigen Kreuz gestorben sein; das A. steht als Warnzeichen vor Bahnübergängen.
Androgene, männliche Sexualhormone, die hauptsächlich in den Hoden gebildet werden.
Andromeda, 1) Frau des Perseus im gr. Mythos; 2) Sternbild am Nordhimmel. Der **Andromedanebel** ist ein mit freiem Auge als lichtschwaches Nebelwölkchen erkennbarer Spiralnebel; 3) Heidekrautgewächs.
Äneas, trojanischer Held in der gr. Mythologie, Sohn der → Aphrodite.
Anekdote (die, gr.), kurze Erzählung über eine merkwürdige oder lustige Begebenheit.
Angelsachsen, german. Stammesvölker (Angeln, Sachsen u. Jüten), die sich zw. dem 5. u. 7. Jh. in Britannien niederließen. 1066 verschmolzen sie mit den Normannen sowie den Kelten zum engl. Volk.
Angina (die, lat., „Enge"), 1) Mandelentzündung; 2) generell alle Entzündungen im Hals, die zu einer Verengung führen. A. kann auch andere Krankheiten begleiten.
Angina pectoris (lat., „Brustenge"), Krankheit, bei der das → Herz zu wenig durchblutet wird.
Anglistik, Wissenschaft, die sich mit der engl. Sprache u. Literatur beschäftigt.
Anglizismus, aus der engl. Sprache übernommene Ausdrucksweise oder Wörter, z. B. Smog, Jogging.

Angola

Republik in Südwestafrika, 1.246.700 km^2, ca. 21,5 Mio. EW, *Hauptst.* Luanda, *Staats-* und *Regierungschef:* José Eduardo dos Santos (seit 1979). *Wirtschaft:* Brandrodungsfeldbau, Kaffeeplantagen, Viehzucht, Eisenerz, Diamanten, Erdöl.

Ångström, Anders Jonas (1814–1874), schwed. Physiker, Mitbegründer der Atomphysik. Nach ihm ist die → Maßeinheit für Wellenlängen höchstfrequenter elektromagnetischer Schwingungen benannt (1 Å = 10-10 cm).
Anguilla, zu → Großbritannien gehörende Insel der Kleinen Antillen in der Karibik.
Animosität (die, lat.), Abneigung gegen etwas oder jemand.
Anion, negatives → Ion, das bei einer → Elektrolyse zur → Anode wandert.
Anis, zu den Doldenblütlern gehörende Pflanze aus dem Mittelmeerraum, wird als Heilpflanze u. als Gewürz verwendet.
Ankara, Hauptst. der Türkei, in Zentralanatolien, 5,15 Mio. EW.
Annan, Kofi (*1938), Diplomat aus Ghana; 1997–2006 Generalsekretär der → UN.
Annapurna (der), 8091 m hoher Berg im → Himalaja. 1950 als erster Achttausender bestiegen.
Annexion (die, lat.), Aneignung fremden Staatsgebietes durch Androhung oder Anwendung von Gewalt. V.: **annektieren.**
anno (lat.), im Jahre; **Anno Domini** (A. D.), im Jahre des Herrn (nach Christi Geburt).
annullieren (lat.), für ungültig erklären.
Anode, positive → Elektrode, welche die von der Kathode ausgesandten → Elektronen aufnimmt.
Anopheles (Fiebermücke), in Südeuropa u. den Tropen vorkommende Stechmücke; überträgt → Malaria.
anorganisch, unbelebt, mineralisch. Die anorganische Chemie befasst sich mit allen Elementen u. deren Verbindungen, Ausnahme: organische Kohlenstoffverbindungen.
Antananarivo (bis 1976 Tananarive), Hauptst. von → Madagaskar, im zentralen Hochland, 1,8 Mio. EW.
Antarktis, Kontinent am Südpol. Nur die Küste ist stellenweise eisfrei, sonst ist die A. mit einem bis zu 4 km dicken Eispanzer bedeckt. Artenreiche Tierwelt (Seevögel, Pinguine, Robben, Wale), viele Bodenschätze.
Anthologie (die, gr., „Blütenlese"), Sammlung ausgewählter Gedichte oder Prosastücke.

Anopheles

Antarktis

Antarktis

Anthrazit

Antillen

Antillen

Anthrazit (gr.), harte, glänzende → Steinkohle mit 95 % Kohlenstoffgehalt u. deshalb sehr hohem Heizwert.
Anthropologie (die, gr.), die Lehre vom Menschen unter biologischen, sozialen, kulturellen u. philosophischen Gesichtspunkten.
Anthroposophie, von Rudolf Steiner begründete Lehre, die die geistigen Kräfte des Menschen fördern u. seinen Sinn fürs Übersinnliche erweitern möchte.
anti (lat.), gegen, wider
Antibabypille, hormonelles Mittel zur → Empfängnisverhütung.
Antibiotika, aus Bakterien, Pilzen, Algen, Flechten u. höheren Pflanzen hergestellte Stoffe. A. als Medikamente (z. B. Penicillin) hemmen oder töten Krankheitserreger.
Antidepressiva, Medikamente zur Behandlung von → Depressionen.
Antidot (das, gr.), Gegenmittel, Gegengift.
Antifaschismus, Bezeichnung für die politische Gegnerschaft zu → Faschismus u. → Nationalsozialismus; wird häufig mit → Kommunismus gleichgesetzt.
Antigene, körperfremde Stoffe. Der Körper entwickelt bei ihrem Eindringen Antikörper, um A. unschädlich zu machen.
Antigone, Figur aus der gr. Mythologie, Tochter des → Ödipus. Später in der Literatur vielfach als tragische Heldin übernommen, z. B. von → Brecht.

Antigua und Barbuda

zu den Antillen gehörender Inselstaat in der Karibik, parlamentarische Demokratie im → Commonwealth, 442 km², 90.000 EW, *Hauptst.* St. John's, *Staatsoberhaupt:* Königin → Elisabeth II., *Premierminister:* Gaston Browne (seit 2014). *Wirtschaft:* Zucker, Rum, Baumwolle, Fremdenverkehr.

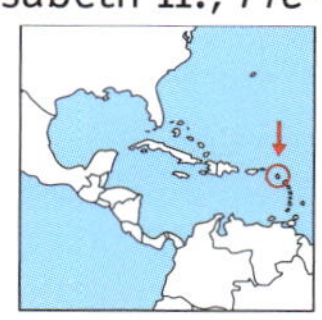

Antihistaminika, Medikamente gegen → Allergien.

Antike, Sammelbegriff für das gr. u. röm. Altertum u. seine Kunst u. Kultur. Die A. beginnt Ende des 2. Jt. v. Chr. u. endet im 4.–6. Jh. n. Chr.

Antike: Forum Romanum in Rom

Antikörper, vom Körper gebildeter Abwehrstoff zur Bekämpfung der → Antigene.
Antillen, Inselgruppe in der Karibik. Sie umfassen die **Großen A.** mit Kuba, Jamaika, Hispaniola, Puerto Rico u. die **Kleinen A.** Anbau von Zuckerrohr, Tabak, Kaffee, Kakao, Baumwolle, Früchten u. Gewürzen.
Antipathie (die, gr.), Abneigung, Nichtleidenkönnen, Ggs.: Sympathie.
Antipode (der, gr., „Gegenfüßler"), 1) Bewohner eines Punktes, der dem eigenen Standort auf der Erdkugel genau gegenüber liegt; 2) jemand, der eine entgegengesetzte Ansicht vertritt.
Antiquariat, Buchhandlung, die alte bzw. gebrauchte Bücher verkauft.
Antiquitäten, alte (wertvolle) Kunst- u. Gebrauchsgegenstände.
Antisemitismus, feindselige Haltung u. Abneigung gegenüber Juden.
antiseptisch, keimfrei. Wunden werden z. B. durch Jod keimfrei gehalten, um das Eindringen von Krankheitskeimen zu verhindern. Sub.: **Antisepsis.**
Antiteilchen, nach einer bestätigten Theorie gehört zu jedem → Elementarteilchen ein A., das sich nur durch das Vorzeichen der Ladung von diesem unterscheidet. Treffen Teilchen u. A. aufeinander, vernichten sie sich sofort gegenseitig durch totale Umwandlung in strahlende Energie.

Antithese, Gegenbehauptung, d. h. eine Behauptung, die einer anderen entgegengesetzt wird; → Dialektik.

Anti-Viren-Programm, ist ein Computerprogramm, das den → Computer vor Computerviren schützen soll; das sind fremde Programme, die das Computersystem zerstören können u. über das → Internet verbreitet werden.

Antonius, Marcus (ca. 82–30 v. Chr.), röm. Staatsmann. Besiegte nach dem Tod → Caesars im Jahre 44 dessen Mörder (Brutus, Cassius). Wurde 31 von Oktavian (→ Augustus) besiegt.

Anubis, ägypt. Totengott in Menschengestalt mit dem Kopf eines Schakals.

Aorta (die, gr.), Hauptschlagader des Körpers, führt das → Blut von der linken Herzkammer zu den Körperorganen. Von ihr zweigen alle anderen Schlagadern ab.

AP, Abk. für **A**ssociated **P**ress, 1848 gegründete größte amerik. Nachrichtenagentur mit Sitz in New York.

Apachen, Ureinwohner von Arizona u. New Mexico, die den weißen Siedlern im 19. Jh. erbitterten Widerstand leisteten. Heute leben die ca. 15.000 übrig gebliebenen A. vorwiegend in Reservaten.

Apartheid (die, afrikaans), Rassentrennung; Unterteilung in verschiedene Menschenklassen je nach Hautfarbe unter Vorherrschaft der Weißen in Südafrika seit 1948. Seit 1991 erste Reformen unter F. W. de → Klerk. 1992 fiel mit dem Wahlrecht für Farbige das letzte A.-Gesetz.

Apennin, Faltengebirge, das Italien von Ligurien bis zur Straße von Messina durchzieht.

Aphorismus (der, gr.), kurzer, origineller Ausspruch.

Aphrodite, gr. Göttin der Liebe u. Schönheit, entspricht der röm. Venus.

Apis, Stiergott im antiken Ägypten.

APO, Abk. für **A**ußer**p**arlamentarische **O**pposition, von Studenten getragene linke Protestbewegung in der BR Dtl. (1960er-Jahre).

Apokalypse (die, gr., „Enthüllung"), Verkündung des baldigen Weltendes, insbesondere im Johannesevangelium.

Apokalyptische Reiter, in der Bibel beschriebene Reiter, die als Sinnbilder für Pest, Krieg, Hunger u. Tod stehen.

Apollo(n), gr. Gott der Weissagung (→ Delphi), der Künste u. des Lichts.

Apoplexie (die, gr.), Schlaganfall, Hirnschlag.

Apostel (gr., „Gesandter"), Bezeichnung für die 12 Jünger Jesu.

Apostroph (der, gr.), Auslassungszeichen (') für → Vokale oder Silben.

Appalachen, bewaldetes Gebirge im O Nordamerikas, ca. 2600 km lang; Mount Mitchell 2037 m.

Appell (der, lat.), 1) Aufruf, flehentliches Anrufen, Bitte; 2) Zusammenruf beim Militär.

Appellativ (der, lat.), Substantiv, das einen Allgemeinbegriff bezeichnet, z. B. Vogel, Mensch.

Appendix (der, lat.), 1) Wurmfortsatz eines Organs, steht auch für → Blinddarm; 2) Anhang eines Textes oder Buches.

Apposition (die, lat.), sprachlicher Zusatz, der etwas genauer beschreibt, z. B. Garfield, der fette, faule Kater.

Approbation (die, lat.), Zulassung des Arztes oder Apothekers durch den Staat.

Apulien (ital. Puglia), Region im Südosten Italiens.

Aquädukt, röm. Bauwerk, bei dem Wasser über eine steinerne Brücke geleitet wird.

Aquaplaning, Verlust der Bodenhaftung eines Reifens auf nasser Fahrbahn.

Aquarell, Maltechnik mit wasserlöslicher Farbe, die nach dem Auftragen halbdurchsichtig bleibt.

Äquator (der, lat.), längster Breitengrad der Erde, teilt Nord- u. Südhalbkugel voneinander, 40.076,592 km lang.

Äquatorialguinea

Republik an der Westküste Zentralafrikas, 28.051 km^2, 757.000 EW, *Hauptst.* Malabo, *Staatsoberhaupt:* Teodoro Obiang (seit 1979), *Premierminister:* Vicente Ehate Tomi (seit 2012). *Wirtschaft:* Kakao, Kaffee, Tropenhölzer; Ölförderung.

Appalachen

Aphrodite

Apennin

Arabien

Archäopteryx

Jasir Arafat

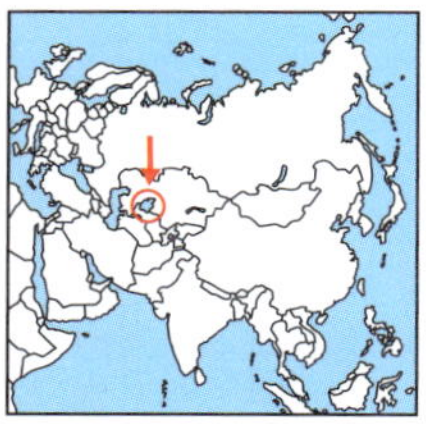

Aralsee

Ära, Zeitspanne, Epoche, oft mit Personennamen verbunden.

Araber, 1) Bewohner Vorderasiens u. Nordafrikas; 2) Vollblutpferde.

Arabien, Halbinsel Vorderasiens zw. Rotem Meer u. Persischem Golf. Randlandschaften im N u. W in Flussoasen fruchtbar, sonst trockenheiß; daher Wüste oder nur für Viehhaltung (Schafe, Kamele) nutzbare Wüstensteppe. Enorme Erdöl- u. Erdgasvorkommen.

Arabische Emirate, Staatenbund (→ Vereinigte Arabische Emirate) am Persischen Golf. Ihre Haupteinnahmequelle ist das Erdöl (90 % der Ausfuhren).

Arabische Liga, 1945 gegründeter → Staatenbund mit Sitz in Tunis. Er dient der politischen, wirtschaftlichen, kulturellen u. militärischen Zusammenarbeit der arabischen Staaten.

arabische Ziffern, unsere Zahlenzeichen von 0 bis 9, stammen ursprünglich aus Indien. Sie wurden durch die Araber übernommen u. im 13. Jh. in Westeuropa eingeführt.

Arafat, Jasir (1929–2004), palästinens. Politiker. Gründer der Al Fatah u. Vorsitzender der PLO. 1994 Friedensnobelpreis, 1996–2004 Vorsitzender des → Palästinenserrates.

Aralsee, abflussloser Salzsee in Kasachstan. Der ehemals 4.-größte Binnensee der Erde ist seit den 1960er-Jahren von Austrocknung bedroht. Er liegt 31 m über dem Meeresspiegel (1960: 53 m) u. ist ca. 17.000 km^2 groß (1960: 68.000 km^2); in 2 Teile zerfallen, großer See stark salzhaltig u. fischarm.

Ararat, erloschener Vulkan in der Türkei, 5137 m. Nach der Bibel Landeplatz der Arche Noah.

Arbeit, 1) berufliche Tätigkeit; 2) in der Physik das Produkt aus Kraft u. Weg, wenn Kraft- u. Wegrichtung übereinstimmen.

Arbeiterbewegung, Zusammenschlüsse der Arbeiterschaft zur Verbesserung der Arbeitsbedingungen u. Löhne sowie Möglichkeiten der Einflussnahme.

Arbeitslosenversicherung, eine für alle Arbeitnehmer in der BR Dtl. geltende Pflichtversicherung zur finanziellen Absicherung bei Arbeitslosigkeit; wird je zur Hälfte vom Arbeitgeber u. Arbeitnehmer eingezahlt. Im Bedarfsfall wird ein Jahr lang **Arbeitslosengeld** gezahlt, es beträgt einen festen Teil vom letzten Nettolohn. Danach gibt es unter bestimmten Bedingungen **Arbeitslosengeld II**.

Arboviren, → Viren, die z. B. von Zecken auf den Menschen übertragen werden u. z. B. Gelbfieber hervorrufen.

archaisch (gr.), altertümlich, aus alter Zeit.

Archäologie (die, gr.), Altertumskunde: Ausgrabung u. Erforschung von Kunst- u. Baudenkmälern u. a. **Bodenfunden** (z. B. Mumien) des → Altertums.

Archäopteryx (der, gr.), Urvogel in der Übergangsform zw. Reptil u. Vogel; versteinerte Abdrücke des A. wurden in Solnhofen gefunden.

Arche, der Bibel nach das Schiff, mit dem → Noah sich vor der Sintflut rettete.

Archimedes (um 285–212 v. Chr.), der größte Mathematiker u. Physiker des → Altertums.

Archipel (der, gr.), Inselgruppe.

Architektur, beinhaltet die technische u. künstlerische Leistung beim Errichten eines Gebäudes. In der röm. Kunst erhielten Zweckbauten wie z. B. Thermen oder Amphitheater eine Bedeutung wie lange danach nicht mehr. Die wehrhaften Kirchen der → Romanik wurden abgelöst von den gegliederten, himmelwärts strebenden → Kathedralen der → Gotik. In der → Renaissance wurde neben dem Kirchenbau auch die Gestaltung von Plätzen wichtig. Im → Barock u. → Rokoko nahmen Schlösser u. Residenzen eine ebenso wichtige Rolle wie die Sakralbauten ein. Im 19. Jh. orientierte man sich entweder an der → Antike oder den sonstigen bisherigen Baustilen. Das 20. Jh. brachte eine Neuorientierung am Zweck des Gebäudes. Die Aufmerksamkeit gilt den Baustoffen hinsichtlich ihrer Umweltverträglichkeit: biologisches Bauen.

Archiv, Sammlung von Schriften, die systematisch geordnet, aufbewahrt u. verwaltet werden.

ARD, Abk. für **A**rbeitsgemeinschaft der öffentlich-rechtlichen **R**undfunkanstalten der BR **D**tl. Zusammenschluss der Länderrundfunkanstalten der BR Dtl. seit 1950.

Ardennen, Westteil des Rheinischen Schiefergebirges in Belgien, Luxemburg u. Frankreich. Steinkohlevorkommen.
Arena (die, lat.), Kampfplatz, Sportplatz.
Ares, gr. Kriegsgott.

Argentinien

Bundesrepublik, Präsidialdemokratie in Südamerika, 2,78 Mio. km^2, 41,4 Mio. EW, *Hauptst.* Buenos Aires, *Präsidentin:* Cristina Fernández de Kirchner (seit 2007). *Bevölkerung:* Weiße, Mestizen, Indios. *Wirtschaft:* In der Pampa Getreide- u. Baumwollanbau, Viehzucht. A. ist einer der größten Fleischexporteure der Welt.

Argon, farb- u. geruchloses Edelgas, das als Füllung für Glühlampen u. Leuchtröhren verwendet wird.
Argus, in der gr. Sagenwelt ein Riese mit 100 Augen.
Arie, Sologesang mit Instrumentalbegleitung (z. B. in der Oper).
Arier, 1) → Indogermanen; 2) im → Nationalsozialismus gebrauchte Bezeichnung für „Angehörige der nördlichen Rasse".
Aristokratie (die, gr., „Herrschaft der Besten"), → Adel.
Aristophanes (um 445–um 385 v. Chr.), gr. Komödiendichter. Werke: *Lysistrata, Die Frösche.*
Aristoteles (384–322 v. Chr.), gr. Philosoph. Gilt neben → Sokrates u. → Platon als einer der Begründer der klassisch-abendländischen Philosophie u. Erfinder der Logik. Sein Werk wurde zum Fundament der christlich-mittelalterlichen Lehre.
Arithmetik (die, gr., „Zahl"), Teilgebiet der Mathematik, die Zahlenlehre. Man unterscheidet die **lineare A.** (Rechnen mit bestimmten Zahlen u. Variablen) u. die **höhere A.** (Wahrscheinlichkeitsrechnung u. Zahlentheorie).
Arkade, ein Gewölbebogen auf 2 Säulen; mehrere bilden den offenen Bogengang der **Arkaden.**

Arktis, Gebiet der um den Nordpol herum liegenden Länder (Teile von Alaska, Kanada, Skandinavien, Sibirien, die Inseln Grönland, Spitzbergen u. a.) u. Meere. Das Nordpolarmeer ist fast das ganze Jahr über mit Eis bedeckt. Die Bewohner der A. sind Inuit, Lappen u. a.; sie leben vorwiegend von Fischfang, Rentierzucht u. Pelztierjagd.
Armada, span. Flotte (130 Kriegs- u. 300 Transportschiffe), die → Philipp II. von Spanien 1588 zum Krieg gegen England entsandte.
Armbrust, alte, bis ins 15. Jh. gebräuchliche Schusswaffe für Bolzen u. Pfeile. Heute ist die A. ein Sportgerät.
Armee (die, frz.), 1) die gesamte Streitmacht eines Staates; 2) ein großer Truppenverband.
Ärmelkanal, Meerenge zw. Frankreich u. England, an der schmalsten Stelle (Dover/Calais) nur 35 km breit. Ein Eisenbahntunnel verbindet seit 1994 die beiden Küsten miteinander.

Armenien

seit 1991 Republik, ca. 3 km^2, 3 Mio. EW, *Hauptst.* Eriwan, *Staatsoberhaupt:* Sersz Sargysan (seit 2008), *Premierminister:* Howik Abrahamja (seit 2012). 1920/21 West-A. von Türkei besetzt. Verfügt über zahlreiche Bodenschätze.

Armstrong, 1) Louis (1900–1971), genannt Satchmo, amerik. Musiker (Trompete, Gesang); er gilt als einer der bedeutendsten Vertreter des traditionellen Jazz; 2) Neil (1930–2012), amerik. Astronaut. Er betrat am 21.7.1969 als erster Mensch den Mond; 3) Lance (*1971), amerik. Radrennfahrer. Gewann als Erster die → Tour de France 7-mal in Folge (1999–2005).
Arnim, Achim von (1781–1831), dt. Dichter der Romantik. Er schrieb Erzählungen u. Romane u. gab zusammen mit → Brentano die Volksliedersammlung *Des Knaben Wunderhorn* heraus.

Argentinien: Gaucho

Argentinien: Buenos Aires

Louis Armstrong

Neil Armstrong

Zeichnung zu Fabeln von Äsop

Aroma (das, gr., „Gewürz“), kräftiger, angenehmer Geschmack oder Geruch.
Arp, Hans (1887–1966), frz.-dt. Maler, Bildhauer u. Dichter. Mitbegründer des → Dadaismus.
Arrak (der, arab., „Schweiß“), Branntwein aus Reis, Palmsaft oder Melasse.
Arrangement (das, frz.), 1) Anordnung, Übereinkunft; 2) Bearbeitung eines Musikstücks für eine bestimmte Besetzung.
Arrest, Ausgehverbot, Haft, Strafe beim Militär.
Arsen (As), Halbmetall, zur Legierung von Schrottmetall verwendet. Die A.-Verbindung Arsenik ist stark giftig.
Arsenal (das, arab.-ital.), Lager, z. B. für Waffen.
Art déco (frz.), kunsthandwerklicher Stil (auch Malerei) der 20er- u. 30er-Jahre des 20. Jh., der zum Teil aus dem Jugendstil weiterentwickelt wurde.
Artemis, gr. Göttin der Jagd.
Arterie (die, gr.), Ader, die das sauerstoffreiche Blut u. Nährstoffe zu den Körpergeweben leitet.
Artikel (der, lat.), 1) zum Verkauf angebotener Gegenstand; 2) Geschlechtswort (der, die, das = **bestimmter A.**, ein, eine = **unbestimmter A.**); 3) Teil eines Gesetzestextes, eines Paragrafen; 4) Text in einer Zeitung oder Zeitschrift.
Artillerie (die, frz.), ein mit Geschützen oder Raketen ausgerüsteter Truppenteil.
Artist (der, frz.), im Zirkus oder Varieté auftretender Künstler, der meist Geschicklichkeitsübungen zeigt.
Artus (Artur), in der keltischen Heldensage König von Britannien; wurde in die mittelalterliche Gralssage übernommen u. gilt als Vorbild für das Rittertum.
Aruba, Insel der Kleinen → Antillen, gehört zu den Niederlanden, 193 km², 106.800 EW; Erdölraffinerie.
Asam, Name einer bedeutenden bayerischen Künstlerfamilie (Baumeister, Maler, Bildhauer) in der Barockzeit.
Asbest (der, gr.), Faserstoff, der fast nicht brennt u. sehr haltbar ist. Verwendung für Bremsbeläge, Baustoffe, Deckenverkleidungen u. Elektrogeräte. Weil A. krebserregend wirkt, versucht man, Ersatzstoffe zu finden.
Aschanti, Volk in Südghana, durch Goldschmiedearbeiten bekannt.
Aschchabad, Hauptst. von → Turkmenistan, 950.000 EW; Universität; Textil-, Maschinenindustrie.
Aschermittwoch, Mittwoch nach Fastnacht. Beginn der katholischen Fastenzeit.
ASCII, Abk. für **A**merican **S**tandard **C**ode for **I**nformation **I**ntercharge, in der Programmierungstechnik ein international üblicher 8-Bit-Code, mit dem Ziffern, Buchstaben u. Sonderzeichen so dargestellt werden, dass ein Computer sie lesen u. verarbeiten kann (→ binär). Im ASCII-Code heißt der Buchstabe K z. B. 1001011.
Ascorbinsäure, chemische Bezeichnung für Vitamin C, das v. a. in pflanzlichen Nahrungsmitteln, z. B. Paprika, Zitrone, vorkommt; kann auch künstlich hergestellt werden.
Asen, germanische Götter (Odin, Thor u. a.); ihr Göttersitz ist in Asgard.
Asepsis (die, gr.), Keimfreiheit; A.: **aseptisch**.

Aserbaidschan

Republik, 86.600 km², 9,4 Mio. EW, *Hauptst.* Baku, *Staatsoberhaupt:* Ilham Äliyev (seit 2003), *Premierminister:* Artur Rasizadä (seit 2003). Große Erdölvorkommen, Baumwolle, Reis, Gemüse.

Askese (die, gr., „Übung“), strenge Enthaltsamkeit in allen Lebensbereichen, meist aus religiösen Gründen.
Asien, siehe Kasten S. 21.
Äskulap, in der röm. u. gr. Mythologie der Gott der Heilkunde; er wird meist mit dem **Äskulapstab** dargestellt, einer sich um einen Stock windenden Schlange; dieser Stab ist Symbol der Ärzte u. Apotheken.
Äsop (Aisopos), frühgr. Romanheld, unter dessen Namen die berühmten Äsopschen Fabeln zusammengestellt wurden; Dichter dieser Fabeln waren aber andere Autoren aus dem 1.–5. Jh.

Asowsches Meer, bis 15 m tiefes, ca. 38.000 km² großes, fischreiches Seitenbecken des → Schwarzen Meeres.
asozial, den geltenden gesellschaftlichen Verhaltensnormen nicht angepasst.
Assam, Staat im Nordosten Indiens; wichtiger Teelieferant.
Assimilation (die, lat., „Ähnlichmachung"), 1) die Stoffangleichung der Pflanzen. Mithilfe des Blattgrüns u. des Sonnenlichts stellen die Blätter aus Kohlensäure u. Nährsalzen Zucker, Stärke, Öle u. Eiweiß her; 2) Anpassung von Menschen an einen für sie fremden Kulturraum.
Assisi, Stadt in Mittelitalien. Geburtsort des heiligen Franz von A.
Assoziation (die, lat.-frz.), 1) spontane Verknüpfung von Gedanken u. Gefühlen, V.: **assoziieren**; 2) in der → Chemie Anlagerung mehrerer Einzelmoleküle zu einem Molekülkomplex.
Assuan, Stadt in Oberägypten, bekannt durch den A.-Staudamm.
Assyrien, ehemaliges Reich im Irak, 612 v. Chr. durch Meder u. Babylonier völlig zerstört.
Ästhetik (die, gr., „Wahrnehmung"), Wissenschaft vom Schönen in Natur u. Kunst; A.: **ästhetisch**, geschmackvoll, schön, ausgewogen.
Asthma (das, gr.), anfallartig auftretende Atemnot mit starken Hustenanfällen u. Erstickungsangst. Kann durch bestimmte Stoffe ausgelöst werden. → Allergien.
astro..., Astro... (gr.), bedeutet in Wortzusammensetzungen „Stern...".
Astrologie (die, gr.), Sternendeutung; geht davon aus, dass Charakter u. Schicksal eines Menschen eng mit der Konstellation der Sterne zusammenhängen.
Astronaut, Raumfahrer.
Astronomie, siehe Kasten S. 22.
Astrophysik, Teilgebiet der → Astronomie, das sich mit den physikalischen Zuständen (Temperatur, Dichte usw.) der Himmelskörper befasst.
Asunción, Hauptst. von → Paraguay, ca. 544.000 EW; Universität.
Asyl (das, gr.), Unterkunft, Zufluchtsort für Obdachlose, politisch oder religiös Verfolgte.

Assisi: Basilika San Francesco

Assyrien: Relief

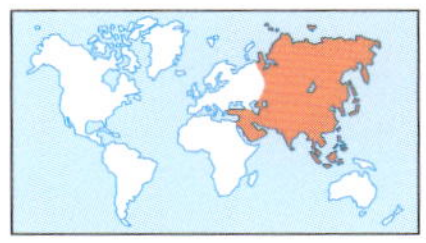

Asien

Asien

Mit 44,7 Mio. km² bedeckt Asien rund 30 % der Erdoberfläche. Es ist damit der **größte Kontinent**. Rund 4 Milliarden Menschen leben hier, d. h. nahezu 60 % der Weltbevölkerung. Von Ost nach West dehnt sich Asien über mehr als 9000 km aus, von Nord nach Süd sind es über 7000 km. Da Europa und Asien nicht durch ein Meer getrennt sind, betrachtet man das → Uralgebirge, das → Kaspische Meer und das → Schwarze Meer als Grenze zwischen den Kontinenten, die gemeinsam als Eurasien bezeichnet werden. **Naturraum:** Wenig gegliederte Festlandmasse, kaum Randmeere, sechs große Halbinseln: Anatolien, Arabien, Vorder- und Hinterindien, Kamtschatka, Korea. Inselgruppen: Japan, Malaiischer Archipel, Sachalin, Kurilen. Gewaltige, von Westen nach Osten verlaufende Faltengebirge: Taurus, Kaukasus, Elbrus, Hindukusch, Karakorum, Himalaja, Pamir, Tienschan, Altai; im Zentrum riesige Hochländer und -becken, im Süden Tiefebenen und Tafelländer, im Norden und Osten weiträumige Tief- und Flachländer; das Innere des Kontinents ist weitgehend abflusslos.
Extreme Unterschiede gibt es beim **Klima**, das von der kalten Polarregion über gemäßigte Zonen bis zu den tropischen Regengebieten im Süden reicht. Entsprechend vielfältig ist die **Pflanzen- und Tierwelt:** In der mit Zwergsträuchern bewachsenen nördlichen → Tundra leben z. B. Rentiere und der Polarfuchs, in der nach Süden anschließenden → Taiga findet man Nadelwälder mit Hirschen und Bären. Auf einen Gürtel mit Steppen und Wüsten folgt in Zentralasien eine Gebirgszone mit den höchsten Gipfeln der Erde im → Himalaja (→ Mount Everest, 8848 m). Tropische Regenwälder mit → Affen und Elefanten gibt es im Süden. **Bevölkerung:** Europide; Araber, Kaukasier, Iraner, Afghanen, Inder, Russen, Mongolen, Tibeter, Chinesen, Koreaner, Japaner, Turkvölker und in Südostasien ältere Ureinwohner. **Religionen:** Buddhismus, Hinduismus, Islam, Christentum, Konfuzianismus. **Wirtschaft:** Neben den reichen Bodenschätzen, die vom arabischen Erdöl bis zu den Zinnvorkommen in Malaysia reichen, ist die Landwirtschaft der wichtigste Wirtschaftszweig Asiens. Haupterzeugnisse sind Reis, Tee, Baumwolle und Kautschuk.

Astronomie

Die Astronomie beschäftigt sich mit den Eigenschaften des → **Weltalls** und seiner Objekte. Untersucht werden mit naturwissenschaftlichen Mitteln die **Planeten-**, **Sonnen-** und **Sternsysteme**, → Galaxien und die Strahlung, die im Weltall herrscht. Um all dies zu beobachten, werden Fernrohre und Teleskope benutzt. Aber auch die bemannte und unbemannte Raumfahrt mit ihren Raumsonden liefert Daten, die von den Astronomen verarbeitet werden. Außerdem gehören zur Astronomie neben der praktischen Beobachtung auch theoretische Teilgebiete. In diesen werden Theorien darüber angestellt, wie das Weltall entstanden sein könnte (Urknall), wie man es sich als Ganzes vorzustellen hat (schwarze Löcher) und wie es eines Tages möglicherweise enden wird. Zu den Wissenschaftlern, die sich über solche Fragen Gedanken gemacht haben, gehören *Albert* → *Einstein* oder *Stephen* → *Hawking*. Die Astronomie zählt zu den **ältesten Wissenschaften** überhaupt. Ihre Anfänge liegen wohl in der kultischen Verehrung der Himmelskörper. In einem Jahrtausende währenden Prozess trennten sich zuerst Astronomie und Naturreligion, später dann Astronomie und Astrologie. Teilweise überschneidet sich die Astronomie heute u. a. mit Physik, Chemie, Biologie und Mathematik, aber auch mit Theologie und Philosophie.

Frau aus Äthiopien

Kemal Atatürk

Asylrecht, in der BR Dtl. ist das A. für politisch, religiös u. rassistisch Verfolgte im Grundgesetz, Artikel 16, festgelegt. Ein Antragsteller heißt Asylant.

Asymmetrie (die, gr.), die Ungleichmäßigkeit von 2 Hälften, Ggs. von → Symmetrie. A.: **asymmetrisch**.

asynchron (gr.), nicht gleichzeitig, nicht gleichlaufend; Ggs. synchron.

A. T., Abk. für **A**ltes **T**estament, → Bibel.

Atacama, chilenische Küstenwüste mit Salpeter-, Kupfer- u. Silbervorkommen.

Atair (arabisch), Altair, Hauptstern im Sternbild des Adlers.

Ataraxie (die, gr.), Unerschütterlichkeit, Seelenruhe; der älteren gr. Philosophie u. der jüngeren Stoa zufolge ein Grundziel des Lebens.

Atatürk (= „Vater der Türken"), Kemal (1881–1938), türk. Politiker. Nach dem Ersten Weltkrieg setzte er den letzten osmanischen Sultan ab u. wurde selbst bis zu seinem Tod Staatspräsident der neuen türkischen Republik.

Atheismus (der, gr., „ohne Gott"), Verneinung der Existenz Gottes.

Athen, Hauptst. Griechenlands, 790.000 EW, Zentrum von Wissenschaft u. Industrie, seit 3000 v. Chr., daher antike Baudenkmäler (→ Akropolis).

Athene, gr. Göttin der Weisheit, Kunst u. Wissenschaft, auch Stadtgöttin Athens.

Äther, 1) leicht entzündliche Flüssigkeit, z. B. Diäthyl-Ä.; Fettlösungsmittel, Narkoseflüssigkeit; 2) nach altgr. Vorstellung die obere Himmelsluft.

ätherische Öle, vegetale Substanzen, die sich leicht verflüchtigen. Dienen als Duftstoffe bei der Parfümherstellung.

Äthiopien

Bundesrepublik in Ostafrika, 1.1 Mio. km², 94 Mio. EW, *Hauptst.* Addis Abeba, *Staatsoberhaupt:* Mulatu Teschome (seit 2013), *Premierminister:* Hailemariam Desalegn (seit 2012). *Bevölkerung:* Amharen, Oromo, Tigre, Danakil, Gurage, Harari. *Wirtschaft:* Baumwoll- u. Kaffeeanbau.

Äthylen (Ethylen), ungesättigter Kohlenwasserstoff. Ä. ist ein wichtiges Rohprodukt der chemischen Industrie, z. B. zur Kunststoffherstellung (→ Polyäthylen).

Atlant (der, gr.), männliche Figur, die ein Gebälk trägt.

Atlantikcharta, 1941 durch die USA u. Großbritannien ausgearbeiteter Vertrag über Selbstbestimmungsrecht, Friedenssicherung u. wirtschaftliche Zusammenarbeit von Staaten. 1942 traten 26 weitere Staaten, darunter die UdSSR, bei. Die A. gilt als Wegbereiter der → UNO.

Atlantikpakt, → NATO, Nordatlantikpakt.
Atlantis, nach → Platon eine sagenhafte antike Insel.
Atlantischer Ozean (Atlantik), zweitgrößter Ozean, zw. Europa/Afrika u. Amerika. 107 Mio. km², im Puerto-Rico-Graben 9219 m tief. Entlang des 3000 m hohen mittelatlantischen Rückens (Plattengrenze) wächst er jährlich um mehrere Zentimeter.
Atlas (der, gr.), 1) in der gr. Sage ein Riese, der das Himmelsgewölbe auf den Schultern trägt; 2) Name des obersten Halswirbels; 3) geograf. Kartenwerk, Mehrzahl: Atlanten/Atlasse; 4) Faltengebirge in Nordwestafrika, im N 2308 m, im W 4167 m hoch.
Atmosphäre (die, gr.), gasförmige Hülle eines Himmelskörpers, speziell die Lufthülle der Erde; diese enthält ein Gemisch aus Sauerstoff, Stickstoff u. geringe Mengen von Argon, Neon, Helium, Krypton, Xenon, Kohlendioxid, Wasserstoff, Ozon, Wasserdampf, Rauch, Ruß u. Staub. Über 100 km Höhe werden die Gase der A. durch die ultraviolette Strahlung zerlegt. Die → Ozonschicht schützt davor, dass diese Zersetzung nicht schon auf der Erde stattfindet.
Ätna, noch tätiger Vulkan auf → Sizilien. Er ist 3340 m hoch.

Atoll, ringförmige Insel, entsteht in warmen Meeren durch das Wachstum von Korallen am untermeerischen Abhang der absinkenden Insel. So wächst die Korallenschicht in Form eines Ringes nach oben.
Atom, siehe Kasten unten.
Atombombe, Kernwaffe, die erstmals 1945 in → Hiroshima eingesetzt wurde. Sie wird durch die Spaltung schwerer Atome (Uran, Plutonium) durch Neutronen gezündet. Das Aussenden von Neutronen durch die gespaltenen Atome führt zu einer Kettenreaktion.
Atomenergie, ungenaue Bezeichnung für → Kernenergie.
Atomkern, der positiv geladene innere Teil des Atoms.
Atomkraftwerk (Atomreaktor), eine Anlage zur Umwandlung von Atomenergie in andere Energiearten; → Kernspaltung.
Atrium (das, lat.), Innenhof eines Gebäudes; röm. Architektur.
Attaché (der, frz.), 1) Angehöriger einer diplomatischen Vertretung mit Sonderaufgaben, z. B. Handels-, Militär-A.; 2) Anwärter auf das Diplomatenamt.
Attentat (das, lat.-frz.), Anschlag auf Einrichtungen oder Personen des öffentlichen Lebens, meist aus politischen Motiven.

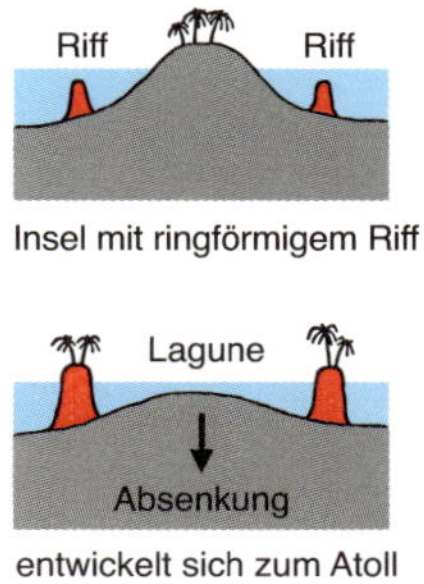

Atoll

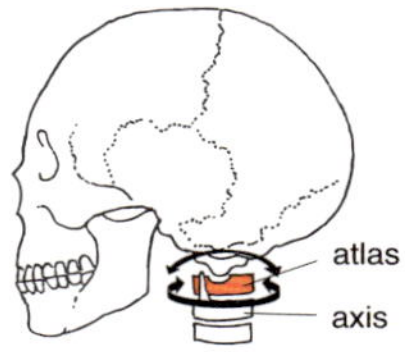

Atlas

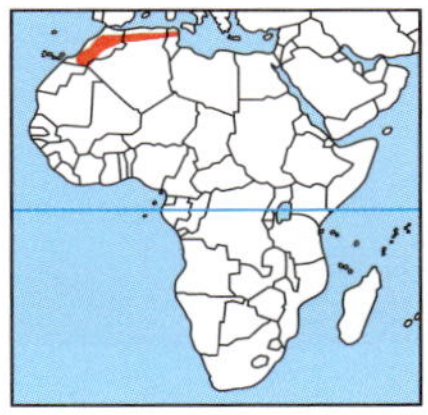
Atlas

Atom

Vom griechischen *atomos* (= „unteilbar", „unzerschneidbar") leitet sich das Wort Atom ab, das in unserer Sprache in so vielen Wortverbindungen, von der → Atombombe bis zur Atomuhr, vorkommt. Der Begriff wurde schon im 5. und 4. Jh. v. Chr. geprägt, als sich griechische Naturphilosophen wie z. B. Demokrit mit der Zusammensetzung der Materie befassten. Sie behaupteten, dass alle Stoffe aus unsichtbar kleinen, unveränderlichen und unteilbaren Teilchen, eben den Atomen, bestehen. Beweisen konnten sie das nicht, und es dauerte mehr als zwei Jahrtausende, bis dieser sogenannte Atomismus zum Gebiet der modernen **Naturwissenschaft** wurde.
Das Atom ist die kleinste Einheit eines chemischen → Elements, das mit chemischen Mitteln nicht weiter zerlegbar ist. Es besteht aus einem positiv geladenen **Atomkern** und einer **Atomhülle** aus negativ geladenen → Elektronen. Die Atome eines bestimmten chemischen Elementes haben alle dieselben Eigenschaften. Da 109 verschiedene Elemente bekannt sind, gibt es auch ebenso viele verschiedene Atomarten, die sich durch die Zahl der Elektronen in der Atomhülle unterscheiden.
Mit dem Aufbau und den Eigenschaften der Atomkerne befasst sich die **Kernphysik.** Sie entdeckte z. B., dass sich Atomkerne durch äußere Einwirkungen umwandeln (Kernreaktion) und dabei Energie freigesetzt wird. Diese Erkenntnis wurde sowohl für friedliche Zwecke, z. B. zur Stromerzeugung in einem Kernkraftwerk (→ Kernenergie), als auch für zerstörerische Kernwaffen genutzt.
http://www.quantenwelt.de/atomphysik

Attila (Gemälde von E. Delacroix)

Auerhuhn

Auguren (Grabfresko, 6. Jh. v. Chr.)

Aurelius Augustinus: Szene aus „De civitate Dei"

Augustus

Attika, die Halbinsel Griechenlands, auf der Athen liegt.
Attila (auch Etzel, 434–453). Der Hunnenkönig unternahm 451 einen Feldzug bis nach Gallien u. wurde von einem Heer aus Römern, Westgoten u. Franken besiegt. → Hunnen.
Attrappe (die, frz., „Falle"), täuschend ähnliche Nachbildung eines Gegenstandes.
Attribut (das, lat.), 1) Merkmal, Eigenschaft, auch charakteristische Beigabe oder typisches Erkennungszeichen; 2) im Satz eine Beifügung als nähere Bestimmung des Substantivs.
Ätzen, Verfahren, mit dem die Oberfläche eines Materials (z. B. Metall, Glas) durch lösende Chemikalien (z. B. Säuren, Laugen) behandelt oder beschädigt wird.
Au (auch Aue), eine feuchte Niederung, Wiese.
Auckland, größte Stadt u. Haupthafen Neuseelands, 1,4 Mio. EW, Universität.
Audio, Bezeichnung für den gesamten Tonbereich, der vom Menschen erfasst werden kann (ca. 20 Hz bis 20 kHz).
audiovisuell, Verbindung von optischen u. akustischen Medien (Sehen u. Hören).
Auerhuhn, 95 cm langer, seltener Bodenbrüter. Sein gold-blau-grün glänzendes Gefieder reicht bis zu den Zehen; frisst Insekten, Pflanzen u. Körner.
Auerochse (auch Ur), Vorfahre des Rindes; seit 1627 ausgerottet; wurde aus primitiven Rinderrassen rückgezüchtet.
Aufklärung, geistige Bewegung des 17. u. 18. Jh. in Westeuropa, die sich gegen kirchliche Bevormundung u. politische Unterdrückung richtete u. sich auf den Glauben an die menschliche Vernunft in allen Bereichen stützte.
Auftrieb, die scheinbare Gewichtsverminderung eines Körpers beim Eintauchen in Gase oder Flüssigkeiten.
Aufwind, entsteht bei Sonneneinstrahlung. Über sich stärker erwärmendem Untergrund (z. B. Wälder, Gebirgshänge) steigt die Luft auf.
Auge, Sinnesorgan zur Wahrnehmung optischer Reize. Der **Augapfel** besteht aus einem gallertartigen Glaskörper; dieser ist von innen nach außen mit Netz-, Ader- u. Lederhaut überzogen. Die Lederhaut geht vorn in die durchsichtige Hornhaut über. An der Hornhautgrenze bildet die Aderhaut die ringförmige Iris (ergibt die Augenfarbe). Die Pupille gibt die Sicht durch die Iris frei. Die Netzhaut schließlich empfängt die Lichtstrahlen mit ihren Zäpfchen u. Stäbchen. Von hier leitet der Sehnerv die Information ans Gehirn.

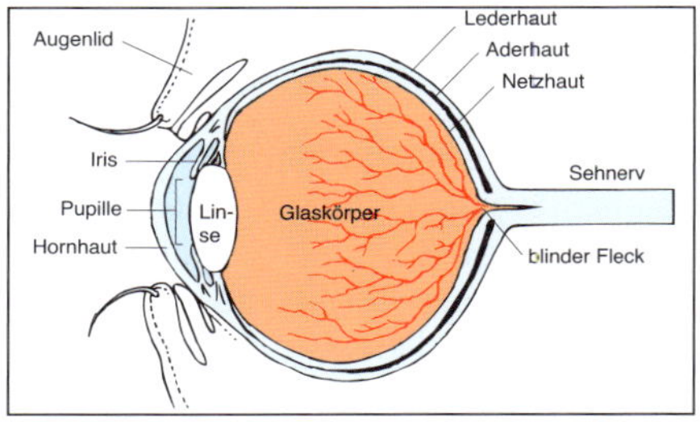

Auge

Augiasstall, in der gr. Sage muss → Herakles die Viehställe des Königs Augias in einem Tag säubern; heute im übertragenen Sinn für Misswirtschaft oder Unordnung.
Auguren, altröm. Priester u. Wahrsager.
August II., der Starke (1670–1733), Kurfürst von Sachsen, 1697 zum König von Polen gewählt, verlor den Thron im Nordischen Krieg. A. regierte absolutistisch (→ Absolutismus) u. ließ Dresden zur Barockstadt ausbauen.
Augustiner, katholische Ordensgemeinschaften, die nach den Regeln des heiligen Augustinus leben.
Augustinus, Aurelius (354–430), abendländischer Kirchenlehrer u. Philosoph. Seine Schriften haben die katholische u. protestantische Theologie beeinflusst; *De civitate Dei*.
Augustus (Ehrenname des Gajus Oktavianus, 63 v. Chr.–14 n. Chr.), röm. Kaiser. Der Adoptivsohn → Caesars besiegte dessen Mörder. Nach dem Sieg über → Antonius (31 v. Chr.) wurde er Alleinherrscher u. erster röm. Kaiser.
Auktion (die, lat., „Vermehrung"), Versteigerung.
Aula (die, lat.), 1) Innenhof im antiken gr. Haus; 2) Fest- u. Versammlungssaal in Schulen u. Universitäten.
Aung San Suu Kyi (*1945), Politikerin aus Myanmar, erhielt 1991 wegen ihres

Australien und Ozeanien

Der **kleinste Erdteil** hat insgesamt eine Fläche von etwa 8,9 Millionen km^2, was ungefähr 6 % der Landfläche der Erde entspricht. In ihm sind das australische Festland, → Tasmanien, → Neuguinea, → Neuseeland und die als → Ozeanien bezeichneten rund 7500 Inseln zwischen Australien, den → Philippinen und Amerika zusammengefasst. Hier leben rund 38 Millionen Menschen, gerade 0,5 % der gesamten Erdbevölkerung.

Festland-Australien ist im Westen und in der Mitte flach und zum größten Teil sehr trocken, sodass man ganz unbewohnte Wüsten findet. Hügelland und bis über 2000 m hohe Gebirge kennzeichnen den Osten. Im teils tropischen, teils subtropischen und auch gemäßigten **Klima** gedeihen → Regenwälder, Eukalyptus, Akazien und Palmen. Besonders interessant ist die **Tierwelt** mit den urtümlichen Beuteltieren. Bei diesen handelt es sich um Säugetiere, deren Junge in einem frühen Entwicklungsstadium geboren werden und im Beutel der Mutter heranwachsen. Dazu gehören die bis zu 2 m großen Kängurus ebenso wie die 5 bis 30 cm langen verschiedenen Beutelmäuse oder der Koala. Ungewöhnlich ist auch das Schnabeltier, das Schwimmhäute und einen entenartigen Schnabel hat. Es legt Eier, aber die ausgebrüteten Jungen werden gesäugt.

Das australische Festland wurde im 17. und 18. Jahrhundert entdeckt und seit 1788 von Großbritannien aus besiedelt, und zwar zunächst mit Strafgefangenen und später mit freien Siedlern, die mit der Schafzucht begannen. Die weißen Einwanderer verdrängten die als Jäger und Sammler lebenden Ureinwohner (→ Aborigines).

Einsatzes gegen das birmanische Militärregime den Friedensnobelpreis.

Aureole (die, lat.), 1) Heiligenschein; 2) kleiner Lichthof um Sonne oder Mond.

Aureus (lat.), röm. Goldmünze seit → Caesar.

Aurora, röm. Göttin der Morgenröte.

Auschwitz, Ort in Polen. Im Zweiten Weltkrieg war hier das größte nationalsozialistische → Konzentrations- u. Vernichtungslager.

Ausfuhr, → Export.

Ausgrabung, das Freilegen von (vor-)geschichtlichen Überresten, z. B. Ruinen, Gräber, Werkzeuge usw.

Auslieferung, die Übergabe eines Ausländers an sein Heimatland zur Strafverfolgung. Das Grundgesetz der BR Dtl. verbietet die A. eines Deutschen an das Ausland.

Ausnahmezustand, staatlicher Notstand (z. B. Krieg), der einen Staat zu außerordentlichen Maßnahmen zwingt.

Aussatz (Lepra), durch den Leprabazillus verursachte Krankheit, die sich durch Hautflecken, Knotenbildung an Haut u. inneren Organen, Geschwüren u. Verstümmelung der Gliedmaßen äußert.

Ausschlag, Veränderungen der Haut oder Schleimhaut, u. a. bei Infektionen (z. B. → Masern, Herpes).

Ausschreibung, Bekanntgabe der Bedingungen für z. B. ein öffentliches Bauvorhaben, damit Angebote abgegeben werden können.

Ausschuss, 1) aus den Mitgliedern einer Gesellschaft oder des Parlaments gewählter Personenkreis, der mit einer besonderen Aufgabe betraut ist, z. B. parlamentarischer Untersuchungs-A.; 2) fehlerhafte Produkte.

Ausschüttung, Auszahlung von Gewinnanteilen, z. B. an Besitzer von → Aktien.

Außenpolitik, die politischen Handlungen, die Beziehungen eines Landes zum Ausland betreffen.

Außenwinkel, Winkel, der bei einer geometrischen Figur außen liegt.

Auster, essbare, im Meer wachsende Muschel, lebt in Gemeinschaft (**Austernbänke**); Züchtung in **Austerngärten**, Perlenerzeugung.

Austerlitz, Stadt in Tschechien. Hier besiegte Napoleon I. 1805 Russland u. Österreich.

austral (lat.), südlich.

Australien und Ozeanien, siehe Kasten oben.

Australien: Ritueller Tanz

Australien: Ayers Rock

Australien: Regenwald

Australopithecus: Fundstellen

Australischer Bund

Australien, 7.692.030 km^2, 23,1 Mio. EW, *Hauptst.* Canberra, parlamentarische föderative Monarchie im Commonwealth, *Staatsoberhaupt:* Königin → Elisabeth II., *Premierminister:* Tony Abbott (seit 2013). *Staaten:* Neusüdwales, Victoria, Queensland, Südaustralien, Westaustralien, Tasmanien. *Bevölkerung:* EW britischer Abstammung, → Aborigines. *Wirtschaft:* Getreide-, Baumwoll- u. Obstanbau, Viehzucht (Schafe, Wollerzeugung), sehr bedeutende Bodenschätze, hoch entwickelte Industrie.

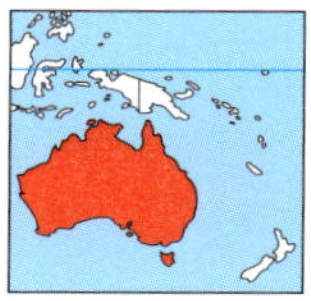

Australien war 1788 bis 1854 britische Sträflingskolonie.

Australopithecus, vor ca. 1,5 Mio. Jahren ausgestorbener Menschenaffe. Er ging aufrecht u. besaß auch sonst einige Merkmale des heutigen Menschen.

Austria, lat. Name für → Österreich, daher A als Nationalitätskennzeichen.

Auswärtiges Amt (AA), das Außenministerium der BR Dtl.

Ausweisung, Entzug der Aufenthaltsgenehmigung eines Ausländers, der dann das Staatsgebiet verlassen muss.

Auswuchten, sich schnell drehende Maschinenteile ausbalancieren.

Auszubildender (Azubi), früher Lehrling; Person, die sich in der Berufsausbildung, Fortbildung oder Umschulung befindet.

Autarkie (die, gr.), (wirtschaftliche) Unabhängigkeit.

authentisch (gr.), echt, original, glaubhaft; Sub.: **Authentizität**.

auto..., Auto..., hat in Wortzusammensetzungen die Bedeutung von selbst, eigen; unmittelbar.

Autobiografie, ein Lebenslauf, den jemand über sich selbst veröffentlicht.

Autodidakt (der, gr.), jemand, der sich sein Wissen selbst (nicht in Schulen oder über Berufsausbildung) aneignet.

autogenes Training, Methode zur Selbstentspannung durch → Autosuggestion; → Suggestion.

Autokratie (die, gr.), Herrschaftsform, bei der ein Monarch uneingeschränkte Macht hat. Der → Absolutismus ist eine autokratische Herrschaftsform.

Automatisierung, zunehmende Ausstattung (z. B. von Industrieanlagen) mit Automaten u. Computern.

autonom, selbstständig.

Autonomie (die, gr.), Unabhängigkeit u. Selbstverwaltung eines Staates oder Gemeinwesens.

Autopilot, automatisches Steuergerät für Flugzeuge.

Autopsie (die, gr.), Öffnung u. Untersuchung einer Leiche, um die Todesursache festzustellen; → Obduktion.

Autor (der, lat.), Urheber, Verfasser eines schriftlichen Werkes, Schriftsteller.

Autorität (die, lat.), 1) Ansehen, Einfluss einer Person; 2) anerkannter Fachmann oder Wissenschaftler.

Autosuggestion (die, gr.-lat.), Selbstbeeinflussung; → Suggestion.

Avatar, virtuelle Person, die eine reale Person im Internet widerspiegelt; sie kann z. B. als Selbstdarstellung dienen. Den A. gibt es im Chat oder in Computerspielen, er kann individuell gestaltet werden.

Ave (lat., „Sei gegrüßt"), das A. Maria (Gegrüßet seist du, Maria) ist der Anfang des Mariengebets in der katholischen Kirche.

Avers (der, frz.), Vorderseite einer Münze; die Rückseite heißt → Revers.

Aversion (die, lat.), gefühlsmäßige Abneigung, Widerwille.

Ayers Rock (Uluru) Sandsteinfels in Australien, südwestlich von Alice Springs, 3,5 km lang, 2,4 km breit, 348 m hoch; größter → Monolith der Erde.

Azalee (Alpenrose), immergrüner bzw. sommergrüner Zierstrauch.

Azoren, portugiesische Inselgruppe im Atlantik, vulkanisch.

Azteken, altamerik. indianische Stammesgruppe, die im 14. Jh. in → Mexiko eindrang u. eine eigene Hochkultur entfaltete. Das Aztekenreich wurde 1519 von den Spaniern unterworfen.

Azur (persisch), Himmelsblau.

B

b, der um einen Halbton verminderte 7. Ton der C-Dur-Tonleiter; auch musik. Zeichen für Erniedrigung um einen halben Ton.

B. A., Abk. für engl. **B**achelor of **A**rts, → Bakkalaureus.

Baal (hebräisch, „Herr"), von den → Semiten verehrter Gott.

Babylon (Babel), Stadt am Unterlauf des Euphrat. B. war 2000 v. Chr. kultureller Mittelpunkt des Orients.

Babylonien, Landschaft im Irak, am Unterlauf der Flüsse Euphrat u. Tigris.

Babylonischer Turm, in der Bibel beschriebener Turm, der bis zum Himmel reichen sollte, aber unvollendet blieb.

Bacchus, röm. Gott der Fruchtbarkeit u. des Weins, bei den Griechen → Dionysos.

Bach, Johann Sebastian (1685–1750), dt. Komponist, Organist u. Kapellmeister, u. a. berühmt für seine *Brandenburgischen Konzerte*.

Bache, weibliches geschlechtsreifes Wildschwein.

Bachmann, Ingeborg (1926–1973), österr. Dichterin u. Schriftstellerin; *Die gestundete Zeit* (1953), *Malina* (1971).

Backbord, linke Seite eines Schiffes oder Flugzeuges; Ggs.: Steuerbord.

Backstein, aus Lehm oder Ton gebrannter Baustein.

Baden-Powell, Robert Stephenson (1857–1941), gründete 1907 die Pfadfinderbewegung (Boyscouts).

Baden-Württemberg, Bundesland der BR Dtl.: 35.751 km², 10,5 Mio. EW, Hauptst. Stuttgart.

Badminton (das, engl.), Wettkampfvariante des Hobbysports Federball; Rückschlagspiel, bei dem mit einem B.-Schläger der Federball (Shuttlecock) für den Gegner möglichst unerreichbar über ein Netz geschlagen wird; hauptsächlich Hallensportart. B. kann sowohl von 2 Spielern als Einzel als auch von 4 Spielern als Doppel oder gemischtes Doppel gespielt werden. Seit 1992 olympisch.

Baeyer, Adolf Ritter von (1835–1917), dt. Chemiker, → Nobelpreis für Chemie 1905.

BAföG, 1) Abk. für **B**undes**a**usbildungs**fö**rderungs**g**esetz; 2) Bezeichnung eines staatlichen Darlehens für Schüler u. Studenten.

Bagatelle (die, ital.-frz.), 1) Nichtigkeit, Geringfügigkeit; 2) kurzes, leichtes Musikstück. V.: **bagatellisieren**, herunterspielen.

Bagdad, Hauptst. des → Irak am Tigris, 5,7 Mio. EW. B. ist seit dem 8. Jh. wichtige Handelsmetropole des Orients.

Baggy Pants (die, engl.), sehr weit geschnittene Hosen, die ohne Gürtel getragen werden, Bestandteil der → Hip-Hop- u. Skater-Kultur.

Bahamas

Staat in Mittelamerika, 13.939 km², 377.000 EW, *Hauptst.* → Nassau, parlamentarische Monarchie im → Commonwealth, *Staatsoberhaupt:* Königin → Elisabeth II., *Premierminister:* Perry Christie (seit 2012). *Naturraum:* Die B. bestehen aus 30 größeren u. 700 kleineren Koralleninseln mit 2000 Riffen! *Bevölkerung:* Nur 29 Inseln der B. sind bewohnt, von 85 % Schwarzen u. Mulatten, sonst Weißen. *Wirtschaft:* Fremdenverkehr, Anbau von Gemüse und Früchten.

Bahnradsport, Bezeichnung für Radrennen, die auf einer speziellen Radrennbahn ausgetragen werden. B. gehört mit Disziplinen wie Sprint, Einzelzeitfahren, Einer-Verfolgung, 4000-m-Mannschaftsverfolgung oder Punktefahren zum olympischen Programm.

Bähr, George (1666–1738), dt. Baumeister. Bedeutende Kirchenbauten, u. a. die Frauenkirche in Dresden.

Johann Sebastian Bach

Bagdad: Moschee

Babylonischer Turm (Miniatur, 13. Jh.)

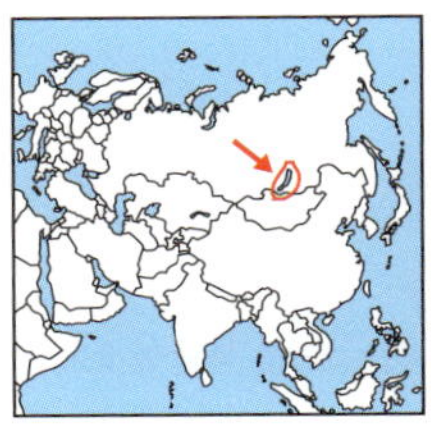

Baikalsee

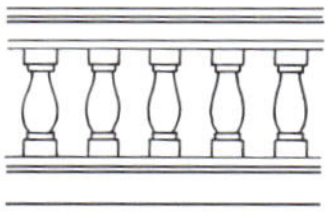

Balustrade

Honoré de Balzac

Bali

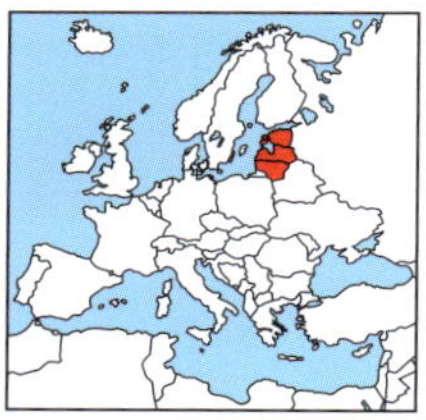

Baltikum

Banane

Balearen: Mallorca

Bahrain

konstitutionelle Monarchie (Emirat) im Persischen Golf (Inselstaat), 710 km^2, 1,3 Mio. EW, *Hauptst.* Manama, *Staatsoberhaupt:* König Hamad Al Chalifa (seit 2002), *Premierminister:* Chalifa Al Chalifa (seit 1971). *Naturraum:* Kalksteinplateau, wüstenhaftes Klima. *Bevölkerung:* Araber, über 50 % Ausländer. *Wirtschaft:* Förderung u. Verarbeitung von Erdöl.

Baikalsee, See in Südostsibirien. 455 m über dem Meeresspiegel, 31.499 km^2, mit 1620 m tiefster See der Erde.

Baisse (die, frz., „sinken"), Bezeichnung für fallende Kurse an der → Börse.

Bajonett (das, frz.), am Gewehrlauf befestigte messerartige Stoßwaffe.

Bakkalaureus (B. A.), in England u. USA der niedrigste akademische Grad.

Bakterien (gr.), mikroskopisch kleine, einzellige Organismen; vermehren sich in sehr kurzer Zeit durch Zweiteilung. Man unterscheidet nach ihrer Form **Kugel-B.** (= Kokken), **Stäbchen-B.** (= Bazillen), **Schrauben-B.** u. a.

Bakteriologie (die, gr.), Erforschung der → Bakterien u. die Anwendung der daraus gewonnenen Erkenntnisse.

Balalaika, russ. Zupfinstrument mit dreieckigem Körper u. 3 Saiten.

Baldachin (der, ital.), tragbarer oder fester Himmel (Dach) aus Stoff.

Balder (Baldur), germanischer Gott des Lichtes.

Balearen, span. Inselgruppe im Mittelmeer; sie besteht aus → Mallorca, Menorca, Ibiza, Formentera.

Bali, die westlichste der Kleinen Sunda-Inseln, indonesisch, aktive Vulkane.

Balkan, 1) junges Faltengebirge in Bulgarien, Fortsetzung der Karpaten nach O; 2) die südöstlichste Halbinsel Europas.

Ballade (die, lat.), ursprünglich ein Tanzlied; meist ein längeres Gedicht, das eine oft geheimnisvoll-tragische Erzählung zum Inhalt hat.

Ballaststoffe, in der Nahrung, z. B. in Vollkornprodukten, Gemüse u. Obst enthaltene Bestandteile, welche die Verdauung unterstützen.

Ballett (das, ital.), Kunsttanz, entwickelte sich in Verbindung mit der Oper.

Ballistik (die, gr.), Lehre, die sich mit dem Verhalten u. der Bewegung geworfener oder geschossener Körper im Raum befasst.

Ballon, 1) großer, bauchiger Glasbehälter; 2) mit Gas gefüllte Haut in Kugelform, z. B. Heißluftballon.

Ballungsraum, großflächiges Gebiet, in dem sich Städte u. Gemeinden eng aneinanderdrängen.

Balsa (span.), kurz für Balsaholz, bes. leichtes Holz aus Südamerika.

Balthasar, einer der → Heiligen Drei Könige.

Baltikum, Bezeichnung für → Litauen, → Lettland, → Estland u. die Ostseeinseln Dagö u. Ösel.

Balustrade (die, frz.), durchbrochenes Geländer mit kurzen Säulen.

Balz, Paarungsritual der Vögel.

Balzac, Honoré de (1799–1850), frz. Schriftsteller. In seinen Romanen schildert er die frz. Gesellschaft der nachnapoleonischen Zeit; berühmter Roman *Vater Goriot*.

Bambus, bis zu 10 m hohes, verholztes tropisches Gras. Der junge Trieb ergibt ein hervorragendes Gemüse.

Banane, die essbare, längliche, gelbe Frucht einer tropischen baumartigen Staude.

Bandage (die, frz.), medizinischer Stützverband oder Schutzbinde beim Sport.

Bandbreite, gibt den Frequenzbereich elektromagnetischer Schwingungen an, die in einem analogen System (Analogtechnik) übertragen werden.

Bande (die, frz.), Umrandung des Spielfeldes bei Hallenspielen (z. B. Eishockey), einer Spielfläche (z. B. Billard), einer Reit- oder Kegelbahn.

Bandscheiben, ringförmige Knorpel, die zw. den Wirbeln der Wirbelsäule liegen.

Bandwürmer, Plattwürmer, die im Darm von Wirbeltieren schmarotzen. Für den Menschen werden der Hunde-,

Schweine-, Rinder-, Fischbandwurm gefährlich.

Bangkok, Hauptst. → Thailands, 6,9 Mio. EW, kultureller u. wirtschaftlicher Mittelpunkt des Landes.

Bangladesch

Volksrepublik in Südasien, am Golf von Bengalen, 147.570 km², 156,6 Mio. EW, *Hauptst.* Dhaka, *Staatsoberhaupt:* Abdul Hamid (seit 2013), *Premierministerin:* Sheikh Hasina Wajed (seit 2009). *Naturraum:* fruchtbares Delta des Ganges u. Brahmaputra. Monsunklima, häufige Überschwemmungen. *Bevölkerung:* Bengalen, 1–2 % Bihari (Inder), am dichtesten besiedelter Staat der Erde (1071 EW pro km²). *Wirtschaft:* Reis-, Jute-, Teeanbau, Fischerei, verarbeitende Industrie.

Banjo, Zupfinstrument mit 5 bis 9 Saiten, wird v. a. im Jazz benutzt.

Bänkelsang, früher auf Jahrmärkten in Liedform vorgetragene Schauergeschichten.

Bankett (das), 1) (ital.) Festmahl; 2) (frz.) befestigter Straßenrand.

Bankrott (der, ital., „zerbrochene Bank"), Konkurs, Zahlungsunfähigkeit.

Bann, das Recht mittelalterlicher Herrscher, etwas unter Strafandrohung zu verbieten.

Banner (das, frz.), Bezeichnung für eine Fahne, die an einer Querstange des Fahnenmastes befestigt ist.

Bannmeile, Umgebung von Regierungs- u. Parlamentsgebäuden, in denen Versammlungsverbot besteht.

Banting, Sir Frederick Grant (1891–1941), kanadischer Arzt; entdeckte 1921 das Insulin (Zuckerkrankheit).

Bantu, größte Volksgruppe der Schwarzafrikaner.

Baptisten (gr., „Täufer"), 1633 in England gegründete, weitverbreitete christliche Freikirche mit Erwachsenentaufe.

Bar, 1) Einheit für den Druck (Abk. bar). 1 bar = 100.000 Pascal (Pa); 2) Bezeichnung für das Bezahlen mit Bargeld.

Bär, 1) Familie von Säugern mit Arten in allen Zonen. Es gibt kleine Bären, wie den hier eingebürgerten Waschbären (1 m lang, 25 kg), u. sehr große Arten wie den Eisbären (2,5 m lang, 450 kg), Braunbär; 2) Sternbild Großer Bär.

Barbados

atlantischer Inselstaat in Mittelamerika, 431 km², 285.000 EW, *Hauptst.* Bridgetown, parlamentarische → Monarchie im → Commonwealth. *Staatsoberhaupt:* Königin → Elisabeth II., *Premierminister:* Freundel Stuart (seit 2010). *Naturraum:* östlichste Insel der Kleinen Antillen, Tafelland aus Korallenkalk, im O steiles Kliff, tropisch-maritimes Klima. *Bevölkerung:* 90 % Schwarze, im Übrigen Mulatten, Weiße. *Wirtschaft:* Zuckerrohr, Baumwolle, Fremdenverkehr, Fischerei.

Barbaren, bei den alten Griechen Bezeichnung für alle Nichtgriechen. Bei den Römern Begriff für unzivilisierte Völker, bes. für die Germanen.

Barbarossa (ital., „Rotbart", ca. 1122–1190), als Friedrich I. seit 1152 König u. seit 1155 Kaiser in Deutschland. B. ertrank auf dem 3. Kreuzzug.

Barde, altkeltischer Berufssänger.

Bärensee, Name mehrerer Seen in Nordamerika, darunter der Große B. in Nordkanada, 31.153 km², bis 413 m tief.

Barents, Willem (1550–1597), niederländ. Seefahrer. Entdecker von → Spitzbergen u. der Bäreninsel.

Barett (das, frz.), Kopfbedeckung ohne Schirm aus dem 15./16. Jh., heute bei der Bundeswehr getragen.

Barfüßer, verschiedene religiöse Orden, deren Mitglieder barfuß oder in Sandalen gehen, z. B. Franziskaner.

Bangkok: Tempel

Banjo

Bantu: Musikinstrument

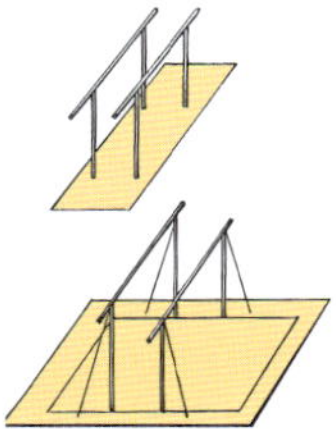

Barren

Barock: Kirche von G. Guarini (Kuppel)

Barock: Schloss Versailles (Spiegelsaal)

bargeldloser Zahlungsverkehr, Bezahlung ohne Bargeld, z. B. durch Überweisung, Kreditkarten.
Bariton (der, ital., „volltönend"), Männerstimme zw. Bass u. Tenor.
Barium (Ba), silberweißes Leichtmetall, dessen Verbindungen z. B. als Füllstoff für Papier u. Gummi verwendet werden.
Bark (die, niederländ.), Segelschiff mit 3 Masten.
Barkarole (die, ital.), venezianisches Gondellied.
Barkasse (die, niederländ.), größtes Beiboot eines Kriegsschiffes, auch Ruder- oder Motorboot im Hafenverkehr.
Bärlappgewächse, mit den Farnen verwandte Sporenpflanzen.
Bar-Mizwa (die, aramäisch), Bezeichnung für einen jüdischen Jungen, der das 13. Lebensjahr vollendet hat, u. den Akt zu seiner Einführung in den jüdischen Glauben.
Barnard, Christiaan N. (1922–2001), südafrikan. Chirurg, führte 1967 in Kapstadt die erste erfolgreiche Herztransplantation am Menschen durch.
Barock, europäische Kunstepoche (um 1600–1725). Im B. sollte mehr als in der → Renaissance die Macht u. Herrlichkeit der Fürsten u. der kirchlichen Obrigkeit zur Schau gestellt werden. Erkennungszeichen sind z. B. die mit Halbsäulen u. Simsen gegliederten Fassaden. Die Innengestaltung der Kirchen übertrifft in Vielfalt, Kostbarkeit u. Üppigkeit alles bisher da Gewesene. In der Malerei wird die Sinnenfreude ausgedrückt. Berühmte Barockbauten sind z. B. das Obere Belvedere in Wien, das Benediktinerstift Melk an der Donau u. das Schloss Versailles; berühmte Maler u. a. → Caravaggio, → Rubens u. → Rembrandt.
Barometer (das), Instrument zur Messung des Luftdrucks, meist als Quecksilber-B.
Barrel (das, engl.), Volumeneinheit in England u. in den USA (1 Barrel Öl = 1,59 Hektoliter in den USA, in England 1,637 Hektoliter).
Barren, 1) Turngerät aus 2 parallelen Holmen; 2) Teildisziplin des olympischen Geräteturnens, wobei nur Männer am Barren turnen, Frauen am → Stufenbarren; 3) Gussform für Edelmetalle wie Gold.
Barriereriff, weltgrößtes Korallenriff mit 2000 km Länge vor der Ostküste Australiens.
Bartholomäusnacht, auch Pariser Bluthochzeit genannt. Nacht vom 23. zum 24.8.1572, in der während der Hochzeit des (hugenottischen) Prinzen Heinrich von Navarra mit Margareta von Valois in Paris mehrere Tausend → Hugenotten ermordet wurden.
Bartók, Béla (1881–1945), ungar. Komponist u. Pianist. Seine Kompositionen zählen zu den wichtigsten der Neuen Musik.

Basketball

Beim Basketball versuchen 2 Mannschaften zu je 5 Spielern (zusätzlich gibt es 5 Auswechselspieler), den Ball möglichst oft von oben in den gegnerischen **Korb** zu werfen, der in 3,05 m Höhe angebracht ist. Ein Spiel dauert 4-mal 10 Minuten, in den USA 4-mal 12 Minuten. Im Gegensatz z. B. zum → Fußball ist Basketball regelrecht erfunden worden. Der Lehrer James Naismith suchte nach einem weitgehend ohne Körperkontakt gespielten **Hallensport**, mit dem man sich im Winter fit halten kann. 1891 wurden dann von Naismiths Schülern in Springfield, Massachusetts, zum ersten Mal Körbe geworfen. Das erste offizielle Spiel fand am 20.1.1892 statt, und schon seit 1936 ist Basketball olympische Disziplin. Heute wird Basketball weltweit von Männern wie Frauen gespielt und ist eine der beliebtesten Sportarten überhaupt.
Als Mittelpunkt der Basketball-Welt gilt die sogenannte **NBA** (**N**ational **B**asketball **A**ssociation), die amerikanische Profiliga, die 1946 gegründet worden ist. Hier spielen die besten Spieler der Welt: Michael Jordan oder Shaquille O'Neal wurden zu Legenden ihres Sports. Dirk Nowitzki ist momentan der erfolgreichste deutsche Spieler in der NBA. Varianten des Basketballspiels sind Rollstuhlbasketball und Streetball. Letzteres wird im Freien mit 2 Teams zu meist 3 Spielern und nur auf einen Korb gespielt.
http://www.basketball-bund.de; http://www.nba.com/germany

Basalt (der), junges Ergussgestein (→ Eruption), das zu Lava erstarrt ist. Es kristallisiert in fünf- u. sechseckigen Säulen aus.
Base, 1) chemische Verbindung, die mit Säuren Salze bilden kann; 2) → Kusine.
Baseball (das, engl.), Schlagballspiel für 2 Mannschaften mit je 9 Spielern, die 9-mal abwechselnd (verteidigende) Schlagpartei bzw. (angreifende) Fangpartei sind; seit 1992 ist B. olympische Disziplin.
Basedowkrankheit, nach dem dt. Arzt Karl von Basedow (1799–1854) benannte Überfunktion der → Schilddrüse.
Basilika (die, gr.-lat., „königlich"), röm. Bautyp, eine überdachte Halle mit niedrigen Seitenschiffen u. einer Apsis. Die **röm. B.** diente ursprünglich der Rechtsprechung oder dem Handel. Um sich von den heidnischen → Tempeln, abzusetzen, nahmen die frühen christlichen Gemeinden diese Bauten zum Vorbild für ihre Kirchen. Später wurde die Form der B. weiterentwickelt, indem z. B. zw. Mittelschiff u. Apsis ein Querschiff eingebaut wurde.
Basis, 1) Grundlage; 2) Grundzahl bei einer Potenz. Beispiel: a^b; a = Basis; 3) Grundlinie einer Fläche, Grundfläche eines Körpers (Geometrie).
Basken, Volk beiderseits der → Pyrenäen mit eigener Kultur u. Sprache.
Basketball, siehe Kasten S. 30.
Bass, 1) die tiefe Lage der Männerstimme; 2) → Kontrabass.
Bast, 1) dickwandiges Zellgewebe von Pflanzenstängeln oder -stämmen, z. B. von Flachs, Hanf, das u. a. als Spinnstoff verwendet wird; 2) Überzug am → Geweih.
Bastard (der, frz.), Mischling, z. B. Maulesel (aus Pferd u. Esel).
Bastille (die, frz.), im 14. Jh. erbaute Zwingburg von Paris. Seit dem 15. Jh. war sie frz. Staatsgefängnis. Sie wurde 1789 zu Beginn der → Französischen Revolution vom Volk erstürmt u. später zerstört.
Bauchfell, eine dünne Haut, die Eingeweide u. Innenflächen der Bauchhöhle überzieht.
Bauchpilze, Pilze mit rundlichen oberirdisch wachsenden Fruchtkörpern, z. B. Stinkmorchel, Bovist.
Bauchspeicheldrüse, beim Menschen längliche Drüse hinter dem Magen. Sie liefert Verdauungssäfte. Außerdem wird hier → Insulin produziert.
Bauernkriege, Aufstände von Bauern 1524–1525 in Teilen Deutschlands u. Österreichs mit dem Ziel, wirtschaftliche, soziale u. politische Missstände zu beseitigen.
Bauhaus, von W. → Gropius 1919 gegründete „Hochschule für Gestaltung" mit dem Ziel, die Einheit aller Künste unter die Führung der Architektur zu stellen. Die am Bauhaus entwickelten sachlichen Formen wurden beispielgebend für die Architektur in Europa u. Amerika.
Baumgrenze, Höhenzone, bis zu der Bäume wachsen; in Mittelgebirgen bei ca. 1050 m, in den → Alpen bis ca. 2400 m u. im → Himalaja bis ca. 4500 m.
Baumwollstrauch, Malvengewächs (1–2 m hoch), das in Asien, Afrika, Australien u. Amerika kultiviert wird. Die weißen Samenhaare werden beim Pflücken von der Kapsel getrennt u. zu Baumwollgarn versponnen.
Bauxit, Rohmaterial zur Gewinnung von → Aluminium.
Bayerische Alpen, bayerischer Teil der nördlichen Kalkalpen zw. Lech u. Inn mit der → Zugspitze.
Bayerischer Wald, waldreiches Mittelgebirge in Ostbayern; Holz- u. Glasindustrie, Fremdenverkehr; 1970 wurde der Nationalpark B. W. gegründet, 1997 erweitert.
Bayern, Freistaat, Bundesland im Südosten der BR Dtl., 70.550,19 km^2, 12,6 Mio. EW, Hauptst. → München.
Bazillen, stäbchenförmige → Bakterien.
Beachvolleyball (das, engl.), ist eine Variante des → Volleyballspiels, das barfuß am Strand oder auf Sandflächen gespielt wird. 2 Teams aus je 2 Spielern treten gegeneinander an. Seit 1996 gehört B. zum olympischen Programm.
Beamter, in einem Dienstverhältnis zum Staat stehende Person.
Beat (engl.), gleichmäßiger Grundschlag; Beats per minute (Abk. bpm) = Maß für das Tempo eines Musikstücks; beim → Hip-Hop z. B. zw. 70 u. 110 bpm.

Bayern: München

Baumwollernte in Burkina Faso

Bauxit

Baskenland

Franz Beckenbauer

Simone de Beauvoir

Ludwig van Beethoven

Beatles, brit. Popband von 1960–1970. Mitglieder: John Lennon (Gitarre), Paul McCartney (Bass), George Harrison (Gitarre), Ringo Starr (Schlagzeug); Hits wie *Yesterday, Help, Yellow Submarine.*

Beatles

Beaufortskala, 1806 von dem brit. Admiral Beaufort aufgestellte Skala der Windstärken mit 12 Stärkegraden.
Beauvoir, Simone de, frz. Schriftstellerin (1908–1986). Gefährtin von J. P. → Sartre; kämpfte v. a. für die Frauenemanzipation.
Bebel, August (1840–1913), dt. Politiker. B. ist einer der Gründer der → SPD.
Bebop (engl.), Jazzstil, der in der 1. Hälfte der 1940er-Jahre entstand.
Becken, 1) Knochenring des Skeletts, der Beine u. Rumpf verbindet; 2) wie eine Schüssel abgesenkter Teil der Erdoberfläche; 3) ein Musikinstrument aus 2 Metallscheiben.
Beckenbauer, Franz (*1945), dt. Fußballspieler u. -trainer, Weltmeister 1974 u. 1990.
Becker, Boris (*1967), dt. Tennisspieler, gewann 3-mal das Turnier von → Wimbledon (1985, 1986, 1989), Olympiasieger zusammen mit Michael → Stich 1992.
Beckett, Samuel (1906–1990), irischer Schriftsteller u. Dramatiker, ein Hauptvertreter des absurden Theaters; → Nobelpreis für Literatur 1969; *Warten auf Godot.*
Beckmann, Max (1884–1950), dt. Maler des → Expressionismus.
Becquerel, Antoine Henri (1852–1908), frz. Physiker, → Nobelpreis für Physik 1903.
Becquerel (Bq), nach A. H. Becquerel benanntes Maß für die Radioaktivität. 1 Bq = 1 Atomzerfall pro Sekunde.
Bedecktsamer, Bezeichnung für Pflanzen, die ihre Samen im geschlossenen Fruchtknoten reifen lassen (z. B. Raps, Hahnenfußgewächse).
Beduinen, arabische Hirtennomaden.
Beecher-Stowe, Harriet Elisabeth (1811–1896), amerik. Schriftstellerin; weltberühmt durch den gegen die Sklaverei gerichteten Roman *Onkel Toms Hütte.*
Beere, Bezeichnung für eine Frucht mit saftiger, fleischiger Fruchthülle, zäher Außenhaut u. oft vielen Samen, z. B. Stachelbeere.
Beethoven, Ludwig van (1770–1827), dt. Komponist. Er schrieb u. a. 9 Sinfonien, 32 Klaviersonaten, die Oper *Fidelio.*
Befreiungskriege, Kämpfe verschiedener europäischer Staaten gegen die Herrschaft → Napoleons von 1813–1815. Die Entscheidung gegen Napoleon fiel in der Schlacht bei → Waterloo 1815.
Befruchtung, Verschmelzung von zwei Geschlechtszellen (z. B. Eizelle u. Samenzelle) zu einer einkernigen Zelle, die je einen Chromosomensatz mit den Erbinformationen der mütterlichen u. der väterlichen Keimzelle enthält (→ Chromosomen). Aus der neu entstandenen Zelle entwickelt sich ein neuer Organismus. Seit Kurzem ist auch künstliche Befruchtung möglich, → Retortenbabys.
Begattung (Paarung), Bezeichnung für den Geschlechtsakt.
Begnadigung, der Erlass einer Strafe, der vom Bundespräsidenten oder einem Ministerpräsidenten eines Bundeslandes ausgesprochen werden kann.
Behring, Emil von (1854–1917), dt. Bakteriologe u. „Erfinder" der Schutzimpfungen. Der erste Nobelpreisträger für Medizin (1901) entwickelte Impfseren gegen Diphtherie u. Wundstarrkrampf.

Beichte, das Sündenbekenntnis vor einem Geistlichen (Beichtvater) oder der Gemeinde, um Vergebung zu erlangen.
Beijing, Peking, Hauptst. der Volksrepublik → China, im N der Großen Ebene, 20,7 Mio. EW. Stadtkern ist die „Verbotene Stadt“ (Kaiserstadt), Zentrum von Kultur, Handel, Industrie u. Verkehr.
Beirut, Hauptst. des → Libanon, am Mittelmeer, 2,06 Mio. EW, 3 Universitäten, Hafen.
Beischlaf (Koitus, Begattung), die geschlechtliche Vereinigung von Mann u. Frau.
Beize, 1) eine Jagdart auf kleineres Wild mit abgerichteten Raubvögeln (Falken, Habichte, Adler); 2) Säuren u. Laugen zur Oberflächenbehandlung von Metallen oder zum Färben von Holz; V.: **beizen**.
Belarus, offizieller Name von → Weißrussland.
Belegschaft, Bezeichnung für die Gesamtheit der Arbeitnehmer in einem Betrieb.
Belfast, Hauptst. von → Nordirland, 280.000 EW, Universität, Werften, Textilindustrie, Maschinenbau, Hafen.

Belgien

parlamentarische Monarchie in Westeuropa, 30.528 km², 11,2 Mio. EW, *Hauptst.* → Brüssel, *Staatsoberhaupt:* König Philippe (seit 2013), *Regierungschef:* Charles Michel (seit 2014). *Naturraum:* 1) Ardennen im SO; 2) Mittelbelgisches Hügelland; 3) Niederbelgien. *Wirtschaft:* Textilindustrie, Spitzen; Hafen in Antwerpen, mildes, feuchtes Seeklima. *Bevölkerung:* 55 % Flamen, 45 % Wallonen, geringer Anteil an Deutsch-Sprechenden.

Belgrad, Hauptst. → Serbiens, an der Mündung der Save in die Donau; 1,2 Mio. EW.

Belize

mittelamerik. karibischer Staat, 22.966 km², 332.000 EW, *Hauptst.* Belmopan, parlamentarische Monarchie im → Commonwealth, *Staatsoberhaupt:* Königin → Elisabeth II., *Premierminister:* Dean Barrow (seit 2008). *Naturraum:* von Urwald u. Sumpf bedecktes Küstentiefland, im N Anteil an der Halbinsel Yucatan, im S Gebirge; tropisches Klima. *Bevölkerung:* 50 % Schwarze u. Mulatten, 20 % Mestizen, sonst Indianer, Weiße. *Wirtschaft:* Plantagen, Fischerei, verarbeitende Industrie.

Bell, Alexander Graham (1847–1922), amerik. Erfinder; konstruierte 1876 das erste funktionierende Telefon.
Belletristik, schöngeistige Literatur, z. B. Romane, Gedichte, Erzählungen, im Ggs. zu Sach- u. Fachbüchern.
Belsazar, letzter König des neubabylonischen Reiches. Er wurde 539 v. Chr. bei der Eroberung Babylons durch die Perser getötet.
Belt, Großer u. Kleiner, 2 Meeresstraßen in der Ostsee östlich bzw. westlich der dän. Insel Fünen.
Benedikt XVI. (*1927, Joseph Ratzinger), Papst 2005–2013. Vertritt in christlicher Lehre u. Ethik eine konservative Haltung.
Benedikt von Nursia (um 480–um 550), Ordensgründer der **Benediktiner**.
Beneluxstaaten, die Staaten → Belgien, → Niederlande u. → Luxemburg.
Bengalen, das Ganges- u. Brahmaputradelta im NO Vorderindiens.
Ben Gurion, David (1886–1973), israel. Politiker. Kämpfte schon vor dem Zweiten Weltkrieg für einen eigenen Staat der Juden. B. war nach der Gründung Israels von 1948–53, 1955–63 fast immer (sozialistischer) Ministerpräsident.

Beijing: Verbotene Stadt

David Ben Gurion

Falkenbeize im Mittelalter

Alban Berg

Benin: Hütten in Porto-Novo

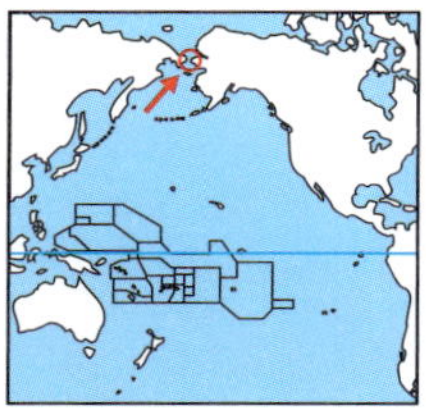
Beringstraße

Berlin: Kaiser-Wilhelm-Gedächtniskirche

Gottfried Benn

Benin

Republik in Westafrika, an der Guineaküste, 112.622 km², 10,3 Mio EW, *Hauptst.* Porto-Novo, *Staats- und Regierungschef:* Boni Yayi (seit 2006). *Naturraum:* Küsten mit Lagunen, im Landesinneren hauptsächlich ebene Savanne, tropisches Klima. *Bevölkerung:* Fon, Yoruba, Bariba, Fulbe u. a. *Wirtschaft:* überwiegend Landwirtschaft, Fischfang, Viehzucht.

Benn, Gottfried (1886–1956), dt. Dichter; expressionist. Gedichte u. Novellen.

Benz, Carl Friedrich (1844–1929), dt. Ingenieur; er erfand zur gleichen Zeit wie Gottfried → Daimler, aber völlig unabhängig von ihm, das Automobil.

Benzin, aus Erdöl hergestellte, leicht brennbare Flüssigkeit, die v. a. in Autos als Treibstoff verwendet wird.

Benzol, farblose, stinkende Flüssigkeit, die z. B. in Farben, Kunststoffen, Lösungsmitteln u. als Benzinzusatz verwendet wird. B.-Dämpfe sind krebserregend.

Berber, Name für die Bevölkerung Nordafrikas bis zum 7. Jh., heute nur noch für einen bestimmten Bevölkerungsteil (etwa 7 Mio.) mit eigener Sprache (**Berbersprache**).

Berg, Alban (1885–1935), österr. Komponist, komponierte atonal, später auch in der Zwölftontechnik; Opern: *Wozzeck*, *Lulu*.

Bergbau, das Suchen, Erschließen, Gewinnen u. Fördern von nutzbaren Rohstoffen, z. B. Kohle, Erdgas, Erdöl, Metallerze, Schwefel, Salz usw. Der Abbau erfolgt durch bis zu 6000 m tiefe Bohrlöcher (Erdgas, Erdöl), bei Fundstellen nahe der Erdoberfläche im Tagebau. Tiefer gelegene Vorkommen werden im Untertagebau durch Schächte u. Stollen (**Bergwerk**) abgebaut.

Bergfried, runder oder eckiger Hauptturm der mittelalterlichen Burg, der als letzte Zuflucht diente.

Bergkristall, ein farbloses Quarzmineral, → Achat.

Bergman, 1) Ingmar (1918–2007), schwed. Filmregisseur, z. B. *Wilde Erdbeeren* (1957); 2) Ingrid (1915–1982), schwed. Filmschauspielerin; *Casablanca* (1942).

Bergpredigt, Rede Jesu (Matthäus 5–7), welche die Seligpreisungen u. das Vaterunser enthält.

Bergstraße, Landschaft zw. Heidelberg u. Darmstadt; Wein- u. Obstbau, Fremdenverkehr.

Bering, Vitus Jonassen (1680–1741), dän. Seefahrer u. Asienforscher. Ein Meer, ein Schiffsweg (Beringstraße) u. eine Insel wurden nach ihm benannt.

Berlichingen, Götz von (1480–1562), ein Reichsritter, der im Krieg seine rechte Hand verlor u. durch eine „eiserne Hand" ersetzen ließ; durch → Goethes gleichnamiges Drama berühmt.

Berlin, Hauptst. der BR Dtl., 891 km², 3,44 Mio. EW. War bis 1989 durch die → Berliner Mauer in Ost- u. Westberlin geteilt. Mit der Wiedervereinigung Deutschlands am 3. Oktober 1990 wurde Gesamtberlin zum Bundesland u. wieder Hauptst. Deutschlands. Seit September 1993 hat Berlin Bonn als Regierungssitz abgelöst.

Berlinale, Bezeichnung für die alljährlich stattfindenden Filmfestspiele in Berlin.

Berliner Kongress, von → Bismarck 1878 auf Drängen Österreichs u. Englands abgehaltene Versammlung der früheren Staatsmänner der europäischen Großmächte u. der Türkei.

Berliner Mauer, im August 1961 von der DDR erbaute Grenzmauer, die Berlin in einen Ost- u. einen Westsektor teilte; sie war Symbol der Teilung Deutschlands u. Europas nach dem Zweiten Weltkrieg.

Berlinstatus, besondere Rechtsstellung der früheren Reichshauptstadt durch die Aufteilung in 4 Abschnitte nach dem Zweiten Weltkrieg bis zum 3. 10. 1990. Die 4 Besatzungsmächte (USA, UdSSR, Großbritannien, Frankreich) hatten dort das Hoheitsrecht.

Bermudainseln, Inselgruppe im Westatlantik, 53,3 km², 64.700 EW, Hauptst. Hamilton, brit. Kolonie. Angeblich sind im Bermudadreieck zw. Florida, Puerto Rico u. den B. Schiffe u. Flugzeuge auf mysteriöse Weise verschwunden.

Bern, Hauptst. der → Schweiz, 128.900 EW, malerische Altstadt, Universität.

Berninagruppe, höchstes, vergletschertes Gebirge der Ostalpen, zw. der Schweiz u. Italien. Höchster Berg ist der Piz Bernina (4049 m), südöstlich davon der Berninapass (2323 m).

Bernstein, Harz fossiler Bäume. Die durchscheinenden, gelborangen bis braunen B.-Stücke enthalten manchmal eingeschlossene Insekten. Fundorte u. a. Ostseeküste, Rumänien, Sizilien.

Bernstein, Leonard (1918–1990), amerik. Komponist u. Dirigent, schrieb Orchesterwerke u. Musicals; *West Side Story*.

Berufung, Einspruch gegen ein Urteil der ersten → Instanz. Der Sachverhalt wird dann vom nächsthöheren Gericht erneut geprüft.

Beryllium, sehr hartes Leichtmetall.

Berzelius, Jöns Jakob Freiherr von (1779–1848), schwed. Chemiker. Er führte 1811 die noch heute gültigen chemischen Symbole ein.

Beschleuniger, 1) ein Stoff (→ Katalysator), der den Verlauf chemischer Reaktionen beschleunigt; 2) in der Kernphysik ein Gerät zum Beschleunigen geladener Elementarteilchen u. Ionen.

Beschneidung, rituelles Weg- oder Einschneiden der Vorhaut am → Penis (z. B. bei Juden oder Moslems).

Bestallung, die Anstellung als Beamter; auch Bezeichnung für → Approbation.

Bestäubung, Übertragung von Blütenstaub (Pollen) auf die Blütennarbe, meist durch Wind oder Tiere, v. a. Insekten wie Bienen.

Bestechung, das Anbieten oder Geben von Geschenken, Geld oder anderen Leistungen, um dadurch Vorteile zu erlangen.

Beta, β, 2. Buchstabe des gr. Alphabets.

Betastrahlen, sie werden bei radioaktivem Zerfall ausgesandt u. bestehen aus Elektronen, zum Teil mit Geschwindigkeiten, die 99 % der Lichtgeschwindigkeit erreichen.

Beton (der, frz.), Baustoff aus Zement als Bindemittel u. Sand oder Kies, der mit Wasser angerührt u. in eine Form gegossen wird, wo er aushärtet.

Betriebsrat, Arbeitnehmervertretung zur Mitbestimmung in den Betrieben.

Betriebssystem, Softwarepaket zur Steuerung der fundamentalen Funktionen eines Computers.

Betriebswirtschaftslehre (BWL), Zweig der Wirtschaftswissenschaft, der sich mit dem wirtschaftlichen Geschehen in Unternehmen befasst.

Beuteltiere, alte Entwicklungsform der Säugetiere. Die 2 cm großen Jungen wachsen in einem Bauchbeutel heran. Die wenigen noch lebenden Arten kommen nur in Australien u. Ozeanien vor u. sind meist Pflanzenfresser, z. B. Känguru, Koala.

Beryllium

Bermudainseln

Bermudadreieck

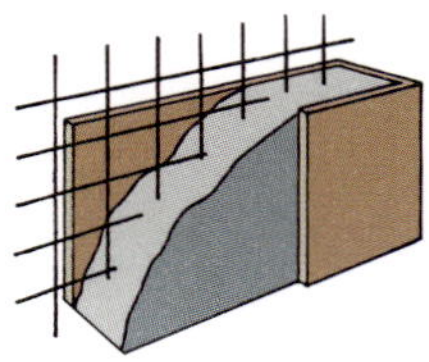
Beton

Bevölkerung

Die Bevölkerung auf unserem Planeten nimmt ständig zu. Man schätzt, dass im Jahr **1750** rund **800 Millionen** Menschen lebten. 150 Jahre später hatten sie sich auf 1,65 Milliarden verdoppelt. Ein Ende des Wachstums ist nicht abzusehen: Die → UNO rechnet bis zum Jahr **2050** sogar mit **10 Milliarden** Menschen.

Die Verteilung der Bevölkerung auf der Erde ist sehr unterschiedlich. Etwa 4 Milliarden Menschen, d. h. 60 % der **Weltbevölkerung**, leben in → Asien, wobei → China und → Indien die Hauptrolle spielen, denn hier hat sich die Bevölkerung seit dem Jahr 1900 (580 Millionen) auf heute rund 2,6 Milliarden vervielfacht. Im gleichen Zeitraum hat sich die Bevölkerung Europas auf etwa 743 Millionen nur knapp verdoppelt. Obwohl man nicht sicher weiß, wie viele Menschen die Erde ernähren kann, ist bei dem vorhergesagten Wachstum ein **Ansteigen von Hunger und Armut** zu befürchten. Deshalb versuchen internationale Organisationen und die betroffenen Staaten selbst, die Geburtenzahlen zu reduzieren, indem sie z. B. über Empfängnisverhütung aufklären oder sogar, wie in China, die Kinderzahl vorschreiben.

Bidet

Bienenwabe

Bilderschrift der Maya

Bildhauerei: David (G. L. Bernini)

Beuys, Joseph (1921–1986), dt. Aktionskünstler; arbeitete v. a. mit Fett u. Filz.
Bevölkerung, siehe Kasten S. 35.
Bewährungsfrist, ein vom Gericht festgesetzter Zeitraum, nach dem die Strafe erlassen wird, wenn sich der Verurteilte gut führt.
Bewusstsein, Fähigkeit des Menschen, Erlebnisse u. Erfahrungen aufzunehmen u. zu speichern. Das B. kann willentlich beeinflusst werden, (Bewusstlosigkeit, Unterbewusstsein) u. ist vom → zentralen Nervensystem abhängig.
BGB, Abk. für → **B**ürgerliches **G**esetz**b**uch.
BGH, Abk. für → **B**undes**g**erichts**h**of.
BGS, Abk. für **B**undes**g**renz**s**chutz.

Bhutan

konstitutionelle Monarchie im östlichen Himalaja, 47.000 km², 754.000 EW, *Hauptst.* Thimphu, *Staatsoberhaupt:* König Jigme Khesar Wangchuk (seit 2006), *Regierungschef:* Tschering Tobgay (seit 2013). *Naturraum:* Hochgebirgsland mit gemäßigtem Klima zw. Himalajaketten im N u. bewaldetem Randgebirge im S. *Bevölkerung:* Tibeter, Nepali u. a. *Wirtschaft:* in Tälern Ackerbau, sonst Viehzucht, Kleinindustrie.

bi..., Bi..., bedeutet in Wortzusammensetzungen „zwei...", „doppel...", „doppelt...".
Biathlon (der, gr., „Doppelkampf"), Wintersport, der aus Skilanglauf über 10 bzw. 20 km bzw. Staffel mit 2 oder 4 Schießprüfungen besteht; B. ist (mit Unterbrechungen) bereits seit 1924 olympisch.
Bibel (die, gr., „Bücher"), die Heilige Schrift der Christen, gegliedert in Altes u. Neues Testament. Das in Hebräisch verfasste A. T. enthält jüdische Schriften aus vorchristlicher Zeit: Gesetzestexte, historische u. prophetische Bücher, Weisheitsliteratur (z. B. Psalmen). Das N. T. berichtet in gr. Sprache vom Leben Christi in den 4 Evangelien, in Apostelgeschichten u. -briefen u. der prophetischen Offenbarung des Johannes (Apokalypse). Die erste Bibelübersetzung ins Deutsche stammt von → Luther.
Bibliothek (die, gr.), Ort, an dem Bücher gesammelt u. nach bestimmten Gesichtspunkten geordnet (archiviert) werden.
Bidet (das, frz.), Sitzwaschbecken.
Biedermeier, beschaulich-bürgerlicher Kunststil zw. → Klassizismus u. → Realismus, 1815–1848.
Bienen, artenreiche Familie der Hautflügler, → Honigbiene.
Bier, mit Hefe vergorenes, alkohol- u. kohlensäurehaltiges Getränk. Wird in Brauereien aus Gerstenmalz, Hopfen u. Wasser hergestellt. Schon die alten Ägypter u. Babylonier kannten das Gebräu, Mönche haben es als Fastenspeise wieder entdeckt.
Bigamie (die, gr., „Doppelehe"), strafbares Eingehen einer 2. Ehe bei bereits bestehender Ehe.
bigott, scheinheilig-fromm, Sub.: **Bigotterie.**
Bikini, 1) Atoll im Pazifik; 1946–1958 fanden hier Atombombenversuche der USA statt; 2) zweiteiliger Damenbadeanzug.
Bilanz, Bestandsaufnahme der Vermögenswerte eines Unternehmens; meist die Abwägung von Gewinn u. Verlust am Jahresende (Jahresbilanz).
bilateral, zweiseitig.
bildende Kunst, Sammelbegriff für alle künstlerischen Produkte, die durch ein Formen mit Materialien entstanden sind, z. B. Malerei, Grafik, Plastik, Kunstgewerbe; manchmal wird auch die Baukunst mit eingeschlossen.
Bilderschrift (Piktografie), Darstellung von Sachverhalten durch Bilder oder Symbole (z. B. → Keilschrift, ägyptische → Hieroglyphen, Bilderschrift der → Maya). Ggs.: Buchstabenschrift.
Bildhauerei, dreidimensionales Gestalten von reliefartigen bis vollrunden Gegenständen. Als Materialien verwendet man z. B. Holz, Stein, Metall oder Ton. Die Arbeitsweise ist entweder wegnehmend (z. B. bei Stein), → Skulptur, oder antragend (z. B. bei Ton), → Plastik.

Bildröhre, luftleerer Glaskolben mit großer ebener Fläche, an deren Innenseite ein Leuchtstoff aufgebracht ist, der von einem Elektronenstrahl zum Leuchten angeregt wird. Die B. macht Fernsehbilder sichtbar.
Bildschirmtext (Btx), Informationsübertragung (Text, Grafiken), die mit dem Fernsehprogramm angeboten wird.
Billard (das, frz.), Kugelspiel, bei dem die Kugeln mit einem Stab (Queue) aneinander bzw. in ein Loch gestoßen werden müssen.
Bill of Rights, 1) engl. Staatsgrundgesetz von 1689, das die Rechte von Parlament u. Volk gegenüber dem Monarchen festlegte; 2) 10 Zusatzartikel von 1791 zur Verfassung der USA, die wesentliche Grundrechte enthalten.
Bimsstein, poröses Vulkangestein; wird als Schleifmittel, für kosmetische Zwecke u. als Wärmeisolation verwendet.
Bin Laden, Osama (1957–2011), der islamische Extremist beteiligte sich in den 1980er-Jahren am Widerstandskampf gegen die sowjetischen Besatzer in Afghanistan. Dann kehrte er in seine Heimat Saudi-Arabien zurück und wandte sich gegen das Königshaus. Seit 1996 baute er in Afghanistan die Terrororganisation → Al-Quaida auf, mit der er gegen Israel und die USA vorging. Er wird von den USA zudem als Hauptschuldiger für die Anschläge des → Elften Septembers genannt.
binär (lat.), aus 2 Einheiten zusammengesetzt.
Binärsystem, Zahlensystem mit nur 2 „Zuständen“. Man spricht auch von Ja-Nein-, 1-0-, An-Aus-Systemen. Trotz der Einfachheit lassen sich mit dem B. alle Zahlen u. Zeichen darstellen.
Bindegewebe, Stützgewebe, das überall im Körper vorkommt. Am Aufbau sind u. a. Fettzellen u. weiße Blutkörperchen beteiligt.
Bindehaut, Schleimhaut an der Augenlidinnenseite u. auf dem → Auge. Sie schützt das Auge durch Feuchtigkeit vor Staub u. a. Einwirkungen.
Bindewort, Wort, das Sätze oder Satzteile verbindet, z. B. und, oder.
Binnengewässer, Flüsse u. Seen des Festlandes. Sie sind häufig durch Abwasser, Flussbegradigung, Kühlwasser u. → sauren Regen bedroht.
Binnenmeer, vom Festland umgebene große Wasserfläche ohne Abfluss (z. B. → Kaspisches Meer) oder durch Meerengen mit dem Ozean verbunden.
Binse, grasähnliche Pflanze an feuchten Standorten.
bio..., Bio... (gr.), in Wortzusammensetzungen Bedeutung von „Leben“.
Biochemie, Teilgebiet der Biologie, erforscht den chemischen Aufbau u. die Stoffwechselvorgänge in Tier u. Pflanze.
Bioenergie, aus Biomasse wie Raps, Stroh, Holzresten, Stallmist, Hausmülldeponien erzeugte Energie in Form von Öl, Bioalkohol oder → Biogas. Ihre Bedeutung nimmt weltweit zu.
Biogas, fällt an bei der Vergärung von Gülle, Stroh- u. Holzresten, bei Kompostierung u. Hausmülldeponien. B. dient der Hausgasversorgung, als Treibstoff u. zur Stromerzeugung.
Bioindikatoren, bestimmte Pflanzen u. Tiere, die auf Umweltveränderungen sehr empfindlich reagieren u. daher gute „Gradmesser“ für die Umweltqualität abgeben.
Biologie (die, gr., „Lehre vom Leben“), Bezeichnung für die Naturwissenschaften, die sich mit den Lebewesen befassen (Mensch, Tier, Pflanze, Mikroorganismen).
biologischer Landbau, Anbaumethode, die auf chemischen Dünger u. Schädlingsbekämpfungsmittel verzichtet.
biologische Schädlingsbekämpfung, alle Maßnahmen, um ohne Chemikalien auszukommen. B. S. arbeitet z. B. mit Wirkstoffen aus Pflanzen (Brennnesselbrühe gegen Blattläuse) u. dem Einsatz von natürlichen Feinden (z. B. Marienkäfer gegen Blattläuse).
biometrischer Reisepass, Pass, der neben Angaben wie Name, Größe, Augenfarbe u. einem Passfoto auch 2 Fingerabdrücke (in digitaler Form auf einem Chip gespeichert) enthält. Der b. R. wurde in der BR Dtl. 2005 eingeführt.
Bionik, ist der wissenschaftliche Versuch, die Natur nachzuahmen, d. h. bestimmte Naturerscheinungen zu entschlüsseln und sie für den Menschen nutzbar zu machen.

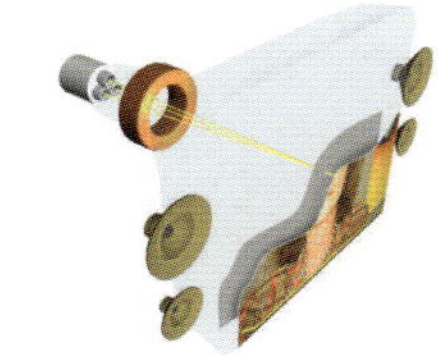
Bildröhre

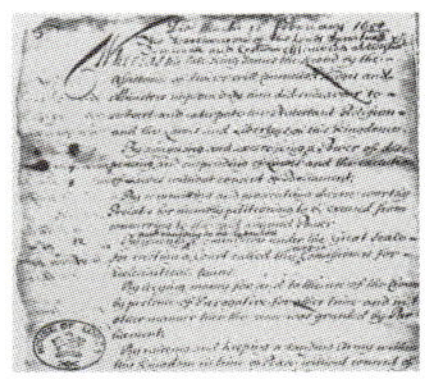
Bill of Rights

Bionik: Lotuseffekt

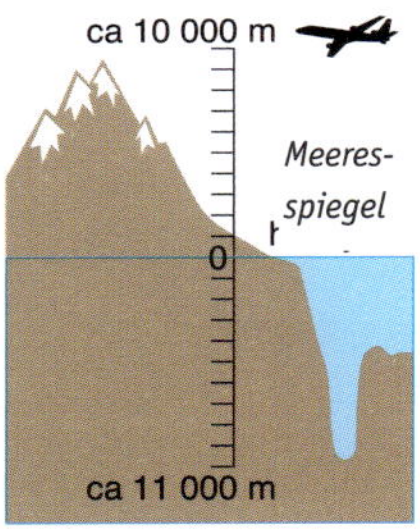

Biosphäre

Biwak: Iglu

Tony Blair

Biskaya

Otto von Bismarck

Biorhythmus (gr.), regelmäßiger Ablauf von Lebensvorgängen, z. B. Wachen – Schlafen; → Menstruation.
Biosphäre, die gesamte von Lebewesen bewohnte Zone vom Boden über die Gewässer bis hin zur Luft.
Biotechnologie, technische Vorgehensweisen, um → alternative Energien zu gewinnen, biologisches Bauen zu verwirklichen, geordnete Abfallbeseitigung zu betreiben u. Giftstoffe abzubauen oder zu entfernen (Rauchgasentschwefelung).
Biotop (das, gr.), der Lebensraum einer Art, z. B. Wälder, Seen, Tümpel, Höhlen, Moore, Wiesen, Flüsse.
Bischof, leitender Geistlicher der christlichen Kirchen, dessen Amtstracht aus Ring, Krummstab, Brustkreuz u. → Mitra besteht.
bisexuell, mit Neigungen zum gleichen u. zum anderen Geschlecht.
Biskaya, Golf von B., Bucht des Atlantik zw. Westfrankreich u. Nordspanien.
Bismarck, Otto von (1815–1898), dt. Staatsmann, „Eiserner Kanzler", schuf die erste Sozialgesetzgebung. Maßgeblich 1871 für die dt. Reichsgründung verantwortlich. Sicherte das Erreichte (u. a. Elsass-Lothringen) durch geschickte Bündnispolitik.
Bismarckarchipel, vulkanische Inseln im Pazifik; gehört zu Papua-Neuguinea, Hauptst. Rabaul.
Bistum (Diözese), Amtsgebiet eines Bischofs.
Bit, die kleinste Einheit des → Binärsystems; ein B. kann nur den Wert 0 oder 1 haben. Durch unterschiedliche Aneinanderreihungen mehrerer B. ergeben sich Informationen, die der Computer verarbeiten kann. 8 B. sind zu einem → Byte zusammengefasst.
Bitumen (das, lat.), natürlich vorkommendes oder bei der Erdöldestillation entstehendes Kohlenwasserstoffgemisch, das als Dichtmasse u. im Straßenbau verwendet wird.
Biwak (das, frz.), Lager im Freien, in Zelten oder in Iglus.
Bizet, Georges (1838–1875), frz. Komponist. Oper: *Carmen*.
Blackbox (die, engl.), Teil eines künstlichen kybernetischen Systems, bei dem man das Innere u. die Funktion nicht kennt, sondern nur die Ein- u. Ausgangssignale.
Blair, Tony (*1953), brit. Politiker. Seit 1994 Vorsitzender u. Modernisierer der Labour Party („New Labour"), 1997–2007 brit. Premierminister.
blanchieren (frz.), Speisen (z. B. Tomaten) mit heißem Wasser überbrühen.
blanko (ital., „weiß"), leer, nicht ausgefüllt.
Blankvers, im Drama der dt. Klassik u. bei → Shakespeare häufig verwendeter, reimloser Vers (fünffüßiger → Jambus).
Blase, hautumgebenes Hohlorgan bei Lebewesen (Harn-, Gallen-, Schwimmblase).
blasiert (frz.), hochmütig, eingebildet.
Blasinstrumente, Musikinstrumente aus Holz oder Blech, bei denen der Ton durch Einblasen von Luft erzeugt wird.
Blasphemie (die, gr.), Gotteslästerung; A.: **blasphemisch**.
Blatt, wichtiges „Organ" der Pflanze, mit dem sie atmen, Feuchtigkeit regulieren u. die Fotosynthese durchführen kann. Das Blatt dient auch vielen Kleinstlebewesen als Nahrung u. Lebensraum. Für die Pflanzenbestimmung ist es ein wichtiges Merkmal. Auch die „Nadeln" der Nadelbäume sind Blätter.
Blätterpilze (Lamellenpilze), Pilze mit strahlenförmig angeordneten Lamellen an der Hutunterseite, z. B. Champignon.
Blauer Reiter, ursprüngl. der Titel eines Gemäldes von → Kandinsky; 1912 Name einer Künstlergruppe, zu denen u. a. Kandinsky, → Marc u. → Macke gehörten.
Blausäure (HCN), farblose, sehr giftige Flüssigkeit, in Bittermandel u. Steinobstkernen. Synthetisiert dient B. als Grundstoff für Kunststoffe, zur Ungeziefervernichtung u. als Gaskampfstoff.
Blauwal, Bartenwalart. Der B. ist das größte Säugetier der Erde, lebt in Herden meist in den Meeren um Nord- u. Südpol; → Wale.
Blei (Pb), weiches Schwermetall, schmilzt bei 327 °C (Bleigießen zu Silvester); säurefest; industriell verwertet in Legierungen u. Farben, Zell- u. Nervengift.
bleifrei, Eigenschaft von z. B. Farben u. Benzin ohne den hochgiftigen Zusatz

von → Blei. Viele Motoren vertragen bleifreies Benzin, auch ohne mit dem → Katalysator ausgerüstet zu sein.
Blende (die), technisches Gerät z. B. in Fotoapparaten, das ähnlich wie die Pupille des menschlichen Auges funktioniert: Es begrenzt den Querschnitt von Strahlungsbündeln u. hilft so, Bildfehler zu vermeiden. Bestimmten Blendenwerten sind immer bestimmte optimale Belichtungszeiten zugeordnet.
Blesse, weißes Abzeichen am Kopf bei Rind u. Pferd.
Blinddarm, Anfangsstück des Dickdarms, an dem der Wurmfortsatz (→ Appendix) hängt. Der Appendix kann sich entzünden, nicht der Blinddarm.
Blindenschrift, eine von dem frz. Blindenlehrer → Braille erfundene Schrift, die aus abtastbaren Punkten besteht; auch Brailleschrift genannt.
Blindheit, angeborenes, durch Augenkrankheiten oder Unfälle hervorgerufenes Unvermögen zu sehen; kann durch Schärfen von Gehör- u. Tastsinn teilweise ausgeglichen werden.
Blindschleiche, schlangenähnliche Echse, ist über ganz Europa u. Kleinasien verbreitet, wird bis 50 cm lang, trägt ein graubraunes Schuppenkleid, ernährt sich von Würmern u. Schnecken. Das meist nachtaktive Tier ist ungefährlich, hält Winterruhe.
Blitz, elektrische Entladung zw. 2 entgegengesetzt geladenen Wolken oder zw. Wolke u. Erde.
Blitzableiter, von Benjamin → Franklin erfundener, gut geerdeter Leiter auf Hausdächern oder an Stromleitungsmasten. Ein Blitz, der hier einschlägt, wird damit unschädlich gemacht, da er sich immer den kürzesten u. am besten leitenden Weg zur Erde sucht.
Blizzard (der, engl.), winterlicher Schneesturm in Nordamerika.
Blücher, Gebhard Leberecht Fürst B. von Wahlstatt (1742–1819), preußischer Feldmarschall; besiegte 1815 mit → Wellington Napoleon I. bei Waterloo.
Blues (engl.), 1) 12-taktiges Formschema des Jazz; 2) Volksmusik der nordamerik. Schwarzen.
Bluff (der, engl.), geschickte, überraschende Täuschung. V.: **bluffen.**
Blume, 1) Bezeichnung für die → Blüte, oft auch für die ganze Pflanze, z. B. Schnittblume; 2) Bukett des Weines; 3) Bierschaum; 4) Schwanz von Hase u. Kaninchen.
Blumberg, Baruch Samuel (1925–2011), amerik. Mediziner, entwickelte einen Test, um → Gelbsucht zu erkennen; → Nobelpreis für Medizin 1976.
Blut, Flüssigkeit, die den Körper mit Sauerstoff, Nährstoffen u. Hormonen versorgt. B. besteht aus dem **Blutplasma** u. zu 45 % aus festen Bestandteilen, den **Blutkörperchen.** Die roten B.-Körperchen enthalten → Hämoglobin, was dem B. die rote Farbe gibt. Die weißen B.-Körperchen schützen den Körper vor Krankheiten. Der Mensch besitzt ca. 5 l Blut.
Blutbild, medizinisches Verfahren zur Bestimmung der Werte des Blutfarbstoffs u. der Zahl u. Verteilung der roten u. weißen Blutkörperchen.
Blutdruck, der durch die Tätigkeit des Herzens in den Blutgefäßen erzeugte Druck.
Blüte, sie dient der Blütenpflanze zur Vermehrung u. ist männlich, weiblich oder zwittrig. Farbe, Form u. Geruch der B. locken die Insekten an (→ Blütenteile).
Blütenstand, regelmäßige Anordnung der Blüte einer Pflanze, nach der man diese einordnen kann, z. B. als → Doldenblütler, Korbblütler, Kreuzblütler.
Blütenstaub (Pollen), befindet sich im Staubbeutel einer Blüte. B. spielt bei der Befruchtung eine Rolle u. dient als Nahrungsquelle für Insekten.
Blütenteile, eine zwittrige Pflanzenblüte besteht aus den Kelchblättern (Blütenhülle), dem Blütenboden, den männlichen Staubgefäßen u. der weiblichen Samenanlage (Narbe, Fruchtschlauch, Fruchtknoten).
Bluterguss, Zerstörung feiner Blutgefäße durch Prellungen. Das Blut ergießt sich in das umliegende Gewebe u. färbt es blau.
Bluterkrankheit, erbliche Krankheit, bei der die Blutgerinnung gestört ist. Da Wunden nicht durch geronnenes Blut geschlossen werden, können Bluter an kleinsten Verletzungen verbluten.
Blutgefäße, Bezeichnung für die → Adern.

Blitzableiter

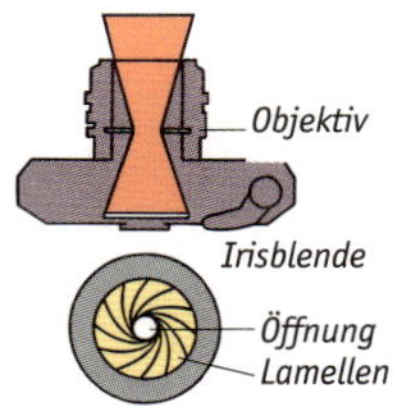

Blende

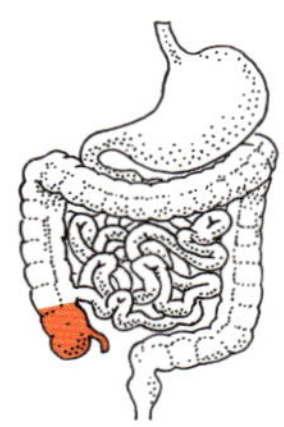
Blinddarm

Blüte

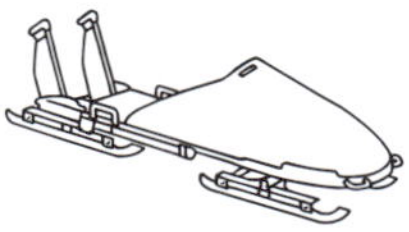

Bob

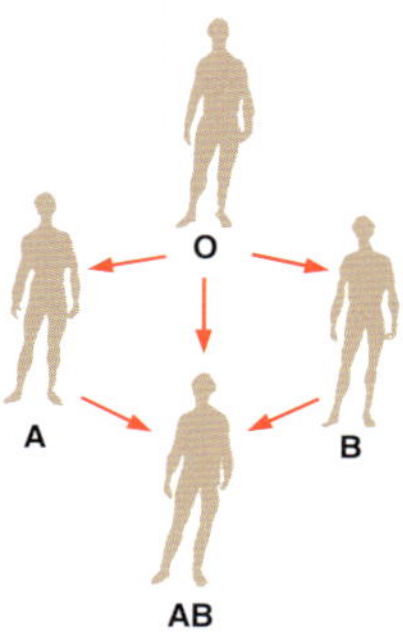

Blutgruppen

Bohrinsel

Blutgerinnung, Verkrustung des Blutes nach Austreten aus einer Wunde; sie geschieht automatisch, damit ein Ausbluten verhindert wird.

Blutgruppen, erbliche Merkmale des Blutes. Man unterscheidet die B. 0, A u. B sowie den → Rhesusfaktor. Für Bluttransfusionen ist es wichtig, dass die B. des Spenderbluts mit der des Empfängers übereinstimmen.

Blutkreislauf, durch die Arbeit des Herzmuskels verursachte Zirkulation des Blutes im Körper; beim Menschen von der linken Herzkammer durch den Körper u. zurück zur rechten Herzkammer (= Körperkreislauf), danach zur Lunge u. zurück zur linken Herzkammer (Lungenkreislauf). Mit dem B. wird Sauerstoff zu allen Körperzellen transportiert.

Bluttransfusion, Übertragung von Spenderblut auf jemanden, der z. B. durch Verletzung einen hohen Blutverlust erlitten hat; → Blutgruppen.

Blutvergiftung, Infektion durch Eindringen von Krankheitserregern (meist Eiter) in die Blutbahn.

Blyton, Enid (1896–1968), engl. Schriftstellerin. Sie schrieb über 400 Jugendbücher, z. B. *Hanni und Nanni*.

BND, Abk. für → **B**undes**n**achrichten**d**ienst.

Bö (die, niederländ.), auch Böe, heftiger Windstoß.

Bob, Spezialschlitten (Zweier- oder Vierer-Bob), der mit Geschwindigkeiten von über 100 km/h durch einen präparierten Eiskanal fährt. Seit 1924 olympische Disziplin.

Bobby (engl.), ugs. Bezeichnung für brit. Polizisten.

Boccia (das, ital.) auch Boule, Kugelspiel, bei dem es gilt, größere Kugeln möglichst nahe an eine kleine Setzkugel (Zielkugel) heranzuwerfen u./oder die Kugeln anderer Mitspieler wegzustoßen.

Bock, männliches geschlechtsreifes Tier, z. B. Reh, Gämse.

Bodden, eine seichte Meeresbucht, wie sie bes. an der Ostseeküste vorkommt.

Boden, oberste Schicht der Erdrinde, die aus stärker oder schwächer verwittertem Gestein u. → Humus besteht.

Bodenbelastung, Folge von oft gedankenlosem Handeln, das die Böden mit Schadstoffen belastet, z. B. mit Chlorkohlenwasserstoffen, → Pestiziden, → Radioaktivität, → Schwermetallen.

Bodenschätze, Vorkommen von Rohstoffen für die Industrie u. von Energieträgern im Boden bzw. im Gestein.

Bodensee, vom Rhein durchflossener See am nördlichen Alpenrand, 395 m über dem Meeresspiegel, 539 km^2, bis 252 m tief: geteilt in Obersee, Überlinger- u. Untersee.

Bodycheck (der, engl.), beim Eishockey ein erlaubter körperlicher Angriff mit Brust, Schulter u. Hüfte.

Bogart, Humphrey (1899–1957), amerik. Schauspieler; *Casablanca* (1942).

Bogen, 1) in der Baukunst ein gewölbter, tragender Teil, z. B. als oberer Fensterabschluss; 2) mit Rosshaaren bespannte Holzstange zum Streichen von Saiteninstrumenten; 3) Kriegs- u. Jagdwaffe zum Abschuss von Pfeilen.

Bogenschießen, Sportschießen (Herren u. Damen) mit Pfeil u. Bogen, das im Freien oder in Hallen veranstaltet wird. B. war olympische Disziplin von 1900 bis 1920 u. gehört seit 1972 wieder zum olympischen Programm.

Bogotá, Hauptst. Kolumbiens, 2610 m über dem Meeresspiegel in den → Anden, 8,4 Mio. EW.

Bohème (die, frz.), romantisch-ungebundener Lebensstil, v. a. von Künstlern um die Jahrhundertwende gepflegt.

Böhmen, historisches, sehr fruchtbares Gebiet im W der Tschechischen Republik, Zentrum Prag.

Böhmen: Prag

Bohr, Niels (1885–1962), dän. Physiker. Mit seinem Atommodell schuf er 1913 die Grundlage für die moderne Kernphysik. B. erhielt 1922 den Nobelpreis für Physik.

Bohrinsel, schwimmende Plattform im Meer mit Turmaufbau u. einem Rohr bis tief in den Meeresboden zur Förderung von Erdöl.

Boiler (der, engl.), Heißwasserbereiter u. -speicher.

Boje, tonnenförmiger Schwimmkörper, der als Seezeichen verwendet wird.

Bolero (der, span.), 1) span. Volkstanz im 3/4-Takt; 2) kurzes Jäckchen.

Bolívar, Simón (1783–1830), südamerik. Freiheitsheld. Befreier Südamerikas von der 3 Jh. dauernden span. Herrschaft. Gründer der Staaten → Kolumbien u. → Bolivien. B. war ab 1819 Präsident von Großkolumbien.

Bolivien

präsidiale Republik, Andenstaat, 1.098.581 km², 10,03 Mio. EW, *Hauptst.* Sucre, *Präsident:* Evo Morales Ayma (seit 2006). *Naturraum:* Andenhochland mit dem abflusslosen Altiplano, begrenzt von West- u. Ost-Kordillere (über 6000 m), im N u. O Teile Amazoniens u. der La-Plata-Senke; tropisches (Hochland-) Klima. *Bevölkerung:* 50 % Indios, 30 % Mestizen, 15 % Weiße. *Wirtschaft:* Anbau für Eigenbedarf; Kartoffeln. Bedeutender Bergbau.

Böll, Heinrich (1917–1985), dt. Schriftsteller; erhielt 1972 den Nobelpreis für Literatur. Bekannte Werke: *Ansichten eines Clowns* (1963), *Billard um halb zehn* (1959).

Bolschewismus, Vorform des → Kommunismus. Der Begriff entstand bei der Trennung der russ. sozialdemokratischen Partei 1903: Bolschewiki waren die Mehrheitler unter der Führung → Lenins, Menschewiki die Minderheitler. Der B. war seit der russ. → Oktoberrevolution 1917 die führende politische Kraft in Russland.

Bolzen, 1) kurzer Metallstift als Verbindungselement; 2) Geschoss für die Armbrust mit hölzernem Schaft u. Eisenspitze.

Bonhoeffer, Dietrich (1906–1945), dt. protestantischer Theologe. B. wurde wegen seines Widerstandes gegen den Nationalsozialismus hingerichtet.

Bonifatius (um 672–754), der „Apostel der Deutschen" genannte Benediktinermönch aus England verbreitete das Christentum in Friesland, Hessen u. Thüringen u. gründete → Klöster u. → Bistümer.

Bonität (die, lat.), Kreditwürdigkeit, Zahlungsfähigkeit.

Bonsai (japanische Zwergbäume), japanische Kunst, nur wenige Zentimeter hohe Bäumchen zu ziehen, die genau wie die großen Originale aussehen.

Boom (der, engl.), 1) plötzlicher wirtschaftl. Aufschwung; 2) plötzlich auftretende starke Nachfrage nach etwas.

Bora (die, ital.), ein trockener, kalter Wind an der dalmatinischen Küste.

Bord, 1) (der), oberster Schiffsrand; 2) (das), Wand-, Bücherbrett.

Börde (die), Bezeichnung für die fruchtbaren Ebenen in Niederdeutschland, z. B. die Magdeburger B.

Borg, Björn (*1956), schwedischer Tennisspieler, gewann in → Wimbledon 5-mal in Folge (1976–1980).

Borgia, span. Adelsgeschlecht; 1) Alexander VI., von 1492–1503 Papst. Berüchtigt durch Sittenlosigkeit, Unzucht u. Verschwendung; 2) Cesare, Sohn von 1), Kardinal u. Herzog, typischer Renaissancefürst; 3) Lucretia, Tochter von 1); 3-mal verheiratet.

Borke, äußerer, abgestorbener Teil der Rinde bei Holzgewächsen.

Borkenkäfer, Käfer, die unter der Baumrinde Gänge anlegen, Eier ablegen u. dadurch die Bäume schädigen.

Borkum, Nordseeinsel vor der Emsmündung.

Born, Max (1882–1970), dt. Physiker. Erhielt 1954 den Nobelpreis für Physik zusammen mit Walter → Bothe.

Bornholm, dän. Ostseeinsel.

Börse (nach der niederländ. Kaufmannsfamilie van der Beurse), ein Ort, an dem Wertpapiere, z. B. → Aktien, oder Waren gehandelt werden.

Bosch, 1) Hieronymus (um 1450–1516), flämischer Maler; 2) Robert (1861–1942), dt. Techniker u. Industrieller; führte den Hochspannungsmagnetzünder für → Ottomotoren ein.

Bolivien: Andenhochland

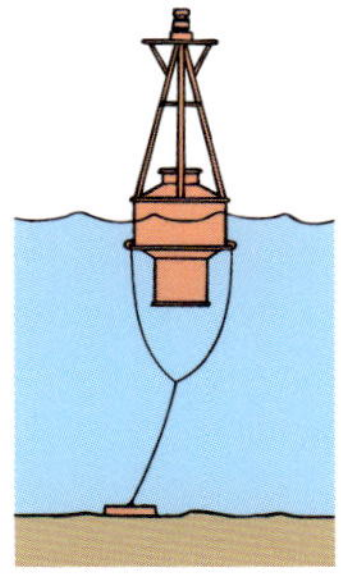

Boje

Simón Bolívar

Bonsai

Borkenkäfer

Bosco, Don Giovanni (1815–1888), ital. Erzieher. Gründer des Salesianerordens.

Bosnien und Herzegowina

ehemals jugoslawische Gliedrepublik. Demokratische Republik, 51.129 km², 3,8 Mio. EW, *Hauptst.* Sarajevo, *Staatspräsidium:* 3 Volksvertreter, alle 8 Monate Wechsel, *Ministerpräsident:* Vjekoslav Bevanda (seit 2012). Seit 1992 unabhängig, Bürgerkrieg bis 1996. *Naturraum:* gebirgige, waldreiche Landschaft im jugoslawischen Karst.

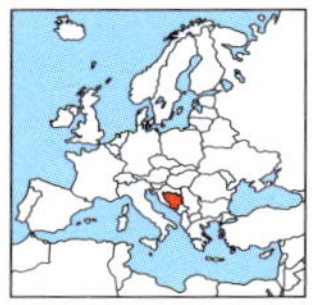

Bougainvillea

Bosporus-Meerenge

Bosporus, Meerenge zw. Europa u. Kleinasien, 30 km lang, 0,6–3,3 km breit, 30–120 m tief. In Istanbul führt eine Brücke über den B.
Botanik (die, gr.) Pflanzenkunde, Lehre vom Bau u. Leben der Pflanzen.
Bothe, Walter (1891–1957), dt. Physiker, erhielt 1954 den → Nobelpreis für Physik zusammen mit Max → Born.
Botschaft, 1) Amtssitz eines diplomatischen Vertreters (Botschafter) u. seiner Mitarbeiter im Ausland, 2) Mitteilung in mündlicher oder schriftlicher Form.

Botsuana

Binnenstaat im südlichen Afrika, 582.000 km², 2,02 Mio. EW, seit 1966 unabhängig, *Hauptst.* Gaborone, präsidiale Republik im → Commonwealth, *Staatsoberhaupt* u. *Regierungschef:* Ian Khama (seit 2008). *Naturraum:* Teil des abflusslosen Kalahari-Hochbeckens; Sumpfgebiet (Okavango-Binnendelta), Steppe u. Wüste. *Bevölkerung:* Bantu, Buschmänner. *Wirtschaft:* Rinderzucht, Bergbau, Diamantminen.

Tycho Brtahe

Böttcher, ein Handwerker, der hölzerne Gefäße herstellt, z. B. Fässer, Bottiche.
Botticelli, Sandro (1599–1641), florentinischer Maler der → Renaissance.
Bottnischer Meerbusen, nördlicher Teil der Ostsee zw. Schweden u. Finnland.
Bougainvillea, aus Südamerika stammender Kletterstrauch.
Boule (das, frz.), frz. Variante des → Boccia.
Bourbonen, frz. Herrschergeschlecht; es stellte 1589–1792 die Könige von Frankreich, 1701–1931 u. seit 1975 von Spanien, 1735–1860 von Neapel (Sizilien), außerdem die Herzöge von Parma.
Bourgeois, frz. Bürger, 1) Angehöriger der Bourgeoisie, der städtischen Bürgerschaft; 2) heute oft abwertend im Sinne von Spießer gebraucht.
Bowle (die, engl.), Getränk aus Wein, Früchten, Zucker, Sekt oder Mineralwasser.
Bowling (das, engl.), Kegelsport; die Kugel wird mit Daumen, Ring- u. Mittelfinger gehalten u. im Bogen auf die Bahn geworfen, um möglichst viele der 10 aufgestellten Kegel zu treffen.
Boxen, sportlicher Faustkampf, der im Ring ausgetragen wird. Die Boxer sind, vom Fliegengewicht bis zum Schwergewicht, in verschiedene Gewichtsklassen eingeteilt; außerdem unterscheidet man zw. Amateuren u. Berufsboxern. Seit 1904 ist Boxen olympisch.
Boykott (engl., nach dem engl. Hauptmann Boycott), Verweigerungshaltung auf eine unerwünschte Situation, z. B. werden bestimmte Waren nicht gekauft; auch politische, soziale u. wirtschaftliche Zwangsmaßnahme oder Strafe zw. Staaten u. gesellschaftlichen Gruppen. V.: **boykottieren**.
Brachvögel, fasanengroße, hochbeinige Schnepfenvögel mit langem, dünnem Schnabel, die sich in Sumpfgebieten aufhalten.
Brackwasser, mit Meerwasser gemischtes Süßwasser der Flussmündungen mit eigener Tier- u. Pflanzenwelt, die sich dem wechselnden Salzgehalt des B. anpassen kann.
Brahe, Tycho (1546–1601), dän. Astronom; er suchte eine Verbindung zw. dem

Weltbild des → Ptolemäus u. dem des → Kopernikus: Bei B. umkreisen Sonne u. Mond die ruhende Erde, während alle übrigen Planeten ihre Bahnen um die Sonne ziehen.

Brahma, Schöpfergott im → Hinduismus. Brahmanen sind die Angehörigen der obersten Kaste der Hindus, die in Indien höchstes Ansehen genießen u. z. B. als Gelehrte, Politiker oder Priester tätig sind.

Brahmaputra, 2900 km langer Strom in Südasien, der in den Golf von Bengalen mündet.

Brahms, Johannes (1833–1897), dt. Komponist; schrieb Kammermusik u. Lieder.

Braille, Louis (1809–1852), frz. Blindenlehrer. B. war selbst blind u. erfand die heute gebräuchliche → Blindenschrift.

Brandenburg, 1) seit 1990 Bundesland der BR Dtl., 29.477 km², 2,65 Mio. EW, Hauptst. → Potsdam; 2) Stadt, 71.000 EW.

Brandenburger Tor, 1788–1791 von C. G. Langhans erbautes klassizistisches Stadttor in Berlin, auf dem die → Quadriga von J. G. Schadow steht.

Branding (das, engl. „brandmarken"), ursprünglich Kennzeichnung von Viehherden mit Brandzeichen; heute 1) Bezeichnung für eine Art Körperschmuck (→ Piercing, Tattoo): mit einem heißen Eisen werden Muster in die Haut gebrannt; 2) Unternehmen: Aufbau u. Vertrieb von Produktmarken.

Brandt, Willy (eigentlich Herbert Karl Frahm, 1913–1992), dt. Politiker. 1969–1974 Bundeskanzler; 1976–1992 Präsident der Sozialistischen Internationale, 1987–1992 Ehrenvorsitzender der SPD. 1971 Friedensnobelpreis.

Brandung (die), Wellen, die sich an der Küste brechen.

Branntwein (engl. Brandy), Alkoholgetränk aus gegorenen Flüssigkeiten mit anschließender Destillation.

Braque, Georges (1882–1963), frz. Maler u. Grafiker. Zusammen mit → Picasso Begründer des → Kubismus.

Brasília, 1960 eingeweihte Hauptst. Brasiliens, im Landesinnern, 940 km von Rio de Janeiro, 2,79 Mio. EW.

Brasilien

präsidiale Republik u. größter Staat Südamerikas, 8 Mio. km², 201 Mio. EW, *Hauptst.* Brasília, *Staats- und Regierungschef:* Dilma Vana Rousseff (seit 2011). *Naturraum:* Im N Bergland (Savanne), westlich davon Hochland von Mato Grosso, mittlerer Teil Amazonastiefland (Regenwald), schmales Tiefland an der Ostküste. Tropisches bis wechselfeucht-tropisches Bergklima. *Bevölkerung:* überwiegend Weiße u. Mischlinge, Schwarze, Asiaten, Indios; an der Ostküste konzentrierte *Wirtschaft:* Rinderzucht, Kaffee, Kakao, Baumwolle, Südfrüchte, Edelhölzer, Kautschuk; reiche Eisenerzvorkommen.

Bratislava, Hauptst. der → Slowakischen Republik, an der Donau, 417.000 EW; Maschinenbau, Automobilindustrie, Eisenbahnknotenpunkt.

Bratsche, auch Viola genannt, Streichinstrument der Violinenfamilie.

Braun, Wernher von (1912–1977), dt.-amerik. Physiker, war im Zweiten Weltkrieg u. a. am Bau der V2-Raketen, nach 1945 in den USA an der Entwicklung von Raumschiffen (Apollo-Programm) beteiligt.

Braunkohle, braune bis schwarze → Kohle, die dicht unter der Erdoberfläche liegt u. im → Tagebau abgebaut wird.

braunsche Röhre, luftleere Röhre, durch die ein Elektronenstrahl geschickt u. durch Anlegen einer Spannung abgelenkt wird, bevor er auf einem Bildschirm auftritt. Anwendung in Fernsehgeräten (Bildröhre).

Brazzaville, Hauptst. der Volksrepublik → Kongo, 1,1 Mio. EW, am unteren Kongo.

BRD, ugs., aber nicht amtliche Abk. für **B**undes**r**epublik **D**eutschland.

Breakdance, in amerik. Großstadtgettos der 1980er-Jahre entstandener Modetanz.

Johannes Brahms

Brandenburger Tor

Willy Brandt

Bert(olt) Brecht

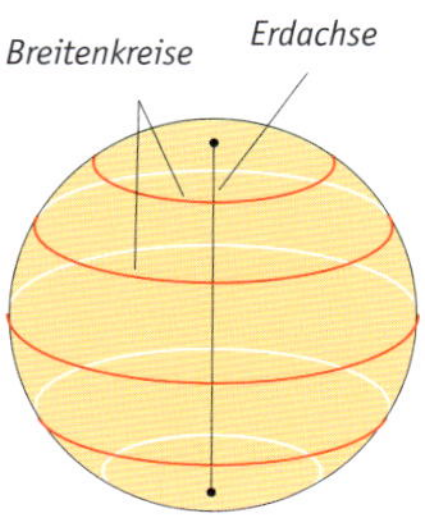

Breitenkreise

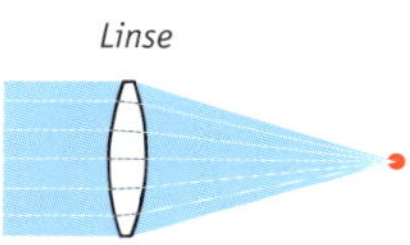

Brennpunkt

Rinderbremse

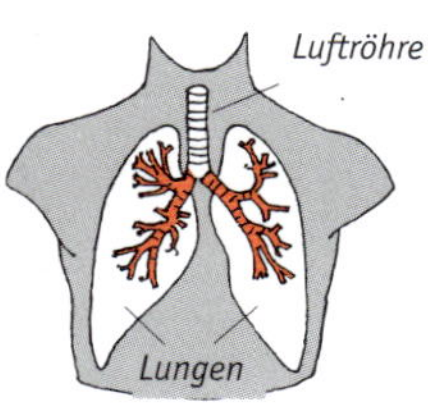

Bronchien

Brecht, Bert(olt) (1898–1956), dt. Schriftsteller, Dramatiker u. Lyriker. Unverwechselbar ist die aggressiv-parodistische, oft satirisch-zynische Sprache in dem von ihm geschaffenen epischen, später auch dialektischen Theater. B. lebte zw. 1933 u. 1948 im Exil. Berühmte Werke: *Dreigroschenoper* (1928), *Mutter Courage und ihre Kinder* (1939).

Bregenzer Wald, bis 2332 m hoher Teil der Allgäuer Alpen.

Brehm, Alfred Edmund (1829–1884), dt. Zoologe u. Forschungsreisender. Zoodirektor in Hamburg u. Berlin, schrieb das Werk *Brehms Tierleben* in 6 Bänden.

Breitenkreis, auch **Breitengrad**, parallel zum → Äquator verlaufende (gedachte) Orientierungslinie im Abstand von jeweils ca. 111 km. Es gibt 90 nördliche u. 90 südliche B.; der größte ist der Äquator selbst, die kleinsten (= Punkte) sind die Pole. Die B. bilden zusammen mit den → Längengraden ein Gitternetz.

Bremen, 1) die Freie Hansestadt Bremen ist mit 419 km^2 das kleinste Bundesland der BR. Dtl. u. umfasst die Städte B. u. Bremerhaven, 658.000 EW; 2) Stadt an der Unterweser, 548.500 EW; trat 1260 der → Hanse bei.

Bremsen, 1) Vorgang der Herabsetzung der Geschwindigkeit bewegter Körper; 2) kräftige Fliegen mit dickem Hinterleib, mehr als 300 Arten. Das Weibchen ist Blutsauger.

Bremsschuh, auf die Schienen gelegter Gleitklotz zum Abbremsen von Eisenbahnwagen beim Rangieren.

Brennelement, kleinstes selbstständiges Bauteil, das Brennstoff für Kernreaktoren enthält.

Brennpunkt (Fokus), Sammelpunkt aller gebrochenen oder reflektierten Lichtstrahlen.

Brennstoffe, Stoffe, die zur Energiegewinnung durch Verbrennen verwendet werden. Man unterscheidet feste, flüssige, gasförmige u. nukleare Brennstoffe.

Brennweite, Abstand des → Brennpunktes vom Mittelpunkt einer Linse.

Brennwert, die freigesetzte Wärmemenge, die bei der vollständigen Verbrennung von 1 kg eines Stoffes entsteht.

Brentano, Clemens (1778–1842), dt. Dichter der Romantik; gab zusammen mit → Arnim die Volksliedersammlung *Des Knaben Wunderhorn* heraus.

Breschnew, Leonid (1906–1982), sowjetischer Politiker, von 1977 bis zu seinem Tod Staatsoberhaupt der → UdSSR.

Bretagne, Halbinsel Westfrankreichs mit stark gegliederter, steil abfallender Felsküste, waldarm; Gemüseanbau, Grünlandwirtschaft, Hafenstadt Brest.

Brevier (das, lat.), Gebetbuch für katholische Geistliche.

Briand, Aristide (1862–1932), frz. Politiker, setzte sich nach dem Ersten Weltkrieg für eine Versöhnung Frankreichs mit Deutschland ein. Erhielt 1926 zusammen mit G. → Stresemann den Friedensnobelpreis.

Briefwahl, bei Wahlen den ausgefüllten Stimmzettel mit der Post zu schicken, statt ihn im Wahllokal abzugeben.

Brikett (das, frz.), meist aus Kohle bestehendes Brennmaterial in Würfel- oder Eiform.

Brillant, geschliffener Diamant. A.: **brillant**, glänzend.

Brillenschlangen (Kobras), Giftschlangen in Asien u. Afrika, die am flach verbreiterten Hals eine Brillenzeichnung tragen.

Britannien, die größere, östliche der beiden brit. Inseln, umfasst England, Schottland u. Wales.

Britische Inseln, dazu gehören Britannien, Irland, Innere u. Äußere Hebriden, Man, Anglesey u. Wight, Orkney- u. Shetlandinseln.

Broadway, Straßenzug in New York, an dem bes. viele Theater u. Kinos zu finden sind.

Brocken, mit 1142 m höchster Berg im Harz, Teil eines Nationalparks.

Broker (der, engl.), Händler an engl. u. amerik. Wertpapierbörsen.

Brombeere, Pflanze mit stachligen Ranken aus der Gattung der Rosengewächse mit essbaren, schwarzen Früchten; aus den Blättern wird Tee bereitet.

Bronchien (gr.), feine, baumförmige Verzweigungen u. Verästelungen in der → Lunge. Sie gehen von den beiden Hauptästen der Luftröhre aus. **Bronchitis** (Bronchialkatarr) heißt die Entzündung der Schleimhaut, mit der die B. ausgekleidet sind.

Bronze, Legierung von Kupfer mit Zinn.

Bronzezeit, vorgeschichtlicher Zeitabschnitt von 2500 v. Chr.–900 v. Chr. (folgt auf die Steinzeit). Die Kultur der ersten Metallzeit reichte in Europa vom Mittelmeergebiet bis nach Skandinavien. Die Menschen der B. (Germanen, Kelten, Illyrer) waren sesshafte Bauern u. wohnten in Pfahl- oder Blockhaussiedlungen. Sie stellten landwirtschaftliche Geräte, Waffen, Gefäße u. Schmuck aus → Bronze her.

Brown, James Gordon (*1951), brit. Politiker, Mitglied der Labour Party; sorgte seit 2000 für Steuersenkungen, von 2007–2010 Premierminister von → Großbritannien und Nordirland.

Browser (der, engl.), Programm zum schnellen Finden u. Auswählen von Dokumenten im Internet.

Bruchrechnung, das Rechnen mit den → Quotienten zweier Zahlen.

Brücke, 1) Bauwerk aus Stein, Holz, Stahl oder Stahlbeton, mit dem Hindernisse (z. B. Täler, Flüsse) überwunden werden; 2) fester Zahnersatz; 3) Führungszentrale eines Schiffes.

Bruckner, Anton (1824–1896), österr. Komponist; schrieb Kirchenmusik u. 11 Sinfonien.

Brueghel, Pieter d. Ä. (um 1525–1569), flämischer Maler; malte v. a. ländliche Motive.

Brunei Darussalam

Sultanat in Südostasien, an der Nordküste der Insel Borneo, 5770 km², 406.000 EW, *Hauptst.* Bandar Seri Begawan, *Staatsoberhaupt:* Sultan Hassan al-Bolkiah (seit 1967). *Naturraum:* von Mangrovendickicht gesäumte Küste mit einem bergigen Hinterland u. verbreitetem tropischem Regenwald; feuchtheißes Klima. *Wirtschaft:* Erdöl- u. Erdgasförderung, Kautschukgewinnung.

Brunhilde (Brünhild), weibliche Gestalt im → Nibelungenlied.

Bruno, Giordano (Filippo Bruno, 1548–1600), ital. Dichter u. Philosoph. Als Anhänger des kopernikanischen Weltbilds wurde er als → Ketzer verbrannt.

Brunst, Brunft, der Zeitraum u. der Zustand, in dem Säugetiere fortpflanzungsbereit sind.

Brüssel, frz. Bruxelles, Hauptst. von → Belgien u. der Provinz Brabant, 1 Mio. EW, Sitz internationaler Organisationen, (→ EU, → NATO).

Brüsseler Pakt, 1948 zw. Belgien, Frankreich, Großbritannien, Luxemburg u. den Niederlanden geschlossener Vertrag über wirtschaftliche Zusammenarbeit u. militärischen Beistand im Kriegsfalle. 1954 Beitritt der BR Dtl. u. Italiens; 1955 Umwandlung in die Westeuropäische Union.

Brust, 1) obere Hälfte des Rumpfes; sie besteht aus dem knöchernen **Brustkorb** (Rippen, Brustbein), der vom Brustfell ausgekleidet ist; 2) aus Drüsen u. Fettgewebe bestehendes, Milch produzierendes Organ bei Frauen.

Brustschwimmen, Teil des Lagenschwimmens, wird als olympische Disziplin über 100 m u. 200 m ausgetragen.

Brut, Nachkommenschaft bei Tieren, die Eier legen. Zum Ausbrüten setzt sich eines der Elternteile auf das befruchtete Ei (Dauer je nach Art unterschiedlich lang), bis ein Junges schlüpft.

brutto, das Gesamte ohne Abzüge, z. B. Bruttolohn, Bruttogewinn.

Bruttoregistertonne (BRT), das gesamte Volumen eines Schiffes; 1 BRT = 2,83164 m³.

Bruttosozialprodukt (BSP), auch Bruttonationaleinkommen (BNE), wirtschaftliche Gesamtleistung eines Landes, meist bezogen auf ein Jahr.

Brutus, Marcus Iunius (85–42 v. Chr.), röm. Politiker. Er nahm an der Ermordung → Caesars teil, beging Selbstmord.

BSE, Abk. für **B**ovine **S**pongiforme **E**nzephalopathie, → Rinderwahnsinn.

Buch, bedruckte oder leere Blätter, die zusammengeheftet oder -geleimt u. mit einem Einband versehen sind. Die ältesten Bücher bestanden aus Tontafeln (et-

Brücke: Die Golden Gate Bridge in San Francisco

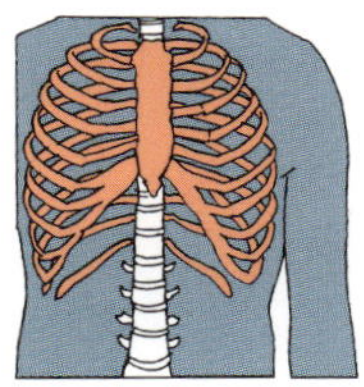

Brustkorb

Marcus Iunius Brutus

wa 3000 v. Chr.), bei den Ägyptern, Griechen u. Römern aus → Papyrusrollen. Bis ins MA wurde dann → Pergament benutzt.
Buchdruck, ältestes Hochdruckverfahren, seit → Gutenberg (15. Jh.) in Europa verbreitet.

Buchdruck

Buche

Buche (Rotbuche), bis 40 m hoher Laubbaum in Mitteleuropa, der wertvolles Nutzholz liefert.
Buchenwald, → Konzentrationslager bei Weimar, heute Gedenkstätte.
Buchführung (Buchhaltung), die lückenlose Aufzeichnung aller Geschäftsvorfälle auf verschiedenen Buchhaltungskonten.
Buchmacher, Berufsbezeichnung für jemand, der Wetten annimmt, z. B. bei Pferderennen.
Buchner, Eduard (1860–1917), dt. Chemiker, → Nobelpreis für Chemie 1907.
Büchner, Georg (1813–1837), dt. Schriftsteller. B. gilt als Wegbereiter des modernen Dramas (*Woyzeck*, *Dantons Tod*).

Bulgarien: Volkstracht

Buckingham Palace, 1705 erbautes u. später erweitertes Schloss in London, seit 1837 Residenz der engl. Könige.
Budapest, Hauptst. → Ungarns an der Donau (Buda = rechtes Ufer, Pest = linkes Ufer), 1,7 Mio. EW.
Buddhismus, → Weltreligionen.
Budget (das, frz.-engl.), 1) der staatliche Haushaltsplan, auch → Etat genannt; 2) die einer Person oder einem Unternehmen zur Verfügung stehende Geldmenge.

Bulgarien: Kirche Rila

Budo, Sammelbezeichnung für alle ostasiatischen Kampfsportarten, z. B. → Judo, → Karate, → Taekwondo usw.
Buenos Aires, Hauptst. Argentiniens am Rio de la Plata; 2,89 Mio. EW, bedeutender Hafen.
Büffel, Wildrinder mit langen, gebogenen Hörnern, z. B. **Wasserbüffel** in Asien oder **Kaffernbüffel** in Afrika.
Bug, 1) (engl.), Fehler, Wanze, Defekt. V. a. für Fehler in Softwareprogrammen verwendet; 2) seemännisch für das Vorderteil eines Schiffes.
Bukarest, Hauptst. von → Rumänien, in der Walachei, 1,9 Mio. EW.

Bulgarien

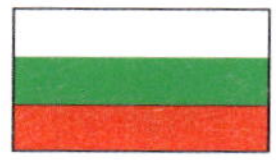

Republik in Südosteuropa, 110.000 km^2, 7,3 Mio. EW, *Hauptst.* Sofia, *Staatsoberhaupt:* Rossen Plewneliew (seit 2012), *Ministerpräsident:* Boyko Borisov (seit 2014). *Naturraum:* Im N Walachei bis zur Donau, im S anschließend das Balkangebirge, dann die südbulgarische Niederung, die durch das Istranca-Gebirge vom Schwarzen Meer getrennt ist. Die Südgrenze bilden die Rhodopen mit dem Rilagebirge (bis 2925 m). *Bevölkerung:* Bulgaren, Türken, Roma. *Wirtschaft:* Ertragreicher Anbau in den Niederungen (Lössboden), Viehzucht; Eisenverhüttung, chemische u. Textilindustrie, Fremdenverkehr.

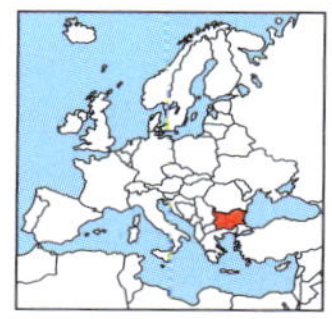

Bulimie, krankhafte Essstörung: Ohne Hunger zu haben, stopfen an B. Leidende alles Essbare in sich hinein u. versuchen dann, das Gegessene wieder durch künstlich herbeigeführtes Erbrechen loszuwerden. B. kann zum völligen Abmagern führen; meist sind schwere seelische Konflikte die Ursache.
Bullauge, rundes Schiffsfenster.
Bulle, 1) (der), männliches fortpflanzungsfähiges Tier bei Rind, Elefant, Antilope u. Flusspferd; 2) (die), schriftlicher Erlass des Papstes, früher auch der dt. Kaiser; 3) im Börsenjargon Symbol für steigende Aktien, Ggs.: Bär.
Bulletin (das, frz.), Tages-, Heeres-, Krankheits-B.; amtl. Bekanntmachung.

Bumerang (der, engl.), flaches, gekrümmtes Wurfholz, Jagd- u. Kampfwaffe v. a. der australischen Ureinwohner, auch Sportgerät. Wenn man den B. richtig wirft, kehrt er von selbst zum Abwurfpunkt zurück.

Bund, 1) Bezeichnung des Gesamtstaates, bestehend aus → Bundesländern als Einzelstaaten; 2) Staatenbund; 3) Abk. für → Bundeswehr.

BUND, Abk. für **B**und für **U**mwelt und **N**aturschutz **D**eutschland e. V., 1975 gegründete Umwelt- u. Naturschutzorganisation mit Hauptsitz in Bonn.

Bundesagentur für Arbeit, ersetzt seit 2004 das Arbeitsamt; Behörde zur Arbeitsvermittlung, Berufsberatung, Umschulung u. Zahlung von Arbeitslosengeld.

Bundesarbeitsgericht (BArbG), höchste Instanz in allen Fragen des Arbeitsrechts.

Bundesgerichtshof (BGH), ist das oberste bundesdeutsche Gericht für Zivil- u. Strafklagen; Sitz in Karlsruhe.

Bundesgrenzschutz (BGS) → Bundespolizei.

Bundeskanzler, 1) BR Dtl.: Chef der → Bundesregierung. Er wird durch den → Bundestag auf 4 Jahre gewählt. Er bestimmt die → Bundesminister, trägt die alleinige Verantwortung der Regierungspolitik gegenüber dem Bundestag; 2) Österreich: Leiter der Bundesregierung, ähnlich BR Dtl.; 3) Schweiz: Chef der Bundeskanzlei.

Bundeskanzler der BR Dtl.

Konrad Adenauer (CDU)	1949–63
Ludwig Erhard (CDU)	1963–66
Kurt Georg Kiesinger (CDU)	1966–69
Willy Brandt (SPD)	1969–74
Helmut Schmidt (SPD)	1974–82
Helmut Kohl (CDU)	1982–98
Gerhard Schröder (SPD)	1998–2005
Angela Merkel (CDU)	seit 2005

Bundeskriminalamt (BKA), oberste Behörde für die Verbrechensbekämpfung, die auch den Kontakt zu ausländischen Polizeibehörden hält, Sitz in Wiesbaden.

Bundesländer, die Teilstaaten eines → Bundesstaates; 1) die BR Dtl. hat 16 B., deren Länderregierungen Vertreter in den → Bundesrat entsenden; jedes B. hat eine Landesverfassung u. bildet ein Landesparlament (→ Landtag), sowie eine Landesregierung; deren Chef ist der → Ministerpräsident, in Berlin der Regierende Bürgermeister, in Hamburg u. Bremen der Erste Bürgermeister oder Senatspräsident; 2) Österreich hat 9 B., mit je einem Landtag u. einem Landeshauptmann als Vorsitzenden der Landesregierung.

Bundesliga, höchste Spielklasse des dt. Sportbundes für Fußball, Hallenhandball, Eishockey u. a.

Bundesminister, die jeweiligen Chefs eines Ministeriums in einem Bundesstaat. In der BR Dtl. werden sie auf Vorschlag des Bundeskanzlers durch den → Bundespräsidenten ernannt. Sie bilden mit dem Bundeskanzler das → Kabinett.

Bundesnachrichtendienst (BND), untersteht direkt dem Bundeskanzleramt; Aufgabe: aktive Spionage im Ausland und Behinderung gegnerischer Geheimdienste im Inland.

Bundespolizei, ist dem Bundesinnenministerium unterstellt; Aufgaben sind v. a. Sicherung der Flughäfen, Bahnhöfe u. Bundesgrenzen. Außerdem Katastrophenhilfe, Unterstützung der Länderpolizei.

Bundespräsidenten der BR Dtl.

Theodor Heuss	1949–59
Heinrich Lübke	1959–69
Gustav Heinemann	1969–74
Walter Scheel	1974–79
Karl Carstens	1979–84
Richard von Weizsäcker	1984–94
Roman Herzog	1994–99
Johannes Rau	1999–2004
Horst Köhler	2004–2010
Christian Wulff	2010–2012
Joachim Gauck	seit 2012

Bundespräsident, Staatspräsident oder Staatsoberhaupt meist einer Bun-

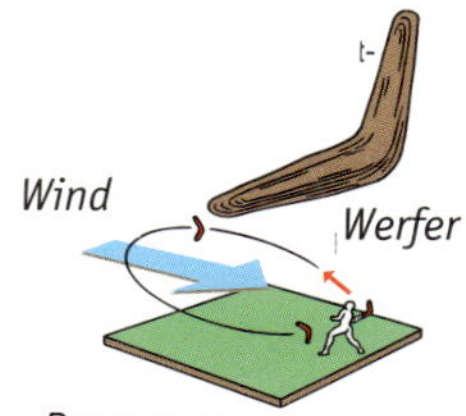

Bumerang

ehem. Bundeskanzler: Helmut Kohl

ehem. Bundeskanzler: Helmut Schmidt

Bundesregierung

Angela Merkel (CDU)	Bundeskanzlerin
Frank-Walter Steinmeier (SPD)	Minister des Auswärtigen
Peter Altmaier (CDU)	Chef d. Bundeskanzleramtes u. Minister f. besondere Aufgaben
Thomas de Maizière (CDU)	Minister des Innern
Heiko Maas (SPD)	Minister der Justiz und für Verbraucherschutz
Wolfgang Schäuble (CDU)	Minister der Finanzen
Sigmar Gabriel (SPD)	Vizekanzler, Minister für Wirtschaft und Energie
Andrea Nahles (SPD)	Ministerin für Arbeit und Soziales
Christian Schmidt (CSU)	Minister für Ernährung und Landwirtschaft
Ursula von der Leyen (CDU)	Ministerin der Verteidigung
Manuela Schwesig (SPD)	Ministerin für Familie, Senioren, Frauen und Jugend
Hermann Gröhe (CDU)	Minister für Gesundheit
Alexander Dobrindt (CSU)	Minister für Verkehr und digitale Infrastruktur
Barbara Hendricks (SPD)	Ministerin für Umwelt, Naturschutz und Reaktorsicherheit
Johanna Wanka (CDU)	Ministerin für Bildung und Forschung
Gerd Müller (CSU)	Minister für wirtschaftliche Zusammenarbeit und Entwicklung

desrepublik; 1) BR Dtl.: Die → Bundesversammlung wählt den B. mit der → absoluten Mehrheit ihrer Mitglieder. Er muss Deutscher u. älter als 40 Jahre sein. Er wird auf 5 Jahre gewählt u. darf höchstens 10 Jahre im Amt bleiben; er ist oberster Vertreter des Staates, unterzeichnet internationale Verträge u. alle Bundesgesetze, vereidigt den Bundeskanzler u. die Bundesminister; 2) Österreich: Das Volk wählt den B. mit einfacher Mehrheit in direkter Wahl. Er muss Österreicher u. mindestens 35 Jahre alt sein. Er wird auf 6 Jahre gewählt, höchstens eine Wiederwahl möglich; 3) Schweiz: Die → Bundesversammlung wählt für 1 Jahr den Vorsitzenden des → Bundesrats; er kann nicht wiedergewählt werden.

Bundesrat, 1) setzt sich in der BR Dtl. aus Vertretern der Bundesländer zusammen; wirkt bei der Bundesgesetzgebung u. Verwaltung des Bundes mit; der Präsident wird auf 1 Jahr gewählt; 2) Österreich: Zweite → Kammer des Parlaments; macht Vorschläge u. kontrolliert die Arbeit der Bundesregierung; der Vorsitz wechselt jedes halbe Jahr; 3) Schweiz: oberstes leitendes u. vollziehendes Regierungsorgan mit 7 Mitgliedern, die je ein Ministerium leiten. Der B. wird vom National- u. Ständerat gewählt; Vorsitzender ist der Bundespräsident.

Bundesregierung, auch Kabinett; ausführendes Organ eines Bundesstaates; in der BR Dtl. u. Österreich wird sie aus → Bundeskanzler, Vizekanzler u. den → Bundesministern gebildet, in der Schweiz entspricht sie dem → Bundesrat. Der Bundeskanzler wird vom Parlament gewählt, er legt die Richtung der Politik u. die Aufgabenbereiche der Minister fest, die er bestimmt. Die Mitglieder der B. stammen aus der Partei, die im Parlament eine → absolute Mehrheit an Sitzen hat; erreicht das eine Partei alleine nicht, bilden mehrere Parteien eine → Koalition. Parteien, die nicht der B. angehören, bilden die → Opposition.

Bundesrepublik Deutschland, siehe Kasten S. 49.

Bundesstaat, 1) eine aus mehreren Staaten, Ländern oder Kantonen bestehende Gemeinschaft; die Einzelstaaten teilen mit dem B. die Aufgaben u. behalten so überwiegend ihre Selbstständigkeit; 2) Bezeichnung für die 50 Gliedstaaten der USA.

Bundestag, siehe Kasten Seite 50.

Bundestagspräsident, Vorsitzender des → Bundestages. Der B. hat das höchste Amt nach dem → Bundespräsidenten u. wird vom Bundestag gewählt.

Bundesverdienstkreuz, Kurzbezeichnung für den Verdienstorden der BR Dtl., 1951 gestiftete Auszeichnung in

Bundesrepublik Deutschland

Bundesstaat in Mitteleuropa, 357.092 km², 81,1 Mio. EW, *Hauptst.* Berlin, *Bundespräsident*: Joachim Gauck (seit 2012), *Bundeskanzlerin*: Angela Merkel (seit 2005). Die Bundesrepublik besteht aus den Bundesländern Schleswig-Holstein, Niedersachsen, Hamburg, Bremen, Nordrhein-Westfalen, Rheinland-Pfalz, Saarland, Hessen, Baden-Württemberg, Bayern, Berlin, Mecklenburg-Vorpommern, Brandenburg, Sachsen, Sachsen-Anhalt u. Thüringen. *Parlament*: Bundestag in Berlin, Länderparlamente, Bundesrat als Ländervertretung. *Naturraum*: Im N bis zur Nord- u. Ostsee Tiefland mit eiszeitlichen Oberflächenformen, südlich anschließend bewaldete Mittelgebirge mit Beckenlandschaften, süddt. Stufenland mit Juragebirge (Alb), zw. Alb u. nördlichen Kalkalpen das Alpenvorland u. tertiäres Hügelland. Bedeutende Flüsse: Rhein, Elbe, Main, Mosel, Neckar, Inn, Donau. Die Täler u. Becken sowie die Tieflandbuchten am Nordrand der Mittelgebirge u. das Tertiärhügelland sind äußerst fruchtbar, die Gebirge dicht bewaldet. *Klima*: gemäßigt, mit kühlen bis kalten Wintern u. kühlen bis warmen Sommern (von Nordwesten nach Südosten). Hohe Niederschlagsmengen an der Küste u. in Gebirgen. *Bevölkerung*: 93 % Deutsche, 7 % Türken, Italiener, Griechen. 86 % der Bevölkerung leben in Städten. *Wirtschaft*: hoch spezialisierte Industrien aller Art; Rohstoffe u. Nahrungsmittel müssen importiert werden. *Bodenschätze*: Stein- u. Braunkohle, Salze, etwas Erdöl. Dichtes Verkehrsnetz, bes. Autobahnen, gut ausgebaute Binnenwasserstraßen. Nach Öffnung der Grenzen der → DDR am 9.11.1989 erfolgte die Wiedervereinigung von BR Dtl. u. DDR am 3.10.1990. Die DDR hörte am selben Tag auf zu existieren. Die BR Dtl. ist auch nach der Wiedervereinigung Mitglied der NATO; → deutsche Geschichte.

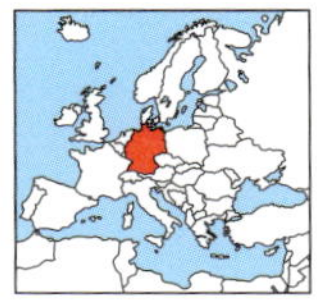

verschiedenen Stufen, die vom Bundespräsidenten für politische, wirtschaftlich geistige u. a. Arbeit für die BR Dtl. verliehen wird.

Bundesverfassungsgericht, bundesdt. Gericht und eines der 5 Verfassungsorgane der BR Dtl.; seine Aufgaben sind die Kontrolle der öffentlichen Gewalt auf Antrag des Bürgers u. die Kontrolle des Gesetzgebers, d. h. der Regierungen, auf Antrag eines Gerichtes.

Bundesversammlung, 1) BR Dtl.: Sie wählt den Bundespräsidenten, wird allein zu diesem Zweck vom Bundestagspräsidenten einberufen u. setzt sich aus den Mitgliedern des Bundestages u. Vertretern der Bundesländer zusammen; 2) Österreich: Versammlung von → Bundesrat u. Nationalrat zur Abgabe einer Kriegserklärung, Vereidigung u. Überwachung des Bundespräsidenten; 3) Schweiz: Aus Nationalrat u. → Ständerat zusammengesetztes Parlament zur Bundesgesetzgebung sowie zur Wahl von Bundesrat, Bundesgericht u. des höchsten Generals der Schweizer Armee.

Bundeswehr, Verteidigungsstreitmacht der BR Dtl.; sie setzt sich aus Heer, Luftwaffe u. Marine zusammen; enge Anbindung an die → NATO.

Bündnis 90/Die Grünen, linke Umweltpartei, 1993 hervorgegangen aus der in Westdeutschland gegründeten Partei → Die Grünen u. der ostdt. Partei Bündnis 90. Von 1998 bis 2005 als Koalitionspartner der → SPD in der Bundesregierung.

Bundschuh, 1) bäuerlicher Riemenschuh; 2) während örtlicher Bauernaufstände in Süddeutschland 1492–1517 verwendetes Feldzeichen.

Bunsen, Robert Wilhelm (1811–1899), dt. Chemiker. Er begründete mit G. R. Kirchhoff die Spektralanalyse u. erfand u. a. den → B.-Brenner.

Bunsenbrenner, Gasbrenner. Das Gas strömt durch eine Düse in ein Rohr u. saugt dabei Luft an. Das Gas-Luft-Gemisch verbrennt am Rohrende.

Buren, Nachkommen niederländ. u. dt. Auswanderer, die sich im 17. Jh. in → Südafrika niederließen. Gründung eigener Staaten, z. B. Transvaal (1853), die im Burenkrieg 1899–1902 von den Engländern besiegt wurden. 1910 Zusammenschluss der Burenstaaten zur Südafrikanischen Union.

Burgenland, Bundesland im O Österreichs; 3966 km², 287.400 EW, *Hauptst.* Eisenstadt; Hügelland, Weinanbau.

Bundesrepublik Deutschland: Brandenburger Tor in Berlin

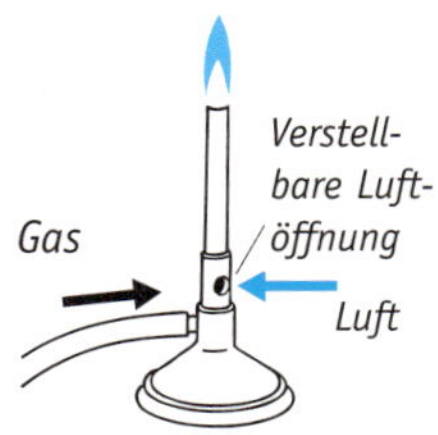

Bunsenbrenner

Bundestag

Der Deutsche Bundestag ist das → **Parlament** der BR Dtl. Er wird als einziges Verfassungsorgan des Bundes direkt vom Volk gewählt und kommt seit 1993 im **Berliner Reichstagsgebäude** zusammen; davor tagte er in Bonn. Die Anzahl der Bundestagsmitglieder beträgt nach dem Gesetz 598. Sie werden für eine → Legislaturperiode von vier Jahren gewählt, diese Zeitspanne kann sich aber in bestimmten Situationen verkürzen oder verlängern. Die **Mitglieder des Deutschen Bundestages** (MdB) können sich zu → Fraktionen oder Gruppen zusammenschließen. Ihnen steht der → **Bundestagspräsident** vor; derzeit bekleidet dieses Amt der CDU-Politiker Dr. Norbert Lammert.
Der Bundestag beschließt die **Bundesgesetze** und hat als einziges Organ in der BR Dtl. das Recht, die → Verfassung zu ändern. Häufig bedarf es dabei der Mitwirkung des → Bundesrates, dieser ist jedoch keine zweite Parlamentskammer. Auch die Genehmigung von Verträgen mit anderen Staaten und Organisationen sowie der Beschluss des Bundeshaushalts obliegt dem Bundestag. Dieser wählt darüber hinaus den Bundeskanzler und wirkt u. a. bei der Wahl des → Bundespräsidenten und der Bundesrichter mit. Der Deutsche Bundestag ist **parlamentarisches Kontrollorgan** gegenüber der → Regierung und kontrolliert außerdem die Einsätze der → Bundeswehr.
http://www.bundestag.de

Burkina Faso: Fulbe-Nomaden

Burnus

Bürgerinitiativen, seit Anfang der 1970er-Jahre auftretende themengebundene, freie Organisationen, die sich spontan gegen negative soziale, politische oder umweltschädigende Entwicklungen wenden.

Bürgerkriege, bewaffneter Kampf der Bürger eines Landes gegeneinander u./oder gegen die eigene Regierung.

Bürgerliches Gesetzbuch (BGB), enthält das allgemeine, in der BR Dtl. geltende Privatrecht; seit 1900 in Kraft.

Bürgermeister, Vorsitzender u. gewähltes Oberhaupt einer Gemeinde oder Stadt; in Großstädten Oberbürgermeister.

Bürgerrechtsbewegung, meist Gruppen, die sich um Gleichberechtigung u. Verwirklichung von Menschen- u. Bürgerrechten bemühen.

Bürgschaft, ein Vertrag, durch den sich eine Person (Bürge) gegenüber einem → Gläubiger verpflichtet, für die Erfüllung der Schulden eines Dritten einzustehen, falls dieser nicht zahlt.

Burgund, frz. Bourgogne, Landschaft in Ostfrankreich, bedeutendes Weinbaugebiet (Burgunder).

Burgunder, 1) ostgermanisches Volk, das sich um 410 bei Worms ansiedelte u. von dort nach Savoyen vertrieben wurde; 2) Rot- und Weißweine einer bestimmten Rebsorte.

Burkina Faso

Republik (Sahel-Staat) in Westafrika, 274.200 km^2, 16,8 Mio. EW, *Hauptst.* Ouagadougou, *Übergangspräsident:* Michel Kafando (seit 2014), *Interims-Premierminister:* Isaac Zida (seit 2014). *Naturraum:* Savanne im mittleren Teil der Oberguineaschwelle, wechselfeuchte Tropen.

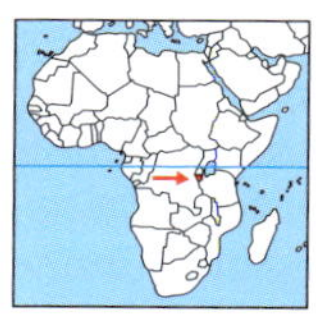

Bevölkerung: Sudanvölker, Fulbe, Tuareg. *Wirtschaft:* Viehzucht; Anbau dürregefährdet.

Burleske (die, ital.-frz.), Schwank, derb-komisches Theaterstück; A.: **burlesk**.

Burnus, weißer Wollmantel der Beduinen mit Kapuze.

Bürokratie (die, frz.-gr.), Verwaltungsapparat, Beamtenschaft.

Burschenschaften, Bezeichnung für studentische Vereinigungen, die in der 1950 gegründeten Dt. Burschenschaft zusammengeschlossen sind.

Burundi

präsidiale Republik in Ostafrika, 27.834 km^2, 10,6 Mio. EW, *Hauptst.* Bujumbura, *Staatsoberhaupt* u. *Regierungschef:* Pierre Nkurunziza (seit 2005). *Naturraum:* Gebirgsland in Hoch-Ostafrika am Tanganjika-See, bis über 3000 m ansteigend. Wegen der Höhe kühles Tropenklima; Savannen u. Nebelwald. *Bevölkerung:* über 80 % Hutu (Bantu), Tutsi. *Wirtschaft:* Feldbau; Kaffee-, Tee-, Baumwollplantagen; Rinderzucht.

Bus, 1) Verkehrsmittel; 2) EDV: mindestens 2 elektrische Leitungen zw. Baugruppen, die Daten, Adressen oder Steuerbefehle austauschen.
Busch, Wilhelm (1832–1908), dt. Dichter u. Maler; verband knappe Knittelreime mit gezeichneten satirisch-grotesken Bildfolgen (die ersten → Comics). Werke u. a.: *Max und Moritz.*
Buschmänner, kleinwüchsiges Jäger- u. Sammlervolk in → Namibia u. → Botsuana, das durch das Vordringen der Zivilisation in die → Kalahari abgedrängt wurde.
Bush, 1) George (*1924), amerik. Politiker. 1981–1989 Vizepräsident, 1989–1993 Präsident der USA.; 2) George W. (*1946), amerik. Politiker, Sohn von 1), von 2001–2009 Präsident der → USA.
Bussard, Greifvogel mit langen, breiten Flügeln u. kurzem Schwanz.
Bußgeld, Geldstrafe bei einem Verstoß gegen staatliche Ordnungen, z. B. im Straßenverkehr.
Büste (die, ital.-frz.), plastische Darstellung des menschlichen Oberkörpers in Stein, Holz, Bronze u. Ä.
Butan, Heiz- u. Motortreibgas aus gesättigten Kohlenwasserstoffen.
Butterfly (engl.), internationale Bezeichnung für → Delfinschwimmen.
Buttersäure, organische Säure mit ranzigem Geruch, die sich bei der B.-Gärung aus Kohlehydraten bildet.
BVerfG, Abk. für → **B**undes**verf**assungs**g**ericht.
Bypass (der, engl., „Umleitung"), körpereigenes oder künstliches Blutgefäß, das zur Umgehung einer verschlossenen Arterie in den Körper eingepflanzt wird.
Byrd, Richard (1888–1957), amerik. Flieger u. Polarforscher. Er überflog 1926 als Erster den Nordpol.
Byron, George Gordon Noel, Lord (1788–1824), engl. Dichter, der um 1800 mit dem Byronismus die Stilrichtung u. Lebenshaltung einer ganzen Generation von Literaten prägte.
Byte, Folge von 8 → Bit, die in 1 B. zu einer Informationseinheit zusammengefasst werden.
byzantinische Kunst, Bezeichnung für die Kunst von Byzanz, bes. in der Zeit zw. 520 u. 1453, wobei ihre Formen im → orthodoxen Glauben bis heute erhalten sind. Die byzantinische Malerei besteht v. a. aus kostbaren, oft goldgrundigen Mosaiken, Wandmalerei, → Ikonen u. Buchmalerei.
Byzantinisches Reich (Oströmisches Reich), entstanden nach der Verlegung der Hauptst. des Röm. Reiches nach O. 330 v. Chr. durch Kaiser Konstantin u. nach der Teilung des Röm. Reiches in eine westliche u. östliche Hälfte 395 n. Chr. durch Kaiser Theodosius. Das B. R. umfasste alle klein- u. vorderasiatischen Gebiete, Nordafrika, den Balkan südlich der Donau u. die Inseln im östlichen Mittelmeer. Während der → Völkerwanderung im 5. Jh. wehrte es die Germanen erfolgreich ab u. bewahrte auch nach dem Zusammenbruch des Weström. Reiches (476) seinen Fortbestand. 1204 wurde das B. R. von den Kreuzrittern erobert (1204 wieder zurückgewonnen). Ab dem 14. Jh. stürmten die Türken in das B. R., deren Übermacht es 1453 erlag.
Byzanz (später Konstantinopel, heute Istanbul), Hauptst. des → Byzantinischen Reiches, später des → Osmanischen Reiches.

George Bush

George W. Bush

W. Busch: Max und Moritz (Illustration)

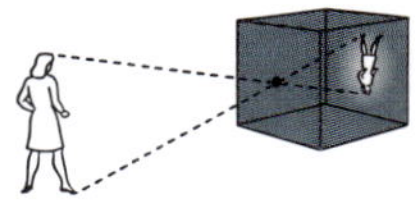

Camera obscura

Campanile: Schiefer Turm von Pisa

Gajus Julius Caesar

Johann Calvin

Canossagang (Miniatur)

C

c, 1) Abk. für Zenti... (z. B. cl) u. Kubik (z. B. ccm), → Maßeinheiten; 2) Abk. für Cent. – **C,** 3) röm. Zahlzeichen für 1000; 4) Zeichen für Kohlenstoff; 5) Abk. für → Celsius u. → Coulomb.

CAD, Abk. für engl. **C**omputer **A**ided **D**esign, die Zuhilfenahme des Computers bei Entwurfsarbeiten. So ist es z. B. möglich, Baugruppen eines Autos am Bildschirm zu entwickeln u. danach mittels → CAM durch einen Automaten fertigen zu lassen.

Cadmium (Cd), äußerst giftiges Schwermetall, v. a. in gelben Farben, Kunststoffen u. Batterien. C. gelangt z. B. durch Kohle- u. Ölheizungen in die Luft. Problematisch ist C. im Klärschlamm.

Caesar, Gajus Julius (100–44 v. Chr.), röm. Staatsmann. 60–53 Herrscher zusammen mit Crassus u. → Pompejus; eroberte ganz Gallien für Rom. Im Bürgerkrieg marschierte er auf Rom u. wurde Alleinherrscher. Von → Brutus, → Cassius u. a. im März 44 ermordet.

Cagliari, Hauptst. von → Sardinien; 154.000 EW.

Calais, Stadt in Nordfrankreich, am Kanal, 72.600 EW; Tüll- u. Spitzenindustrie, wichtiger Hafen für den Fährverkehr nach Dover (England).

Calcium (Ca), Erdalkalimetall in vielen wichtigen Verbindungen: C.-Hydroxid (im Mörtel), C.-Phosphat (für Knochen u. Zähne), C.-Sulfat (Gips).

Calgary, Stadt in Kanada am Fuß der Rocky Mountains, 1 Mio. EW; Universität; Nahrungsmittelindustrie, Erdölzentrum; 1988 Austragungsort der Olympischen Winterspiele.

Caligula (lat., „Stiefelchen"), Gajus Caesar (12 v. Chr.–41 n. Chr.), röm. Kaiser. C. übte eine Gewaltherrschaft aus.

Callas, Maria (eigentl. Maria Kalogeroponlos, 1923–1977), gr. Opernsängerin.

Calvin, Johann (1509–1564), schweizer.-frz. Reformator. Vertrat anders als → Luther eine stärkere Lösung der Kirche vom Staat.

Calvinismus, die Lehre des Reformators → Calvin.

CAM, Abk. für engl. **C**omputer **A**ided **M**anufacturing, die Anwendung von Computern (Automaten) in der industriellen Fertigung; → CAD.

Camargue (die, frz.), Sumpflandschaft im Rhônedelta, einzigartiges → Biotop.

Cambridge, 1) Hauptst. von C.-Shire (ostengl. Grafschaft), 122.700 EW, berühmte Universität seit 1229; 2) Stadt in Massachusetts/USA, 100.700 EW, Sitz der ältesten amerik. Universität (Harvard, seit 1636).

Camera obscura (die, lat., „dunkle Kammer"), Lochkamera. Durch eine kleine Öffnung in einem lichtdichten Kasten treten Lichtstrahlen u. erzeugen auf der Rückwand ein auf dem Kopf stehendes Bild; → Fotografie

Cameron, David William Donald (*1966), brit. Politiker, Mitglied der Conservative Party; seit 2010 Premierminister von → Großbritannien u. Nordirland.

Campanile (der, ital.), ein Glockenturm, der frei neben der Kirche steht, z. B. der Schiefe Turm von → Pisa.

Camus, Albert (1913–1960), frz. Schriftsteller u. Philosoph. Wichtige Werke: *Der Fremde, Die Pest*. C. erhielt 1957 den → Nobelpreis für Literatur.

Canal Grande (der, ital.), berühmte Wasserstraße in → Venedig.

Canasta (das, span.), Kartenspiel aus Uruguay mit 104 Karten u. 4 Jokern für 2–6 Spieler.

Canberra, 1913 gegründete Bundeshauptst. von → Australien, 351.900 EW; Universität.

Canetti, Elias (1905–1994), österr. Schriftsteller; erhielt 1981 den Nobelpreis für Literatur; *Die Blendung*.

Cannes, Stadt in Südfrankreich an der Côte d'Azur, 73.000 EW; Seebad u. Winterkurort; jährliche internationale Filmfestspiele.

Canossa, ital. Ort, bekannt durch Bußgang → Heinrichs IV. zu Papst Gregor VII., um die Aufhebung des päpstlichen Kirchenbanns zu erbitten.

Canterbury, Stadt in Südostengland, 55.000 EW; Kathedrale (11.–15. Jh.); Sitz des obersten Bischofs der anglikanischen Kirche.
Canyon (der, engl.), schmales, tief eingeschnittenes Gebirgstal.
Cape Canaveral (1963–1973 Cape Kennedy), Kap an der Ostküste von Florida, USA, seit 1958 Startplatz für Weltraumraketen.
Capone, Alfonso (1899–1947), leitete in den 1920er-Jahren das organisierte Verbrechen in Chicago, USA.
Capri, Felseninsel zw. Neapel u. Salerno, berühmt durch die „Blaue Grotte" .
Caracalla, Marcus Aurelius Antonius (186–217), röm. Kaiser; baute die C.-Thermen in Rom.
Caracas, Hauptst. → Venezuelas, ca. 3,3 Mio. EW.
Caravaggio, Michelangelo (1573–1610), ital. Maler; beeinflusste die Malerei des Barock durch seine naturalistische Malweise.
carbo..., Carbo..., bedeutet in Wortzusammensetzungen „Kohle...".
Cardiff, Hauptst. von → Wales, Großbritannien, 346.000 EW; Kathedrale (12. Jh.); Universität; Schwerindustrie, Hafen (Kohleausfuhr).
CARE, Abk. für engl. **C**ooperative for **A**merican **R**elief to **E**verywhere, 1946 gegründete amerik. Hilfsorganisation, die Hilfsgüter (**Carepakete**) in kriegsgeschädigte Länder schickt.
Caritas (die, lat.), die Gottes- u. Nächstenliebe der Christen; Barmherzigkeit.
Carlos, Don (1545–1568), Sohn Philipps II. von Spanien, starb als Wahnsinniger im Gefängnis. Titelheld eines Dramas von → Schiller.
Carmina Burana, eine Sammlung von lat. u. dt. Vagantenliedern, die von C. → Orff vertont wurden.
Carroll, Lewis, eigentlich Charles Lutwidge Dodgson (1832–1898), engl. Schriftsteller; *Alice im Wunderland* (1869).
Carstens, Karl (1914–1992), dt. Politiker (CDU); Bundespräsident von 1979–1984.
Carter, 1) Howard (1873–1939), engl. Archäologe. Er entdeckte das Grab von → Tutenchamun; 2) James (Jimmy) Earl (*1924), amerik. Politiker (Demokrat). Er war 1977–1981 Präsident der USA; Friedensnobelpreis 2002.
Caruso, Enrico (1873–1921), ital. Sänger. Er war der berühmteste Operntenor seiner Zeit.
Casablanca, wichtigster Ausfuhrhafen u. größte Stadt in → Marokko, am Atlantik, 3,67 Mio. EW; arabische Altstadt; Lebensmittel- u. Textilindustrie.
Casanova, Giacomo Girolamo (1725–1798), ital. Abenteurer u. Schriftsteller; sprichwörtlicher Frauenheld.
Cash, Johnny (1932–2003), amerik. Countrysänger; Hits u. a. *Ring of Fire, Walk the Line*.
Cäsium (Cs), das blaugraue Metall wird für Fotozellen verwendet, bestimmte Formen sind radioaktiv.
Cassius, Gajus Longinus († 42 v. Chr.), röm. Politiker. C. stiftete die Verschwörung gegen → Caesar an.
Castor, Abk. für engl. **Ca**sk for **s**torage and **t**ransport **o**f **r**adioactive material; Behälter zur Lagerung u. zum Transport radioaktiven Materials.
Castro, Fidel (*1927), kubanischer Politiker. Stürzte 1959 den Diktator Batista u. errichtete als Ministerpräsident Kubas ein kommunistisches Modell.
Cato, Marcus Porcius (Cato d. Ä.; 234–149 v. Chr.), röm. Staatsmann. Er forderte wiederholt die Zerstörung Karthagos.
Catullus, Gajus Valerius (um 85–55 v. Chr.), röm. Dichter, Liebesgedichte.
Cayenne, Hauptst. von → Französisch-Guayana, 55.000 EW; Hafen; bis 1948 wurden Strafgefangene nach C. geschickt.
CB, Abk. für engl. **C**itizen **B**and („Bürgerfunk", CB-Funk), von der Post freigegebener Wellenbereich für Privatfunk.
CD, Abk. für engl. **C**ompact **D**isc, eine flache runde Scheibe, enthält Daten, die von einem Laserstrahl abgetastet werden. Verbreitet sind Musik-CDs u. → CD-ROMs für Computer.
CD-ROM, Abk. für engl. **C**ompact **D**isc **R**ead **O**nly **M**emory, Scheibe als Datenspeicher für Computer. Ihre Kapazität beträgt 682 Megabyte; zur Benutzung wird ein CD-ROM-Laufwerk benötigt.
CDU, Abk. für **C**hristlich **D**emokratische **U**nion, 1) bundesdeutsche Volkspartei, 1945 gegründet; Fraktionsbündnis mit

Marcus Aurelius Antonius Caracalla

Enrico Caruso

Fidel Castro

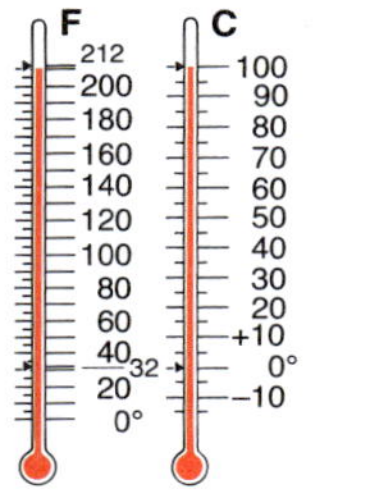

Temperaturskalen mit Fahrenheit- und Celsius-Einteilung. Der Gefrier- und Siedepunkt von Wasser ist jeweils durch ein Dreieck markiert.

Cézanne: Die Kartenspieler

Charlie Chaplin

Chamäleon

der → CSU; die CDU/ CSU war zw. 1949–1969 u. von 1982–1998 an der Regierung. Seit den Wahlen 2005 stellt sie mit A. → Merkel wieder den Kanzlerposten u. regiert zusammen mit der → SPD in einer schwarz-roten Koalition. Die CDU bekennt sich zum Christentum u. zur → sozialen Marktwirtschaft; 2) war bis 1990 als christliche Partei auch in der DDR vertreten; → SED.

Ceauşescu, Nicolae (1918–1989), rumänischer Politiker. Ab 1965 an der Spitze der kommunistischen Partei; wurde nach einer blutigen Revolution hingerichtet.

Cello (das, ital.), Kurzform von → Violoncello.

Celsius (°C), Gradeinteilung der Temperaturskala. Der Schwede Anders Celsius erfand diese nach ihm benannte Skala im Jahr 1742.

Cembalo (das, ital.), Tasteninstrument, bei dem die Saiten angezupft werden; Blütezeit 15.–18. Jh.

Cent, Untereinheit (1/100) der Währungen Dollar (USA, Kanada, Australien), Rand (Südafrika), Euro.

Centurio (der, lat.), im röm. Heer der Befehlshaber einer Hundertschaft (**Centurie**).

Ceres, röm. Fruchtbarkeitsgöttin, sie entspricht der gr. → Demeter.

CERN, Abk. für frz. **C**onseil **E**uropéen pour la **R**echerche **N**ucléaire, 1952 gegründete Organisation europäischer Staaten zur Erforschung der Grundlagen der Kernphysik mit Sitz in Genf.

Cervantes Saavedra, Miguel de (1547–1616), span. Dichter; → *Don Quijote de la Mancha.*

Cézanne, Paul (1839–1906), frz. Maler. C. wurde zum Vorläufer des → Kubismus.

CH, Abk. für **C**onfoederatio **H**elvetica = Schweizerische Eidgenossenschaft.

Chagall, Marc (1887–1985), russ. Maler u. Grafiker, fantasievolle Bilder mit Motiven aus Märchen, der Bibel u. der Welt des jüdischen Glaubens.

Challenger, Name des 2. amerik. → Spaceshuttles, das am 28.1.1986 in 16.000 m Höhe explodierte, wobei 7 Astronauten den Tod fanden.

Chamäleon (das, gr.-lat., „Erdlöwe"), eine Echse; die etwa 90 Arten leben auf → Madagaskar, in Afrika, in Südspanien u. Kleinasien. Das C. kann Farbe u. Muster der Haut verändern. Ihre einzeln beweglichen Augen sehen getrennt u. nach allen Richtungen. Die klebrige Zunge kann blitzartig aus dem Maul schießen u. Insekten fangen.

Chamberlain, Sir Joseph Austen (1863– 1937), engl. Politiker; Friedensnobelpreis 1925.

Champagne, ostfrz. Landschaft, bekannt für Schaumwein.

Champignon (der, frz.), gehört zur Familie der Blätterpilze u. ist ein beliebter Speisepilz.

Champion (der, engl.), sportlicher Meister (Weltmeister), z. B. im Boxen.

Chanel, Coco, eigentlich Gabrielle Chasnel (1883–1971), bedeutende frz. Modeschöpferin.

Chanson (das, frz.), Lied mit poetischem, satirischem oder politischem Inhalt; instrumental begleitet.

Chaos (das, gr.), Unordnung, Durcheinander; in der gr. Mythologie Urstoff des Weltanfangs.

Chaplin, Charlie (Charles Spencer Ch., 1889–1977), engl.-amerik. Filmkomiker u. Regisseur; *Der große Diktator.*

Charakter (der, gr.), Wesen eines Menschen, durch Umwelt u. Vererbung beeinflusst.

Charles, Prince of Wales (*1948), brit. Thronfolger.

Charme (der, frz.), gewinnendes Wesen, Anziehungskraft, Flair, Liebreiz; A.: **charmant.**

Charmeur (der, frz.), Schmeichler.

Charta (die, gr.-lat.), Urkunde des Staats- u. Völkerrechts. Von besonderer geschichtlicher Bedeutung sind die → *Magna Charta* u. die → *Atlantikcharta.*

chartern (engl.), ein Schiff oder Flugzeug heuern, mieten.

Charts (engl.), Auflistung von Musik-, Film- oder Buchtiteln, die sich über einen bestimmten Zeitraum am besten verkauft haben; häufig Synonym für Hitparade.

Chassis (das, frz.), Fahrgestell eines Kraftfahrzeugs; in der Maschinentechnik u. Elektronik die Grundplatte.

Château (das, frz.), Schloss, Landsitz, Weingut.

Chatroom (der, engl.), virtueller „Raum" im → Internet, in dem sich die Nutzer treffen, um sich über ein bestimmtes Thema in schriftlicher Form auszutauschen.

Chauvi (der, frz.), Kurzwort für **Chauvinist**, jemand, der sich übertrieben männlich gibt. Unter **Chauvinismus** versteht man auch übersteigerten Patriotismus.

checken (engl.), überprüfen, kontrollieren, z. B. anhand einer Checkliste.

Chemiefasern, auf Zellstoffbasis (z. B. Reyon, Acetatseide) oder Kunststoffbasis (z. B. Nylon, Perlon, Trevira) hergestellte Fasern u. Fäden.

Chemie, siehe Kasten unten.

Chemikalien, Sammelbezeichnung für die von der chemischen Industrie erzeugten Stoffe.

chemische Elemente, chemische Grundstoffe, die nicht weiter zerlegt werden können.

Chemotherapie (die, gr.), die Behandlung von Krankheiten mit chemischen Mitteln.

Cheops, ägyptischer König der 4. Dynastie, um 2600 v. Chr. Er ließ die Cheopspyramide erbauen, die größte Pyramide von → Gise(h).

Cherokee (Tscherokesen), nordamerik. Indianervolk, das im S der Appalachen siedelte u. um 1835 gewaltsam nach Oklahoma umgesiedelt wurde.

Cherub (der, hebräisch), Engelsgestalt mit Flügeln; im → Alten Testament der Hüter der Bundeslade.

Cherusker (die), germanischer Volksstamm, der 9 v. Chr. unter Arminius die Römer besiegte.

Cheyenne, nordamerik. Indianer die zur Gruppe der Algonkin gehören. Sie leben heute in Reservaten in den Black Hills in South Dakota.

Chiemsee, größter oberbayerischer See (ca. 80 km²) im Alpenvorland, mit Herreninsel (Schloss Herrenchiemsee, → Ludwig II.), Fraueninsel mit Kloster, Krautinsel.

Chiffre (die, frz.), 1) Ziffer; 2) Geheimzeichen; 3) Kennwort, Kennnummer (bei Zeitungsanzeigen).

Chihuahua, 1) größter mexikanischer Staat, im N gelegen, 247.087 km², 3,41 Mio. EW, Hauptst. C. mit 809.000 EW; Gold-, Silber-, Zink-, Blei-, Kupferabbau, Baumwollanbau; 2) kleinste Hunderasse mit nur 20 cm Schulterhöhe u. großen Ohren.

Cheopspyramide

Cheyenne: Mädchen

Chemie

Chemie befasst sich mit dem Aufbau, Verhalten und der Umwandlung von Stoffen sowie den dabei geltenden Gesetzmäßigkeiten. Die Chemie als exakte **Naturwissenschaft** entstand im 17. und 18. Jahrhundert, allerdings kannten sich die Menschen schon weit früher mit chemischen Prozessen aus und wussten z. B. über die giftige oder heilende Wirkung von Pflanzen Bescheid. In der Folge dieses reinen Erfahrungswissens entstand um das 3. Jahrhundert n. Chr. in Ägypten die → **Alchemie**, die sich erstmals mit der Zusammensetzung der Stoffe befasste und etwa ab dem 16./17. Jahrhundert allmählich von wissenschaftlichen Methoden abgelöst wurde. Heute weiß man, dass bei chemischen Reaktionen Bindungen zwischen → Atomen getrennt und neu gebildet werden, dass also – im Gegensatz zur Physik – eine Veränderung eines Stoffes stattfindet. Grundlegend für dieses Verständnis ist die Einsicht, dass sich unsere gesamte, belebte wie unbelebte Umwelt aus → Elementen zusammensetzt. Zu den Elementen, die im → Periodensystem gesammelt sind, gehören z. B. → Wasserstoff (H), → Sauerstoff (O), → Chlor (Cl), → Natrium (Na) oder → Eisen (Fe). Sie können sich durch chemische Reaktionen zu Molekülen verbinden, z. B. zu → Wasser (H_2O) oder zu Kochsalz (NaCl). Grundsätzlich unterscheidet man → anorganische und → organische Chemie. Zur **anorganischen Chemie** gehören all die Elemente und Verbindungen, die keinen Kohlenstoff enthalten, während sich die **organische Chemie** mit den Kohlenstoffverbindungen beschäftigt. Konzentriert sich die chemische Forschung auf die praktische Nutzung der Ergebnisse, spricht man von **angewandter Chemie.** Auch wenn man wenig davon zu merken meint, Chemie ist allgegenwärtig: bei der Haarfärbung, im Waschmittel, aber auch beim Kochen, Braten und Backen finden chemische Stoffumwandlungen statt.

Chile: Hochebene (Altiplano)

China (Taiwan)

China: Flötenspielerin

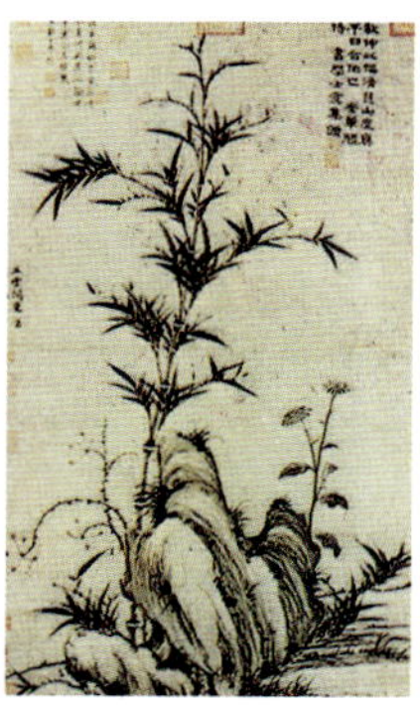

China: Chinesische Rolle (15. Jh.)

Chile

präsidiale Republik in den südamerik. Anden, am Pazifik, 756.626 km^2, 16,3 Mio. EW, *Hauptst.* Santiago de Chile, *Staats- und Regierungschef:* Michelle Bachelet (seit 2014). *Naturraum:* Westteil der Anden von 18,5 Grad südlicher Breite bis Feuerland u. Großes Längstal zw. den Ketten der Küstenkordilleren; im N die Atacama-Wüste, die Osterinsel, die Desventurados u. die Juan-Fernandez-Inseln. Wegen der Höhenunterschiede u. der großen Breitenerstreckung unterschiedliche Klimaregionen. *Bevölkerung:* Mestizen, Weiße, Indios. *Wirtschaft:* 60 % Ödland, sonst Ackerbau; Schafe, Fischerei; Kupfer- u. Eisenerzbergbau, Salpeterabbau. Der sozialistische Präsident Allende wurde 1973 beim Militärputsch erschossen; danach Militärdiktatur bis 1990.

Chimäre (die, gr.), in der gr. Sage ein Feuer speiendes, aus Löwe, Ziege u. Schlange zusammengesetztes Untier.

Republik China (Taiwan)

Staat in Ostasien, 35.980 km^2, 23,26 Mio. EW, *Hauptst.* Taipeh, *Staatspräsident:* Ma Ying-jeou (seit 2008), *Premierminister:* Mao Chi-kuo (seit 2014); Staat nicht überall anerkannt. *Naturraum:* die Insel Taiwan (Formosa), die Pescadores-Inseln u. viele kleinere Inseln. Auf der Hauptinsel von N–S das Chungyang-Shanmo-Gebirge mit im W breiter, im O schmaler Küstenebene; Monsunklima. *Bevölkerung:* Chinesen, malaiisch-polynesische Minderheit. *Wirtschaft:* intensiver tropischer Anbau (Reis). Sehr schnelles Wachstum der Industrie (Hauptausfuhrprodukte Textilien, Elektrotechnik, Elektronik, Autos).

China

sozialistische Volksrepublik, Staat in Zentral- u. Ostasien, 9.572.419 km^2, 1,36 Mrd. EW, *Hauptst.* → Beijing (Peking), *Staatsoberhaupt:* Xi Jinping (seit 2013), *Regierungschef:* Li Keqiang (seit 2013). 21 Provinzen, 5 autonome Regionen u. 3 regierungsunmittelbare Städte (Beijing, Schanghai u. Tientsin). *Naturraum:* drittgrößter Staat der Erde. Das von W nach O verlaufende Tsinlingschan-Gebirge u. der von N nach S verlaufende Große Chingan teilen das Land in grundverschiedene Räume: a) westlich von Hochgebirgen begrenzt, abflusslose Hochbecken, das Tarimbecken u. die Innere Mongolei (über 1000 m hoch), südlich begrenzt vom Kuenlun- u. Nanschan-Gebirge, die mit dem Transhimalaja das Hochland von Tibet einschließen (über 2000 m); b) östlich des Großen Chingan liegt im N die Mandschurei, ein Bergland mit eingelagerten Becken; im S die Große Ebene, die im S vom Jangtsekiang begrenzt wird; c) südlich des Tsinlingschan u. des Jangtsekiang hat Ch. im W Anteil an den Hochgebirgen Hinterindiens; östlich davon liegen das Rote Becken u. das Südchinesische Bergland. *Klima:* Allg. ist das Landesinnere westlich des Großen Chingan sehr trocken, der O dagegen unterliegt dem Monsun, der im Winter große Kälte, im Sommer Wärme u. Regen bringt. *Bevölkerung:* Han-Chinesen, Turkvölker, Mongolen, Tibeter. Das Küstengebiet u. die Stromtäler sind dicht, das Landesinnere äußerst dünn besiedelt. *Wirtschaft:* Seit den 1950er-Jahren ist die Landwirtschaft in Form von Volkskommunen (Produktionsgenossenschaften) organisiert, in den 1980er-Jahren begann deren Auflösung in privaten Kleinbesitz. Produziert werden im N Getreide u. Soja, im S Reis, Zuckerrohr, Tee u. Obst. Bedeutender Anbau von Baumwolle u. Maulbeerbüschen zur Seidenraupenzucht. Im trockenen Landesinneren Rinder- u. Schafhaltung. Bedeutende Vorkommen an Bodenschätzen. Neben Kleingewerbe gibt es moderne Industrien aller Art, hauptsächlich an den großen Flüssen u. an der Küste.

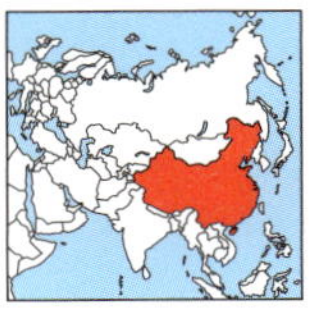

Chinesische Mauer, mit 7200 km das längste Bauwerk der Erde; wurde um 500 v. Chr. als Schutzwall gegen die Hunnen gebaut.
chinesische Schrift, eine Schrift mit rund 50.000 Zeichen, die meist ein ganzes Wort darstellen u. von rechts nach links u. von oben nach unten geschrieben werden. Für den täglichen Gebrauch genügen etwa 2000–4000 Zeichen. In den 1950er-Jahren wurden die Zeichen vereinfacht u. eine Schreibung von links nach rechts in waagerechten Zeilen eingeführt.
Chip (der, engl.), 1) aktives Element einer integrierten Schaltung, ein wenige Millimeter kleines Plättchen, das über 1 Mio. Transistorfunktionen enthalten kann. Ein Ch. wird aus Halbleitermaterial (Silizium, Galliumarsenid) gefertigt; 2) passives Element der Elektronik (Kondensator, Widerstand) für die Oberflächenmontage auf Platinen.
Chipkarte, als Kreditkarte oder Ausweis verwendete Karte aus Kunststoff mit integriertem Mikroprozessor.
Chirac, Jacques (*1932), frz. Politiker. 1995–2007 frz. Staatspräsident.
Chirurgie (die, gr.), Gebiet der Medizin, das sich mit der Heilung von Verletzungen u. Krankheiten durch Operationen befasst.
Chitin (das, gr.), Substanz in Schutzpanzern von Insekten u. Krebsen.
Chlodwig I., fränk. König (um 465–511), Gründer des Frankenreiches. Machte → Paris zur Hauptst.; Annahme u. dadurch Verbreitung des katholischen Glaubens.
Chlor (Cl), gelbgrünes, giftiges Gas, das zum Bleichen u. zur Abtötung von Keimen verwendet wird.
Chloroform (das, gr.), früher gebräuchliche, leicht flüchtige Narkoseflüssigkeit.
Cholera (die, gr.), durch Bakterien hervorgerufene schwere Darmerkrankung, die oft tödlich endet.
Choleriker (der, gr.), jemand, der leicht jähzornig wird; A.: **cholerisch**.
Cholesterin (das, gr.), lebenswichtige Substanz, die im Blut, Nervengewebe u. a. vorkommt; wichtig für den Fettstoffwechsel.
Chopin, Frédéric (1810–1849), poln. Komponist u. Pianist. Er schrieb ausschließlich Klaviermusik.
Choral (der, gr.), Kirchenlied.
Choreografie (die, gr.), Regie beim Ballett u. Musical.
Christentum, Stifter ist → Jesus Christus. In ihm als seinem Sohn wird Gott Mensch; → Weltreligionen.
Christenverfolgung, im 1. Jh. v. Chr. zunächst örtlich begrenzte, zw. dem 2. u. 4. Jh. systematische Unterdrückung u. Verfolgung der Christen im Röm. Reich. Die Ch. wurde 313 durch das Toleranzedikt von Mailand unter Kaiser

Chinesische Mauer

Frédéric Chopin

Jacques Chirac

Christentum: Altarbild

Agatha Christie

Cicero

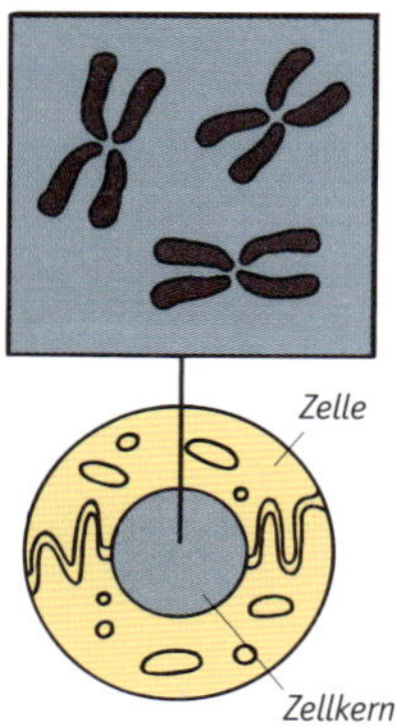

Chromosomen

Winston Churchill

Bill Clinton

→ Konstantin beendet, worauf sich das Christentum zur Staatsreligion entfaltete.

Christie, Agatha (1890–1976), engl. Krimiautorin. Erfinderin der Detektivfiguren Miss Marple u. Hercule Poirot.

Christlicher Verein Junger Menschen (CVJM), 1844 gegründete Organisation der evangelischen Jugend in Deutschland.

Christo (Ch. Javacheff, geb. 1935), amerik. Künstler. Er verpackte ganze Landschaften, Inseln oder Gebäude, z. B. den Pont Neuf in Paris oder den Reichstag in Berlin.

Christus, → Jesus Christus.

Chrom (Cr), ein hartes, silberweißes Metall, das als Rostschutzüberzug u. zur Legierung von Stahl verwendet wird.

Chromosomen (die, gr.), mikroskopisch kleine Bestandteile in jedem Zellkern, die Erbinformationen enthalten. Ch. bestehen hauptsächlich aus → DNS u. Proteinen. Jedes Ch. setzt sich aus 2 spiralig aufgerollten Fäden, den **Chromatiden**, zusammen; in diesen Spiralen sitzen die Erbanlagen (→ Gene). Ch. sind in den Körperzellen doppelt (diploid) u. in den Keimzellen einfach (haploid) vorhanden. Bei der Befruchtung kommt daher von jedem Elternteil ein **Chromosomensatz** zum anderen. Jede Pflanzen- u. Tierart besitzt eine charakteristische Ch.-Anzahl, der Mensch z. B. 23 Ch.-Paare. Die **Geschlechts-Ch.** sind bei Mann u. Frau unterschiedlich: Die Frau hat 2 X-, der Mann 1 X- u. 1 Y-Chromosom.

Chronik (die, gr.), Aufzeichnung historischer Ereignisse in der Reihenfolge, in der sie sich abgespielt haben.

chronisch (gr.), schleichend (Krankheit), ständig bzw. immer wieder auftretend; langwierig.

chrono..., Chrono... (gr.), bedeutet in Wortzusammensetzungen „zeit...", „Zeit...".

Chronometer (der, gr., „Zeitmesser"), sehr genau gehende Uhr, bes. in Astronomie u. Schifffahrt verwendet.

Churchill, Sir Winston Spencer (1874–1965), engl. Politiker. 1940–1945 u. 1951–1955 → Premierminister. Gegner Hitlers im Zweiten Weltkrieg; mit → Roosevelt u. → Stalin verantwortlich für die „Neueinteilung" Europas, → Nobelpreis für Literatur 1953.

CIA, Abk. für **C**entral **I**ntelligence **A**gency, amerik. Geheimdienst.

Cicero, Marcus Tullius (106–43 v. Chr.), röm. Staatsmann, Gegner → Caesars. C. ist berühmt wegen seiner brillant geschliffenen Sprache (Reden gegen Verres, Catilina u. Antonius) u. seiner philosophischen u. politischen Schriften (*Über den Staat*).

Cinemascope® (das, engl.), Breitwandverfahren (Kino) zur Aufnahme u. Wiedergabe von Filmen unter Verwendung von verschiedenen Linsen.

Circus maximus (der, lat.), das größte Stadion im antiken Rom.

Citroën, André (1878–1935), frz. Industrieller; gründete 1919 in Paris den gleichnamigen Automobilkonzern.

Clan (der, gälisch, „Abkömmling"), Klan, Gruppe, die einen gemeinsamen Ahnherrn hat. Auch gebraucht für eine Gruppe, die bes. eng zusammenhält.

Claudius, Matthias (1740–1815), dt. Dichter; insbesondere berühmt durch die Vertonung seines Gedichts *Der Mond ist aufgegangen*.

Clay, Cassius, seit 1962 Muhammad Ali (*1942), amerik. Boxer. Er war 1960 Olympiasieger u. 1974–1979 mehrfacher Weltmeister im Schwergewicht.

Clinch (der, engl.), 1) beim Boxen regelwidrige Behinderung des Gegners durch Umklammern; 2) übertragen: Streit (mit jemandem im Clinch liegen).

Clinton, William („Bill") Jefferson (*1946), amerik. Politiker, 1993–2001 Präsident der USA.

Clochard (der, frz.), ein Vagabund, Stadtstreicher.

Club, → Klub.

Club of Rome, 1968 in Rom gegründete Wissenschaftlervereinigung, die in ihrem Bericht *Grenzen des Wachstums* eine Weltkatastrophe voraussagt, wenn wir unser Verhalten gegenüber Natur u. Umwelt nicht ändern.

Cluny, Stadt in Frankreich. Von hier ging im 10. Jh. eine Erneuerungsbewegung des klösterlichen Lebens aus; die Cluniazensische Reform gegen starke Verweltlichung strahlte auf ganz West-

Comic

Ein Comic ist eine Bildergeschichte, in der Bildkästchen („panels") und Text (oft in Form von Sprechblasen, „ballons") sowie Lautäußerungen(z. B. „Peng") miteinander verbunden sind. Ein Comic besteht aus mindestens zwei Bildern, weshalb Karikaturen oder Cartoons, die nur aus einem Bild bestehen, nicht dazu zählen. Lange ist der Comic als Schund abqualifiziert worden, heute wird er sogar als **eigenständige Kunstform** anerkannt.
Vorläufer des Comics waren in Europa die Bilderbogengeschichten oder z. B. die Bild-Vers-Dichtungen von Wilhelm → Busch (1832–1908, Max und Moritz). Die ersten Comics erschienen um 1900 in amerikanischen Sonntagszeitungen, wo sie zunächst eine ganze Seite füllten. Später wurden sie zu Bildfolgen von meist drei–fünf Einzelbildern verkürzt. Deshalb entwickelte sich die Bezeichnung **„comic strip"** („komische Streifen"). Ab Mitte der 30er-Jahre gab es Comics in den USA erstmals in Form von Heftchen.
Dominiert wurde der Comic lange Zeit von Superhelden (z. B. Superman, Batman) oder Tiergestalten, die ähnlich wie in der → Fabel menschliche Verhaltensweisen nachahmen und bloßstellen (z. B. Micky Maus). Inzwischen gibt es längst alle denkbaren Inhalte. Mal werden diese zeichnerisch verfremdet (z. B. Asterix, Peanuts), mal ganz realistisch dargestellt. Sogar ein Thema wie der Holocaust wurde bereits verarbeitet (Art Spiegelman: Maus). In den letzten Jahren hat der japanische Comic → Manga seinen Siegeszug um die Welt angetreten.

europa aus. Die Benediktinerkirche C. war einmal die größte abendländische Kirche des MA.

Co., Abk. für **Co**mpagnie oder **Co**mpany, Handelsgesellschaft.

c/o, Abk. für engl. **c**are **o**f, wohnhaft bei (Postanschrift).

Coach (der, engl.), Trainer, Betreuer eines Sportlers.

Coca, → Koka.

Cockpit (das, engl.), 1) Führerkabine der Piloten im Flugzeug; 2) Fahrersitz im Rennwagen.

Cocktail (der, engl.), Mixgetränk aus Likören, Eis, Zitrone, Zucker u. a.; auch alkoholfrei möglich.

Cocteau, Jean (1889–1963), frz. Schriftsteller, Maler u. Regisseur; Romane, Theaterstücke u. Filme *(Orphée)*.

Code (der, engl.-frz.), Übersetzungstabelle zum Ver- oder Entschlüsseln zw. 2 Darstellungsweisen, z. B. in der EDV der ASCII-C. Jedem Zeichen des einen Zeichenvorrats wird ein Zeichen oder eine Zeichenfolge des anderen Zeichenvorrats eindeutig zugeordnet.

Codein, → Kodein.

Cognac (der, frz.), nach der gleichnamigen Stadt in Südwestfrankreich benannter Weinbrand.

Collage (die, frz., „kleben"), Technik, in der Papierstücke, Stofffetzen oder andere gewöhnliche Gegenstände zu einem Bild zusammengefügt u. auf Pappe oder Holz geklebt werden.

College (das, engl.), 1) in England Internat oder Fachhochschule; 2) in den USA allg. Hochschule.

Colombo, de facto Hauptst. von → Sri Lanka, 753.000 EW.

Colorado, 1) ein Staat im W der USA; 269.837 km², 5 Mio. EW, Hauptst. Denver; 2) Fluss im SW der USA; 2333 km, fließt von den Rocky Mountains zum Golf von Kalifornien (Grand Canyon); 3) Fluss in Texas, 1400 km, mündet in den Golf von Mexiko.

Colt, Samuel (1814–1862), amerik. Industrieller; entwickelte den Revolver mit kippbarem Lauf.

Columbia, 1) Hauptst. des Bundesstaates South Carolina, USA, 131.000 EW; Universität; Textilindustrie; 2) District of C., Abk. DC, Bundesdistrikt der USA mit der Bundeshauptst. Washington, 179 km², 646.500 EW.

Comanchen (Komantschen), nordamerik. Indianer in Texas u. New Mexico, die früher als Büffeljäger lebten.

Comic, siehe Kasten oben.

Commedia dell'Arte (die, ital.), Stegreifkommödie mit typischen Masken und feststehender Handlung; um 1550 in Italien entstanden.

Colorado: Grand Canyon

Côte d'Azur: Nizza

Commonwealth of Nations (das, engl.), Gemeinschaft von Ländern, die früher dem Britischen Reich angehörten; durch das Westminsterstatut von 1931 haben diese volle staatliche Eigenständigkeit.

Computer, siehe Kasten S. 61.

Computerspiel (auch E-Game, Abk. für engl. Electronic Game), Spiel für eine oder mehrere Personen, in dem diese sich durch eine künstliche Computerwelt bewegen u. auf Herausforderungen, die im Programm des Spiels angelegt sind, reagieren müssen. Man unterscheidet Spiele, die direkt im Internet gespielt werden, u. solche, für die es spezielle Spielkonsolen gibt.

Computerviren, in Computer eingeschleuste Störprogramme, die sich wie ein biologischer Virus vervielfältigen können. Sie verändern oder zerstören Programme oder gespeicherte Daten.

Concorde (die, frz.), brit.-frz. Überschallflugzeug mit einer Reisegeschwindigkeit von ca. 2200 km/h. Die C. flog seit 1976 im Linienverkehr Europa–USA. Flugbetrieb 2003 eingestellt.

Concorde

James Cook

Cook, James (1728–1779), engl. Forscher u. Weltumsegler.

James F. Cooper

Cooper, James Fenimore (1789–1851), amerik. Schriftsteller; *Lederstrumpf*.

Copyright (das, engl.), Eintrag über das Urheberrecht im Impressum von Büchern, Schutz vor Raubdruck.

Cortés (Cortez), Hernán (1485–1547), span. Eroberer des Reichs der → Azteken.

Cosa Nostra (die, ital.), Name der → Mafia in den USA.

Cosinus (cos), eine Winkelfunktion.

Costa Brava (die, span., „wilde Küste"), felsiger Küstenstreifen mit vielen Buchten in Spanien am Mittelmeer.

Costa del Sol (die, span., „Sonnenküste"), Küsten im südlichen Spanien.

Costa Rica

präsidiale Republik in Mittelamerika, 51.100 km², 4,8 Mio. EW, *Hauptst.* San José, *Staats- und Regierungschef:* Luis Guillermo Solís (seit 2014). *Naturraum:* vulkanisches Kordillerenhochland zw. Pazifik u. karibischem Küstentiefland. *Klima:* tropisch, im W Savanne, im O Regenwald. *Bevölkerung:* über 90 % Nachkommen span. Einwanderer. *Wirtschaft:* Plantagen: Zuckerrohr, Bananen, Kaffee.

Cotangens (cot), eine Winkelfunktion.

Côte d'Azur (die, frz.), Felsküste der Seealpen in Südfrankreich; frz. Riviera.

Coubertin, Pierre Baron de (1863–1937), Gründer der neuzeitlichen → Olympischen Spiele (1896).

Coulomb, Charles Augustin (1736–1806), frz. Physiker. Er entdeckte das coulombsche Gesetz u. erfand eine Waage zur Messung der Kräfte zw. elektrischen Ladungen u. Magnetpolen. 1 Coulomb = 1 Amperesekunde.

Countdown (der, engl.), das Abzählen der letzten Sekunden vor dem Start einer Rakete.

Countrymusic (die, engl.), ursprünglich die Volksmusik der weißen Siedler in den USA; in den 1920er-Jahren Entwicklung zur Country u. Western Music.

County (das, engl.), 1) Grafschaft (in Großbritannien); 2) Verwaltungs- u. Gerichtsbezirk (in den USA).

Coup (der, frz.), Gaunerstück, Handstreich.

Coupon (der, frz.), → Kupon.

Courage (die, frz.), Mut.

Cousin (der, frz.), Vetter.

Cousine (die, frz.), → Kusine.

Cowboy (der, engl.), berittener Viehhirte Nordamerikas. Der C. wurde im amerik. → Film zum Pionier u. Kämpfer für Gerechtigkeit verklärt.

Computer

Die ersten Konstruktionen zur Erleichterung umfangreicher Berechnungen gehen weit zurück: 1623 baute der Theologe und Professor für Mathematik und Astronomie *Wilhelm Schickard* (1592–1635) eine Maschine, mit der er die vier Grundrechenarten ausführen konnte. Eine ähnliche Rechenmaschine entwickelte 1673 der Philosoph und Physiker Gottfried Wilhelm → *Leibniz* (1646–1716) und erdachte auch das **binäre Zahlensystem** mit den Ziffern 0 und 1. Von diesen Geräten bis zur ersten elektrischen Rechenanlage, die durch ein Programm gesteuert wird, war es ein großer Schritt. Dieser gelang erst dem deutschen Ingenieur Konrad Zuse (1910–1995) mit dem Bau des Rechners Z3 im Jahre 1941, der elektromechanisch mit Relais arbeitete. Der erste elektronische Rechner mit 18.000 Elektronenröhren wurde 1946 in den USA hergestellt. Dann folgten Geräte, die mit Transistoren aufgebaut waren. Nach der Entwicklung des Mikroprozessors 1971 wurde der Bau von kleineren Computern möglich. 1976 erschien der erste → **Personal Computer** (Apple 1), 1980 stellte die Firma Sinclair den Homecomputer ZX80 vor, 1984 gab es den PC-AT mit dem 80286-Prozessor, 1992 folgte die Vorstellung des Pentium-Prozessors und inzwischen ist die erneut weiterentwickelte vierte Computergeneration auf dem Markt.
Natürlich kann ein Computer neben dem Rechnen viele andere Aufgaben ausführen, wie Messwerte abspeichern und sortieren, Fertigungsmaschinen steuern u. v. m. Ein Computersystem besteht aus der → Hardware (Gerät) und der → Software (Programme). Den zentralen Teil der Hardware bilden Rechenwerk, Leitwerk und Speicherwerk, in dem die digitalen Daten verarbeitet werden. Mit Peripheriegeräten wie Tastatur, Bildschirm und Drucker werden Tischcomputer-Systeme angeboten, die auch von Nichtspezialisten leicht zu bedienen sind.

Cowen, Brian (*1960), irischer Politiker, 2008–2011 Ministerpräsident Irlands.

CPU, Abk. für engl. **C**entral **P**rocessing **U**nit, die Zentraleinheit eines Computersystems; sie holt sich über das Programm die Daten, verknüpft diese u. steuert damit z. B. an den Computer angeschlossene Geräte. Die CPU besteht aus → Prozessor, Arbeitsspeicher u. Ein-/Ausgabewerk.

Cranach, 1) Lucas d. Ä. (1472–1553), dt. Maler, Bildhauer; schuf viele Porträts, u. a. von → Luther. Merkmale: exakte Wiedergabe von Einzelheiten an Kostümen u. Landschaften; 2) Lucas d. J. (1515–1586), dt. Maler, Sohn von 1).

Crazy Horse (1840–1877), bedeutender Häuptling der Sioux.

crescendo (ital.), in der Musik: an Lautstärke zunehmend.

Crick, Francis Harry Compton (1916–2004), engl. Molekularbiologe u. Genetiker. C. erforschte mit J. D. → Watson die → DNS-Struktur (→ Watson-Crick-Modell); erhielt 1962 den → Nobelpreis für Medizin.

Cromwell, Oliver (1599–1658), engl. Staatsmann. Ließ König Karl I. hinrichten u. wurde Diktator der neuen Republik.

Crux, (die, lat.) 1) Schwierigkeit, Leid; 2) Sternbild *(Kreuz des Südens)*.

CSU, Abk. für **C**hristlich-**S**oziale **U**nion, bayerische Landespartei; im Bundestag bildet sie eine Fraktionsgemeinschaft mit der „Schwesterpartei" → CDU; ihre Parteiprogramme ähneln sich; die CSU ist in keinem anderen Bundesland wählbar, dafür verzichtet die CDU auf einen Wahlkampf in Bayern. 1945 gegründet; zw. 1946–1954 u. seit 1957 stellt die CSU in Bayern die Landesregierung.

Cup (der, engl.), Pokal (sportlicher Siegespreis).

Curie, 1) Marie (1867–1934), frz. Chemikerin, erforschte mit ihrem Mann Pierre C. radioaktive Substanzen. Zusammen mit ihrem Mann u. H. → Becquerel erhielt sie 1903 den Nobelpreis für Physik; 1911 bekam sie den Nobelpreis für Chemie; 2) Pierre (1859–1906) entdeckte die Curie-Temperatur, bei deren Erreichen ferromagnetische Stoffe plötzlich ihre Eigenschaft verlieren.

Curry (der, engl.), scharfe Gewürzmischung aus Indien.

Cyberspace (der, engl.: Virtual Reality), künstliche dreidimensionale Welt, die vom Computer dargestellt wird u. in der man sich scheinbar bewegen kann; wird z. B. bei Flugsimulatoren verwendet.

Computer

D

Dalai Lama

Dalmatien

Dachs

d, Abk. für Dezi... (z. B. dl), → Maßeinheiten. – **D,** 1) röm. Zahlzeichen für 500; 2) 2. Stufe der C-Dur-Tonleiter.

Dacca (Dhaka), Hauptst. von → Bangladesch, 6,7 Mio. EW; Universität, Hafen, Industrie.

Dach der Welt, Bezeichnung für das Hochgebirge des Pamir u. Himalaja.

Dachs, Familie der Marder; legt in Wäldern seinen Bau an, in dem er lebt u. Winterruhe hält. Das etwa 85 cm lange, schwarz-graue Tier ist ein nachtaktiver Allesfresser u. kommt in ganz Europa vor.

Dadaismus, künstlerisch-literarische Protestbewegung Anfang des 20. Jh. gegen bisher gültige Werte u. Vorstellungen. Wichtige Vertreter: André Breton, Max Ernst, Marcel Duchamp.

Dädalus, in der gr. Sage baute er das Labyrinth auf Kreta u. flog mit künstlichen Flügeln übers Meer. → Ikarus.

Daily Soap (die, engl.), von engl. Soap Opera (Seifenoper), Bezeichnung für eine Endlosserie im Fernsehen, die täglich ausgestrahlt wird.

Daimler, Gottlieb (1834–1900), dt. Ingenieur u. Erfinder. Er gehört zu den Pionieren des Automobilbaus.

Dakar, Hauptst. des → Senegal, am Kap Verde, 1,1 Mio. EW, bedeutender Hafen in Westafrika, verschiedene Industrien.

Daktyloskopie (die, gr.), Verfahren zur Analyse von → Fingerabdrücken.

Daktylus (der, gr.), Versfuß mit 1 Hebung u. 2 Senkungen.

Dalai Lama, geistiges (u. politisches) Oberhaupt der Tibeter. Der 14. Dalai Lama Tenzin Gyatso (*1935) lebt seit der chinesischen Besetzung (1959) im indischen Exil; 1989 Friedensnobelpreis.

Dalí, Salvador (1904–1989), span. Maler des → Surrealismus. D. bildete in seinen Gemälden die Welt des Traums ab.

Dalmatien, Steilküste des kroatischen Karstgebirges mit vorgelagerten Inseln; tief eingeschnittene Buchten, mildes Klima; beliebte Ferienorte.

Damaskus, Hauptst. → Syriens, 1,7 Mio. EW, wichtiges Verkehrszentrum.

Damokles, Höfling des Dionysos von Syrakus, musste unter einem Schwert, das an einem Pferdehaar hing, am Tisch des Tyrannen speisen. Heute Sinnbild für eine drohende Gefahr.

Dampfturbine, → Turbine, welche die Strömungsenergie des Dampfes, der durch eine Düse ausströmt, in Bewegungsenergie umwandelt.

Damwild, europäischer Hirsch, mit rotbrauner, weiß getüpfelter Decke (Fell) u. schaufelartigem Geweih; lebt rudelweise in Laubwäldern mit Wiesenflächen.

Dancefloor (der, engl.), Stil der elektronischen Tanzmusik, entstanden Anfang der 1990er-Jahre. Unterschieden werden Eurodance mit poppigen Melodieelementen u. US-Dancefloor mit funkigen Rhythmus-Elementen, aus dem später → House entstanden ist.

Dänemark

parlamentarische Monarchie in Nordeuropa, 43.094 km^2 (ohne → Faröer, 1.399 km^2 u. Grönland, 2.175.600 km^2), 5,6 Mio. EW, *Hauptst.* → Kopenhagen, *Staatsoberhaupt:* Königin Margrethe II. (seit 1972), *Premierminister:* Helle Thorning-Schmidt (seit 2011). *Naturraum:* Halbinsel Jütland u. die der Ostküste vorgelagerten Inseln. Flache Moränenlandschaft, stark gegliederte Küste, in Westjütland Sandflächen mit Heide u. Moor. *Klima:* gemäßigtes Seeklima. *Bevölkerung:* Dänen, dt. Minderheit in Nordschleswig. *Wirtschaft:* intensiver Ackerbau, Schiffbau; Textilindustrie, chemische Industrie, Maschinenbau.

Dante Alighieri (1265–1321), ital. Dichter, Hauptwerk: *Göttliche Komödie*.

Danton, Georges Jacques (1759–1794), frz. Revolutionär. Als → Jakobiner u. Justizminister der revolutionären Republik verantwortlich für zahlreiche Hinrichtungen. D. wurde auf Befehl von → Robespierre geköpft.

Dardanellen (im Altertum Hellespont), Meerenge zw. Europa u. Kleinasien, zw. Ägäis u. Marmara-Meer, 65 km lang, 1,3 bis 7 km breit.

Darm, zw. Magen u. After liegender Verdauungsschlauch, beim Menschen ca. 8 m lang. Der D. gliedert sich in → Dünndarm u. → Dickdarm.

Darmflora, Darmbakterien u. -pilze, die an der Verdauung beteiligt sind.

darstellende Kunst, im Ggs. zur → bildenden → Kunst die Formen von Kunst, in denen etwas dargestellt u. vorgeführt wird, das nur im Moment seiner Aufführung existiert u. kein sichtbares Ergebnis hinterlässt, z. B. Tanz u. Theater.

Darwin, Charles (1809–1882), engl. Naturforscher. Er begründete die moderne Evolutionstheorie.

Datenautobahn, bildliche Umschreibung für das → Internet, eine freie Übersetzung des engl. Begriffs „Information Highway".

Datenbank, elektronische Sammlung von Daten, die aus bestimmten Gesichtspunkten zusammengehören. Die Daten in einer D. werden meist in Tabellen gespeichert.

Datenschutz, das Recht eines jeden, die über ihn gesammelten persönlichen Daten (z. B. über Alter, Vermögen) zu kontrollieren. Näheres regelt in der BR Dtl. das Bundesdatenschutzgesetz u. der Bundesbeauftragte für den D.

Datenträger, alle Materialien, die Daten speichern können, z. B. Magnetbänder, Disketten, CDs, DVDs.

Datenverarbeitung (DV), elektronische Informationsverarbeitung mittels Computer, z. B. Erfassen, Speichern, Ordnen, Übertragen.

Dativ (der, lat.), 3. Fall (Wemfall) zur Bezeichnung des Dativobjektes. Antwortet auf die Frage: „wem?".

Datum (das, lat.), Bezeichnung eines bestimmten Tages im Jahr. Die **Datumsgrenze** ist eine etwa entlang dem 180. Längengrad verlaufende Linie, bei deren Überschreitung in Ost-West-Richtung ein Tag übersprungen, in West-Ost-Richtung der gleiche Tag 2-mal gezählt wird.

Daunen, weiche, buschige, unter den Deckfedern liegende Flaumfedern der meisten Vögel.

David, (biblischer) König von Israel um 980 v. Chr., vereinigte Israel u. baute es zum Großreich aus. Jerusalem wurde seine Residenz. Zahlreiche Psalmen des A. T. werden ihm zugeschrieben.

Davidstern, sechsstrahliger Stern, Glaubenszeichen der Juden.

DAX, Abk. für **D**eutscher **A**ktieninde**x**, → Aktienindex.

DDR, Abk. für **D**eutsche **D**emokratische **R**epublik; die DDR war ein aus der sowjetischen Besatzungszone entstandener Staat u. erhielt ihre erste Verfassung am 7.10.1949; sie übernahm 1949 das politische System des Sozialismus/Kommunismus u. war bis 1989 ein zentralistischer Einheitsstaat, der unter alleiniger politischer Führung der → SED stand. Im Zuge der russ. → Glasnost u. → Perestroika erreichte die Bevölkerung der DDR im Herbst/Winter 1989 die Ablösung der SED-Herrschaft u. eine Öffnung der Grenzen. Am 3. Oktober 1990 erfolgte die Wiedervereinigung mit der BR Dtl., die DDR hörte am selben Tag auf zu existieren.

Dean, James (1931–1955), amerik. Schauspieler. Legendäres Jugendidol der 1950er-Jahre; Filmklassiker: *Jenseits von Eden*.

Dardanellen

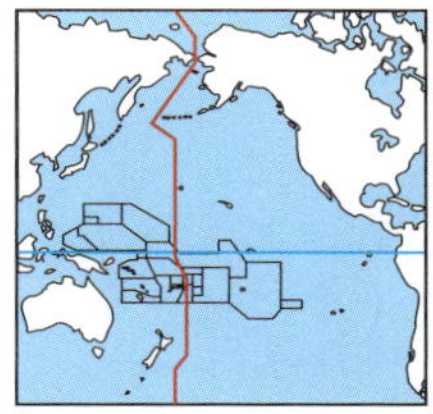

Datumsgrenze

Charles Darwin

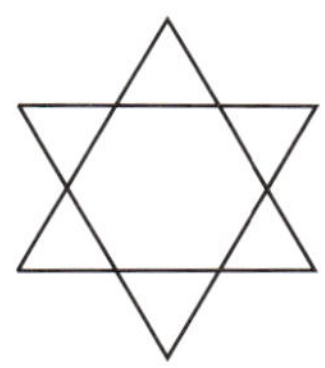

Davidstern

Darstellende Kunst: Ballett

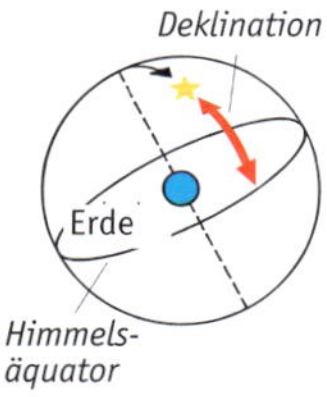

Deklination

Death Valley

Claude Debussy

Daniel Defoe

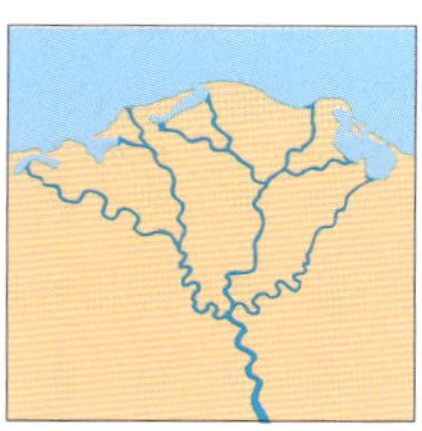

Delta

Death Valley (das, engl., „Tal des Todes"), bis 86 m unter den Meeresspiegel reichende Senke in Kalifornien, USA. Aufgrund des Wüstenklimas (bis 56 °C) ist sie fast unbewohnt.

Debussy, Claude (1862–1918), frz. Komponist u. Pianist, schuf Orchesterwerke (*La mer*) u. zahlreiche Klavierwerke; musik. Impressionismus.

Declaration of Independence, amerik. Unabhängigkeitserklärung (1776) nach dem → Unabhängigkeitskrieg.

decrescendo, (ital.), in der Musik: an Lautstärke abnehmend.

DED, Abk. für **D**eutscher **E**ntwicklungs**d**ienst. 1963 gegründete gemeinnützige Organisation zur wirtschaftlichen Unterstützung der Entwicklungsländer.

Deduktion (die, lat.), die Ableitung des Besonderen aus dem Allgemeinen; Ggs.: → Induktion.

Deflation (die, lat.), ständige Zunahme des Geldwertes, d. h. Waren werden immer billiger. Ggs.: → Inflation.

Defloration (die, lat.), Einreißen des → Jungfernhäutchens (Hymen) der Frau durch den ersten Geschlechtsverkehr.

Defoe, Daniel (1660–1731), engl. Schriftsteller; *Robinson Crusoe*.

Deformation (die, lat.), Formveränderung eines Körpers infolge äußerer Krafteinwirkung.

Degen (der, frz.), Hieb- u. Stichwaffe beim Sportfechten, ca. 110 cm lang u. 770 g schwer. D.-Fechten ist olympisch; Einzel u. Mannschaft (4 Fechter).

Degradierung (die, lat.), Rangentzug als Strafe im kirchlichen u. militärischen Recht.

degressiv (lat.), abnehmend, nachlassend, abfallend (z. B. Preise, Steuern, Kräfte usw.); Ggs.: → progressiv.

de jure (lat.), von Rechts wegen, rechtlich; Ggs. de facto (tatsächlich).

deka..., Deka..., Vorsilbe bei Maß- u. Gewichtseinheiten, bedeutet immer das Zehnfache der Einheit (von gr. deka, „zehn").

Dekadenz (die, lat.-frz.) kultureller Niedergang.

Dekan (der, lat.), 1) Vorsteher mehrerer katholischer Pfarreien; 2) Vorsteher einer Fakultät an der Universität.

Deklaration (die, lat.), 1) Grundsatzerklärung; 2) Zoll- oder Steuererklärung.

Deklination (die, lat.), 1) grammatikal.: Beugung des Artikels, Haupt-, Eigenschafts- u. Fürworts, z. B. der Mann – des Mannes – dem Mann usw.; 2) Astronomie: Winkelstand eines Gestirns zum Himmelsäquator.

Dekontamination (die, lat.), Entgiftung, Entseuchung, Beseitigung oder Verringerung radioaktiver Verstrahlung.

Delacroix, Eugène (1798–1863), frz. Maler u. Grafiker, schuf Wand- u. Deckenmalereien.

Delbrück, Max (1906-1981), dt.-amerik. Biologe, forschte über → Bakterien, erhielt 1969 den → Nobelpreis für Medizin.

Delegation (die, lat.), 1) Abordnung, Gruppe von Gesandten; 2) das Weitergeben (**Delegieren**) von Aufgaben.

Delfin, Zahnwal; kleines bis mittelgroßes Meeressäugetier. D. sind gesellig lebende, gewandte Schwimmer mit komplexem Gehirn. D. verständigen sich durch akustische Signale; → Wale.

Delfinschwimmen, Schwimmstil, auch Schmetterling genannt; zweitschnellste Schwimmart. Bestandteil des → Lagenschwimmens; olympische Disziplin über 100 m u. 200 m.

Delphi, antike gr. Stadt, Heiligtum des gr. Gottes → Apoll u. Orakelstätte.

Delta (gr.), 1) 4. Buchstabe des gr. Alphabets, Zeichen Δ, δ; 2) **Delta** (das), Mündungsbereich eines Flusses in das Meer; hat oft mehrere Mündungsarme.

Demagoge (der, gr.), Volksverführer, Aufwiegler.

Demeter, gr. Göttin der Erde u. der Fruchtbarkeit.

demi..., Demi... (frz.), halb...

Demission (die, lat.), Rücktritt eines Ministers oder einer Regierung.

Demokratie, siehe Kasten S. 65.

Demoskopie (die, gr.), Meinungsforschung; Befragung eines repräsentativen Bevölkerungsquerschnitts, meist im Auftrag von Wirtschaft u. Politik.

Denar (der, lat.), 1) die wichtigste röm. Silbermünze; 2) seit dem 7. Jh. Name für fränkische Silbermünzen.

Den Haag, Regierungssitz der → Niederlande, 508.300 EW; Sitz des internationalen Gerichtshofs der → UNO.

Deportation (die, lat. „wegbringen"), straf- oder zwangsweise Verschickung (von Menschen).
Depression (die, lat.-frz.), 1) seelische Niedergeschlagenheit; 2) wirtschaftlicher Tiefstand.
Derwisch, islamischer Bettelmönch, bekannt durch wirbelnde Tänze bzw. ekstatisches Geheul.
Descartes, René (1596–1650), frz. Philosoph, Naturwissenschaftler u. Mathematiker, Begründer des → Rationalismus. Der Einfluss des nach ihm benannten Cartesianismus war bis zur Aufklärung bestimmend.
Desinfektion (die, frz.-lat.), Abtötung von Krankheitserregern mit chemischen (z. B. Jodtinktur) oder physikalischen Mitteln (z. B. Bestrahlung).
Desktop-Publishing (das, engl.), die Planung u. Herstellung druckfertiger Vorlagen (für Zeitungen, Bücher) am Computer.
Destillation (die, lat.), chem. Verfahren, bei dem Stoffe mit unterschiedlichem Siedepunkt durch Verdampfen getrennt werden.
Deutsche Bundesbank, die Zentralbank der BR Dtl.; sie unterstützt die Wirtschaftspolitik der Bundesregierung.
deutsche Geschichte, nach der → Völkerwanderung, dem Zerfall des → Römischen Reiches u. der Gründung des → Fränkischen Reiches, gingen Deutschland u. Frankreich aus der Teilung dieses mächtigen Reiches hervor (Verträge von Verdun u. Mersen 843 bzw. 870). Heinrich I. (919–936) unterwarf die dt. Stammesherzogtümer u. gründete das **Erste Deutsche Reich**. Sein Nachfolger → Otto I. (936–973) schuf das **Heilige Römische Reich deutscher Nation**, das formell bis 1806 bestand. Die hochmittelalterliche Politik war im Wesentlichen bestimmt durch die Abwehr der Slawen im O u. die Auseinandersetzung zw. Kaiser u. Papst um den Vorrang zw. geistlicher u. weltlicher Macht. Die → Reformation u. → Gegenreformation im 16. Jh. führte zur Bildung der protestantischen Union u. der katholischen Liga u. mündete 1618 im → Dreißigjährigen Krieg, der mit dem → Westfälischen Frieden 1648 zu Ende ging. Dann Aufstieg Preußens (bes. → Friedrich II.) bis 1806. Durch den → Wiener Kongress (1814/15) trat an die Stelle des Deutschen Reiches der → **Deutsche Bund**. In der Folge des preußisch-österr. Krieges 1866 u. des Sieges über Frankreich im

René Descartes

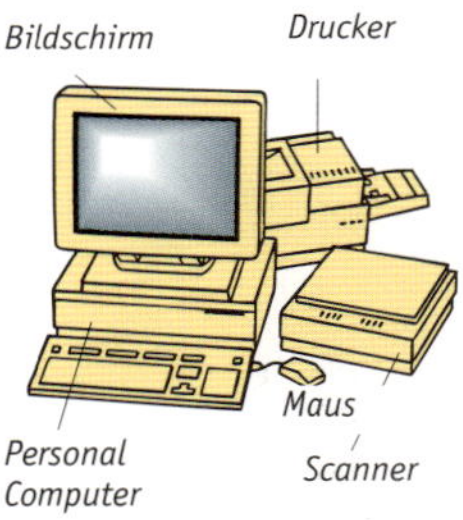

Desktop-Publishing

Demokratie

Die Demokratie (gr. „Volksherrschaft") ist eine Staatsform, die von der **Gleichheit** und **Freiheit** aller ausgeht. Das Volk ist alleiniger Inhaber der Staatsgewalt. Die Regierung wird nach allgemeinen, freien und geheimen Wahlen für einen zuvor festgelegten Zeitraum gewählt. Bei ihrer Ausübung wird die Regierung durch das Volk kontrolliert. Unabhängige Gerichte sind ebenso ein Merkmal der Demokratie wie Meinungs-, Organisations- und Pressefreiheit. In einer Demokratie ist der Wille der Mehrheit ausschlaggebend, gleichzeitig aber gelten für alle die gleichen unumstößlichen Grundrechte und Minderheiten werden besonders geschützt.
Man unterscheidet die **direkte Demokratie** (Basisdemokratie), in der das Volk in einer Volksversammlung die Staatsgewalt unmittelbar ausübt, und die **repräsentative Demokratie**, bei der alle politischen Entscheidungen von gewählten Abgeordneten getroffen werden. In der **Präsidialdemokratie** ist das Staatsoberhaupt meist zugleich Regierungschef; allerdings wird auch der Präsident vom Volk gewählt und muss sich an die Gesetze halten, die vom → Parlament beschlossen werden. In der **parlamentarischen Demokratie** ist die Regierung vom Vertrauen des Parlaments abhängig.
In der Antike galt die Demokratie als Alternative zur → Monarchie und → Aristokratie und wurde in den griechischen Stadtstaaten praktiziert. Der moderne Begriff der Demokratie geht auf den französischen Philosophen *Jean-Jacques* → *Rousseau* (1712–1778) und seine Schrift *Der Gesellschaftsvertrag oder die Grundsätze des Staatsrechtes* (1758) zurück. Der erste moderne demokratische Staat wurde 1787 mit den USA gegründet. Durch die → Französische Revolution (1789–1799) breitete sich der demokratische Gedanke über ganz Europa aus.

Deutsche Geschichte: Heinrich V.

Deutsche Geschichte: Krone Ottos I.

Die deutschen Herrscher von 843–1806

Karolinger	
Ludwig der Deutsche	843–876
Karl der Dicke	876–887
Arnulf von Kärnten	887–899
Ludwig das Kind	899–911
Konrad I. von Franken	911–918
Ottonen	
Heinrich I.	919–936
Otto I. (der Große)	936–973
Otto II.	973–983
Otto III.	983–1002
Heinrich II.	1002–1024
Salier	
Konrad II.	1024–1039
Heinrich III.	1039–1056
Heinrich IV.	1056–1106
Heinrich V.	1106–1125
Lothar von Sachsen Supplinburg	1125–1137
Staufer	
Konrad III.	1138–1152
Friedrich I. Barbarossa	1152–1190
Heinrich VI.	1190–1197
Philipp von Schwaben	1198–1208
Otto IV. von Braunschweig (Gegenkönig)	1198–1218
Friedrich II.	1212–1250
Wilhelm von Holland (Gegenkönig)	1247–1256
Konrad IV.	1250–1254
Interregnum	
Richard von Cornwall	1257–1272
Alfons von Kastilien	1257–1273

Verschiedene Häuser	
Rudolf I. von Habsburg	1273–1291
Adolf von Nassau	1292–1298
Albrecht I. von Habsburg	1298–1308
Heinrich VII. von Luxemburg	1308–1313
Ludwig IV. der Bayer	1314–1347
Friedrich der Schöne von Österreich (Gegenkönig)	1314–1330
Karl IV. von Luxemburg	1347–1378
Wenzel von Luxemburg	1378–1400
Ruprecht von der Pfalz	1400–1410
Siegmund von Luxemburg	1410–1437
Habsburger	
Albrecht II.	1438–1439
Friedrich III.	1440–1493
Maximilian I.	1493–1519
Karl V.	1519–1556
Ferdinand I.	1556–1564
Maximilian II.	1564–1576
Rudolf II.	1576–1612
Matthias	1612–1619
Ferdinand II.	1619–1637
Ferdinand III.	1637–1657
Leopold I.	1658–1705
Joseph I.	1705–1711
Karl VI.	1711–1740
Karl VII. von Bayern (Wittelsbacher)	1742–1745
Franz I.	1745–1765
Joseph II.	1765–1790
Leopold II.	1790–1792
Franz II.	1792–1806

dt.-frz. Krieg 1870/71 schuf → Bismarck das **Zweite Deutsche Reich**, unter den Kaisern Wilhelm I. u. II. Der → Erste Weltkrieg (1914–1918) endete für Deutschland mit der Niederlage u. dem Versailler Friedensvertrag. Der Zusammenbruch des dt. Kaisertums in der Novemberrevolution 1918 führte zur Gründung der → Weimarer Republik, die 1933 durch das **„Dritte Reich"** Hitlers u. den Nationalsozialismus abgelöst wurde. 1939 Beginn des → Zweiten Weltkrieges, der bis zur Kapitulation Deutschlands 1945 dauerte. Danach wurde Deutschland durch die Siegermächte in 4 Besatzungszonen (die amerik., engl., frz. u. sowjet.) aufgeteilt. 1949 wurden die 3 Zonen der Westmächte zusammengelegt, es kam zur Gründung der BR Dtl. Aus der sowjetischen Besatzungszone entstand zugleich die → DDR. Formell beendeten erst 1955 die Pariser Friedensverträge den Kriegszustand, die die Eingliederung der BR Dtl. als souveränen Staat in das westliche Verteidigungsbündnis (→ NATO) ermöglichten. Im Zuge von → Glasnost u. → Perestroika erreichte die DDR-Bevölkerung 1989 die Ablösung der SED-Herrschaft u. die Öffnung der DDR-Grenzen. Am 3. 10. 1990 kam es zur Wiedervereinigung der beiden dt. Staaten (seither Nationalfeiertag).

Deutsche Lebensrettungs-Gesellschaft (DLRG), 1913 gegründeter Verein zur Rettung Ertrinkender mit Sitz in Köln.
Deutsche Mark (DM), 1948–2002 Währung der BR Dtl.; die DM wurde 2002 durch den → Euro abgelöst.
Deutscher Bund, Zusammenschluss dt. Einzelstaaten u. freier Städte sowie Österreichs durch Beschluss auf dem → Wiener Kongress. Der D. trat an die Stelle des 1806 erloschenen Heiligen Römischen Reiches Deutscher Nation u. zerfiel nach dem preußisch-österr. Krieg bzw. dem Austritt Österreichs 1866.
Deutscher Orden (Deutscher Ritterorden, Deutschherren), 1190 gegründeter geistlicher Orden, der den christlichen Glauben nach O ausbreitete.
Deutsches Reich, das erste Deutsche Reich seit dem 10. Jh., das formell bis 1806 bestand. Auch Bezeichnung für das von Bismarck 1871 gegründete zweite Deutsche Reich, das bis zur → Weimarer Republik existierte.
Deutschland, → Bundesrepublik Deutschland.
Deutschlandlied, seit 1952 ist die 3. Strophe des Gedichtes „Deutschland, Deutschland über alles“ (1841) von A. H. Hoffmann von Fallersleben mit einer Melodie (1781) von J. Haydn die Nationalhymne der BR Dtl.
Deutschlandvertrag, 1952 von den USA, Großbritannien, Frankreich u. der BR Dtl. unterzeichneter Vertrag über die Beziehungen zw. der BR Dtl. u. den 3 Westmächten. Der D. beendete das Besatzungsstatut der Nachkriegszeit u. stellte die Souveränität Deutschlands wieder her.
Dezibel (dB), Messgröße für die Dämpfung einer Schallstärke.
Dezimalsystem, Zehnersystem. Jede Zahl kann durch die Summe von Potenzen mit Zehn dargestellt werden. Beispiel: $112 = 1 \times 10^2 + 1 \times 10^1 + 2 \times 10^0$.
DGB, Abk. für Deutscher Gewerkschaftsbund, 1949 gegründete Vereinigung aller → Gewerkschaften in der BR Dtl.; Zentrale in Düsseldorf; dem DGB sind 8 Gewerkschaften angeschlossen.
di…, Di… (gr.), in Wortzusammensetzungen „zwei…“, „doppel…“.
Diadem (das, gr.), Edelmetallreif mit Edelsteinen, der um die Stirn oder im Haar getragen wird.
Diagonale (die, gr.), kürzeste Verbindungsstrecke zweier nicht benachbarter Punkte in einer geometrischen Figur.
Diagramm (das, gr.), grafische Darstellung (Schaubild) von Größenverhältnissen in übersichtlicher Form.
Diakon (der, gr., „Diener“), die Vorstufe zum Priester in der katholischen Kirche; in der evangelischen Kirche ein Helfer oder Krankenpfleger.
Dialektik (die, gr.), Art der Gesprächsführung, philosophische Methode (Platon, Sokrates), die sich in These (Behauptung), → Antithese (Gegenbehauptung) u. → Synthese (Lösung) entfaltet. A.: **dialektisch**, sich in gegensätzlichen Begriffen bewegend.
Diamant (der, gr., „Unbezwingbarer“), ein Mineral aus reinem Kohlenstoff, die härteste bekannte Substanz. Als Edelstein bes. wertvoll, bearbeitet besitzt er als → Brillant unerreichten Glanz.
Diana, 1) in der röm. Mythologie die Göttin der Jagd, entspricht der gr. → Artemis; 2) Diana, Princess of Wales (1961–1997), von 1981–1996 verheiratet mit dem brit. Thronfolger → Charles, 2 Kinder. Ihr soziales Engagement brachte ihr große Popularität ein.
Diapositiv (das, gr.-lat.), auch kurz Dia genannte, durchscheinende Fotografie, die mit einem Projektor als Lichtbild auf eine weiße Fläche geworfen werden kann.
Diaspora (die, gr.), unter Andersgläubigen verstreut lebende Glaubensgenossen; früher v. a. die Juden.
Diäten (lat.), 1) das „Gehalt“ von Ministern u. Parlamentariern; 2) Tagegelder von Beamten u. Angestellten, wenn sie auf Geschäftsreise gehen.
diatonische Tonleiter, Abfolge von 8 Tönen, deren Abstände (Intervalle) genau definiert sind. Dur u. Moll sind diatonische Tonarten.
Dichte, die spezifische Masse, die der Quotient aus der Masse u. dem Volumen eines Körpers angibt.
Dichtung, 1) die höchste Kunstform der Sprache, z. B. Gedichte, Dramen, Er-

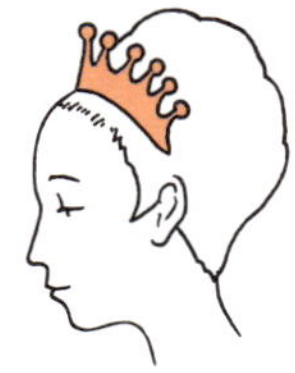
Diadem

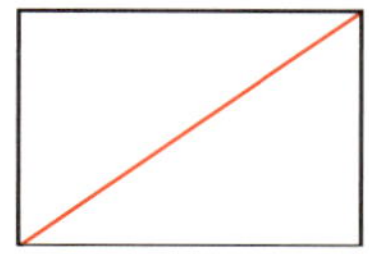
Diagonale

Diana (Göttin der Jagd)

Deutschlandlied: Komponist Joseph Haydn

zählungen; 2) elastische Zwischenlage an Verbindungsstellen von Rohren u. a., damit kein Gas oder Flüssigkeit austritt.

Dickdarm, Darmabschnitt, der aus → Blinddarm u. Grimmdarm besteht. Im D. werden Speisereste eingedickt u. durch den After ausgeschieden.

Charles Dickens

Dickens, Charles (1812–1870), engl. Schriftsteller; *Oliver Twist, David Copperfield*.

Die Grünen, 1980 gegründete Partei, deren Programm im Wesentlichen von Friedens-, Sozial- u. Umweltthemen bestimmt wird; seit 1983 im Deutschen → Bundestag vertreten. 1993 vereinigten sich die G. mit der ostdt. Bürgerrechtsbewegung Bündnis 90 (→ Bündnis 90/Die Grünen). In Österreich Grüne Alternative. In der Schweiz 1983 gegründet als Zusammenschluss von 13 Mitgliedsparteien.

Die Linke, 2005 gegründete Partei, die aus der → PDS u. der Partei „Arbeit & soziale Gerechtigkeit – Die Wahlalternative" (WASG) entstanden ist. Gehört seit den Bundestagswahlen 2005 zu den Oppositionsparteien im → Bundestag.

Dienstleistungen, wirtschaftliche Vorgänge, die nicht unmittelbar der Produktion von Gütern dienen, z. B. Transport-, Bank- oder Versicherungsdienste.

Diesel, Rudolf (1858–1913), dt. Ingenieur; entwickelte den → Dieselmotor.

Dingo

Dieselmotor, Verbrennungsmotor, in dem ein Kraftstoff-Luft-Gemisch durch Verdichtung zur Entzündung gebracht wird.

Dietrich von Bern, im germanischen Heldenepos (Nibelungensage) König der Ostgoten, nach dem historischen Vorbild → Theoderichs.

Differenz (die, lat.), 1) Unterschied; 2) in der Mathematik das Ergebnis der → Subtraktion.

Differenzialgetriebe, Zahnradgetriebe. Durch ein D. können 2 von ihm angetriebene Räder ihr Geschwindigkeitsverhältnis ändern.

Diffusion (die, lat.), selbsttätige Vermischung von Gasen oder Flüssigkeiten, die miteinander in Berührung stehen.

Digital Lifestyle, bezeichnet die Einstellung, dass digitale Geräte nicht nur funktionell, sondern auch optisch attraktiv sein sollten, um den neuen „Lebensstil" nach außen zu tragen; sie sollten „stylish" sein, ein Accessoire.

Digitalanzeige, besteht aus Segmenten, die in einer Weise angeordnet sind, dass numerische oder alphanumerische Werte abgelesen werden können; → Analoganzeige.

Digitalfernsehen, Bild- u. Tondaten des Fernsehprogramms werden in digitalisierter Form ausgestrahlt.

Digitalkamera, Fotoapparat mit Sensor (elektronischem Bildwandler) u. digitalem Speichermedium anstelle eines Films aus Zelluloid; → Fotografie.

Diktatur (die, lat.), Herrschaftsform, bei der sich alle Macht auf eine Person, den Diktator, oder eine herrschende Gruppe konzentriert.

Dimension (die, lat.), Anzahl der Koordinaten zur Festlegung eines Punktes im Raum: eindimensional = Gerade, zweidimensional = Fläche, dreidimensional = Körper.

Diminutiv (Deminutiv, das, lat.), die Verkleinerungsform durch eine angehängte Silbe (Suffix), z. B. Häus*chen*, Häus*lein*.

DIN, Abk. für **D**eutsches **I**nstitut für **N**ormung, legt bestimmte Normen für Industrie u. Technik fest.

Dinar (der, arabisch), Währungseinheit in Algerien, Bahrain, Irak, Jordanien, Kuwait, Libyen, Serbien, Tunesien.

Dingo, verwilderter Haushund in Australien, der in Rudeln lebt u. nachts jagt (siehe Abb. S. 68).
Dinosaurier, Reptilien aus dem → Mesozoikum, Pflanzen- u. Fleischfresser, die bis zu 20 m lang werden konnten. Sie sind vor 65 Mio. Jahren aus ungeklärten Gründen ausgestorben.
Diode (die, lat.), Elektronenröhre oder Halbleiter mit 2 Elektroden zur Gleichrichtung von Wechselstrom.
Diogenes von Sinope (um 400–323 v. Chr.), gr. Philosoph. Er forderte völlige Bedürfnislosigkeit u. hauste in einem Fass.
Diokletian (ca. 240–316), von 284–305 röm. Kaiser. Unterteilte sein riesiges Reich in 4 gleiche, ihm unterstellte Teile. 303 große Christenverfolgung. D. gilt als der größte spätröm. Kaiser.
Dionysos, in der gr. Mythologie Gott des Weines, Sohn des Zeus.
Diphtherie (die, gr.-lat.), durch Bakterien ausgelöste Schleimhauterkrankung der oberen Atemwege. D. ist ansteckend u. war früher oft tödlich; heute gibt es eine Schutzimpfung.
Dipol (der, gr.-lat.), 2 entgegengesetzt gepolte elektrische oder magnetische Ladungen, deren Felder sich beeinflussen.
Direktwahl, unmittelbare Bestimmung eines Kandidaten durch das stimmberechtigte Volk, z. B. in der BR Dtl. die Erststimme bei der Bundestagswahl.
Dirigent (der, lat.), Leiter einer musik. Aufführung (z. B. Orchester).
dis..., Dis... (lat.), bedeutet in Wortzusammensetzungen „auseinander", „falsch", „unterschiedlich", „weg".
Disagio (das, ital.), die Spanne, um die der → Kurs eines → Wertpapiers unter dem → Nennwert liegt.
Diskette (die, gr.-engl.), Speicher für Computerdaten in Form einer magnetisierbaren Kunststoffscheibe; meist steckt diese in einem Gehäuse aus Kunststoff. Heute von → CD-ROM u. → USB-Stick abgelöst.
Diskont (der, ital.), eine Form des → Zinses, die vorweg vom → Nennwert abgezogen wird; wird von der Deutschen Bundesbank festgelegt.
Diskothek (die, gr.), auch kurz Disko/Disco, Gastronomiebetrieb mit Möglichkeit zum Tanzen; in der Regel keine Live-Musik, sondern Einspielung von → DJs über Tonträger.
Diskus (der, gr.), 1) scheibenförmiges Wurfgerät aus Holz mit Metallstreifen u. Metallkern, ca. 20 cm im Durchmesser. Beim 2) D.-Wurf wird der D. aus einem Wurfkreis geschleudert. D.-Wurf war bereits in der Antike eine sportliche Disziplin, heute gehört er zur → Leichtathletik u. ist olympische Disziplin.
Disney, Walt (1901–1966), amerik. Filmproduzent u. Regisseur, Pionier des Zeichentrickfilms u. Schöpfer der Figuren Micky Maus, Donald Duck u. a.
Dispositionskredit (Dispokredit), die Summe, die eine Bank ihrem Kunden zum jederzeitigen Überziehen seines Kontos zur „Disposition" = Verfügung stellt.
disqualifizieren (lat.-engl.), einen Sportler wegen eines Regelverstoßes vom Wettbewerb ausschließen.
Dissertation (die, lat.), wissenschaftliche Arbeit, mit der jemand einen Doktortitel erlangt (→ Promotion).
Dissident (der, lat.), Bezeichnung für einen Oppositionellen, d. h. eine Person mit abweichender Meinung.
Disteln, Korbblütler mit etwa 400 Arten, bei uns wachsen etwa 30. Auch die Artischocke ist eine Distel.
Distichon (das, gr.), zweizeilige Strophe bestehend aus Pentameter u. → Hexameter.
Dithmarschen, fruchtbare Marschlandschaft im W von → Schleswig-Holstein; Ackerbau u. Viehzucht.
Diversifikation (die, lat.), Umstellung von Einseitigkeit auf Vielfalt, z. B. in der Produktion eines Unternehmens.
Dividende (die, lat. „das zu Teilende"), Gewinnanteil einer → Aktie.
Division (die, lat.), 1) Grundrechenart, Teilung; 2) beim Militär Großverband des Heeres.
Dix, Otto (1891–1969), dt. Maler. Er malte Bilder gegen den Krieg u. soziales Elend.
Dixieland-Jazz, 1) erster weißer Jazzstil, v. a. von 1917–1927 in den USA; 2) Dixieland = scherzhafter Name für die Südstaaten der USA.
DJ (der, engl.), Abk. für **D**isc **J**ockey; Person, die Schallplatten oder CDs nach eigener Auswahl vor Publikum abspielt.

Diogenes von Sinope (Miniatur)

Diokletian: Tetrarchie (Skulptur, 4. Jh.)

Alfred Döblin

Dominikaner: Thomas von Aquin (Gemälde von F. Traini)

Dolomiten

Dompfaff

Ein weiblicher DJ wird auch DJane genannt.

Djihad, (arab., „Anstrengung, Kampf"), bei den Muslimen Bezeichnung für den im Koran geforderten Heiligen Krieg gegen die Ungläubigen u. der Kampf zur Verteidigung eines islamischen Staates.

DKP, Abk. für **D**eutsche **K**ommunistische **P**artei, 1968 in Frankfurt gegründet; sie gilt als Nachfolgepartei der 1956 verbotenen KPD.

DNS, Abk. für **D**esoxyribo**n**uklein**s**äure, der universelle Träger der Erbinformation in → Genen bzw. → Chromosomen.

Döblin, Alfred (1878–1957), dt. Schriftsteller u. Arzt; *Berlin Alexanderplatz*.

Dodekaeder (der, gr.), ein Körper, der aus 12 gleichen Flächen zusammengesetzt wird.

Dogma (das, gr., „Beschluss"), Glaubenssatz, der nicht hinterfragt wird.

Dohle, Rabenvogel; ca. 33 cm lang, mit grauem Federkleid u. schwarzen Flügeln; lebt meist in Kolonien. Sie sucht Insekten, Würmer u. Körner am Boden.

Doktrin (die, lat.), theoretische Lehre, politische Grundsätze, z. B. einer Partei.

Dolby, elektronisches Tonaufnahme- u. Wiedergabeverfahren für Magnetbandgeräte (Tonbänder), dient der Rauschunterdrückung.

Doldenblütler, Pflanze, deren Blüten in einem schirmartigen → Blütenstand angeordnet sind. Die Blüten entspringen mit ihrem Stiel alle aus einem Punkt.

Doline (die, slawisch), kegelförmige Vertiefung der Erdoberfläche. D. entstehen durch Einsturz von Höhlen im Kalkstein.

Dollar ($), Währungseinheit der USA u. anderer Staaten. Der **US-Dollar** ist wesentliches Zahlungsmittel im internationalen Welthandel. 1 $ = 100 Cent.

Dolomit (der, lat.), 1) ein Mineral (Calcium-Magnesium-Carbonat); 2) Gestein aus dem Mineral D.

Dolomiten, die südlichen Kalkalpen Italiens; → Alpen.

Dom (der, lat.), Bezeichnung für eine Kirche mit Bischofssitz, wird aber auch für große Kirchen wie Kathedralen verwendet.

Domain (die, engl.), Name, unter dem eine Homepage im → Internet zu finden ist. 2014 gab es ca. 15 Mio. D. mit Endung „.de".

Dominica

karibischer Inselstaat, 754 km², ca. 72.000 EW, *Hauptst.* Roseau, parlamentarische Republik im → Commonwealth, *Staatsoberhaupt:* Charles Savarin (seit 2013), *Regierungschef:* Roosevelt Skerrit (seit 2004). *Naturraum:* Insel der Kleinen Antillen, vulkanisches Gebirge; Tropenklima, Regenwald. *Bevölkerung:* Dominicaner. *Wirtschaft:* Südfrüchte, Kakao, Kokospalmen.

Dominikaner, 1216 vom heiligen Dominikus gegründeter Predigerorden.

Dominikanische Republik

karibischer Staat, präsidiale Republik, 48.734 km², 10,3 Mio. EW, *Hauptst.* Santo Domingo, *Staats- und Regierungschef:* Danilo Medina Sánchez (seit 2012). *Naturraum:* Ostteil der Antilleninsel Hispaniola, Bergketten u. Täler der Kordilleren (bis 3175 m); wechselfeuchtes Tropenklima, an den Windseiten Regenwald, sonst Savanne. *Bevölkerung:* Mulatten, Weiße, Schwarze. *Wirtschaft:* Plantagen; Zuckerrohr, Kaffee, Kakao, Tabak; Bergbau; Nickel, Bauxit, Gold.

Dompfaff, ein Finkenvogel. Das Männchen ist hierzulande einer der buntesten Vögel. Er fällt auf durch die rote Brust. Im Sommer lebt er im Wald.

Donar (Thor), in der nordischen Sagenwelt Gott des Donners, Beschützer der Menschheit.

Donatello (1386–1466), ital. Bildhauer. D. schuf weltberühmte Kunstwerke der Frührenaissance.

Donau, zweitlängster Fluss Europas (2850 km).

Don Juan, in der Literatur die Figur eines span. Helden, der als reicher Frauenverführer dargestellt wird.

Don Quijote, literarische Figur (→ Cervantes), kämpft gegen Windmühlen (Sinnbild für die Frage nach Traum u. Wirklichkeit).

Doodle (engl., „Gekritzel"), neuartiger Begriff; ermöglicht kostenlose Online-Umfragen unter Privatpersonen, bspw. zur Terminabstimmung oder Auswahl eines Kinofilms.

Doping (das, engl.), unerlaubte u. auch gefährliche Einnahme von Medikamenten oder Stoffen, die die sportliche Leistungsfähigkeit steigern.

Doppler, Christian (1803–1853), österr. Physiker; entdeckte 1842 den nach ihm benannten **Dopplereffekt**, der besagt, dass sich Schall- oder Lichtwellen ändern, wenn sich der Beobachter nähert oder entfernt.

Dorer, altgr. Stamm; die D. eroberten 1100–900 v. Chr. Teile Griechenlands u. die südlichen Küstengebiete Kleinasiens.

Dornier, Claudius (1884–1969), dt. Flugzeugkonstrukteur. D. gründete 1914 eine Flugzeugwerft in Friedrichshafen am Bodensee.

Dortmund, zweitgrößte Stadt im → Ruhrgebiet, Nordrhein-Westfalen, an der Emscher, 576.000 EW; Universität; Eisen- u. Stahlwerke, Chemie-, Maschinen- u. a. Industrie, Brauereien, wichtiger Hafen.

Dortmund-Ems-Kanal, 296 km lang, verbindet das Ruhrgebiet mit Ems u. Nordsee.

DOS, Abk. für engl. **D**isc **O**perating **S**ystem, früher ein weit verbreitetes → Betriebssystem, MS-DOS.

Dostojewskij, Fjodor M. (1821–1881), russ. Schriftsteller, *Der Spieler, Der Idiot*.

Dover, Stadt in Südengland, an der mit 33 km schmalsten Stelle des Kanals (Straße von D.), 43.000 EW; Seebad, Fährverkehr zum Festland.

Dow-Jones-Index, benannt nach Charles H. Dow; durchschnittlicher Tageskurs einer Aktienauswahl bedeutender amerik. Unternehmen.

Doyle, Sir Arthur Conan (1859–1930), engl. Schriftsteller; Erfinder von → Sherlock Holmes.

Dr., Abk. für **D**oktor. Staatlich geschützter Titel, der von Universitäten nach wissenschaftlichen Arbeiten (Doktorarbeit), Prüfungen oder ehrenhalber (e.h./h.c.) verliehen wird.

Drachme (die, gr.), antike gr. Münze u. Währungseinheit im alten Persien.

Draisine, 1) Laufrad, 1817 erfunden von Karl Friedrich Freiherr von Drais; 2) kleines Schienenfahrzeug mit 4 Rädern u. Hand-, Fuß- oder Motorantrieb (zur Streckenkontrolle).

Draisine: Laufrad

Drake, Sir Francis (um 1540–1596), engl. Seefahrer u. „Pirat" von Königin → Elisabeth I. Er unternahm von 1577–1580 eine Weltumsegelung u. führte Raubzüge gegen die span. → Armada.

Drama (das, gr. „Handlung"), Bühnenstück, meist in mehrere → Akte unterteilt. Die verschiedenen Gattungen des D. sind Tragödie, Komödie, Tragikomödie, Bürgerl. Trauerspiel, Schauspiel u. Lustspiel.

Sir Francis Drake

Dramaturgie (die, gr.), 1) Lehre von den dichterischen Gesetzen des Dramas; 2) künstlerische Leitung oder Beratung bei der Ausgestaltung eines Theaterstücks.

Dränung (Drainage, Dränage; die, engl.-frz.), künstliche Entwässrung des Bodens durch Gräben oder Rohre.

Drehmaschine (Drehbank), Werkzeugmaschine, die das eingespannte Werkstück in Drehung versetzt u. durch Abheben von Spänen bearbeitet.

Drehstrom, dreiphasiger → Wechselstrom; wird in Wechselstromgeneratoren erzeugt.

Drehzahl, Zahl der Umdrehungen einer Welle, eines Rades u. a. in 1 Minute.

Dreifelderwirtschaft, bis Ende des 18. Jh. vorherrschende landwirtschaftliche Methode mit regelmäßigem Wechsel des Anbaus von Wintergetreide, Sommergetreide u. Brachlegung.

Dreiklang, Zusammenklang von 3 Tönen im Terzabstand.

Dostojewskij

Dreiklassenwahlrecht, ein zw. 1849 u. 1918 in Preußen durchgeführtes

Dromedar

Singdrossel

Dresden

Dresden: Zwinger

Wahlsystem. Nach Höhe der Steuerabgaben wurden die Gemeinden in 3 Klassen eingeteilt, die jede die gleiche Anzahl → Wahlmänner wählten. Wenige Hochbesteuerte hatten so mehr Stimmrecht als die Masse der Wenigverdiener.

Dreisatz, Rechenverfahren zur Ermittlung einer unbekannten Größe, wenn 3 Größen gegeben sind u. je 2 Größen im gleichen Verhältnis zueinander stehen.

Dreisprung, Disziplin der Leichtathletik, in der 3 Sprünge („Hop“, „Step“, „Jump“) hintereinander folgen; olympische Disziplin seit 1896.

Dreißigjähriger Krieg (1618–1648), Krieg um die Vorherrschaft des Hauses Habsburg (Österreich u. Spanien) in Europa u. gleichzeitig religiöser Machtkampf zw. Katholiken u. Protestanten auf dt. Boden. Dem dt. Kaiser Ferdinand II. mit Spanien u. der Liga der katholischen Reichsfürsten standen Schweden, Dänemark, Frankreich u. die Union der protestantischen Stände gegenüber. Durch den → Westfälischen Friedensvertrag fanden die Kämpfe 1648 ein Ende – als Sieger gingen Schweden u. Frankreich hervor. Folge dieses Krieges für Deutschland war u. a. die Zerstückelung des Reiches in zahlreiche kleine Einzelstaaten.

Dresden, Hauptst. von → Sachsen, an der Elbe, 530.700 EW; nach der Zerstörung im Zweiten Weltkrieg wieder aufgebaute bedeutende Bauwerke aus dem 18. Jh. (Semper-Oper, Zwinger, Frauenkirche); Industrie, Hafen.

Dressur (die, lat.), 1) das Abrichten von Tieren; 2) Disziplin des Reitsports; dabei führen Reiter u. Pferd die verschiedenen Gangarten, z. B. Trab, Galopp, u. Figuren (wie Pirouetten) vor. Seit 1912 ist D. olympische Disziplin.

Drift, durch Dauerwinde erzeugte Bewegung (Strömung) der Meeresoberfläche; V.: **driften, abdriften.**

Drittes Reich, Bezeichnung für Deutschland von der Zeit der Machtübernahme → Hitlers 1933 bis zur Kapitulation am Ende des Zweiten Weltkriegs 1945; → Nationalsozialismus.

Dritte Welt, Bezeichnung für Entwicklungsländer in Asien, Afrika u. Lateinamerika.

Drogen, Heilmittel pflanzlichen, tierischen oder chemischen Ursprungs; im engeren Sinn sind Rausch erzeugende Mittel, die zur Abhängigkeit führen.

Drogenabhängigkeit, ein krankhafter Zwang, sich regelmäßig durch Drogen (von Haschisch bis Heroin, von Alkohol bis Tabletten) in einen Rauschzustand zu versetzen. Einige Drogen machen schon beim ersten Probieren süchtig, andere, z. B. Alkohol, führen schleichend in die Abhängigkeit. Hilfe bieten **Drogenberatungsstellen**, Jugendämter u. kirchliche Organisationen, die Drogenabhängige, Angehörige u. Freunde kostenlos u. anonym beraten.

Dromedar (das), ist leichter als das Kamel, mit nur einem Höcker. Es ist sehr ausdauernd, kann Hitze speichern, die es bei Nacht abgibt. Dadurch verliert es kein Wasser durch Schwitzen.

Drosseln, artenreiche, große Singvögel, z. B. die Amsel.

Droste-Hülshoff, Annette von (1797–1848), dt. Dichterin; *Die Judenbuche*.

Druckluft, die in einem abgeschlossenen Behälter verdichtete Luft.

Druden, im Volksglauben Nachtgeister, gegen deren bösen Zauber man sich mit einem **Drudenfuß** schützen kann. Dies ist ein in einem Zug ausgeführter fünfzackiger Stern.

Drüsen, Organe, die bestimmte Sekrete herstellen u. absondern, z. B. Schweiß-, Talg-, Milch-D., aber auch Bauchspeichel-D. oder Leber.

Dschibuti

(Djibouti), präsidiale Republik in Nordostafrika, 23.200 km^2, 824.000 EW, *Hauptst.* Dschibuti, *Staatsoberhaupt:* Abdoulkader Kamil Mohamed (seit 20139), *Regierungschef:* Dileita Mohamed. *Naturraum:* Teil der Danakilwüste, Tiefland mit randlosen Terrassen; Tropenklima. *Bevölkerung:* 50 % Issa, 40 % Afar. *Wirtschaft:* extrem arm, nomadische Viehhaltung.

Dschihad, → Djihad.
Dschingis Khan, Mongolenherrscher von 1206–1227. Mit seinem gefürchteten Reiterheer drang er bis nach Peking, Indien u. in die Ukraine vor. Sein Reich hatte von O nach W eine Ausdehnung von 7000 km.
DSL, Abk. für engl. **D**igital **S**ubscriber **L**ine, Technik, mit der Daten (Sprache, aber auch Videobilder) über die Telefonleitung bes. schnell transportiert werden können.
Dualismus (der, lat.), 1) in der Philosophie die Annahme zweier gegensätzlicher Prinzipien im Weltgeschehen, z. B. Geist u. Materie, Gut u. Böse; 2) Nebeneinander zweier politischer Kräfte in einem politischen System.
Dualsystem (das, lat.), auch Binärsystem oder Zweiersystem, in dem nur 2 Ziffern (0 u. 1) zur Darstellung von Zahlen benutzt werden. Es wurde von G. W. → Leibniz erfunden u. bildet die Grundlage für die Digitaltechnik.
Dubai, 1) Stadt, 2 Mio. EW; 2) Emirat der → Vereinigten Arabischen Emirate.
Dublin, Hauptst. der Republik → Irland, 527.600 EW.
Duden, Konrad (1829–1911), dt. Germanist. D. gab ab 1880 ein Wörterbuch heraus, aus dem der heutige Duden entstand.
Duett (das, ital.), Komposition für 2 Singstimmen mit Instrumentalbegleitung.
Duisburg, Stadt im → Ruhrgebiet, Nordrhein-Westfalen, am Niederrhein, 487.000 EW; Universität; größter Binnenhafen Europas.
Duke (der, engl.), Herzog, der höchste engl. Adelstitel.
Dumas, Alexandre, frz. Schriftsteller, 1) d. Ä. (1802–1870), *Die drei Musketiere*, *Der Graf von Monte Christo*; 2) d. J. (1824–1895), *Die Kameliendame*.
Dumping (das, engl.), Warenverkauf mit niedrigen Preisen, um in einen Markt einzubrechen.
Dünen, wellenartige Aufschüttungen von losem Sand durch Wind. Nicht bewachsene Dünen wandern (Wanderdünen).
Dünndarm, er beginnt direkt am Magen mit dem Zwölffingerdarm. Hier werden den Speisebrocken Verdauungssäfte (z. B. aus Leber u. Bauchspeicheldrüse) zugegeben. Im anschließenden Leerdarm ist die Wandoberfläche durch wurmförmige Hauteinstülpungen nach innen (Darmzotten) vergrößert. Durch diese Wand werden Nährstoffe ins Blut aufgenommen. Der übrige Brei wandert in den → Dickdarm.
Dur, die „harte" oder männliche der beiden Tonarten; → Moll.
Durchmesser (Diameter), jede durch den Mittelpunkt eines geometrischen Körpers (Kreis) gehende Sehne.
Dürer, Albrecht (1471–1528), dt. Maler u. Grafiker; malte biblische Themen (z. B. die *Vier Apostel*). D. Bedeutung liegt in der feinen u. genauen Arbeit bei seinen Kupferstichen, Radierungen u. Zeichnungen.
Dürrenmatt, Friedrich (1921–1990), schweizerischer Schriftsteller: *Der Besuch der alten Dame*, *Die Physiker*, *Der Richter und sein Henker*.
Düsseldorf, Hauptst. von → Nordrhein-Westfalen, am Niederrhein, 573.500 EW; Universität; Flughafen.
Dutzend (Dtz.), veraltete Maßeinheit, 1 Dtz. = 12 Stück.
DVB-T (engl.), **D**igital **V**ideo **B**roadcasting **T**errestrial; Bezeichnung für die erdgebundene Ausstrahlung digitaler Fernsehsignale. Mithilfe eines DVB-T Receivers können diese Signale empfangen werden. Inzwischen werden nahezu alle Programme digital ausgestrahlt.
DVD, Abk. für engl. **D**igital **V**ersatile **D**isc (digitale vielseitige Scheibe), → CD ähnlicher Datenspeicher, aber mit wesentlich größerer Speicherkapazität, weshalb auch Bilddaten gespeichert werden können. Auf D. werden v. a. Spielfilme u. Musikvideos gespeichert.
DVD-Player (der, engl.), Gerät zum Abspielen von → DVDs.
Dynamik (die, gr., „Kraft"), 1) Lehre von der Bewegung fester, flüssiger u. gasförmiger Körper; 2) allg.: Bewegung, Entwicklung, Schwung.
Dynamit (das, gr.), Sprengstoff aus Nitroglyzerin, 1867 von A. → Nobel erfunden.
dz, Abk. für **D**oppel**z**entner, → Maßeinheiten.

Dschingis Khan

Dünen

Albrecht Dürer

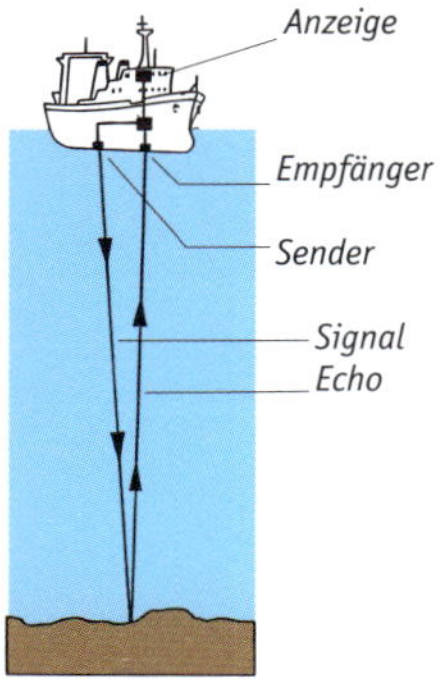

Echolot

Echnaton

Edelweiß

E

e, Zeichen für → Elektron. – **E,** 1) 3. Stufe der C-Dur-Tonleiter; 2) internationale Abk. für Osten (East, Est).

Earl (der, engl.), seit dem 11. Jh. gebräuchlicher engl. Adelstitel, der dem dt. Grafen entspricht.

Ebay, Internet-Auktionshaus, über das Privatpersonen ebenso wie Firmen Waren u. alle möglichen Sachen versteigern können.

Ebbe und Flut (Gezeiten), das regelmäßige Fallen u. Steigen des Meeresspiegels, verursacht durch Einwirkung von 2 Kräften auf das Wasser: 1. die Anziehungskraft des Mondes; 2. die Fliehkraft, die durch die Drehung des Systems Erde-Mond um eine gemeinsame Achse entsteht. Jeder Ort hat 2-mal in 24 Stunden Ebbe bzw. Flut, genau nach 12 Stunden, 6 Minuten u. 30 Sekunden.

Ebenholz, ein dunkles bis tiefschwarzes, sehr hartes u. polierfähiges Holz von verschiedenen tropischen Bäumen.

Eber, männliches, fortpflanzungsfähiges Schwein.

Ebert, Friedrich (1871–1925), dt. Politiker. Von 1919–1925 erster dt. Reichspräsident (→ Weimarer Republik).

E-Book, Abk. für engl. **E**lectronic **B**ook, ein Buch in digitaler Form; wird am Computerbildschirm oder mit eigenen Lesegeräten gelesen.

Echnaton, Name des ägyptischen Königs Amenophis IV. (1364–1347 v. Chr.). Er war der Gemahl der → Nofretete u. begründete den Kult um den Gott Aton.

Echo (das, gr.-lat.), Schallreflexion (Abprallen) des Schalls an einem Hindernis, sodass bei der Schallquelle ein Widerhall zu hören ist.

Echolot, Gerät zur Messung von Wassertiefen; gemessen wird die Zeit von der Aussendung eines Schallsignals bis zum Eintreffen seines → Echos, das beim Auftreten auf den Grund oder ein Hindernis zurückgeschickt wird.

E-Commerce (der, engl.), elektronischer Handel. Über das → Internet werden v. a. Bücher, CDs u. Reisen verkauft.

Ecstasy (das, engl.), auch: XTC, Name einer → Droge, meist in Pillenform.

Ecuador

präsidiale Republik im Nordwesten Südamerikas, 283.561 km², 15,2 Mio. EW, *Hauptst.* Quito, *Staatspräsident:* Rafael Correa (seit 2007). *Naturraum:* schmales Tiefland am Pazifik, Kordillere, nach O abfallendes Bergland; Galapagos-Inseln. *Klima:* Küste tropisch, im Bergland gemäßigt, in den Anden tropisches Höhenklima. *Bevölkerung:* 40 % Mestizen, 40 % Indios, 10 % Weiße; Mulatten, Schwarze. *Wirtschaft:* 4,5 % der Fläche nutzbar für Anbau (u. a. tropische Plantagen); Viehzucht, Erze, Erdöl.

Edelgase, gehen keine chemischen Verbindungen ein. Argon, Helium, Krypton, Neon, Radon (radioaktiv).

Edelmetalle, gegenüber chemischen Einflüssen weitgehend resistente Metalle, z. B. Gold, Platin.

Edelstahl, durch Legierung mit anderen Metallen bes. fester Stahl.

Edelsteine, Bezeichnung für Mineralien, die bes. schön, selten oder haltbar sind.

Edelweiß, Alpenblume, unter Naturschutz. Die von schneeweißen Haaren überzogenen, leuchtenden Blütensterne stehen auf 5–10 cm hohen, unverzweigten Stängeln mit schmalen Blättern.

Eden, im A. T. Bezeichnung für das Paradies.

Edikt (das, lat.), Bekanntmachung eines Herrschers oder Kirchenfürsten.

Edinburgh, Hauptst. von Schottland, 483.000 EW, Sitz des schottischen Parlaments u. des Erzbischofs.

Edison, Thomas Alva (1847–1931), amerik. Erfinder, z. B. Kohlenfaden-Glühlampe, Diktiergerät, Mikrofon.
EDV, Abk. für **E**lektronische **D**aten**v**erarbeitung.
Effet (der, frz.), Drall einer Kugel oder eines Balles durch seitliches Anschneiden, bspw. beim Billard.
Effizienz (die, lat.), Leistungsfähigkeit, Wirksamkeit, Wirtschaftlichkeit.
EFTA, Abk. für engl. **E**uropean **F**ree **T**rade **A**ssociation, → Europäische Freihandelsgemeinschaft.
Egalité (die, frz., „Gleichheit"), neben Liberté (Freiheit) u. Fraternité (Brüderlichkeit) war E. das 3. Schlagwort der → Französischen Revolution.
egozentrisch (lat.), sich selbst in den Mittelpunkt allen Handelns u. Denkens stellend; Sub.: **Egozentrik**.
Ehe, Lebens- u. Zweckgemeinschaft von Mann u. Frau, die sie zu gegenseitigem Unterhalt verpflichtet. Die E. wird vor einem Standesbeamten geschlossen. Die christlichen Religionen verlangen zudem die religiöse Trauung (Hochzeit) in der Kirche.
Ehrendoktor, ein Doktortitel, der ohne Prüfung verliehen wird, Abk. Dr. **e.h.** (**e**hren**h**alber), Dr. **h.c.** (**h**onoris **c**ausa), → Dr.
Ehrenlegion (frz. Légion d'honneur), 1802 gestifteter höchster frz. Orden.
Ei, weibliche Fortpflanzungszelle von Mehrzellern, die sich nach der Befruchtung durch eine Samenzelle zu einem neuen Lebewesen entwickelt. Der Eikern enthält alle Erbanlagen (→ Gene, → Chromosomen) des neuen Organismus. Ein Vogel- oder Hühnerei besteht aus der Eizelle, dem Dotter u. verschiedenen Schutzhüllen.
Eiche, großer Laubbaum aus der Gattung der Buchengewächse, in Mitteleuropa z. B. die bis 50 m hohe u. bis 1000 Jahre alt werdende Stieleiche.
Eichel (die), 1) Frucht der → Eiche; 2) vorderster Teil des → Penis.
Eichendorff, Joseph Freiherr von (1788–1857), dt. Dichter der Romantik, berühmte Novelle: *Aus dem Leben eines Taugenichts*.
Eichhörnchen, tagaktiver Nager; mit weißem Bauch, dunkel- oder rotbraunem Rücken u. buschigem Schwanz ist es oft in Gärten u. Wäldern anzutreffen; frisst Nüsse, Samen u. Pflanzen, doch auch Vogeleier. Es lebt in einer Baumhöhle (Kobel) u. legt Wintervorräte an.
Eichung, die Festlegung der Skala für den Zeigerausschlag bei einem Messgerät durch Vergleich mit bereits bekannten Werten.
Eid, ursprünglich Beteuerung der Wahrheit unter Berufung auf Gott. Der **Amts-** oder **Fahneneid** dient zur Bekräftigung eines Versprechens. In Prozessen dient der E. zur Bekräftigung einer Aussage, eine falsche Aussage ist dann als **Meineid** strafbar.
Eidesmündigkeit, die Fähigkeit, mit Vollendung des 16. Lebensjahres rechtskräftig einen → Eid zu leisten.
Eidgenossenschaft, Schweizerische E.; offizieller Name der → Schweiz. Als Rechtsbegriff „Verbindung von Menschen durch einen Eid".
Eierstock, paarig angelegte Keimdrüsen der Frau, in denen Eizellen heranreifen. Das unbefruchtete Ei wird monatlich bei der → Menstruation abgestoßen; → Geschlechtsorgane.
Eifel, linksrheinischer Teil des Rheinischen Schiefergebirges nördlich der Mosel; Mittelgebirge.
Eiffelturm, von dem frz. Ingenieur Alexandre Gustave Eiffel (1832–1923) für die Pariser Weltausstellung 1889 errichteter Aussichtsturm (heute mit Antenne 320,78 m hoch).
Eigenschaftswort (Adjektiv, Beiwort), eine Wortart, die eine Eigenschaft beschreibt, z. B. dick, lang.
Eigentum, etwas, worüber jemand die rechtliche Herrschaft hat, das ihm gehört.
Einbalsamierung, die Behandlung von Menschen- oder Tierleichen mit Stoffen, die → Fäulnis verhindern; → Mumie.
Einbaum, Boot, das aus einem ausgehöhlten Baum besteht.
Einbürgerung, die offizielle Verleihung der Staatsangehörigkeit an Einwanderer.
Einfuhr (Import), der Bezug von Waren u. Dienstleistungen aus dem Ausland.
Eingetragene Lebensgemeinschaft, seit 2001 staatlich beurkundete Ge-

Thomas Alva Edison

Eicheln

Einbalsamierung (Zeichnung aus dem „Buch der Toten", 13. Jh. v. Chr.)

Eichhörnchen

Einhorn

Einsiedlerkrebs

Albert Einstein

Eisbären

Dwight David Eisenhower

meinschaft gleichgeschlechtlicher Partner; rechtlich der Ehe gleichgestellt, d. h. gleiche Rechte u. Pflichten.

Eingeweide, die in den Körperhöhlen (Brust u. Bauch) liegenden Organe, z. B. Magen, Lunge, Herz u. a.

Einheit, die Bezeichnungen zur Festlegung physikalischer Größen, z. B. der Meter für Längenmessungen; → SI-Einheiten.

Einhorn, Fabelwesen mit einem Horn auf der Stirn; Symbol für Keuschheit.

Einhufer, Huftiere (Pferd, Esel, Zebra), die nur auf der stark entwickelten Mittelzehe gehen, die den Huf trägt.

Einkommen, das Geld, das jemand aufgrund von Arbeit oder Vermögensbesitz einnimmt.

Einkommenssteuer, eine direkt erhobene → Steuer auf das → Einkommen von Personen.

Einlegearbeiten (Intarsien), die Verzierung eines Gegenstandes mit exakt in seine Oberfläche eingelassenen Ornamenten aus einem andersfarbigen Material (Holz, Perlmutt u. a.).

Einöde, ungenutztes, unbesiedeltes Land. Ein Einödhof ist ein abgelegener Bauernhof.

Einparteiensystem, in → Diktaturen das Parteiensystem, bei dem nur eine offizielle Partei als Staatspartei auftritt, z. B. die → NSDAP im Dritten Reich.

Einschreiben, besondere Versandart, bei der die Einlieferung der Sendung auf dem Postamt bestätigt wird u. die Auslieferung gegen Unterschrift des Empfängers erfolgt.

Einsiedlerkrebse, Meereskrebse mit weichem Hinterteil, das sie zum Schutz in leere Schneckenhäuser stecken.

Einstein, Albert (1879–1955), dt.-amerik. Physiker, stellte 1905 die → Relativitätstheorie auf; → Nobelpreis für Physik 1921.

einstweilige Verfügung, eine gerichtliche Anordnung, mit der versucht wird, bis zur endgültigen gerichtlichen Klärung einen Streit vorläufig zu ordnen.

Eintagsfliegen (Ephemeriden), viele Arten 1–6 mm langer Insekten, die keine Nahrung aufnehmen u. sehr kurz leben.

Einwanderung (Immigration), die Einreise eines Ausländers in ein fremdes Staatsgebiet, um dort dauerhaft zu leben.

Einzeller, Organismen, die nur aus einer einzigen Zelle bestehen, z. B. Bakterien u. einige Pilze.

Einzugsermächtigung, die Erlaubnis des Kontoinhabers, dass bestimmte Rechnungen von seinem Bankkonto ohne Rückfrage bezahlt werden.

Eis, gefrorenes Wasser; Wasser dehnt sich beim Gefrieren bei 0 °C um ca. 10 % aus.

Eisbär, Raubtier der Polarregion; sein von zotteligem, weißem Fell bedeckter Körper wird 250 cm groß u. bis 600 kg schwer. Das Weibchen bringt mitten im Winter in einer gegrabenen Eishöhle Junge zur Welt. Fleischfresser, ernährt sich u. a. von Seehunden.

Eisberge, große Trümmer von polaren Gletschern, die ins Meer „kalben". Da Eis $^{1}/_{10}$ weniger wiegt als Wasser, sind $^{9}/_{10}$ jedes Eisbergs unter Wasser.

Eisbrecher, 1) Bauten an Brücken zum Schutz vor Treibeis; 2) Schiff mit kräftigem Motor u. verstärktem Bug zum Zerbrechen des Eises, um Fahrrinnen zu schaffen u. freizuhalten.

Eisen (Fe), häufigstes u. wichtigstes Schwermetall der Erde.

Eisenbahn, schienengebundenes Verkehrs- u. Transportmittel. Das Zeitalter der E. begann 1814 mit der Dampf- → Lokomotive, in Deutschland 1835 mit der Eröffnung der **ersten Eisenbahnstrecke** von Nürnberg nach Fürth. Heute verkehren zw. den Großstädten Europas Hochgeschwindigkeitszüge (→ ICE, TGV).

Eisenerz, natürliche Eisenverbindungen, die verhüttet werden, z. B. Hämatit, Magnetit, Siderit.

Eisenhower, Dwight David (1890–1969), amerik. General u. Politiker (Republikaner). E. war 1953–1961 Präsident der USA.

Eisenzeit, letzter Zeitabschnitt der Vorgeschichte. Man unterscheidet in Europa die **ältere E.** (Hallstattzeit) u. **jüngere E.** (→ La-Tène-Kultur).

Eiserner Vorhang, 1945 vom britischen Premierminister → Churchill geprägter Begriff für Absonderung der Ostblockstaaten gegenüber der westlichen Welt.

Eisheilige, Bezeichnung für die Zeit vom 11.–14. Mai (teilweise auch bis 15. Mai), in der es in Mitteleuropa oft nochmals kalt wird.
Eishockey (das, engl.), Kampfspiel auf Eis zw. 2 Mannschaften zu je 6 Spielern auf Schlittschuhen. Ziel ist, eine Hartgummischeibe (Puck) mit dem Hockeyschläger ins gegnerische Tor zu schießen. E. ist Disziplin der olympischen Winterspiele, Weltmeisterschaften werden alljährlich ausgetragen.
Eiskunstlauf, Form des Eislaufs, mit kunstvollen Schrittfolgen, Sprüngen u. Pirouetten; seit 1908 olympische Disziplin, man unterscheidet die Einzelkonkurrenzen bei Männern u. Frauen, den Paarlauf u. das Eistanzen.
Eisleben (Lutherstadt Eisleben), Stadt in Sachsen-Anhalt, 23.000 EW; E. ist Geburts- u. Sterbeort M. → Luthers.
Eismeere, Nord- u. Südpolarmeer.
Eisprung (Follikelsprung), findet bei der Frau ca. alle 28 Tage statt. Ca. 14 Tage vor der → Menstruation wird die gereifte Eizelle aus dem → Follikel entlassen. Während des E. ist die Wahrscheinlichkeit einer → Empfängnis am größten.
Eisschnelllauf, wird mit Schlittschuhen auf einer 400 m langen ovalen Eisbahn ausgetragen. E. ist seit 1924 olympische Disziplin; gelaufen werden die Strecken 500 m, 1000 m, 1500 m, 3000 m, 5000 m u. 10.000 m.
Eisvogel, orange-blau glänzender, ca. 17 cm großer Vogel in Europa u. Asien, der sich von Fischen ernährt.
Eiszeiten, Abschnitte der Erdgeschichte, in denen Gletscher große Teile der Kontinente bedeckten. Die letzte Eiszeit war im Pleistozän, vor ca. 600.000 Jahren u. endete vor ca. 10.000 Jahren. Davor gab es mindestens noch 3 weitere (Günz, Mindel, Riss) E. Die Oberflächenformen Nord- u. Süddeutschlands sind vielfach ein Ergebnis der Schmelzwasserströme der E. → Moränen, Urstromtal.
Ejakulation (die, lat.) Samenerguss aus dem versteiften → Penis.
EKG, Abk. für → **E**lektro**k**ardio**g**ramm.
Eklipse (die, gr.), Sonnen- oder Mondfinsternis.
Ekliptik (die, gr.), die Ebene der Bahn der Erde um die Sonne.

Elba, ital. Insel im Tyrrhenischen Meer, 224 km^2, 32.000 EW, Hauptst. Portoferraio; 1814/15 war Napoleon nach E. verbannt.
El-Baradei, Mohammed (*1942), ägyptischer Diplomat, leitete 1997–2009 die Internationale Atomenergiebehörde (IAEO), die zur → UN gehört; Friedensnobelpreis 2005.
Elbe, mitteleuropäischer Strom, bedeutende Wasserstraße, 1165 km lang.
Elch, die größte Hirschart; lebt in Sumpfgebieten Nord- u. Osteuropas u. Nordamerikas, wird bis zu 3 m lang u. 800 kg schwer. Er kann bis 5 m tief nach Seerosenwurzeln tauchen.
Eldorado (das, span.), sagenhaftes Goldland in Südamerika; übertragen für „Paradies".
Elefanten, es werden 2 Arten unterschieden, die größeren Afrikanischen u. die Asiatischen E. Die grauhäutigen Pflanzenfresser benutzen ihren langen, feinfühligen Rüssel als Tast- u. Geruchsorgan, als Schnorchel beim Schwimmen, als Schlagwaffe u. zur Nahrungsaufnahme. E. werden bis 7,5 m lang, 6000 kg schwer u. 60 Jahre alt u. sind die größten u. schwersten Landtiere.
elektrische Fische (Zitterfische), Fische mit elektrischen Organen an Rumpf oder Schwanz, mit deren Hilfe die Beute geortet, betäubt oder getötet wird, z. B. Zitteraal (Südamerika), Zitterrochen (Mittelmeer), Zitterwels (Afrika).
elektrischer Widerstand, → Widerstand 2) u. 3).
elektrische Spannung, die in Volt (V) gemessene elektrische Potenzialdifferenz zw. 2 Punkten.
elektrische Stromstärke, die in → Ampere (A) gemessene Elektrizitätsmenge, die in 1 Sekunde durch einen Leiterquerschnitt fließt.
Elektrizität (die, gr.), Eigenschaft der Materie, in 2 Formen von Ladung (positiv, negativ) im umgebenden Raum eine Zustandsänderung (elektrisches Feld) zu bewirken. Träger der positiven Ladung im Atom sind die Protonen, Träger der negativen Ladung die Elektronen.
Elektrizitätswerk, eine Anlage zur Erzeugung von elektrischem Strom; → Kraftwerk.

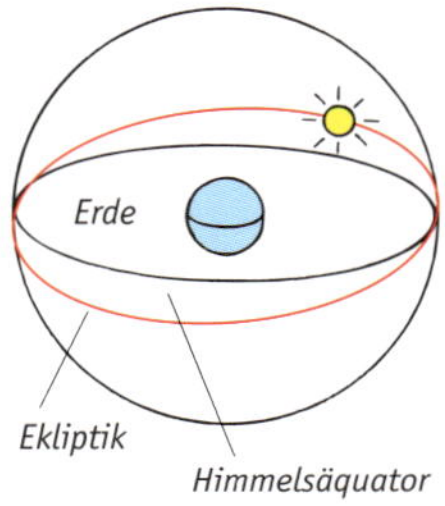

Ekliptik

Elba

Elch

Afrikanischer Elefant

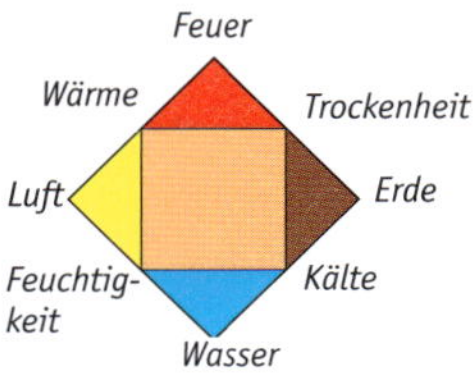

Elemente: Die Grundbestandteile alles Seins (im philosophischen Sinn)

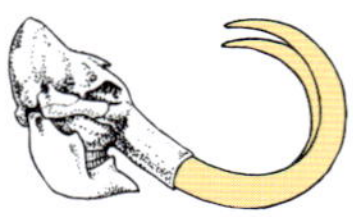

Mammut

Elefant

Elfenbein

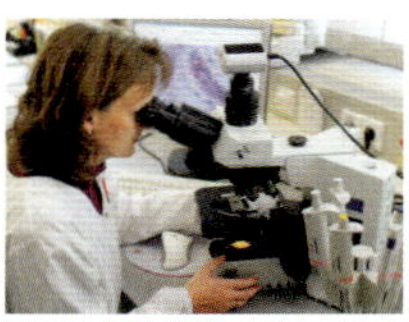

Elektronenmikroskop

Elektrode (die, gr.), ein Leiterstück, das elektrischen Strom oder Spannung in ein gasförmiges oder flüssiges Medium (Elektrolyt) einführt.

Elektroenzephalogramm (EEG), Kurve der Aktionsströme des Gehirns; damit lassen sich Gehirnschäden feststellen.

Elektrokardiogramm (EKG), Kurve der Aktionsströme des Herzens; damit lassen sich Herzrhythmusstörungen feststellen.

Elektrolyse (die, gr.), die chemische Zerlegung eines → Elektrolyten durch elektrischen Strom.

Elektrolyt (der, gr.), ein Stoff, der in Lösungen elektrischen Strom leiten kann.

Elektromagnet, Spule mit einem Weicheisenkern; fließt Strom durch die Spule, so wird das Eisen magnetisiert.

elektromagnetische Wellen, periodische Schwingungen eines elektromagnetischen Feldes.

Elektromotor, wandelt elektrische Energie in Antriebskraft um. Ein E. besteht aus einem fest mit dem Gehäuse verbundenen u. einem dazwischen rotierenden → Elektromagneten (Anker), der sich aufgrund des erzeugten elektromagnetischen Feldes dreht.

Elektron (das), gr. Wort für → Bernstein. Reibt man Bernstein, so entsteht Reibungselektrizität. Ein E. ist ein negativ geladenes Elementarteilchen mit der Ladung $e = 1{,}6 \times 10^{-19}$ Coulomb.

Elektronenmikroskop, optisches Vergrößerungsgerät, mit dem man bis zu 200.000-fach vergrößern kann. Das Objekt wird statt mit Lichtstrahlen durch Elektronenstrahlen auf einem Leuchtschirm abgebildet.

Elektronenröhre, Steuerungsgerät für elektrische Ströme, heute meist durch → Transistoren ersetzt.

Elektronik (die, gr.), Wissenschaft von den Eigenschaften, der Steuerung u. der technischen Anwendung freier → Elektronen als Bauelemente.

elektronische Datenverarbeitung, → Datenverarbeitung.

elektronische Musik, wird vom Komponisten im Studio künstlich erzeugt, aufgezeichnet u. vom Tonband zugespielt.

Elektrosmog, Bezeichnung für elektromagnetische Strahlung, die z. B. von Hochspannungsleitungen, Sendemasten u. Ä. abgegeben wird.

Elektrostatik (die, gr.), Lehre von den ruhenden elektrischen Ladungen u. ihren Wechselwirkungen.

Elektrotechnik, Erforschung der Erscheinungsformen, Erzeugung, Umwandlung u. praktischen Anwendung elektrischer Energie.

Element (das, lat.), 1) ein chemischer Grundstoff, der nicht mehr zerlegbar ist; 2) die 4 → Elemente.

Elementarteilchen, Bezeichnung für die Teilchen, deren Masse kleiner ist als die Masse zweier leichter Wasserstoffatome. Elementarteilchen sind die kleinsten Bausteine der Materie.

Elemente, 4, die von gr. Philosophen als unveränderbar gedachten Grundstoffe der Natur: Feuer, Luft, Wasser, Erde.

Elfen, in Sagen erscheinende zarte u. oft hilfreiche weibliche Geisterwesen.

Elfenbein, Substanz, aus der die Stoßzähne von → Elefanten bestehen. Aus ihr werden Schmuck, Billardkugeln usw. hergestellt. Die Einfuhr von Elfenbein u. Produkten daraus wurde inzwischen verboten, um die Elefantenbestände zu schützen.

Elfenbeinküste

Côte d'Ivoire, präsidiale Republik in Westafrika, 322.463 km², 20 Mio. EW, *Hauptst.* Yamoussoukro, *Staatsoberhaupt:* Alassane Ouattara (seit 2010), *Regierungschef:* Daniel Kablan Duncan (seit 2012). *Naturraum:* Küstenanteil, Regenwaldzone; im N Bergland mit Savanne; tropisches bis subtropisches Klima. *Bevölkerung:* Sudanvölker, Kru, Mande, Senufo, Fulbe. *Wirtschaft:* Kakao- u. Kaffeeplantagen, Mangan, Diamanten (siehe Abb. S. 79).

Elfter September, der 11.09.2001; an diesem Tag gab es einen terroristischen

Anschlag auf das → World Trade Center in New York und das → Pentagon in Washington (USA).

Eliot, Thomas Stearns (1888–1965), amerik.-engl. Dichter, → Nobelpreis für Literatur 1948. Auf seinem Gedichtband *Old Possums Katzenbuch* basiert das Musical *Cats*.

Elisabeth I. (1533–1603), 1558–1603 engl. Königin. Führte die anglikanische Kirche wieder ein u. ließ die katholische → Maria Stuart hinrichten. Bekämpfte die Spanier erfolgreich (1588 Vernichtung der → Armada).

Elisabeth II. (*1926), seit 1952 Königin von Großbritannien u. Nordirland; Oberhaupt des → Commonwealth. Sie hat kaum noch politische Aufgaben.

Elite (die, frz.), 1) eine sich durch hohe Leistungen auszeichnende Minderheit; 2) Führungsschicht.

Elixier (das, arabisch), 1) Extrakt aus Heilpflanzen in Wasser u. Alkohol; 2) Zaubertrank.

Elle, altes Längenmaß, das von der Länge eines Unterarmknochens abgeleitet wurde.

Ellington, Duke (Edward Kennedy, 1899–1974), amerik. Jazzmusiker, leitete eine Bigband mit unverwechselbarem Klang.

Ellipse (die, gr.), der geometrische Ort aller Punkte einer Ebene, für welche die Summe der Abstände von 2 festen Punkten konstant 2a ist.

El Niño, (span., „kleiner Junge“), größter, unregelmäßig auftretender Meeresstrom im → Pazifik (amerik. Westküste); führt immer wieder zu verheerenden Naturkatastrophen u. Klimaveränderungen bes. in den Tropen.

El Salvador

präsidiale Republik in Mittelamerika, 21.041 km², 6,2 Mio. EW, *Hauptst.* San Salvador, *Staats- und Regierungschef:* Salvador Sanchéz Cerén (seit 2014). *Naturraum:* Hochebene zw. Haupt- u. Küstenkordilleren mit tätigen Vulkanen, schmaler Küstenstreifen; tropisches Klima. *Bevölkerung:* 75 % Mestizen; 25 % Indios u. Weiße. *Wirtschaft:* Kaffeeexport, Baumwolle, Zuckerrohr.

Elsass, frz. Alsace, oberrheinische Landschaft zw. Pfalz u. Schweiz östlich des Vogesenhauptkamms, Hauptst. Straßburg.

Élysée-Palast, Palast an den Champs-Élysées in Paris, seit 1873 Amtssitz des frz. Staatspräsidenten.

Email, bunter, geschmolzener Glasfluss. Dieser wird zur Verschönerung auf Porzellan oder Metall aufgetragen.

Elisabeth I. von England

Emailmalerei

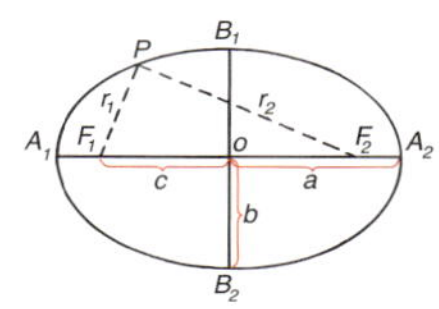

Ellipse

Elsass

Elfenbeinküste

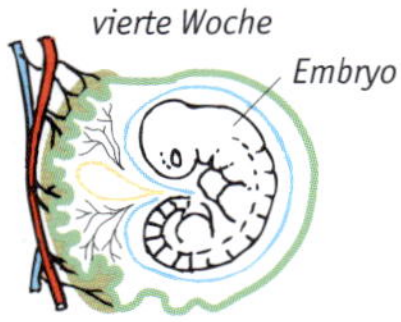

Embryo

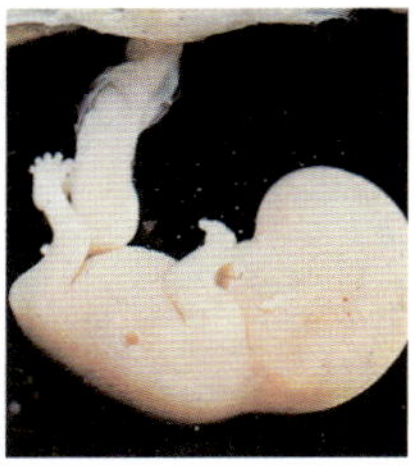
Embryo (8. Woche)

Empire State Building

E-Mail (die, engl.), Bezeichnung für eine briefartige Nachricht, die auf elektronischem Weg in Computernetzwerken übertragen wird; als Anhang kann eine E. Dateien oder Bilder enthalten; → Internet.

Emanzipation (die, lat., „Freilassung"), Befreiung von Gruppen oder Einzelpersonen aus einem Abhängigkeitsverhältnis.

Embargo (das, span.), 1) von einem Staat ausgesprochenes Verbot, an einen anderen Staat Waren zu liefern; 2) das Zurückhalten von Schiffen anderer Staaten im eigenen Hoheitsgewässer aus Sicherheitsgründen.

Embryo (der, gr.), Keim am Beginn seiner Entwicklung. Beim Menschen spricht man während der ersten 3 Schwangerschaftsmonate von E., danach vom → Fetus oder Fötus.

Emigrant (der, lat.), jemand, der z. B. aus politischen Gründen sein Heimatland verlässt u. sich in die Emigration begibt.

Eminenz (die, lat.), seit 1630 der offizielle Ehrentitel u. die Anrede der Kardinäle der katholischen Kirche.

Emir (der, arabisch), Titel arabischer Fürsten.

Emission (die, lat.), jede Abgabe von Rauch, Gasen, Geruch, Staub usw. an die Luft sowie Geräusche, Erschütterungen, Licht, Wärme oder radioaktive Strahlung. Die Verursacher nennt man **Emittenten**.

Emissions(rechte)handel, jedes Land darf pro Jahr eine bestimmte Menge an → Emissionen ausstoßen. Produziert es weniger als vorgegeben, kann es seine Rechte an den übrigen Emissionen an ein anderes Land verkaufen, dessen Ausstoß über dem vorgegebenen Satz liegt. Wichtig ist also nur, dass insgesamt eine bestimmte Menge nicht überschritten wird.

Empfängnis, Befruchtung der Eizelle durch die Samenzelle; sie kann durch noch in der Scheide befindlichen Samen auch bis 3 Tage nach dem Geschlechtsverkehr stattfinden; → Eisprung.

Empfängnisverhütung, es gibt verschiedene Methoden der E., die Vor- u. Nachteile haben. Deshalb lässt man sich am besten von seinem Arzt ausführlich hierüber beraten. Als sehr sicher gilt bei regelmäßiger Einnahme die **Anti-Baby-Pille**: Durch Hormone wird dem Körper eine Schwangerschaft vorgetäuscht, sodass der → Eisprung unterbleibt. Ähnlich sicher ist die **Spirale**, die vom Arzt in die → Gebärmutter eingesetzt wird: Sie verändert dort die Schleimhaut, sodass sich kein Ei einnisten kann. **Diaphragma** (→ Pessar) u. → Kondom halten den Samen zurück, bevor er in die Gebärmutter gelangen kann, Kondome schützen gleichzeitig vor Ansteckung mit → Aids u. anderen Geschlechtskrankheiten. Sehr unsicher ist die **Knaus-Ogino-Methode**, bei der die unfruchtbaren Tage der Frau nach dem Eisprung bestimmt werden. Größere Sicherheit hat man, wenn man gleichzeitig jeden Morgen vor dem Aufstehen die **Basaltemperatur** (Körpertemperatur) misst u. die Temperaturkurve mit dem Arzt bespricht. (Im Moment des Eisprungs steigt die Temperatur der Frau nämlich sprunghaft an – sexuelle Enthaltsamkeit ist aber rechtzeitig vorher angesagt).

Empire (das, lat.-frz.), 1) Bezeichnung für das frz. Kaiserreich unter → Napoleon; 2) von ca. 1804–1830, eine Stilrichtung innerhalb des → Klassizismus, die zur Zeit Napoleons in Frankreich entstand u. Europa bis nach St. Petersburg beeinflusste.

Empire State Building (das, engl.), 1931 erbautes 381 m hohes Hochhaus in New York mit 102 Stockwerken, das lange das höchste Gebäude der Welt war.

Empirismus (der, gr.), philosophische Richtung, die als einzige Quelle des Wissens die Erfahrung anerkennt.

Empore, ein galerieähnliches Obergeschoss über dem Eingang u. den Seitenschiffen von Kirchen, das zum Innenraum hin offen ist.

Emulsion (die, lat.), Gemisch von 2 Flüssigkeiten, die sich nicht ineinander lösen, z. B. Wasser/Öl.

Ende, Michael (1929–1995), dt. Schriftsteller; *Momo, Die unendliche Geschichte*.

Endoskop (das, gr.), ein beleuchtetes Rohr, mit dem der Arzt die Körperhöhlen

(z. B. Bauchhöhle) oder das Innere von Organen (z. B. Magen, Harnblase) betrachten kann.

Energie (die, gr. „wirkende Kraft"), in der Physik die Grundlage, um Arbeit verrichten zu können. E. ist der vorhandene Arbeitsvorrat. Es gibt verschiedene Energieformen, z. B. **kinetische E.** (Bewegungsenergie), **Wärme-E.**, **elektrische E.** usw.

Energiepolitik, alle politischen Maßnahmen, welche die Versorgung mit Energie (Strom, Öl, Benzin, Wasser usw.) betreffen.

Engagement (das, frz.), 1) das Sich-Einsetzen für etwas; 2) Anstellung, bes. von Künstlern; 3) Bindung, Verpflichtung. V.: (sich, jemanden) **engagieren**.

Engels, Friedrich (1820–1895), dt. Philosoph. Arbeitete mit Karl → Marx am *Kommunistischen Manifest*; nach Marx' Tod Herausgeber von *Das Kapital* (2.,3. Band).

England, Südteil der Insel Britannien ohne Schottland u. Wales; 130.362 km^2, 53,5 Mio. EW; im N gebirgig (Cumbrian Mountains u. Pennines) mit Hochflächen, im S Schichtstufen, im O Tiefland. Große Moor- u. Heideflächen, wenig Wald, stark gegliederte, oft steil abfallende Küste.

Englische Fräulein, eine 1609 bzw. 1632 von M. Ward gegründete katholische Vereinigung zur Erziehung von Mädchen.

Englischer Gruß, Bezeichnung für das Ave Maria; → Ave.

Enklave (die, frz.), ganz vom eigenen Staat umgebenes Gebiet eines fremden Staates. Der fremde Staat bezeichnet es als → Exklave.

Ensemble (das, frz.), Künstler-, Musikertruppe.

entartete Kunst, nationalsozialistische Bezeichnung für die meisten modernen Formen der Kunst. Die Künstler wurden verfolgt u. viele Werke vernichtet, z. B. → Nolde.

Entbindung, → Geburt eines Kindes.

Enteignung, der Entzug von privatem Eigentum (z. B. ein Grundstück) durch den Staat. E. ist in der BR Dtl. nur im öffentlichen Interesse u. gegen Entschädigung möglich.

Entente (die, frz., „Einverständnis"), 1) allg.: Bündnis zw. Staaten; 2) **Entente cordiale**, das 1904 zw. England u. Frankreich geschlossene Bündnis über koloniale Fragen.

Entenvögel, zu dieser Vogelfamilie zählen die echten Enten, Gänse u. Schwäne. Es sind im Wasser lebende Vögel mit Schwimmhäuten zw. den Zehen.

Entern, 1) das Emporklettern an der Takelage eines Schiffes; 2) das Überspringen auf ein feindliches Schiff, um es zu erobern.

Entertainer (der, engl.), Unterhalter in Bühnen- oder Fernsehshows.

Entmilitarisierung, die meist durch einen Friedensvertrag festgelegte → Abrüstung eines Staates.

Entrée (das, frz.), 1) Eingang, Vorraum; 2) Eintrittsgeld; 3) Vorspeise.

Entspannungspolitik, politische Bestrebungen, die internationalen Interessengegensätze zu entschärfen; im Wesentlichen der Abbau des Ost-West-Konflikts durch Abrüstung u. allg. Zusammenarbeit.

Entwässerung, die Beseitigung der für das Pflanzenwachstum schädlichen Nässe im Boden; → Dränung.

Entwicklungshilfe, von Industrienationen oder internationalen Institutionen unternommene Anstrengungen, der → Dritten Welt eine Verbesserung ihrer wirtschaftlichen Lage zu ermöglichen.

Entwicklungsländer, Länder der → Dritten Welt, die im Vergleich zu den Industrieländern wirtschaftlich zurückgeblieben sind.

Entziehungskur, Therapie, die Drogenabhängigen helfen soll, von ihrer Sucht loszukommen. Da die E. unter ärztlicher Kontrolle erfolgt, findet sie meist in Kliniken oder Heimen statt.

Entzündung, heftige Reaktion des Körpers mit Rötung, Wärme u. Schmerzen auf einen bestimmten Reiz, z. B. auf Krankheitserreger, Insektenstiche, Wunden, Überanstrengung.

Enzian, geschützte Gebirgspflanze. Die Arten der Familie der E.-Gewächse sind vielfältig, am häufigsten findet man den blaublütigen, stängellosen E. Aus der Wurzel des gelben E. wird Branntwein hergestellt.

Friedrich Engels

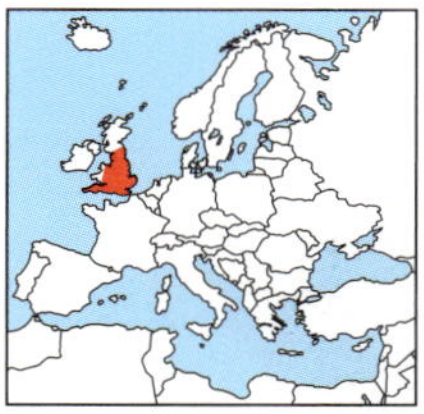

England

Enzian

Bayerischer Enzian

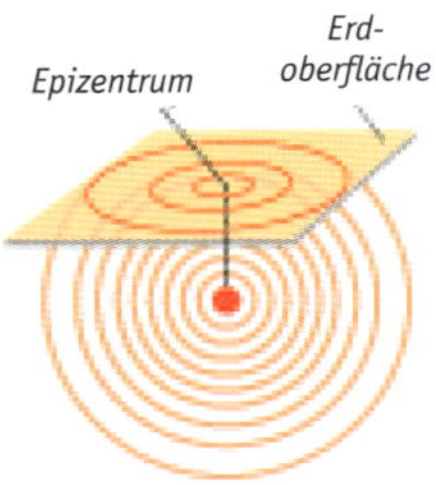

Epizentrum

Enzyklika (die, gr.), ein päpstliches Rundschreiben.

Enzyklopädie (die, gr.), Nachschlagewerk, welches das Wissen der Zeit enthält, meist wie ein Lexikon von A–Z geordnet.

Enzyme (gr., auch Fermente), Eiweißstoffe, die in den Zellen chemische Reaktionen in Gang setzen oder beschleunigen. Sie sind zur Aufrechterhaltung von Lebensvorgängen unentbehrlich.

Eos, 1) gr. Göttin der Morgenröte; röm. Aurora; 2) Asteroid, 1882 entdeckt.

Epidemie (die, gr.), → Seuche.

Epidermis (die, gr.), oberste Schicht der → Haut.

Epik (die, gr.), erzählende Dichtung in Vers- oder Prosaform, z. B. Ballade, Epos, Roman. A.: **episch**.

Epilepsie (die, gr., „Anfall"), Fallsucht, durch Krankheit oder Vererbung bedingte Hirnschädigung, nicht ansteckend, aber unheilbar. Bei einem **epileptischen Anfall** fällt der Kranke zu Boden, alle Muskeln verkrampfen sich u. vor dem Mund bildet sich Schaum.

Epilog (der, gr.), Nachwort eines dichterischen Werkes.

Epistel (die, gr.), 1) Brief; 2) Lesung aus den Apostelbriefen des N. T.s im Gottesdienst; 3) lehrhafte Dichtung in Form einer brieflichen Mitteilung.

Epitaph (das, gr.), Grabinschrift; auch Bezeichnung für eine Gedenktafel für Verstorbene an den Kirchenwänden.

Epizentrum, 1) Ort, der an der Erdoberfläche genau über einem Erdbebenherd (= Hypozentrum) liegt u. daher die größten Schäden aufweist; 2) Explosionsort einer Atombombe.

Epoche (die, gr., „das Anhalten"), langer, geschichtl. Abschnitt, z. B. das MA.

Epos (das, gr.), älteste Form der epischen (erzählenden) Dichtung: eine längere Erzählung in Vers-Form, z. B. das → Nibelungenlied.

Epsilon (gr.), der 5. Buchstabe des gr. Alphabets, Zeichen Ε, ε.

Equipe (die, frz.), Ländermannschaft bei internationalen Sportwettbewerben, bes. im Reitsport.

Erasmus von Rotterdam (um 1469–1536), niederländ. Humanist u. Theologe, Philologe u. Autor.

Erbsünde, nach der christlichen Lehre die Sündhaftigkeit aller Menschen, die durch den Sündenfall Adams u. Evas bewirkt wurde.

Erdachse, die gedachte Achse der täglichen Drehbewegung der Erde. Die E. schneidet die Ebene der Erdbahn im Winkel von ca. 66,5 Grad.

Erdbeben, Erschütterung des Erdbodens durch Vorgänge in der festen Erd-

Erde

Erde

Die Erde ist von der Sonne aus gesehen der 3. Planet unseres Sonnensystems und der einzige, auf dem bis jetzt Lebewesen nachgewiesen werden konnten. Sie hat eine Oberfläche von 510 Millionen km^2, ihre Masse beträgt fast 6 x 10^{24} kg. Die Erde bewegt sich mit einer Geschwindigkeit von 29,8 km/s in einer elliptischen **Bahn um die Sonne**. Um diese einmal zu umrunden, benötigt sie ein Jahr. Gleichzeitig dreht sich die Erde täglich von West nach Ost einmal um die eigene Achse. Die Erde besteht aus **Erdkern**, **Erdmantel** und **Erdkruste**, ihre Oberfläche gliedert sich in Land- (29 %) und Wasserfläche (71 %). Die höchste Erhebung ist der → Mount Everest mit 8.848 m, die größte Tiefe wird im Marianengraben (→ Marianen; 11.034 m) erreicht. Das Erdalter wird auf **4,5–5 Milliarden Jahre** geschätzt. Im Lauf dieser langen Zeiträume hat sich die äußere Gestalt ständig geändert. So zerfiel z. B. im Erdmittelalter vor rund 200 Millionen Jahren der große Südkontinent Gondwanaland in Einzelteile. Seine Reste sind die heutigen → Kontinente Südamerika, Afrika, Vorderindien, Australien und Antarktika. Südamerika und Afrika rücken auch jetzt noch beständig auseinander, innerhalb von 70 Jahren um immerhin 1,80 m.
http://www.planeterde.de

Erde

kruste. Man unterscheidet **Einsturzbeben** (3 %), **vulkanische Beben** (7 %) u. **tektonische Beben**, verursacht durch Bewegungen der Platten der Erdkruste (90 %).

Erde, siehe Kasten S. 82.

Erdgas, in der Erdkruste vorkommende Gase, die meist unter Druck stehen u. mit Tiefbohrungen erschlossen werden; sie sind ein wichtiger Energieträger.

Erdgeschichte, siehe Kasten unten.

Erdkunde, → Geografie.

Erdmagnetismus, die magnetischen Erscheinungen auf der Erde, z. B. Nordausrichtung einer Kompassnadel; → Polarlicht; → Kompass.

Erdöl, sehr energiereiches Kohlenwasserstoffgemisch. Entstand vor ca. 10 bis 400 Mio. Jahren durch Abbau von in der Erde eingeschlossenen, abgestorbenen Pflanzen, die sich unter Luftabschluss, Druck u. erhöhter Temperatur befanden. E. wird mit Tiefbohrungen erschlossen u. in Raffinerien z. B. zu Benzin verarbeitet; es ist ein bedeutender Energieträger u. Grundstoff der Kunststoffindustrie.

Erdung, eine leitende Verbindung von elektrischen Geräten zum Erdboden, um Unfälle bei fehlerhafter Isolation zu vermeiden.

Erdwärme, die Wärme des Erdinneren, die schon in 30 m Tiefe fühlbar wird. Die Temperatur des Erdkerns wird auf 7000 °C geschätzt.

Erdzeitalter, Ära, 4 Hauptabschnitte der Erdgeschichte, weiter unterteilt nach geologischen Perioden u. Epochen.

Erektion (die, lat.), das Hartwerden u. Aufrichten des → Penis bei Empfindung von Lust.

Erfurt, Hauptst. von → Thüringen, 204.000 EW, an der Gera, Dom (12.–15. Jh.), Hoch- u. Fachschulen, traditioneller Gartenbau, mit Saatzuchtbetrieben, bedeutende Jndustrie.

Ergonomie (gr.), Wissenschaft von den Leistungsmöglichkeiten des Menschen u. deren Grenzen in der Arbeitswelt bzw. von der bestmöglichen Anpassung zw. Mensch u. Arbeitsbedingungen.

Erhard, Ludwig (1897–1977), dt. Politiker, maßgeblich beteiligt am Aufschwung der BR Dtl. nach dem Zweiten Weltkrieg („Wirtschaftswunder"). Als Nachfolger → Adenauers war er 1963–1966 Bundeskanzler.

Eriesee, südlichster der Großen Seen an der Grenze zw. USA u. Kanada, 174 m über dem Meeresspiegel; 25.667 km^2, bis 64 m tief.

Erdölbohrung

Ludwig Erhard

Erdgeschichte

Mit dem Begriff Erdgeschichte bezeichnet man die Entwicklungsgeschichte der Erde seit der Bildung einer festen Erdkruste. Dabei untersucht die → **Geologie** den Aufbau und die Gestaltung der Erdkruste, während sich die **Paläontologie** mit der Entwicklung des Lebens befasst.
Die Geschichte der Erde wird in **Zeitalter** eingeteilt. Sie beginnt mit dem **Präkambrium** vor etwa 4,5 Milliarden Jahren, der Bildung der Erdkruste und den ersten primitiven Organismen in den Ozeanen. Darauf folgt das Paläozoikum (Erdaltertum), das vor 600 Millionen Jahren begann und in dem sich Fische, Insekten und Landpflanzen entwickelten. Es entstanden Wälder aus Baumfarnen, die wir heute als Steinkohle vorfinden, und Reptilien breiteten sich aus. Für die Zeit vor 225 Millionen Jahren spricht man vom **Mesozoikum** (Erdmittelalter). In diesem Abschnitt liegt die große Zeit der → Dinosaurier. Im **Känozoikum** (Erdneuzeit), das vor 65 Millionen Jahren begann, formte sich durch den Einfluss mehrerer Eiszeiten die heutige Gestalt der Erdoberfläche. Die Tier- und Pflanzenwelt nahm zu und entwickelte sich im Laufe von Jahrmillionen zu den jetzigen Arten. Im Känozoikum traten vor ungefähr zwei Millionen Jahren auch die ersten Menschen auf. Vor etwa 10.000 Jahren endete die letzte Eiszeit, sodass sich von da an z. B. in Europa die uns heute bekannten → Pflanzen und Tiere ansiedeln konnten.
http://www.gd.nrw.de

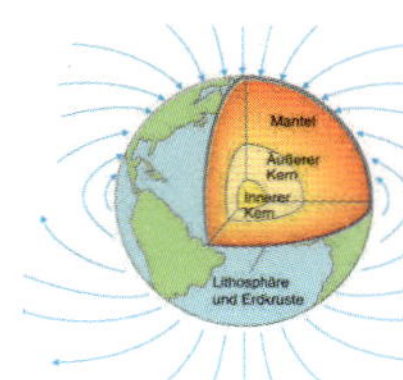

Erdmagnetismus

Eruption

Eros

Erosion (durch Wind)

Eritrea

Republik in Ostafrika, am Roten Meer, 124.000 km², 4,45 Mio. EW, *Hauptst.* Asmara, *Staatspräsident* u. *Regierungschef:* Isayas Afewerki (seit 1993). *Naturraum:* feucht-heißes Tiefland, im Landesinneren fruchtbares Hochland.

Eriwan (russ. Jerewan), Hauptst. der Republik → Armenien, 1,2 Mio. EW; Universität; Kultur- u. Wirtschaftszentrum.
Erlkönig, Sagengestalt; Titel einer berühmten Ballade von → Goethe.
Erlösung, 1) die Befreiung eines Menschen von Leiden u. Schuld durch einen Gott; ein Grundgedanke vieler Religionen; 2) Befreiung, bspw. von Sklaven.
erogene Zone, Körperzone, die bei Berührung sexuelle Erregung hervorruft.
Eros, gr. Gott der Liebe.
Erosion (die, lat.), Abtragung von Erdreich durch Wasser, Gletschereis u. Wind.
Erotik (die, gr.), sinnliche Liebe in all ihren Erscheinungsformen (körperlich u. seelisch).
ERP, Abk. für engl. **E**uropean **R**ecovery **P**rogram, → Europäisches Wiederaufbauprogramm.
Erste Hilfe, die ersten Maßnahmen bei Unfällen bis zur Ankunft eines Arztes.
Erster Weltkrieg (1914–1918); viele polit., militär., wirtschaftl., gesell. Ursachen, bes. der vorausgegangene → Imperialismus der europäischer Weltmächte. Nach Ermordung des österr.-ungar. Thronfolgers in Sarajewo u. dem von Serbien unerfüllten Ultimatum Österreich-Ungarns Kriegserklärung Deutschlands an das hinter Serbien stehende Russland. Als Krieg führende Nationen standen sich Österreich-Ungarn/Deutschland (Mittelmächte) u. Serbien, Belgien, Russland, Frankreich, England (Alliierte) gegenüber; es folgten bis 1916 Japan, Italien, Rumänien auf alliierter Seite u. Türkei, Bulgarien auf Seiten der Mittelmächte. 1917 Kriegseintritt der USA nach dt. Erklärung des uneingeschränkten U-Bootkrieges. Ende: Sieg der Alliierten, Friedensverträge in → Versailles u. St. Germain (mit Deutschland u. Österreich 1919), in Trianon (mit Ungarn 1920), in Neuilly (mit Bulgarien 1919) u. Sèvres (mit der Türkei 1920). Die besiegten Staaten mussten mit erheblichen Gebietsabtretungen u. hohen Wiedergutmachungskosten bezahlen. Die Doppelmonarchie Österreich-Ungarn wurde aufgelöst; → Weltkriege.
Erststimme, Wahlstimme, mit der bei der Bundestagswahl der Kandidat eines Wahlkreises durch eine einfache Stimmenmehrheit ein Direktmandat im Deutschen → Bundestag bekommt.
Ertrag, das im Geldwert ausgedrückte Ergebnis wirtschaftlicher Tätigkeiten.
Eruption (die, lat.), der Ausbruch eines Vulkans. Dabei können Gase u. Gestein in Form von Bomben, Lapilli, vulkanischen Aschen (Bims) u. **Eruptivgesteinen** (Lava) austreten. Je nachdem, wo sie erstarrt sind, bezeichnet man die Eruptivgesteine als Ergussgesteine, Tiefen- oder Gangsteine.
Erzählung, die schriftliche oder mündliche Darstellung von wirklichen oder ausgedachten Ereignissen.
Erzbischof, Amtstitel für den ersten Bischof einer Kirchenprovinz.
Erzbistum, → Bistum eines Erzbischofs.
Erze, Gesteine oder Mineralien, die einen so hohen Metallgehalt haben, dass sich das Metall daraus gewinnen lässt.
Erzengel, in der Bibel die Engel mit dem höchsten Rang, z. B. Michael, Gabriel u. a.; auch im Koran.
Erzgebirge, Grenzgebirge zw. Böhmen u. Mitteldeutschland, bis 1244 m; Erzvorkommen, Holzverarbeitung (Spielzeug), Fremdenverkehr.
Erziehungsberechtigte, meist die Eltern des Kindes, sonst eine Person, die die Rechte u. Pflichten der Eltern ausübt.
ESA, Abk. für engl. **E**uropean **S**pace **A**gency, die europäische Weltraumorganisation, zuständig für Bau u. Betrieb ziviler Trägerraketen u. Satelliten.
Eskalation (die, frz.-engl.), Steigerung bzw. Ausweitung eines (internationalen) Konfliktes.

Eskimo (indianisch, „Rohfleischesser"), nordamerik. Indianer der → Arktis, stammt von Mongolen ab, bezeichnet sich selbst als Inuit („Mensch").
Esoterik (die, gr.), eine religiöse, philosophische oder mystische Geheimlehre, die nur für Eingeweihte zugänglich ist, z. B. Tantrismus, Kabbala u. a.
Esperanto, eine künstliche Sprache, 1887 entwickelt. Sie ist leicht zu erlernen, da sie auf dem Englischen u. den romanischen Sprachen aufbaut u. nur 16 grammatikalische Regeln hat.
Esse (die), 1) Schornstein; 2) die Feuerstelle in der Schmiede.
Essen, Stadt im Ruhrgebiet, → Nordrhein-Westfalen, 570.000 EW; Universität, Stahlwerke, Chemie-, Maschinenindustrie, Häfen am Rhein-Herne-Kanal.
Essenz (die, lat.), 1) das Wesentliche einer Sache; 2) konzentrierte Lösung; A.: **essenziell.**
Establishment (das, engl.), Bezeichnung für die obere Gesellschaftsschicht.

Estland

parlamentarische Republik, zw. Finnischem u. Rigaischem Meerbusen, mit den Inseln Dagö u. Ösel, 45.227 km^2, 1,32 Mio. EW, *Hauptst.* → Tallinn, *Staatspräsident:* Toomas Ilves (seit 2006), *Premierminister:* Taavi Rõivas (seit 2014). *Naturraum:* Hügelland mit Nadelwäldern, Heiden, Mooren u. Seen. *Bevölkerung:* Esten, Russen; *Wirtschaft:* Land- u. Forstwirtschaft; Textil-, Metallwarenindustrie.

Eta (gr.), der 7. Buchstabe des gr. Alphabets, Zeichen: Η, η.
ETA, Abk. für **E**uskadi **ta** **A**skatasuna, terroristische Untergrundbewegung in Spanien, die für die Selbstbestimmung der → Basken kämpft.
Etat (der, frz.), Bezeichnung für eine bestimmte Geldmenge, die zur Verfügung steht, z. B. der Werbeetat eines Unternehmens.
etc., Abk. für lat. **et c**etera, „und so weiter".
Ethik (die, gr.), Lehre von den sittlichen Werten.
Ethnologie (die, lat.), vergleichende Völkerkunde; ihre Erkenntnisse geben Aufschluss über die Entwicklung der menschlichen Kultur.
Etikette (die, frz.), Bezeichnung für die anerkannten gesellschaftlichen Umgangsformen.
Etrusker, das einzige nicht indogermanische Volk Italiens, wahrscheinlich kleinasiatischen Ursprungs. Die E. siedelten sich zw. 1000 u. 800 v. Chr. an der mittelital. Küste an. Im 6. Jh. v. Chr. war die Ausdehnung ihrer Herrschaft am größten (Etrurien). Im 3. Jh. kamen sie unter röm. Gewalt.
Etüde (die, frz.), musik. Übungsstück, Studie.
Etzel, im → Nibelungenlied der Name des Hunnenkönigs → Attila.
EU, mit dem Vertrag von Maastricht (1993) wurde die EG in die EU (→ Europäische Union) umgewandelt.
Eugen, Prinz (1663–1736), österr. Feldherr. Befreite 1683 Wien von den Türken. E. ließ sich in Wien das Schloss Belvedere erbauen.
Eukalyptus (der, gr.-lat.), heimisch in Australien u. Indonesien. Er wächst schnell, mit hartem Holz u. immergrünen, spitzen Blättern. In Australien bes. reich an ätherischen Ölen.
Euklid (um 300 v. Chr.), gr. Mathematiker; Lehrsatz über Beziehungen im rechtwinkligen Dreieck (Kathetensatz, Höhensatz), „Vater der Geometrie".
Eulen, nachtaktive Raubvögel mit sehr gutem Gehör u. großen Augen. Lautloser Flug durch das lockere Gefieder u. krallenbewehrte Zehen machen das Tier zu einem guten Mäusejäger, z. B. Uhu, Käuze, Waldohr-, Schleiereule.
Eulenspiegel, Till (um 1300–1350), bäuerlicher Schalk, der Dummheit entlarvt; er ging um 1500 in die Volksliteratur ein.
Euler, Leonhard (1707–1783), schweizer. Mathematiker. E. begründete die moderne Mathematik.
Euphemismus, (der, gr.), beschönigende Umschreibung für etwas Unangenehmes.

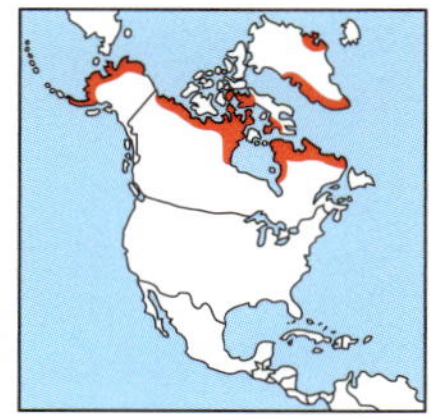

Eskimos (Lebensraum)

Etrusker: Grabstelle

Etrusker: Inschrift auf Bleiplatte

Waldohreule

Eukalyptus

Europa

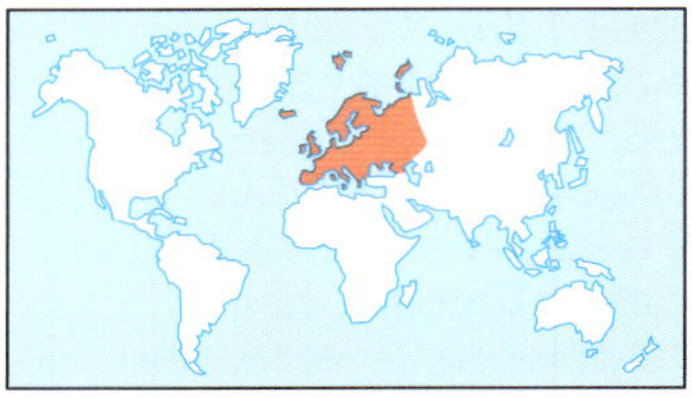

Europa ist mit einer Fläche von 10,5 Millionen km² der **viertgrößte Erdteil** und nimmt rund sieben Prozent der Erdoberfläche ein. Hier leben etwa 730 Millionen Menschen, d. h. rund 13 % der Weltbevölkerung. Mit seiner Bevölkerungszahl steht Europa nach → Asien und vor → Afrika an zweiter Stelle.
Es ist ein stark gegliederter Kontinent, begrenzt vom → Atlantischen Ozean im Westen, Polarmeer im Norden, → Mittelmeer im Süden und Uralgebirge im Osten. **Naturraum:** Vom Ural bis zur Nordsee reicht ein nach Westen schmaler werdendes Tiefland, bestehend aus eiszeitlichen Ablagerungen, das teilweise vom Atlantik überflutet ist (Nord- und Ostsee), im Norden begrenzt von den schottischen Gebirgen und dem Skandinavischen Gebirge, im Süden von Mittelgebirgen, die sich bis nach Westeuropa erstrecken. Die südliche Begrenzung ist ein junges Faltengebirgssystem, das das ungarische Tiefland und die Poebene umrahmt. Südeuropa ist besonders stark gegliedert in Iberische Halbinsel, Apenninhalbinsel und Balkanhalbinsel. **Wichtige Flüsse:** Seine, Themse, Rhein, Elbe münden in die Nordsee, Oder u. Weichsel in die Ostsee, Rhône und Po ins Mittelmeer, die Donau und der Don ins → Schwarze Meer, die Wolga ins → Kaspische Meer. **Klima:** Im Westen feuchtozeanisch, relativ mild bis in den hohen Norden (Golfstrom), im Osten kältere Winter, heißere Sommer und trockener, Temperaturen von Norden nach Süden ansteigend. Südlich der Alpen Mittelmeerklima mit Winterregen und heißen, trockenen Sommern. **Pflanzen** und **Tiere:** Im äußersten Norden → Tundra mit Ren, Polarfuchs; anschließend Nadelwald, nach Mittel- und Westeuropa übergehend in Mischwald und Laubwald mit Wolf, Reh, Hirsch, Nagetieren; im Mittelmeerraum immergrüne Pflanzen (Ölbaum, Lorbeer), Edelkastanien, Pinien, Zypressen; in Südosteuropa Waldsteppe, nach Osten übergehend in Grassteppe, teilweise Salz- und Wüstensteppe. **Bevölkerung:** indogermanische Völker. **Wirtschaft:** Ebenen mit ertragreicher Landwirtschaft, in Mittelgebirgen Westeuropas reiche Bodenschätze. Hoch entwickelte Industrie, Einfuhr von Rohstoffen, Ausfuhr von industriellen Fertigprodukten, intensive wirtschaftliche Zusammenarbeit in der → EU.

Euripides

Euphorie (die, gr.), Wonnegefühl, rauschhafte Stimmung.
Euphrat, mit 2736 km längster Strom Vorderasiens.
Eurasien, zusammenfassender Begriff für Europa u. Asien: größte zusammenhängende Landfläche der Erde, 54 Mio. km², 4,7 Mrd. EW.
EURATOM, Abk. für **Eur**opäische **Atom**gemeinschaft, Gemeinschaft der EU-Staaten zur Erforschung u. Entwicklung von Kernenergie.
Euripides (um 480–406 v. Chr.), gr. Tragödiendichter, hat das Theater des Abendlands entscheidend beeinflusst. *Die Troerinnen*, *Iphigenie auf Tauris*.
Euro, 1999 eingeführte europäische Währung. Zunächst nur im bargeldlosen Zahlungsverkehr eingesetzt (Schecks, Kreditkarten, EC-Karten); E.-Münzen u. -Scheine wurden ab dem 1.1.2002 ausgegeben. 1 € = 1,95583 DM.
Europa, siehe Kasten oben.
Europabrücke (Brennerautobahn), mit 190 m ehemals die höchste Brücke Europas; Bau zw. 1960–63. Führt die Autobahn Innsbruck–Brenner über die Sillschlucht.
Europahymne, seit 1972 offizielle europäische Hymne aus der 9. Sinfonie „Ode an die Freude" (1786; Text von → Schiller) von Beethoven.
Europäische Freihandelsgemeinschaft (EFTA, von engl. European Free Trade Association), 1960 gegründeter wirtschaftlicher Zusammenschluss von Dänemark, Großbritannien, Norwegen, Österreich, Portugal, Schweden u. der Schweiz mit dem Ziel, die Hemmnisse im Austausch von Industrieerzeugnissen zu beseitigen; derzeitige Mitglieder nur noch Island, Liechtenstein, Norwegen u. die Schweiz. Die übrigen traten der → EG bei; Sitz in Genf.

Europäische Gemeinschaften (EG), seit 1967 Sammelbezeichnung für die *Europäische Gemeinschaft für Kohle u. Stahl* (EGKS, Montanunion, bis 2002), die *Europäische Wirtschaftsgemeinschaft* (EWG, seit 1993 EG) u. die *Europäische Atomgemeinschaft* (→ EURATOM); bildet die erste der sog. 3 Säulen der → **Europäischen Union.**

Europäische Kommission, von den Regierungen der EU-Mitgliedstaaten unabhängiges Gesetzgebungsorgan der → EU („Initiativ- u. Vorschlagsrecht" beim Ministerrat); die derzeit 27 EU-Kommissare inklusive Präsident werden aber von den Regierungschefs vorgeschlagen u. durch das → Europäische Parlament für 5 Jahre bestätigt.

Europäische Union, siehe Kasten unten.

Europäischer Gerichtshof (EuGh), seine Aufgabe ist die rechtliche Sicherung der EU-Verträge (Verfassungs- u. Verwaltungsrecht); die Richter werden von den Regierungen der EU einvernehmlich bestellt.

Europäischer Rat (ER), Konferenz der Staats- u. Regierungschefs der → EU u. ihrer Außenminister u. dem Präsidenten der → Europäischen Kommission; bestimmt die Leitlinien der EU-Politik. Der Rat tagt in dem Land, das die Präsidentschaft innehat.

Europäischer Rechnungshof (EuRH), er prüft u. kontrolliert die Ausgaben der → EU.

Europäischer Wirtschaftsraum (EWR), seit 1.1.1994 bestehender Binnenmarkt, dem neben den 27 EU-Mitgliedern auch Liechtenstein, Island u. Norwegen angehören. → Schengener Abkommen.

Europäischer Wirtschafts- und Sozialausschuss (EWSA), ist eine beratende Einrichtung der → EU, muss bei allen Entscheidungen befragt werden, welche die Wirtschafts- u. Sozialpolitik der EU betreffen.

Europäisches Parlament (EP), parlamentarische Versammlung der → EU, 1958 in Straßburg konstituiert; die Abgeordneten werden seit 1979 durch Direktwahl in den Mitgliedsländern gewählt. Aufgaben: Kontrolle der → Europäischen Kommission.

Europäisches Wiederaufbauprogramm (ERP von engl. European Recovery Program), vom amerik. Außenminister G. Marshall nach dem Zweiten Weltkrieg ins Leben gerufenes Hilfsprogramm. Ziel des „Marshallplans", der von 16 europäischen Nationen angenommen wurde, war es, den Wiederaufbau Europas nach dem Krieg zu beschleunigen.

Europäische Union (EU)

Dem Bund der Europäischen Union (EU) gehören **27 europäische Staaten** mit rund 500 Millionen EW an. Die **Friedenssicherung** war der entscheidende Grund für die beginnende Zusammenarbeit nach dem Zweiten Weltkrieg. Außerdem wollte Europa als gemeinsam auftretende Macht wirtschaftlich und politisch mehr Einfluss in der Welt gewinnen. Nach verschiedenen Vorläufer-Bündnissen wurde die EU mit Inkrafttreten des → Maastrichter Vertrages 1992 gegründet. Trotz der Eigenständigkeit der einzelnen Mitgliedstaaten ist es das Ziel, z. B. Agrar-, Handels-, Sozial-, Sicherheits- oder Umweltpolitik europaweit zu vereinheitlichen. Die Einführung des → Euro als **einheitliche Währung** war ein wichtiger Schritt dazu. Außerdem will die EU nach außen, also z. B. gegenüber den USA oder asiatischen Staaten, künftig als Einheit wirken. Verwirklicht wird all das durch eine **europäische Gesetzgebung**, die vom → Europäischen Rat, der → Europäischen Kommission und dem → Europäischen Parlament umgesetzt wird, während der → Europäische Gerichtshof über europäisches Recht entscheidet. Am 1.5.2004 traten mit der EU-Osterweiterung zehn neue Staaten der EU bei, am 01.01.2007 zwei weitere, am 01.07.2013 ein weiterer. Heutige Mitglieder sind: Belgien, Bulgarien, Dänemark, Deutschland, Estland, Finnland, Frankreich, Griechenland, Großbritannien, Irland, Italien, Kroatien, Lettland, Litauen, Luxemburg, Malta, Niederlande, Österreich, Polen, Portugal, Rumänien, Schweden, Slowakei, Slowenien, Spanien, Tschechien, Ungarn, Zypern.
http://www.europa.eu/index_de.htm

Evolution

Bis Anfang des 19. Jahrhunderts herrschte die Meinung vor, eine göttliche Macht hätte Tiere, Pflanzen und Menschen in einem einmaligen Akt erschaffen. Niemand konnte sich vorstellen, dass aus einfachsten Organismen in unendlich langen Zeiträumen hoch entwickelte Formen entstanden sind. Zwar gab es immer wieder Zweifel an der **Schöpfungsgeschichte** und andere Erklärungsversuche, aber erst 1809 stellte der frz. Naturforscher → *Lamarck* (1744–1829) eine solche **Theorie der Evolution** auf. Sie besagte, dass sich Lebewesen durch Umwelteinflüsse verändern und diese Änderungen weitervererben, sodass neue Formen entstehen. 1859 veröffentlichte der englische Naturforscher *Charles* → *Darwin* (1809–1882) seine Evolutionstheorie der natürlichen Auslese. Danach haben jene Lebewesen, die sich am besten an die Umwelt anpassen können, einen Überlebensvorteil und setzen sich deshalb gegenüber den weniger gut angepassten, die im Laufe der Zeit aussterben, durch (**Selektion**).
Auf diesen Überlegungen aufbauend, erkannte man, dass in der Natur immer zufällige Veränderungen des Erbgutes vorkommen (**Mutation**). Das kann für das Lebewesen einen Vorteil gegenüber anderen bedeuten und vererbt werden. Die Nachkommen tragen das vorteilhafte Erbgut weiter, wobei es sich wiederum verändern kann. Beim Fortschreiten dieser Prozesse über sehr lange Zeit können ganz neue Arten entstehen (**Artenvielfalt**).
Heute verändert der Mensch die Umwelt so schnell, dass der Evolutionsprozess nicht mehr mithält und viele Arten aussterben bzw. vom Aussterben bedroht sind.
http://www.evolution-mensch.de

Eurydike, Orpheus und Hermes

Europäische Wirtschaftsgemeinschaft (EWG), 1957 durch den Vertrag von Rom begründete überstaatl. Gemeinschaft; mit dem Maastrichter Vertrag wurde die EWG in → Europäische Gemeinschaften (EG) umbenannt. Sie ist Teil der → Europäischen Union.

Europäische Wirtschafts- und Währungsunion (EWWU), am 7.2.1992 in Maastrich durch die Außen-/Finanzminister der EU-Staaten ins Leben gerufene Vereinbarung mit dem Ziel, eine Europäische Wirtschafts- und Währungsunion zu schaffen. Nachdem die Ziele schon weitgehend realisiert sind, bildet die EWWU den Abschluss der wirtschafts- u. währungspolitischen Integration Europas.

Europäische Zentralbank (EZB), Sitz in Frankfurt am Main, mit der Aufgabe, für die Stabilität der europäischen Währung zu sorgen. Präsident seit 2003 ist Jean-Claude Trichet.

Europarat, 1949 gegr., von der EU unabhängige völkerrechtliche Organisation europäischer Staaten für kulturelle u. wissenschaftliche Zusammenarbeit sowie zur Förderung des wirtschaftlichen u. sozialen Fortschritts; Sitz Straßburg.

Eurotunnel, 1994 eröffneter 50 km langer Eisenbahntunnel unter dem Ärmelkanal zw. Frankreich u. Großbritannien.

Eurydike, Gemahlin des → Orpheus in der gr. Sage.

Euthanasie (die, gr., „schöner Tod"), Sterbehilfe; man verhilft jemandem, der unheilbar krank ist, zum Tod, indem man ihm das dazu notwendige Mittel verschafft oder verabreicht (= **aktive E.**) oder indem man notwendige Maßnahmen zur Verlängerung des Lebens unterlässt (= **passive E.**). Aktive E. gilt als strafrechtlich relevante Tötung.

Eva, im A. T. (1. Buch Mose) die Frau Adams.

evakuieren (lat.), räumen; Sub.: **Evakuierung**, die Räumung von Gebieten oder Städten, z. B. bei drohender Katastrophe.

evangelisch, Bezeichnung für die seit der → Reformation von der katholischen Kirche abgewandten Christen.

Evangelische Kirche in Deutschland (EKD), Zusammenschluss der lutherischen reformierten u. unierten Kirche in Deutschland.

Evangelium (das, gr., „gute Kunde"), die Berichte der 4 Evangelisten vom Leben Jesu Christi im N. T. (→ Bibel).

Evolution, siehe Kasten oben.

ex..., Ex... (lat.), in Wortzusammensetzungen mit der Bedeutung von aus, weg, ent...

Exekution (die, lat., „Ausführung"), Hinrichtung, Vollstreckung, Durchführung.
Exekutive (die, lat.), ausführende, vollziehende Gewalt; wird von der Regierung u. der Verwaltung ausgeübt. Die Polizei ist z. B. ein Organ der E.
Exemplar (das, lat.), (Einzel-)Stück.
Exhibitionismus (der, lat., „vorzeigen"), strafbare Handlung (meist von Männern), bei der die Geschlechtsteile in der Öffentlichkeit entblößt werden.
Exil (das, lat., „Verbannung"), freiwillige oder erzwungene Verlegung des Wohnsitzes ins Ausland, weil es die politische Lage im Heimatland erfordert.
Existenz (die, lat.), das Dasein, Vorhandensein. V.: **existieren.**
Existenzminimum, Bezeichnung für das zum Leben mindestens nötige Einkommen.
Exitus (der, lat., „Ausgang"), medizinische Bezeichnung für den Tod.
Exklave (die, lat.), eigenes Staatsgebiet, das innerhalb eines fremden Staates liegt.
exklusiv (lat.), anspruchsvoll, außergewöhnlich; Sub.: **Exklusivität.**
Exkursion (die, lat.), wissenschaftliche Erkundungsfahrt.
Exodus (der, gr.-lat.), das 2. Buch Mose im → A. T., Auszug des Volkes Israel aus Ägypten.
Exorzismus (der, gr.-lat., „Beschwörung"), Austreibung böser Geister u. Dämonen in verschiedenen Religionen.
Expansion (die, lat.), Wachsen, Ausweitung (z. B. eines Unternehmens).
Expedition (die, lat., „Feldzug"), Forschungsreise.
Expertise (die, lat.), Gutachten eines Fachmanns, z. B. über die Echtheit eines Gemäldes.
Explosion (die, lat.), plötzliche Volumenvergrößerung eines Stoffes durch sich ausdehnende Gase, die infolge schnell verlaufender chemischer Reaktionen entstehen.
Exponat (das, lat.), Ausstellungsstück.
Export (der, lat.), die Ausfuhr von Waren vom Inland ins Ausland. Ggs.: → Import (→ Einfuhr).
Expressionismus (der, lat.), 1) bedeutende Stilrichtung in der Kunst des frühen 20. Jh. Der Künstler drückt seine Vorstellung direkt aus; dabei werden vereinfachte, auf das Wesentliche abgekürzte Formen geschaffen u. freie, teilweise heftige Farbgebung angewandt. Berühmte Künstler des E. sind u. a. Ernst Ludwig Kirchner, → Kokoschka, → Beckmann u. Mitglieder der Künstlervereinigungen → Blauer Reiter oder Die Brücke; 2) Richtung in der Literatur zw. 1910 u. 1930. Hauptvertreter: Trakl, → Benn, → Döblin.
Exterritorialität (die, lat.), im → Völkerrecht verankerter Grundsatz der Unantastbarkeit offizieller ausländischer Organe (Botschaft) oder Personen (Botschafter/Diplomaten) in einem Gastland.
extra (lat.), gesondert, zusätzlich.
Extrakt (der, lat.), 1) ein konzentrierter Auszug aus pflanzlichen oder tierischen Stoffen; 2) ein Auszug aus Büchern u. Texten, Zusammenfassung.
extrem (lat.), äußerst, übertrieben.
Extremismus (der, lat.), links- oder rechtsradikale Einstellung, die die bestehende Gesellschaftsordnung zu beseitigen beabsichtigt. Wird strafrechtlich verfolgt; allg. übersteigert radikale Einstellung, A.: **extremistisch.**
Extremitäten (lat.), Gliedmaßen (Arme, Beine).
Exzellenz (die, lat.), Titel für Erzbischöfe u. Bischöfe sowie Anrede für Botschafter u. Gesandte.
exzerpieren (lat.), einen Auszug (Exzerpt) aus einer Schrift od. einem Buch machen, um die wichtigsten Gedanken festzuhalten.
Exzess (der, lat.), Ausschweifung.
Eyck, van, niederl. Maler: 1) Hubert, (um 1370–1426); 2) Jan, (um 1390–1441); Begründer der altniederländ. Schule u. der Ölmalerei überhaupt; Hauptwerk: *Genter Altar.*

Jan van Eyck: Genter Altar

Expressionismus: Gemälde von Kirchner

Fagott

Wanderfalke

Falklandinseln

Falkner

F

f, 1) forte; 2) Abk. für → Femininum. – **F,** 1) 4. Ton der C-Dur-Tonleiter; 2) Abk. für → Fahrenheit u. Farad; 3) chemisches Symbol für → Fluor.

Fa., Abk. für → **Firma**.

Fabel (die, lat., „Erzählung"), kurze Erzählung in Vers- oder Prosaform, in der meist durch einen Vergleich mit der Tierwelt eine Lehre vermittelt wird.

Fachwerk, tragendes Holzgerüst, Zwischenräume werden mit Stroh/Lehm oder Mauerwerk gefüllt; Balken bleiben sichtbar.

Fackel (die, lat.), ein mit Teer, Harz, verdicktem Öl oder Wachs bestrichener Holzstab, der angezündet zur Beleuchtung dient.

Faden, altes seemännisches Maß für die Wassertiefe; → Maßeinheiten.

Fading (das, engl.), das sanfte Ein- u. Ausblenden von Musik.

Fafnir, ein Riese in Gestalt eines Drachen, der von → Siegfried erschlagen wird; nord. Mythologie.

Fagott (das, ital.), Bassinstrument der Holzbläser.

Fähe, Bezeichnung für die Weibchen von Fuchs, Dachs, Marder u. a.

Fahneneid, von Soldaten geschworener Dienstеid.

Fahnenflucht (Desertion), die strafbare unerlaubte Entfernung eines Soldaten (Deserteur) von der Truppe.

Fahrenheit (F), Maßeinheit für eine Temperaturskala, bei der der Gefrierpunkt von Wasser bei 32 °F u. der Siedepunkt bei 212 °F liegt. Der Erfinder dieser Skala u. des ersten → Thermometers war der Physiker Daniel Fahrenheit (1686–1736).

Fahrrad, Fahrzeug mit 2 Rädern, das der Fahrer durch Treten fortbewegt. Vorläufer war das **Laufrad** von Drais (1817; → Draisine), 1884 gab es das erste F. mit Kette von der Tretkurbel zum Hinterrad (bis dahin waren die Pedale am Vorderrad), 1888 den ersten Luftreifen.

Fährte, eigentlich Bezeichnung für die Fußspuren des Schalenwildes (Paarhufer) am Boden.

Fair Play (das, engl.), ehrliches Spiel, ohne → Fouls.

Fakir (der, arabisch, „Armer"), im → Hinduismus Bezeichnung für Gläubige, die sich auch körperlichen Qualen aussetzen, um Erleuchtung zu erlangen.

Faksimile (das, lat., „Mach ähnlich!"), eine originalgetreue Reproduktion.

Faktor (der, lat., „Macher"), 1) allg. Umstand; 2) Faktoren (Mathematik), die Glieder einer → Multiplikation.

Fakultät (die, lat.), organisatorische Aufteilung einer → Hochschule nach Wissensgebieten.

fakultativ (lat.), der Wahl überlassen, beliebig; Ggs.: → obligatorisch.

Falange (die, span.), faschistische Bewegung in Spanien; bekanntester Führer war Staatschef → Franco, → Faschismus.

Falbe, Pferd mit graugelbem Fell u. dunklem Rückenstrich (Aalstrich).

Falke, aus der Familie der Falken ist der bräunliche **Turmfalke** bei uns am häufigsten. Er nistet in verlassenen Krähennestern u. auf hohen Gebäuden, frisst kleine Nager u. wird 35 cm lang.

Falklandinseln (Malwinen), brit. Inselgruppe im Südatlantik, 12.713 km², 2970 EW, Hauptst. Port Stanley. 1982 durch Argentinien besetzt u. im Falklandkrieg von Großbritannien zurückerobert.

Falkner, ein Jäger, der Falken u. a. Greifvögel für die Jagd (→ Beize) abrichtet; seit ca. 3500 Jahren.

Fall, 1) Bewegung eines Körpers unter dem Einfluss der Erdanziehungskraft; 2) → Kasus.

Fallada, Hans, eigentlich Rudolf Ditzen (1893–1947), dt. Schriftsteller; *Kleiner Mann, was nun?* (1932).

Fallschirm, Stoffschirm zum Abbremsen frei in der Luft fallender Körper.

Falschgeld, betrügerisch nachgemachte Münzen oder Geldscheine.

Fälschung, ein nachgemachter Gegenstand, der dem Vorbild täuschend ähnlich sieht, aber ohne dessen Wert.

Fantasy

Mit Fantasy wird eine Gattung von Büchern, Filmen, Comics und Spielen bezeichnet, die in einer historisch nicht festzulegenden Zeit spielen und in denen neben Menschen auch Zauberer, Zwerge, Elfen, Kobolde und andere **Fabelwesen** auftreten. Charakteristisch für F. ist, dass diese Wesen und ihre geheimnisvollen Kräfte, die eigentlich den Naturgesetzen zuwider laufen, kein Aufsehen erregen, sondern zur Normalität gehören. In der immer wieder variierten F.-Handlung bedroht eine böse Macht die Weltordnung. Der Held muss seine Heimat verlassen und mit Hilfe von magischen Gegenständen (z. B. Ring, Schwert) den **Kampf gegen das Böse** aufnehmen. Dabei wird er von Wesen unterschiedlicher Herkunft unterstützt, die ihre Feindschaft oder Rivalität aufgeben, um gemeinsam dem Bösen Einhalt zu gebieten.
Dieses Handlungsschema begründet haben in den 40er- und 50er-Jahren Autoren wie der englische Mythenforscher *J. R. R. → Tolkien (Der Herr der Ringe)* oder die englischen Autoren *C. S. → Lewis (Die Chroniken von Narnia)* und *T. H. White (Der König auf Camelot)*. Heutzutage haben sich neben dieser klassischen F. zahlreiche Untergruppierungen gebildet: Man unterscheidet z. B. Sword and Sorcery-Abenteuer, F., in denen Tiere in die Heldenrolle schlüpfen, die mit Horrorelementen arbeitende Dark F. oder die humorvolle F. *(Walter Moers, Terry Pratchett)*. Dass auch eine an sich realistische Internatsgeschichte mit F.-Elementen kombiniert werden kann, beweist die → *Harry Potter*-Reihe von *J. K. → Rowling*.
http://www.fantasybuch24.de

Falsett (das, lat.-ital.), Kopfstimme, Fistelstimme.
Familie (die, lat.), Lebensgemeinschaft der Eltern u. Kinder sowie weiterer im Haushalt lebender Verwandter.
Fan (der, engl.), begeisterter Anhänger, z. B. im Sport, in der Musik.
Fanatiker (der, engl.), jemand, der eine Sache leidenschaftlich u. übertrieben vertritt; Sub.: **Fanatismus**; A.: **fanatisch**.
Fandango (der, span.), ein Tanz aus Andalusien im $^{3}/_{4}$- oder $^{3}/_{8}$-Takt.
Fanfare (die, frz.) 1) lang gestreckte Trompete; 2) Trompetensignal aus Dreiklangtönen.
Fangio, Juan Manuel (1911–1995), argentinischer Rennfahrer, gewann 5-mal die → Formel-1-WM (1951, 1954–1957).
Fanmeile, seit der Fußball-WM 2006 in Deutschland Bezeichnung für die Zonen, in denen Fußballfans gemeinsam auf öffentlichen Plätzen auf einer Großbildleinwand wichtige Spiele verfolgen; → Public Viewing. Geht auf die Fan Feste der FIFA zurück, die für Fußballfans während der WM gedacht waren, die keine Karten für die Spiele bekommen hatten.
Fantasie (die, gr.-ital.), Einbildungskraft.
Fantasy, siehe Kasten oben.
Faraday, Michael (1791–1867), engl. Naturforscher; entdeckte u. a. die Chlor-Kohlenstoff-Verbindungen, schuf den Begriff des „elektrischen" Feldes u. erfand das Voltmeter.
Farbdruck, Herstellung von farbigen Abb. in allen Druckverfahren.
Farbe, vom Auge vermittelte Empfindung, die durch sichtbares Licht unterschiedlicher Wellenlänge hervorgerufen wird. Weißes Licht (z. B. Sonnenlicht) besteht aus Lichtarten verschiedener Wellenlängen u. wird bei Brechung (z. B. in Regentropfen) in die **Spektralfarben** Rot, Orange, Gelb, Grün, Blau, Violett sowie die Übergänge zw. diesen Farben zerlegt. Nimmt man aus weißem Licht eine F. heraus, so bildet das Restspektrum die → **Komplementärfarben.** Zusammengesetzt ergeben Komplementärfarben wieder Weiß.
Farbenblindheit, Störung des Auges, das Farben entweder gar nicht (**totale F.**) oder nur teilweise (z. B. **Rotgrünblindheit**) wahrnimmt. F. ist erblich bedingt.
Farce (die, frz.), eine komische Einlage, Posse; heute oft im Sinne von schlechter Witz gebraucht.
Farne, meist gefiederte, in feucht-heißen Urwäldern wachsende, blütenlose Pflanzen; vermehren sich durch Sporen.
Färöer, zu → Dänemark gehörende Inselgruppe im Atlantik zw. Island u. den

Juan Manuel Fangio im Rennwagen

Michael Faraday

Fasan

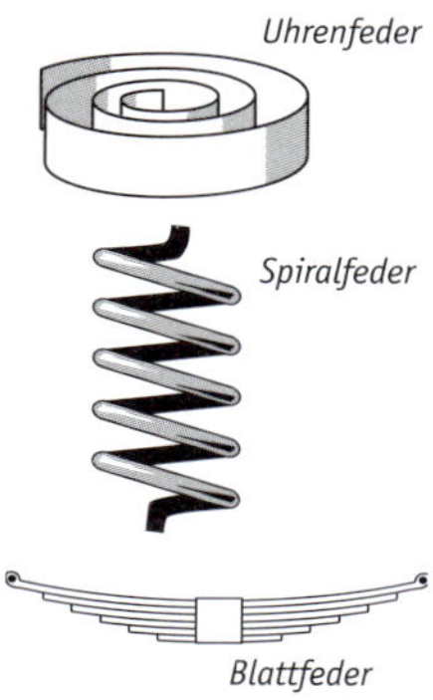

Verschiedene Federarten

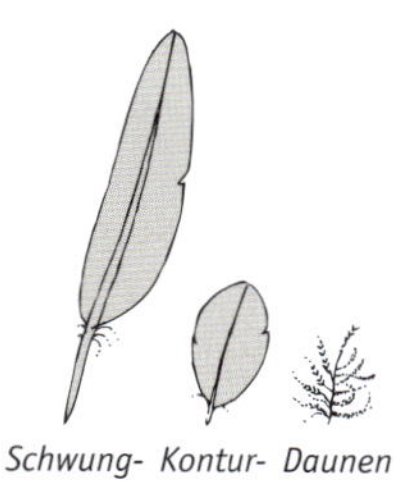

Vogelfedern

Shetlandinseln, 1396 km², 48.350 EW, Hauptst. Tórshavn; Schafzucht, Fischerei.

Fasan (der, lat.-gr.), der 80 cm lange Fasanenhahn trägt ein farbenprächtiges, metallisch schimmerndes, goldschwarz-grünes Federkleid u. lange gerade Schwanzfedern. Die kleineren Weibchen sind braun. Fasane bewohnen bei uns offene Landschaften mit Feldern u. Wäldern. Sie fressen meist Insekten, Würmer u. Körner.

Fasching, österr.-bayerische Bezeichnung für → Fastnacht.

Faschismus (der, ital.), 1) eine nach dem Führerprinzip organisierte, nationalistische, antidemokratische, rechtsradikale Bewegung; 2) militante Bewegung, die sich unter der Führung → Mussolinis von 1922–1944 in Italien entstand; 3) die dt. Ausprägung des F. war der → Nationalsozialismus.

Fasern, fadenartiger Rohstoff für die Textilherstellung, der künstlich (Chemie-F.) hergestellt oder natürlich (Natur-F., z. B. von Baumwolle, Flachs, Hanf, Schafwolle) gewonnen wird.

Fassbinder, Rainer Werner (1945–1982), dt. Film- u. Theaterregisseur, z. B. *Berlin Alexanderplatz* (1980).

Fasten, der völlige oder teilweise Verzicht auf Essen u. Trinken oder auf bestimmte Speisen während einer bestimmten Zeitdauer.

Fastnacht (Fasching, Karneval), ursprünglich die Nacht, heute die Woche vor Aschermittwoch. Dann beginnt die bis Ostern dauernde christliche Fastenzeit.

Fatalismus (der, lat.), die Ergebung in ein als unabänderlich aufgefasstes Schicksal.

Fauna: Lebensraum See

Fata Morgana (die, ital.), eine Sinnestäuschung, die durch eine Luftspiegelung (z. B. in der Wüste) entsteht.

Faulkner, William (1897–1962), amerik. Schriftsteller, → Nobelpreis für Literatur 1949; *Schall und Wahn*.

Fäulnis, durch Bakterien oder Pilze bewirkte Umwandlung bzw. Zerstörung von organischen Stoffen ohne Sauerstoffzufuhr.

Faultiere, südamerik. Säugetiere, die sich im Zeitlupentempo bewegen, meist aber ganz „faul" an Ästen hängen. Die Pflanzenfresser können auch klettern.

Faun, röm. Wald-, Feld- u. Wiesengott, entspricht dem gr. → Pan.

Fauna (die, lat.), 1) röm. Göttin des Waldes, Beschützerin der Tiere; 2) Tierwelt einer bestimmten Region.

Faust, Johannes (um 1480–um 1540), Arzt, Vagabund u. Magier; von vielen Dichtern (z. B. → Goethe) als literarische Figur aufgegriffen.

Faustkeil, beidseitig behauenes Werkzeug der → Steinzeit.

Faustrecht, früher Bezeichnung für gewalttätige Auseinandersetzungen, in denen jeder das Recht selbst in die Hand nimmt (Blutrache, Fehde).

FBI, Abk. für engl. **F**ederal **B**ureau of **I**nvestigation; Bundeskriminalpolizei der USA.

FDP, Abk. für **F**reie **D**emokratische **P**artei, liberale Partei der BR Dtl.; sie war in den Jahren 1961–1966 (mit der CDU/CSU) und 1969–1998 (bis 1982 mit der SPD, ab 1983 mit der CDU/CSU) und ist wieder seit Oktober 2009 als Koalitionspartner in der Bundesregierung.

Fechten, sportlicher Zweikampf mit → Degen, Florett oder Säbel. Es gilt, so viele gültige Treffer wie möglich anzubringen, ohne selbst getroffen zu werden; bereits seit 1896 olympische Disziplin.

Feder, 1) stark verformbares Maschinenteil, das nach Belastung wieder in seine ursprüngliche Form zurückkehrt, z. B. Uhren-F., Blatt-F., Spiral-F.; 3) Schreibfeder; 4) Vogelfeder → Federn.

Federer, Roger (*1981), schweizerischer Tennisspieler, siegte 2003–2007, 2009, 2012 in → Wimbledon.

Federn, aus verhornten Zellen bestehende Körperbedeckung der Vögel, die als Kälteschutz u. zum Fliegen dient.
Federwild (Flugwild), Sammelbezeichnung für jagdbare Vögel.
Fegefeuer, in der katholischen Lehre ein Ort der Reinigung für die Seelen, die noch für ihre Sünden büßen müssen, bevor sie in den Himmel kommen.
Fehde, alte Bezeichnung für Feindschaft, Rache, Streit. Jemandem den **Fehdehandschuh** hinwerfen war früher die symbolische Ankündigung einer F.
Fehlgeburt (Abort), künstlich hervorgerufener oder natürlicher Abbruch der Schwangerschaft, bei der ein nicht lebensfähiger → Fetus abgeht.
Feigenbaum (Ficus), zu den Maulbeergewächsen gehörende Pflanze mit vielen Arten, z. B. die Echte Feige (Essfeige) mit süßen, essbaren Früchten (**Feigen**).
Feile, Werkzeug zur Bearbeitung von Holz u. Metall, das Späne von der Oberfläche des Werkstücks abhebt.
Feingehalt, bezeichnet den Edelmetallanteil in Münzen, Barren, Geräten u. Schmuck.
Feinmechanik, Gebiet der Technik, das sich mit der Herstellung von kleinen, präzise arbeitenden mechanischen, optischen u. elektrischen Geräten befasst, z. B. Mikroskopen.
Feld, in der Physik ein durch Kraftwirkungen gekennzeichnetes Gebiet.
Feldjäger, eine Art Polizeitruppe der Bundeswehr mit internen Ordnungs- u. Verkehrsaufgaben.
Feldspat, Sammelbezeichnung für die häufigste Gruppe der gesteinsbildenden Minerale.
Feldwebel, militärischer Dienstgrad bei Heer u. Luftwaffe, höherer Unteroffizier.
Felge, 1) Radkranz, an dem die Bereifung befestigt ist; 2) Turnübung am Reck.
Fellachen, die sesshaften muslimischen Bauern Ägyptens u. Arabiens.
Fellini, Federico (1920–1993), ital. Filmregisseur, *Dolce Vita, 8 1/2* (1959).
Felsentempel, im Inneren von Felsen angelegte Tempel, die v. a. in Oberägypten u. Nubien vorkommen.
Femegericht, Sondergericht des 13. Jh., das sich aus freien Bauern zusammensetzte. Nur Todesurteil oder Freispruch war möglich.
Femininum (das, lat.), ein Wort weiblichen Geschlechts, z. B. die Tür.
Feminismus, Bestrebungen, die von der Gleichberechtigung von Mann u. Frau ausgehen u. den Einfluss der Frauen auf Staat u. Gesellschaft stärken wollen; bes. seit den 1960er-Jahren.
Fen(n)ek (Wüstenfuchs), ein kleiner Fuchs (kleinste Fuchsart) mit großen Ohren, der in Nordafrika lebt u. nachts jagt.
Fermi, Enrico (1901–1954), ital. Physiker; leistete wichtige Beiträge zur Entwicklung der Kernenergie u. erhielt 1938 den → Nobelpreis.
Ferner Osten, Bezeichnung für die Länder Ostasiens.
Fernmeldetechnik, Nachrichtentechnik, Bereich der Elektrotechnik; beschäftigt sich mit der Anwendung von niedrigen Strömen u. Spannungen (Signal-, Sicherungsanlagen, Nachrichtenübermittlung).
Fernrohr, optisches Gerät zur Vergrößerung weit entfernter Objekte. Durch eine Sammellinse (Objektiv) wird ein Bild des Objekts entworfen, das man dann wiederum durch eine zweite Linse betrachtet.
Fernsehen (TV, Television), Produktion, Sendung u. Empfang von Bild u. Ton über Antenne oder Kabel. Hierzu werden die Helligkeitswerte bzw. Farbtöne im Sender in elektrische Signale umgewandelt, übertragen u. beim Empfänger nach dem Prinzip der → braunschen Röhre (→ Bildröhre) auf dem Bildschirm entschlüsselt. Erfinder des F. ist P. Nipkow (1884); in der BR Dtl. werden Programme seit 1952 ausgestrahlt, **Farb-F.** gibt es seit 1967. Seit den 1980er-Jahren gibt es neben den öffentlich-rechtlichen **Fernsehanstalten** ARD, ZDF u. Dritte Programme auch private Anbieter (Kabelfernsehen, Satellitenfernsehen).
Ferrari, Enzo (1898–1988), ital. Fabrikant. Er entwickelte u. baute erfolgreiche Renn- u. Sportwagen.
Fes (Fez), 1) kegelstumpfförmige, meist rote Filzkappe mit Quaste, von Männern in arabischen Ländern getragen; 2) Stadt in Nordmarokko, im Vorland des

Fen(n)ek

Feigenbaum

Fes: Gläubige vor der Moschee

Feuerland

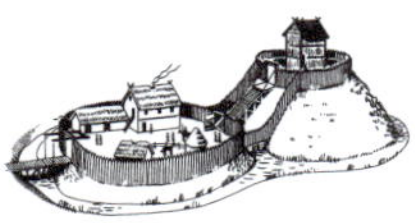

Festung: Burg

Fetisch der Bantuvölker

Fibel: Gewandspange

Mittleren Atlas, 1 Mio. EW; Moscheen, mittelalterliche Stadtmauer, Sultanspalast; geistiges Zentrum des Islam mit berühmter islamischer Hochschule.

Fessel, Bezeichnung für das Gelenk zw. Mittelfuß u. dem 1. Zehenglied bei Huftieren, beim Menschen für die Gegend des Fersengelenks.

Festival (das, engl.), Festspiele, regelmäßig wiederkehrende Festlichkeiten; z. B. Filmfestival, Musikfestival.

Festkörperphysik, Teilgebiet der Physik, das sich mit Stoffen befasst, die eine feste Form u. ein festes Volumen aufweisen.

Festplatte, eine stabile, magnetische Platte oder ein Stapel mehrerer Magnetplatten mit ca. 5–13 cm Durchmesser als Datenträger für Computersysteme. Ihre Oberfläche ist in „Spuren" unterteilt, auf die sog. Schreib-Lese-Köpfe zugreifen können.

Festung, Bezeichnung für einen starken Verteidigungsbau an einer strategisch wichtigen Stelle.

Fetisch (der, lat.-frz.), Gegenstand, dem übernatürliche Kräfte zugeschrieben werden, z. B. ein Amulett, auch Maskottchen; **Fetischismus** ist die Verehrung von Fetischen; auch eine abnorme Verlagerung des Geschlechtstriebs auf Gegenstände, die dann sexuell erregend wirken.

Fettgewebe, v. a. unter der Hautoberfläche liegende Zellen, die Fetttröpfchen enthalten u. hauptsächlich als Energiereserve dienen, z. B. für den Winterschlaf bei Tieren.

Fettsucht (Adipositas), starkes Übergewicht durch übermäßiges Essen, selten auch durch eine Störung des Hormonhaushaltes (→ Schilddrüse) bedingt.

Fetus (der, lat.), auch Fötus, Kind im Mutterleib nach dem 3. Schwangerschaftsmonat. Die Organbildung ist dann ganz abgeschlossen.

Feuchtgebiete, → Biotope, deren Pflanzen- u. Tierwelt im Wesentlichen von Wasser geprägt ist. Äußerst wichtig sind sie für den Naturhaushalt, da sie den Wasserhaushalt regulieren, das Klima ausgleichen u. für die Bodenfruchtbarkeit bedeutsam sind. Zudem sind F. Lebensraum für viele bedrohte Tier- u. Pflanzenarten u. stehen unter besonderem Naturschutz.

Feuchtigkeit, Wasserdampfgehalt in der Luft (**Luft-F.**).

Feudalismus (der, lat.), Gesellschaftssystem im MA, dessen politische, soziale u. wirtschaftliche Ordnung auf einer gegenseitigen Treueverpflichtung zw. den **Feudalherren** (König, Adel, Klerus) u. deren Untergebenen (Vasallen) beruhte. Die Feudalherren überließen ihren Untergebenen leihweise ein Landgut (Lehen), Ämter u. Sonderrechte u. gewährten militärischen u. richterlichen Schutz. Die Lehensnehmer verpflichteten sich zu lebenslanger Treue u. Abgabenleistungen.

Feuer, eine Verbrennung mit gleichzeitiger Wärme- u. Lichtentwicklung, wobei der Brennstoff oxidiert.

Feuerbestattung, die Verbrennung eines Toten u. das Begraben seiner Asche; → Krematorium.

Feuerland, Inselgruppe an der Südspitze von Südamerika zw. Magellanstraße u. Kap Hoorn, der W gehört zu Chile, der O zu Argentinien, 71.500 km^2; bedeutende Schafzucht, Erdöl- u. Erdgasvorkommen.

Feuermal, Bezeichnung für angeborene blaurote Flecken auf der Haut.

Feuersalamander, gehört zu den Lurchen. Er kommt in West- u. Südwesteuropa in feuchten Bergwäldern vor u. ist nachtaktiv. Sein schwarz-gelb gezeichneter, glänzender Körper wird bis 28 cm lang u. hat Giftdrüsen in der Haut.

Feuerstein, poröses Gestein, aus dem der Mensch die ersten Werkzeuge u. Waffen herstellte u. das beim Aneinanderschlagen Funken schlägt.

Feuilleton (das, frz., „Beiblättchen"), die kulturelle oder unterhaltende Seite einer Zeitung.

Fibel (die, lat.), 1) Gewandspange aus der Bronzezeit, wurde von den alten → Germanen benutzt; 2) kleines Lehrbuch.

Fichtelgebirge, Gebirgsknoten zw. Frankenwald, Erzgebirge u. Oberpfälzer Wald in Nordostbayern; Schneeberg 1051 m.

Fichten, Nadelbäume mit etwa 20 verschiedenen Arten. Sie werden bis zu 60 m hoch.

Fidschi

(Fiji), Inselstaat (Republik) in Ozeanien, 18.274 km², 903.200 EW, *Hauptst.* Suva, *Staatspräsident:* Ratu Epeli Nailatikau (seit 2009), *Premierminister:* Frank Bainimarama (durch Putsch 2006). *Naturraum:* Inseln Vanua Levu, Viti Levu u. mehr als 840 weitere Inseln, vulkanisch oder Atolle, meist unbewohnt. Tropischer Regenwald. *Wirtschaft:* Tropische Plantagen, Bergbau, Fremdenverkehr, Knotenpunkt des internationalen Flugverkehrs; Holz verarbeitende Industrie (Mahagoni u. a.).

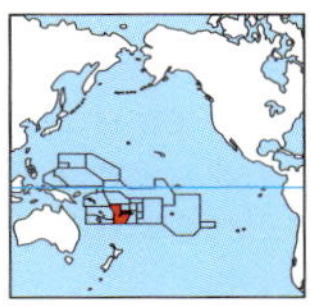

Fieber, Versuch des Körpers, wärmeempfindliche Krankheitserreger durch Temperaturerhöhung abzutöten. Ab 42 °C ist F. lebensgefährlich, weil körpereigenes Eiweiß vernichtet wird.

Film, die Wiedergabe von bewegten Bildern, wird bewirkt durch eine rasche Folge einzelner Bilder (normalerweise 24 Bilder pro Sekunde). Vorläufer des F. waren Geräte, die Bewegung durch (gemalte) Reihenbilder vortäuschten (schon um 1825); die Erfindung der → Fotografie (1837) u. des lichtempfindlichen Celluloidstreifens (1889) waren weitere Stationen auf dem Weg zur Patentierung des ersten kinematografischen Apparates (L. u. A. Lumière, 1895). Seit 1928 gibt es den **Tonfilm.**

Filz, Stoff aus zusammengepressten Wollfasern oder (Tier-)Haaren, aus dem z. B. Hüte hergestellt werden.

Findelkinder, ausgesetzte Kleinkinder, deren Eltern man nicht kennt.

Findlinge, große Gesteinsbrocken, die während der Eiszeit von Gletschern aus dem Gebirge mitgetragen wurden u. nach der Schmelze liegen blieben.

Fingerabdruck, der Abdruck eines Fingers, der bei jedem Menschen anders ist u. daher zur kriminalistischen Beweisführung herangezogen wird; → Genetischer Fingerabdruck.

Finne (die), 1) Larve des Bandwurms; 2) Rückenflosse bei Wal u. Hai; 3) das schmale Ende beim Hammer.

Finnischer Meerbusen, 430 km langer, 120 km breiter, bis 100 m tiefer östlicher Seitenarm der Ostsee zw. Finnland u. Estland.

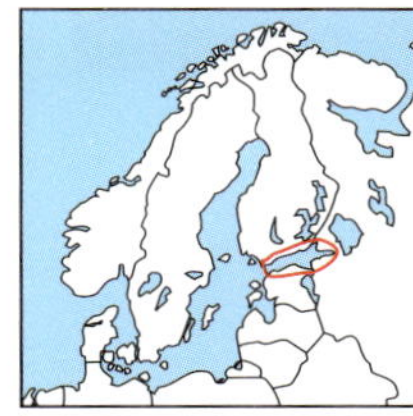

Finnischer Meerbusen

Finnland

(Suomi), parlamentarische Republik in Nordeuropa, 337.030 km², 5,43 Mio. EW, *Hauptst.* → Helsinki, *Staatspräsidentin:* Sauli Niinistö (seit 2012), *Ministerpräsident:* Alexander Stubb (seit 2014). *Naturraum:* Zum größten Teil flachhügeliges Grundmoränenland zw. Bottnischer u. Finnischer Bucht der Ostsee, 60.000 Seen, vielfach sumpfig, bewaldet. Im N reicht F. bis an das skandinavische Gebirge. Küste stark gegliedert, mit vorgelagerten flachen Felsrücken (Schären); zu F. gehören die Ålandinseln. *Klima:* kalte Winter, Sommer warm, feucht. *Bevölkerung:* Finnen, Schweden, im N Lappen. *Wirtschaft:* Forst-, Vieh- u. Milchwirtschaft, im N nomadische Viehzucht (Ren); an der Küste Anbau von Getreide u. Kartoffeln; Holz verarbeitende Industrie.

Firewall (engl.), Sicherungssystem, das ein lokales Netzwerk vor Angriffen aus dem Internet schützt.

Firma (Fa; die, ital.), Name eines Unternehmens, unter dem es im Handelsregister beim Amtsgericht eingetragen ist.

Firmament (das, lat.), der Sternenhimmel oder das Himmelsgewölbe.

Firmung (die, lat.), in der katholischen Kirche ein → Sakrament, das Kindern zw. 7 u. 12 Jahren von einem Bischof gespendet wird.

First, Dachfirst, Bezeichnung für die höchste Kante des Daches.

Fische, im Wasser lebende wechselwarme Wirbeltiere. Ihr stromlinienförmiger Körper hat eine wasserdichte Haut u. ist

Fingerabdruck

Flamingo

Fischotter

Flamencotänzer

Fledermaus

meist mit Schuppen bedeckt. Paarige Brustflossen dienen mit den Bauchflossen der Steuerung, die unpaarige Rücken- u. Schwanzflosse dient der Bewegung u. der Geschwindigkeit. Die Seitenlinie ist ein Gleichgewichts- u. Sinnesorgan, das z. B. Strömungsreize u. Erschütterungen meldet. Die meisten Fische haben Kiemen zum Atmen, die Schwimmblase ist ein Stück ausgestülpter Vorderdarm. Unterschieden wird zw. den Knochen- u. Knorpelfischen; beide entstanden vor etwa 390 Mio. Jahren.

Fischer, Joschka, eigentlich Joseph (*1948), dt. Politiker (Bündnis 90/Die Grünen), von 1998–2005 Bundesminister des Äußeren u. Vizekanzler.

Fischfang, gewerbsmäßiger Fang von Fischen u. a. Wassertieren: **große Hochseefischerei**, **kleine Hochseefischerei**, **Küstenfischerei**, **Binnenfischerei**. Wegen der ständigen **Überfischung** der Gewässer wurden internationale Höchstmengen für den Fang einzelner Fischarten festgelegt, bekannt als die sog. Fischfangquoten.

Fischotter, marderähnliches Raubtier mit dunklem Pelz, lebt am u. im Wasser, wird bis 1,5 m groß. Wegen seines wertvollen Pelzes in Deutschland fast ausgerottet.

Fiskus (der, lat., „Geldkorb"), Bezeichnung für das Finanzamt.

Fitness (die, engl.), durch sportliches Training erzielte gute körperliche Verfassung u. Leistungsfähigkeit.

Fitzgerald, Ella (1917–1996), amerik. Jazzsängerin.

Fixer, ein Rauschgiftsüchtiger, der sich Drogen (z. B. → Heroin) spritzt.

Fixsterne, Sterne, die im Ggs. zu den Wandelsternen ihre Position nur unmerklich ändern (von unserem Sonnensystem aus gesehen).

Fjord (der, skandinavisch), eine tief eingeschnittene Meeresbucht mit steilen Hängen im skandinavischen Gebirge, entstanden aus einem eiszeitlichen Trogtal.

Fläche, ein durch geometrische Linien begrenztes Gebilde, z. B. Kreis, Quadrat.

Flachs (Lein), eine sehr alte Nutzpflanze, deren Fasern zur Herstellung von Leinengewebe verwendet werden.

Flagge, meist rechteckiges Tuch mit Farben u. Symbolen, die z. B. als Hoheitszeichen eines Staates dient.

Flair (das, frz.), Atmosphäre, besondere Note, positiv empfundene persönliche Eigenschaft.

Flak, Abk. für **Fl**ug**a**bwehr**k**anone.

Flamenco (der, span.), häufig von Gitarren u. Kastagnetten begleitetes andalusisches Volkslied, zu dem einzeln oder paarweise getanzt wird.

Flamingo (der, span.), langbeiniger Vogel mit langem Hals u. gebogenem Schnabel, mit dem er im schlammigen Wasser fischt. F. kommen in Südamerika, Afrika u. Eurasien vor; rosa Farbe durch Fressen bestimmter Kleinkrebse.

Flandern, Tiefland zw. Schelde u. Calais an der Nordseeküste mit den schon im MA bedeutenden Handelsstädten Antwerpen, Gent, Ypern u. Brügge.

Flaschenzug, eine Arbeitsvorrichtung mit Seilen u. Rollen zum Heben schwerer Lasten.

Flatrate (die, engl.), fest ausgehandelter monatlicher Einheitspreis für Telefon u. Internet, unabhängig davon, wie lange man diese nutzt.

Flaubert, Gustave (1821–1880), frz. Schriftsteller; *Madame Bovary*.

Flavier, röm. Herrschergeschlecht von 69–96, zu dem die röm. Kaiser → Vespasianus, → Titus u. Domitianus zählten.

Flechte, ugs. Ausdruck für bestimmte Hautausschläge, z. B. Schuppenflechte.

Flechten, aus einem Schlauchpilz u. einer Blau- oder Grünalge bestehende Lebensgemeinschaft. Rund 20.000 Arten leben auf Pflanzen oder Gestein.

Fledermäuse, weit verbreitete, nachtaktive u. die einzigen flugfähigen Säugetiere. Sie fliegen mit faltbarer Flughaut, die zw. den Fingern, den Hinterbeinen u. dem Körper gespannt ist. Im Flug jagen sie Insekten, die sie durch das Echo ausgesandter Ultraschalltöne orten. Den Tag verbringen sie kopfüber an der Decke von Höhlen u. Dachböden hängend; so halten sie gemeinsam auch → Winterschlaf. Die größte Fledermaus lebt im tropischen Amerika, wird 20 cm lang mit einer Spannweite von 80 cm.

Fleisch, im weiteren Sinne die menschlichen u. tierischen Weichteile (Muskeln,

Drüsen, Fett), im engeren Sinne das tierische Muskelgewebe, das der menschlichen Ernährung dient.
fleischfressende Pflanzen, sie fangen mit klappbaren Blättern, Blütenfallen oder klebrigem Sekret Insekten u. Würmer. Die getöteten Tiere werden von der Pflanze aufgezehrt.
Fleming, Sir Alexander (1881–1955), engl. Bakteriologe, entdeckte 1928 die Wirkung des Penicillins; → Nobelpreis für Medizin 1945.
Flexion (die, lat.), 1) Beugung; 2) → Deklination; 3) → Konjugation.
Fliege, 1) künstlicher insektenähnlicher Köder zum Angeln; 2) als schmale, quer liegende Schleife gebundene Krawatte.
Fliegen, zweiflüglige Insekten, z. B. Bremse, Stech-F., Schweb-F.
Fliegende Fische, in Schwärmen lebende tropische Fische, die mit hoher Geschwindigkeit die Wasseroberfläche durchbrechen u. auf den großen Brustflossen bis zu 50 m weit u. 6 m hoch durch die Luft gleiten.
Fliegender Holländer, sagenhafter holländischer Kapitän, der zu ewiger Seefahrt verdammt ist; auch Oper von R. → Wagner.
Fliegenpilz, sehr giftiger Blätterpilz! Kennzeichen: zinnoberroter Hut mit weißen Warzen u. weißem Stiel.
Fliehkraft, → Zentrifugalkraft.
Fliesen, dünne Platten aus Stein, Keramik, Ton, Gewebe (Teppich-F.) u. a. als Wand- u. Bodenbelag.
Flinte, Gewehr mit glattem Lauf zum Verschießen von Schrot.
Flipper (der, engl.), Spielautomat mit schräger Spielfläche, auf der man eine Kugel möglichst lange im Spiel halten muss.
Flitterwochen, Bezeichnung für die ersten Wochen der Ehe, auch für Hochzeitsreise.
Floating (das, engl.), freie Wechselkurse; der Wechselkurs einer → Währung wird nicht künstlich gestützt, sondern bildet sich durch Angebot u. Nachfrage.
Floh, kleines, flügelloses → Insekt, Blutsauger, häufig bei Hunden, Katzen, Igeln u. Vögeln. Der braune, etwa 2 mm große **Menschenfloh** ist sehr selten. In Indien u. Afrika lebt der **Rattenfloh**, der die Pest überträgt.
Flohmarkt, Markt, auf dem man gebrauchte Gegenstände aller Art kaufen oder verkaufen kann.
Flora (die, lat.), 1) Oberbegriff für alle frei in der Natur wachsenden Pflanzen eines Gebiets; 2) röm. Göttin der Blumen u. des Frühlings.
Florenz (ital. Firenze), Hauptst. der Provinz F. u. der Region Toskana, Italien, am Arno, 377.000 EW; Altstadt mit Renaissancepalästen, romanische u. gotische Kirchen, berühmte Museen (Uffizien, Palazzo Pitti); bedeutendes Verkehrs-, Handels- u. Wirtschaftszentrum, Fremdenverkehr.
Florett (das, frz.), Hieb- u, Stichwaffe beim Sportfechten, ca 110 cm lang u. 500g schwer. Beim F.-Fechten zählen im Ggs. zum → Degen- u. → Säbelfechten nur Treffer auf den Rumpf. F.-Fechten ist olympische Disziplin u. wird im Einzel u. der Mannschaft (4 Fechter) ausgetragen.
Flossen, häutige, fächerförmige, von Skelettstrahlen durchzogene Bewegungsorgane der Fische, Wale u. Robben.
Flößerei, Beförderung von Baumstämmen auf Flüssen durch die Strömung, dabei werden die Stämme oft miteinander verbunden (**Floß**).
Flotte, die Gesamtheit der Schiffe eines Landes (**Handels-F.**, **Kriegs-F.**, **Fischerei-F.**); auch Bezeichnung für einen größeren Kriegsschiffverband.
Flöz, Bezeichnung für eine Schicht nutzbarer Gesteine oder Mineralien, z. B. Kohleflöz.
Flüchtling, derjenige, der durch ein bedrohliches Ereignis gezwungen wird, seine Heimat zu verlassen; → Asyl, → Exil.
Flugbahn, die Bahn, die ein geworfener oder fliegender Körper (z. B. Geschoss, Rakete) beschreibt.
Flugblatt, meist ein- oder zweiseitig bedrucktes Blatt, das kostenlos u. in größeren Mengen verteilt wird, um z. B. über Produkte, Parteien, Streiks u. a. zu informieren.
Flügel, 1) Hauptflugorgan bei Vögeln, Insekten u. Fledermäusen; 2) Klavier mit

fleischfressende Pflanzen

Fliege

Fliege

Fliegender Fisch

Florenz: Alberti

waagerecht angeordneten Saiten; 3) Tragfläche eines Flugzeugs; 4) Seitenteil eines Gebäudes.

Flügelaltar, Altar mit festem Mittelteil u. daran rechts u. links angebrachten klappbaren Seitenteilen.

Flughafen (engl. Airport), größere Anlage für den Luftverkehr mit Start- u. Landebahnen, Abfertigungsgebäuden, Wartungsanlagen für Flugzeuge u. a.

Flughörnchen

Flughörnchen, zu Gleitflügen fähige nachtaktive Nagetiere mit einer Hautfalte zw. Vorder- u. Hinterbeinen; sie kommen in der nördlichen Erdhälfte vor.

Flugplatz, kleinere Anlage für Start u. Landung von Sport- u. Segelflugzeugen.

Flugsaurier (Flugechsen), fliegende Reptilien des Erdmittelalters mit Flughäuten u. bis zu 8 m Spannweite.

Flugschreiber, in Flugzeugen eingebautes Aufzeichnungsgerät für Flugstrecke, -höhe, -geschwindigkeit u. a.

Flugsimulator, ein Gerät, das die Flugeigenschaften eines Flugzeugs nachahmt u. zur Pilotenausbildung am Boden dient.

Flugzeug, Luftfahrzeug, das durch den Auftrieb in der Luft gehalten wird. Die Fortbewegung erfolgt beim **Segel-Gleit-F.** durch den Verlust an Höhe, beim **Motor-** u. **Düsen-F.** durch Propeller oder den Schub von Triebwerken. Die höchsten Geschwindigkeiten erreichen **Überschall-** u. **militärische F.** mit bis zu 3000 km/h. Erste Flugapparate wurden von → Leonardo da Vinci (1500) konstruiert, die ersten Gleitflüge gelangen aber erst 1891–1896 (Otto → Lilienthal), die ersten Motorflüge 1903 (Gebrüder Wright).

Flusskrebs

Flugzeugträger, Kriegsschiffe mit Decks, die für Start u. Landung von Flugzeugen geeignet sind.

Fluor (F), reaktionsfreudigstes chemisches Element, gebunden in Flussspat u. Flusssäure.

Fluorchlorkohlenwasserstoffe (FCKW), Kohlenwasserstoffe, in denen Wasserstoffatome durch Fluor- oder Chloratome ersetzt werden. F. wurden als Treibgas für Spraydosen, als Kältemittel u. zum Ausschäumen von Kunststoffen (Styropor) verwendet. Sie schädigen die Ozonschicht (→ Ozonloch) u. sind daher allg. seit 1996 verboten; in den → Entwicklungsländern ab 2010.

Fluoreszenz (die, lat.), inneres Leuchten mancher fester Stoffe (z. B. Fluorit), das während der Bestrahlung mit Licht erscheint.

Flur, 1) (der) zw. Haustür u. Innenräumen gelegener Raum (Hausflur); 2) (die) zu einem Gut oder Gemeinde gehörende landwirtschaftliche Nutzfläche; 3) Landschaft.

Fluss, Bezeichnung für ein fließendes Oberflächengewässer; ein **Hauptfluss** mündet ins Meer oder in einen Endsee; **Nebenflüsse** münden in einen Hauptfluss; ein großer F. wird oft Strom genannt, ein kleiner als Bach bezeichnet.

Flussbegradigung, Abschneiden von Flussschleifen, um Flüsse mit Schiffen leichter befahren zu können oder zum Hochwasserschutz. Dadurch senkt sich das Grundwasser, wertvolle Auwälder u. → Feuchtgebiete sterben ab, die ehemals artenreiche Flusslandschaft versteppt.

flüssige Luft, Luft, die auf Temperaturen unter ihren Siedepunkt (-194,5 °C) gebracht u. somit verflüssigt wird.

Flüssiggas, unter Druck verflüssigtes Gas: Propan, Butan in Druckflaschen.

Flüssigkristalle, Bezeichnung für chemische Verbindungen, die in flüssigem Zustand Kristalleigenschaften aufweisen u. für Anzeigen in Uhren u. a. verwendet werden; → LCD.

Flusskrebse, 10-füßige Krebse mit Scheren, die im Süßwasser in Höhlen leben u. Weichtiere u. Pflanzen fressen.

Flusspferd, ein massiges Tier, wird bis zu 4,5 m lang, 3200 kg schwer u. über 50 Jahre alt. Nase, Augen u. Ohren liegen auf einer Ebene, da es tagsüber bis zu dieser Ebene im Wasser steht. Nachts machen sie lange, immer gleiche Märsche zu ihren Weideplätzen. Diese mit den Schweinen verwandten Tiere leben in Afrika südlich der Sahara.

Flusspferde

Flutlicht, starke künstliche Beleuchtung bei Sportanlagen.
Fo, Dario (*1926), ital. Dramatiker u. Regisseur, → Nobelpreis für Literatur 1997; Drama *Bezahlt wird nicht!*.
Föderalismus (der, lat.-frz.), Ordnungsform innerhalb eines Staates, in der die Einzelstaaten ihre Selbstständigkeit behalten, teilweise aber Zuständigkeiten an den übergeordneten → Bundesstaat abgeben. A.: **föderativ**.
Föderation (die, lat., „Vereinigung"), politische → Allianz zweier oder mehrerer Staaten.
Fohlen, auch Füllen, Jungtier bei Pferd, Esel u. Kamel.
Föhn (der, lat.), warmer, trockener Fallwind, der auftritt, wenn Luftmassen ein Gebirge überqueren.
Folklore (die, engl.), Sammelbezeichnung für Überlieferungsgut eines Volkes, z. B. Trachten, Musik, Tänze.
Follikel (der, lat.), häutige, säckchenartige Gebilde im Körper; 1) Im F. reift die Eizelle heran; 2) Haarfollikel, Gänsehaut.
Folter, die körperliche u./oder geistige Misshandlung eines Menschen, um eine Aussage zu erzwingen.
Fontane, Theodor (1819–1898), dt. Schriftsteller. Er schrieb realistische Gesellschaftsromane, z. B. *Effi Briest*.
Fontanellen (die, lat.-frz.), noch nicht verknöcherte Stellen am Schädeldach von Neugeborenen, die das Gehirnwachstum ermöglichen u. sich später verknöchern.
foot (ft), Längenmaß in Großbritannien u. den USA, 1 ft = 12 inches = 30,48 cm.
Ford, Henry (1863–1947), amerik. Automobilindustrieller; er führte die Fließbandproduktion ein.
Förde, schmale Bucht in → Schleswig-Holstein.
Formaldehyd (HCHO), farbloses, stechend riechendes Gas, das als Wohngift Kopfschmerzen, Atemwegsbeschwerden u. möglicherweise Krebs verursacht.
Format (das, lat.), 1) die Abmessungen, z. B. eines Buches; 2) Normgröße; 3) Persönlichkeit, besondere Fähigkeiten; 4) Datenformat: Übereinkunft über die Bedeutung einzelner Bits bei einer seriellen oder parallelen Datenübertragung.
Formatierung, Festlegen von Speicherbereichen auf einer Diskette oder Festplatte.
Formel 1, siehe Kasten unten.
Forst, veralteter Name für Wald; heute wird er nur noch für angepflanzte Nadelbaumbestände, meist Fichten oder Föhren, benutzt.
Forstwirtschaft, Teil der Landwirtschaft, der sich mit der Erhaltung u. Nutzung der Waldbestände befasst.
Fort Knox, moderne Festung in Kentucky, USA, in der sich die amerik. Goldreserven befinden.

Henry Ford

Theodor Fontane

Formel 1

Als Formel 1 bezeichnet man die höchste Klasse im Motorsport. Alljährlich wird weltweit eine Serie sogenannter Grand-Prix-Rennen ausgetragen, woran verschiedene Teams, z. B. Ferrari, mit jeweils zwei Autos und Fahrern teilnehmen. Derjenige Fahrer, der am Ende der Serie die meisten Punkte für Siege und Platzierungen auf sich vereinigen kann, ist **Weltmeister**. Neben dieser **Fahrerwertung** gibt es die **Konstrukteursweltmeisterschaft**, für welche die Platzierungen beider Autos eines Teams gewertet werden. Vor jedem Formel-1-Rennen finden zunächst ein **freies Training** und dann das **Qualifying** statt, in dem die besten Rundenzeiten der Fahrer gestoppt werden. Aus deren Reihenfolge ergibt sich die Startaufstellung beim eigentlichen Rennen. Der Schnellste des Qualifying startet als Erster aus der **Poleposition**.
Der Begriff Formel 1 wurde 1947 erstmals eingeführt, als der **Automobilverband FIA** neue Regeln für die höchste Rennwagen-Klasse aufstellte. Das erste offizielle Formel-1-Rennen fand am 13. Mai 1950 auf dem englischen Rundkurs von **Silverstone** statt. Berühmte Formel-1-Fahrer sind z. B. *Ayrton Senna* (3-maliger Weltmeister), *Michael* → *Schumacher* (7-maliger Weltmeister), *Alain Prost* (4-maliger Weltmeister), *Jackie Stewart* (3-maliger Weltmeister), *Niki* → *Lauda* (3-maliger Weltmeister), *Mika* → *Häkkinen* (2-maliger Weltmeister), *Sebastian Vettel* (4-maliger Weltmeister).
http://www.formel1.de

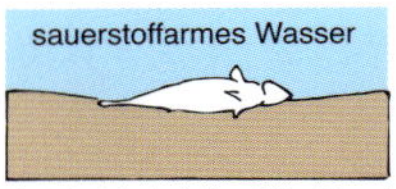

Ein toter Fisch sinkt auf den Grund. Bevor die Verwesung beginnt...

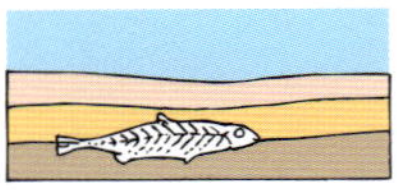

...wird er vom Sediment bedeckt (Schlamm, Ton, Sand).

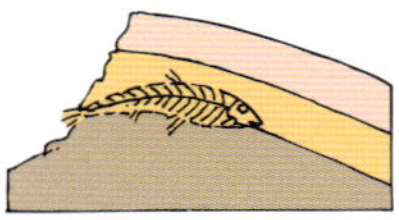

Das Sediment wird zu Stein und das Fischskelett mineralisiert. Durch geologische Verschiebungen und Elevation wird das Fossil an die Oberfläche befördert.

Fossil

Fortpflanzung, die Erzeugung von Nachkommen in Form der ungeschlechtlichen oder geschlechtlichen F.

Fortuna, röm. Glücksgöttin.

Forum (das, lat.), 1) Marktplatz bei den alten Römern, z. B. das **Forum Romanum** in Rom; 2) heute allg. für einen Ort gebraucht, an dem eine kulturelle Veranstaltung, ein Meinungsaustausch stattfindet.

fossile Energie, vor Mio. Jahren haben sich aus pflanzlichen u. tierischen Resten → Torf, Braunkohle, Steinkohle, Erdöl u. Erdgas gebildet. Die daraus gewonnene f. E. ist nur begrenzt verfügbar u. kann nicht erneuert werden.

Fossilien, Überreste der Tier- u. Pflanzenwelt vergangener Erdzeitalter.

Fotografie, siehe Kasten unten.

Fotokopie (die, gr.), Herstellung von Zweitstücken von Dokumenten durch Ablichten (Schwarzweiß- u. Farbfotokopie).

Fotosynthese (die, gr.), Erzeugung von organischen Stoffen mit Hilfe von Lichtenergie durch Lebewesen. V. a. Pflanzen betreiben F. u. bilden dabei Glukose (Traubenzucker), die ihnen Energie liefert, u. Sauerstoff.

Fotozelle, Vorrichtung zur Umwandlung von Licht in elektrische Energie unter Ausnutzung des Fotoeffekts.

Fötus (der, lat.), → Fetus.

Foucault, 1) Jean Bernard Léon (1819–1868), frz. Physiker; bewies die Eigendrehung der Erde; 2) Michel (1926-1984), frz. Philosoph; prägte den Diskurs-Begriff; *Die Ordnung der Dinge*.

Foul (das, engl., „unsauber"), regelwidriges oder unfaires Verhalten im Sport.

FPÖ, Abk. für **F**reiheitliche **P**artei **Ö**sterreichs – Die Freiheitlichen, national-liberale Partei Österreichs.

Fra Angelico (um 1387–1455), ital. Maler der Frührenaissance.

Fraktion (die, lat.), Zusammenschluss von Abgeordneten eines Parlaments; meist Abgeordnete einer Partei.

Franc, bis 2002 Währungseinheit Frankreichs (**FF**), Belgiens (**bfr**), Luxemburgs (**lfr**). Heute noch in der Schweiz (**SF** → Franken), 1 SF = 100 Rappen.

Franco Bahamonde, Francisco (1892–1975), span. Staatsmann. Führte als General 1936 einen blutigen Bürgerkrieg gegen die sozialistische Regierung. Mithilfe → Hitlers u. → Mussolinis siegte er u. machte sich zum Staatschef, gestützt auf Armee u. Großgrundbesitz.

Frank, Anne (1929–1945); das dt.-jüdische Mädchen wurde bekannt durch die 1949 veröffentlichten Tagebuchaufzeichnungen, die es in seinem Amster-

Fotografie

Die Fotografie, d. h. das Erzeugen dauerhafter Abbildungen, hat zwei wesentliche Elemente: die physikalische Seite der Kamera und die chemische des lichtempfindlichen Materials. Dem physikalischen Prinzip kam man mit der → **Camera obscura** schon früh auf die Spur: Ein beleuchteter Gegenstand bildet sich seitenverkehrt und auf dem Kopf stehend auf der Rückwand eines dunklen Kastens ab, wenn die Lichtstrahlen durch ein kleines Loch oder eine Sammellinse an der Vorderseite des Kastens fallen. Wahrscheinlich ist dieses Prinzip schon in vorchristlicher Zeit bekannt gewesen. Bis man die flüchtige Abbildung haltbar machen konnte, mussten aber noch viele Jahrhunderte vergehen. Dem Franzosen *Joseph Nicéphore Niepce* (1765–1833) gelang es 1826, eine fotografische Aufnahme auf eine lichtempfindliche Metallplatte zu bannen. Eine verbesserte, mit Jodsilber beschichtete Metallplatte erfand 1835 *Louis Mandé Daguerre* (1787–1851), die nach dem Belichten, Entwickeln und Fixieren ein seitenverkehrtes Bild zeigte, das sich aber nicht vervielfältigen ließ. Der Engländer *William Henry Fox Talbot* (1800–1877) entwickelte ab 1834 das lichtempfindliche Fotopapier, von dessen Negativabbildung beliebig viele positive Abzüge hergestellt werden konnten. Mit der Erfindung des Rollfilms aus Zelluloid und der dazugehörigen **Kodak-Kamera** gelang dem Amerikaner *George Eastman* (1854–1932) 1888 der endgültige Durchbruch zur massenhaften Verbreitung der Fotografie. Mit dem Siegeszug der Digitaltechnik ist ein weiterer Schritt hin zum benutzerfreundlichen Fotografieren getan worden. **Digitalkameras** speichern Bilder als Dateneinheiten auf einen Chip. Mit der entsprechenden Software können sie dann am Computer bearbeitet werden.
http://www.dgph.de

damer Versteck bis zur Verschleppung ins → Konzentrationslager machte.

Franken (SF), vom → Franc abgewandelte Währungseinheit der Schweiz.

Frankenstein, Figur aus einem 1818 erschienenen Roman (von M. Shelley), die ein künstliches Monster schafft.

Frankfurt am Main, größte Stadt in → Hessen u. fünfgrößte in der BR Dtl., 701.000 EW; Universität; Buch- u. Automobilmesse, dt. Bankenmetropole, Sitz der → Europäischen Zentralbank.

Frankfurter Nationalversammlung, Parlament zur Erarbeitung einer demokratischen Reichsverfassung in der Frankfurter Paulskirche nach der Revolution von 1848; sie scheiterte an den Parteienkämpfen zw. den Befürwortern eines künftigen großdt. Reiches (mit Österreich u. einem habsburgischen Kaiser) u. den Anhängern eines kleindt. Reiches (ohne Österreich, unter Führung des preußischen Königs).

Fränkische Schweiz, Abschnitt der Fränkischen Alb im Dreieck Bamberg-Bayreuth-Hersbruck, mit Tropfsteinhöhlen, steilen Klippen u. Burgen.

Fränkisches Reich, von den Franken nach der → Völkerwanderung im 5.–9. Jh. in West- u. Mitteleuropa gegründetes Reich. Erstes fränkisches Herrschergeschlecht waren die Merowinger, ihr bedeutendster Vertreter König Chlodwig (481–511). Es folgten die → Karolinger Karl Martell (711–741), → Pippin d. J. (741–768), → Karl der Große (768–814; unter ihm größte Ausdehnung des F. R.) u. Ludwig der Fromme (814–840). Nach seinem Tod wurde das Reich von seinen Söhnen in eine östliche u. eine westliche Hälfte geteilt.

Franklin, Benjamin (1706–1790), amerik. Politiker. 1776 maßgeblich an der Unabhängigkeitserklärung u. an der Verfassung der USA beteiligt. Erfinder des → Blitzableiters.

Frankreich

parlamentarische Präsidialdemokratie in Europa, 547.026 km^2, 65,8 Mio. EW, *Hauptst.* → Paris, *Staatspräsident:* François Hollande (seit 2012), *Premierminister:* Manuel Valls (seit 2014). Zahlreiche Überseeprovinzen u. -territorien, z. T. mit beschränkter Selbstverwaltung. *Naturraum:* F. hat Anteil an den Hochgebirgen der Pyrenäen im S, an den Westalpen im O; im S zw. Rhône u. Garonne das Zentralmassiv mit erloschenen Vulkanen, im O Ardennen u. Vogesen, im N Normandie u. Bretagne (Mittelgebirge). Pariser Becken, Garonnebecken u. die Rhône-Saône-Senke sind Schichtstufenländer mit schüsselförmig vertiefter Mitte. Flüsse: Loire (zum Atlantik), Seine (zum Kanal), Garonne (zum Atlantik), Rhône (zum Mittelmeer). Die Mittelmeerinsel → Korsika gehört ebenfalls zu F. *Klima:* Im N u. W atlantisches Seeklima, im S Mittelmeerklima, im O mitteleuropäisches gemäßigtes Klima. *Bevölkerung:* Franzosen, 4,4 Mio. Ausländer. *Wirtschaft:* Ackerbau im N, Weinbau im S; Mittelgebirge u. atlantische Regionen: Viehzucht, Kohlebergbau; hoch entwickelte Industrie aller Art, Schwerpunkte Paris, Nordosten, nördliches Zentralmassiv, Lyon, Marseille, Bordeaux, Nantes. *Häfen:* Marseille, Le Havre.

Franziskaner, vom heiligen Franziskus gegründete Ordensgemeinschaft, die ein Leben nach dem → Evangelium, Armut, Predigt u. Gebet zum Ziel hat.

Franz(iskus) von Assisi, Heiliger, eigentlich Giovanni Bernardone (um 1181–1226). Er gründete den Orden der → Franziskaner.

Franz Joseph I., österr. Kaiser von 1848–1916. Vermochte es nicht, sein in viele Völker gespaltenes Reich zu befrieden. Der Mord an seinem Thronfolger führte zum → Ersten Weltkrieg u. zum Ende des Reiches der → Habsburger.

Französische Revolution (1789–1799), eine Revolution des aufstrebenden Bürgertums, das die feudale Ständeordnung u. die Alleinherrschaft des Monarchen beseitigen u. eine bürgerlich-demokratische Gesellschaftsform

Frankreich: Napoleon I.

Frankreich: Gemälde von P. Gauguin

Franz von Assisi

Benjamin Franklin

verwirklichen wollte (nach den Idealen der → Aufklärung). Nach dem Sturz der Monarchie (Hinrichtung König Ludwigs XVI. 1793, Ausrufung Frankreichs zur Republik) spaltete sich das Parlament in 2 gegnerische Lager, die verfassungstreuen Girondisten u. die radikalen Jakobiner, die unter der Führung von → Robespierre eine Schreckensherrschaft begannen. 1794 stürzten die Gegner Robespierres die Jakobinerherrschaft u. das neu gewählte Parlament setzte ein Direktorium als neue Regierung ein, das schließlich dem Staatsstreich Napoleon Bonapartes zum Opfer fiel. Die F. R. beseitigte die gesellschaftliche u. wirtschaftliche Ordnung des mittelalterlichen frz. → Feudalismus. Sie schuf mit der Beseitigung des Ständewesens die Voraussetzung für die Bauernbefreiung, brachte die Trennung von Kirche u. Staat hervor u. ermöglichte mit der Durchsetzung des Bürgertums die Verbreitung demokratischen Gedankenguts in Europa.

Freiheitsstatue

Französisch-Guayana

Französisch-Guayana, Überseedepartement im N Südamerikas am Atlantik; 91.000 km², 191.300 EW, Hauptst. Cayenne; feucht-heißes Klima; 1854–1938 Sträflingskolonie, heute europäisches Raumfahrtzentrum Kourou, Startplatz der Ariane-Raketen.

Französisch-Polynesien, frz. Überseegebiet in Ozeanien, umfasst die Gesellschafts-, Marquesas-, Tibuai-, Tuamotu- u. Gambierinseln, 4167 km², 266.400 EW, Hauptst. Papeete auf Tahiti; Kopra-, Vanille-, Zuckerrohranbau, Fremdenverkehr; bis 2000 Atomtestgelände auf dem Mururoa-Atoll.

Frauenbewegung, organisierte Bewegung, um der Frau die wirtschaftliche u. politische Gleichberechtigung zu ermöglichen, seit dem 18. Jh. Erstes Ziel war z. B. das Frauenwahlrecht, das in Deutschland erst 1918 erreicht wurde. → Feminismus.

Frauenhäuser, Einrichtung, in der Frauen (u. ihre Kinder) vor gewalttätigen Ehemännern geschützt werden.

Frauenquote, Richtwerte des Frauenanteils bei der Vergabe von Ämtern u. Positionen in Wirtschaft, Politik u. Verwaltung.

Freestyle (der, engl.), 1) allg. Bezeichnung für freie Improvisation; 2) beim Snowboardfahren einer der Hauptbereiche; seit 1998 olympische Disziplin.

Fregatte (die, frz.), im 17. Jh. ein schneller Kriegsschiffstypus, heute Bezeichnung für Geleitboote.

freie Marktwirtschaft, westliche Wirtschaftsordnung, bei der der Staat nur die Rahmengesetze erlässt, ansonsten aber Angebot u. Nachfrage eine freie Preisbildung bewirken; → soziale Marktwirtschaft, → Planwirtschaft.

Freihafen, ein Hafengebiet, in das ausländische Waren zollfrei ein- u. ausgeführt werden dürfen.

Freihandel, zwischenstaatlicher Handel, der keinen staatlichen Eingriffen u. Zöllen unterliegt.

Freiheit, ein wichtiges menschliches → Grundrecht, das in der Unabhängigkeit von Zwang besteht u. freie Willensentscheidungen erlaubt.

Freiheitsstatue, Name der mit Sockel 95 m hohen Figur an der Hafeneinfahrt von → New York. Die F. wurde 1886 von Frankreich geschenkt u. gilt als Symbol der Freiheit.

Freiheitsstrafe, vom Gericht als Strafe ausgesprochener Entzug der persönlichen Freiheit für eine bestimmte Zeit.

Freikirche, unabhängige, von der Landeskirche getrennte protestant. Gemeinde.

Freikörperkultur (FKK), Bezeichnung für das Baden u. Leben im Freien ohne Bekleidung.

Freimaurer, internationaler Männergeheimbund, der aus den Bauhütten (Logen) der gotischen Dome entstand u. bis heute symbolische Bräuche beibehalten hat.

Freispruch, Urteil eines Gerichts, dass der Angeklagte unschuldig ist oder einer Tat nicht überführt werden kann.

Freistil (Kraulschwimmen), dieser Schwimmstil ist seit 1912 olympische Disziplin. Heute wird bei Olympia über die Strecken 50 m, 100 m, 200 m, 400 m, 800 m (Frauen) u. 1500 m (Männer) sowie im Rahmen des → Lagenschwimmens gekrault.

Freistoß, beim Fußball, Handball u. a. Ballspielarten die mildeste Strafe bei Regelverstößen.

Fremdenlegion, 1831 in Frankreich gegründete Kriegstruppe, die aus Freiwilligen fremder Nationen besteht.
Fremdwort, ein Wort, das aus einer anderen Sprache stammt, aber in die eigene Sprache übernommen wurde.
Frequenz, Anzahl von Schwingungen pro Zeiteinheit; Einheit ist 1 → Hertz (Hz); 1 Hz = 1 Schwingung pro Sekunde.
Fresko (das, ital.), Wand- oder Deckengemälde, das auf frischen Putz aufgetragen wird u. daher bes. haltbar ist.
Freud, Sigmund (1856–1939), österr.-jüd. Arzt u. Psychiater, Begründer der → Psychoanalyse. Er befasste sich v. a. mit ins Unterbewusstsein verdrängten Wünschen u. mit bestimmten Äußerungen des Seelenlebens wie Neurosen.
Friedensbewegung, Anfang der 1980er-Jahre in Westeuropa u. den USA entstandene Bewegung gegen das Wettrüsten östlicher u. westlicher Staaten.
Friedrich I., → Barbarossa.
Friedrich II., als Enkel → Barbarossas Kaiser des → Heiligen Röm. Reiches Dt. Nation von 1212–1250; auch König Siziliens, wo er lebte u. das er in einen modernen Staat verwandelte. Trotz der Gegnerschaft der Päpste Höhepunkt der Macht der Staufer. F. wurde zum Vorbild der späteren → Renaissance.
Friedrich II., der Große (auch der „Alte Fritz" genannt), preußischer König von 1740–1786. Siegreicher Feldherr gegen → Maria Theresia von Österreich. Als Fürst des aufgeklärten → Absolutismus schuf er einen modernen Staat u. förderte die Wirtschaft.
Friedrich, Caspar David (1774–1840), dt. Maler der → Romantik.
Fries (das, frz.), malerisch oder reliefartig gestaltetes Band, z. B. an Bauten.
Friesen, westgermanisches Volk, das seit röm. Zeit die Nordseeküste bewohnt.
Friesische Inseln, die Inseln an der Nordseeküste vom Ijsselmeer bis Jütland: 1) Westfriesische Inseln, vom Ijsselmeer bis zur Ems, niederländ.; 2) Ostfriesische Inseln, von der Ems bis zur Weser, dt.; 3) Nordfriesische Inseln u. → Halligen, dt. u. dän.
Frisch, Max (1911–1991), Schweizer Schriftsteller, Dramatiker u. Erzähler. Bekannte Werke: *Homo Faber*, *Andorra*.
Frondienst, im MA landwirtschaftliche Arbeiten, Wege-, Brücken- u. Burgenbau von unfreien Bauern (Hörigen) als Gegenleistung für Bodennutzung, Gewährung von Schutz u. Verschonung vom Kriegsdienst durch den adeligen Grundherrn.
Fronleichnam (mittelhochdt., „Leib des Herrn"), katholisches Fest am 2. Donnerstag nach Pfingsten, das oft mit Prozessionen begangen wird.
Frösche, schwanzlose → Amphibien. Sie entwickeln sich vom Ei über die Kaulquappe bis zum lungenatmenden Tier. Es gibt viele verschiedene Arten, z. B. die **echten Frösche** Wasserfrosch, Grasfrosch, amerik. Ochsenfrosch (bis 20 cm lang) oder die **Froschlurche** Laubfrosch, Erdkröte, Gelbbauchunke u. a.
Fruchtwasser, ca. 0,5–1l Flüssigkeit in der Gebärmutter, in der sich der → Embryo bzw. → Fetus befindet. Umschlossen wird das F. von der Fruchtblase.
Frühgeburt, Geburt eines noch nicht vollständig entwickelten Kindes, ab Ende des 7. Schwangerschaftsmonats. Das Kind ist schon lebensfähig, hat aber noch ein unterentwickeltes Wärme- u. Abwehrsystem. Daher müssen Frühgeburten die ersten Lebenswochen in Brutkästen verbringen.
Frühling, die Jahreszeit mit zunehmender Tageslänge, die auf der nördlichen Halbkugel am 21.3. beginnt u. am 21.6. endet.
Frustration (die, lat.), Gefühl der Enttäuschung, v. a. durch erzwungenen Verzicht auf die Befriedigung eines Bedürfnisses; A.: **frustriert**.
Füchse, fast weltweit verbreitete hundeartige Raubtiere mit buschigem Schwanz, die kleine Tiere, Aas u. Früchte fressen.
Fudschijama (Fuji-San), höchster Berg → Japans (3776 m), südwestlich von → Tokio, tätiger Vulkan, schneebedeckter Kraterrand, heiliger Berg.
Fuerteventura, zweitgrößte der Kanarischen Inseln, gehört zu → Spanien, 1663 km², 110.000 EW, Hauptort Puerto del Rosario; Fremdenverkehr.
Fugger, süddt. Patriziergeschlecht in Augsburg seit 1367. Entwickelte sich im 15. Jh. zu einem der bedeutendsten

Sigmund Freud

Max Frisch

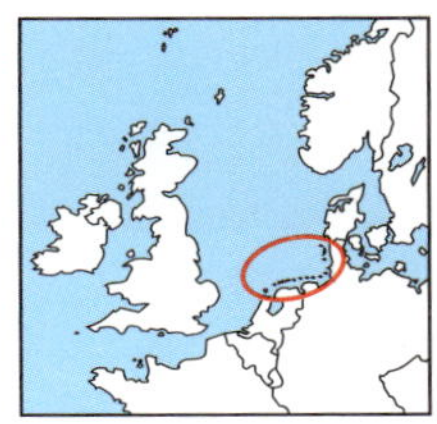
Friesische Inseln

Freskomalerei: Fresko aus Pompeji

Polarfuchs

Fulbe-Frau

Handels- u. Bankhäuser Europas, mit Geschäftsbeziehungen auch zu Kaisern, Fürsten u. Kirche. 1519 gründeten die F. mit der **Fuggerei** in Augsburg die älteste Sozialsiedlung der Welt.

Führerschein, amtliche Erlaubnis zum Fahren von Motorfahrzeugen. Der Führerschein auf Probe wird nur vorläufig erteilt, der Führerscheinneuling darf innerhalb der ersten 2 Jahre keinen groben Verkehrsverstoß begehen.

Fulbe, muslimisches Volk in Westafrika mit rund 5 Mio. Angehörigen, die als umherziehende Viehzüchter oder als Ackerbauern leben.

Fünfkampf, sportlicher Wettkampf aus 5 Übungen; Leichtathletik (Männer: Weitsprung, Speerwerfen, 200-m-Lauf, Diskuswerfen, 1500-m-Lauf; Frauen: 100 m Hürden, Kugelstoßen, Hochsprung, Weitsprung, 800-m-Lauf), Pentathlon u. **Moderner F.** (Springreiten, Degenfechten, 300-m-Schwimmen, Pistolenschießen u. 4000-m-Geländelauf); seit 1912 olympische Disziplin.

Fünf-Prozent-Klausel, eine Sperrklausel des dt. Wahlgesetzes, die das Eindringen von Splitterparteien (als Erfahrung aus der → Weimarer Republik) verhindern soll. Parteien, die weniger als 5 % der abgegebenen Stimmen (oder mindestens 3 Direktmandate) erhalten, erringen keinen Sitz im Bundestag.

Funk, Übertragung von Informationen durch Modulieren einer Trägerschwingung. Dabei werden Information u. Trägerschwingung über Antennen abgestrahlt u. empfangen.

Furnier (das, frz.), dünne Holzschicht, die auf weniger edle, aber stabile Hölzer als Verzierung aufgebracht wird.

Fürstentum, Herrschaftsgebiet eines Fürsten.

Furunkel (der, lat., „kleiner Dieb"), eitrige Infektion eines Haarbalges u. seiner Talgdrüse.

Fusion (die, lat.), die Verschmelzung zweier oder mehrerer Unternehmen; → Kartell.

Fuß, 1) Endteil des Beines bei Gliederfüßern u. vierfüßigen Wirbeltieren; 2) bei Schnecken u. Muscheln die muskulöse Kriechsohle; 3) amerik. u. engl. Längenmaß (1 foot = 30 cm).

Fußball, siehe Kasten unten.

Futur (das, lat.), Zukunft; in der Grammatik die Zeitformen Futur I (z. B. ich werde gehen) oder Futur II (z. B. ich werde gegangen sein).

Futurismus, ital. literarisch-künstlerische Strömung (ab 1907); Hauptinitiator war der Schriftsteller Marinetti. Radikale Abkehr von der akademischen Tradition u. Verherrlichung des technischen Fortschritts, speziell der Geschwindigkeit.

Futurologie (die, lat.), Zukunftsforschung, befasst sich wissenschaftlich mit den voraussichtlichen Entwicklungen der Zukunft.

Fußball

Beim Fußball spielen zwei Mannschaften mit je elf Spielern (ein Torwart und zehn Feldspieler) gegeneinander mit dem Ziel, den Ball ins gegnerische Tor zu schießen. Dabei wird der Ball mit dem Fuß geführt und geschossen. Auch andere Körperteile wie Brust oder Kopf dürfen mit dem Ball in Berührung kommen, nicht jedoch Hände und Arme. Einzig der Torwart darf in einem begrenzten Bereich (16-m-Raum) den Ball mit den Händen spielen.

In China wurde bereits im 2. Jahrtausend v. Chr. ein dem heutigen Fußball verwandtes Spiel praktiziert. Laut dem **Weltfußballverband FIFA** spielten 2001 mehr als 240 Millionen Menschen in organisierter Form Fußball. Allein in der BR Dtl. sind ca. 6 Millionen Jungen und Mädchen, Männer und Frauen in mehr als 27.000 Fußballvereinen aktiv. An deren Spitzen stehen Profis, die in nationalen Ligen, wie in der BR Dtl. die **Bundesliga**, ihre alljährlichen Meisterschaften und Pokalwettbewerbe austragen. Die europäischen Clubs spielen alljährlich auch auf internationaler Ebene. Wichtigster Wettbewerb hier ist die **Champions League**. Als internationales Turnier ragt die **Weltmeisterschaft** heraus, die alle 4 Jahre stattfindet. Zu den größten Fußballspielern zählen der Brasilianer Pelé, die Deutschen *Franz* → *Beckenbauer* und *Gerd Müller* sowie der Argentinier *Diego Maradona*.
http://www.fussball.de; http://www.weltfussball.de; http://www.dfb.de

G

g, 1) Abk. für Gramm, → Maßeinheiten; 2) Formelzeichen für die Erdbeschleunigung. – **G,** 1) 5. Ton der C-Dur-Tonleiter; 2) Abk. für → Gauß u. Giga.

G 8, Bezeichnung für die 8 führenden Industriestaaten Deutschland, Frankreich, Großbritannien, Italien, Japan, Kanada u. USA, Russland (seit 1997).

Gäa, Göttin der Erde in der gr. Sage.

Gabor, Dennis (1900–1979), engl. Physiker. G. entwickelte u. a. die → Holografie; 1971 Physik-Nobelpreis.

Gabriel, Erzengel, der Maria ankündigte, dass sie → Jesus zur Welt bringen werde (Lukas 1,31).

Gabun

parlamentarische Präsidialdemokratie in Äquatorialafrika. 267.600 km², 1,64 Mio. EW, *Hauptst.* Libreville, *Staatsoberhaupt:* Ali Bongo Ondimba (seit 2009), *Regierungschef:* Daniel Ona Ondo (seit 2014). *Naturraum:* G. liegt auf der westlichen Randschwelle des Kongobeckens am Ogowefluss in den Zentraltropen; Vegetation: tropischer Regenwald, im S Feuchtsavanne. *Bevölkerung:* Bantu, Pygmäen. *Wirtschaft:* Plantagen, 85 % der Lebensmittel werden importiert.

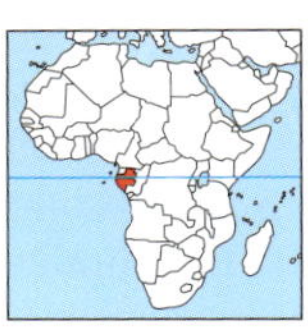

Gagarin, Juri Alexejewitsch (1934–1968), sowjet. Astronaut. Erster Mensch im Weltraum (1961).

Galapagosinseln, Vulkaninseln am Äquator im Ostpazifik, gehören zu Ecuador; Nationalpark (seltene Echsen u. Schildkröten).

Galaxie, ein Sternensystem von ca. 100 Mio. bis 200 Mrd. Sternen u. großen Mengen interstellarer Massen, die eine Einheit bilden; → Milchstraßensystem.

Galeere, Ruderkriegsschiff, auf dem Sklaven oder Verurteilte Dienst taten.

Galeere

Galeone, 3- bis 5-mastiges Kriegssegelschiff der Spanier u. Portugiesen vom 15.–18. Jh.

Galerie (die, lat.), 1) zur Talseite offener Tunnel; 2) umlaufender Gang in Kirchen, Lichthöfen u. Ä.; 3) Kunstsammlung oder -handlung; 4) Stollen in einem Bergwerk.

Galicien, autonome Provinz im Nordwesten Spaniens, mit den wichtigen Häfen La Coruña u. Vigo; Santiago de Compostela ist Provinzhauptst. u. berühmte Pilgerstätte (Jakobsweg).

Galiläa, Hügellandschaft in Nordisrael; Getreide-, Obst-, Oliven-, Tabak-, Baumwollanbau.

Galilei, Galileo (1564–1642), ital. Astronom u. Physiker. Bahnbrechende Entdeckungen in der Mechanik (Messungen der Fall- u. der Pendelbewegung) u. der Astronomie (z. B. Jupitermonde); Konflikt mit der katholischen Kirche u. ihrem → geozentrischen Weltbild.

Galileo Galilei

Gälisch, keltische Sprache, die teilweise noch heute in Irland, Schottland u. auf der Isle of Man gesprochen wird.

Galizien, nördl. Karpatenvorland, W poln., O ukrain. (Hauptst. Lemberg).

Galle, flüssiges Produkt der Leber. Es dient im → Dünndarm zur Verdauung von Fett.

Gallien, von den Galliern (Hauptstamm der → Kelten) seit dem 7. Jh. v. Chr. be-

Indira Gandhi

Greta Garbo

Garnele

Gämse

wohntes Gebiet zw. Rhein, Alpen u. Pyrenäen. Zerfall durch Aufteilung in die germanischen Reiche.

Gallone, angelsächsisches Hohlmaß; 1 engl. G. = 4,546 Liter, 1 amerik. G. = 3,785 Liter.

Galvanisation, medizinische Behandlung bestimmter Krankheiten (z. B. Lähmungen) mit Gleichstrom.

Galvanisieren, das Überziehen von Metallen oder Nichtmetallen mit Metall durch → Elektrolyse. Das technische Verfahren der elektrochemischen Oberflächenbehandlung von Metallen heißt **Galvanotechnik.**

Gama, Vasco da (um 1469–1524), portugies. Seefahrer, Entdecker des Seewegs nach Indien um das Kap der Guten Hoffnung.

Gamasche (die, arab.), Überstrumpf aus Stoff oder Leder, ohne Fußteil.

Gambia

präsidiale Republik in Westafrika. 11.295 km², ca. 1,71 Mio. EW, *Hauptst.* Banjul, *Staatsoberhaupt* u. *Regierungschef:* Yahya Jammeh (seit 1994). *Naturraum:* Land beiderseits des Gambiaflusses in der westafrikanischen Savanne. *Klima:* wechselfeuchte Tropen, Sahelzone. *Bevölkerung:* Mandingo, Fulbe, Wolof, andere Minderheiten. *Wirtschaft:* fast nur Landwirtschaft, Ausfuhr von Erdnussprodukten.

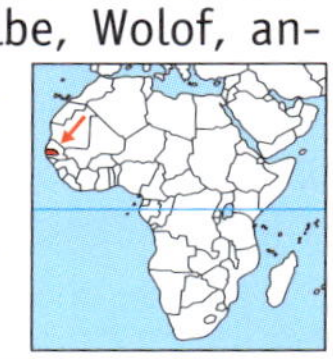

Gameboy (der, engl.), tragbares Gerät für austauschbare Videospiele.

Gaming (das, engl.), ugs. auch Zocken, Spielen von Computer- oder Konsolenspielen.

Gamma, der 3. Buchstabe des gr. Alphabets.

Gammastrahlen, kurzwellige, elektromagnetische Strahlen, die durch radioaktiven Zerfall entstehen.

Gämse, rehgroßes Tier in den Hochgebirgen Europas. Beide Geschlechter tragen kurzes, gebogenes Gehörn. Kleine Herden, nur zur Brunftzeit kommen geschlechtsreife Böcke dazu.

Gandhi, 1) Indira (1917–1984), ind. Politikerin. Tochter Nehrus, 1966–1977, 1980–1984 Premierministerin; gab Indien eine führende Rolle unter den blockfreien Staaten; 2) Mahatma (Sanskrit, „Dessen Seele groß ist", 1869–1948), ind. Staatsmann. Berühmt für seinen gewaltlosen Widerstand gegen die engl. Herrschaft in Indien.

Ganges (der, Sanskrit, „Fluss"), mit 2511 km drittgrößter Strom Vorderindiens, heiliger Fluss der Hindus.

Ganglion (das, gr.), aus einer Anhäufung von Nervenzellen bestehender Nervenknoten.

Garantie, Vertrag, bei dem z. B. ein Hersteller für sein Produkt einsteht, falls es fehlerhaft ist; unterliegt meist bestimmten Einschränkungen (z. B. zeitlich, auf bestimmte Teile beschränkt usw.).

Garbe (die), bei der Ernte abgeschnittene u. gebündelte Getreidehalme.

Garbo, Greta, eigentlich G. Gustafsson (1905–1990), schwed. Filmschauspielerin, Hollywoodstar, z. B. in *Ninotschka* (1939).

Garcia Márquez, Gabriel (1928–2014), kolumbian. Schriftsteller. *Hundert Jahre Einsamkeit.* 1982 Nobelpreis für Literatur.

Gardasee, mit 370 km² größter ital. Alpenrandsee, 65 m über dem Meeresspiegel, 346 m tief.

Garde (die, frz.), ursprünglich Leibwache der Fürsten, später Bezeichnung für militärische Elite- oder Wachtruppen.

Garnelen, kleine, zehnfüßige Meereskrebse, von denen mehrere Arten gekocht gegessen werden.

Gärung, Zersetzung organischer Stoffe durch Enzyme von Mikroorganismen in Alkohol, Kohlendioxid u. Wasser.

Gas, luftförmiger Stoff; nimmt jeden Raum ein, in den es gefüllt wird.

Gastritis (die, gr.), Magenschleimhautentzündung, Magenkatarr.

Gastronomie (die, gr.), 1) die Kochkunst; 2) Gaststättengewerbe.

Gasturbine, Kraftmaschine, bei der die Wärmeenergie, die bei der Verbrennung eines Kraftstoff-Luft-Gemisches entsteht, in mechanische Arbeit umgewandelt wird.

Gates, William (Bill) H. (*1955), amerik. Unternehmer. Gründer des Software-Konzerns Microsoft.
GATT, Abk. für engl. **G**eneral **A**greement of **T**ariffs and **T**rade, Allgemeines Zoll- u. Handelsabkommen zur Förderung des Welthandels.
Gattung, in der Tier- u. Pflanzenkunde die Zusammenfassung eng verwandter Arten (Spezies) zu Unterabteilungen einer Familie.
GAU, Abk. für **G**rößter **a**nzunehmender **U**nfall, das schwerste technisch vorstellbare Unglück in einem Kernreaktor; → Tschernobyl.
Gau, 1) Bezeichnung für eine politische Einheit und ein Siedlungsgebiet bei Kelten u. Germanen; 2) in der Geografie Bezeichnung für Landschaft, Gebiet.
Gaucho, berittener Viehhirte, v. a. in Argentinien.
Gaudí y Cornet, Antonio (1852–1926), span. Architekt. Er schuf den neukatalanischen Jugendstil.
Gauguin, Paul (1848–1903), frz. Maler, Grafiker u. Bildhauer. Malweise flächig, kräftige Farbgebung u. vereinfachte Formen. Berühmte Südseebilder.
Gaulle, Charles de (1890–1970), frz. Staatsmann. Organisierte ab 1940 den Widerstand gegen die dt. Besatzer Frankreichs; von 1958–1969 frz. Präsident: dt.-frz. Aussöhnung zusammen mit → Adenauer.
Gaumen, Dach der Mundhöhle als Trennwand zw. Mund- u. Nasenraum.
Gauß, Carl Friedrich (1777–1855), dt. Mathematiker, Physiker u. Astronom. Bedeutende Beiträge zur Mathematik, Elektrizität u. zum Erdmagnetismus.
Gauß, Maßeinheit für magnetische Induktion.
Gazastreifen, nach der Hafenstadt Gaza benannter lang gezogener Küstenstreifen am Mittelmeer, 370 km^2, 1,5 Mio. EW. Der von Palästinenserflüchtlingen bewohnte G. wurde 1967 von Israel besetzt u. bis 1994 verwaltet; seit 1994 Teilautonomie; 2005 Räumung aller jüdischen Siedlungen u. Beendigung der israelischen Militärpräsenz.
Gaze (die, arabisch-frz.), ein Gewebe aus Baumwolle, Seide u. a. mit weiten Maschen; z. B. Verbandsstoff .
Gazellen, hochbeinige Antilopen, leben in den Steppen u. Halbwüsten Afrikas u. Asiens.
Gebärdensprache, Zeichensprache der Gehörlosen.
Gebärmutter (Uterus), bei Säugetieren im unteren Bauch liegendes weibliches → Geschlechtsorgan. In der **G.-Schleimhaut** nistet sich das befruchtete Ei ein u. wächst zum Keimling heran; in der G. wächst der Embryo.
Gebet, vom Menschen an Gott gerichtete Worte oder Gedanken, in denen Dank, Lob u. a. ausgesprochen wird.
Gebetsteppich, von den → Muslimen beim Gebet verwendeter Teppich.
Gebirge, hochgelegene Teile der Erdkruste, die sich in Berge, Täler u. Hochflächen gliedern lassen. Durch Hebung, Faltung oder Vulkanismus entstanden. Unterteilung nach relativer Höhe (Mittelgebirge, Hochgebirge), Oberflächenform (Kammgebirge, Kettengebirge, Plateaugebirge) u. → Tektonik (Faltengebirge, Bruchschollengebirge, Rumpfgebirge u. vulkanisches Gebirge).
Geburt, etwa in der 38.–40. Schwangerschaftswoche stellt sich der Körper der Frau auf die Geburt des Kindes ein: Die Gebärmuttermuskulatur beginnt sich rhythmisch zusammenzuziehen, was starke Schmerzen verursacht (Wehen). Der Muttermund öffnet sich mehr u. mehr, die Fruchtblase platzt. Die eigentliche Geburt beginnt, wenn die Presswehen einsetzen: Unter ihrem Druck kann das Baby – meist mit dem Hinterkopf voran – ausgestoßen werden.
Geburtenkontrolle, bewusste Beschränkung der Nachkommen durch → Empfängnisverhütung oder Enthaltsamkeit.

Gebirge: Alpen

Gazelle

Gazastreifen

P. Gauguin: Siesta auf Tahiti

Königsgeier

Geißeltierchen

Geisha

Gedächtnis, Fähigkeit, bewusst oder unbewusst gemachte Erfahrungen als Informationen im Gehirn zu speichern u. wieder abzurufen. Das **Ultrakurzzeitgedächtnis** kann Informationen nur einige Sekunden lang aufbewahren, das **Kurzzeitgedächtnis** 1–2 Stunden; das **Langzeitgedächtnis** übernimmt Erinnerungen aus dem Kurzzeitgedächtnis u. kann diese ein Leben lang speichern. Training durch Lernen (Wiederholen); höchste Aufnahmegenauigkeit zw. dem 20. u. 25. Lebensjahr.

Gedicht, ein Sprachkunstwerk (Dichtung) in Versform.

Geest, Landschaft der Nordseeküste, im Ggs. zur Marsch nicht hochwassergefährdet, höherliegend, Sandboden.

Gefälle, Höhenunterschied zw. 2 Punkten. Das Wasser-G. (Fallhöhe) kann in Kraftwerken zur Stromerzeugung genutzt werden; → Turbinen.

Gefrierpunkt, der Punkt, an dem Wasser vom flüssigen in den festen → Aggregatzustand übergeht.

Gegenreformation (v. a. 1555–1648), politischer u. religiöser Kampf der katholischen Kirche gegen die → Reformation. Die G. wurde mit dem Augsburger Religionsfrieden eingeleitet. Der Höhepunkt des Glaubenskampfes fand seinen Ausdruck im → Dreißigjährigen Krieg.

Gegenwart, 1) der Zeitabschnitt zw. Vergangenheit u. Zukunft; 2) Anwesenheit; 3) → Präsens.

Geheimschrift, entweder unsichtbare Schrift aus farbloser Tinte, die z. B. durch Hitze wieder sichtbar wird, oder eine kodierte Schrift, die nur Eingeweihte lesen können.

Gehen, olympische Disziplin der → Leichtathletik, bei der (im Ggs. zum Laufen) zu jeder Zeit mindestens ein Fuß den Boden berührt.

Gehirn, bildet bei Wirbeltieren zusammen mit dem → Rückenmark das → Zentralnervensystem. Man unterscheidet **Großhirn** (Sitz von Gedächtnis, Intelligenz, Bewusstsein), **Kleinhirn** (steuert Bewegungsabläufe), **Zwischenhirn** (Sehzentrum, verarbeitet Empfindungen) u. **Hirnstamm** (Reflexe, Herzschlag, Stoffwechsel). Bei Wirbellosen (Insekten usw.) besteht das G. aus einer Ansammlung von Nervenzellen u. deren Fortsätzen.

Geier, die Familie der G. brütet bei uns nicht mehr, manchmal sind in den Alpen einjährige Jungtiere während des Sommers zu sehen. Er lebt überwiegend von Aas. Europäische Arten: **Mönchs-** u. **Gänse-G**.

Geige, → Violine.

Geiger, Hans (1882–1945), dt. Physiker. G. entwickelte u. a. den → Geigerzähler.

Geigerzähler, Gerät zum Nachweis radioaktiver Strahlung.

Geisha (die), japanische Gesellschafterin, die den Tee serviert u. in Musik, Tanz u. Gesang ausgebildet ist.

Geißeltierchen (Flagellaten), Einzeller, die sich durch Hin- u. Herbewegen eines oder mehrerer anhängender, beweglicher Plasmafäden (Geißel) fortbewegen.

Gelatine (die, frz.), farb-, geruch- u. geschmackloser Eiweißstoff aus tierischem Bindegewebe, der im Haushalt, in der Medizin u. zur Filmherstellung verwendet wird.

Gelbes Meer, Randmeer des Pazifik zw. Korea u. der chinesischen Küste; es ist vom mitgeführten Löss des → Hwangho gelb gefärbt.

Gelbfieber, meist tödlich verlaufende Tropenkrankheit, gegen die man sich heute impfen kann. Der Virus wird durch Stechmücken übertragen, Fieber u. → Gelbsucht sind die Folgen.

Gelbhalswürmchen (Glühwürmchen), das 12 mm lange Männchen kann fliegen, das Weibchen nicht. Beide können durch einen chem. Prozess am Leuchtorgan kaltes Licht ausstrahlen.

Gelbsucht, die von der Leber gebildete Gallensäure wird nicht in den Dünndarm, sondern ins Blut abgegeben. Ursachen können verschiedene Krankheiten sein, auch Ansteckung. Durch Einlagerung des Gallenfarbstoffes (Bilirubin) verfärben sich Haut u. Augäpfel gelb.

Geld, Zahlungs- oder Tauschmittel; damit wird einer Ware oder Arbeitsleistung ein bestimmter Wert zugeordnet. Mit diesem Geldwert lassen sich dann wiederum Waren oder Leistungen erwerben. Als G. wurden im Altertum, bei einigen

Naturvölkern bis in unser Jh. hinein, seltene Steine oder Muscheln verwendet; erst später wurden Edelmetalle als G. eingesetzt.
Gelee (das oder der, frz.), eingedickter Frucht- oder Fleischsaft.
Gelenk, von einer Gelenkkapsel umschlossene Knochenenden, die, häufig mit einem Knorpel überzogen, wie Scharniere gegeneinander beweglich sind. Zw. 2 G.-Stücken befindet sich eine ölige Flüssigkeit.
Gelübde, ein freiwilliges Versprechen, das der Mensch meist gegenüber einem Gott ablegt, z. B. als **Ordens-G.** (Armut, Keuschheit, Gehorsam).
GEMA, Abk. für **Ge**sellschaft für **m**usikalische **A**ufführungs- und mechanische Vervielfältigungsrechte, 1915 gegründete Interessenvertretung von Komponisten u. a. Musikschaffenden, Sitz in Berlin.
Gemeinde, unterste Verwaltungseinheit im Staat; jede Gemeinde wählt einen Gemeinderat (Stadtrat, Stadtverordnetenvertretung), der unter Vorsitz des (Ober-) Bürgermeisters (Gemeindedirektor, Stadt- bzw. Oberstadtdirektor) über sämtliche Angelegenheiten entscheidet.
Gen (das, gr., „Erbfaktor"), ein → DNS-Abschnitt, der Erbinformationen enthält u. die Vererbung bestimmter Merkmale bedingt. Der Mensch besitzt bis zu 200.000 Gene. Seit der Jt.-Wende nahezu vollständig entschlüsselt.
Genealogie, Erforschung der Abstammungs- u. Verwandtschaftsverhältnisse von Familien u. sozialen Gruppen.
General (der, lat.), höchste militärische Rangklasse bei Heer u. Luftwaffe.
Generalsekretär, Hauptgeschäftsführer einer politischen Partei oder einer Organisation.
Generalstab, eine Anzahl von bes. ausgebildeten Offizieren zur Unterstützung der obersten militärischen Führung.
Generalstreik, Streik, von dem alle bzw. fast alle Wirtschaftszweige einer Volkswirtschaft betroffen sind.
Generation, Bezeichnung für die einzelnen Glieder einer Geschlechtsfolge, z. B. Eltern, Kinder.
Generationenvertrag, Modell der → Rentenversicherung, in dem die Generation der Arbeitenden die Generation der Rentner direkt finanziert u. damit gleichermaßen Anspruch auf Unterstützung im Rentenalter erhält.
Generator, Maschine, die mechanische Energie in elektrische Energie (heute oft in → Drehstrom) umwandelt.
Genesis (die, gr.), 1) Entstehung; 2) das 1. Buch Mose im A. T.
Genetik (die, gr.), Wissenschaftszweig der Biologie, der sich mit der Erforschung von Vererbungsvorgängen befasst.
genetischer Code, Übersetzungsschlüssel zur Vermittlung der geneti-

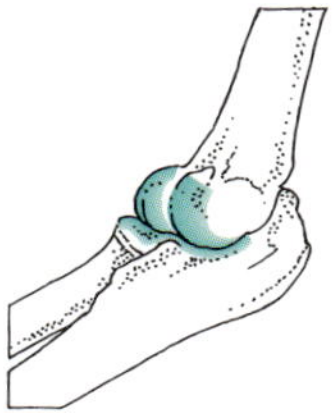

Gelenk

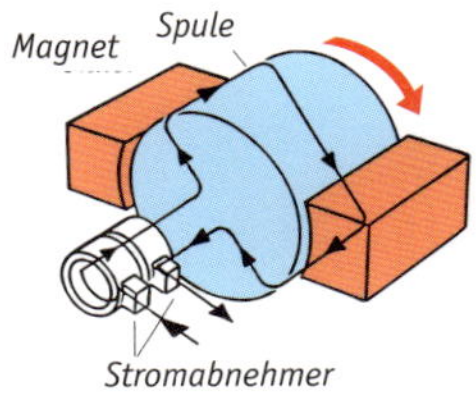

Generator

Genetischer Fingerabdruck

Alec Jeffreys entwickelte 1985 ein Verfahren zur **Identifizierung** jedes Menschens anhand geringer Spuren von Sperma, Hautzellen, Blut oder Speichel. Untersucht werden dabei jedoch nicht die gesamten **Erbinformationen**, sondern lediglich kleinste sich wiederholende Abschnitte, die sogenannten Minisatelliten. Dabei kommt es auf die Kombination und Anzahl ihrer Wiederholungen an. Diese sind wie beim Hautmuster des klassischen → Fingerabdrucks mit statistisch 30 Milliarden Variationen bei jedem Menschen (fast) einmalig. Das macht den g. F. für die moderne **Kriminalistik**, aber auch für die **Ahnenforschung** und für **Vaterschaftstests** interessant, weil damit ein Mensch nahezu eindeutig identifizierbar wird.
Seit 1996 wird der g. F. in der deutschen **Gerichtsmedizin** zur Identifizierung verdächtiger Personen herangezogen. Die Speicherung der Daten ist bisher allerdings nur bei schweren Straftaten und bei Wiederholungstätern durch richterlichen Beschluss möglich. **Massenscreenings** wie 1998, als im Rahmen einer Mordfahndung Speichelproben von 18.000 Männern zwischen 20 und 30 Jahren genommen wurden, sind sehr teuer, zeitaufwendig und nicht immer erfolgreich. Deshalb äußerten Datenschutzbeauftragte und Bürgerrechtsexperten auch Bedenken gegen den 2005 von mehreren Bundesländern im → Bundesrat eingebrachten Gesetzesantrag zur Anwendungserweiterung des g. F.

Georgien: Hirten

Genezareth

schen Information zw. den 4 Nukleotiden der → Gene u. den → Aminosäuren der → Proteine. Jede Aminosäure wird durch Aufeinanderfolgen von 3 Nukleotiden festgelegt.

genetischer Fingerabdruck, siehe Kasten S. 109.

Genezareth, biblischer Name für den See Tiberias in Nordisrael. Bis zu 42 m tief; 212 m unter dem Meeresspiegel.

Genf (frz. Genève), 1) Schweizer Kanton westlich des Genfer Sees, 282 km², 469.000 EW; 2) Hauptst. von 1) am unteren Ende des Genfer Sees, 192.000 EW, gotische Kathedrale, Universität, Sitz internationaler Organisationen (Internationales Rotes Kreuz, CERN).

Genfer Konventionen, in Genf beschlossene internationale Vereinbarungen. Die wichtigsten sind 1) die Rot-Kreuz-Konventionen, in denen die medizin. Versorgung von Zivilisten u. verwundeten Soldaten im Kriegsfall geregelt wurde; 2) das Flüchtlingsabkommen, in dem die Rechte von → Flüchtlingen definiert wurden; 3) die Seerechtskonventionen, in denen z. B. die Rechte auf Hoher See festgeschrieben wurden.

Genitalien, → Geschlechtsorgane, z. B. Hoden, Penis, Scheide.

Genitiv, 2. → Kasus, Wesfall, antwortet auf die Frage „wessen?“.

Genossenschaft, Gesellschaft mit freier u. wechselnder Mitgliederzahl, die einen wirtschaftlichen oder gemeinschaftlichen Geschäftsbetrieb bezweckt.

Genotypus (der, gr.), die Gesamtheit der Erbfaktoren (Gene) eines Individuums. Ggs.: → Phänotypus.

Genozid (der, gr.-lat.), Völkermord, d. h. die vorsätzliche Vernichtung von bestimmten nationalen ethnischen oder religiösen Menschengruppen.

Genre (frz.), verschiedene Gattungen der Kunst, z. B. Novelle, Kriminalfilm, Schwank, Stillleben. Genremalerei ist die Darstellung des häuslichen Lebens.

Gentechnologie, verschiedene Verfahren, gezielte Eingriffe in das Erbgut (→ Gen) von Mikroorganismen, Tieren u. Pflanzen vorzunehmen, z. B. zur Herstellung von Medikamenten oder zur biologischen Abwässerreinigung. Birgt Chancen (z. B. Medizin), aber auch große Gefahren in sich (z. B. Züchtung von Menschen).

Gentleman (der, engl.), Bezeichnung für einen höflichen, charaktervollen Mann.

Genus (das, lat.), 1) in der Grammatik das Geschlecht; 2) die → Gattung, Art.

geo..., Geo... (gr.), in Wortzusammensetzungen „Erde“, „Land“.

Geografie (Erdkunde), Wissenschaft, welche die Land- u. Meeresräume der Erde untersucht. Die **physische G.** beschäftigt sich mit Oberflächenform, Klima, Gewässern, Tier- u. Pflanzenwelt, die **Kultur-G.** mit Bevölkerung, Siedlung, Wirtschaft, Verkehr u. Politik.

Geologie, Wissenschaft von Zusammensetzung, Bau u. Geschichte der Erdkruste.

Geometrie, Teilgebiet der Mathematik, das die Untersuchung darstellbarer Gebilde in Ebene u. Raum beinhaltet.

Geophysik, die Wissenschaft von den physikalischen Erscheinungen im Erdinneren, auf der Erdkruste u. in der Erdatmosphäre.

Georgien

Republik südlich des Kaukasus. 69.700 km², 4,32 Mio. EW, *Hauptst.* Tiflis, *Staatsoberhaupt:* Giorgi Margwelaschwili (seit 2013), *Regierungschef:* Irakli Gharibaschwili (seit 2013). Seit 1991 unabhängig. *Naturraum:* gebirgig u. waldreich, subtrop.-feuchtes Klima; *Bevölkerung:* 84 % Georgier; *Wirtschaft:* Obst- u. Tabakanbau, Bergbau; Erdölvorkommen u. Industrie.

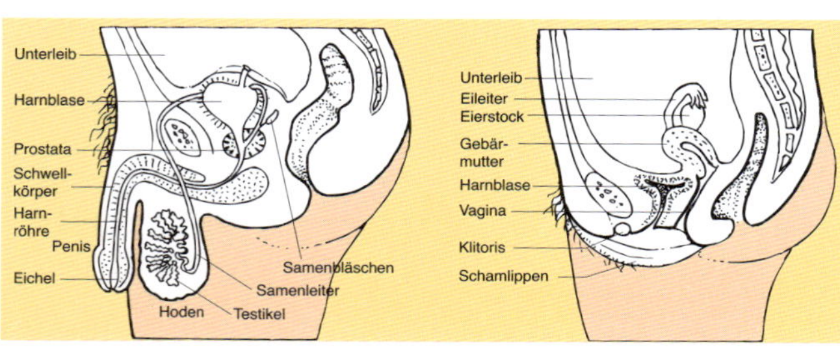

Genitalien

geozentrisches Weltbild, die Erde als Mittelpunkt der Welt.
Gepard, in Afrika u. Asien heimische schwarz-gelb gefleckte, hochbeinige Großkatze mit kleinem Kopf. Der G. gilt als schnellstes Säugetier.
Gerade, kürzeste Verbindung von 2 Punkten u. die Verlängerung über beide Punkte hinaus bis ins Unendliche.
Geräteturnen, olympische Disziplin; Turnübungen mit festen Geräten, z. B. → Reck, → Barren, Seitpferd (für Männer), → Stufenbarren (für Frauen), einschließlich Bodenturnen.
gerben, Verfahren zur Herstellung von Leder aus Tierhäuten. Haare, Ober- u. Unterhaut werden dabei entfernt, die verbleibende Lederhaut wird mit Gerbstoffen behandelt, gefettet u. gefärbt.
Geriatrie (die, gr.), Gebiet der Heilkunde, das sich mit den Alterskrankheiten befasst.
Germanen, indogermanische Völkergruppe, unterteilt in **Nord-G.** (Normannen), **West-G.** (Franken, Alemannen, Sachsen, Chatten, Cherusker) u. **Ost-G.** (Wandalen, Goten, Burgunder, Langobarden). Siedelten in Skandinavien u. Schleswig, breiteten sich seit dem 9. Jh. v. Chr. über Norddeutschland aus u. erreichten um 200 v. Chr. den süddt. Raum. Unter dem Druck der → Völkerwanderung fielen sie verstärkt in das röm. Reich ein u. gründeten dort eigene Reiche, wovon sich ausschließlich das Frankenreich behaupten konnte. Die Verschmelzung von Germanentum u. röm.-christl. Kultur schuf die Voraussetzung für die Entstehung des Abendlandes.
Germanien, röm. Bezeichnung für das von den Germanen bewohnte Land zw. Rhein, Donau u. Weichsel mit den röm. Provinzen Germania inferior (Hauptst. Colonia Agrippina = Köln) u. Germania superior (Hauptst. Mogontiacum = Mainz).
germanische Sprachen, eine Untergruppe der indogermanischen Sprachen, u. zwar **Nordgermanisch** (Dänisch, Schwedisch, Norwegisch, Isländisch), **Ostgermanisch** (Gotisch) u. **Westgermanisch** (Deutsch, Niederländisch, Friesisch, Englisch).
Germanium (Ge), ein grauweißes Metall, das in der Elektronik verwendet wird.
Gershwin, George (1898–1937), amerik. Komponist, verband Elemente des Jazz mit europäischer Musiktradition. *Porgy and Bess*, *Rhapsody In Blue*.
Gerste, zu den Süßgräsern gehörende Nutzpflanze mit Ähren mit langen Grannen. Das Korn wird zur Bierherstellung u. als Kraftfutter verwendet.
Geruchssinn, Fähigkeit, mit den Riechschleimhäuten der Nase Geruchsstoffe wahrzunehmen.
Gesamtschule, auch Einheitsschule, fasst Hauptschule, Realschule u. Gymnasium zusammen.
Geschäftsfähigkeit, Fähigkeit, Geschäfte rechtswirksam abzuschließen. Bis zum 18. Lebensjahr eingeschränkt.
Geschichte, siehe Kasten S. 112.
Geschlecht, biologische Unterscheidung von Lebewesen in männliche u. weibliche.
Geschlechtschromosomen, 2 → Chromosomen (von insgesamt 46 beim Menschen), die das männliche (XY) oder weibliche (XX) Geschlecht bestimmen.
Geschlechtsdrüsen (Keimdrüsen), Organe, die beim Menschen u. den meisten Tieren die Ei- bzw. Samenzellen produzieren.
Geschlechtsorgane, Sexualorgane, die die Fortpflanzung ermöglichen. Man unterscheidet 1) äußere G.: bei der Frau Schamlippen u. → Klitoris, beim Mann Hodensack u. → Penis; 2) innere G.: bei der Frau Eileiter, Eierstöcke, Gebärmutter u. Scheide, beim Mann Vorsteherdrüse, Samenleiter, Hoden u. Nebenhoden.
Geschlechtsreife, Zeitpunkt im Leben, ab dem alle → Geschlechtsorgane vollständig ausgebildet u. zur Fortpflanzung fähig sind.
Geschmackssinn, Fähigkeit, mit der Zunge Geschmacksstoffe wahrzunehmen u. zw. süß, sauer, bitter u. salzig zu unterscheiden.
Geschütze, Sammelbezeichnung für nicht tragbare Feuerwaffen.
Geschwindigkeit, Quotient aus dem zurückgelegten Weg u. der dafür benötigten Zeit des bewegten Körpers.
Geschwulst (Tumor), 1) allg. Bezeichnung für jede Art von Gewebeschwel-

Gepard

George Gershwin

Geschütze (Haubitze)

Hirsch mit Geweih

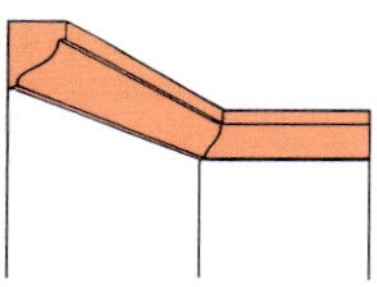
Gesims

lung; 2) im engeren Sinne eine krankhafte Neubildung von Gewebe, die gut- oder bösartig (Krebs) sein kann.

Geselle, Stufe der Ausbildung im → Handwerk, wird durch Ablegen der Gesellenprüfung nach der meist 3-jährigen Lehrzeit erreicht.

Gesellschaft, 1) Gesamtheit der zwischenmenschlichen Beziehungszusammenhänge in einer Gemeinschaft (Familie, Staat, Gruppe usw.); 2) vertragliche Vereinigung mehrerer Personen zur Erreichung eines gemeinsamen Ziels.

Gesetz, Rechtsquelle mit Handlungsvorschriften, die das Verhalten der Menschen in einer staatlichen Gemeinschaft regeln. Gesetze werden von der → Legislative ausgearbeitet.

Gesetzgebung, in der Verfassung geregelter Ablauf von Einbringung, Beschluss u. Verkündung von → Gesetzen, → Legislative.

Gesims (Sims), aus einer Wand hervorragendes Gebäudeteil, als Regenschutz oder zur Gliederung der Fassade.

Gestapo, Abk. für **Ge**heime **Sta**ats**po**lizei), politische Polizei während des → Dritten Reichs.

Geste (die, lat.), Körperbewegung, meist mit dem Arm oder der Hand, die ein Gefühl oder eine Absicht ausdrückt.

Gesundheit, siehe Kasten S. 113.

Getriebe, Einrichtung zur Übertragung oder Umformung von mechanischer Energie, z. B. Zahnrad-, Kettengetriebe.

Getto, früher Bezeichnung für Judenviertel, heute für Stadtviertel meist benachteiligter Bevölkerungsgruppen.

Gewaltenteilung, Aufteilung der staatlichen Macht auf verschiedene voneinander unabhängige Organe u. Einrichtungen, um einem Machtmissbrauch vorzubeugen; Trennung von → Exekutive, → Legislative u. → Judikative.

Gewebe, 1) Erzeugnis der Weberei; 2) in der Biologie Bezeichnung für ein Gefüge annähernd gleichartiger Zellen.

Geweih, 2 verzweigte Auswüchse aus Knochen auf der Stirn der Männchen bei allen Hirscharten. Wird jährlich abgeworfen u. neu gebildet.

Gewerkschaften, freiwillige Zusammenschlüsse von Arbeitnehmern zur Wahrung u. Durchsetzung ihrer Interessen, z. B. Lohnerhöhung, Arbeitszeitverkürzung, → DGB.

Gewicht, 1) Masse eines Körpers, die durch Wiegen ermittelt wird, SI-Einheit: Kilogramm (kg); 2) Gewichtskraft, d. h. Kraft, mit der eine Masse infolge der Schwerkraft auf eine Unterlage drückt, SI-Einheit: Newton (N).

Geschichte

Geschichte bezeichnet im weitesten Sinne alles, was in der **Vergangenheit** geschehen ist. Das können z. B. kulturelle Entwicklungen, politische Ereignisse, die Entstehung der Erde, die Entdeckung Amerikas aber auch das bisherige Geschehen im eigenen Leben sein. Die Geschichte der Menschheit gliedert man in → Vorgeschichte, Frühgeschichte, → Altertum, → Mittelalter, → Neuzeit, Neuere und Neueste Zeit. Die **Geschichtswissenschaft** befasst sich mit Ereignissen und Personen, die für die Entwicklung der menschlichen Gesellschaft von Bedeutung sind. Dazu untersuchen die Geschichtswissenschaftler (**Historiker**) die Zeugnisse (**Quellen**) der Vergangenheit. Sie werten z. B. Berichte von Zeitzeugen, alte mündliche Überlieferungen oder Schriftstücke wie Akten, Chroniken, Urkunden u. a. Aufzeichnungen aus. Oder sie erforschen hinterlassene Gegenstände wie Kleidung, Waffen, Bilder, Geräte, Gebäude, Schmuckstücke und vieles andere, was zum Teil erst durch Ausgrabungen (→ Archäologie) ans Licht kommt.

Die **Geschichtsschreibung** stellt die geschichtlichen Ereignisse dar. So wurden schon im alten Ägypten die Taten der Herrscher in Inschriften festgehalten und verherrlicht. Das noch heute gültige Prinzip der vollständigen, wahren Darstellung und kritischen Bewertung des Vergangenen sowie das Aufzeigen von geschichtlichen Zusammenhängen und Ursachen ist zuerst im antiken Griechenland verwirklicht worden. Beispielsweise beschrieb → *Herodot* (um 484–um 424 v. Chr.), der als Vater der Geschichtsschreibung gilt, die Perserkriege. Mit dem gleichen Anspruch verfasste *Thukydides* (um 460–um 400 v.Chr.) eine Geschichte des → Peloponnesischen Krieges.

Gesundheit

Nur wenige Dinge haben für den Menschen eine solche Relevanz wie die Gesundheit. In allen Kulturen der Welt gab es daher auch immer Formen von → Medizin. Gesundheit wird häufig ungenau als **Abwesenheit von Krankheit** erklärt. Diese befällt den Körper durch einen Fremdkörper, den es durch entsprechende Heilkunde zu entfernen gilt. In archaischen Kulturen wird der Fremdkörper auch als Dämon personifiziert oder als göttliche Strafe gedacht.
Die **moderne Medizin** versucht die Beschaffenheit von Krankheiten zu erforschen (Pathologie), sie zu erkennen (Diagnostik), zu behandeln (Therapie) und ihnen vorzubeugen (Prophylaxe). Gerade letztere kommt in Zeiten des zunehmend teurer werdenden **Gesundheitssystems** eine wachsende Bedeutung zu. Gesundheit ist nämlich auch immer ein nicht zu unterschätzender → Markt: Jeder Deutsche gab allein im Jahr 2012 im Durchschnitt 3700 € für seine Gesundheit aus.
Nach der → Weltgesundheitsorganisation (**WHO**) ist Gesundheit ein „Zustand vollkommenen körperlichen, geistigen und sozialen Wohlbefindens und nicht allein das Fehlen von Krankheiten und Gebrechen". Die Definition beschränkt sich also nicht nur auf das Körperliche. Zudem muss man auch zwischen subjektivem Empfinden und objektiver Sicht unterscheiden. So fühlt sich ein Mensch mit Plattfüßen oder Kurzsichtigkeit durchaus gesund, solange er beschwerdefrei leben kann.
http://www.gbe-bund.de

Gewichtheben, olymp. Disziplin der Schwerathletik. Durch Reißen u. Stoßen wird eine Scheibenhantel mit möglichst großer Masse vom Boden in die Hochstrecke gebracht u. gehalten. Heben 2 Wettkämpfer das gleiche Gewicht, siegt der schnellere Heber.

Gewissen, Fähigkeit des Menschen, Gut u. Böse im eigenen Verhalten zu erkennen u. danach zu entscheiden; meist abhängig von Gesellschaftsnormen.

Gewissensfreiheit, im → Grundgesetz Art. 4 jedem Bürger gewährtes Menschenrecht, sein Handeln durch eigene Gewissensentscheidung zu bestimmen.

Gewitter, meteorologische Erscheinung, luftelektrische Entladung bei raschem Aufsteigen feuchtwarmer Luft u. rascher Abkühlung derselben.

Gewölbe, im Querschnitt bogenförmige Überdeckung eines Raumes.

Gewölle, Bestandteile von verschlungenen Beutetieren, die nicht verdaulich sind (z. B. Haare) u. deshalb von den Raubtieren wieder ausgespien werden (Katzen, Eulen).

Gewürze, Zutaten zu Speisen, die Geschmack, Geruch u. auch die Verdaulichkeit verbessern.

Geysir (Geiser), heiße Springquelle in jungvulkanischem Gestein, die ihr Wasser in z. T. regelmäßigen Abständen ausstößt.

Gezeiten, → Ebbe u. Flut.

Ghana

Präsidiale Republik (4. Republik seit 1993) in Westafrika. 238.537 km^2, 25,7 Mio. EW, *Hauptst.* Accra, *Staatsoberhaupt* u. *Regierungschef:* John Dramani Mahama (seit 2012). *Naturraum:* Flachküste mit Lagunen u. tropischem Regenwald im S, im Landesinnern Savanne. *Bevölkerung:* Sudanvölker. *Wirtschaft:* Kakao (30–55 % des Weltbedarfs); Gold (bis 1957 britische Kolonie; Goldküste).

Gibraltar, brit. Kronkolonie an der südl. Spitze Spaniens, auf der Halbinsel G., 6 km^2, 27.884 EW, Flottenstützpunkt; an der **Straße von G.**, dem Seeweg vom Atlantik zum Mittelmeer.

Gießerei, Betrieb, in dem Metalle geschmolzen u. in Formen gegossen werden, um Gegenstände herzustellen.

Giftpilze, Pilze, deren Verzehr beim Menschen Vergiftungen (Lebensgefahr!) hervorrufen; → Pilze.

Giftschlangen, Schlangen, die ihre Beute durch Gift töten, das von einer Giftdrüse in den mit einer Röhre versehenen Giftzahn fließt u. durch den Biss in die Beute gespritzt wird.

Gibraltar

Geysir

giga..., Giga..., Vorsilbe vor → Maßeinheiten, bedeutet das 10^9-Fache einer Grundeinheit.

Gigabyte (GB; das, engl.), 1 GB = 1.073.741.824 → Bytes.

Gilde, Bruderschaften zum gegenseitigen Beistand, seit dem 11. Jh. genossenschaftliche Vereinigung von Geschäftsleuten in einer Stadt. Lösten sich gegen Ende des MA auf; → Zunft.

Gilgamesch, babylonische Heldensage um den gleichnamigen König von Uruk (um 2600 v. Chr.).

Giraffen

Ginseng, ostasiatisches Araliengewächs. Den Wurzeln dieser Pflanze wird lebensverlängernde u. kräftigende Wirkung zugeschrieben.

Gips, Mineral, das gebrannt als Bau- u. Modellierstoff verwendet wird.

Giraffe, lebt in den Baum- u. Buschsteppen Afrikas. Wird bis 580 cm hoch u. über 30 Jahre alt. Fell zeigt braunrote Felder auf weißem Grund. Der lange Hals lässt sie hohe Pflanzenteile gut erreichen.

Sphinx von Gise(h)

Girondisten, in der → Französischen Revolution politische Partei gemäßigter Republikaner, von den → Jakobinern 1793 gestürzt u. ermordet.

Gise(h) (Gizeh), berühmter Standort von mehreren → Pyramiden- u. Tempelanlagen in Ägypten.

Gladiatoren, Schaukämpfer im antiken Rom. Meist Kriegsgefangene, Sklaven oder Verbrecher. Seit 4. Jh. n. Chr. Kämpfe verboten.

Glasmalerei

Glas, erstarrtes Schmelzprodukt aus Siliciumdioxid, Metall- u. Nichtmetalloxiden, z. B. aus Quarzsand, Kalk, Pottasche oder Soda.

Glasfaserkabel, Übertragungsleitung für Daten, die aus einem Bündel von Glasfasern besteht. Gegenüber der Übertragung von elektrischen Signalen (Kupferkabel) ist diese Methode weniger störanfällig.

Gletscher

Glasmalerei, die aus verschiedenen gefärbten Glasscherben zusammengesetzten Fenster, hauptsächlich in Kirchen. Blütezeit der G. war die → Gotik.

Glasnost (die, russ., „Öffentlichkeit"), politische Strömung, die während der Regierungszeit M. → Gorbatschows in der damaligen → UdSSR vorherrschte.

Glaube, im weiteren Sinne die Gewissheit, dass etwas wahr ist, ohne dass es dafür Beweise gibt; im engeren Sinne die Anerkennung eines Gottes oder einer Heilslehre.

Glaubensfreiheit (Religionsfreiheit), eines der menschlichen Grundrechte, das die freie Wahl u. Ausübung der Religion gewährleistet.

Glaubensbekenntnis, ein Gebetstext mit feststehendem Inhalt, der die wichtigsten Glaubensinhalte zusammenfasst.

Gläubiger, eine Person, die gegen eine andere (Schuldner) einen Anspruch oder eine Forderung hat.

Gleichberechtigung, 1) alle Menschen sind vor dem Gesetz gleich; 2) Grundsatz der Gleichbehandlung von Mann u. Frau.

Gleichnis, eine Darstellungsmethode, bei der etwas Schwieriges durch ein ähnliches, einfaches Beispiel erklärt wird.

Gleichstrom, das Fließen einer konstanten Anzahl von → Elektronen pro Zeiteinheit durch einen Leiter. Batterien u. Akkumulatoren geben G. an einen Verbraucher ab.

Gleichung, das Gleichsetzen von 2 mathematischen Termen.

Gletscher (auch Ferner, Kees), Eisströme, die oberhalb der Schneegrenze (Nährgebiet) aus Firn entstehen; → Eiszeiten.

Gliedertiere, Bezeichnung für Gliederfüßer u. Ringelwürmer, deren gemeinsames Merkmal ein in hintereinander liegende Abschnitte gegliederter Körper ist.

Globalisierung, Bezeichnung für die zunehmende Verflechtung der Volkswirtschaft zu einem weltweiten Markt (sog. „globales Dorf"). Folgen: Intensivierung des Welthandels u. der internationalen Konkurrenz.

Globus, Mehrzahl Globen, verkleinerte Nachbildung von Erde, Mond oder Sternhimmel.

Gloria 1) (die, lat.), Ruhm, Herrlichkeit; 2) (das) Teil der katholischen Messe.

Glossar (das, gr.), ein Stichwörterverzeichnis mit Erläuterungen zu den Wörtern.

Glosse (die, gr., „Zunge", „Sprache"), spöttischer Kommentar in Zeitungen oder im Rundfunk.

Glühlampe, Lichtquelle, die aus einem Heizdraht besteht, der in einem Glaskolben auf etwa 2000 °C erhitzt wird u. dabei weißes Licht ausstrahlt.
Glühwürmchen, → Gelbhalswürmchen.
Glukose, Traubenzucker, ist als Naturprodukt z. B. in Obst vorhanden; im Blut wird es als Blutzucker gelöst; G. ist Hauptenergielieferant für Muskelarbeit.
Glykol (das, gr.), 2-wertiger Alkohol, der als Glyzerinersatz dient u. als Frostschutzmittel verwendet wird.
Glyzerin (das, gr.), einfachster 3-wertiger Alkohol, der in natürlichen Fetten enthalten ist. G. dient z. B. zur Herstellung von Sprengstoff u. als Feuchthaltemittel in Kosmetika.
GmbH, Abk. für **G**esellschaft **m**it **b**eschränkter **H**aftung, eine Firma, bei der das Stammkapital (ein bestimmter Mindestgeldbetrag, der ab dem Moment der Gründung immer vorhanden sein muss) als „Geschäftsanteile" auf verschiedene Personen – die Gesellschafter – aufgeteilt ist. Die Gesellschafter haften für die Schulden des Unternehmens nur in Höhe ihrer Geschäftsanteile; GmbH & Co. KG.
Gnu, eine afrikanische Kuhantilope, Merkmale von Rind, Pferd u. Antilope.
Gobelin (der, frz.), Bezeichnung für einen handgewirkten Bildteppich, der an der Wand aufgehängt wird.
Gobi, innerasiatische Wüste, zw. Großem Chingan u. den südsibirischen Gebirgsketten.
Goebbels, Joseph (1897–1945), dt. nationalsozialistischer Politiker. Als Reichsminister für Propaganda beherrschte G. Presse, Rundfunk, Film u. a. kulturelle Gebiete u. steuerte so die gesamte Informationspolitik.
Goethe, Johann Wolfgang von (1749–1832), dt. Dichter; schuf mit *Faust* eines der bedeutendsten Dramen der Weltliteratur. Seine Dichtung ist geprägt von persönlichem Erleben u. Empfinden. *Götz von Berlichingen*, *Die Leiden des jungen Werthers*. G. hatte großen Einfluss auf die europäische Literatur u. Geistesgeschichte.
Gogh, Vincent van (1853–1890), niederländ. Maler u. Grafiker zw. → Impressionismus u. → Expressionismus. Werke voller glühender Leidenschaft.
Gogol, Nikolai (1809–1852), russ. Dichter, gesellschaftskritische Romane u. Komödien, z. B. *Der Revisor*.
Gokart (der, engl., „Laufwagen"), kleines Sportfahrzeug mit rechteckigem Stahlgestell, 4 Rädern, einem Sitz u. einem Motor.
Gold (Au), Edelmetall, das bis in die heutigen Tage als Währungsgrundlage u. Anlageobjekt dient.
Golden Gate, Meeresstraße, welche die Bucht von San Francisco mit dem Meer verbindet. Wird von einer der längsten Hängebrücken der Welt überspannt (Golden Gate Bridge).
Goldene Bulle, Name des Reichsgrundgesetzes Karls IV. von 1356, in dem u. a. die Königswahl u. der Landfrieden geregelt wurden.
goldener Schnitt, die Teilung einer Strecke in 2 Abschnitte in einem bestimmten Verhältnis (etwa 5:8). Diese ausgewogene Proportion findet man bei vielen Kunstwerken u. Gebäuden.
Goldenes Vlies, 1) das goldene Fell (Vlies) eines Widders in der gr. Mythologie; 2) nach 1) benannter, 1430 gestifteter Orden.
Golding, William Gerald (1911–1993), engl. Schriftsteller, der für seine Romane (z. B. *Herr der Fliegen*) 1983 den → Nobelpreis für Literatur erhielt.
Golf, 1) eine Meeresbucht; 2) Ballspiel, das auf natürlichem Gelände (weitläufige Rasenanlagen) stattfindet.
Golfkrieg, 1) Bezeichnung für den Krieg zw. Iran u. Irak am Persischen Golf (1980–1989); 2) 1990 nahm der Irak Kuwait ein. Nach Ablauf des UN-Ultimatums, Kuwait bis zum 15.1.1991 zu räumen, begann ein einmonatiger Krieg zw. dem Irak u. den Alliierten Truppen unter Führung der USA, den der Irak verlor.
Golfstrom, warme Meeresströmung, die vom Golf von Mexiko bis ins Nordpolarmeer zieht; Ursache des milden europäischen Klimas.
Golgatha (hebräisch, „Schädelstätte"), laut N. T. ein Hügel bei Jerusalem, auf dem Jesus gekreuzigt wurde.
Gondel (die, ital.), 1) schmales Ruderboot in Venedig, das vom **Gondoliere** geführt wird; 2) Kabine beim Luftschiff oder der Seilbahn.

V. van Gogh: Nachtcafé

Johann Wolfgang von Goethe

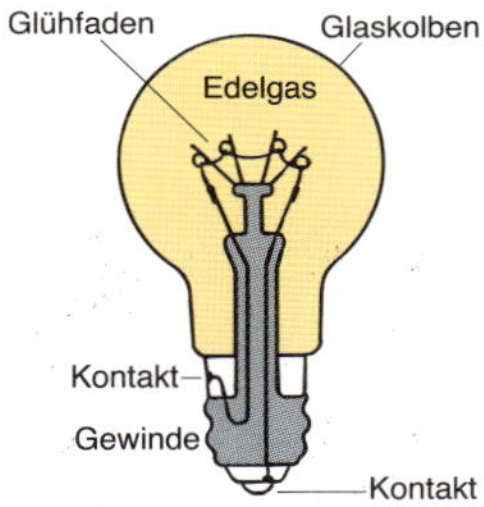

Glühlampe

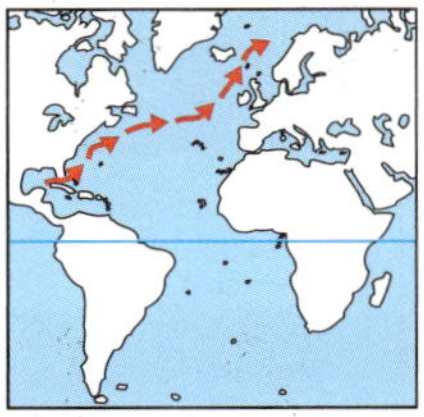

Golfstrom

Gobi

F. Goya: Die Erschießung am 3. Mai 1808

Gotik: Spitzbögen einer Kathedrale

Gonorrhö(e) (Tripper), durch Bakterien ausgelöste Geschlechtskrankheit, die auch auf andere Organe übergreifen kann. Übertragung durch → Geschlechtsverkehr. Ein G.-Kranker ist verpflichtet, sich behandeln zu lassen.

Gorbatschow, Michail (*1931), sowjetischer Politiker, Präsident der damaligen UdSSR von 1990–91. Versuchte radikale Reformen im Inneren der UdSSR (→ Glasnost, → Perestroika). Erhielt 1990 den Friedensnobelpreis. Trat 1991 mit Auflösung der UdSSR von allen Ämtern zurück.

Gordimer, Nadine (1923–2014), südafrikanische Schriftstellerin u. Nobelpreisträgerin für Literatur; *Die Hauswaffe*.

Gorilla, größter Menschenaffe, kann aufrecht gehen, wird bis 230 cm groß u. 200 kg schwer. Lebt in Zentralafrika in Herden u. ernährt sich von Pflanzen.

Göring, Hermann (1893–1946), im Zweiten Weltkrieg zuständig für die Luftwaffe, aber auch für die Judenverfolgung. Nach Todesurteil bei den → Nürnberger Prozessen Selbstmord.

Gorki, Maxim (1868–1936), russ. Schriftsteller, Mitbegründer des sozialistischen Realismus.

Gospel (das oder der, engl.), religiöser Gesang der Afroamerikaner.

Goten, ostgermanischer Volksstamm, der sich um 270 in **West-G.** u. **Ost-G.** spaltete. Die Westgoten wichen dem Hunnenansturm im 4. Jh. nach S in das röm. Reich aus, → Völkerwanderung.

Gotik (die, frz.), europäische Stilrichtung zw. ca. 1150 bis Mitte des 16. Jh. → Kathedralen mit noch nie da gewesenen Ausmaßen in Länge u. Höhe u. starker Gliederung (mit Spitzbögen, Kreuzrippengewölben u. zahlreichen Glasfasern), wirken trotz ihrer Größe leicht u. filigran. In der → Plastik entwickelt sich ein wirklichkeitsnahes Menschenbild mit sichtbaren Gefühlen. Tilman → Riemenschneider u. Veit → Stoß schufen Meisterwerke der Holzschnitzkunst.

Gorilla

Gott, übernatürliche, als heilig verehrte Macht (in personaler Gestalt).

Götterdämmerung, 1) der Untergang der Götter in der nordischen Sage; 2) Titel einer Oper (4. Teil des *Rings des Nibelungen*) von R. → Wagner.

Götze, (Abgott), biblischer Begriff, der das Abbild eines („fremden") Gottes bezeichnet; dies wird als beseelt erachtet u. angebetet. Insb. von Anhängern des Glaubens an einen überweltlichen Schöpfergott abwertend gegenüber anderen gebraucht.

Gouvernante (die, frz.), Erzieherin, Haushälterin.

Gouverneur (der, frz.), oberster Regierungsvertreter (Statthalter) in einer Provinz oder Kolonie.

Goya y Lucientes, Francisco de (1746–1828), span. Maler u. Grafiker.

GPS, Abk. für engl. **G**lobal **P**ositioning **S**ystem, satellitengestütztes Navigationssystem zur militärischen u. zivilen Standortbestimmung. Im privaten Anwendungsbereich ist zur Zeit eine Genauigkeit von unter 15 m möglich.

Gracht (die, niederländ., „Graben"), schmale Wasserstraßen wie Kanäle und Gräben, speziell jene in der Innenstadt von Amsterdam mit einer Gesamtlänge von 80 km.

Grad, 1) Maß, Rang, Stärke; 2) in der Geometrie die Maßeinheit des Winkels: Der Kreisumfang ist in 360 G. (Abk. 360 °) eingeteilt; 1 ° = 60 ′ (Minuten); 1 ′ = 60 ″ (Sekunden); 3) Einheit der Temperaturskala, z. B. G. Celsius (°C); 4) → Gradnetz.

Gradnetz (der Erde), ein Koordinatensystem, das der Orientierung auf der Erde dient. Es besteht aus den 360 Längengraden, die von Pol zu Pol laufen (= 180 Meridiane) u. den 181 Breitengraden, die sich mit den → Meridianen rechtwinklig schneiden. Man zählt die Meridiane von Greenwich/London aus (0-Meridian) nach O u. nach W. Der 0. Breitengrad ist der → Äquator, von dem aus man je 90 Breitengrade nach N bzw. S zählt. Der 90. Breitengrad (Pol) ist ein Punkt, der Äquator hat eine Länge von 40.076,59 km.

Graf, im MA ein vom König eingesetzter Verwalter über ein Gebiet, später dann ein erblicher Adelstitel.

Graf, Steffi (*1969), erfolgreichste dt. Tennisspielerin, 1987–1991 u. 1993–1997 an der Spitze der Tennis-Weltrangliste. Ihr gelang 1988 der → Grand-Slam.

Graffiti (das, ital.), ursprünglich in „öffentliche" Wände eingekratzte Sprüche u. Bilder, die schon aus dem alten → Pompeji überliefert sind. In den 1960er-Jahren des 20. Jh. entwickelte sich daraus eine Protest- u. Ausdrucksform für Jugendliche, die mit Spraydosen comicartige Gemälde an Bahnunterführungen u. a. schwer erreichbaren Stellen anbrachten. Heute teils schon als Kunststil anerkannt.

Grafik (die, gr.), Sammelbegriff für Zeichnungen u. alle Druckerzeugnisse, deren Grundlage die Zeichnung ist.

Grafit (das, gr.), gesteinsbildendes Mineral, vielseitig verwendbar, z. B. im Bleistift.

Grafologie, Handschriftenkunde, soll den Charakter eines Menschen aus dessen Handschrift ableiten.

Gral (der, frz., „Gefäß"), in der Dichtung des MA jene Wunder bringende Schale, in der Christi Blut aufgefangen worden sein soll. Gralsromane berichten von der Suche einiger Artusritter nach dem Heiligen Gral. Zuerst im 12. Jh. in Frankreich niedergeschrieben u. später immer wieder aufgegriffen, in Deutschland z. B. von Wolfram von Eschenbach (*Parzival*).

Grammatik, die Lehre von den Regeln einer Sprache u. der korrekten Anwendung derselben.

Grammy, höchster internationaler Musikpreis, der von der National Academy of Recording Arts and Sciences in → Los Angeles seit 1957 in mittlerweile 105 Kategorien verliehen wird.

Granat, Sammelbezeichnung für eine Gruppe von meist rötlichen Mineralien. Schöne Einzelkristalle werden als Edelsteine verwendet.

Granatapfelbaum, Baum oder Strauch mit roten Blüten im Mittelmeergebiet, dessen braunrote Früchte essbar sind.

Granatapfelbaum

Granate (die, lat.), mit Sprengstoff gefüllter Hohlkörper als Geschoss für Geschütze.

Gran Canaria, Hauptinsel der → Kanarischen Inseln, Hauptst. Las Palmas.

Grand Canyon, das tief eingeschnittene Tal des Colorado in Arizona/USA, auf 350 km Länge zw. 1200–1800 m tief, zw. 6,5 u. 29 km breit.

Grand-Slam (der, engl.), Gewinn der 4 bedeutendsten Tennisturniere (Paris, Wimbledon, Melbourne/Australien u. Flushing Meadow/New York) durch einen Spieler in einer Spielsaison.

Granit (der, ital.), das häufigste Tiefengestein, besteht aus Feldspat, Quarz u. Glimmer, ist körnig, grau, gelblich oder rötlich gefärbt.

Granulat (das, lat.), Substanz aus unregelmäßigen Körnern.

Grass, Günter (* 1927), dt. Schriftsteller u. Grafiker. Von seinen grotesk-realistischen Romanen ist *Die Blechtrommel* am bekanntesten. Weitere Werke: *Katz und Maus*, *Hundejahre*, *Der Butt*. 1999 mit dem → Nobelpreis für Literatur ausgezeichnet.

Gral (Irland, 8. Jh.)

Grat, oberste scharfe Kante, z. B. an einem Berg (Kammlinie) oder einem Werkstück.

Gräten, dünne Verknöcherungen oberhalb der Rippen bei Knochenfischen.

gravieren, einritzen von Verzierungen oder Schrift in eine harte Oberfläche.

Gravitation, eine Anziehungskraft, die zw. jeglicher Materie wirkt, wobei die Kraft, die zw. den beiden Massen wirkt, umgekehrt porportional zum Abstandsquadrat ist.

Grazien, Göttinnen der Jugend, Anmut u. Festfreude in der röm. Sage.

Greenpeace, 1971 in Kanada gegründete internationale Umweltschutzorganisation, die durch auffällige Aktionen versucht, auf die weltweite Bedrohung u. Zerstörung der Natur aufmerksam zu machen.

Drei Grazien

Griechenland: Agora von Athen (5. Jh. v. Chr.)

Greenwich, östlicher Stadtteil Londons, seit 1675 Sternwarte, deren geografische Länge als Null-Meridian bestimmt wurde. Die **Greenwich-Zeit** (G. Mean Time, GMT) liegt 1 Stunde hinter der Mitteleuropäischen Zeit (MEZ) zurück; sie ist astronomische Weltzeit.
gregorianischer Gesang, einstimmiger lat. Gesang in der katholischen Kirche, benannt nach Papst Gregor I.
gregorianischer Kalender, nach Papst Gregor XIII. benannter → Kalender, der 1582 eingeführt wurde.
Greifvögel, Tagraubvögel (z. B. Adler, Falke, Bussard, Sperber) mit gleicher Jagdart. Sie stürzen sich aus dem Flug auf ihre Beute u. töten sie mit ihren kräftigen Fängen.

Grenada

Inselstaat in der Karibik mit konstitutioneller Monarchie im → Commonwealth. 344 km², 107.900 EW, *Hauptst.* St. George's, *Staatsoberhaupt:* Königin → Elisabeth II., *Regierungschef:* Veith Mitchell (seit 2013). *Naturraum:* tropische Inseln der Kleinen Antillen, *Bevölkerung:* u. a. afrikanischer Abstammung, *Wirtschaft:* Landwirtschaft (Bananen, Kakao, Gewürze) u. Tourismus.

Griechenland: Athen

Griechenland

parlamentarische Republik in Südosteuropa. 131.944 km², 10,81 Mio. EW, *Hauptst.* → Athen, *Staatsoberhaupt:* Karolos Papoulias (seit 2005), *Regierungschef:* Alexis Tsipras (seit 2015). *Naturraum:* G. umfasst die südliche Balkanhalbinsel mit den Ausläufern des Dinarischen Gebirges zur Ägäis hin, darunter mehr als 2000 ägäische Inseln (Kykladen, Sporaden, Dodekanes, Kreta) u. die Ionischen Inseln (Korfu, Lefkas, Kefalinia, Ithaka, Zakynthos); an der Westküste reich gegliedert, fällt meist steil zum Meer ab. Mildes Mittelmeerklima. *Bevölkerung:* Griechen, 58 % der Bevölkerung in Städten. *Wirtschaft:* mittelmeerischer Anbau, Zitrusfrüchte; nur 28 % der Menschen arbeiten in der Industrie, die in Athen u. Saloniki konzentriert ist.

griechische Geschichte, frühgr. Hochkulturen bestanden bereits von 2600–1000 v. Chr. auf Kreta (→ Minoische Kultur). Ab 2000 v. Chr. indogermanische Einwanderung; Mykenische Kultur 1700–1000 v. Chr. auf dem Peloponnes. Um 1100 Kolonisation der ägäischen Inseln durch Ionier u. Dorer. 750–550 v. Chr. 2. große Kolonialisation (Sizilien, Unteritalien, Nordafrika, Teile der Schwarz- u. Mittelmeerküste), gleichzeitig auch Entwicklung von Stadtstaaten. Im 5. Jh. v. Chr. Entfaltung der klassisch-gr. Kultur (Sokrates, Platon, Aristoteles; Aischylos, Sophokles, Euripides; Perikles). Erfolgreiche Abwehr der Perser in 2 Kriegen (500–479 v. Chr.). Gründung des Attischen Seebundes (Athen u. verbündete Städte) zur Befreiung persisch besetzter Ägäisinseln u. kleinasiatischer gr. Küstenstädte. Um 450 v. Chr. Zusammenschluss Spartas mit benachbarten Städten zum Peloponnesischen Bund. Die Bestrebung Athens u. Spartas um Vorherrschaft über Griechenland führte zum Peloponnesischen

Großbritannien und Nordirland

Königreich in Nordwesteuropa. 244.046 km^2, 63,71 Mio. EW, *Hauptst.* → London, *Staatsoberhaupt:* Königin → Elisabeth II., *Regierungschef:* David → Cameron (seit 2010), Konstitutionelle (parlamentarische) Monarchie im → Commonwealth, zahlreiche abhängige Gebiete (→ Bermuda, → Gibraltar u. a.). *Naturraum:* G. umfasst → England, → Wales u. → Schottland auf der Hauptinsel sowie → Nordirland; ist von Nordsee, Ärmelkanal u. Irischer See umgeben, im N liegen die Orkney- u. Shetlandinseln, im Nordwesten die Hebriden. Die Hauptinsel mit buchtenreicher Küste, im O u. Südosten flachwellige Schichtstufenlandschaft aus Jura- u. Kreidekalk, W (Cornwall, Wales) u. N (Schottland) gebirgig, im Zentrum der nach S verlaufende Sattel des Pennischen Gebirges. Kurze, wenig wasserreiche Flüsse; Klima ozeanisch, vom → Golfstrom begünstigt, milde Winter, aber hohe Niederschläge das ganze Jahr über. *Bevölkerung:* Briten, (Engländer, Schotten, Waliser), Iren; hoher Ausländeranteil. *Wirtschaft:* 50 % aller Erwerbstätigen arbeiten in Bergbau u. Industrie (Grundlage der engl. Wirtschaft). Hauptindustriezweige sind z. B. Textilindustrie, Metallwaren, Schiffsbau, Maschinen-, Automobil-, Glas-, Papierindustrie. Nur 4 % der Erwerbstätigen sind in der Landwirtschaft beschäftigt, aber 4/5 des Bodens wird landwirtschaftlich genutzt (Getreide, Obst u. Gemüse, Zuckerrüben); Viehzucht, Fischerei, bedeutende Häfen (London, Liverpool, Southampton u. a.).

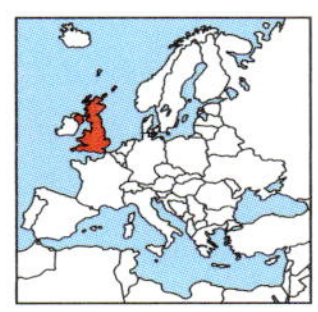

Krieg (431–404 v. Chr.), der mit dem Sieg Spartas endete. Danach Herrschaftsübernahme durch Theben (371–362 v. Chr.). König Philipp II. von Makedonien bringt 338 v. Chr. Griechenland in seine Gewalt u. vereinigt alle gr. Städte im Korinthischen Bund. Sein Nachfolger Alexander der Große verbreitet bei seinem Asienfeldzug die gr. Kultur u. begründet mit der Verschmelzung gr. u. orientalischer Kulturelemente den Hellenismus. 197 v. Chr. beenden die Römer die makedonische Herrschaft in Griechenland, 146 v. Chr. werden Griechenland u. Makedonien zu röm. Provinzen. Nach der Teilung des röm. Reiches 395 n. Chr. wird Griechenland dem → Byzantinischen Reich einverleibt.

griechische Kunst, Bezeichnung für die Kunst Griechenlands vom 7. Jh. v. Chr. bis 1. Jh. v. Chr. Sie wird in die archaische, die klassische u. die hellenistische Epoche unterteilt. V. a. im Tempelbau, in der Plastik u. in der Vasenmalerei wurden große Werke geschaffen. Die Plastik der Archaik ist blockhaft, auf den Gesichtern liegt ein leises Lächeln; in der klassischen Zeit wurde das gr. Menschenbild idealisiert, die Plastik erreichte in ihrer Schönheit u. Harmonie einen Höhepunkt; in der hellenistischen Kunst wurde der menschlichen Gestalt eine übersteigerte Dramatik in der Bewegung gegeben.

Grimm, Jakob (1785–1863) u. Wilhelm (1786–1859), dt. Sprachwissenschaftler u. Schriftsteller. Sie trugen nicht nur eine der populärsten dt. Märchensammlungen zusammen, sondern begründeten auch die Wissenschaft der Germanistik.

Grimmelshausen, Hans Jacob Christoffel von (um 1620–1676), dt. Dichter. *Der abenteuerliche Simplicissimus* ist ein spannender Schelmenroman, der im Dreißigjährigen Krieg spielt.

Grippe, durch Viren ausgelöste Krankheit. G. äußert sich mit Muskelschmerzen, Fieber, Husten usw. u. wird daher oft mit Erkältung verwechselt. G. kann aber tödlich sein.

Grizzlybär (Grislibär), größter Bär (bis 2,5 m lang u. 450 kg schwer); lebt in Nordamerika, hat ein graues Fell.

Grönland, größte Insel der Erde, in der → Arktis. Wurde bereits um 900 von den Wikingern entdeckt u. besiedelt, gehörte mal zu Norwegen, mal zu → Dänemark u. ist seit 1985 autonome Region Dänemarks. G. trat 1985 aus der EU aus.

Großbritannien: Grenadier und ein Yeoman Warder des Towers

Großbritannien: Tower Bridge

Jacob und Wilhelm Grimm

Griechische Vase

Grizzlybär

Walter Gropius

Guadeloupe

Otto von Guericke

Gropius, Walter (1883–1969), dt. Architekt u. Begründer des → Bauhaus. G. wollte eine Architektur, die der Welt der Technik entspricht – zweckmäßig u. sachlich. Seine Bauten waren beispielgebend für den internationalen Baustil der Nachkriegsjahre.

Großbritannien und Nordirland, siehe Kasten S. 119.

Große Koalition, Zusammenschluss zweier großer Parteien zu einer → Koalition auf Bundes- oder Landesebene. Vor 2005 (SPD u. CDU/CSU) gab es im Bundesparlament nur eine G. K. (1966–1969) zw. SPD u. FDP.

Groteske, Form der Dichtung, die Komisches u. Fantastisches miteinander verbindet.

Ground Zero (engl.; dt. Nullpunkt), amerik. Bezeichnung für die Stelle, an der die 1. → Atombombe explodierte. Seit dem → Elften September auch Bezeichnung für den Punkt, an dem das → World Trade Center stand.

Grundbuch, vom Grundbuchamt geführt, gibt Auskunft über die Besitzverhältnisse an Grundstücken.

Gründerzeit, in Deutschland die Jahre nach dem siegreichen dt.-frz. Krieg 1870/71. Von Frankreich an Deutschland geleistete Kriegsentschädigung führte zu Firmengründungen u. zum Aufblühen des dt. Unternehmertums.

Grundgesetz (GG), 1) die schriftliche Festlegung der grundlegenden Rechte, Regeln u. Normen in einem Staat; 2) das dt. GG ist die am 23.5.1949 in Kraft getretene → Verfassung der BR Dtl.

Grundrechenarten, 1. → Addition (Zusammenzählen); 2. → Subtraktion (Abziehen); 3. → Multiplikation (Malnehmen); 4. → Division (Teilung).

Grundrechte, Freiheits- oder → Menschenrechte, die jedem Menschen von Geburt an zustehen; in der BR Dtl. im → Grundgesetz Art. 1–19; sie dürfen nicht angetastet werden.

Grundriss, Umrisszeichnung eines Gegenstandes, wie er von oben betrachtet aussieht.

Grundschule, vierjährige Grundstufe im dt. Schulsystem.

Grundwasser, sehr langsam fließendes Wasservorkommen in unterirdischen Hohlräumen u. im Boden. Beim Versickern wird es von den oberen Bodenschichten gefiltert u. ist deshalb sehr sauber. Die Oberfläche des G. ist der **Grundwasserspiegel.** Er wird durch übermäßige Wasserentnahmen gesenkt. Dadurch verdursten Pflanzen, → Feuchtgebiete trocknen aus.

Grundzahl, → Basis, → Kardinalzahlen.

Grüne, → Die Grünen.

Grunge (der, engl., „Dreck"), Begriff der → Rockmusik, der sich aus der amerik. Underground-Bewegung der 1980er-Jahre v. a. im Raum Seattle mit Bands wie Pearl Jam und Nirvana etablierte u. bald auch modischen Ausdruck fand.

Gruppe 47, Zusammenschluss dt. Schriftsteller gegen den Faschismus, 1947 gegründet, 1967 aufgelöst. Prominente Mitglieder waren z. B. H. Böll, G. Grass oder M. Walser.

Guadeloupe, Inselgruppe der Kleinen Antillen, 1700 km^2, 403.000 EW, Hauptst. Basse-Terre; Zuckerrohr-, Kaffee- u. Kakaoanbau.

Guatemala

präsidiale Republik in Mittelamerika. 108.889 km^2, 12,7 Mio. EW, *Hauptst.* → G.-Stadt, *Staatsoberhaupt* u. *Regierungschef:* Otto Pérez Molina (seit 2012). *Naturraum:* G. liegt auf der mittelamerik. Landbrücke zw. Karibik und Pazifik; im S fruchtbares Hochland mit Vulkanen, im N Hügelland; tropisches Klima, viel Wald, *Bevölkerung:* ca. 40 % Maya, 58,3 % Mestizen (Latinos), *Wirtschaft:* Verschiedene Plantagen u. Viehzucht, Holzwirtschaft u. Erdölraffinerien.

Guatemala-Stadt, Hauptst. der Republik → Guatemala, im zentralen Hochland, 1,13 Mio. EW; Universität.

Guericke, Otto von (1602–1686), dt. Physiker. G. befasste sich unter anderem mit dem Luftdruck u. führte den Versuch mit den Magdeburger Halbkugeln durch.

Guerilla (die, span.), kleine Kampftrupps in einem → Bürgerkrieg (Guerillakrieg).

Guevara, Ernesto (genannt Che Guevara, 1928–1967), argentinischer Arzt, kuban. Politiker u. → Guerilla-Kämpfer. Stürzte mit → Castro den Diktator Batista; beim Aufbau einer revolutionären Bewegung in Bolivien erschossen. Idol der revolutionären Jugendlichen der westlichen Welt.

Che Guevara

Guillotine, Fallbeil, das während der → Französischen Revolution als „große Köpfmaschine" eingesetzt wurde. Sie ist nach dem Arzt J. I. Guillotin benannt.

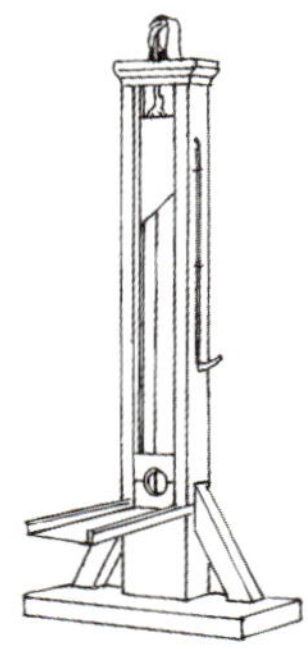

Guillotine

Guinea

präsidiale Republik in Westafrika. 250.158 km², 11,5 Mio. EW, *Hauptst.* Conakry, *Staatsoberhaupt:* Alpha Condé (seit 2010), *Regierungschef:* Mohamed Said Fofana (seit 2010). *Naturraum:* sumpfige Küstenebene, Bergland, Savannen; Savannenklima. *Bevölkerung:* vorwiegend Mandingo u. Fulbe. *Wirtschaft:* Anbau von Reis, Kaffee u. Südfrüchten; Export von Aluminium, Bauxit, Diamanten, Gold.

Guinea-Bissau

Präsidialdemokratie in Westafrika. 36.125 km², 1,4 Mio. EW, *Hauptst.* Bissau, *Staatsoberhaupt:* José Mário Vaz (seit 2014), *Regierungschef:* Domingos Sinões Pereira (seit 2014). *Naturraum:* Küste, überwiegend Flachland; trop. Klima. *Bevölkerung:* Balante, Fulbe, Mandingo, Mulatten. *Wirtschaft:* Export von Erdnüssen, Fisch, trop. Hölzern u. Baumwolle; Landwirtschaft (z. B. Reis, Hirse); Bauxit- u. Erdölvorkommen.

Guru (der, Sanskrit, „ehrwürdig"), geistlicher Lehrer in Indien; auch: Sektenführer.

GUS, Abk. für **G**emeinschaft **U**nabhängiger **S**taaten, Staatenbund aus den 12 ehemaligen Sowjetrepubliken (Armenien, Aserbaidschan, Georgien, Kasachstan, Kirgististan, Moldau, Russland, Tadschikistan, Usbekistan, Ukraine, Weißrussland) mit Ausnahme der baltischen Staaten und Turkmenistans. Seit 1992 ist sie der international anerkannte Nachfolger der zerfallenen → UdSSR.

Gustav II. Adolf, schwed. König von 1611–1632. Machte Schweden durch siegreiche Kriege gegen Russland, Polen u. Dänemark zur Großmacht. Im → Dreißigjährigen Krieg Führer der Protestanten. Fiel 1632 in einer Schlacht.

Gutenberg, Johannes (J. Gensfleisch, um 1397–1468), Erfinder des Buchdrucks mit einzelnen, beweglichen Lettern: 290 verschiedene, gegossene Zeichen, mit denen er z. B. die berühmte Gutenbergbibel mit 1282 Seiten druckte (1452–1455).

Johannes Gutenberg

Guyana

Präsidialdemokratie an der Nordostküste Südamerikas. 214.969 km², 735.000 EW, *Hauptst.* Georgetown, *Staatsoberhaupt:* Donald Ramotar (seit 2011), *Regierungschef:* Samuel Hinds (seit 1999). *Naturraum:* im N u. O Küstenflachland, im W u. S Bergland, überwiegend trop. Regenwald. *Bevölkerung:* vorwiegend Inder, Schwarze, Karaiben. *Wirtschaft:* Anbau von Reis u. Zuckerrohr; Export von Bauxit u. Tonerde.

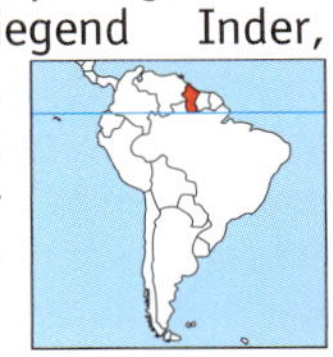

Gymnasium (das, gr.), ursprünglich in der gr. Antike ein Platz, welcher der körperlichen u. geistigen Ausbildung diente; heute in der BR Dtl. Bezeichnung für die höhere Schule mit dem Abitur (allg. Hochschulreife) als Abschluss.

Gynäkologie, Frauenheilkunde u. Geburtshilfe.

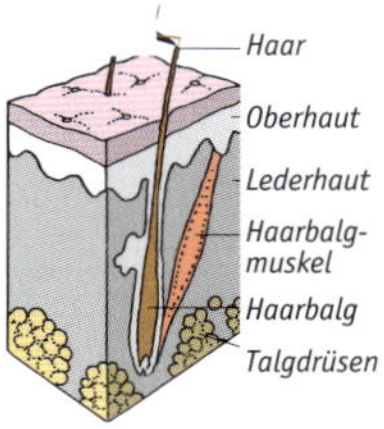

Haar

Hagebutte

Otto Hahn

Hagia Sophia

Hadrian

H

h, 1) Abk. für Stunde (hora); 2) Abk. für Hekto ... (z. B. hl), → Maßeinheiten. – **H,** 1) 7. Ton der C-Dur-Tonleiter; 2) Zeichen für → Wasserstoff; 3) Abk. für Henry, der physikalischen Einheit der Induktivität.

ha, Abk. für **H**ekt**a**r, → Maßeinheiten.

Haar, besteht aus H.-Wurzel, H.-Balg u. H.-Schaft.

Habeas-Corpus-Akte, engl. Staatsgrundgesetz von 1679 gegen willkürl. Verhaftung engl. Bürger. Heute Bestandteil aller freiheitl.-demokr. Verfassungen

Haber, Fritz (1868–1934), dt. Chemiker. Entwickelte Verfahren, um aus Stickstoff u. Wasserstoff Ammoniak herzustellen; bekam dafür 1918 den → Nobelpreis für Chemie.

Habilitation, Erwerb der Lehrberechtigung an Hochschule oder Universität.

Habsburger, nach der 1029 erbauten Habsburg im Aargau benanntes dt. Fürstengeschlecht; 1438–1806 im Dauerbesitz der dt. Kaiserkrone (außer 1742–1745). Im 15./16. Jh. zählten auch Spanien, die Niederlande, Böhmen u. Ungarn zu ihrem Herrschaftsbereich. Später Spaltung in span. u. österr. Linie.

Hacker (der, engl.), Begriff für einen Computerfreak, der Sicherheitsbarrieren eines Computers überwindet u. in fremde Systeme eindringt.

Hades, in der gr. Mythologie Gott der Unterwelt; auch Unterwelt selbst.

Hadrian, Publius Aelius (76–138 n. Chr.), röm. Kaiser von 117–138. Friedliebend, auf die Sicherung des Reiches bedacht. Erbaute den → Limes u. in England den Hadrianswall; rege Bautätigkeit in Rom.

Hadsch (der, arab.), Pilgerfahrt nach Mekka. Sollte jeder → Muslim einmal im Leben unternehmen.

Haff (das), flacher Strandsee, durch flache Landzunge, → Nehrung, fast völlig vom Meer getrennt.

Haflinger, Pferderasse aus den Alpenländern mit fuchsfarbenem Fell u. heller Mähne u. Schweif.

Haftpflicht, Verpflichtung, für die Folgen eines fehlerhaften Verhaltens oder schädigenden Ereignisses Schadensersatz zu leisten.

Haftpflichtversicherung, Versicherung, die vom Versicherten verursachte Schäden bezahlt.

Hagebutte, fleischige, rote Scheinfrucht von verschiedenen Wildrosen.

Hagel, Niederschlag in Form von Eiskörnern, die einen Durchmesser von 5 bis 50 mm erreichen.

Hagen von Tronje, Gestalt aus dem → Nibelungenlied; ermordete → Siegfried.

Hagia Sophia, größte Kirche der byzantin. Architektur (→ byzantin. Kunst), über Jh. hinweg größte Kirche der Christenheit. Auf Befehl Kaiser Justinians 532–537 in Konstantinopel erbaut.

Hahn, Otto (1879–1968), dt. Chemiker, entdeckte die Kernspaltung bei Uran u. Thorium. 1944 → Nobelpreis für Chemie.

Haie, in allen Meeren zu finden. Größe zw. 20 m (**Walhai**) u. 70 cm (**Katzenhai**) Länge; Zähne des Gebisses stehen in mehreren Reihen, die nach Abnutzung der vordersten von hinten nachrücken.

Haithabu, seit 808 ausgebauter wichtiger Handelsplatz der Wikinger, südl. von Schleswig gelegen.

Haiti

demokratische Republik auf der karib. Insel → Hispaniola, 27.750 km^2, 9,8 Mio. EW, *Hauptst.* Port-au-Prince, *Staatsoberhaupt:* Michel Martelly (seit 2011), *Regierungschef:* Evans Paul (seit 2015). *Naturraum:* gebirgig, weite Täler. Wechselfeuchtes Tropenklima, Savanne. *Bevölkerung:* Haitianer. *Wirtschaft:* im N Sisal-, im S Zuckerrohr-, Kakao- und Kaffeeplantagen; Elektroindustrie.

Hakenkreuz, 1) in verschiedenen Abwandlungen auftretende Form eines Kreuzes mit aufgebogenen Enden, meist religiöses Symbol; 2) Emblem des → Nationalsozialismus.
Häkkinen, Mika Pauli (*1968), ehemaliger finn. Formel-1-Rennfahrer u. -Weltmeister von 1998 u. 1999.
Halbleinen, 1) Gewebe aus Leinen u. meist Baumwolle; 2) Bezeichnung für eine Art des Bucheinbandes, bei dem der Rücken aus Leinen besteht.
Halbleiter, in ihrer elektr. Leitfähigkeit zw. Leitern (= Metallen) u. Nichtleitern (= Isolatoren). Zur Herstellung elektron. Bauteile v. a. aus Silizium, seltener aus Germanium u. Galliumarsenid.
Halbwertszeit, Zeit, in der bei einem radioaktiven Vorgang die Strahlung des Materials auf die Hälfte zurückgegangen ist. Bei Uran 238 beträgt sie 4,5 Mrd. Jahre.
Halde, 1) Abhang eines Berges; 2) künstl. oder natürl. Schutthügel.
Halleluja (das, hebräisch, „Lobet den Herrn!"), Aufruf in kirchlichen Liedern u. Psalmen.
Halley, Edmond (1656–1742), engl. Astronom. Entdeckte Eigenbewegung der Fixsterne u. berechnete die Bahn des nach ihm benannten Kometen.
Halleyscher Komet, → Komet, der alle 76 Jahre zu sehen ist, zuletzt 1986.
Hallig, uneingedeichte Insel im Wattenmeer, aus der Zerstörung alter Marschgebiete hervorgegangen; bei Sturmflut überspült, Häuser auf künstl. Hügeln (Warften).
Halloween (zusammengesetzt aus engl. All hallows eve, „Allerheiligenabend"), ursprünglich ein kelt.-angelsächs. Fest zum Winter- u. Jahresanfang (1.11.). Maskerade soll u. a. Geister u. Dämonen vertreiben. Heute v. a. auf den Brit. Inseln u. in den USA gefeiert (in der Nacht vom 31. Oktober zu → Allerheiligen).
Hallstatt-Kultur (ca. 800–400 v. Chr.), Kultur der älteren → Eisenzeit in Europa, benannt nach Hallstatt (Österreich), dem Fundort der Urnengräber indogerman. Illyrer. Bronze u. Eisen wurden für Werkzeuge, Waffen u. Geräte verwendet, Vorläufer der → La-Tène-Kultur.
Halluzination, Wahnvorstellung, Sinnestäuschung, → Fata Morgana.
Halo (der, gr.), manchmal auftretender Lichtring (Hof) um Mond oder Sonne. Entsteht durch Lichtbrechung an Eiskristallen in hohen Wolken.
Halogene, sehr reaktionsfähige, stark oxidierende Elemente, z. B. → Fluor.
häm(o)..., Häm(o)... (gr.), bedeutet in Wortzusammensetzungen „Blut".
Hamas (arabisch, „Eifer", „Begeisterung"), 1967 gegründete, gegen Israel gerichtete islam. Bewegung in Palästina mit oft terrorist. Methoden.
Hämatit (der, gr.), graues, glänzendes Mineral, Eisenerz.
Hämatologie (die, gr.), die Lehre vom Blut u. den Blutkrankheiten.
Hämatom (das, gr.), → Bluterguss.
Hambacher Fest, demokratische Massenversammlung am 27.5.1832 auf Schloss Hambach in der bayer. Pfalz. Forderungen nach Volkssouveränität u. einem geeinten republikanischen Deutschland gaben der Regierung Anlass zu harten Maßnahmen, v. a. Versammlungsverbot, Verschärfung der Zensur u. Auflösung polit. Vereine.
Hamburg, Freie u. Hansestadt, Bundesland, 1,8 Mio. EW, Welthafen an der Elbmündung mit Hüttenwerken (Alu, Kupfer) u. Industrie im Freihafen (Kafferöstereien). Hochseefischereihafen, Sitz einer Universität, des Tropeninstituts u. des Dt. Wetterdienstes.
Hamlet, Name eines dän. Prinzen in der gleichnamigen Tragödie von → Shakespeare (1603).
Hammelsprung, Art der parlamentarischen Abstimmung. Die Abgeordneten gehen je nach Wahl durch die Ja-Tür, die Nein-Tür oder die Tür für eine Stimmenthaltung.
Hammer und Sichel, Symbol für das Bündnis von Arbeitern u. Bauern im Kommunismus.
Hammerwerfen, olymp. Disziplin. Aus einer Drehbewegung heraus wird ein Wurfhammer aus einem Kreis von 2,135 m Durchmesser so weit wie möglich geschleudert. Gesamtgewicht eines Wurfhammers: 7,26 kg (Männer) bzw. 4 kg (Frauen). Weltrekorde: 86,74 m (Männer), 79,58 m (Frauen).

Gruselige Halloween-Maske

Hamburg

Hämatit

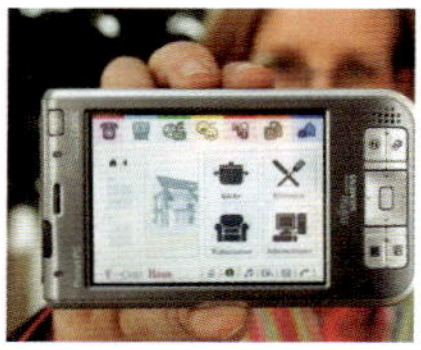

Handheld

Hanf

Hannibal

Elefant von Hannibal

Hammondorgel, nach Erfinder J. H. Hammond benanntes elektroakustisches Musikinstrument.

Hammurabi, 1728–1686 v. Chr. König von Babylon, schuf an Euphrat u. Tigris (Mesopotamien) ein Großreich u. Gesetze (Codex H.).

Hämoglobin, Sauerstoffträger der roten Blutkörperchen; → Blut.

Hämophilie (die, gr.), → Bluterkrankheit.

Hamsun, Knut (1859–1952), eigentlich Pedersen. Norweg. Schriftsteller. 1. Roman 1890 (*Sult*, dt. „Hunger"). Erhielt 1920 für *Markens Grøde* (dt. „Segen der Erde") den → Nobelpreis für Literatur.

Handball, olymp. Mannschaftssportart. Jeweils 7 Spieler (6 Feldspieler, 1 Torwart). Die Mannschaft, die nach Ende der Spielzeit (2 x 30 Min) die meisten Tore erzielt hat, ist Sieger.

Handel, im weiteren Sinne der Tausch von Gütern gegen Geld oder andere Güter; im engeren Sinne ein Wirtschaftszweig, der vom Erzeuger Güter erwirbt u. sie an Verwender verkauft.

Händel, Georg Friedrich (1685–1759), 1. dt. Komponist, der zu Weltruhm gelangte; *Messias*.

Handelsflotte, Bezeichnung für die Gesamtheit der Passagier-, Fracht- u. Tankschiffe, die in das Seefahrtsregister eines Landes eingetragen sind.

Handelsregister, Verzeichnis beim Amtsgericht, in das die Gründung u. das Erlöschen von Firmen eingetragen werden.

Handelsspanne, Unterschied zw. Verkaufs- u. Einkaufspreis einer Ware einschließl. bestimmter Nebenkosten (z. B. für Transport); H. ist nicht Gewinn, weil noch Löhne, Steuern etc. abgezogen werden.

Handheld (engl., „In der Hand zu halten"), tragbarer Computer, kann während der Benutzung in der Hand gehalten werden; → PDA, Palm.

Handikap, 1) Behinderung; 2) im Sport Ausgleich der Siegesaussichten durch Gewichts-, Distanz-, Zeit- oder Punktvorgaben.

Handke, Peter (*1942), österr. Schriftsteller, Übersetzer; erhielt Georg-Büchner-Preis u. Großen Österreichischen Staatspreis; *Der kurze Brief zum langen Abschied*.

Handlungsvollmacht, die vom Inhaber eines Betriebes an einen Angestellten erteilte Vollmacht, verbindl. Rechtsgeschäfte vorzunehmen.

Handwerk, Berufsstand, der auf die handwerkl. Be- u. Verarbeitung von Stoffen sowie Reparatur- u. Dienstleistungen gerichtet ist.

Handwerkskammer, eine Organisation, die in einer bestimmten Region die Interessen des Handwerks vertritt.

Handy (das, engl.), kleines tragbares Mobiltelefon, mit dem man nicht nur telefonieren, sondern → SMS, → MMS verschicken, fotografieren u. Radio hören kann; oftmals integrierter → MP3-Player.

Hanf (der), zu den Maulbeergewächsen gehörende Pflanze, deren Fasern z. B. zu Seilen u. Bindfäden verarbeitet werden. Aus **indischem H.** wird → Haschisch gewonnen.

Hangar (der, frz.), Halle für Flugzeuge.

Hängende Gärten, Bezeichnung für die Terrassengärten der Königin Semiramis in Babylon; in der Antike eines der → sieben Weltwunder.

Hannibal (247–183 v. Chr.), Feldherr Karthagos. Erbitterter Feind Roms; eröffnete den 2. Punischen Krieg; überquerte mit Elefanten die Alpen; besiegte mit kleinem Heer die Römer u. a. bei Cannae. Verlor aber 202 die Schlacht von Zama gegen Scipio.

Hannover, Landeshauptst. von → Niedersachsen, an der Leine, 514.000 EW; viele gotische Bauten; bedeutende Handels- u. Messestadt (Expo 2000).

Hanoi, Hauptst. von Vietnam, am Roten Fluss, 6,5 Mio. EW; Handelshafen.

Hanse, seit dem 13. Jh. zunächst genossenschaftl. Zusammenschluss dt. Handelsstädte. Umfasste in ihrer Blütezeit (um 1400) ca. 100 Städte, womit sie auch polit. Bedeutung erlangte. Nach → Dreißigjährigem Krieg Auflösung der H.

Hansestadt, Bezeichnung für eine Stadt, die Mitglied der → Hanse war.

haptisch (gr.), den Tastsinn betreffend.

Harakiri (das, japanisch, „Bauchaufschneiden"), in Japan seit dem MA bekannte Art des rituellen Selbstmords durch Bauchaufschlitzen.

Harare (früher Salisbury), Hauptst. von Simbabwe, im Mashonaland, 1,9 Mio. EW; Universität; Handelszentrum, Tabakverarbeitung, Maschinenbau.

Hardenberg, 1) Friedrich Freiherr von H. → Novalis; 2) Karl August Fürst von H. (1750–1822), preuß. Staatsmann. Führte in Preußen das steinsche Reformwerk fort.

Hardrock, Spielart der → Rockmusik. Auch Heavy-(Metal-)Rock genannt. Zeichnet sich v. a. durch hohe Lautstärke, Anlehnung an den Blues u. vordergründiges Durchschlagen des 4/4-Taktes aus. Blütephase: 1969-1992. Bekannte Gruppen: Deep Purple, Led Zeppelin, AC/DC.

Hardware (engl.), im Zusammenhang mit → Computern alle techn. Einrichtungen, die tastbar sind, z. B. angeschlossene Geräte, Arbeitsspeicher; ohne H. ist die → Software nicht lauffähig.

Häresie (die, gr.), von der offiziellen kirchlichen Glaubenslehre abweichende Lehre, Ketzerei (MA).

Harfe, größtes Zupfinstrument mit dreieckigem Rahmen u. 45–47 Saiten.

Harlem, Stadtteil New Yorks auf der Insel Manhattan.

Harmonik, Lehre von der Harmonie, die sich aus dem Zusammenklang mehrerer Töne ergibt.

Harmonika, Musikinstrumente, bei denen der Ton durch Luft über bewegliche Zungen entsteht.

Harmonium, Tasteninstrument mit frei schwingenden Zungen.

Harn (Urin), Flüssigkeit, die Salze u. organ. Stoffe (z. B. H.-Stoff) enthält. H. wird von den Nieren gebildet u. in der Harnblase gesammelt.

Harnblase, im Becken liegendes hohles Organ, in dem der von den Nieren ausgeschiedene Harn gesammelt wird.

Harnisch, Schutzrüstung der Ritter. Jemanden in Harnisch bringen = jemanden in Wut bringen.

Harpune (niederländ.), Wurfspeer mit Widerhaken, der an einer Leine befestigt ist. Wird zum Fischfang verwendet.

Harry Potter, Hauptfigur der Fantasy-Jugendromane von Joanne K. → Rowling. Die Romanreihe besteht aus 7 Büchern. Jeder Band behandelt ein Schuljahr im Zaubererinternat Hogwarts. 1997 erschien der 1. Band *Harry Potter und der Stein der Weisen*, 2007 der 7.

Hartmann von Aue (um 1165–nach 1210), mittelhochdt. Dichter. *Erec* u. *Iwein*; Minnelieder.

Hartz IV, siehe Kasten unten.

Harun al Raschid (763 oder 766–809), Kalif von Bagdad. Wird in den *Märchen aus 1001 Nacht* als weiser Fürst dargestellt.

Harvard University, älteste amerik. Universität (1636 in Cambridge, Massachusetts gegründet).

Harz, bewaldetes Mittelgebirge in Deutschland, 2400 km^2, raues u. niederschlagreiches Klima, höchste Erhebung: Brocken (1142 m).

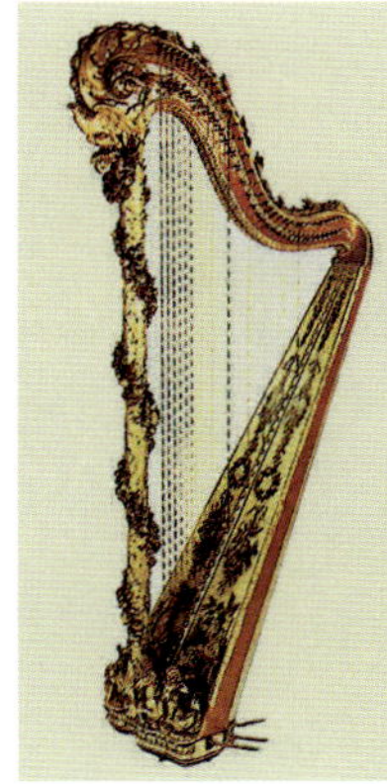

Harfe

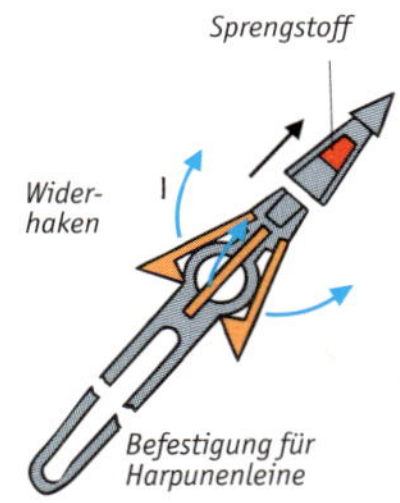

Harpune

Hartz IV

Hartz IV ist ein Gesetz, das aus den Vorschlägen im Rahmen des Hartz-Paketes (auch Hartz-Konzept) entstanden ist. Das **Hartz-Paket** beinhaltet Maßnahmen zur effizienteren Gestaltung der Arbeitsmarktpolitik, zum Abbau der Arbeitslosigkeit in Deutschland und zur Erneuerung der ehemaligen Bundesanstalt für Arbeit (heute → Bundesagentur für Arbeit). Es wurde 2002 durch die von der Bundesregierung beauftragte Kommission „Moderne Dienstleistungen am Arbeitsmarkt" erarbeitet. Geleitet wurde sie von *Dr. Peter Hartz* – dem Namensgeber des Pakets. Die vorgeschlagenen Maßnahmen wurden in **einzelne Gesetze** aufgeteilt: **Hartz I-IV** sind alle in Kraft und Bestandteil der → Agenda 2010. Zuletzt trat Hartz IV in Kraft (1. Januar 2005). Hartz IV bewirkte eine Zusammenführung der ehemaligen Arbeitslosenhilfe und der → Sozialhilfe zum **Arbeitslosengeld II.** Dieses wird vom Bund bezahlt, der damit den Arbeitslosen unterstützt, zugleich aber auch von ihm die Suche nach einer Arbeitsstelle fordert. Das bereits vor Hartz IV im Bedarfsfall gezahlte Arbeitslosengeld als Leistung im Rahmen der → Arbeitslosenversicherung wurde auf die Hälfte der bisherigen Laufzeit reduziert (max. 1 Jahr). Es wird als Arbeitslosengeld I bezeichnet.
http://www.sozialleistungen. info; http://www.bundesregierung.de/hartz-IV;
http://www.hanisauland.de/lexikon/h/hartziv.html

Gerhart Hauptmann

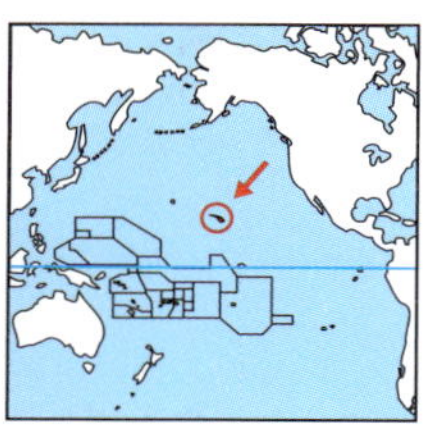

Hawaii

Harze, amorphe, meist durchsichtige Stoffe, die in der Natur vorkommen (z. B. Baumharze) oder künstlich hergestellt werden können (Kunstharz).

Haschisch (arabisch, „Gras"), aus dem Harz des Hanf gewonnenes Rauschmittel, → Drogen.

Hattrick (engl.), im Fußball die Bezeichnung für 3 Tore, die ein Spieler in einer Halbzeit erzielt, ohne dass ein Mit- oder Gegenspieler einen Treffer landet.

Hauff, Wilhelm (1802–1827), dt. Dichter von Märchen (*Zwerg Nase*), spätromantischen Erzählungen u. historischem Roman (*Lichtenstein*).

Hauptmann, Gerhart (1862–1946), dt. Dichter, → Nobelpreis für Literatur 1912; *Die Weber, Die Ratten, Vor Sonnenuntergang*.

Hauptschule, in der BR Dtl. die Oberstufe der Volksschule vom 5. bis 9. oder 10. Schuljahr.

Hauser, Kaspar 1) (um 1812–1833), Findelkind mit rätselhafter Herkunft. Die Theorie, H. sei ein bad. Erbprinz gewesen, wurde 1996 mittels DNA-Analyse widerlegt. 2) Eines der Pseudonyme → Tucholskys.

Hausmeier, ursprünglich Verwalter des königl. Hofes im fränk. Reich. Der Familienstreit der → Merowinger im 6. u. 7. Jh. ließ sie zu höchsten Staatsbeamten aufsteigen: → 751 machte sich der karolingische H. Pippin d. J. zum Herrscher des fränk. Reiches.

Haussa (Hausa), Handel treibendes Volk v. a. in Nordnigeria u. in Südniger mit ca. 22 Mio. Angehörigen.

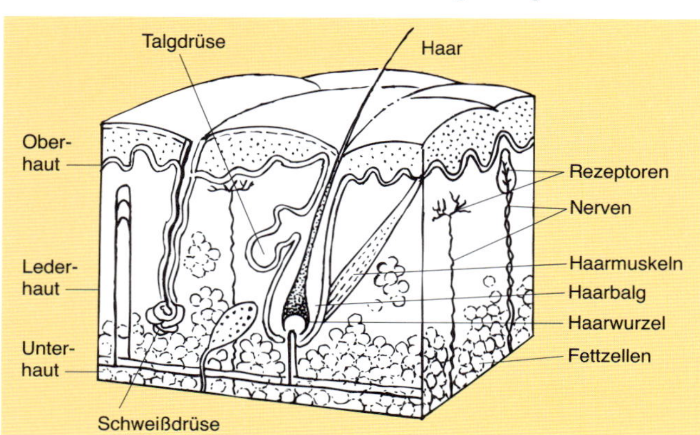

Haut

Hausse (frz., „Anstieg"), Steigen der Kurse an der Börse; Ggs.: → Baisse.

Haut, bei Tieren u. Pflanzen Organ, das den Körper nach außen abschließt. Kann Pigmente zum Schutz vor Strahlung enthalten, bei Pflanzen z. B. Chlorophyll, bei Menschen Melanin (Sommersprossen). H. ist das größte Organ des Menschen (ca. 2 m^2). Man unterscheidet 1) **Ober-H.**: Hier werden z. B. Haare, Nägel gebildet; 2) **Leder-H.**: hier liegen Nerven, Schweißdrüsen, Lymph- u. Blutgefäße; 3) **Unter-H.**: Fettzellen schützen vor Kälte u. Druck. H. hat viele Aufgaben: Schutz vor Schmutz u. Bakterien, Austrocknung, Kälte u. schädl. Strahlen, Temperaturregulation (z. B. Schwitzen).

Häutung, regelmäßiges Abstoßen der äußeren verhärteten Hautschicht oder des Chitinpanzers bei manchen Tieren, z. B. Schlangen, Eidechsen, Krebsen, Insekten.

Havanna, Hauptst. → Kubas, 2,2 Mio. EW; Universität, Haupthafen Kubas.

Havarie, 1) Schiffs-, Flugzeugunglück; 2) Maschinenschaden; 3) übertragen: Scheitern einer Sache.

Havel, Nebenfluss der Elbe (mündet bei Havelberg), 343 km, durch Kanäle mit Elbe u. Oder verbunden.

Havel, Václav (1936–2011), tschech. Politiker. Als Gegner der früheren stalinistischen (→ Stalin) Regierung u. Wortführer der Menschenrechtsgruppe Charta 77 verfolgt u. eingesperrt. Wurde nach der Revolution im Dez. 1989 zum Präsidenten der Tschechoslowakei gewählt. 1993–2003 Staatspräsident der → Tschechischen Republik.

Hawaii, Staat der USA, 16.705 km^2, 1,36 Mio. EW; früher Sandwich-Inseln; 9 Vulkaninseln im Pazifik; Hauptst. Honolulu auf Oahu, Fremdenverkehr, Ananas-Anbau.

Hawking, Stephen William (*1942), brit. Physiker. Erforscht das Entstehen des Weltalls. Schrieb *Eine kurze Geschichte der Zeit* (1988).

Haydn, Joseph (1732–1809), österr. Komponist von über 100 Sinfonien; zur Wiener Klassik (→ Beethoven, → Mozart) gehörend.

Heavy Metal, → Hardrock.

Hebbel, Christian Friedrich (1813–1863), dt. Dichter u. Dramatiker des 19. Jh; *Maria Magdalena* (1844), *Agnes Bernauer* (1852).
Hebe, Göttin der Jugend in der gr. Sage; ein Asteroid.
Hebel, starrer Körper, der um eine Achse drehbar ist. Man unterscheidet einarmige (Türklinke) u. zweiarmige H. (Schere); dienen zum einfacheren Heben einer Last. Hebelgesetz: Kraft x Kraftarm = Last x Lastarm.
Hebräer (Juden), ein semitisches Volk, im A. T. die Bezeichnung für die Angehörigen der israelit. Stämme.
hebräische Sprache, gehört zum Kreis der semitischen Sprachen. Heute Umgangs- u. Amtssprache in Israel.
Hebriden, Inselgruppe vor der schott. Westküste: Äußere H. (Hauptinsel Lewis), Innere H. (Hauptinsel Skye).
Hedin, Sven (1865–1952), schwed. Asienforscher, entdeckte u. a. den Transhimalaja.
Hedschra (die, arabisch, „Ausreise"), im → Koran Flucht → Mohammeds von Mekka nach Medina (622 n. Chr.). Beginn der islam. Zeitrechnung.
Heer, Bezeichnung für die Gesamtheit der Landstreitkräfte eines Staates.
Hefen, einzellige → Pilze der Gattung Schlauchpilz. Bauen Zucker ab u. erzeugen dabei Kohlendioxid. H. werden als Backtreib-, Gärungsmittel oder zu med. Zwecken verwendet.
Hegel, Georg Wilhelm Friedrich (1770–1831), dt. Philosoph; begründete einen „absoluten Idealismus".
Hegemonie, Vorherrschaft eines Staates gegenüber anderen Staaten.
Heide (der), Ungläubiger, Nichtchrist, Nichtjude.
Heide (die), 1) zu den H.-Krautgewächsen gehörende immergrüne Sträucher, z. B. Glocken-H. (Erika), Heidekraut; 2) Bezeichnung für Landschaft auf nährstoffarmen Böden; mit Heidekraut, Wacholder u. Birken bewachsen.
Heidegger, Martin (1889–1976), dt. Philosoph. Bedeutendster Vertreter der dt. Existenzphilosophie.
Heilige, von Gläubigen verehrte Person; als einem Gott nahestehend oder vollkommen angesehen.
Heilige Allianz, 1815 zw. Russland, Österreich u. Preußen geschlossener Bund zur Unterstützung der auf dem → Wiener Kongress festgelegten Politik → Metternichs (Wahrung der bestehenden Ordnung).
Heilige Drei Könige, in der Bibel beschriebene Weise aus dem Morgenland, die nach Bethlehem ziehen. Seit dem frühen MA als Caspar, Melchior u. Balthasar bezeichnet.
Heilige Schrift, → Bibel.
Heiliges Land, Bezeichnung für das biblische → Palästina.
Heiliges Römisches Reich Deutscher Nation, Bezeichnung für das röm.-dt. Kaiserreich seit dem 15. Jh.; offiziell erst seit 1512 mit dem Zusatz „Dt. Nation".
Heilpflanzen, Arzneipflanzen; enthalten bestimmte Stoffe, z. B. ätherische Öle, die zur Verhütung u. Heilung von Krankheiten dienen.
Heilquellen, Bezeichnung für Quellwässer, die durch ihren Gehalt an Mineralien, Gasen oder durch ihre Temperatur heilend wirken.
Heilsarmee, militärähnlich organisierte religiöse Gemeinschaft pietistischer Prägung (→ Pietismus); weltweit tätig.
Heine, Heinrich (1797–1856), dt. Dichter, bedeutender Lyriker, einer der Begründer des → Feuilletons. Berühmtestes Werk: *Die Loreley* (1824).
Heinemann, Gustav (1899–1976), dt. Politiker (CDU, später SPD). 1969–1974 Bundespräsident.
Heinrich, Fürstenname dt. Kaiser u. Könige im MA. Bekannt v. a. Heinrich IV., regierte von 1056–1105.
Heinrich der Löwe, wurde 1142 Herzog von Sachsen, 1156 auch von Bayern. Gründete 1158 München u. Lübeck.
Heinrich VIII., 1509–1547 engl. König. Papst lehnte Scheidung von seiner ersten Frau ab. Aus Verärgerung darüber gründete H. die anglikanische Kirche. 6-mal verheiratet, ließ 2 seiner Frauen enthaupten.
Heisenberg, Werner Karl (1901–1976), dt. Physiker. Mitbegründer der modernen Quantenmechanik; → Nobelpreis 1932.
Heißluftballon (Montgolfiere), durch erhitzte Luft zum Schweben gebracht

Heidekraut

Heinrich Heine

Heinrich VIII.

Helgoland

Herakles

Ernest Hemingway

(heiße Luft ist leichter als kalte). Erfunden von den Brüdern Montgolfier, 1783.
Heizöl, aus Erdöl oder Stein- bzw. Braunkohleteer hergestellter Brennstoff für Heizzwecke.
Heldensage, mündl. oder schriftl. Überlieferung aus der Frühzeit eines Volkes.
Helena, in der gr. Mythologie Tochter des Zeus u. der Leda. Ihre Entführung löste den Krieg zu → Troja aus.
Helgoland, kleine Insel in der Dt. Bucht/Nordsee; Buntsandsteinfelsen, Düne mit Strand; 1945–1952 brit. Bombenabwurfplatz; viele unterird. Stollensysteme; Tourismus, Biolog. Institut, Vogel-, Erdbebenwarte.
Helios, gr. Sonnengott.
Helium, nicht brennbares, gasförmiges Element; zur Füllung von Ballons verwendet.
Hellas, antiker Name für → Griechenland.
Hellenismus, Kultur des makedon. Weltreiches → Alexanders des Großen u. seiner Nachfolger (Diadochen), die aus der Verschmelzung gr. u. oriental. Kulturelemente erwuchs (ging später im röm. Reich auf).
Hellespont, antiker Name der → Dardanellen.
Helmholtz, Hermann von (1821–1894), dt. Physiker. Erfand den Augenspiegel.
Heloten, im antiken → Sparta leibeigene Bauern.
Helsinki, Hauptst. → Finnlands an der Nordküste der Finn. Bucht der Ostsee, 568.000 EW; Universität, Regierungssitz u. Wirtschaftszentrum.
Helvetia, lat. Name für die Schweiz.
Helvetier, kelt. Volksstamm, ursprünglich zw. Rhein u. Main angesiedelt. Wurden im 1. Jh. v. Chr. von den → Germanen in die Schweiz gedrängt. Bei ihrem Einfall in Gallien 58 v. Chr. wurden sie von den Römern unter Caesar besiegt.
Hemingway, Ernest (1899–1961), amerik. Schriftsteller u. Journalist. Erhielt für *Der alte Mann und das Meer* 1954 den → Nobelpreis für Literatur.
Hemisphäre (die), Halbkugel (der Erde oder des Firmaments).
Hendrix, Jimi (1942–1970), amerik. Rockmusiker, Gitarrist u. Sänger.
Hengst, männl., geschlechtsfähiges Tier bei Pferd, Esel, Zebra, Kamel, Dromedar.
Henna, zu den Weiderichgewächsen gehörender Strauch, aus dessen Blättern ein rotgelber Farbstoff (H. genannt) gewonnen wird. Dient zum Färben, z. B. Haare.
Hepatitis (die, gr.), durch Viren hervorgerufene Entzündung der Leber.
Hephaistos, Gott des Feuers u. der Schmiedekunst in der gr. Mythologie.
Hera, gr. Göttin, Gattin des → Zeus.
Herakles, im gr. Mythos der Sohn des → Zeus u. einer Sterblichen. Musste 12 unlösbar scheinende Aufgaben erfüllen, um unsterblich zu werden.
Heraklit (um 550–um 480 v. Chr.), gr. Philosoph. H. lehrte, dass das Universum in ständiger Bewegung ist.
Heraldik, Kunde von den Wappen.
Herbizide, Sammelbezeichnung für chem. Unkrautvernichtungsmittel. Durch übermäßige Anwendung von H. (Landwirtschaft) sind viele Pflanzenarten ausgestorben, als Folge davon sterben auch gewisse Tierarten aus.
Herder, Johann Gottfried von (1744–1803), dt. Philosoph, Begründer der dt. Geschichtsphilosophie.
Herkules, 1) → Herakles; 2) Sternbild.
Hermelin (Großes Wiesel), in Europa, Asien u. Nordamerika vorkommende Marderart mit schwarzer Schwanzspitze. Das Fell ist im Winter weiß, im Sommer am Rücken braun.
Hermes, im gr. Mythos Sohn des → Zeus. Dargestellt mit Flügelschuhen u. Heroldsstab, Götterbote.
Herodes, Name jüd. Könige, 1) H. der Große (um 73–4 v. Chr.), in der Bibel für den Kindermord zu Bethlehem verantwortlich gemacht; 2) H. II. Antipas (um 20 v. Chr.–39 n. Chr.), Sohn von 1), ließ Johannes den Täufer (N. T.) hinrichten.
Herodot (um 484–um 424 v. Chr.), gr. Geschichtsschreiber u. Verfasser der Historien (wichtigste Quelle über die Zeit der Perserkriege).
Heroin, Sucht erzeugendes Rauschgift. Aus Opium gewonnen; → Drogen.
Herr der Ringe, Roman in 3 Bänden (1954/55) von John Ronald Reuel → Tolkien u. Klassiker der → Fantasyliteratur. Kampf zw. Gut u. Böse auf der Fan-

tasiewelt Mittelerde. Verfilmung durch Peter → Jackson.

Hertz, Heinrich (1857–1894), dt. Physiker. Erzeugte zum ersten Mal Radiowellen. Nach ihm ist die Einheit der Frequenz benannt (1 Hz = 1 Schwingung pro Sek., 1 kHz (Kilohertz) = 1000 Hz, 1 MHz (Megahertz) = 1 Mio. Hz).

Herz, muskulöses Organ, das bei Menschen u. Tieren das Blut durch den Körper pumpt. Beim Menschen besteht es aus 2 Hälften, jede Hälfte ist unterteilt in Vorhof u. Herzkammer; dazwischen sind die Herzklappen. Durch die Teilung wird das sauerstoffreiche (arterielle) Blut aus der Lunge vom sauerstoffarmen (venösen) Blut des Körpers getrennt. Beim Menschen schlägt das H. ca. 70-mal pro Minute.

Herzinfarkt, plötzliche Unterbrechung der Blutversorgung des Herzmuskels durch eine Verstopfung oder Verkalkung der Herzkranzgefäße. Meist tödlich.

Herzog, ursprünglich bei den Germanen ein Heerführer, später ein unabhängiger Gebietsfürst.

Herzog, Roman (*1934), dt. Jurist u. Politiker (CDU). 1994–1999 Bundespräsident.

Hesse, Hermann (1877–1962), dt.-schweiz. Schriftsteller, erhielt 1946 den → Nobelpreis für Literatur; *Siddharta, Der Steppenwolf, Narziß und Goldmund.*

Hessen, Bundesland der BR Dtl., 6,1 Mio. EW, Hauptst. → Wiesbaden.

hetero..., Hetero... (gr.), bedeutet in Wortzusammensetzungen „anders", „ungleich", „fremd".

heterogen (gr.), ungleichartig, anders geartet. Ggs.: homogen.

Heterosexualität, Sexualität zw. Mann u. Frau (Ggs. → Homosexualität).

Hethiter, indogerman. Volk, wanderte im 3. Jt. v. Chr. vom Kasp. Meer nach Kleinasien u. dehnte sich im 2. Jt. v. Chr. bis zum Schwarzen Meer u. dem Mittelmeerraum aus. Um 1450 die führende Großmacht in Vorderasien. Ca. 1200 wurde ihr Reich durch einfallende Balkanstämme u. Seevölker zerstört.

Heuss, Theodor (1884–1963), dt. Politiker. Mitbegründer der → FDP. Bundespräsident 1949–1959; als „Papa H." sehr beliebt.

Hewitt, Lleyton (*1981), austral. Tennisspieler u. → Wimbledonsieger 2002.

hexa..., Hexa... (gr.), bedeutet in Wortzusammensetzungen „sechs".

hexadezimales Zahlensystem, System auf Basis von 16 anstelle von 10 Zahlen, ausgedrückt in den Zahlen 0–9 u. den Buchstaben A–F. Diese Darstellung findet im Computerbereich Verwendung. Ein → Byte lässt sich mit 2 Hexadezimalzahlen darstellen.

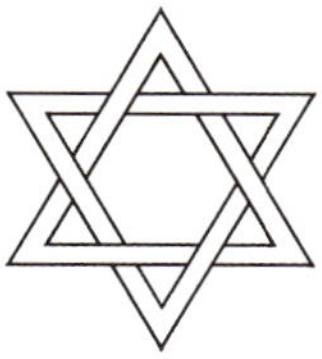

Hexagramm

Hexaeder (der, gr.), Körper, der aus 6 Teilflächen zusammengesetzt ist.

Hexagon (das, gr.), Sechseck.

Hexagramm (das, gr.), Sechsstern; ein Stern aus 2 übereinander gelegten Dreiecken; → Davidstern.

Hexameter, Vers des gr. Epos, mit 6 Daktylen je Verszeile, letzte gekürzt.

Hexe, im Volksglauben eine Frau, die über Zauberkräfte verfügt. Dieser Aberglaube führte im MA zu grausamen Hexenverfolgungen (Folter u. Hinrichtung) durch Kirche u. Staat.

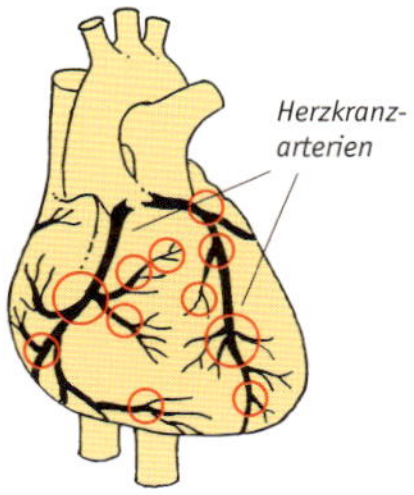

Herzinfarkt

Heyerdahl, Thor (1914–2002), norweg. Ethnologe, bekannt durch seine Floßfahrt (Kon-Tiki) von Peru nach Tahiti 1947.

Heyse, Paul Johann Ludwig von (1830-1914), dt. Schriftsteller u. als erster dt. Autor belletristischer Werke mit dem → Nobelpreis für Literatur ausgezeichnet (1910); *Colberg.*

Hierarchie, 1) allg. jede Organisationsform, der eine Rangordnung zugrunde liegt; 2) Machtpyramide in Kirche u. Staat; 3) Bedeutungsfolge in einem Sachbereich.

Hieroglyphen (die), ägypt. → Bilderschrift.

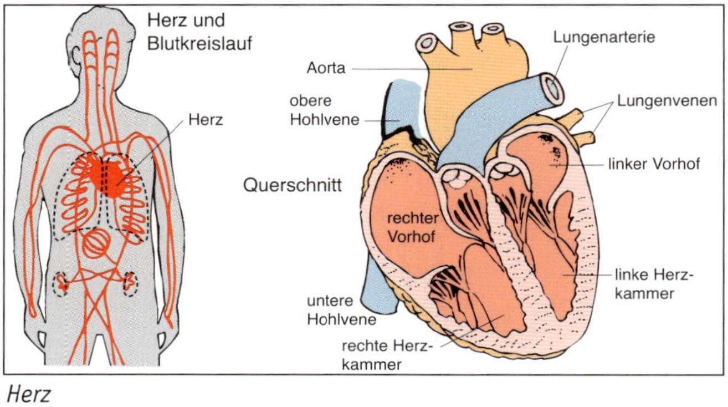

Herz

Hieroglyphen

Himalaja

Himalaja: Berg Lhotse

Hindu-Gläubige

Hirse

High Fidelity (Hi-Fi; engl.), hohe Wiedergabetreue, Qualitätsstandard bei der Übertragung von Musik u. Sprache.

Hightech (engl.), kurz für High Technology, → Hochtechnologie.

Hildebrandslied, in Bruchstücken einzig erhaltenes german. Heldenlied (um 820). Schildert den Kampf zw. Waffenmeister Hildebrand u. seinem Sohn Hadubrand.

Hilfsverb, ein Verb, mit dem die zusammengesetzten Verbformen gebildet werden (sein, haben).

Hill, Damon (*1960), ehemaliger brit. → Formel-1-Rennfahrer. Weltmeister 1996.

Himalaja, junges Faltengebirge. Trennt das nordind. Tiefland vom Hochland von Tibet; 2500 km lang, bis 8848 m hoch (→ Mount Everest); höchstes Gebirge der Erde.

Himmel, 1) scheinbares Gewölbe, das sich über der Ebene des Horizontes erhebt; 2) Jenseits, Sitz aller Seligkeiten; 3) Baldachin.

Himmelsäquator, derjenige größte Kreis der Himmelskugel, dessen Ebene senkrecht auf der → Erdachse steht.

Himmler, Heinrich (1900–1945), dt. nationalsozialist. Politiker. Organisierte als Führer der SS u. der → Gestapo die Konzentrationslager u. die Massenvernichtung der Juden.

Hinault, Bernard (*1954), ehemaliger frz. Radrennfahrer. Gewann 5-mal die → Tour de France u. die Straßenweltmeisterschaft 1980.

Hindemith, Paul (1895–1963), dt. Komponist der Moderne (*Mathis der Maler,* Oper, 1938).

Hindenburg, Paul von Beneckendorff u. von H. (1847–1934), dt. Politiker. Im → Ersten Weltkrieg Heerführer gegen die Russen. Nach dem Sturz der Monarchie (→ Wilhelm II.) 1925–1934 2. dt. Reichspräsident; ernannte → Hitler 1933 zum Reichskanzler.

Hinduismus, → Weltreligionen.

Hindukusch, bis 7699 m hohes Faltengebirge zw. Afghanistan u. Pakistan.

Hindustan, das Gangestiefland südl. des → Himalaja.

Hingis, Martina (*1980), schweizer. Tennisspielerin slowak. Herkunft. Jüngste Gewinnerin von → Wimbledon u. jüngste Nr. 1 in der → WTA-Rangliste (1997).

Hinterindien, Halbinsel zw. dem Golf von Bengalen u. Südchines. Meer; von N nach S verlaufende Hochgebirge; Staaten: Kambodscha, Laos, Myanmar, Thailand, Vietnam, Teile Malaysias.

Hiob, Figur u. Buch des A. T.; unter H.-Botschaft versteht man eine Unglücksbotschaft.

Hip-Hop, Sammelbezeichnung für die Mitte der 1970er-Jahre in den amerik. Ghettos entstandenen Musikformen.

Hippies (engl.-amerik.), Bezeichnung für Angehörige einer in den 1960er-Jahren in den USA entstandenen Jugendbewegung. Die H. protestieren friedlich gegen die bürgerl. Leistungs- u. Wohlstandsgesellschaft u. den Krieg.

Hippokrates (um 460–um 370 v. Chr.), gr. Arzt, Begründer der abendländ. Medizin u. Diagnose. Der hippokrat. Eid, der es u. a. verbietet, Sterbenden Gift zu geben, ist das Vorbild des heutigen Ärztegelöbnisses.

Hirnhaut, Umhüllung des Gehirns. Die *harte H.* liegt direkt am Schädelknochen an. Es folgt die Spinngewebshaut u. dann die *weiche H.* Eine H.-Entzündung (Meningitis) äußert sich in Fieber, Kopfschmerzen, Erbrechen. Ohne Behandlung tödlich. Überträger können Zecken sein.

Hiroshima, japan. Hafenstadt auf der Insel Hondo. Am 6.8.1945 wurde über H. die 1. → Atombombe abgeworfen.

Hirsche, in Europa, Asien, Afrika u. Amerika vorkommende Paarhuferfamilie mit ca. 40 Arten. Die Männchen tragen meist ein → Geweih. Für Europa typische Arten: Rothirsch, Reh.

Hirschkäfer, mit 7,5 cm Länge einer der größten europäischer Käfer. Weibchen bohren sich zur Eiablage in Eichenstämme, die Larven fressen das Holz u. werden während der 5-jährigen Entwicklung bis 10 cm lang. Der Käfer schlüpft im Herbst, bleibt aber bis Juni im Holz. Sehr selten geworden, geschützt.

Hirse, verschiedene Süßgräser, die v. a. in Asien, Afrika, Südamerika u. auf der Balkanhalbinsel als Nahrungs- u. Futtergetreide angebaut werden.

Hisbollah, Name einer radikalen islam. Organisation. Ziele: Errichtung eines is-

lam. Gottesstaates im → Libanon u. Zerstörung → Israels.
Hispaniola, zweitgrößte Insel der Großen Antillen in Mittelamerika. Besteht aus den Karibikstaaten → Haiti u. → Dominikanische Republik.
Histologie (die, gr.), Wissenschaft von den Geweben des Körpers.
Historiker (der, gr.), Wissenschaftler, der sich mit Geschichte befasst.
Hitchcock, Alfred (1899–1980), engl. Filmregisseur. Mit Filmen wie *Die Vögel* u. *Psycho* setzte er Marksteine des Grusel-Kinos.
Hitler, Adolf (1889–1945), dt. Diktator. Machte die → NSDAP bis 1933 zur stärksten Kraft. Als Reichskanzler u. Reichspräsident praktisch Diktator u. „Führer" des → „Dritten Reiches", verfolgte er Andersdenkende u. ließ v. a. Juden u. Kommunisten in → Konzentrationslagern töten. Durch seinen Überfall auf Polen Beginn des → Zweiten Weltkriegs, der über 50 Mio. Leben forderte. Beging kurz vor Kriegsende Selbstmord.
Hitlerjugend (HJ), 1926 gegründeter Jugendverband der NSDAP, 1936 zur Staatsjugend erklärt; → Nationalsozialismus.
HIV, Abk. für engl. **H**uman **I**mmunodeficiency **V**irus, der Humane Immunschwächevirus ist der Erreger von → Aids.
HIV-Antikörper-Test (Aids-Test), die Untersuchung des Blutes auf Antikörper, die sich einige Wochen nach der Infektion mit dem Aids-Virus bilden.
Hochaltar, Bezeichnung für den Hauptaltar in einer katholischen Kirche.
Hochamt, feierliche Form der katholischen Messe.
Hochdruck, 1) *Physik*: Druck von mehr als 100 bar; 2) Druckverfahren, bei dem die druckenden Teile erhaben sind, z. B. Buchdruck.
Hochdruckgebiet (Antizyklone), meteorolog. Bezeichnung für ein Gebiet mit hohem Luftdruck.
Ho Chi Minh (1890–1969), vietnam. Politiker. Kämpfte als Kommunist u. Präsident (1955–69) Nordvietnams für die Einheit Vietnams.
Hochkultur, Bezeichnung für den hohen kulturellen Entwicklungsstand einer Gesellschaft. Erste H. gab es im 3. Jt. v. Chr. (Sumerer u. Ägypten), weitere um die gleiche Zeit in Indien, im Iran u. in China. Zu den späteren altertüml. H. zählen im 2. Jh. v. Chr. die semitischen Völker im Vorderen Orient, die Israeliten, Babylonier u. Assyrer. In Europa entfaltete sich die erste H. um 2000 v. Chr. in Griechenland.
Hochrechnung, Rechnung, die mit bestimmten ausgewählten Einzeldaten auf ein Endergebnis schließen lässt.
Hochschule, höhere wissenschaftliche Forschungs- u. Lehranstalt, mit Zugangsvoraussetzungen (Abitur u. a.).
Hochspannung, elektr. Spannungen von mindestens 1000 Volt.
Hochsprache, Standardsprache, Schriftsprache.
Hochsprung, olymp. Disziplin der Leichtathletik; beim Sprung über eine 4 m lange, auf 2 Stangen aufgelegte Latte soll die größtmögliche Höhe erreicht werden. Bei leichter Berührung fällt die Latte zu Boden.
Hochtechnologie (engl. Hightech), Bezeichnung für modernste, anspruchsvolle Technik, v.a. in → Biotechnologie, → Gentechnologie, Neue Medien, Mikroelektronik, Fabrik der Zukunft u. → Raumfahrt.
Hockey, olymp. Mannschaftssportart. Ein Ball wird mit einem Stock ins gegnerische Tor getrieben.
Hoden, männl. Keimdrüsen. Sie produzieren Sexualhormone u. Samenzellen. Diese werden in den Nebenhoden gespeichert; → Geschlechtsorgane.
Hof, 1) Bezeichnung für Landgut, Bauernhof; 2) freier Platz an einem Gebäude; 3) Wohnsitz eines Herrschers; 4) → Halo.

Alfred Hitchcock

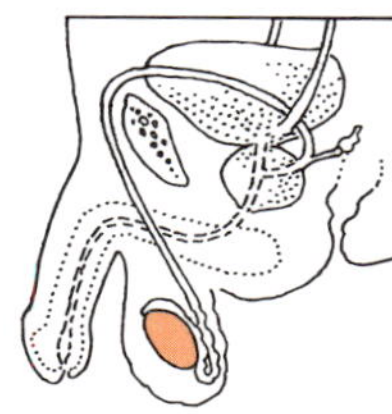
Hoden

Adolf Hitler

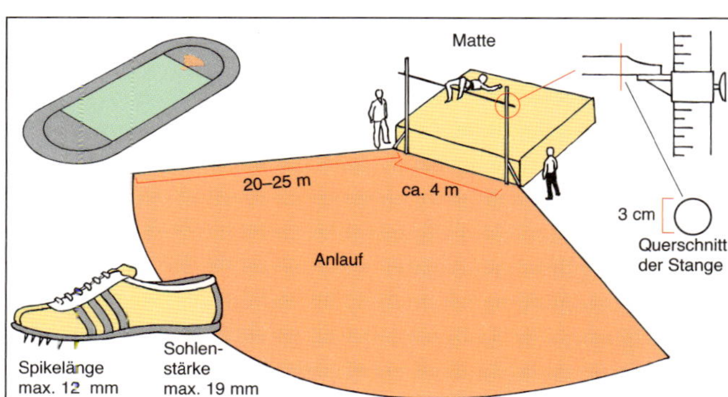

Hochsprung

E.T.A. Hoffmann

Höhlenmalerei (Jagdszene)

H. Holbein d. J.: Der Kaufmann Georg Gisze

Friedrich Hölderlin

Hofburg, Name der ehemaligen kaiserl. Residenz (Schloss) in Wien.

Hofer, Andreas (1767–1810), Freiheitskämpfer. Anführer des Tiroler Volksaufstandes gegen → Napoleon I.

Hoffmann, E. T. A. (Ernst Theodor Amadeus, 1776–1822), dt. Dichter, Komponist u. Maler; *Lebensansichten des Katers Murr, Undine*.

Hoffmann von Fallersleben, August Heinrich (1798–1874), dt. Dichter. → *Deutschlandlied* (1841).

Hofmannsthal, Hugo von (1874–1929), österr. Dichter, schrieb Operntexte für R. → Strauss (*Der Rosenkavalier*), Lustspiele u. Prosatexte.

Hofnarr, im 15.–18. Jh. Spaßmacher u. Unterhalter an Fürstenhöfen. Oft kleinwüchsig, bunt gekleidet. Führten Kunststücke auf u. trugen Texte vor.

Höhe, 1) *Geografie*: **absolute H.**: senkrechter Abstand eines Punktes vom Meeresspiegelniveau, **relative H.**: Höhenabstand zw. 2 Punkten auf der Erdoberfläche, z. B. zw. Fuß u. Gipfel eines Berges; 2) *Geometrie*: Abstand eines Punktes von der Grundfläche oder -linie; 3) *Astronomie*: Winkelabstand eines Gestirns vom Horizont.

Hoheitszeichen, Bezeichnung für die Symbole der Staatsmacht, z. B. Flaggen, Wappen, Siegel.

Höhengrenzen, klimat. Grenzen. Da sich das Klima mit zunehmender Höhe verändert, gibt es H. der Pflanzenwelt, des Schneefalls (Schneegrenze), der Tierwelt u. der wirtschaftl. Nutzung.

Höhenkrankheit, in größeren Höhen enthält die Luft weniger Sauerstoff, es kann daher zur Unterversorgung des Körpers kommen. Müdigkeit, Atemnot, Kopfschmerzen, Bewusstlosigkeit sind Folgen der H. Kann tödlich enden.

Höhenlinien, Linien gleicher Höhe in Karten.

Hohenstaufen (Staufer), dt. Kaisergeschlecht 1138–1254. Regierten zur Glanzzeit des mittelalterl. dt. Kaisertums.

Hohenzollern, dt. Fürstengeschlecht u. letztes dt. Kaiserhaus. Im 13. Jh. Spaltung in eine fränk. u. schwäb. Linie. Die fränk. Linie stellte ab 1415 die Kurfürsten von Brandenburg u. ab 1701 preuß. Könige, 1871–1918 dt. Kaiser. Die schwäb. Linie teilte sich 1576 in die Häuser H.-Hechtingen u. H.-Sigmaringen. Karl von H.-Sigmaringen gründete 1866 die rumän. Dynastie (bis 1947).

höhere Programmiersprachen, → Programmiersprachen. Symbole sind an das menschl. Denken angelehnt, werden vom Prozessortyp unabhängig geschrieben. Ein Compiler oder Interpreter übersetzt ein Hochsprachenprogramm in die vom Mikroprozessor verstandene Maschinensprache. Zu den h. P. gehören BASIC, C, PL/M.

Hohe Schule, Bezeichnung für die höchste Stufe des Dressurreitens (→ Dressur).

Höhle, durch natürl. Vorgänge (z. B. Erosion) entstandener Hohlraum im Gestein. Dienten frühen Menschen teilweise als Wohnort.

Höhlenmalerei, vom Ende der Altsteinzeit (zw. 40.000 u. 10.000 v. Chr.) Darstellungen von Tieren an Höhlenwänden. Sinn der H. war nicht ein Schmuckbedürfnis, sondern Fruchtbarkeitszauber oder Jagdmagie. Berühmte Fundorte: Lascaux (Frankreich) u. Altamira (Spanien).

Hohlmaße, Einheiten, die das Füllvolumen eines Körpers angeben. Basiseinheit → Liter.

Hohlspiegel, → konkaver Spiegel, bei dem Lichtstrahlen, die vom → Brennpunkt ausgehen, in parallele Strahlen umgewandelt werden u. umgekehrt. H. werden z. B. in Scheinwerfern oder als Rasierspiegel verwendet.

Holbein, Hans d. J. (1497–1543), dt. Maler u. Grafiker, v. a. Buchillustrationen, Altarbilder u. Porträts u. a. von Erasmus von Rotterdam, Heinrich VIII. u. Thomas Morus.

Hölderlin, Friedrich (1770–1843), dt. Dichter, schrieb Hymnen u. Prosa, dabei Neugestaltung u. -interpretation der gr. Mythologie.

Holding (engl.), Gesellschaft ohne eigene Produktion, die als Dachgesellschaft Geschäftsanteile oder Aktien von abhängigen Unternehmen verwaltet.

Holland, → Niederlande.

Hölle, im jüdischen, christlichen u. islamischen Glauben der Ort der Qualen u. der Verdammnis für die Sünder u. das Reich des Teufels.

Hollywood, Ort in der Nähe von → Los Angeles. Sitz der amerik. Filmindustrie.

Holm (der), 1) Bezeichnung für die Griffstange des Barrens u. die Längsstange der Leiter; 2) tragender Teil des Flugzeugflügels.

Holocaust (der, gr.), Bezeichnung für die Massenvernichtung menschl. Lebens, bes. der Juden im → Nationalsozialismus.

Holografie, fotograf. Aufnahmeverfahren, bei dem mithilfe von Laserlicht dreidimensionale (räumliche) Bilder erzeugt werden.

Holozän, Nacheiszeit. Die jüngste Epoche des Quartär, der jüngsten Periode der Erdneuzeit (Känozoikum). Begann vor ca. 1,5 Mio. Jahren.

Holstein, südl. Landesteil von → Schleswig-Holstein. 1460–1864 zum Königreich Dänemark gehörig.

Holunder, zu den Geißblattgewächsen gehörende Sträucher mit weißen Blütendolden u. schwarzen oder roten Früchten.

Holzkohle, in einem Holzmeiler langsam verschweltes (durch Luftabschluss nicht verbranntes) Brennstoffprodukt mit hohem Heizwert.

Holzschnitt, Druck von einer Holzplatte; alle Teile, die keine Farbe abgeben sollen, werden aus der Holzplatte herausgeschnitten.

Homebanking, Erledigung der Bankgeschäfte von zu Hause aus über das Internet (Kontostand, Überweisungen usw.).

Homepage (die, engl., „Heimseite"), Bezeichnung für die 1. Seite einer Internetpräsenz im → WWW.

Homer (wahrscheinlich 2. Hälfte des 8. Jh. v. Chr.), gr. Epiker. Ihm werden die ersten u. bedeutendsten gr. Heldenlieder zugeschrieben: *Ilias* u. *Odyssee*.

Homo, wissenschaftliche Bezeichnung für die Gattung Mensch.

homogen, von durchgehend gleicher Beschaffenheit.

Homöopathie, Heilverfahren nach dem Grundsatz: Gleiches wird durch Gleiches geheilt. Dem Kranken werden die Stoffe, die die Krankheit hervorgerufen haben, in sehr verdünnten Mengen verabreicht.

Homo sapiens (der, lat., „Der vernunftbegabte Mensch"), wissenschaftliche Bez. für den heutigen Menschen.

Homosexualität, Sexualität, die auf das gleiche Geschlecht gerichtet ist; Ggs.: → Heterosexualität.

Honduras

präsidiale Republik in Mittelamerika, 112.492 km², 8 Mio. EW, *Hauptst.* Tegucigalpa, *Staatsoberhaupt* u. *Regierungschef:* Juan Orlando Hernández (seit 2014). *Naturraum:* wechselfeucht-trop. Hochgebirgsland mit Küstenebene im N; auf der Landbrücke zw. Atlantik u. Pazifik. *Bevölkerung:* 80 % Mestizen, 10 % Indios, 5 % Europäer u. Afrikaner. *Wirtschaft:* Kaffee- u. Bananenplantagen. Vorhandene Bodenschätze werden kaum abgebaut; Zentrum des Drogenschmuggels in die USA. Basis der Contra-Rebellen Nicaraguas.

Honecker, Erich (1912–1994), dt. Politiker. Von 1971–1989 Generalsekretär der → SED. Wachsende Unzufriedenheit des Volkes mit dem totalitären Staat führten 1989 zu seinem Sturz; starb in Chile im Exil.

Hongkong, ehemalige brit. Kronkolonie an der Mündung des Hsikiang ins Südchines. Meer, 1095 km², 7 Mio. EW; besteht aus den Inseln H. (mit Hauptst. Victoria), Lantao, Halbinsel Kowloon u. a. kleinen Inseln; bedeutende Industrie, Hafen, Handelsmittelpunkt Asiens. H. wurde 1997 nach Ablauf des Pachtvertrages an die VR China zurückgegeben.

Honigbiene, ca. 18 mm langes Insekt. Lebt in Gemeinschaft mit bis zu 70.000 anderen Bienen in einem klar gegliederten Staat, an dessen Spitze die Eier legende Königin steht. Nestbau, Sauberhaltung u. die Fütterung der Larven ist Aufgabe der Arbeiterinnen. Diese werden nur wenige Wochen alt. Die H. verständigen sich über die Bienensprache.

Homer

Honigbienen

Hongkong: Hausboote vor Wolkenkratzern

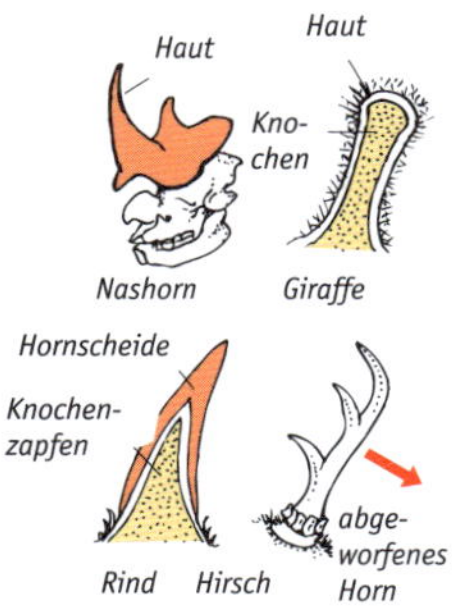

Verschiedene Hornarten

Horus

Hopfen

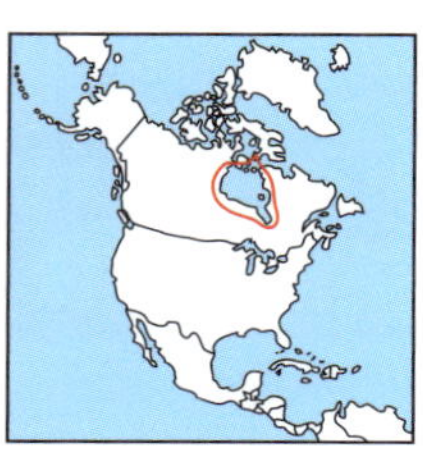

Hudson Bay

Honolulu, Hauptst. → Hawaiis, 379.000 EW; Universität, Fremdenverkehrszentrum.

Honorar, Entgelt für Leistungen in freien Berufen, z. B. Ärzte, Künstler.

honoris causa (lat.), Abk. h.c., ehrenhalber, z. B. Dr. h.c.

Hopfen, zu den Maulbeergewächsen gehörende windende Pflanzen. Die weibl. Pflanzen des Gemeinen H. werden angebaut. Ihre Blütenstände dienen der Würze u. Haltbarmachung von Bier.

Horaz (65–8 v. Chr.), röm. Dichter, bedeutendster Lyriker zur Zeit des → Augustus. Er schrieb Satiren u. Oden.

Höriger, im MA unfreier, aber nicht leibeigener Bauer, der zur Ableistung von → Frondiensten u. zum Verbleib auf dem Hof des Grundherrn verpflichtet war.

Horizont, 1) Linie, an der Erdoberfläche u. Himmel scheinbar zusammenstoßen; 2) *Bodenkunde*: Bodenprofil; 3) *Geologie*: Bildungszeit einer Gesteinsschicht.

Hormone, körpereigene chem. Substanzen, welche die Tätigkeit von Körperorganen anregen u. steuern.

Horn, 1) Waldhorn; 2) allg. für Blechblasinstrument.

Hörner, aus Hautzellen gebildete paarige Auswüchse an der Stirn vieler Wiederkäuer, z. B. bei Rindern, Ziegen, Gämsen. H. sitzen auf Knochenzapfen, werden im Ggs. zum → Geweih nicht abgeworfen.

Hornhaut, 1) durchsichtige, vordere Deckhaut des Augapfels, → Auge; 2) die aus abgestorbenen Hautzellen bestehende äußere Hautschicht.

Hornisse, ca. 35 mm langes, gelbbraunes oder gelbschwarzes Insekt, die größte europäische Wespe. Jedes Frühjahr gründet ein befruchtetes Weibchen (Königin) einen neuen, einjährigen Staat. Die Männchen überleben den Winter nicht. H. sind Räuber.

Horoskop, → Astrologie.

Horror (der, lat.), Schauder, Furcht.

Hörspiel, dramat. Dichtung, die für den Rundfunk geschrieben wurde.

Horst, in der Zoologie Bezeichnung für ein großes Vogelnest, z. B. von Greifvögeln wie Adlern.

Horus, ägypt. Hauptgott, als Falke dargestellt.

Hostie (die, lat.), das in der christl. Kirche gereichte Opferbrot (Oblate). Stellt symbolisch den Leib Christi dar.

Hottentotten, nomadisch lebendes Viehzüchtervolk in Namibia; Name bedeutet auf holländ. „Stotterer", wg. der ungewöhnlichen schnalzenden Sprache.

House (der, engl.), Einfach strukturierte Abwandlung des → Dancefloor; entstand im Club „The Warehouse" in Chicago. Soll bei den Tanzenden ein Trancegefühl wecken.

HTML, Abk. für engl. **H**ypertext **M**arkup **L**anguage. Sprache zur Gestaltung u. Strukturierung von Dokumenten u. a. im → WWW (Kapitel, Überschriften, Aufzählungen, Einbindung multimedialer Objekte z. B. Fotos). Definiert auch Verknüpfungen (Hyperlinks, → Hypertext) zw. Dokumenten.

Hubraum, der Rauminhalt eines Zylinders im Motor.

Huch, Ricarda (1864–1947), dt. Schriftstellerin. Schrieb Gedichte, Romane u. geschichtl. Darstellungen; *Der große Krieg in Deutschland*.

Hudson Bay, riesige Bucht des Nordatlantiks in → Kanada, 1,2 Mio. km², 218 m tief.

Huf, aus Hautzellen gebildeter Überzug der Zehenenden bei den Huftieren.

Hugenotten, Protestanten calvinist. Richtung in Frankreich. Waren bis zum → Edikt von Nantes schweren Verfolgungen ausgesetzt (→ Bartholomäusnacht) u. wanderten nach der Aufhebung dieses Edikts durch Ludwig XIV. ab 1685 nach Deutschland, England, in die Niederlande u. die Schweiz aus.

Hugo, Victor (1802–1885), frz. Schriftsteller, bedeutender Vertreter der frz. Romantik. Historische Romane wie *Der Glöckner von Notre Dame* u. *Die Elenden*.

Hülse, 1) röhrenförmige feste Hülle aus Metall, Kunststoff u. a.; 2) Bezeichnung für eine kapselige Frucht, die aus einem Fruchtblatt gebildet ist u. an Bauch- u. Rückennaht aufspringt.

Hülsenfrüchte, Bezeichnung für die Früchte der Hülsenfrüchtler, die als bes. eiweißreiche Nahrungs- u. Futtermittel dienen, z. B. Linsen, Bohnen, Erbsen.

human (lat.), menschlich, menschenfreundlich.
Humanismus (der), von der gr.-röm. Antike u. dem Christentum geprägte Weltanschauung. Breitete sich zw. dem 14. u. 16. Jh. von Italien über Europa aus u. herrschte in den gebildeten Kreisen des Bürgertums vor. Der H. stellte den Menschen als Individuum u. seine persönl. Entfaltungsmöglichkeit in den Mittelpunkt philosoph. u. künstler. Interesses. Lehnte kirchl. Autorität ab.
Humanität (die, lat.), Menschlichkeit.
Humboldt, Alexander von (1769–1859), dt. Naturforscher, machte langjährige Forschungsexpeditionen durch Südamerika, nahm dabei vielfältige Höhen- u. Temperaturmessungen vor. Hielt berühmte Vorlesungen zur „Weltbeschreibung".
Humus, wertvoller, organischer Anteil der obersten Bodenschicht. Entsteht aus abgestorbenen pflanzlichen u. tierischen Stoffen.
Hunde (Haushunde), ältestes Haustier des Menschen, aus dem Wolf hervorgegangen; ca. 200–300 Rassen, mit sehr verschiedenem Körperbau u. Charakter.
Hundertjähriger Krieg, siehe Kasten unten.
Hunnen, mongol. Nomaden- u. Reitervolk. Von 209–174 v. Chr. Großreich in der → Mongolei; sie bedrängten zunächst China, bis gegen ihre Einfälle die → chinesische Mauer gebaut wurde; wandten sich dann nach W. 375 n. Chr. fielen die H. in Europa ein, lösten damit die → Völkerwanderung aus. Nachdem Hunnenkönig → Attila in der Schlacht auf den Katalaunischen Feldern 451 vom röm.-german. Heer geschlagen wurde, zog er mit seinen Horden nach Italien weiter; Papst Leo I. konnte die H. zum Rückzug bewegen. Nach Attilas Tod 453 zogen sich die restl. H. nach O zurück oder gingen in anderen Völkern (Ungarn, Awaren, Bulgaren) auf.
Hunsrück (der), bis 816 m hoher südwestl. Teil des Rheinischen Schiefergebirges zw. Rhein, Mosel u. Nahe.
Hürdenlauf, olymp. Disziplin. Rennen, bei dem 10 aufgestellte Hürden übersprungen werden müssen. Hürdenhöhe: 106,7 oder 91,4 cm (Männer); 84 oder 76,2 cm (Frauen).
Hurrikan, ein trop. Wirbelsturm im mittleren Atlantischen Ozean. Rast mit Geschwindigkeiten bis zu 300 km/h über die Erde u. verursacht dabei ungeheure Schäden.
Hus, Jan (um 1370–1415), tschech. Reformator. H. wandte sich gegen den weltl. Besitz der Kirche. Wurde 1415 als Ketzer verurteilt u. verbrannt.
Hussein, Saddam (1937–2006), irak. Diktator, 1979–2003 Staatschef des Irak. Begann beide → Golfkriege. Hinrichtung 2006.

Alexander von Humboldt

Jan Hus

Hundertjähriger Krieg

Im Jahre 1328 starb *Karl IV.*, König von Frankreich, aus dem Hause der Kapetinger, ohne direkte Nachkommen zu hinterlassen. Sein englischer Neffe *Eduard III.* beanspruchte daraufhin den französischen Thron für sich, doch Karls Cousin war bereits als *Philipp VI.* zum französischen König gekrönt worden. Zudem ließ Philipp englisches Land besetzen und so kam es 1337 schließlich zum Ausbruch eines Krieges, der hundert Jahre dauern sollte.
Nach ersten militärischen Erfolgen Englands, mehreren Unterbrechungen der Kampfhandlungen und einem zwischenzeitlichen Friedensvertrag erhielt der Kriegsverlauf mit dem Auftreten von → **Jeanne d'Arc** schließlich eine entscheidende Wende zugunsten Frankreichs. 1429 rief sie nach einer göttlichen Vision zur Befreiung der belagerten Stadt Orléans auf – weshalb sie bis heute als **Jungfrau von Orléans** bekannt ist –, und mit ihr kamen die Siege für Frankreich. Jeanne wurde jedoch verraten, für 10.000 Franken an England verkauft und dort wegen Ketzerei verurteilt und auf dem Scheiterhaufen verbrannt. Die Niederlage Englands auf französischem Boden war dennoch unausweichlich. Mit dem Ende des Krieges 1453 waren nur noch Calais und die Kanalinseln in englischem Besitz. Die strategisch günstige Hafenstadt fiel rund 100 Jahre später an Frankreich zurück, den Anspruch auf die französische Krone ließ England aber erst 1802 fallen.

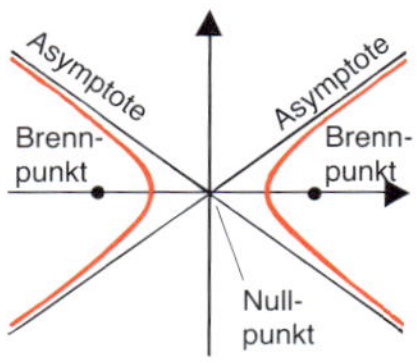

Hyperbel

Tüpfelhyäne

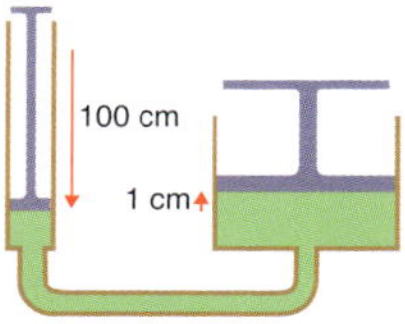

Hydraulik

Christian Huygens

Hussein II. (1935–1999), von 1952–1999 König von Jordanien.
Husserl, Edmund (1859–938), dt. Philosoph, Begründer der phil. Phänomenologie.
Hussiten, Anhänger des Prager Reformators Jan (Johannes) → Hus. Verbanden reformatorisch-christliche Ideen mit nationalpolitischen (tschech.) Forderungen. Mit der Verurteilung von Hus als Ketzer begannen die **Hussitenkriege** (1419–1436).
Hutten, Ulrich von (1488–1523), dt. Humanist; Anhänger → Luthers. Verfasste satirische Reden gegen die katholische Kirche u. den Papst; Mitverfasser der *Dunkelmännerbriefe*.
Huxley, Aldous (1894–1963), engl. Schriftsteller. Schrieb u. a. nachdenkliche Zukunftsromane, z. B. *Schöne neue Welt* (1932).
Huygens, Christiaan, (1629–1695), niederländ. Mathematiker, Physiker u. Astronom. Erfinder der Pendeluhr, der Federuhr mit Unruh; Entdecker des 1. Saturnmondes, des Orionnebels u. der Gestalt der Saturnringe; Urheber der Wellentheorie des Lichts u. des huygensschen Prinzips.
Hwangho (Huangho) (der, chin., „Gelber Fluss"), mit 4845 km Länge zweitlängster Fluss Chinas, entspringt im Hochland von Tibet u. mündet ins Gelbe Meer. Die gelbe Farbe stammt von den Stickstoffen, die er auf seinem Lauf aufnimmt.
Hyänen, in Afrika u. Westasien vorkommende hundeähnliche Raubtiere, die sich von Aas ernähren.
hydr(o)..., Hydr(o)... (gr.), bedeutet in Wortzusammensetzungen „Wasser".
Hydrant (der, gr.), Zapfstelle an öffentl. Wasserleitungen zum Anschließen der Feuerwehrschläuche.
Hydrat (das, gr.), eine chem. Verbindung, die gebundenes Wasser enthält.
Hydraulik, Lehre von den Strömungen inkompressibler Medien, meist in Flüssigkeiten. Bei einem Fahrzeug ist es die Gesamtheit der Vorrichtungen, deren Kräfte mithilfe des Druckes einer Flüssigkeit erzeugt werden.
hydraulisch, mit Flüssigkeitsdruck arbeitend.
Hydrid (das, gr.), Verbindung aus Wasserstoff u. einem anderen Element.
Hydrokultur, die Aufzucht u. das Halten von Pflanzen in einer Nährflüssigkeit ohne Erde.
Hydrosphäre (die, gr., „Wasserhülle"), die Gewässer der Erde (Weltmeere, Flüsse, Seen, Grundwasser, Wasser in der Atmosphäre). Sie bedeckt etwa 75 % der Erdoberfläche.
Hygieia, Göttin der Gesundheit in der gr. Mythologie.
hygro..., Hygro... (gr.), bedeutet in Wortzusammensetzungen „Feuchtigkeit".
Hygrometer (das, gr., „Feuchtigkeitsmesser") Messgerät zur Bestimmung der Luftfeuchtigkeit.
Hymen (das, gr.), wissenschaftlicher Name für das → Jungfernhäutchen. In der gr. Mythologie Gott der Hochzeit.
Hymne (die, gr., „Lied"), Lobgesang.
hyper..., Hyper..., in Vorsilben mit der Bedeutung „über", „übermäßig".
Hyperbel, geometrischer Ort aller Punkte, für welche die Differenz von 2 festen Punkten (Brennpunkte) konstant u. gleich der reellen Achse der Hyperbel ist.
Hypertext (der, engl.), Bezeichnung für nicht-linearen Text. Lineare Texte werden von oben nach unten bzw. Seite für Seite gelesen. Beim H. folgt der Leser Querverweisen, den **Hyperlinks** im Text, die auf andere Dokumente verweisen. Ein H. hat somit weder Ende noch Anfang.
Hypnose, durch suggestive Beeinflussung hervorgerufener, schlafähnlicher Bewusstseinszustand.
Hypnotika (gr.), Schlafmittel.
Hypophyse (die, gr.), Hirnanhangdrüse. Produziert → Hormone, z. B. Wachstumshormone.
Hypotenuse (die, gr.), die dem rechten Winkel gegenüberliegende Seite eines rechtwinkligen Dreiecks.
Hypothese (gr.), Annahme, Vermutung.
Hysterie, psych. Störung, bei der sich psych. Konflikte, die mit starken Emotionen verbunden sind, in körperl. Symptomen (z. B. Weinkrämpfe, Sinnesstörungen oder Lähmungserscheinungen) äußern.
Hz, Abk. für → **Hertz**.

I

i, mathematisches Zeichen für imaginäre Zahlen. – **I,** 1) röm. Zahlzeichen für 1; 2) Zeichen für die elektrische Stromstärke.

Iberische Halbinsel (Pyrenäenhalbinsel), südwestlichste Halbinsel Europas mit den Staaten Spanien u. Portugal.

Ibn (arab., „Sohn"), oft Teil arabischer Namen.

Ibsen, Henrik (1828–1906), norweg. Dichter, z. B. *Nora oder ein Puppenheim*.

Henrik Ibsen

IC, Abk. für 1) **I**nter**c**ity; 2) engl. **I**ntegrated **C**ircuit, integrierte Schaltung.

ICE, → **I**nter**c**ity **E**xpress.

Ichthyosaurier, fossile Reptilien („Fischechsen") mit delfinartigem Kopf; bis zu 15 m lang.

Icons (engl.), Symbole auf dem Computerbildschirm, die Programme oder Dateien darstellen.

Ideal (das, gr.), Wunschbild, Vorbild, das Vollkommene.

Idealismus, Anerkennung geistiger Werte, Ggs.: → Materialismus.

Idee (die, gr.), Einfall, Vorstellung, Plan.

Iden, Bezeichnung für die Monatsmitte im röm. Kalender.

identifizieren, erkennen; Sub.: **Identifikation**, nach S. → Freud die Übernahme fremder Vorstellungen u. Beweggründe in das Ich.

Identität, die vollständige Übereinstimmung zweier oder mehrerer Dinge.

Ideologie, einem bestimmten politischen Interesse dienende Weltanschauung.

Idol, Vorbild, oft verklärt gesehen.

IG, Abk. für **I**ndustrie**g**ewerkschaft.

Iglu, kreisrundes, kuppelförmiges Schneehaus der → Eskimos.

Iglu

ignorieren, nicht beachten, nicht wissen; Sub.: **Ignoranz**, Dummheit; **Ignorant**, jemand, der sich nicht auskennt.

Ijsselmeer, See in den Niederlanden, durch 30 km langen Deich aus einer ehemaligen Nordseebucht (Zuidersee) entstanden.

Abschlussdeich zum Ijsselmeer

Ikarus, 1) Held der gr. Mythologie, versuchte mit Flügeln, die mit Wachs zusammengehalten wurden, vor König Minos zu fliehen, kam aber der Sonne zu nahe. Dadurch schmolz das Wachs, I. stürzte ins Meer; 2) Asteroid.

Ikebana (das), die klassische Kunst des Blumensteckens in Japan.

Ikone, kleines, tragbares Bild von Christus, Maria oder von Heiligen, in der → byzantinischen Kunst entstanden.

Ilias, Heldensage über den Trojanischen Krieg, wird → Homer zugeschrieben.

Illumination (die, lat.), 1) festliche Beleuchtung; 2) göttliche Erleuchtung; 3) das Ausmalen von Holzschnitten.

Illusion, Einbildung, Sinnestäuschung.

Illyrer, indogermanischer Volksstamm. Die I. stießen um 1200 v. Chr. aus Mitteleuropa bis zur östlichen Adriaküste vor u. drängten dabei die → Dorer von Nordgriechenland nach S auf den Peloponnes, nach Kreta u. zu den Ägäischen Inseln. Ab dem 3. Jh. v. Chr. gerieten sie unter röm. Herrschaft.

Image (das, engl.), Bild, das man von sich selbst oder von andern hat bzw. das man gerne über sich selbst vermitteln würde (ein „gutes" Image).

Imam (der, arabisch), 1) der Vorbeter in der Moschee; 2) islamisches geistliches Oberhaupt.

Imker, Bienenhalter, -züchter.

Imkerei, die Haltung u. Zucht von Honigbienen, um Honig u. Wachs zu gewinnen.

Immatrikulation (die, lat.), Einschreibung an einer Universität.

immergrüne Pflanzen, Bezeichnung für Pflanzen, die das ganze Jahr über Blätter oder Nadeln tragen.

Immigration (die, lat.), → Einwanderung.

Immission, schädliche Einwirkung von Abgas, Lärm, Geruch, Licht, Wärme, Strahlung auf Menschen, Tiere u. Pflanzen. Zum Schutz haben die Gesetzgeber mancher Länder bestimmte Immissionsgrenzwerte festgelegt.

Immobilien, nicht „mobile", d. h. unbewegliche Vermögensgegenstände, z. B. Gebäude oder Grundstücke.

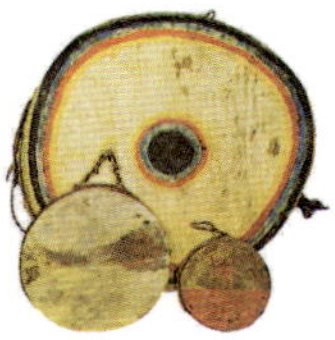

Indianer: Tamburin aus Tierhaut

Indien: Tempel Kandariya Mahadeo

Indigo

Immunität, 1) verfassungsrechtlich garantierter Schutz der Bundes- u. Landtagsabgeordneten vor behördlichen Verfolgungen wegen einer Straftat; 2) Widerstandsfähigkeit des Körpers gegenüber Krankheitserregern.
Immunschwäche, die durch eine Krankheit verringerte Abwehrkraft des körpereigenen Immunsystems, z. B. → Aids, Leukämie.
Imperativ, Befehlsform des Verbs.
Imperator (der, lat.), im antiken Rom Titel für einen siegreichen Feldherrn; seit → Augustus Titel der röm. Kaiser.
Imperfekt, unvollendete Vergangenheit (z. B. er sprach).
Imperialismus, Ausdehnung bzw. Machterweiterungspolitik einer Großmacht; das Streben nach mehr Einfluss in anderen Ländern.
Imperium Romanum (lat.), → Römisches Reich.
Implantation (die, lat.), Einpflanzung von Gewebeteilen oder künstlichen Organen in den lebenden Organismus.
Implosion (die, lat.), das schlagartige Zusammenbrechen eines Hohlkörpers, der im Inneren einen geringeren Druck als seine Umgebung aufweist. Ggs.: → Explosion.
Import, die Einfuhr von Waren.
Impotenz, Unfähigkeit des Mannes, den Geschlechtsverkehr zu vollziehen.
Imprägnieren (das, lat.), das Tränken von Holz, Textilien u. a. mit chemischen Lösungen, um das Material wasserdicht oder hitzebeständiger zu machen.
Impressionismus, Kunststil, der Ende des 19. Jh. v. a. von frz. Malern entwickelt wurde. Sie wollten ihren Eindruck (frz. „impression“) eines Augenblicks darstellen. Bedeutende Vertreter sind Degas, → Renoir, → Monet.
Impressum, Angaben über Verlag, Redaktion u. a. Verantwortliche in einem Buch oder einer Zeitschrift.
Improvisation (die, lat.), Darbietung aus dem Stegreif (Musik, Theater).
Impuls, 1) allg. Antrieb, Anstoß; 2) elektrische Spannung, Stromstoß von kurzer Dauer. A.: **impulsiv**, einer plötzlichen Eingebung folgend.
Inch, angelsächsisches Längenmaß. 1 inch = 2,54 cm = 1 Zoll.
Index, 1) alphabetisches Stichwortverzeichnis; 2) statistische Messzahl, bei der ein sich ändernder Wert zu einem Basiswert (immer 100 %) ins Verhältnis gesetzt wird.
Indianer, von Kolumbus so benannte Bevölkerung Amerikas. Die I. waren über die Beringstraße vor 10.000–12.000 Jahren aus Asien eingewandert. Von ihnen haben wir z. B. den Mais- u. Kartoffelanbau übernommen.

Indien

(Indische Union), parlamentarisch-demokratische Bundesrepublik des → Commonwealth in Südasien, 3.287.590 km², 1,2 Mrd. EW, *Hauptst.* → Neu-Delhi, *Staatsoberhaupt:* Pranab Mukherjee (seit 2012), *Regierungschef:* Varendra Modi (seit 2014). *Naturraum:* vom Himalaja im N bis zum Arabischen Meer im W u. zum Golf von Bengalen im O Großlandschaften: a) Himalaja mit der im S vorgelagerten Siwalikkette, b) nordindisches Tiefland oder Gangestiefland, 300 km breit, im S des Himalaja; c) Hochland von Dekhan, von W nach O geneigt, mit Gebirgsrändern (Ost- u. Westghats) u. Küstentiefländern an Malabarküste (W) u. Koromandelküste (O). Zu I. gehören Andamanen u. Nikobaren u. die Lakshadweep-Inseln. *Klima:* Monsunklima mit 3 Jahreszeiten; Niederschläge im Herbst; im Nordwesten wüstenhaft. *Bevölkerung:* Inder, im S Drawida u. Gedda, im N mongolischstämmige Völker. Bevölkerungsreichstes Land der Erde nach China: 319 EW/km². *Wirtschaft:* überwiegend Landwirtschaft; Baumwolle, Tee; größter Rinderbestand der Welt (Kühe sind heilig); reiche Bodenschätze; Textil-, Schwer- u. Nahrungsmittelindustrie.

Indigo (der, span.), der älteste u. früher wichtigste organische Farbstoff für tiefblaue Färbungen. I. wird aus den Blättern verschiedener tropischer Indigosträucher gewonnen.

Indikationen, allg. Erforderlichsein einer Arznei, Operation, Diät u. a. bei bestimmten Krankheiten; auch Bedingungen, unter denen der → Schwangerschaftsabbruch rechtmäßig ist.

Indikator (der, lat., „Anzeiger"), 1) radioaktives Isotop zur Markierung bestimmter Elemente (z. B. bei Stoffwechseluntersuchungen am lebendigen Menschen); 2) Stoffe, die durch Farbveränderungen den sauren, basischen oder neutralen Charakter einer Lösung anzeigen.

Indio, Indianer Süd- u. Mittelamerikas.

indirekte Rede, nicht wörtliche Rede, ist als Nebensatz von einem Hauptverb abhängig.

Indischer Ozean, mit 74,1 Mio. km^2 kleinster Ozean; zw. Afrika, Asien, Australien u. Antarktis.

Indiskretion (die, lat.), Geheimnisbruch.

Individuum, das Einzelwesen, im Ggs. zu seinen Artgenossen.

Indiz (das, lat.), 1) allg.: Anzeichen; 2) jur.: Indizienbeweis, Beweiskraft von Indizien mangels direkter Beweise durch Augenzeugen.

Indochina, 1887–1954 frz. Kolonien in Hinterindien, heute → Laos, → Kambodscha, → Vietnam.

Indogermanen, auch Indoeuropäer oder Arier genannt; ab ca. 2000 v. Chr. Einwanderung über ein Jt. hinweg aus dem südruss. Steppengebiet nach Indien, Persien u. Europa. Die jeweiligen Ureinwohner wurden vertrieben oder unterworfen. Die meisten europäischen Völker sind indogermanischen Ursprungs.

Indonesien

präsidiale Republik in Südostasien, 2 Mio. km^2, ca. 238 Mio. EW, *Hauptst.* Jakarta, *Staatsoberhaupt* u. *Regierungschef*: Joko Widodo (seit 2014), Einkammerparlament. *Naturraum*: die Großen u. Kleinen Sundainseln (außer Nordborneo), die Molukken u. der Westteil Neuguineas (Westiran); praktisch alle Inseln gebirgig u. von Vulkanen gesäumt. *Klima*: tropisches Monsunklima. *Bevölkerung*: Jung- u. Altmalaien, auf Neuguinea Papua, chinesische Minderheit. *Wirtschaft*: tropische Plantagen (Kautschuk, Teakholz); Anbau von Reis, Gewürzen; Fischerei; Viehzucht; reiche Bodenschätze, Ausfuhr von Erdöl u. Erdgas.

Induktion (die, lat.), Auftreten einer Spannung in einer Spule bei Veränderung eines auf die Spule wirkenden Magnetfeldes oder durch Strom, der durch sie hindurchfließt. Prinzip von Magnetbandgeräten, Lautsprechern u. a.

Industrie, gewerbliche Verarbeitung von Rohstoffen u. Halbfabrikaten zu serienmäßigen, maschinellen Fertigerzeugnissen in Großbetrieben.

industrielle Revolution, Bezeichnung für die Änderung alter Produktionsweisen u. des Gesellschaftsgefüges durch den wissenschaftl. u. techn. Fortschritt im 19. Jh., bes. seit der Erfindung der Dampfmaschine; der Übergang zur maschinellen Fertigung führte zur modernen Industriegesellschaft.

Industrie- und Handelskammer (IHK), Interessenvertretung der ge-

Indios: Ecuadorianer

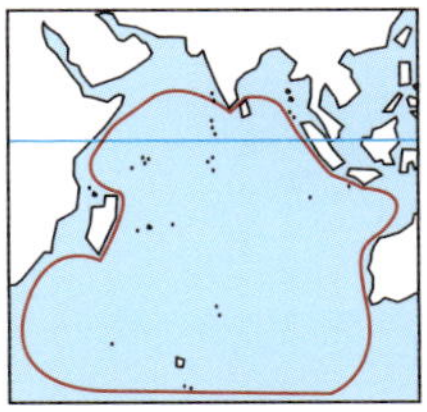

Indischer Ozean

Indonesischer Medizinmann

Brasilianische Indios

Inka: Machu Picchú

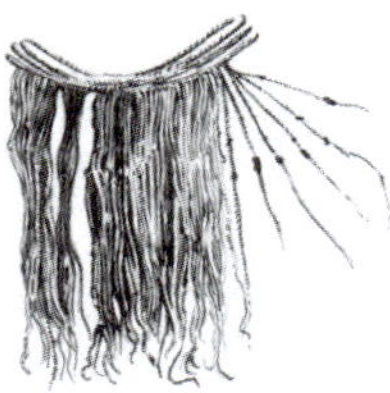

Inka: Knotenschrift (Quipu)

Ingwer

Initiationsmaske

werblichen Wirtschaft (ohne Handwerk) in einer bestimmten Region.

Infanterie (die, lat.), die Fußtruppen des Heeres. Der Soldat dieser Truppe wird **Infanterist** genannt.

Infarkt (der, lat.), die Blutversorgung eines Gewebes fällt durch den Verschluss einer Arterie aus, Embolie, → Herzinfarkt.

Infektion (die, lat.), Krankheit, die durch Übertragung von Krankheitserregern (Bakterien, Viren) entsteht.

Inferno (das, ital., „Hölle"), Unterwelt; Bezeichnung für Katastrophen, v. a. mit Feuer oder großer Hitze (Vulkanausbruch, Feuersbrunst).

Infinitiv (der, lat.), Nennform, die Grundform des Verbs ohne weitere Angaben, z. B. laufen, springen.

Inflation (die, lat.), bedeutet, dass der Geldwert ständig abnimmt, d. h., Waren werden immer teurer. Ggs.: → Deflation.

Influenza (die, ital.), die → Grippe.

Informatik (die, ital.), Wissenschaft von der systematischen Verarbeitung von Informationen, meist durch elektronische Rechenanlagen. Die I. bildet eine der Grundlagen der elektronischen → Datenverarbeitung.

Information (die, lat.), Nachricht, Auskunft.

Infrarot, unsichtbarer Teil des elektromagnetischen Spektrums. Infrarotstrahlung wird bei Absorption in Wärme umgesetzt.

Infrastruktur, wirtschaftliche und organisatorische Grundlagen für das Funktionieren einer Volkswirtschaft, z. B. Straßennetz, Energiewirtschaft.

Infusion (die, lat.), Eingeben einer Flüssigkeit in die Venen, z. B. einer Nährlösung.

Ingenieur (Ing.; der, frz.), Berufsbezeichnung für an einer Fachhochschule oder Hochschule ausgebildete Techniker.

Ingwer, eine tropische u. subtropische Pflanze, deren Wurzelstock ein stärkereiches Gewürz liefert.

Initialen (lat.), oftmals verzierte Anfangsbuchstaben eines Absatzes in einem Buch, aber auch von Namen.

Initiation (die, lat.), die rituelle Aufnahme eines Mitgliedes in eine Gemeinschaft.

Initiative, Entschlusskraft, Beginn einer Handlung; → Bürgerinitiativen.

Injektion (die, lat.), Einspritzung.

Inka, altamerik. Hochkulturvolk in Peru; errichtete um 1100 ein Reich, das die heutigen Länder Peru, Ecuador, Bolivien, Nordchile, Nordargentinien u. Teile von Mexiko umfasste. Hoch entwickelte Landwirtschaft, städtische Siedlungen u. Tempelbauten. Hoch stehende Sozialordnung, Naturgötterglaube, Entwicklung einer Knotenschrift. 1532 durch Pizarro erobert.

Inkarnation (die, lat., „Fleischwerdung"), in der Religion die Menschwerdung eines göttlichen Wesens, z. B. im Christentum die Erscheinung Gottes in der Menschengestalt Jesu.

inkognito, unerkannt, ohne Namensnennung bzw. unter fremdem Namen.

Inkubationszeit, die Zeit, die vom Eindringen eines Krankheitserregers in den Körper bis zum Ausbruch der Krankheit vergeht; → Infektion.

Inkubator (der, lat.), Brutkasten.

Inland, das Gebiet innerhalb der Grenzen eines Staates aus der Sicht eines dort lebenden Staatsbürgers.

Innenpolitik, alle politischen Maßnahmen, die die inneren Angelegenheiten u. die Ordnung eines Staates betreffen.

innerer Monolog, in der Literatur die Wiedergabe von unausgesprochenen Gedanken, meist in ungeordneter Form.

Innovation (die, lat., „Erneuerung"), Veränderung, Einführung, z. B. die Entwicklung neuer Produkte.

Input (der oder das, engl., „Zugeführtes"), Eingabe von Daten u. Befehlen in den → Computer.

Inquisition (die, lat., „Untersuchung"), 1) 1215 von Papst Innozenz III. eingeleiteter Verfolgungskampf der katholischen Kirche gegen sog. Ketzer oder Häretiker. Die I. richtete sich auch gegen vermeintliche Hexen; 2) Im Zuge der → Gegenreformation in den katholisch regierten Ländern kirchliche Bekämpfung protestantischer Christen (Calvinisten, Hugenotten, Hussiten).

I.N.R.I. (lat.), Abk. für **J**esus **N**azarenus **R**ex **J**udaeorum = Jesus von Nazareth, König der Juden; den Evangelien zufolge Inschrift am Kreuz Jesu.

Insekten (Kerbtiere), zu den Gliederfüßern gehörende Tiere mit etwa 775.000 bekannten Arten. Der Körper ist deutlich in Kopf, Brust (mit 3 Beinpaaren u. meist 2 Paar Flügeln) u. Hinterleib (ohne Beine) gegliedert.
Insektizide (lat.), Teil der chemischen Pflanzenschutzmittel (→ Pestizide), die Insekten abtöten. Auch nützliche Insekten werden nicht verschont. I. schädigen über die Nahrungskette andere Tiere u. den Menschen. Es haben sich gegen I. bereits widerstandsfähige Arten entwickelt. Dadurch werden mehr u. neue I. verwendet u. das → ökologische Gleichgewicht wird zerstört.
Insel, eine allseits von Wasser umgebene Landfläche.
Inserat, Anzeige in einer Zeitung oder Zeitschrift.
Insignien, Abzeichen der Macht oder eines Amtes, z. B. Zepter u. Krone als Reichsinsignien.
Inspektion (die, lat.), Besichtigung, Überprüfung.
Inspiration (die, lat., „Einhauchung"), schöpferische Eingebung.
Installation (die, lat.), das Einbauen einer technischen Anlage (z. B. Versorgungsleitungen von Gas, Wasser, Elektrizität) u. für die Anlage selbst.
Instant Messaging (das, engl., „sofortige Nachrichtenübermittlung"), Internetdienst zur Kommunikation mittels Textnachrichten in Echtzeit.
Instanz (die, lat.), zuständige Behörde oder Stufe bei Gericht.
Instinkt (der, lat.), angeborene Reaktion auf einen inneren oder äußeren Reiz.
Institution (die, lat.), eine feststehende, allg. anerkannte u. ordnende Einrichtung, z. B. Staat, Kirche.
Instruktion (die, lat.), Anleitung, Vorschrift.
Insulin (das, lat.), → Zuckerkrankheit.
Inszenierung, die Vorbereitung u. Gestaltung eines Bühnenstückes oder eines Films.
Integralrechnung, Umkehrung der Differenzialrechnung. Eine Funktion F(x) zu finden, deren Ableitung wieder die gegebene Funktion F(x) ist.
Integration (die, lat., „Wiederherstellung eines Ganzen"), der Zusammenschluss bzw. die Verbindung zu einer Einheit.
Intellektueller, kluger, kritisch hinterfragender Mensch.
Intelligenz (die, lat.), die Fähigkeit, Vorgänge zu begreifen, zu verarbeiten u. daraus Folgerungen zu ziehen. I. wird durch Umwelt u. Vererbung bestimmt.
Intelligenzquotient (IQ), ein Wert, der durch Intelligenztests ermittelt wird. Dabei werden die Fähigkeiten einer Person ins Verhältnis zu einem Mittelwert gesetzt.

Insel

Insel: Andorsinseln aus dem Weltall gesehen

Intelsat, Abk. für **In**ternational **Tele**communications **Sat**ellite Consortium; 1964 von 11 Teilnehmerländern gegründete Organisation zur Schaffung eines globalen Kommunikationssatellitennetzes. 2001 privatisiert.
intensiv, ausführlich, stark, eingehend.
inter…, Inter… (lat.), bedeutet in Wortzusammensetzungen „zwischen".
Interaktion (die, lat.), wechselseitige Beeinflussung zw. Handlung u. Verhalten von Einzelnen oder Gruppen.
Intercity Express (ICE), Hochgeschwindigkeitszug mit bis zu 300 km/h.
Interesse (das, lat.), 1) Anteilnahme, Beachtung; 2) Neigung, Vorliebe; 3) Nutzen, Vorteil; 4) Bestreben, Absicht.
Interface (das, engl.), Schnittstelle, eine elektronische Einheit zur Verbindung zweier elektronischer Geräte.

Internet

Das Internet ist das größte Computernetz der Welt. Ende der 1960er-Jahre noch militärischer Natur, wurde es in den 1980ern durch seine dezentrale Struktur zu einem von Universitäten genutzten akademischen Netzwerk. Mit der Einführung des benutzerfreundlichen **World Wide Web** (→ WWW) in den 90ern entwickelte sich das Internet zu einem mehr und mehr kommerziell geprägten Medium mit rasantem Wachstum. Jeder Rechner, der das Protokoll des Internet, das TCP/IP, beherrscht, kann an das Netz angeschlossen werden. Die Möglichkeiten der Nutzung sind dabei äußerst vielfältig und noch lange nicht ausgereizt. So gibt es neben klassischen Diensten wie → **E-Mail**, Diskussionsforen und **Musiktauschbörsen** auch → **Instant Messaging**, Onlineauktionen, -spiele und -tagebücher (sogenannte → Weblogs/Blogs), **Internetradio** und **-telefonie**.
In einer Zeit, da Bankgeschäfte oder Einkäufe online erledigt werden, stellt sich allerdings auch die Frage nach der **Sicherheit**. So wird der Internetanwender teilweise mit Viren, Kettenbriefen und Werbemüll belästigt und ist sich oft nicht im Klaren darüber, dass z. B. seine E-Mails von jedem beliebigen Dritten gelesen werden können. Mit entsprechenden Verschlüsselungssystemen kennen sich nur die wenigsten Nutzer aus. Zu einer kompetenten Nutzung gehört zudem die kritische Bewertung von Informationen, die sich im Netz (z. B. als extremistische Propaganda) nahezu ohne jede Kontrolle verbreiten kann.

Internationale Raumstation

Dritte Internationale (Plakat von S. Ivanov)

Interferenz, die Überlagerung gleichartiger Wellen. Bei der Addition der Amplituden der Einzelwellen kann es zur Verstärkung, Schwächung oder Auslöschung der resultierenden Welle kommen.

intern, innerlich, vertraulich.

Internat (das, lat.), Bezeichnung für eine Schule, die gleichzeitig Schülerwohnheim ist.

international, zwischenstaatlich, ohne nationale Begrenzung.

Internationale, 1) Bezeichnung für internationale Vereinigungen der sozialistischen Arbeiterparteien u. Gewerkschaften; erstmals 1864 von Karl → Marx gegründet; 2) 1871 gedichtetes Kampflied der internationalen sozialistischen Arbeiterbewegung.

Internationale Atomenergiebehörde (IAEO), 1957 gegründete Organisation zur Förderung einer friedlichen Nutzung der → Kernenergie u. zur Verhinderung ihrer missbräuchlichen Anwendung (Atomwaffensperrvertrag). Erhielt 2005 zusammen mit ihrem Vorsitzenden Mohammed → El-Baradei den Friedensnobelpreis. Verwaltungssitz ist die UNO-City in Wien.

Internationale Grundschul-Lese-Untersuchung (IGLU), Studie zum internationalen Vergleich der Lesefähigkeit von Viertklässlern.

Internationale Raumstation, ein bemanntes Labor im Weltraum, das zur Erforschung des Alls dient u. an dem mehrere Länder beteiligt sind.

Internationaler Gerichtshof, 1945 gegründetes Gericht mit Sitz in Den Haag, Niederlande, das für Streitigkeiten unter Mitglieds- u. (teilweise) Nichtmitgliedsstaaten der UN zuständig ist.

Internationaler Strafgerichtshof (IStGH), ugs. auch UN-Kriegsverbrechertribunal mit Sitz in Den Haag zur Ahndung von Völkermord, Verbrechen gegen die Menschlichkeit, Kriegsverbrechen u. das Verbrechen der Aggression. Sein Statut trat 2002 in Kraft u. wurde bereits von über 100 Staaten unterschrieben.

Internationaler Währungsfonds (Weltwährungsfonds, IWF), 1944 gegründete Einrichtung, die u. a. den Welthandel durch die Vergabe von → Krediten fördert; Sitz in Washington.

Internationales Komitee vom Roten Kreuz (IKRK), 1864 gegründet zum Schutz von Leben u. Würde der Opfer von Kriegen u. innerstaatlichen Konflikten.

Internet, siehe Kasten oben.

Internetcafé, ermöglicht seinen Gästen über Terminals den Zugang zum Internet (siehe Abb. S. 143).

Internist (der, lat.), Facharzt für innere Krankheiten.
Interpol, Abk. für **Inter**nationale Kriminal**pol**izeiliche Kommission, 1923 gegründete Vereinigung nationaler Kriminalämter zur Zusammenarbeit bei der Verbrechensbekämpfung, Sitz in Paris.
Interpretation (die, lat.), Ausdeutung, Erklärung.
Interpunktion (die, lat.), Zeichensetzung.
Interrogativpronomen, Fragefürwort, z. B. „wer?" oder „was?".
Intervall (das, lat.), 1) Abstand, Zwischenraum; 2) Abstand zweier Töne in der Musik, gemessen nach der Zahl der Töne, z. B. Terz, Oktave.
intervenieren, eingreifen, dazwischengehen; Sub.: **Intervention.**
Interview (das, engl.), die Befragung einer Person durch einen Journalisten.
intim, den ganz privaten Bereich betreffend, vertraulich; Sub.: **Intimität.**
intra..., Intra... (lat.), bedeutet in Wortzusammensetzungen „innen", „innerhalb".
Intranet, lokales Rechnernetzwerk, das die Technik des → Internets (TCP/IP Protokoll) benutzt. Für interne Firmenkommunikation gebräuchlich.
intransitives Verb, ein → Verb, von dem kein Akkusativobjekt abhängen kann u. das kein persönliches Passiv bildet, z. B. begegnen.
Intrige, ein gemeinsames Spiel gegen jemanden (z. B. durch Verleumdung), um ihm Schaden zuzufügen.
intro..., Intro... (lat.), bedeutet in Wortzusammensetzungen „nach innen", „hinein".
introvertiert (lat.), nach innen gerichtetes Denken u. Verhalten. Ggs.: extrovertiert.
intuitiv, einer plötzlichen Eingebung folgend, ohne viel nachzudenken. Sub.: **Intuition.**
Inuit, Eigenbezeichnung der → Eskimos. Inuit heißt „Mensch".
Invalide (der, lat.), durch Unfall, Krankheit u. a. ganz oder teilweise erwerbsunfähiger Mensch.
Invasion (die, lat.), das Eindringen feindlicher Streitkräfte in fremdes Staatsgebiet.
Inventur (die, lat.), Bestandsaufnahme aller Einrichtungs- u. Vermögensgegenstände sowie Schulden eines Unternehmens.
Investition (Investment, engl.), Kapitalanlage im Vermögen eines Unternehmens, um Gewinne zu erwirtschaften.
Investiturstreit, der Kampf zw. Papst u. Kaiser im MA um das Recht der Einsetzung (Investitur) von Bischöfen u. Äbten, die zugleich weltliche Fürsten waren. Durch Kompromiss im Wormser → Konkordat 1122 beendet.
Inzest (der, lat.), Geschlechtsverkehr zw. Verwandten, in den meisten Kulturen verboten.
Inzucht, Fortpflanzung zw. eng verwandten Lebewesen, die zu Organismen mit großer Ähnlichkeit führt. Die I. ist problematisch, weil defekte Erbanlagen in Erscheinung treten können.
IOK, Abk. für **I**nternationales **O**lympisches **K**omitee.
Ionen, elektrisch geladene Atome oder Moleküle, die durch Aufnahme oder Abgabe von Elektronen negativ oder positiv geladen sind.
Ioner (Ionier), altgriechischer Stamm, der im 2. Jh. v. Chr. in Griechenland einwanderte. Als die I. von den → Dorern vom Festland verdrängt wurden, besiedelten sie die Ägäischen Inseln u. die kleinasiatische Küste. Sie wurden 545 v. Chr. von den Persern unterworfen.
iPod (der, engl.), → MP3-Player der Firma Apple. Die seit Markteinführung 2001 mittlerweile 6. Generation verar-

Inuit

Internetcafé

Iran: Königsmoschee

Irak: Goldene Moschee

Irland: Kathedrale in Cork

beitet neben Adressen, Notizen u. Texten auch Videos.

IQ, Abk. für → **I**ntelligenz**q**uotient.

IRA, Abk. für engl. **I**rish **R**epublican **A**rmy, Irisch-Republikanische Armee, terroristische Befreiungsorganisation, die für die Loslösung Nordirlands von Großbritannien u. dessen Anschluss an die Republik → Irland seit Langem kämpft. Erklärte 2005 den bewaffneten Kampf für beendet.

Irak

parlamentarische Republik in Vorderasien, 437.072 km^2, ca. 34 Mio. EW, *Hauptst.* Bagdad, *Staatsoberhaupt:* Fuad Masum (seit 2014), *Regierungschef:* Haider al-Abadi (seit 2014). *Naturraum:* Zweistromland zw. Euphrat u. Tigris im Südwesten des Zagrosgebirges, ein Teil des Berglands von Kurdistan u. ein Teil der syrischen Wüste; *Klima:* kontinental-subtropisch, Wüste, Steppe, sommertrockene Gebirgswälder. *Bevölkerung:* 77 % Araber, 19 % Kurden. *Wirtschaft:* Erdölförderung; ertragreicher Anbau in den bewässerten Gebieten (z. B. Weizen, Reis, Baumwolle, Tabak u. Wein); nomadische Viehzucht. 2003 Invasion der USA u. Verbündeter, Sturz Saddam Husseins, 2005 erste freie u. allg. Wahlen seit über 40 Jahren. Permanente islamistische Anschläge halten I. auf der Kippe zum Bürgerkrieg.

Iran

islamische Republik in Vorderasien, 1.648.000 km^2, 75,5 Mio. EW, *Hauptst.* Teheran, *Staatsoberhaupt:* Ayatollah Ali Khamenei (seit 1989), *Regierungschef:* Hassan Rohani (seit 2013). *Naturraum:* Hochland 700–1200 m, im N begrenzt vom Elbursgebirge, im Südwesten vom Zagrosgebirge. Kleiner Anteil am Zweistromland bis zum Schatt-El-Arab. Trockenklima, im N Winterregen, Steppe u. Wüste. *Bevölkerung:* 65 % iranische Perser, 20 % Aserbaidschaner, Rest Kurden u. Araber. *Wirtschaft:* bewässerter Anbau, sonst Viehhaltung; Fischerei; Erdöl; außerdem Kohle-, Erzbergbau, Teppich- u. Textilindustrie.

Iris, 1) Regenbogenhaut des Auges; 2) in der gr. Mythologie geflügelte Götterbotin, verkehrte auf dem Regenbogen zw. Himmel u. Erde; 3) eine Lilienart.

Irland

(Eire), den Hauptteil der Insel → Irland umfassende parlamentarische Republik in Westeuropa, 70.283 km^2, 4,5 Mio. EW, *Hauptst.* → Dublin. *Staatsoberhaupt:* Michael D. Higgins (seit 2011), *Regierungschef:* Enda Kenny (seit 2011). *Naturraum:* Südhälfte u. Westküste gebirgig (bis 1041 m), dazw. flachwelliges Tiefland, Moore, Seen. Stark gegliederte Küste; gemäßigtes, sehr feuchtes Seeklima, Golfstrom. *Bevölkerung:* Iren (Kelten). *Wirtschaft:* Nur wenige Landschaften im O u. S sind trocken genug für Ackerbau; sonst exportorientierte Viehhaltung (Milchprodukte, Fleisch); Fischerei; Industrie in Dublin, Cork u. am Shannon. *Geschichte:* kelt. Besiedlung, um 500 n. Chr. christianisiert. 1171 von England unterworfen, jahrhundertelange Rebellion u. religiöse Konflikte. Seit 1807 polit. Union des Königreichs England u. Irland, 1921 Freistaat, 1949 Ausrufung der Republik Irland u. Austritt aus dem → Commonwealth; 1998 Verzicht auf Nordirland. Seit 1973 Mitglied der → EU.

Irland, 84.426 km² große Insel in Nordwesteuropa im Atlantik; → Nordirland, → Irland (Eire).

Irokesen, früher der mächtigste nordamerik. Indianerstamm, der im 16. Jh. aus dem Zusammenschluss kleinerer Stämme entstand. Die I. leben heute in Reservationen.

Ironie (die, gr.), spöttische Haltung, die einen Sachverhalt infrage stellt.

irrationale Zahlen, *mathematisch:* Zahlen, die nicht als Bruch mit ganzzahligem Zähler u. Nenner dargestellt werden können, z. B. Wurzeln.

irritieren (lat.), verunsichern, stören, verärgern, reizen.

Isaak, in der Bibel der Name des Sohnes → Abrahams.

Isabella I., die Katholische; 1474-1504 Königin von Kastilien, Gattin Königs Ferdinand II. von Aragonien. Unter ihrer Herrschaft wurden die letzten Araber 1492 nach 800 Jahren Besetzung aus Spanien vertrieben. I. unterstützte den Seefahrer → Kolumbus.

ISDN, Abk. für engl. **I**ntegrated **S**ervices **D**igital **N**etwork, digitales Telekommunikationsnetz, mit dem Texte, Daten, Sprache u. Bilder übermittelt werden können.

Isis, altägyptische Himmelsgöttin.

Island

konstitutionelle Republik im Nordatlantik, 103.000 km², 327.000 EW, *Hauptst.* Reykjavík, *Staatsoberhaupt:* Ólafur Ragnar Grímsson (seit 1996), *Regierungschefin:* Sigmundur Davíð Gunnlaugsson (seit 2013). *Naturraum:* vulkanisches Hochgebirgsland, Gipfel (bis 2119 m) vergletschert, 27 aktive Vulkane, → Geysire; Küste durch → Fjorde gegliedert; kühles bis subpolares Seeklima; Tundra. *Bevölkerung:* Nachkommen der Wikinger, wegen Lavawüsten nur der Küstenbereich bewohnt. *Wirtschaft:* Fischfang, Schaf- u. Pferdezucht; Aluminiumhütte, Fremdenverkehr.

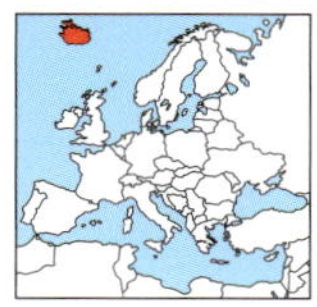

ISO, Abk. für **I**nternational **O**rganization for **S**tandardization, eine internationale Organisation, die Normen festlegt, z. B. für Papier: das dt. DIN-A-4 entspricht der ISO-Norm 216.

Isolation (lat.), Isolierung, 1) allg. Abschirmung, Absonderung; 2) Wärmedämmung, Kältedämmung.

Island

Isis

Israel

Aufgrund der jüdischen → Diaspora verlauteten schon seit dem Ende des 19. Jahrhunderts Forderungen nach einem eigenen jüdischen Staat in Palästina, dem Ursprungsland des jüdischen Volkes. Nach dem → Zweiten Weltkrieg und infolge des → Holocaust wurde 1947 das unter britischer Vorherrschaft stehende Palästina von den → Vereinten Nationen in einen jüdischen und einen arabischen Staat geteilt. Der Staat Israel wurde 1948 ausgerufen, von den umliegenden Staaten jedoch nicht anerkannt und angegriffen. In diesem **israelischen Unabhängigkeitskrieg** eroberte Israel zusätzliche Gebiete, Flüchtlinge auf beiden Seiten verschärften den Konflikt, der Krieg endete 1949. Im Juni 1967 brach der sogenannte **Sechs-Tage-Krieg** aus, in dem Israel das **Westjordanland**, den **Gazastreifen**, die **Golanhöhen** und die **Sinai-Halbinsel eroberte**, letztere wurde 1982 an Ägypten zurückgegeben. In den besetzten Gebieten wurden jüdische Siedlungen errichtet, obwohl dies von der internationalen Staatengemeinschaft als völkerrechtswidrig verurteilt wurde. 1982 besetzte Israel den Südlibanon. Während all dieser Jahre verstärkte sich der Protest der Palästinenser gegen die Besetzung ihrer Gebiete immer mehr und äußerte sich teilweise in Terroranschlägen.
Seit den 90er-Jahren gibt es beständige Friedensverhandlungen, 1994 erhielten die Palästinenser im Gazastreifen und in Jericho eine Teilautonomie, jedoch wird der Friedensprozess durch den Terror nach wie vor gestört. Bis 2000 zog Israel seine Truppen aus dem Libanon ab und räumte 2005 den Gazastreifen. Trotz der Annäherungen ist ein dauerhafter Frieden noch nicht in Sicht, so kam es auch 2006 wieder zu einem Kurzkrieg zwischen Israel und dem Libanon.

Italienische Kunst: David von Michelangelo

Italienische Kunst: Villa Pisani von A. Palladio

Iwan IV.

Israel

parlamentarische Republik in Vorderasien, 21.056 km^2, 8,2 Mio. EW, *Hauptst.* → Jerusalem, *Staatsoberhaupt:* Reuven Rivlin (seit 2014), *Regierungschef:* Benjamin Netanyahu (seit 2009). *Naturraum:* I. liegt zw. Jordantal u. Mittelmeer; Hochländer von Galiläa, Samaria, Judäa, dann Steilabfall zum Jordangraben. Im S liegt die Negev-Wüste. Golanhöhen u. Westjordanland sind von Israel besetzt. Mittelmeerklima mit landeinwärts abnehmenden Niederschlägen. *Bevölkerung:* Juden, Araber, Falaschen. *Wirtschaft:* Zitrusfrüchte, Oliven, Weizen, Baumwolle, oft in Genossenschaften (Kibbuz); Industrie, Zentrum Tel Aviv-Jaffa u. Haifa (Häfen); *Geschichte:* siehe Kasten S. 145.

Israeliten, Hebräer, dem A. T. zufolge die Nachkommen Jakobs (auch Israel), das zw. dem 15. u. 13. Jh. v. Chr. nach Palästina einwanderte (das *Volk Israel*).

Islam, → Weltreligionen.

Islamabad, Hauptst. von → Pakistan, nordöstlich von Rawalpindi, 1 Mio. EW; Universität; Kernforschungszentrum.

Isolation (Isolierung), 1) Absonderung, Abschirmung, Abdichtung; 2) in der Bautechnik der Schutz vor Feuchtigkeit, Wärmeverlust, Korrosion oder Lärm; 3) in der Elektrotechnik der Schutz eines elektrischen Leiters durch einen Nichtleiter.

ISS (engl.), Abk. für International Space Station; → Internationale Raumstation.

Issos, antike Stadt in Kleinasien; berühmt für die große Schlacht 333 v. Chr., in der → Alexander der Große die Perser besiegte.

Istanbul (bis 1930 Konstantinopel), in der Antike Byzanz, mit 14,1 Mio. EW größte türkische Stadt.

Isthmus, eine Landenge zw. 2 Meeren, z. B. der I. von Korinth.

Italien

parlamentarisch-demokratische Republik in Südeuropa, 301.268 km^2, 60 Mio. EW, *Hauptst.* → Rom, *Staatsoberhaupt:* Sergio Mattarella (seit 2015), *Regierungschef:* Matteo Renzi (seit 2014). 15 Regionen u. 5 beschränkt autonome Regionen. *Naturraum:* a) Oberitalien mit Alpenanteil, Moränenhügelland u. Poebene; b) Apenninhalbinsel, durchzogen vom bis zu 2914 m hohen Apennin, dem im W das toskanische Hügelland vorgelagert ist, mit Küstenebenen zu beiden Seiten u. Beckenlandschaften; c) die Mittelmeerinseln Sizilien, Sardinien, Elba u. a. *Klima:* im N warm gemäßigt, sonst Mittelmeerklima. Typische immergrüne Pflanzen (Lorbeer, Pinie, Zypresse) u. Macchia südlich der Poebene. *Bevölkerung:* überwiegend Italiener, deutschsprachige, französischsprachige, rätoromanische, slowenische Minderheiten im N. *Wirtschaft:* ertragreicher Anbau in den Ebenen, oft Mischkultur; im S auf bewässerten Flächen Zitrusfrüchte; Edelkastanien; im N Rinder, im S Schaf- u. Ziegenhaltung; Küstenfischerei, Bergbau. In der Poebene Industrie; der S ist wirtschaftlich weniger gut entwickelt.

Ivanišević, Goran (*13.09.1971), kroat. Tennisspieler, → Wimbledon-Sieger 2001.

Iwan III, der Große (1440–1505); Großfürst von Moskau; befreite sein Land von der Herrschaft der Tartaren u. einte die russ. Fürstentümer.

Iwan IV, genannt der Schreckliche (1530–1584). I. ließ sich 1547 zum 1. russ. Zaren krönen u. stärkte durch Reformen seine Macht. Vergrößerte das Reich durch Eroberungen u. begründete so das russ. Imperium. Den Beinamen trug ihm sein Jähzorn ein.

J

J, Zeichen für → Joule.

Jackson, 1) Michael (1958–2009), amerik. Popsänger u. Tänzer; Hits u. a. *Bad, Thriller, Earth Song*. 2) Peter (*1961), neuseel. Regisseur u. Autor. Verfilmte → Tolkiens *Der* → *Herr der Ringe*.

Jade, grünes Mineral; als Schmuckstein verwendet.

Jaguar (der), in Mittel- u. Südamerika verbreitete Raubkatze. Fell ist gelbbraun mit schwarzen Flecken.

Jahn, Friedrich (1778–1852), der **„Turnvater"** richtete in Berlin den ersten Turnplatz ein u. erfand Reck u. → Barren.

Jahr, Zeitdauer eines Umlaufs der Erde um die Sonne. Beträgt 365,2422 Tage beim sog. tropischen Jahr (Sonnenjahr), das als Grundlage für das Kalenderjahr dient.

Jahresringe, an der Schnittfläche gefällter Bäume sichtbare Ringe; die Anzahl gibt das Alter des Baumes an; Breite u. Farbe lassen auf Wachstumsbedingungen des Baumes schließen.

Jahrhundertflut, siehe Kasten unten.

Jahwe, im A. T. einer der Namen Gottes.

Jak (Yak), langhaariges, großes, schwarzes Wildrind in den zentralasiat. Hochländern. Zuchttier: der kleinere Hausjak (Grunzochse).

Jakarta, Hauptst. → Indonesiens, 10 Mio. EW; auf der Insel Java.

Jakobiner, in der → Französischen Revolution polit. Partei radikaler Republikaner. Stürzten die gemäßigten → Girondisten.

Jalta, Kur- u. Badeort in der Ukraine, am Schwarzen Meer an der Südspitze der Halbinsel Krim, 80.000 EW; bekannt durch die J.-Konferenz (1945), bei der u. a. die Aufteilung Deutschlands nach dem Ende des Zweiten Weltkriegs beschlossen wurde.

Jamaika

parlamentarische Monarchie des → Commonwealth in der Karibik, 10.990 km², ca. 2,8 Mio. EW, *Hauptst.* Kingston, *Staatsoberhaupt:* Königin → Elisabeth II., *Regierungschef:* Portia Simpson Miller (seit 2012). *Naturraum:* drittgrößte Insel der Großen Antillen, gebirgig, teils verkarstet. Vom Passat bestimmtes Tropenklima mit häufigen Hurrikanen. *Bevölkerung:* 91 % Nachkommen ehemaliger afrikan. Sklaven, 1,3 % Inder. *Wirtschaft:* trop. Plantagen; Fischfang; Bauxitabbau, Aluminiumexport; Fremdenverkehr.

Jambus, Versmaß aus einer kurzen, unbetonten u. einer langen, betonten Silbe.

Jaguar

Jak

Michael Jackson

Jahrhundertflut

Unter Jahrhundertflut versteht man die Abflussmenge oder den Wasserstand eines Gewässers, die im statistischen Mittel alle 100 Jahre erlangt oder überschritten werden. Da es sich um einen Mittelwert handelt, kann ein Jahrhunderthochwasser jedoch mehrmals in 100 Jahren vorkommen – wie das Elbehochwasser 2002 oder das Alpenhochwasser 2005 – aber auch ausbleiben. Das statistische Mittel ist wichtig für die **Hochwasservorsorge** und den **Hochwasserschutz**. Hochwasser entstehen zum einen durch natürliche Prozesse (z. B. Schneeschmelze), werden aber durch menschliches Wirken (z. B. Flächenversiegelung, Flussbegradigung, Entwaldung) verstärkt. Deshalb müssen die statistischen Werte für die Jahrhundertflut zurzeit an fast allen Flüssen erhöht und die Vorsorge- und Schutzmaßnahmen ausgebaut werden.

Januskopf

Boris Jelzin

Japanische Kunst: Holzschnitt von K. Utamaro

Jersey

Java

Jangtsekiang, mit 5472 km längster Fluss Asiens; entspringt in Osttibet; 2700 km schiffbar, gefährliche Stromschnellen; 1994–2006 Drei-Schluchten-Damm im Bau (größter Staudamm der Welt).
Janus, röm. doppelköpfiger Gott des Ein- u. Ausgangs.

Japan

parlamentarische Monarchie in Ostasien, 377.801 km^2, 126,7 Mio. EW, *Hauptst.* Tokio, *Staatsoberhaupt:* Kaiser Akihito (seit 1989), *Regierungschef:* Shinzō Abe (seit 2012). *Naturraum:* Inselbogen, dem asiatischen Festland vorgelagerte Hauptinseln Hokkaido, Hondo, Shikoku, Kiuschu u. viele kleine Inseln. Stark gegliedertes Gebirgsland (bis 3776 m Fudschijama), meist schmale Küstenebenen, Vulkane; Gebirge bewaldet, stark erosionsgefährdet. Monsunklima mit Taifunen (Ostküste). *Bevölkerung:* Japaner, 76 % städtische Bevölkerung. *Wirtschaft:* in Ebenen Anbau, im N Viehzucht; Abbau von Steinkohle u. Kupfer, sonst kaum Bodenschätze; hoch entwickelte Industrien; bedeutender Fischfang. Exporte von Industrieprodukten.

Jaspers, Karl (1883–1969), dt. Philosoph, Vertreter der Existenzphilosophie.
Jaunde (frz. Yaoundé), Hauptst. von → Kamerun, im S des Landes, 1,3 Mio. EW.
Java, Hauptinsel → Indonesiens, 132.200 km^2, 120 Mio. EW (870/km^2), Hauptst. Jakarta.
Jazz, Musikform, die Ende des 19. Jh. in den Südstaaten der USA entstand. Einigt europä. u. afrikan. Musikelemente.
Jeanne d'Arc (Johanna, Jungfrau von Orleans, um 1412–1431), frz. Nationalheilige. Führte Karl VII. zur Krönung nach Reims; → Hundertjähriger Krieg.
Jefferson, Thomas (1743–1826), amerik. Politiker. Verfasser der Unabhängigkeitserklärung der USA. Mitbegründer der Demokratischen Partei. 3. Präsident der USA von 1801–1809.
Jehova, anderer Name für → Jahwe.
Jelinek, Elfriede (*1946), österr. Schriftstellerin. Literaturnobelpreis 2004; *Die Klavierspielerin*.
Jelzin, Boris (1931–2007), ehemaliger russ. Politiker u. Radikalreformer; 1. Präsident Russlands von 1991–2000.

Jemen

Präsidialrepublik auf der arab. Halbinsel, 527.968 km^2, 26,1 Mio. EW, *Hauptst.* Sanaa, *Staatsoberhaupt:* provisorischer Nationalrat (2015), *Regierungschef:* provisorischer Präsidentschaftsrat. Sprache Arabisch, Religion Islam. *Naturraum des ehemaligen Nordjemen:* Schmale Küstenebene am Roten Meer, arab. Randgebirge u. kleiner Teil des innerarab. Hochlands. *Klima:* randtropisch mit Monsunregen im Gebirge. *Wirtschaft:* Oasenkultur; Fischfang, Perlentaucherei; nomadische Viehzucht. *Naturraum des ehemaligen Südjemen:* Im N Anteil an der Großen Arab. Wüste, schmale Küstenebene am Golf von Aden, dahinter Gebirge bis 2000 m, Wadis. *Bevölkerung:* Südaraber, indische u. somalische Minderheiten; 10 % Nomaden. *Wirtschaft:* Oasen, Viehzucht, Fischerei.

Jericho, Oasenstadt im Westjordanland, nordöstl. von Jerusalem, 22.000 EW. J. wurde um 8000 v. Chr. gegründet, eine der ältesten bekannten Städte.
Jersey, größte der brit. Kanalinseln, 116 km^2, 99.000 EW, Hauptst. St. Hélier.
Jerusalem, Hauptst. von → Israel, auf einer Hochebene über dem Kidrontal gelegen, 950.000 EW; zahlreiche Synagogen, Kirchen (z. B. Grabeskirche) u. Moscheen (z. B. El Aksa-Moschee), Klagemauer; war schon um 1000 v. Chr. Hauptst. Israels u. ist eine heilige Stätte der Christen, Juden u. Muslime.

Jesuiten, kath. Orden, 1534 von Ignatius von Loyola gegründet. Bes. Bedeutung durch Missions- u. Lehrtätigkeit.

Jesus (Christus), nach dem N. T. Stifter des → Christentums (um 6 vor unserer Zeitrechnung bis 30). Wanderprediger in Galiläa u. Judäa. Predigte als Gottessohn das Kommen des „Reiches Gottes" sowie Gottes- u. Nächstenliebe. Konflikt mit den Pharisäern, die ihn an Pilatus auslieferten u. seine Kreuzigung veranlassten. Glaube an seine Auferstehung u. Wiederkunft als Fundament des Christentums; → Weltreligionen.

Jiddisch, jüdisch-dt. Mischsprache, entstand im MA.

Johannesburg, größte Stadt der Republik → Südafrika, im S von Transvaal, 4,4 Mio EW; Universität.

Johannes der Evangelist, Heiliger († um 44 oder um 100 n. Chr.), als Jünger Jesu angesehen. Vermutlich Verfasser des → Johannesevangeliums.

Johannesevangelium, das zw. 90 u. 100 n. Chr. entstandene 4. Evangelium im N. T., in dem die Menschwerdung Gottes (→ Inkarnation) betont wird.

Johannes Paul II. (1920–2005), Papst von 1978–2005.

Jordan, 330 km, längster Fluss Palästinas. Ein Großteil des Wassers wird zur Bewässerung in Israel abgeleitet.

Jordanien

konstitutionelle Monarchie in Vorderasien. 89.342 km^2, 6,3 Mio. EW, *Hauptst.* Amman. *Staatsoberhaupt:* König Abdullah II. (seit 1999), *Regierungschef:* Abdullah Ensour (seit 2012). *Naturraum:* West- u. Ostufer des Jordans (Westufer israelisch besetzt), im O Wüstenplateaus. Im W Mittelmeerklima, O trocken. *Bevölkerung:* Jordanier u. Palästinenser. *Wirtschaft:* Im Nordwesten Regenfeldbau, sonst Oasenwirtschaft; Salzabbau; beginnende Industrialisierung.

Jouhaux, Léon (1879–1954), frz. Gewerkschafter. Im 2. Weltkrieg von den Nationalsozialisten verhaftet; Friedensnobelpreisträger 1951.

Joule (J), Einheit der Energie (Arbeit, Wärmeenergie): 1 J = 1 Newtonmeter = 1 Wattsekunde.

Joyce, James Augustine (1882–1941), irischer Schriftsteller; *Ulysses* (1927).

Joystick (engl., joy = „Freude", stick = „Stock"), Eingabegerät zur Bedienung grafischer Objekte bei Computerspielen, z. B. Steuerung eines Autos. Dem Steuerknüppel eines Flugzeugs nachempfunden.

Juan Carlos I. (*1938), König von Spanien 1975–2014.

Judäa, Land der Juden nach der Rückkehr aus der babylon. Gefangenschaft im südl. Teil Palästinas.

Judas Ischariot, Jünger Jesu, der diesen verriet.

Judentum, seit der Zerstörung des Tempels in Jerusalem 70 n. Chr. lebten die Juden überall in der Welt verstreut (→ Diaspora), zusammengehalten durch strenge Gebets-, Speise- u. Reinheitsvorschriften; → Weltreligionen.

Judikative (die, lat.), den Richtern übertragene Recht sprechende Gewalt; → Exekutive, → Legislative.

Judo, olymp. Zweikampfsportart. Der Gegner ist auf den Rücken zu werfen u. 30 Sekunden lang festzuhalten. Einteilung in Gewichtsklassen.

Jugendamt, Behörde, die für die Jugendhilfe zuständig ist, z. B. Erziehungsberatung, Jugendschutz.

Jugendschutz, gesetzlich geregelter Schutz von Kindern u. Jugendlichen vor gesundheitlichen Schäden u. sittlichen Gefahren.

Jugendsekten, siehe Kasten S. 150.

Jugendstil, Kunststil um 1900, Betonung verschlungener Linien u. Ornamente. Übergangsphase vom → Impressionismus zum → Expressionismus. Hervorragende Leistungen auf dem Gebiet der Innenarchitektur u. des Kunsthandwerks.

Jugendstrafrecht, besondere Rechtsvorschriften für jugendliche Straftäter von 14–21 Jahren mit Regelungen über die Strafmaßnahmen.

James Joyce

Juden an der Klagemauer in Jerusalem

Jugendstil: Haus Behrend (Darmstadt)

Jugendsekten

Unter Jugendsekten versteht man → Sekten, die vor allem Jugendliche ansprechen und meist sehr streng in einer Art **Ordensgemeinschaft** organisiert sind. Typische Beispiele hierfür sind die Hare Krishna Bewegung, die Vereinigungskirche Mun und die Mission des göttlichen Lichtes. Gemeinsam ist ihnen eine väterliche **Führergestalt** (Guru, Yogi, Meister) als Verkünder einer „göttlichen Erkenntnis", in der sich verzerrte Ideen aus dem Christentum, Hinduismus, Buddhismus oder der Psychoanalyse mischen können. Die Sekte bietet scheinbar familiären Rückhalt und Verständnis für persönliche Probleme, verheißt → Erlösung und eine bessere Welt, fordert aber unbedingten **Gehorsam** und **Unterwerfung** unter die vorgegebenen Regeln. Eine Kritik an Organisation und Führung wird nicht geduldet.

Justinian I.

Jungferninseln

Jungsteinzeit: Schleifstein

Jugendweihe, 1954 in der ehemaligen DDR anstelle von Konfirmation oder Kommunion eingeführte Feier zur Aufnahme von Jugendlichen in die sozialist. Gesellschaft.

Jumbojet, Bezeichnung für Großraumflugzeug des Typs Boeing 747, für Langstreckenflüge eingesetzt.

Junge Liberale (JuLis), polit. Jugendorganisation der → FDP.

Jünger, Ernst (1895–1998), dt. Schriftsteller. Schrieb u. a. in Tagebüchern über Kriegserlebnisse, z. B. *In Stahlgewittern* (1920).

Junge Union (JU), Nachwuchsorganisation von → CDU u. → CSU.

Jungfernhäutchen, Schleimhautmembran, die den Eingang zur Scheide verschließt; reißt beim 1. Geschlechtsverkehr, manchmal auch beim Sport.

Jungferninseln (Virgin Islands), Inselgruppe der Kleinen Antillen, die teils zu Großbritannien (153 km², 23.100 EW, Hauptst. Road Town), teils zu den USA (349 km², 108.600 EW, Hauptst. Charlotte Amalie) gehören.

Jungfrau von Orleans, → Jeanne d'Arc.

Jungsozialisten (Jusos), polit. Jugendorganisation der → SPD.

Jungsteinzeit (Neolithikum), letzte Phase der Steinzeit; ca. 6000–1800 v. Chr., Sesshaftigkeit u. Bildung von Dorfgemeinschaften, Ackerbau u. Haustierhaltung, Tongefäße u. 1. Metallverarbeitung. Ihr folgt die → Bronzezeit.

Jüngstes Gericht, biblischer Begriff für das Weltgericht Gottes, das nach der Wiederkunft Christi auf Erden am Jüngsten Tag stattfindet u. an dem die Toten auferstehen.

Juno, röm. Göttin, die Geburt u. Ehe schützt, Gemahlin des → Jupiter.

Junta (die, span.), durch einen → Putsch an die Macht gelangte Militärregierung.

Jupiter, 1) röm. Himmelsgott, Schirmherr des röm. Staates, entspricht dem gr. → Zeus. 2) 5. u. größter Planet des Sonnensystems; Durchmesser 142.870 km, Masse 317-mal größer als die der Erde; Sonnenumlaufzeit ca. 12 Jahre, Rotationsdauer 9 Stunden 50 min; J. hat 17 Monde u. einen Ring aus Gesteinstrümmern; Atmosphäre aus Ammoniak, Methan, Wasserstoff u. Helium; Oberflächentemperatur ca. -130 °C.

Jura (lat.), Rechtswissenschaft als Studienfach u. ein Erdzeitalter.

juristische Person, im Ggs. zu einer tatsächlichen, lebenden Person ein Personenverband, der eine eigene Rechtsfähigkeit besitzt (Vereine, Stiftungen).

Justinian I., der Große, Kaiser des Byzantin. Reiches mit der Hauptst. Konstantinopel von 527–565. Eroberte die Germanenreiche der Wandalen in Nordafrika u. der Ostgoten in Italien. Ließ die → Hagia Sophia erbauen.

Justitia, röm. Göttin der Gerechtigkeit. Dargestellt mit verbundenen Augen (ohne Ansehen der Person), einer Waage (gerechtes Abwägen) u. dem Schwert (Strafen).

Justiz (die, lat.), zusammenfassender Begriff für staatl. Rechtswesen.

Jütland, festländ. Teil → Dänemarks.

K

k, Abk. für Kilo... (z. B. kg), → Maßeinheiten. – **K,** 1) Zeichen für Kalium; 2) Abk. für → Kelvin u. → Karat.

K 2 (Mount Godwin Austen), mit 8611 m höchster Berg des → Karakorums u. zweithöchster Berg der Erde; 1954 erstmals bestiegen.

Kaaba (die, arabisch, „Kubus"), würfelförmiges, zentrales Heiligtum des → Islam im Hof der großen Moschee Mekka.

Kabarett (das, frz.), Kleinkunstbühne, auf der politische oder andere Ereignisse witzig kritisiert werden.

Kabinett, 1) Gesamtheit aller → Minister einer → Regierung; beim Bundeskabinett einschließlich des Bundeskanzlers, beim Länderkabinett einschließlich des Ministerpräsidenten; 2) in Großbritannien nur der engere Ministerkreis um den Prime Minister (Premierminister).

Kabul, Hauptst. → Afghanistans, 3,5 Mio. EW.

Kadenz, 1) Folge von Akkorden mit Schlusswirkung; 2) Soloteil im Instrumentalkonzert.

Kader, 1) Kerngruppe eines Heeres (Offiziere, Unteroffiziere) oder einer Sportmannschaft; 2) leitende Funktionäre einer kommunistischen Partei.

Kadi (der, arabisch), Bezeichnung für einen islamischen Richter.

Käfer, mit etwa 300.000 Arten größte Untergattung der → Insekten u. größte Tiergattung. Ihre Vorderflügel sind zu harten, gepanzerten Flügeldecken umgewandelt, welche die eigentlichen, zarten Flügel (Hinterflügel) schützen; die Mundteile sind mit zangenförmigem Oberkiefer ausgestattet. Alle Käfer machen eine vollkommene Verwandlung durch (→ Metamorphose).

Kaffeepflanze, 2–3 m hoher Baum mit immergrünen elliptischen Blättern. Aus ihren Achseln entwickeln sich die weißen Blütenstände. Die Samen (Kaffeebohnen) reifen in 8–12 Monaten heran.

Kafka, Franz (1883–1924), österr.-tschech. Schriftsteller, verfasste zum Teil surrealistische Romane u. Erzählungen; *Das Urteil, Der Prozess, Das Schloss.*

Kaftan (der, arabisch), in Vorderasien getragenes knöchellanges, vorne offenes Obergewand.

Kai (der, niederländ.), Anlegeplatz für Schiffe; befestigte Uferstraße.

Kain, im A. T. der Name des ältesten Sohnes von Adam u. Eva. K. erschlug seinen Bruder Abel.

Kairo, Hauptst. → Ägyptens am unteren Nil, ca. 8 Mio. EW, moderne Stadt mit arabischer Altstadt, Handelszentrum.

Kaiser (von lat. Caesar), höchstes Amt in der weltlichen Rangordnung. Nach dem Ende des weström. Reiches mit der Krönung Karls des Großen (800 durch den Papst) erneuert.

Kaiserschnitt, durch Öffnung der Bauchdecke u. der → Gebärmutter wird das Baby aus dem Bauch der Mutter geholt. Man macht dies, wenn durch eine normale → Geburt Gefahr für Mutter oder Kind bestünde, z. B. bei ungünstiger Lage des Kindes.

Kajak, 1) Boot der → Eskimos, meist mit Doppelpaddel; 2) ein- oder mehrsitziges Sportpaddelboot; → Kanadier.

Kakadu, in Australien u. Südostasien vorkommender großer Papagei mit weißer, rosa oder schwarzer Grundfärbung u. aufrichtbarer Federhaube.

Kakaopflanze, bis zu 15 m hoher Tropenbaum. Ca. 30 cm lange, zugespitzte Blätter u. kleine weiße Blüten. Die gurkenförmigen Früchte sind 20 cm lang u. enthalten als Samen die Kakaobohnen.

Kakteen (Einzahl Kaktus), Familie mit rund 6000 Arten, die fast alle Haare, Wolle oder Stacheln tragen. Sie gedeihen aufgrund ihrer Eigenschaft, Wasser speichern zu können, v. a. in Trockengebieten.

Kalahari, wildreiche Savanne im abflusslosen Becken Südafrikas.

Kaleidoskop (das, gr.), optisches Spielzeug mit bunten Scherben, die sich durch Spiegelung zu regelmäßigen Figuren abbilden.

Kalender (der, lat.), Zeitrechnung zur Erfassung eines Jahres, das in Monate u.

Franz Kafka

Kajak

Kakadu

Kakao

Kamel: Trampeltier

Kamerun

Kanada: Bundesparlament in Ottawa

Tage eingeteilt ist. Grundlage ist die Bewegung der Erde u. des Mondes.

Kalif (der, arabisch, „Stellvertreter"), früher der Titel für muslimische Herrscher als Nachfolger → Mohammeds.

Kalium (K), weiches einwertiges Metall, reagiert mit Wasser sehr heftig unter Freisetzung von Wasserstoff.

Kalk, Bezeichnung für in der Natur vorkommende Calciumverbindungen, z. B. Kalkspat u. Kalkstein.

Kalkül (das oder der, frz.), 1) abschätzende Berechnung, Überschlag; 2) mathematisches Rechenverfahren.

Kalkulation (die, lat.), Berechnung.

Kalligrafie (die, gr.), die Kunst des Schönschreibens.

Kalorie (cal; die, lat.), frühere Einheit der Energie (Wärmeenergie); heute → Joule. 1 cal = 4,1868 Joule.

Kaltblüter, wechselwarme Tiere, deren Körpertemperatur von der Umgebung abhängt: → Amphibien, → Reptilien, → Fische.

Kältepole, Stellen der Erdoberfläche mit den niedrigsten Temperaturen; Nordhalbkugel: Oimjakon/Ostsibirien, -69,8 Grad C, Südhalbkugel: Wostok/Antarktis, -88,3 Grad C.

Kalter Krieg, 1) Auseinandersetzung auf politischer (nicht militärischer) Ebene; 2) die Spannungen zw. dem → Ostblock u. dem westlichen Bündnis zw. 1947 u. 1989.

Kalzium, → Calcium.

Kambodscha

konstitutionelle Monarchie in Süsostasien, 181.035 km², 13,61 Mio. EW, *Hauptst.* → Phnom Penh, *Staatsoberhaupt:* König Norodom Sihamoni (seit 2004), *Regierungschef:* Hun Sen (seit 1998). *Naturraum:* weite Beckenlandschaft am unteren Mekong, fast allseitig von Bergzügen umrahmt; tropisches Monsunklima. *Bevölkerung:* 90 % Khmer; Vietnamesen u. Chinesen. *Wirtschaft:* Anbau von Reis, Baumwolle, Zuckerrohr u. a.

Kambrium (das, lat.), älteste Periode des → Paläozoikums, Entfaltung des Lebens im Meer.

Kamele, wichtige Nutztiere. Tragen Lasten bis 500 kg. Das Kamel liefert Milch, Wolle, Fleisch, sein getrockneter Kot dient als Brennmaterial. Unterscheidung in Trampeltier (zweihöckrig), Dromedar (einhöckrig) u. Lama (höckerlos).

Kamerun

Präsidialerepublik in Äquatorialafrika. 475.442 km², 20,5 Mio. EW, *Hauptst.* → Jaunde, *Staatsoberhaupt:* Paul Biya (seit 1982), *Regierungschef:* Philémon Yang (seit 2009). *Naturraum:* im N des Sanaga-Flusses das Hochland von Adamaua (bis 3008 m), im S die Niederguineaschwelle. Im S tropisches, im N randtropisches Klima; im S Regenwald, im N landeinwärts Savanne. Der Kamerunberg (4070 m, erloschener Vulkan) ist mit 3948 mm/Jahr der feuchteste Ort Afrikas! *Bevölkerung:* Im S Bantu, im N Sudanvölker, Fulbe, → Haussa. *Wirtschaft:* Brandrodungsfeldbau, tropische Plantagen.

Kammer, 1) ein → Parlament (Einkammersystem) oder ein Teil des Parlaments (Zweikammersystem); 2) Gremien vor Gerichten (Zivil- u. Strafkammer); 3) Interessenvertretung bestimmter Berufsgruppen (z. B. Ärztekammer).

Kammermusik, Musik für wenige Instrumente. Wird als öffentliches Konzert oder als Hausmusik gespielt.

Kammerton, der Ton a, nach dem Instrumente gestimmt werden.

Kampala, Hauptst. von → Uganda, nördl. des Viktoriasees, 1,8 Mio. EW.

Kanada

parlamentarische Monarchie des → Commonwealth in Nordamerika, 9,97 Mio. km², 34,8 Mio.

EW, *Hauptst.* → Ottawa, *Staatsoberhaupt:* Königin → Elisabeth II., *Regierungschef:* Stephen Harper (seit 2006). *Naturraum:* im Nordwesten Rocky Mountains u. Küstengebirge, östl. u. nördl. anschließend eiszeitliche Moränenlandschaft bis zum Nordpolarmeer u. zur Baffin Bay, im Südosten Ausläufer der Appalachen u. der St.-Lorenz-Strom mit den Großen Seen. Im S kontinental-gemäßigtes Klima, im N abgestuft bis zum arktischen Klima. Im subarktischen Bereich Tundra, sonst waldreich. *Bevölkerung:* Nachkommen europäischer Einwanderer, Indianer, Inuit; Siedlungsraum ist hauptsächlich der S. *Wirtschaft:* Getreide, Milch- u. Fleischvieh (Prärie, Südwesten); Fischerei, Pelztierzucht, Forstwirtschaft; bedeutende Bodenschätze aller Art, vielseitige, hoch entwickelte Industrie.

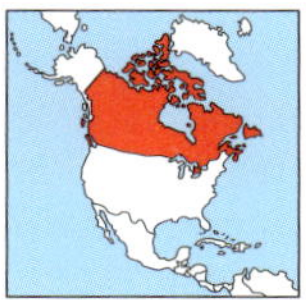

Kanadier, 1) Einwohner → Kanadas; 2) offenes → Kanu für einseitiges Paddel bzw. Stechpaddel, das sitzend oder kniend gesteuert wird.

Kanaken (die, polynesisch, „Menschen"), 1) Volk in Neukaledonien (Südsee); 2) Schimpfwort.

Kanalisation, System von unterirdischen Rohren u. Kanälen zum Sammeln u. Ableiten des Abwassers u. der Niederschläge zu den Kläranlagen.

Kanarische Inseln, span. Inseln vor der Westküste Afrikas: La Palma, Teneriffa, → Gran Canaria, → Fuerteventura u. a.

Kandinsky, Wassily (1866–1944), russ. Maler, Grafiker u. Theoretiker. Gründer des → Blauen Reiters. Lehrer am → Bauhaus, einer Kunstschule.

Kängurus, mehrere Arten umfassende hasen- bis menschengroße Springbeutler. Kommen nur in Australien, Tasmanien u. Neuguinea vor.

Kannibalen, Menschenfresser.

Kannibalismus (der, span.), das rituelle Essen von Menschenfleisch, in frühen Kulturen meist, um sich die Kraft oder die Macht des Toten anzueignen. Früher z. B. in → Neuguinea.

Kanon (der, gr.), mehrstimmiges Musikstück. Alle Stimmen tragen dieselbe Melodie vor, aber versetzt.

Känozoikum (Neozoikum; das, lat.), die Erdneuzeit, umfasst Tertiär u. → Quartär.

Kant, Immanuel (1724–1804), dt. Philosoph, bekannt durch seinen „kategorischen Imperativ": Handle so, dass das, was du willst, Grundlage einer allg. Gesetzgebung sein könnte.

Kantate, Vokalkomposition mit instrumentaler Begleitung.

Kanton, 1) Guangzhou, chinesischer Hafen an der Mündung des Hsikiang ins Südchinesische Meer, 9,1 Mio. EW; 2) schweizer. Gliedstaat; 3) Verwaltungsbezirk in Frankreich u. Belgien.

Kanu, allg. schlankes, leichtes Paddelboot, Sportboot.

Kanüle (die, frz.), 1) Injektionsnadel; 2) Metallröhrchen zum Durchlassen der Luft nach einem Luftröhrenschnitt.

Kanurennen, olymp. Disziplin; Geschwindigkeitswettbewerb mit Einer-, Zweier- oder Viererkajak sowie Einer- oder Zweierkanadier über 500 bzw. 1000 m.

Kanuslalom, olymp. Disziplin; bis zu 600 m lange Strecke für Einerkajak oder Einer- bzw. Zweierkanadier mit Wassergeschwindigkeiten von mind. 2 m/s (Wildwasser) u. 20–25 Wertungsstellen.

Kanzel (die, lat.), erhöhter Ort in der Kirche für den Prediger.

Kaolin, aluminiumreicher, weißer Ton, der u. a. als Rohstoff für die Porzellanherstellung dient.

Kapillaren, feinste, dünnwandige Haargefäße für den Stoffaustausch in Geweben.

Kapital, 1) Volkswirtschaft: alle Produktionsmittel; 2) Betriebswirtschaft: das als Geldwert angegebene Gesamtvermögen eines Unternehmens.

Kapitalismus, marktwirtschaftlich organisiertes Wirtschaftssystem, basiert auf dem freien Unternehmertum; treibende Kraft ist das Gewinnstreben Einzelner; die Arbeiter haben keinen Besitzanteil an den Produktionsmitteln.

Kapitell, das meist verzierte Kopfstück einer Säule, das zw. der Säule u. der auf ihr ruhenden Last vermittelt.

Immanuel Kant

Kanufahrer im Wildwasser

Känguru

Kapitell: byzantinisch

Karibik

Karibu

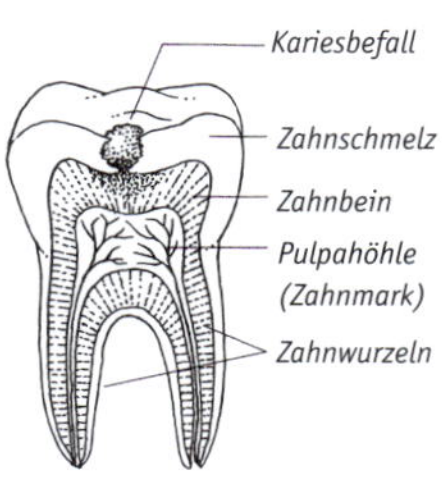

Karies

Karl V.

Kapitol, 1) einer der sieben Hügel Roms; 2) das Gebäude des amerik. Kongresses.

Kapitulation (die, lat.), Aufgabe (Aufgeben).

Kaplan (der, lat.), ein katholischer Hilfsgeistlicher.

Kapstadt (engl. Capetown), Provinzhauptst. in der Republik → Südafrika, am Fuß des Tafelberges, 3,7 Mio. EW; Universität; Industriezentrum; Sitz des südafrikanischen Parlaments.

Kap Verde

(Kapverdische Inseln), atlantischer Inselstaat mit parlamentarischer Demokratie, 4033 km², 518.000 EW, *Hauptst.* Praia, *Staatsoberhaupt:* Jorge Carlos Fonseca (seit 2011), *Regierungschef:* José Maria Neves (seit 2001). *Naturraum:* 10 große u. 6 kleine Vulkaninseln, gebirgig, trockenes Tropenklima. *Bevölkerung:* 90 % Mulatten, Schwarze, Weiße. *Wirtschaft:* tropische Landwirtschaft; Fischfang, Salzgewinnung.

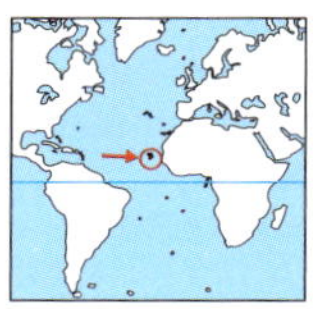

Karabiner (der, frz.), 1) ein Gewehr mit kurzem Lauf; 2) kurz für **K.-Haken**, ein Haken mit Federverschluss.

Karajan, Herbert von (1908–1989), österr. Dirigent, einer der bedeutendsten Dirigenten des 20. Jh.

Karakorum, bis 8611 m (→ K 2) hohes, stark vergletschertes zentralasiatisches Hochgebirge in Indien u. Pakistan.

Karaoke (das, japan., „leeres Orchester"), 1) Laienhaftes Singen zu instrumental eingespielten Songs; 2) für gesangliche Begleitung geeignetes Instrumentalstück.

Karat, 1) Gewichtseinheit bei Edelsteinen (Abk. Kt.), 1 Kt. entspricht 0,2 g; 2) Maß für Goldlegierungen (Abk. K.), reines Gold = 24 K.

Karate (das, japan., „leere Hand"), waffenloser Kampfsport; → Budo.

Karawane, meist mit Kamelen oder Pferden ausgestattete Reisegruppe von Kaufleuten oder Pilgern.

Kardangelenk, nach allen Seiten bewegliche Verbindung zweier Maschinenteile, z. B. Antriebsverbindung vom Motor zur Hinterachse eines Autos (Kardanwelle).

Kardinal (der, lat.), in der katholischen Kirche der höchste Würdenträger nach dem Papst. Der Papst wird von den K. gewählt.

Kardinalzahlen, Grundzahlen, die Menge der positiven ganzen Zahlen.

Karibik, Inseln des Golfs von Mexiko.

Karibisches Meer, Bezeichnung für den südlichen Teil des Amerikanischen Mittelmeers, zw. Zentralamerika, dem Antillenbogen u. der Nordküste Südamerikas.

Karibu, ein nordamerik. wild lebendes → Rentier.

Karies (Zahnfäule; die, lat.), entsteht durch Zerfressen des harten, schützenden Zahnschmelzes durch Säuren, die beim Abbau von zuckerhaltiger Nahrung entstehen. Zahnpflege u. regelmäßiger Zahnarztbesuch als bester Schutz.

Karlsruhe, Stadt in Baden-Württemberg, in der Oberrheinischen Tiefebene, 286.800 EW; K. ist Sitz von Bundesgerichtshof u. Bundesverfassungsgericht.

Karl der Große, König der Franken von 768–814. Sohn → Pippins des Jüngeren. Krönung zum Kaiser durch den Papst im Jahr 800. K. förderte Kunst u. Wissenschaft. Er gilt als „Vater" der Franzosen u. Deutschen.

Karl IV., dt. König (1346–1378) u. Kaiser. Nachfolger Ludwigs des Bayern. Ordnete das Verhältnis zw. König u. den 7 Kurfürsten („Goldene Bulle"). Regierte in Prag, wo er 1348 die erste dt.sprachige Universität gründete.

Karl V. (1500–1558), span. (1516), später dt. (1519) König u. Kaiser (seit 1530). Habsburger, bekämpfte erfolgreich die Türken vor Wien. Besiegte die Protestanten (→ Schmalkaldischer Bund); dennoch im Religionsfrieden zu Augsburg Anerkennung der Lehre → Luthers in Deutschland. Durch die Kolonien Spaniens in Mittel-, Südamerika u. in Asien herrschte K. über ein Reich, „in dem die Sonne nie unterging".

Karneval (der, lat.), Bezeichnung für → Fastnacht im Rheinland u. in Italien.

Karolinger, fränkisches Königsgeschlecht, das die Herrschaft der → Merowinger im → Fränkischen Reich ablöste. 751 ließ sich der karolingische → Hausmeier → Pippin d. J. zum fränkischen König ausrufen.

Karosserie, beim Fahrzeug der heute noch meist blecherne Aufbau auf das Fahrgestell.

Karotin, in Pflanzen (Karotte) vorkommender gelber Farbstoff, der die Vorstufe des Vitamin A bildet.

Karpaten, 1300 km langer waldreicher Mittelgebirgszug in Südosteuropa, bis 2655 m hoch (Hohe Tatra).

Kartell, Zusammenschluss selbstständig bleibender Unternehmen des gleichen Gewerbes zum Zwecke der Marktbeherrschung; in der BR Dtl. verboten (Ausnahmen nur mit staatlicher Genehmigung).

Karthago, 814 v. Chr. von den Phönikern (Phöniziern) gegründete Stadt (nahe dem heutigen Tunis). Ab 600 v. Chr. war K. die mächtigste Seemacht im westlichen Mittelmeer. Im 3. → Punischen Krieg wurde es 146 v. Chr. von den Römern zerstört (→ Hannibal). Neugründung 44 v. Chr. durch Caesar, im 7. Jh. von den Arabern endgültig zerstört.

Kartoffel, Knollenpflanze aus der Familie der → Nachtschattengewächse. Kam um 1560 von Südamerika nach Europa, wurde aber erst im 18. Jh. in Deutschland verbreitet.

Karzinogene, chemische Stoffe, die → Krebs (Karzinome) auslösen können.

Kasachstan

seit 1991 Republik, 2.717.300 km², 17,5 Mio. EW, *Hauptst.* Astana, *Staatsoberhaupt:* Nursultan Nasarbajew (seit 1991), *Regierungschef:* Karim Massimow (seit 2014). *Naturraum:* vorwiegend Steppen- u. Wüstengebiet; im N Getreideanbau, im S Bewässrungskulturen (Baumwolle, Reis). *Wirtschaft:* Grundstoffindustrie und Landwirtschaft.

Kaschmir, Karakorum-Gebirge u. Becken von Srinagar, seit 1947 zw. Indien u. Pakistan geteilt, Nordosten von China besetzt.

Kaskade (die, ital.-frz.), ein mehrstufiger Wasserfall.

Kaspisches Meer, Kaspisee, größter Binnensee der Erde, 371.000 km², gespeist von Flüssen des Kaukasus sowie von Wolga u. Ural. Abflusslos; trotzdem zunehmende Senkung des Wasserspiegels (Verdunstung) u. Versalzung.

Kastagnetten, Rhythmusinstrumente aus zwei Holzschalen.

Kastell (das, lat.), 1) befestigtes Lager der röm. Truppen; 2) mittelalterl. Burg.

Kästner, Erich (1899–1974), dt. Schriftsteller, *Das fliegende Klassenzimmer, Das doppelte Lottchen, Emil und die Detektive*.

Kastration (die, lat.), Ausschaltung der Geschlechtsdrüsen (Hoden bzw. Eierstöcke) durch Operation oder Bestrahlung bei Menschen oder Tieren.

Kasus, Fall, grammatische Kategorie bei deklinierbaren Wortarten, z. B. Nominativ, Genitiv, Dativ, Akkusativ.

Katakomben (lat.), bes. in Rom u. Neapel im 2.–4. Jh. n. Chr. angelegte unterirdische Grabstätten der frühen Christen.

Katalysator (der, gr.), 1) Stoff, der chem. Vorgänge beschleunigt, ohne sich selbst zu verändern; 2) Keramikkörper mit feinen, platinüberzogenen Kanälen. Wandeln im Auspuff von Autos die schädlichen Abgase in weniger gefährliches → Kohlendioxid, → Stickstoff u. Wasserdampf.

Katamaran (der, engl.), schnelles Segelboot mit zwei Rümpfen.

Katar

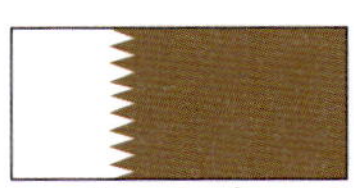

absolute Monarchie im O der Arabischen Halbinsel, am Persischen Golf, 11.437 km², 2,1 Mio. EW, *Hauptst.* Doha, *Staatsoberhaupt* u. *Regierungschef:* Tamim bin Hamad al Thani (seit 2013). *Naturraum:* Die Halbinsel K. ist eine flache Kalksteinebene. Wüstenklima.

Karolingische Kunst: Kreuz Berengars I. (9. Jh.)

Kaskade in Island

Kaspisches Meer

Katakomben in Rom

Weiße Perserkatze

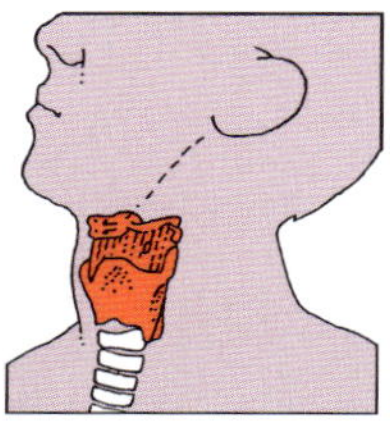
Kehlkopf

Kathedrale: Notre-Dame in Paris

Gottfried Keller

Kelten: Zierbuchstaben aus dem „Book of Kells“

Bevölkerung: Araber, daneben Iraner, Pakistaner, Inder, Schwarze; über 50 % Ausländer. *Wirtschaft:* Erdölförderung u. -verarbeitung, Fischerei, Viehzucht, etwas Ackerbau.

Katechismus (der, gr.), meist in Form von Frage u. Antwort gehaltenes christliches Unterrichtsbuch.
Kategorie (die, gr.), Klasse, Art, Gattung, Familie.
Katharina II. (1729–1796), die Große, regierte als Zarin von 1762–1796 das russ. Reich; gewann in 2 Türkenkriegen die Krim u. die Gebiete bis zum Dnjepr; Russland wurde zur europäischen Hegemonialmacht.
Kathedrale (die, gr.), Kirche mit Bischofssitz, v. a. in den romanischen u. angelsächsischen Ländern.
Katheter (der, gr.), ein starres oder elastisches Röhrchen, das durch natürliche Körperöffnungen in Hohlorgane (z. B. Blase) eingeführt wird, um sie zu entleeren oder zu spülen.
Kathode (die, gr.), → Elektrode, von der K.-Strahlen ausgehen, mit dem negativen Pol der Stromquelle verbunden. Mit K.-Strahlen können elektromagnetische Schwingungen sichtbar gemacht werden (Fernsehen).
katholische Kirche, größte Kirche der Christenheit mit dem → Papst als Oberhaupt. Katholisch (= allumfassend, allg.) ist seit der → Reformation auf die römisch-katholische Kirche bezogen.
Katmandu, Hauptst. von → Nepal, 1,5 Mio. EW.
Katzen, Raubtiere, meist einzeln lebend u. jagend. Sie sind Zehengänger mit einziehbaren Krallen, gute Kletterer, weltweit verbreitet, z. B. Luchs, Löwe, Hauskatze.
Kaukasus, Faltengebirge zw. Georgien u. Armenien, bis 5642 m (Elbrus).
Kaulquappen, Entwicklungsstadium zw. Ei u. endgültigem Tier beim Stamm der Lurche. Sie leben im Wasser, atmen mit Kiemen u. leben von Plankton.
Kaution (die, lat.), Geldbetrag, der als Sicherheit hinterlegt wird.
Kautschuk, Ausgangsmaterial für die Gummiproduktion (Naturgummi); wird aus dem Milchsaft (Latex) verschiedener tropischer Bäume gewonnen.
Kavalier (der, frz.), ursprünglich Bezeichnung für einen Ritter oder Edelmann, heute für einen zuvorkommenden, höflichen Mann.
Kavallerie (die, frz.), militärische Reitertruppe.
Kaviar (der, türk.), gereinigte u. gesalzene Fischeier (Rogen) von verschiedenen Störarten, die als Delikatesse gegessen werden.
Kaymaninseln, 3 Koralleninseln im Karibischen Meer, südlich von Kuba, unter brit. Verwaltung, 262 km², 49.000 EW, Hauptst. Georgetown; Viehzucht. Die K. wurden 1503 von Kolumbus entdeckt.
Kehle, der Vorderteil des Halses.
Kehlkopf, oberster Teil der Luftröhre. Die K.-Höhle wird durch die Stimmbänder so überspannt, dass nur die Stimmritze frei bleibt. Muskeln bewegen die Bänder, dadurch sind Atmung u. Stimmbildung möglich. Der Kehldeckel verschließt den K. während des Schluckens.
Keiler, männliches geschlechtsreifes Wildschwein.
Keilschrift, Wort- u. Silbenschrift, vermutlich von den Sumerern (3000 v. Chr.). Wurde von anderen Völkern im Alten Orient übernommen. Typisch sind die keilförmigen Striche, die mit einem Griffel in Tontafeln eingeritzt wurden.
Keimdrüsen, → Geschlechtsdrüsen.
Keimzellen (Geschlechtszellen), dienen der Fortpflanzung, z. B. Gameten, Sporen.
Keller, Gottfried (1819–1890), schweizer. Schriftsteller. *Die Leute von Seldwyla* (1856).
Kellogg, Frank Billings (1856–1937), amerik. Jurist u. Diplomat. Erhielt 1929 den Friedensnobelpreis.
Kelten, indogerman. Volksgruppe. Im 1. Jt. v. Chr. in Süddeutschland u. der Schweiz ansässig. Im 7. Jh. v. Chr. Wanderung nach Frankreich, im 6. Jh. v. Chr. nach Spanien u. im 5. Jh. v. Chr. England u. Irland. Im 4. Jh. Besiedelung Italiens, des Balkans u. Griechenlands. Verschwanden durch die Kämpfe mit Germanen u. Römern u. vermischten sich auch teilweise mit ihnen.

Kernenergie

Es gibt zwei Verfahren, um die Energie von Kernreaktionen in elektrischen Strom umzuwandeln. Seit den 1950er-Jahren wird in → Atomkraftwerken (AKW) die **Kernspaltung** angewandt. Dabei werden im **Kernreaktor** Uran oder Plutonium in Brennstäben aufgespalten und eine Kettenreaktion hervorgerufen. Die so produzierte Wärmeenergie wird in Form von Dampf zum Antrieb von Strom erzeugenden → Turbinen verwendet.
Wird 1 kg → Uran kerngespalten, so entsteht zweimillionenmal mehr Energie als bei der Verbrennung von 1 kg → Steinkohle. Allerdings sind der Abbau von Uran, die Wiederaufbereitung und die Endlagerung radioaktiver Abfälle sehr schwierig. Eine andere Variante der Kernenergie ist die **Kernfusion**, wie sie auch auf der Sonne abläuft. Hier werden zwei leichte Atomkerne in einen schweren verschmolzen, dessen Masse kleiner ist als die Summe der Einzelmassen. Der Massenverlust wird in Form von Energie frei. Mit dem Bau von **Kernfusionsreaktoren** sind weniger Sicherheitsrisiken und Strahlenbelastungen verbunden. Die Kernfusion ist jedoch äußerst aufwendig und steht in ihrer Entwicklung noch immer am Anfang.
Kernenergie wird aber auch für militärische Zwecke missbraucht und weiterentwickelt. Hatte die Bombe von → Hiroshima bereits eine Sprengkraft von 13–15 Kilotonnen TNT (Sprengstoff Trinitrotoluol), so entfalten kernfusionierende → Wasserstoffbomben mittlerweile eine Kraft von mehreren Megatonnen.
http://www.kernenergie.de; http://umweltlexikon-online.de

keltische Sprachen, Zweig der von den → Indogermanen gesprochenen Sprachen, die zum Teil heute noch erhalten sind, z. B. das Gälische in Irland u. Schottland, Bretonisch u. Walisisch.

Kelvin, William Thomson (1824–1907), schottischer Physiker. Schuf die nach ihm benannte Temperaturskala, deren Nullstelle der absolute Nullpunkt ist (Kelvinskala). 0 Kelvin = - 273,15 °C.

Kenia

präsidiale Republik des Commonwealth in Ostafrika, 580.367 km², 38 Mio. EW, *Hauptst.* Nairobi, *Staatsoberhaupt:* Mwai Kibaki, *Regierungschef:* Raila Odinga. Einparteienstaat. *Naturraum:* Ostafrikanisches Hochland mit Ostafrikanischem Graben, breite Küstenniederung im Südosten. Tropisches Hochlandklima, schwache Regenzeiten, Savanne. *Bevölkerung:* Bantu, Niloten, Hirtenvölker (Massai), Inder. *Wirtschaft:* Kaffeeanbau, Tee u. Zuckerrohr am Victoriasee, extensive Rinderweide; Fischfang; Tourismus.

Kennedy, John Fitzgerald (1917–1963), amerik. Politiker. Präsident der USA von 1961–1963. Seine Ermordung in Dallas ist bis heute ungeklärt.

Kentaur (Zentaur; der, gr.), Wesen mit dem Körper u. den Beinen eines Pferdes, aber mit dem Oberkörper und dem Kopf eines Mannes; aus der gr. Mythologie.

Kepler, Johannes (1571–1630), dt. Astronom. Entwickelte die keplerschen Gesetze der Planetenbewegung.

Keramik (die, gr.), Sammelbezeichnung für alle aus Ton u. kaolinhaltigen Werkstoffen hergestellten Gegenstände.

Kerbtiere, → Insekten.

Kernenergie, siehe Kasten oben.

Kerosin (das, gr.), bes. reines Petroleum, Treibstoff von Flugzeugen u. Raketen.

Kertész, Imre (*1929), ungar. Schriftsteller, dessen Werk von seinen Erfahrungen in → Buchenwald u. dem → Holocaust geprägt ist; Literaturnobelpreis 2002.

Ketzer, Person, die sich gegen eine herrschende Meinung oder Lehre wendet, v. a. gegen eine Glaubenslehre.

Khan (der, türk.), früher ein türkisch-mongolischer Herrschertitel.

Khartoum, Hauptst. des → Sudan am Zusammenfluss von Blauem u. Weißem Nil, 2,7 Mio. EW; bedeutender Hafen.

Khmer, 1) Volk in Kambodscha; 2) Reich der Khmer hatte im 12. Jh. seine

Atomkraftwerk

Keramik

Ruhollah Khomeini

Kiel

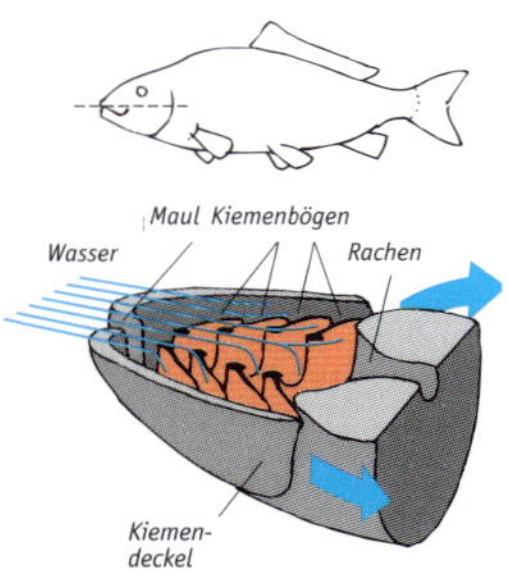

Kiemen

Kilimandscharo

Martin Luther King

Blütezeit (Tempelanlagen von Angkor) und im 14. Jh. seinen Niedergang.

Khomeini, Ruhollah Musawi (1902–1989), iranischer Revolutionsführer. Lange ins Ausland verbannt, errichtete er nach dem Sturz des Schahs (1979) die Islamische Republik Iran streng nach den Grundsätzen des Koran. Verfolgung u. Hinrichtung seiner Gegner.

Kibbuz (der, hebräisch), ländliche Siedlung in Israel. Nach sozialist. u. kollektivist. Grundsätzen organisiert.

Kiel, unterster, in der Mitte des Rumpfs liegender Längsträger eines Schiffes.

Kiel, Hauptst. von → Schleswig-Holstein, Ostseehafen an der Kieler Förde, 241.000 EW; Universität; Schiffbau, Fischerei, Maschinen-, Elektro-, Nahrungsmittelindustrie.

Kiemen, Atmungsorgane der Wassertiere. Dünne, gut durchblutete Häutchen, entweder Ausstülpungen der Haut oder des Darms. Ermöglichen die Sauerstoffaufnahme aus dem Wasser.

Kierkegaard, Sören (1813–1855), dänischer Theologe u. Philosoph.

Kiesinger, Kurt Georg (1904–1988), dt. Politiker (CDU) u. Bundeskanzler (1966–1969) der ersten → Großen Koalition.

Kiew, Hauptst. der → Ukraine, am Dnjepr, ca. 2,6 Mio. EW.

Kilimandscharo, mit 5895 m höchster Berg Ostafrikas.

kilo..., Kilo..., als Vorsatz Bezeichnung für das Tausendfache einer physikalischen Einheit, z. B. Kilobit, Kilobyte, Kilogramm.

Kilt (der, engl.), ein kurzer Faltenrock aus kariertem (Stammesfarben der → Clans) Wollstoff, der zur schottischen Männertracht gehört.

Kimbern, german. Volksstamm, der um 120 v. Chr. mit den → Teutonen nach S wanderte. 113 v. Chr. erreichten sie die Nordgrenze Italiens; 101 v. Chr. von den Römern geschlagen.

Kim Dae-jung (1925–2009), südkoreanischer Politiker u. Präsident (1998–2003); Friedensnobelpreisträger 2000.

Kimono (der, japan.), mantelartiges japan. Kleidungsstück, durch einen Gürtel zusammengehalten.

Kindergeld, monatl. Zuwendung des Staates an Bundesbürger (BR Dtl.) mit unverheirateten Kindern, solange sich diese in der Ausbildung befinden, höchstens bis zum 27. Lebensjahr.

Kinderlähmung (Polio), durch Viren verursachte grippeähnliche Krankheit, die oft zur Lähmung der Atem- u. Skelettmuskulatur führt. Durch Schluckimpfung in europäischen Ländern heute relativ selten geworden.

Kindesmisshandlung, körperliche oder seelische Misshandlung von Kindern oder Jugendlichen durch Eltern oder andere sorgeberechtigte Personen. Der Täter kann zu einer Freiheitsstrafe von bis zu 5 Jahren verurteilt werden.

Kinetik (die, gr.), Lehre von den Bewegungen der Körper.

King, Martin Luther (1929–1968), amerik. Bürgerrechtler. Als protestantischer Pfarrer predigte er einen gewaltlosen Kampf gegen → Rassismus u. Unterdrückung der Farbigen. Friedensnobelpreis 1964. K. wurde ermordet.

Kingstown, Hauptst. von → Saint Vincent u. den Grenadinen, 16.000 EW.

Kinshasa (bis 1966 Léopoldville), Hauptst. der Demokrat. Republik → Kongo, 9,5 Mio. EW; Universität; Wirtschaftszentrum.

Kipling, Rudyard (1865–1936), engl. Schriftsteller; *Das Dschungelbuch* (1894). 1907 Nobelpreis für Literatur.

Kirche, 1) christl. Gotteshaus; 2) die Gemeinschaft aller Christen, heute gespalten in einzelne Konfessionen.

Kirchenstaat, ehemaliges Herrschaftsgebiet der Päpste in Mittelitalien; heute auf die Vatikanstadt beschränkt.

Kirgisistan

seit 1991 präsidiale Republik in Zentralasien, 198.500 km^2, 5 Mio. EW, *Hauptst.* Bischkek. *Staatsoberhaupt:* Almasbev Atambaev (seit 2011), *Regierungschef:* Joomart Otorbajew (seit 2014). *Naturraum:* Gebirgs- u. Steppenland mit kontinentalem Klima. *Wirtschaft:* Baumwollanbau, Erdöl- und Erdgasförderung.

Kiribati

Republik im Pazifik, im südöstlichen Mikronesien, 726 km^2, 103.000 EW, *Hauptst.* Bairiki, *Staatsoberhaupt* u. *Regierungschef:* Anote Tong (seit 2003). *Naturraum:* Die 33 Atolle u. Inseln liegen meist nur 3 m über dem Meeresspiegel und sind spärlich bewachsen; tropisches Klima. *Bevölkerung:* Mikronesier, 4 % Polynesier. *Wirtschaft:* Kokosplantagen (Kopraausfuhr), Fischerei.

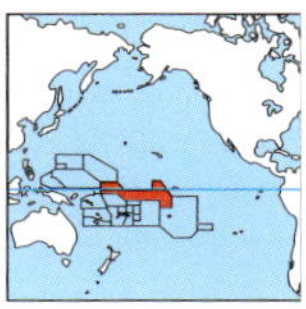

Kismet (das, arabisch), im Islam das unabwendbare Schicksal, das man ergeben hinnimmt.

Kissinger, Henry (*1923), amerik. Politiker dt. Herkunft. Sicherheitsberater (1969–1975) u. Außenminister (1973–1977); 1973 Friedensnobelpreis.

Kisuaheli (Kiswahili; das), Sprache der Suaheli (→ Bantu) mit vielen arabischen Wörtern. Dient in Ostafrika als Verkehrs- u. Handelssprache.

Kitsch, Gegenstand mit künstlerischem Anspruch, aber ohne dergleichen Inhalt oder Form.

Kitz, Jungtier, z. B. von Reh, Gämse.

Kitzler, → Klitoris.

Kiwi (die, Maori), essbare Frucht des Chinesischen Strahlengriffels; außen behaart mit grünem Fruchtfleisch.

Kiwis, 1) Familie flugunfähiger Vögel in Neuseeland, die nachts mit ihrem langen Schnabel nach Würmern suchen; 2) ugs. Name der Einwohner Neuseelands.

Kiwi

Kiwis

Klabautermann, im Volksglauben ein Schiffskobold.

Klapperschlangen, zu den Grubenottern gehörende sehr giftige Schlangen in Nord- u. Südamerika, die am Schwanzende eine aus verhornter Haut bestehende Rassel tragen.

Kläranlage, Reinigungsanlage für Abwasser. Bei der mechanischen Reinigung werden die festen Bestandteile herausgefischt. Bei der biologischen Reinigung in großen Becken zersetzen anschließend Bakterien mithilfe von Sauerstoff die pflanzlichen und tierischen Restbestandteile des Abwassers. Umweltschädliche → Phosphate u. Ammoniumverbindungen werden chemisch durch Eisen- u. Aluminiumsalze „ausgefällt". Abwässer mit Giftstoffen müssen vor der Einleitung in die K. entgiftet werden.

Klarinette, Holzblasinstrument.

Klasse, 1) Gruppe etwa gleichaltriger Schüler, die zusammen unterrichtet werden; 2) bestimmte Schicht der Gesellschaft mit gemeinsamen Merkmalen; 3) in der biologischen Systematik höhere Einheit, die mehrere Ordnungen zusammenfasst.

Klassenkampf, im Marxismus-Leninismus die Auseinandersetzung zw. der Arbeiterklasse u. dem Bürgertum um die Macht in der Gesellschaft.

Klassik (die, lat.), 1) antike gr.-röm. Kunst u. Kultur; 2) Kulturepoche, deren künstlerische Leistungen auch noch später Gültigkeit haben.

klassische Musik, 1) allg.: Bezeichnung für ernste Musik; 2) speziell: die Wiener Klassik mit → Haydn, → Mozart, → Beethoven.

Klassizismus (der, lat.), Kunstepoche von ca. 1770–1830. Würdevoll-ernsthafte Gesinnung. Rückgriff auf Formentypen u. Themen der Antike. In der Architektur galten nur noch die Gerade u. der rechte Winkel, bei Zentralbauten die Kreislinie. Die glatten Flächen, die sich daraus ergaben, wurden durch tempelartige Vorhallen u. Nischen aufgelockert. In der Malerei wurden geschichtliche Themen, Menschen in historischen Gewändern oder Umgebungen in harter, kühler u. klarer Farbigkeit behandelt.

Klassizismus

Klavier, Tasteninstrument, dessen Saiten mit Hämmerchen angeschlagen werden.

Klee, Paul (1879–1940), dt.-schweizer. Maler u. Grafiker. Mitglied der Vereinigung → Blauer Reiter.

Kleinasien, Bezeichnung für die Halbinsel zw. Schwarzem Meer u. östlichem Mittelmeer, die den Westteil Anatoliens (Türkei) mit dem Pontischen Gebirge im N u. dem Taurus im S umfasst.

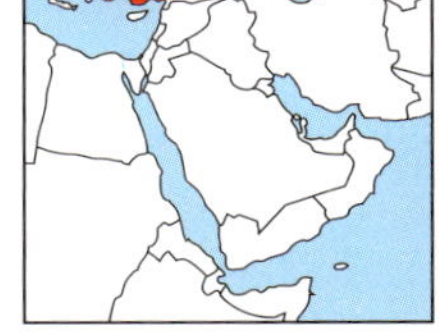

Kleinasien

Kleinhirn, Teil des → Gehirns. Wichtige Schaltstelle zw. Großhirn u. Körper. Be-

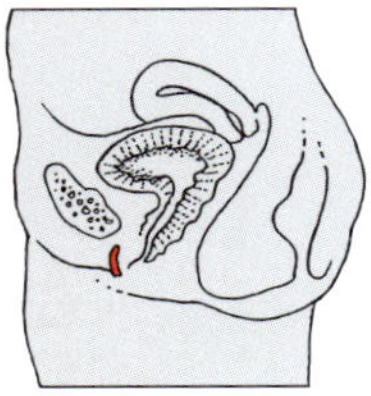

Klitoris

steht aus zwei Hemisphären (Hälften) u. einem Mittelteil.

Kleist, Heinrich von (1777–1811), dt. Schriftsteller, *Der zerbrochene Krug*.

Klenze, Leo von (1784–1864), dt. Architekt u. Hauptvertreter des → Klassizismus. Baute u. a. in München.

Kleopatra VII. (69–30 v. Chr.), ägypt. Königin. Nach der Eroberung ihres Landes durch die Römer wurde sie die Geliebte → Caesars, dann des → Antonius. Nach dessen Niederlage (gegen → Augustus) u. Tod beging K. Selbstmord. Ägypten wurde röm. Provinz.

Klerk, Frederik Willem de (*1936), südafrikan. Politiker, 1989–1994 Präsident von Südafrika, leitete das Ende der → Apartheid-Politik ein. 1993 bekam er den Friedensnobelpreis zusammen mit N. → Mandela.

Klerus (der, gr.-lat.), Gesamtheit der Geistlichen (**Kleriker**) in der katholischen Kirche. Ggs.: → Laien.

Kliff, steiler Hang an der Meeresküste.

Klima (das, gr.), vorherrschende Witterungserscheinungen in großen Landschaftsräumen. Abhängig von Art u. Menge der Niederschläge, Luftdruck u. häufigster Windrichtung, geografischer Breite, Entfernung zum Meer sowie von dessen kalten u. warmen Strömungen (z. B. Kontinentalklima, Seeklima).

Klimakterium (das, lat.), Wechseljahre der Frau (meist zw. 45 u. 55 Jahren), in denen der → Eisprung aufhört.

Klimaveränderung, ergibt sich dann, wenn die typische Pflanzenwelt eines Gebietes verändert wird. Durch das Abholzen des tropischen Regenwaldes z. B. verliert der Boden seine Wasserspeicherfähigkeit. Zusammensetzung der Luft u. Luftfeuchtigkeit ändern sich. Wenn sich nur zwei Klimabestandteile verändern, ändert sich das Klima insgesamt.

Klimt, Gustav (1862–1918), österr. Maler u. Grafiker. Hauptvertreter des Wiener Jugendstils.

Klimt: Porträt von Margaret Stonborough-Wittgenstein

Klinik (die, gr.), Krankenhaus, das meist auf ein bestimmtes Fachgebiet spezialisiert ist.

Klinker, sehr fester Mauerziegel, aus gepresstem, eisenhaltigem Ton scharf gebrannt.

Klippe, großer Felsen, dicht unter oder über der Wasserfläche.

Klischee (das, frz., „Abklatsch"), 1) festgefahrene Vorstellung; 2) Druckstock, bei dem die zu druckenden Teile erhaben sind, d. h. aus dem Druckstock herausragen.

Klitoris (Kitzler), weibliches Sexualorgan mit Schwellkörpern, die sich bei Erregung mit Blut füllen. Große Berührungsempfindlichkeit. Sitzt oberhalb der Harnröhrenöffnung zw. den kleinen Schamlippen.

Kloake (die, lat.), 1) Abwasserkanal; 2) Bezeichnung für die bei manchen Tieren (z. B. Lurchen, Vögeln) vorhandene Körperöffnung, in die Darm-, Harn- u. Geschlechtswege gemeinsam münden.

Klonen, gentechnisches Verfahren zur unbegrenzten, ungeschlechtlichen Vermehrung von Lebewesen. Die Nachkommenschaft (**Klon**) ist genetisch identisch. → Gentechnologie.

Kloster, von der Außenwelt abgeschlossene Gebäudegruppe (Kirche, Wohn- u. Wirtschaftsgebäude), in der die Mitglieder eines → Ordens gemeinschaftlich leben.

Klub (Club), Vereinigung von Personen mit ähnlichen Interessen.

Knaus-Ogino-Methode, sehr unsichere Methode der → Empfängnisverhütung, die auf der Berechnung der fruchtbaren Tage der Frau beruht (Messen der Basaltemperatur).

Knesset(h), das Parlament in Israel.

Knochen, u. a. aus Kalk u. Phosphat bestehende Skelettsubstanz von Wirbeltierkörpern. K. haben Stütz- u. Schutzfunktionen u. sind aus → Knochenmark, Knochensubstanz u. Knochenhaut aufgebaut.

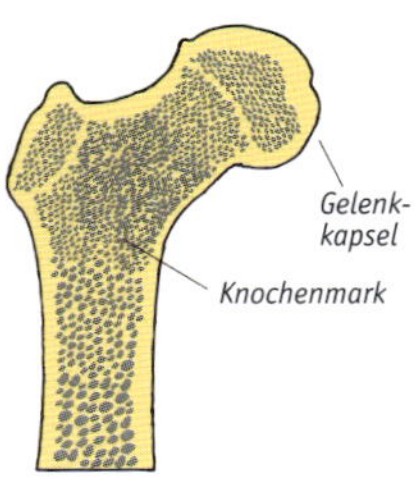

(Längsschnitt)

Knochen

Knochenmark, das weiche Gewebe, das die Hohlräume von Knochen ausfüllt.

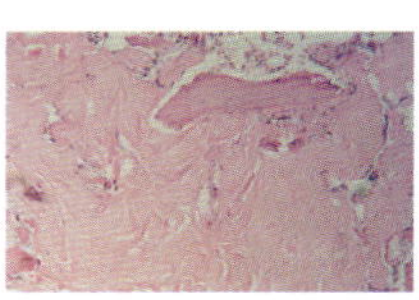

Knochenmark unter dem Mikroskop

knock-out (k.o.), Niederschlag beim Boxen, auch im übertragenen Sinn gebraucht.

Knollenblätterpilz, Giftpilz, der leicht mit dem Wiesenchampignon (→ Champignon) zu verwechseln ist. Es gibt den weißen, gelben u. grünen K., jede Art ist tödlich giftig. K. riechen nach Kartoffeln.

Knorpel, elastisches Bindegewebe, das die Gelenkenden der Knochen überzieht u. an manchen Körperteilen (z. B. Nase) das Skelett bildet.

Knossos, Hauptstätte der minoischen, vermutlich matriarchalen Kultur auf Kreta, südöstlich von Iraklion. Ab 1898 durch den Archäologen Sir Arthur Evans freigelegt u. restauriert.

Knoten, 1) feste Verschlingung von Seilen, Fäden u. Ä.; 2) verdickte Stelle an Pflanzen, an der ein Blatt ansetzt; 3) → Maßeinheit für die Geschwindigkeit bei Flugzeugen u. Schiffen, Abk. kn, 1 kn = 1 Seemeile/Stunde = 1,852 km/h.

Know-how, das „Gewusst-wie" auf einem speziellen Gebiet.

k.o., Abk. für → **k**nock-**o**ut.

Koala, Beuteltier, lebt in den Eukalyptuswäldern Australiens, ernährt sich nur von Eukalyptusblättern u. trägt seine Jungen im Bauchbeutel. Vom Aussterben bedroht.

Koalition (die, frz.), Zusammenschluss mehrerer politischer Parteien zum Zweck der Regierungsübernahme.

Kobold, im Volksglauben Bezeichnung für einen Haus- u. Hofgeist, der meist wohlwollend, aber auch tückisch ist.

Kobra, → Brillenschlangen.

Koch, Robert (1843–1910), dt. Arzt u. Bakteriologe, entdeckte den Tuberkelbazillus u. die Erreger von Milzbrand u. Cholera. 1905 Nobelpreis für Medizin.

Köchelverzeichnis, Verzeichnis sämtlicher Werke → Mozarts.

Kodein (Codein; das, lat.), aus Opium hergestelltes Mittel gegen Reizhusten.

Koffein (Coffein; das, arabisch), ein in Kaffee, Tee, Mate u. Kakao enthaltenes → Alkaloid, das das Nervensystem anregt.

Kogge, mittelalterliches Handelsschiff (v. a. der → Hanse) mit hohen Aufbauten u. viel Laderaum.

Kohäsion (die, lat.), die Anziehungskraft zw. gleichartigen Atomen oder Molekülen, die den Zusammenhalt der Stoffe bewirkt.

Kohl, Helmut (*1930), dt. Politiker (CDU). 1982–98 Bundeskanzler. 1990 vollzieht die Regierung K. die dt. Einheit. Erster gesamtdt. Kanzler.

Kohle, brennbares Zersetzungsprodukt organischer Stoffe. Beim Inkohlungsprozess entsteht unter Luftabschluss zunächst Torf, dann unter Druck Braunkohle, Steinkohle u. Anthrazit.

Kohlendioxid (CO_2), farbloses, säuerlich riechendes Gas; Bestandteil der Luft, den Pflanzen für Fotosynthese brauchen. Entsteht bei Verbrennungen, auch bei der Atmung. Zu viel CO_2 in der Luft führt zur Erwärmung der Erdoberfläche, Treibhauseffekt.

Kohlenhydrate, aus Kohlenstoff, Wasserstoff u. Sauerstoff aufgebaute organische Verbindung; Gerüstsubstanz von Pflanzen u. Energie liefernde Stoffwechselprodukte, z. B. Zucker, Stärke.

Kohlenmonoxid (CO), farb- u. geruchloses Gas. Es entsteht bei unvollständiger Verbrennung, z. B. in Heizungen u. Autos, u. behindert beim Einatmen den Sauerstofftransport des Blutes.

Kohlensäure, entsteht, wenn Kohlendioxid in Wasser gelöst wird (z. B. in Mineralwasser).

Kohlenstoff, nichtmetallisches Element; rein nur als Grafit, Diamant.

Köhler, Horst (*1943), ehemaliger geschäftsführender Direktor des → Internationalen Währungsfonds u. 2004–2010 Bundespräsident der BR Dtl.; in der Zeit u. a. Schirmherr des *Schüler Helfen Leben e.V.* (SHL).

Koitus (Coitus; der, lat.), Geschlechtsverkehr.

Kojote (der, mexikanisch), Präriewolf; in Nordamerika vorkommendes hundeartiges Raubtier.

Koka (die, indianisch), Abk. für Kokastrauch, südamerik. Storchschnabelgewächs. Die Blätter enthalten u. a. das Alkaloid → Kokain.

Kokain, aus den Blättern des Kokastrauches, aber auch synthet. herstellbares Betäubungsmittel u. Rauschgift.

Kokon (der, frz.), Verpuppungsgespinst der Spinnerraupe. Die Spinnflüssigkeit tritt aus dem Mund aus u. wird an der Luft als Faden sofort fest.

Kokoschka, Oskar (1886–1980), österr. Maler, Grafiker u. Dramatiker.

Kokospalme, im Küstenbereich der Tropen eine weit verbreitete Kulturpflanze; sie wird bis zu 30 m hoch u. trägt lange, gefiederte, sehr harte Blätter. Das Fleisch u. den Saft ihrer Früch-

Helmut Kohl

Koala

Kojote

Koka

Kolibri

te, der kopfgroßen Kokosnüsse, kann man essen bzw. trinken, aus der behaarten Schale macht man z. B. Seile.
Koks, 1) (der) Brennstoff, bestehend aus dem Rückstand von unter Luftabschluss stark erhitzter Steinkohle; 2) (das) ugs. Bezeichnung für → Kokain.
Kola, baumartige Pflanze im tropischen Afrika. Aus ihrem Keimling, der Kolanuss, werden Anregungs- u. Kräftigungsmittel hergestellt.
Kolben, 1) Maschinenteil in Zylindern zur Übertragung von Druck (z. B. in Pumpen, hydraulischen Pressen); 2) Blütenstand, z. B. Maiskolben.

Kolosseum

Kolibakterien, im Dickdarm lebende Bakterien, die am Nahrungsaufschluss beteiligt sind. Außerhalb des Darms können sie Krankheiten hervorrufen, deshalb muss das Trinkwasser von ihnen frei sei.
Kolibri, die kleinen, sehr bunt gefiederten Vögel können im Schwirrflug vor Blüten stehen u. mit dem langen Schnabel den Nektar saugen. Sie leben im tropischen Südamerika.
Kolik, krampfartiger Schmerzanfall.
Kollaboration, Zusammenarbeit.
Kollaps (der, lat., „Zusammenbruch“), plötzliches Versagen des Blutkreislaufs.
Kollektion (die, lat.), Sammlung, Warenauswahl.
Kollision (die, lat. „Zusammenstoß“), Widerstreit von verschiedenen Meinungen, Interessen, Pflichten.

Christoph Kolumbus

Kollwitz, Käthe (1867–1945), dt. Grafikerin. Schuf Radierungen über das Elend der Arbeiter, Tod u. Krieg u. a.
Köln, Stadt in → Nordrhein-Westfalen, am Rhein, 975.907 EW; Dom, zahlreiche romanische u. gotische Kirchen; Universität; bedeutendes Wirtschaftszentrum; wurde 50 n. Chr. von den Römern gegründet.
Kolonialismus (der, lat.), europäische Eroberungspolitik in anderen Erdteilen infolge der überseeischen Entdeckungen im 16. Jh. Nach dem Zweiten Weltkrieg wurde der Kolonialbesitz weitgehend aufgelöst.
Kolosseum, großes → Amphitheater mit elliptischem Grundriss in Rom, entstand 69–80 n. Chr. Damaliges Fassungsvermögen ca. 45.000 Zuschauer.

Kolumbien

präsidiale Republik im Nordwesten Südamerikas, 1.138.914 km², ca. 48 Mio. EW, *Hauptst.* Bogotá, *Staatsoberhaupt* u. *Regierungschef:* Juan Manuel Santos Calderón (seit 2010). *Naturraum:* im W Anden mit Tälern des Cauca- u. Magdalena-Flusses, im Nordosten Tiefland der Llanos (Savanne), im S Amazonastiefland. Tropisches Klima; Gebirgshänge u. der S dicht bewaldet. *Bevölkerung:* 65 % Mestizen, 20 % Weiße, 13 % Mulatten u. Schwarze, 2 % Indios. *Wirtschaft:* tropischer Anbau, Plantagen; Kokastrauch im Hochland; Fischerei; bedeutende Bodenschätze. In Medellin kontrolliert eine Gruppe von Drogenhändlern den Schmuggel von ca. 80 % des auf der Erde gehandelten → Kokains.

Kolumbus, Christoph (1451–1506), ital. Seefahrer in span. Diensten; Entdecker Amerikas (1492/93) hielt den neuen Kontinent für Indien (→ Indianer).
Koma (das, gr., „tiefer Schlaf“), Bewusstlosigkeit, die durch eine Schädigung des Gehirns hervorgerufen wird, z. B. bei einem Schlaganfall.
Komantschen, nordamerik. Prärieindianer in New Mexico u. Texas.
Komet (der, gr.), Himmelskörper auf elliptischer Bahn um die Sonne. Verdichtete Materieteilchen, von gefrorenen Gasen umhüllt. In Sonnennähe verdampfen die äußeren Schichten, es kommt zum Ausbruch leuchtender Gasmassen.
Komitee (das, frz.), Gruppe von Menschen, die etwas beurteilen, überprüfen.
Kommerz (der, lat.), Handel, Verkehr.
kommerziell, kaufmännisch, den Handel betreffend.
Kommission, Ausschuss, Gremium.
Kommunalpolitik, selbstständige politische Entscheidungen, von den → Gemeinden getroffen (Gesetzgebungs- u. Verwaltungstätigkeiten).
Kommunikation, siehe Kasten S. 163.

Kommunismus (der, lat.), Weiterentwicklung des → Marxismus. Enthält die Vorstellung eines Gesellschaftszustandes, in dem es keinen Privatbesitz an Produktionsmitteln geben soll; alle Menschen sind sozial gleichgestellt u. gleichberechtigt. In der Sowjetunion nach der bolschewistischen Revolution durch → Lenin 1917 als gesellschaftliches Herrschaftssystem eingeführt worden; mittlerweile überall in Auflösung begriffen.
kommunizieren (lat.), 1) mitteilen, in Verbindung stehen; 2) die Kommunion empfangen (kathol. Kirche).
kommunizierende Röhren, nach oben offene, miteinander verbundene Röhren, in denen Flüssigkeiten gleich hoch steigen.
Komödie (die, gr.), Drama mit heiterem Inhalt. Ggs.: Tragödie.

Komoren

präsidiale Republik im Indischen Ozean, zw. der Ostküste Afrikas u. Madagaskar, 2235 km^2, 760.000 EW, *Hauptst.* Moroni, *Staatsoberhaupt* u. *Regierungschef:* Ikililou Dhoinine (seit 2011) . *Naturraum:* umfasst die von Korallenriffen gesäumten vulkanischen Gebirgsinseln Njazidja, Nzwani u. Mwali. Tropisches Klima. *Bevölkerung:* Mischvolk aus Arabern, Madagassen, Persern, Indern u. Bantu. *Wirtschaft:* Anbau von Reis, Mais, Maniok, Export von Vanille, Gewürznelken, Parfümpflanzen, Sisal; Kopragewinnung.

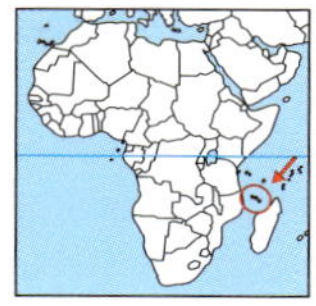

Kompanie (die, frz.), militärische Truppeneinheit (ca. 100–200 Mann).
Komparation, Steigerung des Adjektivs; geschieht in 3 Stufen: 1) Positiv (Grundform, z. B. groß); 2) Komparativ (1. Steigerung, z. B. größer); 3) Superlativ (2. Steigerung, z. B. am größten).
Komparse (der, ital.), Darsteller in Film u. Theater ohne Sprechrolle.
Kompass, Gerät zur Bestimmung der Himmelsrichtung. Man unterscheidet **Magnet-K.** (Magnetnadel, die sich wegen des Erdmagnetfeldes in Nordsüdrichtung ausrichtet) u. **Kreisel-K.** (Scheibe dreht sich um eine Achse, die sich von selbst in Nordsüdrichtung einstellt).
Komplementärfarben, Farben, die sich gegenseitig so ergänzen, dass sie Weiß ergeben; → Farbe.
Komplex (der, lat.), 1) aus Einzelteilen aufgebautes System; die Funktion jedes Teils hängt von den anderen ab; 2) Psychologie: Schlechte Erlebnisse in der Kindheit können zu einem K. führen.
Komplize (der, frz.), Mittäter, Helfershelfer.

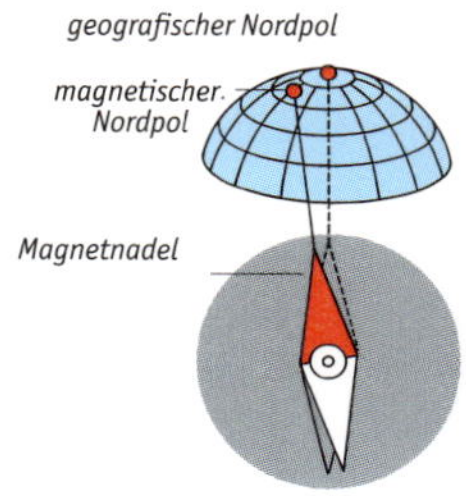

Magnetkompass

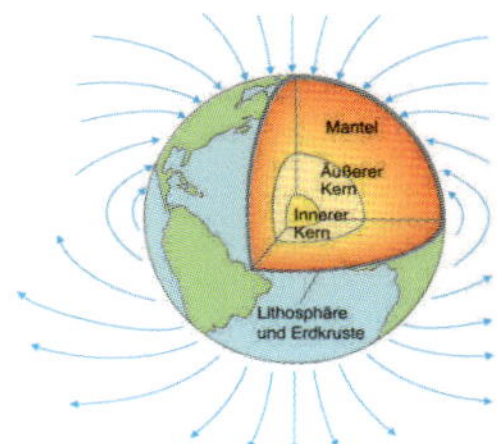

Kompass: Erdmagnetfeld

Kommunikation

Kommunikation (von lat. *communicatio* = Mitteilung, Unterredung) ist der Austausch von Informationen zwischen mindestens zwei Beteiligten. Das kann z. B. ein **Gespräch** zweier Menschen sein oder der Warnruf eines Vogels an seine Artgenossen. Kommunikation ist aber nicht an Sprache oder andere Lautäußerungen gebunden, denn auch eine schriftliche Mitteilung, der Wink zum Abschied oder das Schwanzwedeln eines Hundes gehören dazu. Sogar beim Austausch von Daten oder anderen Signalen zwischen Computern oder Maschinen spricht man von Kommunikation. Beim Austausch von Informationen müssen immer **drei Prozesse** ablaufen: Zunächst wird die Mitteilung verschlüsselt, d. h. beispielsweise ein Gedanke in Worte gefasst. Dann erfolgt die Übertragung, z. B. durch Sprechen oder Schreiben. Zum Schluss muss die Mitteilung vom Empfänger wieder entschlüsselt werden, d. h., er muss die Information aufnehmen und verarbeiten. Alle drei Elemente sind dabei gleichermaßen wichtig und oft voneinander abhängig: Kommunikation kann wechselseitig sein, wenn z. B. auf die Frage eines Kommunikationspartners die Antwort des anderen erfolgt. Aber Kommunikation ist auch einseitig möglich, z. B. beim Nachrichtensprecher und dem Fernsehzuschauer.

Komplott (das, frz.), Verschwörung, Verabredung zu einer Straftat.

Komposition, originales Musikstück, das gedanklich erarbeitet u. schriftlich festgehalten wird.

Kompositum (das, lat.), Zusammensetzung, zusammengesetztes Wort.

Kompost (der, lat.), hochwertiger Humusdünger (→ Humus), der beim Verrotten von gemähtem Gras, Laub u. Hausabfällen durch Bakterien erzeugt wird.

Kompost

Kompressor (der, lat.), Maschinenteil zum Verdichten (Komprimieren) von Dämpfen u. Gasen.

Kompromiss (der, lat.), Einigung durch gegenseitige Zugeständnisse, beidseitiges Nachgeben.

Kondensation (die, lat.), Übergang vom gasförmigen in den flüssigen → Aggregatzustand eines Stoffes.

Kondition (die, lat.), 1) Geschäftsbedingung; 2) (körperliche) Verfassung, Leistungsfähigkeit, kann durch Konditionstraining (Sport) gesteigert werden.

Kondom, Gummischutz für den → Penis zur Empfängnisverhütung u. zum Schutz vor Infektionskrankheiten; → Aids.

Kondor, in Südamerika (Anden) vorkommender größter Geier mit bis zu 3,2 m Flügelspannweite.

Kondor

Konferenz (die, lat.), Besprechung, Beratung.

Konfession (die, lat.), offizielle Zugehörigkeit zu einer Glaubensgemeinschaft.

Konfirmation (die, lat., „Bestätigung"), in der evangelischen Kirche die feierliche Aufnahme Jugendlicher in die Gemeinde.

Konformismus, Anpassung an vorherrschende Normen.

Konfrontation (die, lat.), 1) Gegenüberstellung; 2) Auseinandersetzung.

Konfuzius (Kung-futse, 551–479 v. Chr.), chinesischer Philosoph. *I-Ging* (das Buch der Wandlungen). Seine Lehren beziehen sich auf 5 Tugenden: gegenseitige Liebe, Rechtschaffenheit, Weisheit, Sittlichkeit u. Aufrichtigkeit.

Konglomerat (das, lat.), 1) Gemenge, Zusammenballung verschiedenartiger Teile; 2) in der Geologie Bezeichnung für Gestein, das aus miteinander verkittetem Geröll besteht.

Kongo, 1) wasserreichster Fluss Afrikas, 4374 km lang; 2) ehemaliges afrikanisches Königreich südlich der K.-Mündung. Zerfall im 17. Jh.

Kongo

Demokratische Republik in Zentralafrika, 2.345.409 km^2, 71 Mio. EW, *Hauptst.* → Kinshasa, *Staatsoberhaupt:* Joseph Kabila (seit 2001). *Regierungschef:* Augustin Matata Ponyo (seit 2012). 1971 Umbenennung von Kongo-Kinshasa in Republik Zaire, 1997 erneute Umbenennung in Demokrat. Republik Kongo. *Naturraum:* das Kongobecken mit Anteil am Westabhang des Ostafrikanischen Hochlands u. Grabens u. die gebirgige Provinz Shaba im Südosten. Zentraltropisches Gebiet mit Regenwald, in Shaba Savanne. *Bevölkerung:* Bantu, Sudanvölker, Niloten; im Regenwald Pygmäen. *Wirtschaft:* Hackbau mit Brandrodung, Plantagen: Baumwolle, Kaffee, Zuckerrohr, Ölpalmen; Bergbau in der Provinz Shaba; Export von Diamanten, Kupfer, Erdöl.

Kongo

präsidiale Republik in Zentralafrika, 342.000 km^2, 4,4 Mio. EW, *Hauptst.* Brazzaville, *Staatsoberhaupt* u. *Regierungschef:* Denis Sassou-Nguesso (seit 1997). *Naturraum:* im N Kongotiefland, tropischer Regenwald, im Südosten an den Kongofluss grenzend, im Südwesten steil zum schmalen Küstentiefland abfallende Randschwelle. Im Gebirge Savanne, feuchtheißes Regenwaldklima. *Bevölkerung:* Bantu, Pygmäen. *Wirtschaft:* tropischer Anbau, Fischfang; Holz (Limba); Erdöl.

Kongress (der, lat.), 1) Tagung; Zusammenkunft eines größeren Personenkreises; 2) die beiden → Kammern des amerik. Parlaments.
Kongruenz (die, lat.), Übereinstimmung, Deckung.
König, 1) höchster weltlicher Herrscher nach dem → Kaiser; 2) Schachfigur; 3) zweithöchste Spielkarte.
konisch (gr.), kegelförmig.
Konjugation, Beugung des → Verbs; man unterscheidet zw. schwacher K. (Vergangenheitsform auf -te, z. B. sagen – sagte) u. starker K. (mit Ablaut in der Vergangenheitsform, z. B. singen – sang).
Konjunktion (die, lat.), Bindewort „und", „oder".
Konjunktiv, Möglichkeitsform des Verbs (z. B. ist – sei).
Konjunktur (die, lat.), 1) tendenzielle gesamtwirtschaftliche Situation (z. B. Auf- oder Abschwung); 2) ugs. wirtschaftl. Aufschwung.
konkav (lat.), nach innen gewölbt (Linse); Ggs.: → konvex.
Konklave (das, lat.), von der Außenwelt abgeschlossener Raum im Vatikan, in dem sich die Kardinäle zur Wahl eines neuen Papstes versammeln; auch Bezeichnung für die Versammlung selbst.
Konkordat (das, lat.), völkerrechtliche Vereinbarung zw. kath. Kirche u. Staat. In der Schweiz auch Bezeichnung für einen Vertrag zw. Kantonen.
Konquistadoren (span.), span. u. portugies. Entdecker u. Eroberer (→ Cortés, Pizarro, Alvarado u. a.) der mittel- u. südamerik. Länder (16./17. Jh.).
Konsens (der, lat.), Übereinkunft, Übereinstimmung in der Meinung.
Konsequenz (die, lat.), Folge, Wirkung, Folgerichtigkeit.
konservativ (lat.), Geisteshaltung, die das Bestehende erhalten u. schützen will; althergebracht.
Konservatorium (das, lat.), Ausbildungsstätte für Musiker.
Konservierung (die, lat.), Erhaltung, Haltbarmachung.
Konsistenz (die, lat.), äußere Beschaffenheit eines Stoffes, z. B. spröde, zäh, flüssig usw.
Konsonant, Mitlaut, z. B. b, f.
konstant (lat.), unveränderlich, dauernd; beharrlich.
Konstantin I., der Große (ca. 280–337), röm. Kaiser; besiegte bis 324 alle Mitregenten u. war damit Alleinherrscher; erkannte das Christentum an u. ließ sich als erster röm. Kaiser taufen; machte statt Rom Byzanz (unter dem Namen Konstantinopel) zur neuen Hauptst.
Konstantinopel (heutiges → Istanbul), 330 als Neu-Rom Hauptst. des → Römischen Reiches, ab 395 als → Byzanz Hauptst. des Byzantinischen Reiches, von 1453–1923 Hauptst. des → Osmanischen Reiches.
Konstanzer Konzil, von 1414–1418 dauernde Versammlung, beendete u. a. die durch mehrere gleichzeitig amtierende Päpste hervorgerufene Kirchenspaltung u. verurteilte Jan → Hus zum Tode durch Verbrennung.
Konstitution (die, lat.), 1) allg. oder körperlich-seelische Verfassung; 2) juristische Verfassung, Verordnung; 3) päpstl. Edikt.
konstitutionelle Monarchie, Herrschaftsgewalt eines Monarchen durch eine Verfassung begrenzt, das Volk kann politisch mitbestimmen, z. B. durch Wahlen zu einem Parlament (Großbritannien).
konstruktives Misstrauensvotum, in der → Verfassung der BR Dtl. geregeltes Verfahren, das den Sturz einer Regierung durch den Bundestag nur bei gleichzeitiger Wahl eines neuen Kanzlers ermöglicht.
Konsul, 1) Titel für die beiden höchsten Beamten im alten röm. Reich; 2) ständiger Vertreter eines Staates im Ausland; vertritt hauptsächlich die wirtschaftl. Interessen seines Staates. Der Amtssitz des K. ist das Konsulat.
Konsultation (die, lat.), Zurateziehen.
Konsum (der, lat.), Befriedigung der Bedürfnisse von Verbrauchern (Konsumenten) durch den Kauf von Gebrauchs- u. Luxuswaren (Konsumgütern).
Konterrevolution (die, lat.), Gegenrevolution.
Kontext (der, lat.), Zusammenhang; der Text, der ein Wort oder einen Satz umgibt u. für die Bedeutung wichtig ist.

Konstantin I.

König: Krone

König: Kartenspiel

Kopenhagen

Seejungfrau von Kopenhagen

Kontrabass

Kontinentalklima, im Inneren von großen Festlandgebieten auftretendes Klima. Große Temperaturschwankungen im Laufe des Jahres; verhältnismäßig geringe Luftfeuchtigkeit.

Kontinentalsperre, Handelsblockade des europäischen Festlandes gegen England auf Anordnung → Napoleons 1806. Wurde 1812 von Russland missachtet, was Napoleon zum Russlandfeldzug veranlasste.

Kontinente (lat.), die großen zusammenhängenden Landmassen der Erde, das sind Asien, Europa, Nord- u. Südamerika, Australien, Afrika u. Antarktika.

Kontingent (das, lat.), festgesetzter Anteil.

kontinuierlich (lat.), beständig, stetig; Sub.: **Kontinuität.**

Konto (das, ital., „Rechnung"), 1) Buchführung zur zahlenmäßigen Erfassung von Geschäftsvorgängen; es gibt eine Betragsspalte für Zu- u. Abrechnungen (Soll u. Haben) u. einen Betrag, der die beiden Spalten ausgleicht (Saldo), 2) Girokonto, das meist zinslos dem bargeldlosen Zahlungsverkehr dient.

kontra (lat.), gegen.

Kontrabass, tiefstes u. größtes Streichinstrument mit 4 Saiten.

Kontrast (der, lat.), 1) Gegensatz; 2) Unterschied in der Helligkeit einzelner Bildpartien.

konventionell, herkömmlich, förmlich.

konvex (lat.), nach außen gewölbt, Ggs. → konkav.

Konvoi (der, engl.), Gruppe von Schiffen (Geleitzug) oder Fahrzeugkolonne.

Konzentration (die, lat.), 1) gespannte Aufmerksamkeit, Hinwendung auf eine Sache; 2) Zusammenschluss z. B. politischer oder wirtschaftlicher Kräfte; 3) Gehalt eines Stoffes in einer Lösung oder einem Gemisch.

Konzentrationslager (KZ), Sammellager in der Zeit des → Nationalsozialismus, in denen politische Häftlinge, als rassisch „Minderwertige" (Juden, Zigeuner), Kriminelle u. Asoziale bezeichnet, gefoltert, zu unmenschlichen medizinischen Versuchen missbraucht u. ermordet wurden (insgesamt 7 Mio. Menschen). KZs in Deutschland waren u. a.: Dachau, Sachsenhausen, Buchenwald, Bergen-Belsen; in der damaligen Tschechoslowakei: Theresienstadt; in Polen: Auschwitz-Birkenau.

konzentrisch, mit gemeinsamem Mittelpunkt.

Konzept (das, lat.), Entwurf, Planung, Strategie.

Konzern (der, engl.), Zusammenschluss mehrerer Unternehmen unter gemeinsamer Leitung.

Konzil (das, lat.) oder Synode; Bischofsversammlung der katholischen Kirche zur Regelung kirchlicher Belange u. Glaubensfragen.

Kooperation (die, lat.), Zusammenarbeit.

Koordinaten (lat.), kennzeichnen die Lage eines Punktes in einem Koordinatensystem.

Koordination (die, lat.), Aufeinanderabstimmen verschiedener Dinge, z. B. zeitlicher Abläufe; V.: **koordinieren.**

Kopenhagen, Hauptst. → Dänemarks, auf den Ostseeinseln Seeland u. Amager, ca. 510.000 EW; berühmte Schlösser, Vergnügungspark Tivoli.

Kopernikus, Nikolaus (1473–1543), dt.-poln. Astronom. Erkannte, dass sich die Erde um die Sonne dreht, also nicht Mittelpunkt der Welt ist.

Kopulation (die, lat.), 1) Begattung; 2) → Veredelung.

Korallen (gr.), gemeinsame Kolonien von Blumentieren (Polypen, Hohltiere). Der Korallenstock aus hartem Kalk ist oft bunt gefärbt.

Koran (der, arabisch), das heilige Buch des → Islam, mit den Offenbarungen → Mohammeds.

Kordilleren, Faltengebirgszug an der Pazifikküste von Nord- u. Südamerika.

Korea, Land in Ostasien, auf der Halbinsel K. zw. Japan u. Gelbem Meer, seit 1948 am 38. Breitengrad geteilt. *Naturraum:* Hochgebirge an der Ostküste, im N bis 2522 m hoch, nach S u. W abfallend, im O Steilküste, im W ausgedehnte Küstentiefländer u. Buchten, vorgelagerte Inseln. Gemäßigtes, im S subtropisches Klima, Monsun. *Bevölkerung:* Koreaner, chinesische Minderheit. 1950–1953 Koreakrieg, seither Waffenstillstand.

Korea (Nord)

Demokratische Volksrepublik Korea (**Nordkorea**) 122.762 km², 24 Mio. EW, *Hauptst.* Pjöngjang, sozialistische Volksrepublik, *Staatsoberhaupt:* offiziell Kim Il Sung (†), faktisch Armeeführer Kim Jong Un (seit 2011), *Regierungschef:* Pak Pong (seit 2013). *Wirtschaft:* Ertragreiche Landwirtschaft, Fischerei; bedeutende Vorkommen von Eisenerz, Kohle u. Buntmetallen; vielseitige Industrie.

Korea (Süd)

Republik Korea (**Südkorea**), 98.484 km², 48,6 Mio. EW, *Hauptst.* Seoul, präsidiale Republik, *Staatsoberhaupt:* Park Geun-hye (seit 2013), *Regierungschef:* Lee Wan-koo (seit 2015). *Wirtschaft:* intensiver Reisanbau, Seidenraupenzucht, bedeutende Fischerei; bedeutender Bergbau; hoch entwickelte Industrie.

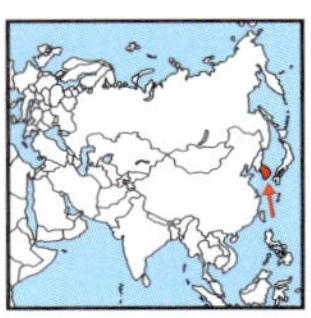

Korinth, Hafenstadt am Golf von K., → Griechenland, 36.555 EW; Nahrungsmittelindustrie, Fremdenverkehr.
Kork, totes, lufthaltiges, flüssigkeitsabweisendes Pflanzengewebe. Es wird v. a. aus der Rinde der in Spanien u. Nordafrika vorkommenden K.-Eiche geschält u. zu Flaschenkorken, Isolierungen u. a. verarbeitet.
Kormoran, ca. 90 cm langer Vogel, bewohnt Süßwasser u. Meere. Taucht nach großen Mengen Fischen, nistet in Kolonien in Baumwipfeln, sein Gefieder ist schwarz-grün. Weltweit verbreitet, in Mitteleuropa Zugvogel.
Körpertemperatur, Temperatur des Körpers, die entweder mit der Außentemperatur schwankt (bei → Kaltblütern) oder bei → Warmblütern (Menschen u. Säugetiere) selbst erzeugt wird u. nahezu gleich bleibt. Beim gesunden Menschen beträgt die K. zw. 36,5 u. 37,2 °C.
Korrespondenz (die, lat.), Schriftverkehr, Briefwechsel.
Korrosion (die, lat.), langsam fortschreitende Zerstörung fester Stoffe von der Oberfläche aus, durch chemische u. elektrochemische Vorgänge (Rost, Patina).
korrupt (lat.), bestechlich; Sub.: **Korruption**.
Korsika, frz. Mittelmeerinsel, 316.000 EW, Hauptst. Ajaccio.
Koryphäe (die, gr.), hervorragende, bedeutende Persönlichkeit, ursprünglich der Chorführer im gr. Drama.
Kosaken, Reitervölker vom unteren Don u. Dnjepr, die im 16. Jh. auf ihren Kriegszügen nach Sibirien vorstießen.
koscher (hebräisch), den Vorschriften der jüd. Speisegesetze entsprechend.
kosmo..., Kosmo... (gr.), bedeutet in Wortzusammensetzungen „Welt(all)“.
Kosmonaut (der, russ.), Bezeichnung für Weltraumfahrer.
Kosmopolit (der, gr.), jemand, der überall auf der Welt zu Hause ist u. sich über politische, rassistische u. andere Grenzen hinwegsetzt.
Kosmos (der, gr.), das Weltall, die Weltordnung.

Korsika

Kosovo

präsidiale Republik (unabhängig seit 2008), ehemals autonomes Gebiet Serbiens, 10.877 km², 1,7 Mio. EW, *Haupst.* Prishtina, *Staatsoberhaupt:* Präsidentin Atifete Jahjaga (seit 2011), *Regierungschef:* Isa Mustafa (seit 2014). *Naturraum:* Hochgebirge und fruchtbare Senken, gemäßigtes kontinentales Klima, *Bevölkerung:* Serben u. Albaner, *Wirtschaft:* Ackerbau u. Viehhaltung.

Kormoran

KPD, Abk. für **K**ommunistische **P**artei **D**eutschlands, ging 1919 aus dem Spar-

Kraken

Kreuzzug: Ritter

Kreta

Krebs

takusbund hervor; 1956 als verfassungsfeindlich verboten; Nachfolgepartei wurde die → DKP.

KPdSU, Abk. für **K**ommunistische **P**artei **d**er **S**owjet**u**nion, wurde nach der russ. Oktoberrevolution 1917 von den Bolschewiki gegründet; war bis 1990 einzige erlaubte Partei in der Sowjetunion. Oberstes Parteiorgan war das Zentralkomitee (ZK), dessen Vorsitzender als Generalsekretär bezeichnet wurde. 1991 von Boris → Jelzin verboten.

Kraft, in der Physik die Ursache für jede Änderung des Bewegungszustandes eines Körpers. Es gilt die Grundgleichung: Kraft = Masse x Beschleunigung.

Kraftfeld, physikalischer Zustand, der Kraftwirkungen hervorruft. Durch Kraftlinien kann das K. veranschaulicht werden.

Kraftwerk, Anlage zur Erzeugung von Elektrizität. Unterscheidung je nach Art der verwendeten Grundstoffe, Wasser-, Wärme-, Kohle-, Wind-, Gezeiten-, Solar- u. Atom-K.

Kraken, im Meer lebende Weichtiere; Tintenfische mit 8 Armen mit einer Doppelreihe Saugnäpfe. Können ihre Farbe dem Untergrund anpassen. Fressen Fische, Krebse u. Muscheln.

Krankenversicherung, Einrichtung zur sozialen Absicherung bei Krankheit; in der BR Dtl. besteht Pflichtmitgliedschaft für jeden Bundesbürger in einer gesetzlichen oder privaten Krankenkasse.

Krebs, Sammelbegriff für alle bösartigen Geschwulste im Körper. Die K.-Art, die als Karzinom bezeichnet wird, ist bes. bösartig, da sie → Metastasen (Tochtergeschwulste) bildet. Heilung ist in der Anfangsphase möglich, man behandelt mit Operation, Bestrahlung u. → Chemotherapie. Alle Methoden sollen das unkontrollierte Zellwachstum stoppen u. die Krebszellen abtöten. Raucher haben ein erhöhtes Krebsrisiko.

Krebse, Spinnentiere, 28.000 bekannte Arten; Mehrzahl im Meer lebend. Hohe Spezialisierung der Gliedmaßen (Fühler, Kiefer, Scheren). Atmung erfolgt über Kiemen, bei Kleinstkrebsen durch die Haut. Zu den Krebsen gehören z. B. Flusskrebse, Hummer, Krabben, Garnelen, Wasserfloh.

Kredit (der, lat.), Darlehen, das einem Unternehmen oder einer Privatperson für eine bestimmte Zeit u. zu einem bestimmten Preis (→ Zins) überlassen wird.

Kreditkarte, Ausweis, der bargeldlosen Einkauf ermöglicht.

Kreide, jüngste Formation des → Mesozoikums.

Kreis, geometrischer Ort aller Punkte einer Ebene, die von einem festen Punkt M (Kreismittelpunkt) den gleichen Abstand r (Kreisradius) haben.

Krematorium (das, lat.), Anlage zur Verbrennung von Leichen (Feuerbestattung).

Kreml (der, russ.), meist auf einer Anhöhe gelegener, burgartiger Stadtteil von russ. Städten. Am bekanntesten ist der K. in Moskau, der früher die Residenz des Zaren war u. heute Sitz des russ. Präsidenten ist.

Kreta, gr. Mittelmeerinsel, 625.000 EW, Hauptst. Iraklion. Verkarstetes Gebirge (Ida 2498 m); mediterraner Anbau (Wein, Weizen, Oliven); Fremdenverkehr. Im Altertum Zentrum der kretisch-minoischen Kultur; → minoische Kultur, → Knossos.

Kreuzotter, Viper, bis 1 m lange heimische Giftschlange; flacher, breiter Kopf mit Kreuzzeichnung, am Rücken dunkles Zickzackband auf hellem Grund. Lebt an sonnigen Stellen in der Nähe von Bächen; auf Steinen u. unter Asthaufen zu finden. Beißt Menschen nur, wenn sie sich bedroht fühlt.

Kreuzzüge, Kriegszüge zur Befreiung Palästinas von islamischer Herrschaft. *1. K.* (1096–99), Erstürmung Jerusalems, gegründet; *2. K.* (1147–49), gescheitert, Jerusalem verloren; *3. K.* (1189–92), Teilnahme des dt. Kaisers sowie des engl. u. frz. Königs; Eroberung der Stadt Akko; *4. K.* (1202–04), Eroberung des christlichen Konstantinopels, lat. Kaiserreich gegründet; *5. K.* (1228/29), Friedrich II. erhält Jerusalem; *6. K.* (1248–54) u. *7. K.* (1270) Ludwigs IX. von Frankreich, christl. Besitzungen gehen verloren. 1212 außerdem ein Kinderkreuzzug, auf dem Tausende dt. u. frz. Kinder starben oder versklavt wurden. Auch wenn die Kreuzritter ihre Ziele verfehlten u. 1291 als letztes Akko verloren, ergaben sich aus der Berührung mit dem Orient wirtschaftliche Vorteile u. kulturelle Anregungen für das Abendland.

Krieg, bewaffnete Auseinandersetzung zw. 2 oder mehr Staaten oder Völkern. Man unterscheidet Angriffs-, Verteidigungs- u. Eroberungskriege.

Kriegsverbrechertribunal, internationales Strafgericht zur Ahndung von Kriegsverbrechen, Völkermord u. Verbrechen gegen die Menschlichkeit. 1998 Gründung des → Internationalen Strafgerichtshofes.

Kriemhild, Gemahlin Siegfrieds im → Nibelungenlied.

Krim, Halbinsel am Schwarzen Meer, politische Zugehörigkeit zu → Ukraine oder → Russland seit 2014 ungeklärt, 26.200 km², 2 Mio. EW, Hauptst. Simferopol; im N flaches Steppenland mit Anbau von Weizen, Sonnenblumen u. Gemüse, im S gebirgig, im Mittelmeerklima der Südküste Anbau von Wein, Obst u. Tabak, Bodenschätze (Eisen, Erdöl, -gas).

Kriminalpolizei (Kripo), Abteilung der Polizei zur Aufklärung von Straftaten.

Kristalle, durch ebene Flächen begrenzte Körper, deren Atome sich in einem bestimmten Raumgitter anlagern (Quarz, Diamant, Eis, Salz).

Kristallisation (die, frz.), Bildung von Kristallen aus gesättigten Lösungen oder Schmelzen.

Kroatien

parlamentarische Republik, 56.538 km², 4,3 Mio. EW, *Hauptst.* → Zagreb, *Staatsoberhaupt:* Kalinda Grabar-Kitarović (seit 2015), *Regierungschef:* Zoran Milanović (seit 2011). Seit 1991 von Jugoslawien unabhängig. *Naturraum:* Untergliedert in die Pannonische Tiefebene mit kontinentalem Klima, das Dinarische Gebirge u. die Küstenregion mit Mittelmeerklima. An der Küste v. a. mediterrane Hartlaubgehölze, Pinien u. Kiefern. Zahlreiche Nationalparks u. enormer Wasserreichtum. *Bevölkerung:* Neben knapp 90 % Kroaten zahlreiche Minderheiten mit über 5 % Serben; überwiegend katholisch. *Wirtschaft:* Umwandlungsprozess von sozialistischer Wirtschaftsform zur Marktwirtschaft, 59 % im Dienstleistungsbereich (z. B. Tourismus), 32 % Industrie (z. B. Schiffbau). Seit 2013 Mitglied der EU.

Krokodile, Panzerechsen, zu den Kriechtieren gehörend; leben in tropischen Gewässern. Bis zu 7 m lang; lauern bis zu den Augen im Wasser, um ihre Beutetiere blitzschnell zu erlegen. Legen etwa 35 Eier, vergraben sie im Sand; betreiben Brutpflege.

Krokodil

Krone (die, lat.), 1) auf dem Kopf getragenes wertvolles Schmuckstück als Herrschaftszeichen; 2) Währungseinheit in Dänemark, Island, Norwegen, Schweden, Slowakei, Tschechische Republik; 3) oberer Teil des Zahnes, auch Bezeichnung für seinen künstlichen Ersatz.

Krösus, König von Lydien (in Kleinasien) um 540 bis 546 v. Chr. K. soll sagenhaft reich gewesen sein.

Erdkröte

Kröten, weltweit verbreitete Familie der Froschlurche mit plumper Gestalt, kurzen Beinen u. drüsenreicher, warziger Haut. Nachtaktive Insektenfresser, leben hauptsächlich an Land.

Kruzifix (das, lat.), die plastische Darstellung Christi am Kreuz.

Krypta (die, gr., „verborgen“), unterirdischer Raum unter dem Chor von meist romanischen Kirchen.

Kroatien

KSZE, Abk. für **K**onferenz über **S**icherheit u. **Z**usammenarbeit in **E**uropa, der GUS-Staaten, der USA u. Kanada, die sich um vertrauensbildende Maßnahmen in allen Bereichen bemüht. Gegründet 1975 in Helsinki. Nach politischem „Tauwetter“ in Osteuropa 1994 Umbenennung in → **OSZE**.

Kuala Lumpur, Hauptst. von → Malaysia, auf der Halbinsel Malakka, 1,6 Mio. EW. Wahrzeichen sind die Petronas Towers, die höchsten Zwillingstürme der Welt (452 m). Kulturelles und wirtschaftliches Zentrum.

Kuala Lumpur: Moschee Jame

Kuba

Sozialistische Republik in Mittelamerika, 110.861 km², 11,2 Mio. EW, *Hauptst.* → Havanna, *Staatsoberhaupt* u. *Regierungschef:* Raúl Castro Ruz (seit 2008) . *Naturraum:* Insel der Großen Antillen, welliges Tiefland mit einzelnen Karstgebirgen. Klima ist wechselfeucht-tropisch. *Bevölkerung:* Kubaner versch. Abstammung. *Wirtschaft:* Zuckerrohr- u. Tabakplantagen; tropischer Anbau, Rinderzucht, Küstenfischerei; Bergbau; bedeutende Tabak- u. Zuckerindustrie. *Geschichte:* ehemaliger Regierungschef General Fidel → Castro stürzte 1959 das korrupte Regime Batista u. führte den Sozialismus ein, regierte bis 2008. Die USA haben von K. den Marinestützpunkt Guantanamo gepachtet.

Kuba: Fidel Castro

kubisch (lat.), etwas, das zur 3. Potenz erhoben wurde; ugs. die Würfelform.

Kubismus, bedeutende Kunstrichtung des 20. Jh., die um 1907 von → Picasso u. → Braque begründet wurde. Zerlegung einer Figur oder eines Gegenstands in die ihr zugrunde liegenden geometrischen Formen. Oft fast bis zur Unkenntlichkeit aufgelöst.

Kuckuck

Kuckuck, Zugvogel, lebt in Europa, Asien u. Afrika in lichten Wäldern, frisst Insekten u. wird 33 cm lang. Gelbe Füße, weißgrau getigerte Brust, blaugrauer Rücken machen das Tier unauffällig. Das Weibchen legt je eines der 10–25 Eier in das Nest anderer Vögel, die Jungen verdrängen die meist kleineren Jungen der Pflegeeltern u. lassen sich aufziehen.

Mitglieder des Ku-Klux-Klans

Kugel, geometrischer Körper, dessen Begrenzungspunkte zu einem festen Punkt M (Kugelmittelpunkt) den gleichen Abstand r (Kugelradius) haben.

Kugellager, Maschinenteil zum Stützen von Achsen durch einen Ring mit Kugeln (zur Verringerung der Reibung).

Kugelstoßen, olympische Disziplin der Leichtathletik, bei der eine metallische Kugel (Männer: 7,2 kg, Frauen: 4,0 kg) aus einem Kreis gestoßen wird.

Kuh, weibliches geschlechtsreifes Tier bei z. B. Rind, Hirsch, Elefant.

Ku-Klux-Klan, 1865 im S der USA entstandener terroristischer, ehemals geheimer Bund von Weißen, der sich gegen die Gleichberechtigung der Schwarzen wendet.

Kulisse (die, frz., „Rinne"), seitlicher Teil der Dekoration, von dem aus die Darsteller die Bühne betreten.

Kulmination (die, lat.), Durchlaufen des höchsten oder tiefsten Punktes der täglichen Bahn eines Gestirns; ugs. Höhepunkt.

Kult (der, lat.), Verehrung, Anbetung eines Gottes in gemeinschaftlicher, nach Riten festgelegter Form; heute oft auch im Sinn von übertriebener Verehrung.

Kultur, 1) Gesamtheit der geistigen, künstlerischen u. auch technischen Leistungen, die eine bestimmte Gruppe von Menschen oder eine Epoche kennzeichnen; 2) Bezeichnung für Bildung; 3) Bewirtschaftung des Bodens; 4) Züchtung von Bakterien auf Nährböden.

Kunst, siehe Kasten S. 171.

Kunstgewerbe, kunstvolle u. formschöne Gestaltung von Gebrauchs- u. Ziergegenständen auf handwerklicher Basis, z. B. Keramik, Batik u. a.

künstliche Intelligenz (KI), Zweig der (→ Informatik), der sich mit menschlichen Denkstrukturen u. menschlicher Intelligenz u. ihrer Nachahmung durch Rechner befasst, z. B. Spracherkennung u. Sprechvermögen. Auch der Bau mobiler → Roboter, die ihre Umgebung mithilfe von Sensoren erfassen.

Kunststoffe, synthetisch hergestellte hochmolekulare Stoffe (Werkstoff, Fasern).

Kupfer, gut leitendes, weiches Metall. Kupfervitriol = Kupfersulfat, fäulnishemmend.

Kupferstich, Technik, bei der eine Zeichnung auf eine Kupferplatte übertragen u. mit Grabstichel in das Metall gestochen wird. Von dieser Platte wird dann der Druck abgenommen.

Kunst

Kunst bezeichnet etwas vom Menschen **schöpferisch** Gestaltetes, das nicht eindeutig auf einen Gebrauch festgelegt ist. Je nach Zeit und Standpunkt schrieb und schreibt man der Kunst eine ganze Palette von Aufgaben zu, von rein verschönernd und erfreuend bis provozierend oder alles in Frage stellend. Wichtige Voraussetzungen, um ein Kunstwerk zu schaffen, sind (handwerkliches) Können, eine geistige Durchdringung des Gegenstandes und die Auseinandersetzung mit seiner Zeit. Man unterteilt Kunst in folgende Teilbereiche:

Die → **Literatur** umfasst die in schriftlicher Form niedergelegte Dichtung, z. B. in Form des Gedichtes, der Erzählung oder des Dramas.

Die → **Musik** ist der in Töne gesetzte Ausdruck des menschlichen Empfindens.

Die → **darstellende Kunst**, zu der die Schauspielkunst (Theater, Film, Pantomime) und die Tanzkunst (Ballett) gehören.

Die → **bildende Kunst** mit ihren Teilgebieten Architektur, Malerei, Bildhauerei, Grafik und Kunsthandwerk.

http://www.kulturnauten.de

Kupon (Coupon; der, frz.), 1) Abschnitt, Gutschein; 2) Bestandteil einer Aktie oder eines Wertpapiers (in Form eines abtrennbaren Bogens), der von der Bank gegen Auszahlung von → Dividende oder → Zins angenommen wird.

Kupplung, 1) Maschinenteil zur Verbindung zweier, meist drehbarer Teile (z. B. Achsen); 2) Vorrichtung zur drehbaren Verbindung zweier Fahrzeuge (z. B. Anhänger-K.).

Kür, Wahlübung bei sportlichen Wettbewerben, Ggs. von Pflicht, bei der die Übungen fest vorgeschrieben sind.

Kurden, Bewohner Kurdistans, des Grenzgebiets zw. Armenien, Türkei, Iran, Irak u. Syrien; insgesamt rund 25 Mio. Bilden eine unterdrückte Minderheit in den genannten Staaten. Kampf um nationale Eigenständigkeit führte im Irak 1974 zur Bildung einer autonomen kurdischen Region. Kämpfe der nach Autonomie strebenden türkischen Kurden dauern seit 1984 an.

Kurs, Preis für → Wertpapiere, Devisen u. Waren, der an der → Börse durch Angebot u. Nachfrage entsteht.

Kurzarbeit, Verminderung der Arbeitszeit, z. B. wegen schlechter Auftragslage; bei K. werden auch Löhne gekürzt.

Kurzgeschichte, Literaturgattung; kurze Prosaform, linearer Handlungsverlauf, offener Schluss, straffe Darstellung pointierter Situationen, von Stimmungsbildern oder Lebensgeschichten.

Kurzsichtigkeit, Sehstörung, bei der entfernte Objekte unscharf gesehen werden. Die einfallenden Strahlen kreuzen sich im Auge vor der → Netzhaut, z. B. durch zu langen Augapfel.

Kusine (Cousine; die, frz.), Base, Tochter der elterlichen Geschwister.

Kuwait

konstitutionelle Monarchie am Persischen Golf, 17.818 km^2, 3,8 Mio. EW, *Hauptst.* Kuwait-Stadt, *Staatsoberhaupt:* Sabah bin Ahmad al-Jaber al-Sabah (seit 2006), *Regierungschef:* Jaber Al-Mubarak Al-Hamad al-Sabah (seit 2011). *Naturraum:* Wüste auf der Arabischen Halbinsel südlich des Schatt-El-Arab, subtropisches Trockenklima; *Bevölkerung:* Araber, 58 % Ausländer, v. a. Palästinenser, Iraner, Inder, Pakistani. *Wirtschaft:* durch riesige Erdölvorkommen einer der reichsten Staaten der Erde; Dienstleistungsgewerbe.

kyrillische Schrift, vom Slawenapostel Kyrill (827-869) aus gr. Großbuchstaben entwickelte Schrift. Z. B. in Russland, Serbien u. Bulgarien gebraucht.

Kurdistan

Kunst: Fresko

L

Labrador

l, Abk. für → Liter, → Maßeinheiten. – **L,** 1) röm. Zahlenzeichen für 50; 2) Abk. für Lira; 3) £ Währungszeichen für Pfund Sterling.

Label (das, engl., „Etikett"), Marke zur Unterscheidung gleichartiger Waren oder Dienstleistungen von verschiedenen Unternehmen, z. B. ein Platten-L. oder Mode-L. Markenschutz erfolgt durch Registrierung beim Markenregister, gekennzeichnet durch ®.

Labrador, kanadische Halbinsel. Trennt die → Hudson Bay vom Nordatlantik; enorme Eisenerzvorkommen.

Labradorhund

Labradorhund, aus den arktischen Schlittenhunden hervorgegangene Hunderasse mit weißem oder schwarzem Fell.

Lachs

Lachs, Salm; Fisch in Küstengewässern des Nordatlantiks, bis 1,5 m lang, trägt ein graublau u. silbern glänzendes Schuppenkleid. Zum Laichen ab dem 3. Lebensjahr kehrt der Fisch in seinen Geburtsfluss zurück. Kehrt mit der Strömung ins Meer zurück. Lachsartige Fische sind z. B. Forelle, Blaufelchen.

lädieren (lat.), beschädigen, verletzen.

Ladung, elektrische, Überschuss von Elektronen an einem bestimmten Ort. Jede L. erzeugt in ihrer Umgebung ein elektr. Feld u. damit verbunden eine elektr. Spannung zw. 2 in das Feld eingebrachten Leitern.

Laertes, im gr. Mythos Vater des → Odysseus.

Marie Joseph M. La Fayette

La Fayette, Marie Joseph Motier, Marquis de (1757–1834), frz. General u. Staatsmann; veranlasste 1789 die Erklärung der Menschen- u. Bürgerrechte der frz. Nationalversammlung.

Lagenschwimmen, olympische Sportart. Über gleich lange Streckenabschnitte (4 x 50; 4 x 100) werden die Schwimmstile → Schmetterling, → Rücken, → Brust u. → Freistil geschwommen.

Lagerlöf, Selma (1858–1940), schwed. Schriftstellerin; *Gösta Berling, Die wunderbare Reise des Nils Holgersson*; 1909 Literaturnobelpreis.

Lago Maggiore, Alpenrandsee an der ital.-schweizer. Grenze, 212 km², 372 m tief; fischreich.

Lagos, Stadt → Nigerias am Golf von Guinea, 10 Mio. EW, bedeutender Hafen.

Lagune, 1) Strandsee, → Haff; 2) der See im Inneren eines → Atolls.

Laich, gelatineartiges Eigelege von Fischen, Lurchen u. Fröschen.

Laie (der, gr.), Nichtfachmann.

Laienbruder, Mönch oder Ordensmitglied ohne klerikale Weihen.

Laienspiel, Theateraufführung mit Amateurschauspielern.

Laisser-faire (das, frz.), Gehen-, Treibenlassen.

Lake, Salzlösung zum Einlegen von Fleisch u. Fisch zur Konservierung.

lakonisch (gr.), wortkarg, kurz u. treffend, einsilbig.

Lakritze (die, gr.), eingedickter Saft der Süßholzwurzel.

Laktose (die, lat.), Milchzucker.

Lamas in den Anden

Lama, 1) südamerik. Kleinkamel, lebt in kleinen Herden u. wird bis zu 25 Jahre alt. Die Wolle ist sehr kostbar; 2) Mönch im → Lamaismus.

Lamaismus, tibetische Sonderform des → Buddhismus. Religiöses u. staatliches Oberhaupt ist der → Dalai Lama.

Lamarck, Jean-Baptiste de Monet, Chevalier de (1744–1829), frz. Naturforscher. Unterschied als erster Wirbellose u. Wirbeltiere.

Lamento (das, ital.), Wehklage, Gejammer; Klagelied.

LAN, Abk. für engl. **L**ocal **A**rea **N**etwork, lokales Datennetz, das der Übertragung von Daten zw. verschiedenen Computern u. Geräten dient, die maximal einige km voneinander entfernt stehen. Ggs.: öffentl. Datennetz, z. B. Datex.

LAN-Party, Veranstaltung, bei der die Teilnehmer über ein lokales Netzwerk (→ LAN) miteinander Computerspiele spielen oder Daten austauschen. Bislang weltweit größte L.: 5852 Rechner.

Landenge, schmale Verbindung zw. 2 Landmassen.
Landesverrat, Straftat gegen die äußere Sicherheit eines Staates, v. a. Verrat von Staatsgeheimnissen an eine fremde Macht.
Landfriede, im MA Gesetzeserlass der dt. Kaiser gegen allg. Rechtsunsicherheit u. Fehdewesen.
Landfriedensbruch, gewaltsames Vorgehen gegen Menschen oder Sachen, Gefährdung der öffentl. Sicherheit.
Landrat, 1) BR Dtl.: gewählter Leiter eines Landkreises; 2) Schweiz: in einigen Kantonen das Parlament.
Landschaftsschutzgebiet, eine Landschaft kann zum L. erklärt werden, wenn sie eine bes. interessante oder empfindliche Tier- u. Pflanzenwelt hat oder für die Erholung des Menschen wichtig ist. In einem L. darf man nicht zelten, nichts wegwerfen, kein Feuer anmachen u. keine Pflanzen ausreißen.
Landsknechte, dt. Söldnertruppen ab dem 15. Jh. unter Führung eines Feldhauptmanns; im 17. Jh. durch ein stehendes (ständiges) Heer ersetzt.
Landtag, → Parlament der einzelnen Bundesländer in der BR Dtl. u. Österreich (in den Hansestädten „Bürgerschaft", in Berlin „Abgeordnetenhaus", in Wien „Gemeinderat").
Längengrade, sind die Hälften der 180 Längenkreise, die alle über die Pole laufen u. mit den Breitenkreisen ein (gedachtes) Gitternetz zur Orientierung bilden; → Gradnetz.
Langlauf, kurz für Skilanglauf, olymp. Wintersportart mit Skiern auf Loipen. Wettkampfstrecken Männer: 1,5 (Sprint), 10, 15, 30, 50 km; Frauen: 1,5, 5, 10, 15, 30 km.
Langobarden, westgerman. Volksstamm, urspr. an der Unterelbe ansässig. L. wanderten im 4. Jh. nach Südosten u. besiedelten Österreich, später auch Ungarn (Pannonien). Eroberten 568 Ober- u. Mittelitalien (Lombardei), 751 Ravenna. 754 zwang sie Frankenkönig Pippin III. zur Rückgabe Ravennas (an das Ostgerman. Reich) u. hielt sie von weiterer Ausbreitung in Italien ab. 774 besiegte → Karl der Große den letzten Langobardenkönig Desiderius u. gliederte die Lombardei dem Frankenreich an.
Langstrecke, olymp. Laufsport ab Strecken von 5000 m bis 42.195 m (→ Marathonlauf).
Languste, rötlich-violetter, im Meer lebender Zehnfußkrebs mit langen Fühlern u. stachelbesetztem Kopfbrustpanzer; scherenlos; Speisekrebs.
Langwellen, Frequenzbereich zw. 150 u. 400 Kilohertz für Rundfunkzwecke.
Lanolin, wasser- u. ölhaltiges geschmeidiges Wollfett.
Lanze, Stoß- u. Wurfwaffe; 3–5 m lang; im MA Waffe der Ritter; bis etwa 1918 Kavalleriewaffe.
Lanzelot, Held der Artussage.
Laokoon, in der gr. Mythologie Priester, der die Trojaner vor dem trojanischen Pferd warnt; wird mit seinen Söhnen von Seeschlangen getötet.

Langobardische Fibel in S-Form (6.–8. Jh.)

Languste

Laos

Volksrepublik in Hinterindien, 236.800 km^2, 6,7 Mio. EW, *Hauptst.* Vientiane, *Staatsoberhaupt:* Choummaly Sayasone (seit 2006), *Regierungschef:* Thongsing Thammavong (seit 2010). *Naturraum:* Westabhang des Gebirges von Annam, N sehr gebirgig (bis 2820 m); das Mekongtal bildet die Westgrenze zu Thailand. Trop. Monsunklima, stark bewaldet, im Südwesten Savanne. *Bevölkerung:* 60 % Lao, vietname-

Skilanglauf-Wettbewerb

Lateinamerika

sische u. chinesische Minderheiten. *Wirtschaft:* tropischer Anbau, Viehzucht, Teakholz; Zinnbergbau.

Laotse (der, chines., „alter Meister"), 6. Jh. v. Chr., Verfasser des Tao-te-king, der Grundlage des → Taoismus.

La Paz, größte Stadt → Boliviens, Regierungssitz, im Andenhochland, 3800 m über dem Meeresspiegel; 760.000 EW.

Lappländische Kinder mit Rentier

Lappland, nordskandinavische Landschaft, seereiche Tundra.

Laptop (der, engl., „auf dem Schoß"), tragbarer Computer. Hat einen → LCD-Bildschirm. Gängiger sind heute die kleineren → Notebooks.

largo (ital.), musik. Tempobezeichnung: breit, langsam.

Larve (die, lat.), 1) Jugendform von Tieren mit indirekter Entwicklung; → Metamorphose; 2) Maske.

Grotte von Lascaux (Felsmalerei)

Lascaux, Felsenhöhle bei Montignac, Frankreich; Felsmalereien aus der jüngeren Steinzeit.

Laser, Abk. für engl. **L**ight **a**mplification by **s**timulated **e**mission of **r**adiation, Lichtverstärkung durch gezwungene Emission von Strahlung. L. liefert einen einfarbigen (monochromatischen), stark gebündelten Lichtstrahl, er hat eine hohe Energiedichte; Erblindungsgefahr bei direktem Blickkontakt.

Lasermedizin, Laserstrahlen werden als chirurgische Messer oder Schweißgeräte verwendet, z. B. Blutgefäße verschweißen, abgelöste Netzhaut „aufkleben"; dabei sind winzige, sehr genaue Schnitte möglich.

Latium: Kaiserforum

Lassalle, Ferdinand (1825–1864), dt. sozialdemokratischer Politiker u. Publizist; gründete 1863 den Allgemeinen Deutschen Arbeiterverein, aus dem 1890 die → SPD hervorging.

Lasur (die, lat.), durchsichtige Farbschicht.

Las Vegas, Stadt im Wüstengebiet des südlichen Nevada, USA; 600.000 EW; bekannt durch seine Vergnügungskultur (u. a. Spielcasinos).

laszív (lat.), schläfrig-sinnlich, anzüglich; anstößig.

Lateinamerika, zusammenfassende Bezeichnung für den Raum Süd- u. Mittelamerikas, in dem eine vom Latein abstammende Sprache, also Span. oder Portugiesisch, gesprochen wird.

La-Tène-Kultur (500–400 v. Chr.), europäische Kulturepoche der jüngeren Eisenzeit, benannt nach dem Fundort La Tène in der Schweiz.

latent (lat.), schlummernd, verborgen vorhanden, Ggs.: → akut.

Latex (das, lat.), Milchsaft v. a. der → Kautschuk liefernden Pflanzen.

Latifundien, Großgrundbesitz im antiken Rom.

Latin, kurz für lateinamerik. Musik; umfasst Tänze, Rhythmus, Stile der Musik lateinamerik. Länder, z. B. Tango Argentino. Praktiziert werden häufig Mischformen mit anderen Musikrichtungen, z. B. Salsa, Bossa Nova.

Latiner, indogerman. Stamm, der das antike Rom bewohnte; gründete um 1000 v. Chr. Rom als Siedlung.

Latium, historische Landschaft um Rom, heute ital. Region.

Latrine (die, lat.), Senkgrube, Abort.

Laubfrosch, ca. 5 cm großer Froschlurch. Auf der Oberseite grasgrün, am Bauch weißlich, kann seine Färbung dem Untergrund anpassen. Lebt nur zur Fortpflanzung im Wasser, sonst in feuchter, bewachsener Umgebung, frisst kleine Insekten.

Laubhölzer, alle bedecktsamigen, ein- u. zweikeimblättrigen Bäume u. Sträucher. Tragen alle Laubblätter; Ggs.: Nadelhölzer.

Lauda, Niki (*1949), österr. Autorennfahrer u. Unternehmer. 1975, 1977 u. 1984 Formel-1-Weltmeister.

Laudatio (die, lat.), Lob, Lobrede.

Laufwerk, dem Computer angeschlossenes oder in den Computer integriertes Gerät zum Abtasten eines Speichermediums, z. B. → CD.

Lauge, ätzende Lösung der Alkalihydroxide; ph-Wert > 7.

Laute, sechssaitiges Zupfinstrument mit gewölbtem Korpus.

Lautschrift, Schriftzeichen, die die Aussprache von Wörtern einer Fremdsprache nachvollziehen, z. B. in einem Wörterbuch.

Lavendel (der, lat.), im Mittelmeergebiet heimischer Strauch, aus dessen stark duftenden, blauvioletten Blüten L.-Öl gewonnen wird.
Layout (das, engl.), Gestaltung, z. B. eines Buchtitels.
LCD, Abk. für engl. **L**iquid **C**rystal **D**isplay, Flüssigkristallanzeige bei Flachbildschirmen, Uhren u. a.
Lear, brit. Sagenkönig.
Leasing (das, engl., „leihen"), Vermietung von Gebrauchsgütern (z. B. Auto) an Privatpersonen oder von Investitionsgütern (z. B. Maschinen) an Unternehmen über eine bestimmte Laufzeit.
lebendes Fossil, Tier einer entwicklungsgeschichtlich sehr alten, fast ausgestorbenen u. nicht mehr weiterentwickelten Art; → Quastenflosser.
Lebenshaltungskosten, alle Ausgaben eines privaten Haushaltes; den daraus errechneten Mittelwert einer vierköpfigen „Durchschnittsfamilie" nennt man Lebenshaltungskosten-Index.
Lebensqualität, alle Bedingungen, die das Leben in einer Gesellschaft bestimmen, also nicht nur der Konsum, sondern auch Arbeitsbedingungen, Umweltschutz, Freizeitmöglichkeiten usw.
Lebensversicherung, Versicherung als Vorsorge für das Alter oder im Todesfalle für die Hinterbliebenen.
Leber, größte Drüse von Tier u. Mensch mit Stoffwechselfunktionen. Aufgaben: Blutentgiftung, Herstellung von Gallensaft u. Enzymbildung.
Lebertran, gelbliches Öl aus der Leber von Fischen (Dorscharten) mit hohem Gehalt an Vitamin A u. D.
Leck, undichte Stelle am Schiff oder an einem Flüssigkeitsbehälter.
Le Corbusier, eigentlich Charles Edouard Jeanneret-Gris (1887–1965). Schweizer Architekt u. Städteplaner. *Unité d'Habitation* (über 300 Wohnungen auf 15 Etagen) in Marseilles.
LED, Abk. für engl. **L**ight **E**mitting **D**iode, Anzeige mit Leuchtdiode, einer Halbleiterdiode, die beim Stromdurchfluss zum Leuchten angeregt wird.
Leeuwenhoek, Antoni van (1632–1723), niederländ. Naturforscher; fertigte Mikroskope mit bis zu 2790-facher Vergrößerung an.
legal (lat.), gesetzlich erlaubt.
Legasthenie (die, gr.-lat.), Lese- u. Rechtschreibschwäche.
legato, musik. Bezeichnung: gebunden.
Legende (die, lat.), 1) Heiligen- oder Sagengeschichte; 2) Bildbeschriftung; 3) Zusammenstellung der auf Landkarten verwendeten Zeichen.
leger (frz.), zwanglos, salopp.
Legierung (die, ital.), Mischschmelze verschiedener Metalle.
Legion (die, lat.), oberste Truppeneinheit des röm. Heeres.
Legislative (die, von lat. lex, „Gesetz"), gesetzgebende Gewalt in einer → Demokratie, die durch das → Parlament ausgeübt wird.
Legislaturperiode (die, lat.-gr.), Amtsdauer einer gesetzgebenden Versammlung (Parlament); L. des Deutschen Bundestages beträgt 4 Jahre.
legitim (lat.), rechtmäßig.
Legitimation (die, lat.), Nachweis, Beglaubigung.
Lehàr, Franz (1870–1948), österr.-ungar. Komponist; *Die lustige Witwe*, *Der Zarewitsch*.
Lehen, im MA vom Lehnsherrn überlassene Sache (Grundstück, Amt, Sonderrechte) gegen Abgaben u. persönl. Leistungen bei gegenseitigem Treueverhältnis; → Feudalismus.
Lehm, bräunlicher, meist kalkarmer, sandiger Ton; Rohstoff zur Herstellung von Ziegeln, Backsteinen, Töpferwaren; muss zur Festigung gebrannt werden.
Leibeigenschaft, im MA entstandenes, völliges Abhängigkeitsverhältnis von Personen gegenüber dem Feudalherrn. Leibeigene durften verkauft u. getötet werden. L. endete im 18./19. Jh.
Leibl, Wilhelm (1844–1900), dt. Maler; Realist. Genrehafte Interieurszenen bäuerlichen Lebens.
Leibniz, Gottfried Wilhelm von (1646–1716), dt. Philosoph u. Universalgelehrter; *Monadologie* (1714).
Leichtathletik, Sammelbezeichnung für Sportarten u. Wettbewerbe im Laufen, Springen u. Werfen bzw. Stoßen; olymp. Disziplinen.
Leichtmetall, Metalle u. Legierungen mit einem spezifischen Gewicht unter 4,5 g/cm^3 (Aluminium, Magnesium, Ti-

Lebendes Fossil: der Quastenflosser

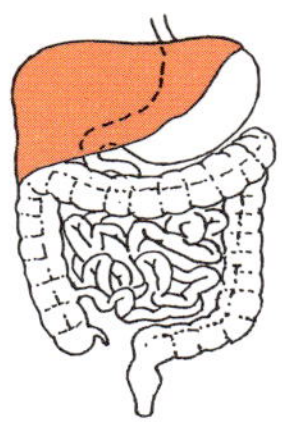
Leber

Gottfried Wilhelm Leibniz

Leonardo da Vinci: Mona Lisa

Lenin

tan), wichtig im Flugzeug- u. Motorenbau.

Leif Eriksson (um 975–1020), norweg. Seefahrer; erreichte um 1000 auf der Fahrt nach Grönland die Küste Nordamerikas; gilt als 1. Entdecker Amerikas.

Leinen, aus Flachsgarnen hergestelltes Gewebe.

Leinsamen, Samen der Flachspflanze; altbekanntes Heilmittel; wird auch zur Ölgewinnung verwendet.

Leistung, in der Physik der Quotient aus der verrichteten → Arbeit u. der dazu benötigten Zeit.

Leitartikel, Zeitungsartikel, der kritisch zu brisanten Tagesereignissen u. Zeitthemen Stellung nimmt; steht meist an exponierter Stelle.

Leittier, das ein Rudel oder eine Herde anführende Tier.

Leitwerk, 1) Seiten- u. Höhenruder zur Richtungssteuerung eines Flugzeugs; 2) dammähnliche Bauwerke zur Steuerung der Strömung von Flüssen.

Lektor (der, lat.), 1) in der frühen christl. Kirche zur Schriftlesung geweihter Kleriker; 2) Hochschullehrer für Übungen u. Sprachkurse; 3) Verlagsmitarbeiter zur Manuskriptprüfung u. -bearbeitung.

Lemminge (Wühlmäuse), unternehmen bei großer Populationsdichte Massenwanderungen, bei denen ein Großteil der Tiere zugrunde geht.

Lena, Strom in Ostsibirien; 4400 km lang; 6 Monate zugefroren.

Lenin, Deckname des Wladimir Iljitsch Uljanow (1870–1924), russ. Politiker. Errichtete nach dem Sturz des Zaren u. dem Ende des Ersten Weltkriegs eine Diktatur des → Bolschewismus. Gründete 1922 die Sowjetunion.

lento, musik. Tempobezeichnung: langsam, gedehnt.

Lenz, Siegfried (1926–2014), dt. Schriftsteller, z. B. *Deutschstunde*.

Leonardo da Vinci, (1452–1519), ital. Maler, Bildhauer, Naturwissenschaftler, Baumeister u. Universalgenie. Einer der bedeutendsten Vertreter der Hochrenaissance. Durch seine meisterhafte Abstufung von Licht u. Schatten in der Malerei erreichte er einen neuen, wirklichkeitsnahen Ausdruck; berühmteste Gemälde: *Mona Lisa, Anna Selbdritt, Abendmahl*. L. fertigte auch Pläne für Paläste an, arbeitete an der Konstruktion von Brücken, Kanälen oder Kriegsmaschinen u. entwarf sogar verschiedene Fluggeräte.

Leonidas, Spartanerkönig. Bekannt durch seinen heldenhaften Kampf gegen das Perserheer des Xerxes beim Engpass der Thermopylen (480 v. Chr.).

Leopard, Großkatze mit gelbem, schwarzgetupftem Fell. In waldreichen Gebieten Afrikas u. Asiens; jagt einzeln.

Leporello (das, ital.), harmonikaartig gefaltetes Büchlein.

Lepra, chronische Infektionskrankheit mit starken Hautveränderungen; heute nur noch in trop. u. subtrop. Ländern.

Lesotho

konstitutionelle Monarchie im südl. Afrika, 30.344 km², 2 Mio. EW, *Hauptst.* Maseru, *Staatsoberhaupt:* König Letsie III. (seit 1996), *Regierungschef:* Bethuel Pakalitha Mosisili (seit 2015). *Naturraum:* vom Oranja u. seinen Nebenflüssen zerteiltes Hochland, dazu das nordwestliche Vorland; subtrop. Klima. *Bevölkerung:* Bantusprachige Völker, hauptsächlich Sotho, Zulu u. Xhosa. *Wirtschaft:* Anbau von Mais, Weizen, Hirse, Hülsenfrüchten; Viehzucht; Diamanten.

Leopard

Lessing, Gotthold Ephraim (1729–1781), dt. Schriftsteller, einer der Hauptvertreter der dt. Aufklärung. *Minna von Barnhelm*, *Nathan der Weise*.

letal (lat.), tödlich, todbringend.

Lethargie (die, gr.), Teilnahmslosigkeit, Trägheit.

Lettland

demokratische Republik im Baltikum, seit 1991 unabhängig, 64.500 km², 2 Mio. EW, *Hauptst.* → Riga, *Staatsoberhaupt:* Präsident Andris Bērziņš (seit 2011), *Regierungschef:* Laimdota Straujuma (seit 2014). *Naturraum:* liegt an der Ostsee, zw. Litauen u. Estland. Gemäßigtes Klima, breite Küstenebene, viele Binnengewässer. *Bevölkerung:* Letten, Russen u. a. *Wirtschaft:* Industrie. Landwirtschaft, Fischerei, Tourismus.

Leuchtstoffe, Substanzen, die durch Anregung Licht ausstrahlen. Man unterscheidet fluoreszierende L. (organische Stoffe) u. phosphoreszierende L.

Leuchtstofflampe, Lampe, bei der ein → Leuchtstoff an der Innenwand der Lampe UV-Strahlen in sichtbares Licht umwandelt. Die UV-Strahlen entstehen bei einer Gasentladung.

Leukämie (die, gr.), Blutkrebs. Erkrankung der Organe, die weiße Blutkörperchen herstellen (Milz, Leber, Lymphgefäße). Die übermäßige Vermehrung weißer Blutkörperchen u. folgende Infektanfälligkeit führen ohne Behandlung zum Tod; → Krebs.

Leukozyten (gr.), weiße Blutkörperchen; dienen der Infektabwehr.

Leumund, Gesamtbeurteilung eines Menschen.

Levi, im A. T. 3. Sohn Jakobs u. Leas, Stammvater der → Leviten.

Leviten, 1) im A. T. israel. Stamm der Nachkommen Levis, der die Priester stellte; 2) jemandem die L. lesen = jemanden tadeln.

Lewis, 1) Sinclair (1885–1951), amerik. Schriftsteller; bekannt durch sozialkritische Romane. Erhielt 1930 den Literaturnobelpreis; 2) Clive Staples (1898–1963), brit. Schriftsteller u. Literaturwissenschaftler. Schrieb die Romane *Die Chroniken von Narnia* (1950–56) (→ Fantasy); 3) Carl (*1961), amerik. Leichtathlet. Gewinner von 9 Goldmedaillen.

Lhasa, Hauptst. der autonomen Region → Tibet der Volksrepublik China; 475.000 EW, Zentrum des Lamaismus u. ehem. Sitz des → Dalai Lama.

Liaison (die, frz.), unverbindliches Liebesverhältnis.

Gotthold Ephraim Lessing

Libanon

parlamentar. Republik in Vorderasien, 10.400 km², ca. 4,5 Mio. EW, *Hauptst.* Beirut, *Staatsoberhaupt:* vakant (2015) *Regierungschef:* Tammam Salam (seit 2014). *Naturraum:* liegt zw. Israel u. Syrien am Mittelmeer. Umfasst Küstenebene, Libanon-Gebirge, Antilibanon u. die zw. den Gebirgen liegende fruchtbare Bekaa-Ebene. Durch Abholzung in der Antike verkarstetes Gebirge, Mittelmeerklima. *Bevölkerung:* Araber, Palästinenser, Kurden, Armenier, Syrer.

Lhasa

Libelle (die, lat.), Insekt mit lang gestrecktem, schlankem Körper u. 2 Flügelpaaren.

liberal (lat.), freiheitlich, vorurteilslos. In diesem Sinne sieht die polit. Anschauung des → Liberalismus die persönl. u. wirtschaftl. Freiheit als höchstes, unantastbares Gut an.

Liberalismus (der, lat.), gesellschaftspolit. System mit dem Leitgedanken der geistigen, polit. u. wirtschaftl. Freiheit aller; A.: **liberal**.

Libelle

Liberia

präsidiale Republik in Westafrika, 111.369 km², 4,1 Mio. EW, *Hauptst.* Monrovia, *Staatsoberhaupt* u. *Regierungschef:* Ellen Johnson-

Justus von Liebig

Sirleaf (seit 2006). *Naturraum:* Südwestküste Westafrikas; vom Küstenstreifen zum Landesinneren ansteigend. Gebirge bis 1752 m. Zentraltropen mit trop. Regenwald, Hochregionen, Savanne. *Bevölkerung:* Nachkommen ehemaliger amerik. Sklaven (3 %), Sudanvölker. *Wirtschaft:* trop. Plantagen; Holz; Eisenerzbergbau, Gold, Diamanten.

Libido (die, lat.), Geschlechtstrieb.
Libretto (das, ital.), Textbuch eines Bühnenwerkes.

Libyen

Libyen: Minarett am Hafen von Tripolis

Volksrepublik in Nordafrika, 1.759.540 km^2, 6 Mio. EW, *Hauptst.* Tripolis, *Staatsoberhaupt:* Übergangspräsident Aguila Saleh Issa (seit 2014), *Regierungschef:* Abdullah Thenni (seit 2014). *Naturraum:* Tripolitanien u. die Halbinsel Cyrenaika zu beiden Seiten der Großen Syrte am Mittelmeer. Fessan im wüstenhaften Binnenland, reicht bis zum Tibesti-Gebirge. Fast nur Wüste, wenige Oasen, Trockenklima. *Bevölkerung:* Araber, Berber, größtenteils an der Küste (Mittelmeerklima). *Wirtschaft:* an der Küste mittelmeerischer Anbau, sonst Oasenkulturen u. Weidewirtschaft; bedeutende Erdöllagerstätten, Erdgas.

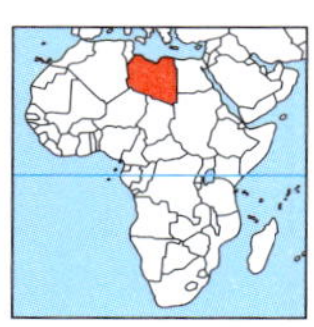

Liechtenstein

Licht, elektromagnetische Schwingungen bzw. Quanten, auf die das menschl. Auge reagiert; → Spektrum.
Lichtenstein, Roy (1923–1997), amerik. Maler u. Grafiker der → Pop-Art.
Lichtgeschwindigkeit, größte mögliche Geschwindigkeit für eine Wirkungsübertragung; im Vakuum 299.792,458 m/s.
Lichtjahr, Strecke, die ein Lichtstrahl in einem Jahr im Vakuum zurücklegt (9,46 Billionen km).
Lichtleiter, optischer Wellenleiter zur Übertragung von Licht in der Nachrichtentechnik; → Glasfaserkabel.
Lichtmaschine, → Generator in Fahrzeugen, der die Batterie auflädt.
Lichtschranke, Vorrichtung aus einer mit einer Fotozelle gekoppelten Lichtquelle. Die Unterbrechung des Lichtstrahls löst einen Impuls aus.
Lichtstärke, 1) Lichtstromdichte, von einer Lichtquelle in einem Raumwinkel ausgestrahlt, Einheit: Canadela (cd); 2) in der Optik das Verhältnis der Öffnung einer Blende zur Brennweite.
Lido (der, ital.), Strand; eigentlich inselartiger, schmaler Landstreifen zw. Lagune u. Meer.
Liebermann, Max (1847–1935), dt. Maler u. Grafiker; wichtigster dt. Impressionist.
Liebig, Justus von (1803–1873), dt. Chemiker; stellte u. a. Fleischextrakt her u. führte die künstl. Düngung ein.
Liebknecht, Karl (1871–1919), Mitbegründer des Spartakusbundes; im Berliner Januar-Aufstand 1919 mit Rosa → Luxemburg von Regierungstruppen erschossen.

Liechtenstein

konstitutionelle Erbmonarchie mit parlamentarischer Grundlage in den Alpen, 160 km^2, 37.000 EW, *Hauptst.* → Vaduz, *Staatsoberhaupt:* Hans-Adam II. (seit 1989), *Regierungschef:* Adrian Hasler (seit 2013). *Naturraum:* östl. Talebene des mittleren Alpenrheins u. Nordwestabdachung des Rätikons; gemäßigtes Klima. *Bevölkerung:* Liechtensteiner (Alemannen), 36 % Ausländer. *Wirtschaft:* enge Verflechtung mit der Schweiz; verarbeitende u. Dienstleistungsbetriebe, bes. sog. „Briefkastenfirmen" wegen günstiger Steuern; Fremdenverkehr u. Finanzwesen wichtigste Einnahmequellen.

Lifting (das, engl.), Straffen der Haut durch Operation.

Likör (der, frz.), Trinkbranntwein, aromatisiert u. mit Zucker versetzt.

Lilienthal, Otto (1848–1896), dt. Ingenieur u. Flugpionier. 1. Mensch, der mit selbst gebauten Hängegleitern zu fliegen versuchte.

Liliputaner, kleinwüchsiger Mensch aus Liliput, dem Land der Zwerge aus *Gullivers Reisen* von → Swift.

Lilith, ursprünglich babylonische Nachtdämonin.

Lima, Hauptst. → Perus, 7,6 Mio. EW; in der Ebene zw. Anden u. Pazifik.

Limerick (der, engl.), fünfzeiliges Gedicht mit sarkastisch-groteskem Inhalt.

Limes, 550 km langer Grenzwall, den die Römer im 1. u. 2. Jh. n. Chr. zw. Rhein u. Donau errichteten. Überwunden von den Chatten (160) u. Markomannen (166).

Lincoln, Abraham (1809–1865), amerik. Politiker. Von den Nordstaaten zum 16. Präsidenten der USA gewählt; dies u. sein Eintreten für die Sklavenbefreiung führten zum → Sezessionskrieg zw. Nord- u. Südstaaten. Von einem Fanatiker ermordet.

Lindbergh, Charles (1902–1974), amerik. Flugpionier, führte 1927 den 1. Alleinflug über den Atlantik durch u. brauchte von New York bis Paris 33 Stunden.

Linde, Carl (1842–1934), dt. Ingenieur; Erfinder der Kompressions-Kältemaschine u. einem technischen Verfahren zur Verflüssigung der Luft.

Lindgren, Astrid (1907–2002), schwed. Schriftstellerin; u. a. *Pippi Langstrumpf*; 1978 Friedenspreis des Deutschen Buchhandels.

linear (lat.), geradlinig, gleich bleibend, eindimensional.

Linearbeschleuniger, Apparat zur Beschleunigung von elektrisch geladenen Teilchen auf hohe Geschwindigkeiten.

Linguistik (die, lat.), → Sprachwissenschaft.

Linking (das, engl.), kurz für Objekt Linking and Embedding (OLE), ein Verfahren des Datenaustauschs zwischen mehreren Windows-Anwendungsprogrammen.

links, Linke, pauschale Bezeichnung für die kommunistischen u. sozialdemokratischen Parteien; diese Bezeichnung entstand aufgrund der zufälligen Sitzordnung in der frz. Deputiertenkammer 1814, in der die „Bewegungsparteien", die für politische u. soziale Veränderungen eintraten, aus Sicht des Vorsitzenden links saßen. Diese Sitzordnung wurde von allen späteren Parlamenten übernommen.

Otto Lilienthal

Abraham Lincoln

Literatur

Vom lateinischen *littera* = „Buchstabe, Schrift, Schriftstück" wurde das Wort litteratura abgeleitet, das Buchstabenschrift oder Sprachkunst bedeutet. Der Begriff Literatur steht also für die schriftliche Aufzeichnung von allen Formen der Sprache. Was nicht aufgeschrieben ist, z. B. eine nur mündlich überlieferte Geschichte, gehört demnach nicht zur Literatur.

Diese Definition bezieht sich auch auf private Texte (z. B. Brief, Tagebuch) und Gebrauchstexte wie eine Reportage, ein Schulbuch oder eine Werbeanzeige. Meistens beschränkt man die Bezeichnung aber auf die Dichtung, d. h. auf erzählende (**Epik**), szenische (**Dramatik**) oder in Gedichtform (**Lyrik**) geschriebene Texte. Literatur kann man jedoch nicht nur der Form nach unterscheiden, sondern auch nach Lesergruppen wie Erwachsenen- und Kinderliteratur oder nach dem Zweck der Texte einteilen, z. B. in unterhaltende und wissenschaftliche Literatur. Die Literaturgeschichte nimmt außerdem eine zeitliche Einordnung in bestimmte **Epochen** vor. In Stil und Inhalt herausragende literarische Werke rechnet man zur **Weltliteratur**. Diese Beurteilung kann sich aber im Laufe der Zeiten ändern.

Mit der Wertung literarischer Texte befasst sich die **Literaturkritik**, die ihr Urteil in Form von Buchbesprechungen (Rezensionen) in Zeitungen, Zeitschriften, Hörfunk und Fernsehen abgibt. Die Verfasser besonders bedeutender Werke werden mit Literaturpreisen wie dem → Nobelpreis für Literatur ausgezeichnet.

Franz von Liszt

Lithografie von Toulouse-Lautrec

Lissabon: Ponte 25 de Abril

Linkshändigkeit, linke Hand wird bevorzugt gebraucht, da das Sprachzentrum in der rechten Hirnhälfte liegt.

Linné, Carl von (1707–1778), schwed. Naturforscher, führte die eindeutige Klassifizierung von Organismen durch Gattungs- u. Artnamen ein.

Linoleum (das, lat.), elastischer Boden- oder Möbelbelag, bestehend aus einem Textilgewebe, auf das eine dünne Schicht aus oxidiertem Leinöl u. Korkmehl aufgetragen ist.

Linse, 1) gewölbte Glasscheibe zur Krümmung von Lichtstrahlen. Parallele Lichtstrahlen werden bei einer Sammellinse (Konvexlinse) zur Achse hin gekrümmt (konvergent), bei einer Zerstreuungslinse von der Achse weg gekrümmt (divergent); 2) Hülsenfrucht.

Liquidation (die, lat.), Beseitigung, Tötung, Auflösung.

Liquidität (die, von lat. liquide, „flüssig"), Zahlungsfähigkeit, Auflösung.

Lissabon, Hauptst. → Portugals an der Mündungsbucht des Tejo, 545.000 EW.

List, Friedrich (1789–1846), dt. Nationalökonom; forderte eine gesamtdt. Zollunion u. die Einführung von Schutzzöllen.

Liszt, Franz Ritter von (1811–1886), ungar.-dt. Komponist u. Pianist, berühmt für sein virtuoses Klavierspiel. Schöpfer der sinfonischen Dichtung (*Les Préludes*).

Litanei (die, gr.), 1) Wechsel- oder Bittgebet; 2) eintöniges Gerede, endlose Aufzählung.

Litauen

baltische Republik, erklärte sich 1991 unabhängig, 65.200 km^2, 2,9 Mio. EW, *Hauptst.* Wilna, *Staatsoberhaupt:* Dalia Grybauskaitė (seit 2009), *Regierungschef:* Algirdar Butkevičius (seit 2012). *Naturraum:* flachwellige, wald- u. seenreiche Moränenlandschaft. *Wirtschaft:* Torfabbau, Maschinen-, Elektro-, Nahrungsmittel-, Holzindustrie.

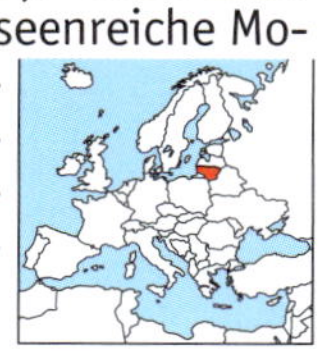

Liter (l), Grundeinheit der Hohlmaße. 1 l entspricht dem Volumen, das 1 kg reines Wasser von 4 °C bei einem Druck von 1013 Hektopascal einnimmt.

Literatur, siehe Kasten S. 179.

Litfaßsäule, Plakatsäule, benannt nach dem Buchdrucker Litfaß. Er stellte am 1.7.1855 nach engl. u. frz. Vorbild in Berlin die 1. L. auf.

Lithografie (die, gr.), Steinzeichnung, kurz Litho, 1) Flachdruckverfahren, bei dem Zeichnungen mit fetthaltiger Tusche oder Kreide auf eine Stein- oder Zinkplatte aufgetragen werden; fettige Stellen nehmen die Druckfarbe an, die dann auf Papier abgegeben wird; 2) Herstellung von Filmen für den Offsetdruck.

Liturgie (die, gr., „Dienst am Volk"), amtlicher Gottesdienst der christlichen Kirche.

Livingstone, David (1813–1873), schottischer Afrikaforscher. Entdeckte z. B. die Victoriafälle des → Sambesi u. den Quellsee des → Kongo.

Livius, Titus (59 v. Chr.–17 n. Chr.), röm. Historiker; verfasste eine vollständige röm. Geschichte (142 Bücher, davon 34 erhalten).

Livrée (die, frz.), uniformartige Kleidung für Bedienstete.

Lizenz (die, lat.), gebührenpflichtige Genehmigung, z. B. um eine Erfindung zu nutzen.

Ljubljana, Hauptst. u. wirtschaftl., polit., kulturelles Zentrum → Sloweniens, 270.000 EW.

Lobby (die, engl.), 1) Vorhalle in einem Regierungsgebäude, in der Gespräche stattfinden; 2) einflussreiche Interessengruppen, die polit. Entscheidungen beeinflussen können.

Lochkarte, ältester Datenträger der Datenverarbeitung, von Hollerith erfunden. In einem Code mit 12 senkrecht angeordneten Lochungen können 80 Stellen abgespeichert werden.

Loch Ness, See in Nordschottland im Glen-More-Tal; 56 km^2, bis 230 m tief; bekannt durch die zahlreichen Berichte über ein Seeungeheuer („Nessie"), das bislang jedoch immer noch nicht aufgespürt werden konnte.

Locke, John (1632–1704), engl. Philosoph, Begründer des → Empirismus.

Loden, Walkgewebe aus Wolle für Wettermäntel u. Trachtenanzüge.
Logarithmus (der, gr.), Zahl, mit der eine Basis b potenziert werden muss, um den Wert a zu ergeben. $b^x = a$, also $x = \log_b a$.
Logbuch, gesetzlich vorgeschriebenes Schiffstagebuch.
Loge (die, frz.), 1) Zuschauernische im Theater; 2) Bündnis von Freimaurern.
Loggia (die, ital.), balkonähnlicher Vorbau oder Raum.
Logik (die, gr.), 1) Lehre von den Gesetzen u. Formen des Denkens; 2) Untersuchen von Zusammenhängen von Axiomen u. Sätzen aus mathematischen Theorien.
Log-in (das, engl., „sich anmelden"), 1) Vorgang der Anmeldung in einem Computersystem bzw. in einem Netzwerk; 2) Benutzername, mit dem man sich anmeldet.
Lohnsteuer, Steuer für die Einkünfte, die man im Ggs. zur Einkommenssteuer aus „nicht selbstständiger" Arbeit (Angestellte) erzielt. L. wird vom Arbeitgeber einbehalten u. ans Finanzamt weitergeleitet; am Jahresende kann man einen Lohnsteuerjahresausgleich machen u. eventuell zu viel gezahlte Steuern zurückerhalten.
Loipe (die, norweg.), Spur für den Skilanglauf.
Lokomotive (Lok; die, engl.), Zugmaschine der Eisenbahnen. Bei einer Dampflok wird die Kraft vom Dampfkessel über Stangen auf die Treibräder übertragen (Dampfmaschine); 1. Dampflok 1814 für Passierfahrten von George Stephenson vorgeführt. Diesellokomotiven werden durch einen → Dieselmotor angetrieben, elektrische L. erhalten den Strom für den → Elektromotor aus einer Stromschiene oder einer Fahrleitung (Spannung in Europa meist 15.000 Volt). 1. E-Lok war eine Straßenbahn, 1879 von W. von → Siemens in Berlin vorgestellt.
Lombardsatz, von der Deutschen Bundesbank festgesetzter Zinssatz für die Verpfändung von Wertpapieren.
London, Hauptst. des Vereinigten Königreichs (→ Großbritannien), an der Themse; 7,5 Mio. EW; besteht aus 3 Städten: Westminster (Buckingham-Palast), Southwark u. City of London (nur 5000 EW!).
London, Jack (1876–1916), amerik. Schriftsteller; *Der Seewolf* (dt. 1926), *Wolfsblut* (dt. 1912).
Longe (die, frz., „Leine"), lange Laufleine, an der Pferde im Kreis geführt werden.
Looping (der, engl.), Fliegen eines Kreises in senkrechter Ebene.
Lorenz, Konrad (1903–1989); österr. Verhaltensforscher. Begründer der vergleichenden Verhaltensforschung als Bindeglied zw. Human- u. Tierpsychologie. Erhielt 1973 den Medizinnobelpreis.
Los Angeles, kurz L. A., Stadt in Kalifornien, am Pazifischen Ozean. 3,8 Mio. EW, zweitgrößte Stadt der → USA.
Löss, kalkhaltiges Lockergestein, auf dem ein sehr fruchtbarer Boden entsteht. Wurde in der Eiszeit vom Ufer der Schmelzwasserströme auf die Mittelgebirge geweht.
Losung, 1) Wahlspruch; 2) Erkennungswort; 3) Kot von Wild u. Hund.
Lösungsmittel, Flüssigkeiten, die andere Stoffe lösen können.
Lot, 1) Senkblei; an einer Schnur aufgehängtes, unten spitzes Metallstück zur Bestimmung einer Senkrechten; 2) *Mathematik:* eine Gerade, die auf einer Geraden oder Ebene senkrecht steht.
Lotosblume, auf 1–2 m hohen Stielen stehen die bis 60 cm großen, blau-grünen Blätter über dem Sumpf. Die bis 35 cm großen Blüten bestehen aus zahlreichen rosaroten oder weißen Blütenblättern. L. galt in Indien u. Ägypten als heilig, in der buddhistischen Religion ist sie ein Reinheitssymbol.
Lotse, mit den örtlichen Verhältnissen vertrauter Seemann, der bei der Durchfahrt von Schiffen deren Führung übernimmt.
Lotterie (die, frz.), Glücksspiel, bei dem die Gewinne durch Ziehung von Losen oder Nummern bestimmt werden.
Lourdes, südfrz. Stadt, 15.000 EW; bedeutender Marienwallfahrtsort mit ca. 30.000 Betten.
Louvre, ehemaliges Schloss der frz. Könige in Paris. Mit dem zum Nationalbesitz erklärten Kunstschatz des Königs

Loggia

Konrad Lorenz

London: Tower Bridge

Paris: Louvre

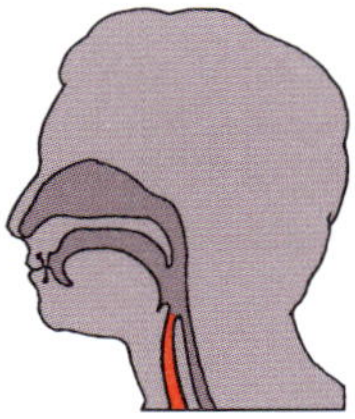

Luftröhre

Luchs

Ludwig XIV. von Frankreich

wurde 1793 das Museum des L. eröffnet, heute enthält er eine der größten Kunstsammlungen der Welt.

Love-Parade (die, engl.), 1989–2006 in Berlin stattfindende → Techno-Parade. Über 1 Mio. Teilnehmer. 2007–2010 wechselnde Veranstaltungsorte.

Löwe, große, gelbbraune, einzige sozial lebende Katzenart. Dichte Mähne schützt beim Machtkampf vor schweren Verletzungen. Ältere Weibchen jagen gemeinsam, töten durch einen Biss in die Kehle oder ersticken das Beutetier durch das Verbeißen in die Nase. Leben v. a. in den Nationalparks der afrikanischen Savanne.

loyal (frz.), (regierungs)treu, redlich.

LSD, Abk. von **L**ysergsäure**d**iäthylamid; Droge, die schon in geringer Menge schizophrenieähnliche Zustände hervorrufen kann.

Lübeck, Stadt in → Schleswig-Holstein, an der unteren Trave, reicht mit dem Stadtteil Travemünde an die Ostsee, 212.000 EW, → Hansestadt.

Lübke, Heinrich (1894–1972), dt. Politiker, 1959–1969 → Bundespräsident der BR Dtl.

Luchs, Wildkatze; das Raubtier wird bis 130 cm lang, hat eine kräftige Gestalt mit kurzem Schwanz u. Ohrhaarpinsel. In Mitteleuropa ausgerottet, in Nordeuropa, Asien u. Amerika verbreitet.

Ludwig I., bayer. König von 1825–1848. Schwenkte nach anfänglicher Reformbereitschaft auf ein neoabsolutist. Regierungssystem um.

Ludwig II., bayer. König von 1864–1886. Romantisch-schwärmerische Kunstleidenschaft, als „Märchenkönig" bezeichnet. L. beteiligte sich nur widerwillig an der Politik des Landes, widmete sich seit 1875 Schlossbauten.

Ludwig XIV., frz. König von 1643–1715. Als „Sonnenkönig" verkörperte er den → Absolutismus durch Zentralisation des Staates allein auf seine Person. Verschwenderische Hofhaltung u. zahlreiche Kriege führten zur wirtschaftl. Zerrüttung seines Landes.

Ludwig XVI., frz. König von 1774–1792. Brachte sein Land nahe an den finanziellen Ruin. Um den Staatsbankrott abzuwenden, musste er 1788 die Generalstände einberufen, die nach ihrem Zusammentreffen 1789 die → Französische Revolution auslösten. Mit der Hinrichtung L. ging das → Ancien régime zu Ende.

Luftdruck, von der Luft auf eine Fläche ausgeübter Druck, der von der Höhe über dem Meeresspiegel abhängig ist; unterliegt aperiodischen, wetterbedingten Schwankungen.

Luftfeuchtigkeit, Wasserdampfgehalt der Luft, gemessen mit Hygrometer oder Psychrometer.

Luftröhre, röhrenförmiges Organ zw. → Kehlkopf u. → Bronchien. Leitet bei Lungenatmern die Luft vom Nasen-Rachen-Raum in die Lunge.

Luftschiff (Zeppelin), starres Luftfahrzeug, das wie ein Luftballon schwebt u. mit Motoren angetrieben wird. Besteht aus einem Leichtmetallgerippe, das mit einer Stoffhaut überzogen u. mit Gas (brennbarem Wasserstoff oder Helium) gefüllt ist. 1. brauchbares Modell: 1900 von Graf von → Zeppelin.

Luftverschmutzung, bei Verbrennungsvorgängen im Haushalt, in der Industrie u. durch Fahrzeuge gelangen Rauch, Gase, Staub, Dämpfe, Gerüche, Asche u. radioaktiver Staub in die Luft. Problematisch ist der Gehalt an → Schwefeldioxid u. Stickoxiden: Bei Regenfällen werden diese beiden Gase aus der Luft herausgewaschen u. fallen als → saurer Regen zur Erde.

Luftwiderstand, Widerstand, der einem bewegten Körper (z. B. Auto, Flugzeug) durch die Luft entsteht.

Lukas, Verfasser des 3. Evangeliums u. der Apostelgeschichte im N. T.

Luna (lat.), in der röm. Mythologie Mondgöttin.

Lunge, Atmungsorgan aller luftatmenden Wirbeltiere. Beim Menschen besteht die L. aus zwei Lungenflügeln, die rechts u. links im Brustkorb liegen. An der Herzseite ist der linke L.-Flügel in 2 L.-Lappen, auf der rechten Seite in 3 L.-Lappen unterteilt. Millionen von Lungenbläschen geben den Sauerstoff an das Blut ab u. nehmen Kohlendioxid auf, das dann ausgeatmet wird.

Lüster (der, frz.), Leuchter.

Luther, Martin, siehe Kasten S. 183.

Martin Luther

Der Augustinermönch, Theologe und Professor (1483–1546) brach mit den römisch-katholischen Lehren und entdeckte die Barmherzigkeit Gottes neu: Nach Luther werden dem Menschen Gnade und Gerechtigkeit allein durch den Glauben an Jesus Christus zuteil, ohne jegliche Gegenleistung und ohne Notwendigkeit einer kirchlichen Vermittlerposition. Die Bibel galt Luther als einzige Quelle des Glaubens. Vor allem wandte er sich gegen die Ablasspraktiken der katholischen Kirche, wonach den Gläubigen nur aufgrund eines entsprechenden Geldbetrags ihre Sünden vergeben wurden („Wenn das Geld im Kasten klingt, die Seele aus dem Fegefeuer springt").
Luther verfasste **95 Thesen**, die sich gegen den Ablass richteten und die er am 31. Oktober 1517, dem heutigen Reformationstag, an das Hauptportal der Schlosskirche in Wittenberg angeschlagen haben soll. Trotz Aufforderungen widerrief Luther seine Kritik nicht, woraufhin er aus der Kirche ausgeschlossen und für vogelfrei erklärt wurde (→ Wormser Edikt). Zu seiner Sicherheit wurde Luther von den Soldaten des Kurfürsten Friedrich des Weisen entführt und auf der Eisenacher → Wartburg festgesetzt. Mit seiner dort vollbrachten **Bibelübersetzung** aus dem Lateinischen ins Deutsche wurden die biblischen Inhalte erstmals auch dem einfachen Volk zugänglich. Die revolutionären Gedanken Luthers und seiner Schriften (u. a. Von der Freiheit eines Christenmenschen) lösten eine Reformationsbewegung aus, die schließlich zur Spaltung der katholischen Kirche und der Gründung einer **lutherisch-protestantischen Kirche** führte. Dieses Ergebnis war allerdings nicht im Sinne Luthers – er hatte vielmehr eine allumfassende → **Reformation** der katholischen Kirche selbst beabsichtigt.

Lux (lx), Einheit der Beleuchtungsstärke, Maß für die Helligkeit einer beleuchteten Fläche.

Luxemburg

konstitutionelle Erbmonarchie in Westeuropa, 2586 km², 549.000 EW, *Hauptst.* → Luxemburg, *Staatsoberhaupt:* Großherzog Henri, *Regierungschef:* Xavier Beltel (seit 2013). *Naturraum:* Im N dünn besiedeltes Plateau, steile Täler, im S Anteil am lothringischen Schichtstufenland. *Bevölkerung:* Luxemburger, 45 % Ausländer, meist Italiener u. Portugiesen. *Wirtschaft:* Dienstleistungen, Schwerindustrie, bedeutendes Finanzwesen u. a.; im S ertragreiche Landwirtschaft. L. ist Sitz verschiedener europäischer Behörden.

Luxemburg, Hauptst. des Staates Luxemburg an den Flüssen Alzette u. Pétrusse; 92.000 EW.

Luxemburg, Rosa (1870–1919), dt. Politikerin. In Polen u. Deutschland als Sozialdemokratin tätig. Als Revolutionärin u. Kriegsgegnerin eingesperrt, gründete sie nach dem Ersten Weltkrieg den Spartakusbund u. die → KPD. L. wurde zusammen mit Karl → Liebknecht ermordet.

Luzifer (der, lat., „Lichtbringer"), röm. Name für den Morgenstern; als vom Himmel gestürzter Engel der Satan.

Lymphgefäße, Gefäßsystem ähnlich dem Blutgefäßsystem, nur dass hier Lymphe (Gewebsflüssigkeit des Körpers) transportiert wird. Lymphe besteht hauptsächlich aus einer bestimmten Form weißer Blutkörperchen, den Lymphozyten. Das Lymphsystem ist ein Körper-Abwehrsystem. Lymphknoten, z. B. Mandeln, stellen Lymphozyten her, bekämpfen Krankheitserreger u. wirken als Schmutzfilter.

Lynchjustiz, ungesetzliche gewalttätige Bestrafung eines Rechtsbrechers durch Privatpersonen.

Lyrik (die, gr.), Dichtung in Versen, Ggs.: → Prosa. Geprägt durch den subjektiven Ausdruck von Empfindungen u. Gedanken.

Martin Luther

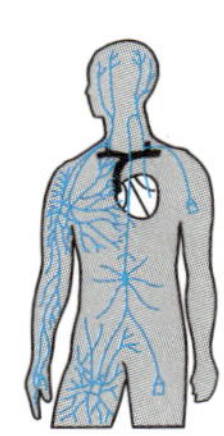

Lymphgefäße

M

m, Abk. für 1) Meter, → Maßeinheiten; 2) Minute; 3) Milli... (z. B. ml), → Maßeinheiten; 4) Maskulinum.

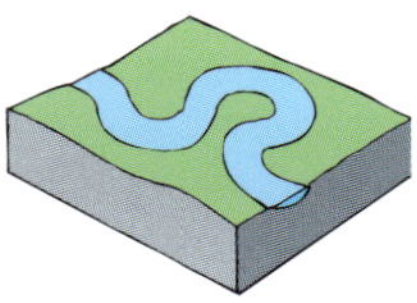

Mäander

Mäander, regelmäßige Flusskrümmung in Ebenen, nach dem kleinasiat. Fluss Mäander, jetzt Menderes.

Maastrichter Vertrag, Abkommen der Mitglieder der EG 1992 mit dem Ziel, diese in die → Europäische Union umzuwandeln. Ziele: EWU, gemeinsame Außen-, Sicherheits-, Justiz- u. Innenpolitik, EU-Staatsbürgerschaft, Einbeziehung der Westeuropäischen Union.

Machiavelli, Niccoló (1469–1527), ital. Politiker, Schriftsteller. Verfasste zahlreiche Werke über Politik; am bekanntesten *Il principe* (dt. Der Fürst): Hier entwirft er die Theorie, dass zum Wohle des Staates, der monarchisch geführt werden sollte, notfalls Recht u. Moral geopfert werden müssen (Machiavellismus).

Madonna mit Jesuskind

Machzahl, Kenngröße zur Angabe der Fluggeschwindigkeit im Verhältnis zur → Schallgeschwindigkeit. 1 Mach = Schallgeschwindigkeit = 1198 km/h in Meereshöhe, 1080 km/h in 10.000 m Höhe.

Macke, August (1887–1914), dt. Maler des Expressionismus.

Madagaskar

Republik im Indischen Ozean, durch die rund 400 km breite „Straße von Mosambik" von Südostafrika getrennt, 587.041 km², 22,9 Mio. EW, *Hauptst.* → Antananarivo, *Staatsoberhaupt:* Hery Rajaonarimampianina (seit 2014), *Regierungschef:* Jean Ravelonarivo (seit 2015). *Naturraum:* Hochgebirgslandschaft bis 2656 m, im O Steilabfall mit schmaler, im W Abdachung mit breiter, stark durch Buchten gegliederter Küstenebene. Trop. Klima. *Bevölkerung*: Madagassen. *Wirtschaft:* im feuchten O trop. Anbau u. Plantagen, u. a. Vanille, im trockeneren W Viehzucht; Bergbau; Textilindustrie, Zuckerherstellung.

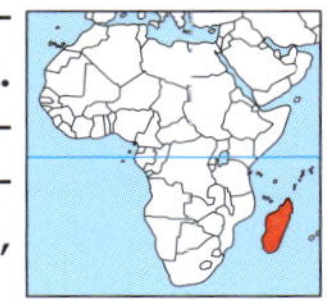

Madagaskar: Maki

Madeira (portugiesisch, „Holz"), portugiesische Insel vor der Küste Westafrikas, 797 km², 230.000 EW, Hauptst. Funchal; mildes Klima.

Madonna (ital., „meine Dame"), 1) (die) Bezeichnung für Maria, die Mutter Jesu, 2) amerik. Popsängerin u. Schauspielerin (*1958), international erfolgreich, z. B. *Like a Prayer*.

Madrid, seit 1588 Hauptst. → Spaniens u. der Provinz M., 3,2 Mio. EW, am Manzanares.

Mafia (die, ital.), sizilianischer Geheimbund, entstand im 17. Jh. Straff organisiert u. hat zahlreiche Anhänger. Während sie selbst Verbrechen begeht, schützt sie ihre Mitglieder vor den Verbrechen anderer. Mit der ital. Auswanderung gelangte sie auch in die → USA.

Magdeburg, Hauptst. des Bundeslandes → Sachsen-Anhalt, 231.000 EW.

Magellanstraße, Meeresstraße zw. dem Südende des Festlandes von Südamerika u. Feuerland, 583 km lang, 3–30 km breit, ca. 100 m tief. 1520 von Magellan entdeckt.

Magen, bei Mensch u. Wirbeltier Organ zw. → Speiseröhre u. → Dünndarm. Ist mit Schleimhaut ausgekleidet u. enthält Drüsen, die Verdauungssäfte absondern. Aufgaben: Lagerung, Durchkneten u. Vorverdauung der Nahrung.

Magenta, roter Farbstoff.

Magersucht, Essstörung. Äußert sich in extremer Abmagerung. Seelische Konflikte sind die Ursache. Eine oft jahrelang dauernde Heilung ist mit der Lösung der Probleme verbunden. M. kann zum Tod durch Verhungern führen.

Magie, Glaube, mit Zauberei die Kräfte der Natur beherrschen zu können. Schwarze M. (Schadenzauber), Weiße M. (dem Menschen behilflich).

Magister/-ra Artium (M. A.), akademischer Grad für geisteswissenschaftliche Fächer.

Magma (das, gr.), glutflüssige u. gashaltige Gesteinsschmelze des Erdmantels; kann bei Vulkanausbrüchen als Lava austreten.

Magna Charta (Libertatum; die, lat.), wichtigstes engl. Grundgesetz aus dem Jahre 1215, garantiert Eigentum, Rechte u. Freiheit des engl. Adels u. der Geistlichkeit gegen Übergriffe des Königs.

Magnesium (Mg), → Leichtmetall.

Magnet (der, gr.), Eisen- oder Stahlstück, das andere unmagnetische Eisenstücke anziehen kann.

Magnetfeld, Gebiet, in dem magnetische Wirkungen nachweisbar sind.

magnetische Pole, jene Punkte der Erdoberfläche, an denen die horizontale Richtkraft eines Magnetkompasses gleich Null ist.

Magnetismus (der, gr.), mit der Wirkung von Magnetfeldern zusammenhängende Erscheinung. Ursache einer magnetischen Feldstärke im Raum sind Ströme in elektr. Leitern u. Verschiebungsströme (zeitlich veränderliche elektr. Felder).

Magnetschwebebahn, Schnellbahnsystem, bei dem räderlose Fahrzeuge mittels Magnetfeldern an oder auf eisernen Schienen geführt werden; Fahrgeschwindigkeiten bis 500 km/h.

Mahagoni, ursprünglich das rotbraune, feste Edelholz des trop. Zedrachgewächses, mittlerweile auch Name für andere trop. Edelhölzer.

Maharadscha (der, Sanskrit), ind. Großkönig.

Mahler, Gustav (1860–1911), österr. Komponist u. Dirigent.

Maiglöckchen, Liliengewächs, blüht von Mai bis Juni in Laubwäldern, unter Gebüschen, oft auch in Gärten. Früchte sind rote Beeren. Giftig.

Maikäfer, 3 cm große, braune Blatthornkäfer. Heute selten. Nach einer Larvenentwicklung von 2–3 Jahren schlüpft das Tier im Herbst, überwintert in der Erde u. erscheint im Mai. Fressen Blätter; weiße Larve heißt Engerling.

Mailbox (die, engl.), elektron. Briefkasten, System zur Datenfernübertragung, bei dem jeder Teilnehmer mittels Akustikkoppler bzw. Modem u. Telefon Botschaften in einem elektron. Speicher hinterlegen u. abrufen kann.

Mainstream (der, engl., „Hauptstrom"), Geschmack der breiten Masse. Ggs.: → Subkultur.

Mainz, Hauptst. von → Rheinland-Pfalz, am linken Rheinufer, 204.000 EW; Universität; Sitz des ZDF; Bischofssitz.

Maische, 1) Brei aus Früchten zur Most-, Wein- oder Branntweinherstellung; 2) zerkleinertes, mit Wasser angesetztes Darrmalz, Zwischenprodukt bei der Bierherstellung.

Majestät (die, lat.), Titel u. Anrede von Kaisern u. Königen.

Major (der, lat.), Offiziersgrad.

Majorat (das, lat.), Erbvorrecht des Ältesten mehrerer gleich naher Verwandter; Ggs.: → Minorat.

Majorität (die, lat.), Mehrheit.

makaber (frz.), seltsam, unangebracht, schaurig.

Makedonien

meist Mazedonien, südosteuropäischer Staat, bis 1991 Teil des ehemaligen Jugoslawien, 25.713 km², 2,1 Mio. EW, *Hauptst.* Skopje. *Staatsoberhaupt:* Gjorge Ivanov (seit 2009), *Regierungschef:* Nikola Gruevski (seit 2009). *Naturraum:* fruchtbares Becken, von Kartsgebirge umgeben. *Bevölkerung:* Makedonier, Albaner. *Wirtschaft:* Landwirtschaft; Industrie, Export.

Makedonien, 1) Landschaft Südosteuropas, geteilt (ehemals Jugoslawien, Bulgarien, Griechenland); 2) nördl. Region Griechenlands, 34.177 km², 2,5 Mio. EW, Hauptst. Thessaloniki. Geschichte: Unter König Philipp II. (359–336 v. Chr.) Beherrschung → Griechenlands, unter → Alexander dem Großen durch den Asienfeldzug Erweiterung zum Weltreich. 148 v. Chr. wurde M. von den Römern unterworfen, nach der Tei-

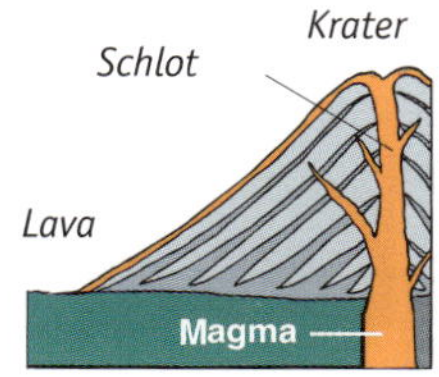

Magma

Maikäfer bei der Paarung

Makedonien: Frau in Tracht

Gustav Mahler

Malaysia:
Tempel in Pinang

lung Roms gehörte es zum → Byzantinischen Reich.

Makler, Person, die gegen Provision Geschäfte vermittelt.

Makulatur (die, lat.), durch Fehldruck unbrauchbar gewordene Drucksachen.

Málaga, 1) Hauptst. der südspan. Provinz M., 562.000 EW; Ruine einer maurischen Zitadelle, Renaissance-Kathedrale; 2) span. Provinz in → Andalusien.

Malaiischer Archipel, Inselwelt zw. Asien u. Australien: Philippinen, Große u. Kleine Sundainseln u. Molukken.

Malaria, Infektionskrankheit, durch die trop. Anophelesmücke übertragen. Rote Blutkörperchen werden zerstört, auch nach Jahren kommt es immer wieder zu Fieberanfällen. M. ist oft tödlich; gegen manche Tabletten zur M.-Prophylaxe sind die Erreger bereits resistent.

Malawi

Präsidialrepublik in Südostafrika, im nördl. Teil von Sambia u. Tansania, im südl. Teil von Mosambik umschlossen, 118.484 km², ca. 14 Mio. EW, *Hauptst.* Lilongwe, *Staatsoberhaupt* u. *Regierungschef:* Peter Mutharika (seit 2014). *Naturraum:* lang gestrecktes Land am Malawisee: im Tal Steppe, in den Hochebenen Trockenwald. *Bevölkerung:* Malawier, Bantu, Europäer, Asiaten. *Wirtschaft:* Export von Tabak, Tee, Reis; Fischfang.

Mali:
Moschee in Djenne

Malaysia

konstitutionelle Wahlmonarchie, Staatenbund in Südostasien, 329.794 km², 28,3 Mio. EW, *Hauptst.* → Kuala Lumpur, *Staatsoberhaupt:* König Abdul Halim Mu'adzam Shah (seit 2014) , *Regierungschef:* Najib Razak (seit 2009). *Naturraum:* südl. Halbinsel Malakka u. Teile Borneos; gebirgig im Innern (bis 4101 m), trop. Regenwald; Küste sumpfig, trop.-feucht-heiß. *Bevölkerung:* 61 % Malaien, 31 % Chinesen, 8 % Inder, Pakistani; 38 % in Städten. *Wirtschaft:* Größter Zinn- u. Kautschukexport der Welt.

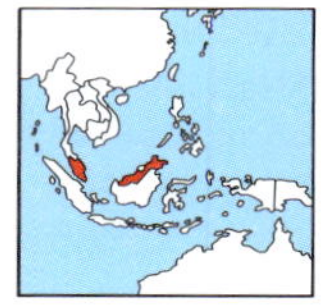

Malediven

Präsidialrepublik im → Commonwealth im Indischen Ozean, 298 km², 328.000 EW, *Hauptst.* Malé, *Staatsoberhaupt* u. *Regierungschef:* Abdullah Yameen (seit 2013). *Naturraum:* 1200 Atolle, 200 davon bewohnt; trop. Monsunklima; Trinkwasser nur aus Zisternen. *Bevölkerung:* Malediver arabisch-malaiisch-singhalesischer Abstammung. *Wirtschaft:* Fischfang, Obstanbau; Fremdenverkehr.

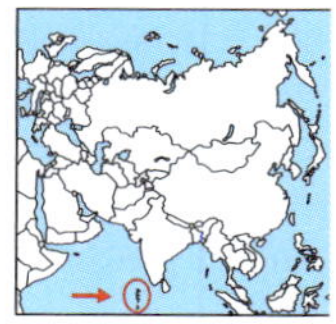

Malerei, Gestalten einer Fläche mittels Farben u. Linien. Je nach Bildträgern: Wand-, Tafel- u. Buchmalerei; nach verwendeter Technik: → Fresko-, Tempera-, Ölmalerei, → Aquarell. M. kann sowohl als Abbild der Wirklichkeit den Eindruck von Raumtiefe u. Körperlichkeit erreichen als auch rein gedankliche (abstrakte) Vorstellungen ausdrücken.

Mali

präsidiale Republik in Westafrika, östl. Mauretanien, 1.240.000 km², 14,5 Mio. EW, *Hauptst.* Bamako, *Staatsoberhaupt:* Ibrahim Boubacar Keïta (seit 2013), *Regierungschef:* Modibo Keïta (seit 2015). *Naturraum:* Niger-Binnendelta nördl. der Oberguineaschwelle u. Asauad-Wüste, im S Feuchtsavanne, im N Trockensavanne, Halbwüste, Wüste. *Bevöl-*

kerung: Mandingo, Bambara, Dogon, Tuareg, Mauren, Fulbe. *Wirtschaft:* Im trockenen N Viehnomadismus, Salzgewinnung; im S Anbau.

Mallorca, größte Insel der → Balearen, 3680 km², 876.000 EW, *Hauptst.* → Palma de Mallorca; Oliven- u. Mandelbaumplantagen, beliebtes Urlaubsziel.

Malta

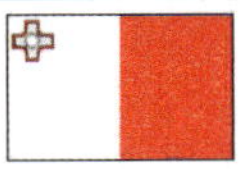

parlamentarische Republik im → Commonwealth im Mittelmeer, zw. Sizilien u. Tunesien; besteht aus den Inseln M., Gozo u. Comino. 316 km², 417.000 EW, *Hauptst.* → Valletta, *Staatsoberhaupt:* Marie Louise Coleiro Preca (seit 2014), *Regierungschef:* Joseph Muscat (seit 2013). *Naturraum:* Inseln M., Comino u. Gozo im S Siziliens. *Bevölkerung:* Nachkommen von Italienern u. Arabern; brit. Minderheit. *Wirtschaft:* Getreide-, Gemüse-, Baumwollanbau; Schafzucht (Käse); Fremdenverkehr. M. war ab 1530 Sitz des Johanniterordens. 1798 frz., 1814 brit. Kronkolonie, seit 1964 unabhängig, seit 2004 in der EU.

Maltose, Malzzucker.
Mamelucken (arabisch), aus ursprünglich türkischen Sklaven in Ägypten hervorgegangene Leibgarde der Sultane. Beherrschten 1257–1517 Ägypten, 1798 wurden sie von Napoleon unterworfen, 1811 vom türkischen Sultan Muhamed Ali besiegt.
Mammon, geringschätzig für Geld; ursprünglich Bezeichnung für unmoralisch erlangten Reichtum.
Mammut, ausgestorbener Urelefant der letzten Eiszeit. War weit verbreitet. Bei uns findet man noch Knochen u. Zähne, in der Dauerfrostzone der sibirischen Taiga wurden ganze gefrorene Tiere im Boden gefunden.
Mammutbäume (Sequoia; engl. Redwood), an der kalifornischen Küste verbreitete Nadelbäume, werden bis 4000 Jahre alt u. bis 100 m hoch.
Managua, Hauptst. von → Nicaragua, am Südufer des gleichnamigen Sees, 1 Mio. EW.
Mandarin (der, Sanskrit), Ratgeber, europäisch für hohe chinesische Beamte.
Mandat (das, lat.), 1) Amt u. Auftrag eines Abgeordneten; 2) von einem Staat verwaltetes Treuhandgebiet; 3) Auftrag eines Rechtsanwalts, einen Mandanten zu vertreten.
Mandela, Nelson (1918–2013), südafrikanischer Politiker, seit 1949 Mitglied des Exekutivausschusses des African National Congress; 1964 von der südafrikan. Regierung zu lebenslanger Haft verurteilt, 1990 unter dem Druck der Öffentlichkeit aus der Haft entlassen. 1991–97 Präsident des ANC, 1994 zum 1. farbigen Präsidenten → Südafrikas gewählt (bis 1999). 1993 Friedensnobelpreis mit → Klerk, F. W. de.
Mandeln, paarige Organe in Rachen u. Gaumen. Dienen der Abwehr von Infektionen.
Mandoline, Zupfinstrument mit vier Doppelsaiten.
Mandschurei, der Nordosten der Volksrepublik China, ertragreicher Weizenanbau, bedeutende Bodenschätze. Sehr winterkalt, 1931–1945 japanisches Protektorat, daher früh industrialisiert.
Manege (die, frz.), Reitbahn, Zirkusarena.
Manet, Edouard (1832–1883), frz. Maler u. Grafiker; *Frühstück im Freien.*
Manga (japanisch, „ungezügeltes Bild"), japanischer Comic.
Mangroven, immergrüne Gehölze an trop. u. subtrop. Küsten in der Gezeitenzone geschützter Buchten oder Flussmündungen.
Manhattan, südöstl. Stadtteil → New Yorks, Flussinsel zw. Hudson, East River u. Harlem River.
Manie (die, gr.), krankhafte Leidenschaft, Besessenheit.
Manierismus (der, frz.), Stilphase in der Kunst zw. → Renaissance u. → Barock (ca. 1530–1600). M. löste die klassischen Formen der Renaissance auf. Be-

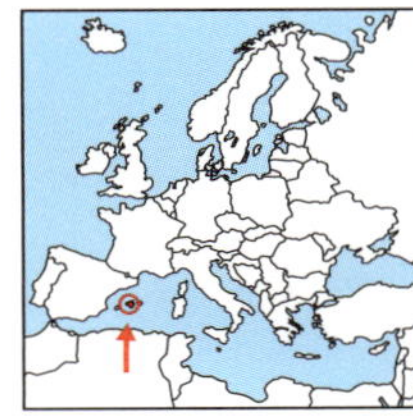

Mallorca

Manhattan

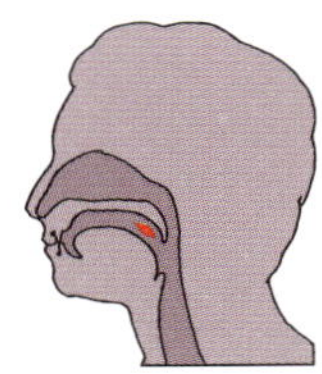

Mandeln

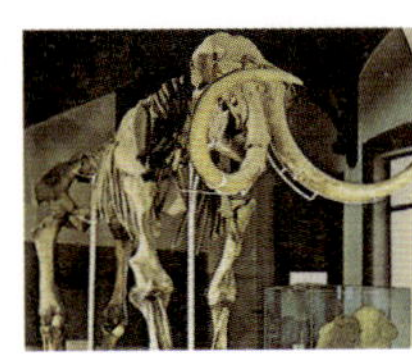

Mammut

Manierismus: „Die klugen und die törichten Jungfrauen"

Gemälde von F. Marc

Maria Theresia

Marihuana-Blatt

Mao Tse-tung

deutende Vertreter: Michelangelo (Spätwerk), Parmigianino, G. Romano, Cellini, Giovanni da Bologna.

Manifest (das, lat.), öffentliche Erklärung, programmatische Schrift.

Manila, Hauptst. der → Philippinen auf der Insel Luzon, 1,65 Mio. EW.

Manipulation (die, lat.), starke Beeinflussung.

Manitu, geistliches Prinzip der Indianer, das sich Gegenstände u. die Natur beseelt vorstellt.

Mann, 1) Golo (1909–1994), dt. Historiker u. Publizist; 2) Heinrich (1871–1950), dt. Schriftsteller. *Professor Unrat* (1905), *Der Untertan* (1914); 3) Thomas (1875–1955), dt. Schriftsteller. *Die Buddenbrooks*; 1929 → Nobelpreis für Literatur.

Manna (das, hebräisch), zuckerreicher, getrockneter Saft der Mannaesche; im A. T. vom Himmel gefallenes Brot.

Manometer (das, gr.), Instrument zur Messung eines Gas- oder Flüssigkeitsdrucks.

Mansarde (die, frz.), in einen Giebel eingebauter Raum, nach dem frz. Baumeister J. Hardouin-Mansart (1646–1708) benannt.

manuell (lat.), von Hand, mit der Hand.

Manufaktur, (die, lat., „mit der Hand machen"), Großbetriebe mit überwiegender Handarbeit u. Verwendung einfacher Maschinen.

Manuskript (das, lat., „Handschrift"), 1) handschriftl. Buch aus Antike oder MA; 2) allg. jede Vorlage für den Textdruck.

Maori, polynesische Bevölkerung → Neuseelands.

Mao Tse-tung (1893–1976), chinesischer Politiker. Kämpfte im Bürgerkrieg gegen die japanische Besatzung. Gründete 1949 die Volksrepublik → China, deren führender Mann er bis zu seinem Tod blieb.

Maputo, Hauptst. von → Mosambik, an der Küste des Ind. Ozeans, rund 1 Mio. EW, großer Umschlaghafen.

Marabu, aasfressender afrikan. u. asiat. Kropfstorch mit nacktem Kopf u. Hals.

Maracuja, Beerenfrucht einer Passionsblumenart.

Marathonlauf, Langstreckenlauf über 42,195 km für Männer u. Frauen, olympische Disziplin.

Marc, Franz (1880–1916), dt. Maler u. Grafiker. Malte v. a. Tiere.

Märchen, im Volksmund weitergetragene, durch die Elemente des Wundersamen geprägte Erzählung; bes. verdient um die wissenschaftliche Erforschung der M. im dt. Sprachraum machten sich die Gebrüder → Grimm durch die Sammlung der Kinder- u. Hausmärchen.

Marco Polo (1254–1324), ital. Weltreisender. Venezianischer Kaufmann, reiste 1271 nach eigenen Angaben mit seinem Vater u. Onkel durch Zentralasien nach China. Verfasste 1295 in Genueser Kriegsgefangenschaft einen Reisebericht, der wesentlich zur Entstehung von Mythen über den sagenhaften Reichtum Chinas beitrug.

Marginalien (lat.), Randbemerkungen.

Marianen, nördlichste Inselgruppe → Mikronesiens. 16 Inseln im Pazifik; 1025 km^2, 250.000 EW, Hauptst. Garapan; Marianengraben, am Westrand der M., mit 11.034 m tiefster Tiefseegraben.

Maria Stuart (1542–1587), schottische Königin seit ihrer Geburt bis 1568. Als Katholikin von den Calvinisten verfolgt, floh sie zu → Elisabeth I., die sie einsperren u. dann enthaupten ließ.

Maria Theresia (1717–1780), Königin von Ungarn u. Böhmen 1740–1780; aus dem Hause → Habsburg, später Kaiserin von Österreich. Zu mehreren Kriegen gezwungen, verlor sie im → Siebenjährigen Krieg Schlesien an Friedrich den Großen. Setzte zahlreiche Reformen durch.

Marienkäfer, rote oder gelbe Käfer mit schwarzen Punkten; Nützlinge (Blattlausvertilger).

Marihuana (das, span.), tabakartiges, Sucht erzeugendes Gemisch der Blüten u. Blätter des Hanf, → Drogen.

Marine (die, lat.), gesamtes Seeschifffahrtswesen eines Landes; man unterscheidet zw. Handels- u. Kriegsmarine.

maritim (lat.), das Meer u. Seewesen betreffend.

Mark, ursprünglich Gewichtseinheit (ca. 300 Gramm); Münze, ab 1873 dt. Reichswährung (ab 1924 Reichsmark); nach der Währungsreform 1948–2002 in

der BR Dtl. als „Deutsche Mark“ (DM), in der DDR als „Mark der DDR“.
Mark Aurel (Marcus Aurelius Antoninus), (121–180), röm. Philosoph u. Kaiser, siegte 162–180 über Armenier u. Parther; vertritt in seinen Selbstbegutachtungen das stoische Ideal der Bedürfnislosigkeit, Milde u. Nachsicht.
Markgraf, seit Karl dem Großen Stellvertreter des Königs zur Verteidigung der Grenzgebiete (Marken).
Markt, Ort, an dem Angebot u. Nachfrage zusammentreffen.
Mark Twain (1835–1910), eigentlich Samuel L. Clemens, amerik. Schriftsteller, *Tom Sawyer* u. *Huckleberry Finn*.
Marktwirtschaft, Wirtschaftsordnung mit folgenden Merkmalen: 1. Privateigentum an Produktionsmitteln; 2. Wirtschaftspläne von Staat, Unternehmen u. Verbrauchern für Investitionen u. Ausgaben; 3. freie Preisbildung; 4. geringe Eingriffe des Staates.
Markus (eigentlich Johannes Markus), Verfasser des 2. Evangeliums im N. T.
Marmarameer, Binnenmeer zw. der Balkanhalbinsel u. Kleinasien; 280 km lang, bis 80 km breit u. 1355 m tief.
Marmor (der, gr.), durch hohen Druck aus Kalkstein entstandener kristalliner Kalk, oft durch Beimengungen gefärbt.

Marokko

konstitutionelle Monarchie in Nordwestafrika, 446.550 km², 32,95 Mio. EW, *Hauptst.* → Rabat, *Staatsoberhaupt:* König Mohammed VI. (seit 1999), *Regierungschef:* Abdelilah Benkirane (seit 2011). *Naturraum:* Hoher, Mittlerer u. Anti-Atlas in Nordwestafrika, die westl. Küstenebene u. der äußerste Westteil der Sahara. Im N Mittelmeerklima, im Südwesten u. am Südosthang des Atlas Wüste. *Bevölkerung:* 40 % Berber, 20 % Araber. *Wirtschaft:* Mittelmeerischer Anbau, im N Dattelpalmen; Viehnomadismus; Bergbau; Fischfangverarbeitung.

Marquis (der, frz.), Markgraf, frz. Adelstitel im Rang zw. Graf u. Herzog.
Mars, 1) 4. Planet des Sonnensystems. Durchmesser 6787 km; Masse 0,11-mal die Erdmasse; mittlere Entfernung von der Sonne 228 Mio. km; Oberflächentemperatur von -100 °C bis 30 °C. 2) im röm. Mythos der Kriegsgott, auch Schützer der Felder. Entspricht dem gr. Ares.
Marseillaise, frz. Nationalhymne seit 1795, ursprünglich Freiheitslied der Marseiller Freiwilligen der → Französischen Revolution.

Marshallinseln

Inselstaat, Republik; umfasst gleichnamige Inselgruppe, 180 km², 54.600 EW.; *Hauptst.* Delap-Uliga-Darrit, *Staatsoberhaupt* u. *Regierungschef:* Christopher Loeak (seit 2012). *Naturraum:* 2 Insel- u. Atollketten: Ratak-Kette, Ralik-Kette, feucht-heißes Klima, Regenzeit Mai-Nov. *Bevölkerung:* Mikronesier, wenige Polynesier u. US-Amerikaner. 95 % Christen, v. a. Protestanten. Sprache: Englisch, Marshallesisch. *Wirtschaft:* Landwirtschaft (Kokos, Bananen, Maniok, Viehwirtschaft), Dienstleistungen, Phosphatabbau. 1950er: Wasserstoffbombentests der USA auf den M., heute noch starke Strahlenbelastung, z. T. daher Sperrgebiete für 24.000 Jahre.

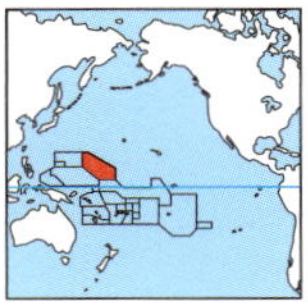

Marshallplan, → ERP, am 3.4.1948 auf Initiative G.C. Marshalls (amerik. Politiker) in Kraft getretenes Programm zum Wiederaufbau Europas mithilfe der USA.
Märtyrer (der, gr.-lat., „Zeuge“), jemand, der wegen des Glaubens oder Überzeugung den Tod erleidet u. dafür verehrt wird.
Marx, Karl (1818–1883), Begründer des → Marxismus. In Deutschland verfolgt, lebte er in Paris, Brüssel u. in London. 1848 traten er u. → Engels in den Bund der Kommunisten ein. Verfasste mit Engels das *Kommunistische Manifest*.

Mark Aurel (Reiterstandbild in Rom)

Marokko: Triumphbogen Caracallas

Karl Marx

Maßeinheiten

Längenmaße

1 km	= 1000 m
1 m	= 10 dm
1 dm	= 10 cm
1 cm	= 10 mm
1 mm	= 1000 µm
1 m	= 1000 nm
1 nm	= 10 Å (Ångström)

Flächenmaße (^{2} = Quadrat)

1 km^2	= 100 ha (Hektar)
1 ha	= 100 a (Ar)
1 a	= 100 m^2
1 m^2	= 100 dm^2
1 dm^2	= 100 cm^2
1 cm^2	= 100 mm^2

Raummaße (^{3} = Kubik)

1 m^3	= 1000 dm^3
1 dm^3	= 1000 cm^3
1 cm^3	= 1000 mm^3

Nautische Längenmaße

1 Faden	= 1,852 m
1 Kabel	= 100 Faden
	= 185,2 m
1 sm (Seemeile)	= 10 Kabel
	= 1,852 km
1 Meridiangrad	= 60 sm
	= 111,111 km

Hohlmaße

1 hl	= 100 l
1 l	= 10 dl
1 dl	= 10 cl
1 cl	= 10 ml
1 ml	= 10 µl

Gewichtsmaße

1 t	= 1000 kg
1 kg	= 1000 g
1 g	= 1000 mg
1 Pfd. (Pfund)	= 0,5 kg = 500 g
1 Ztr. (Zentner)	= 100 Pfd. = 50 kg

Benennungen

T	Tera	1012
G	Giga	109
M	Mega	106
k	Kilo	103
h	Hekto	102
D	Deka	101
d	Dezi	10-1
c	Zenti	10-2
m	Milli	10-3
µ	Mikro	10-6
n	Nano	10-9
p	Piko	10-12
f	Femto	10-15
a	Atto	10-18

Marxismus: Friedrich Engels

Marxismus, die von Karl → Marx u. Friedrich → Engels geschaffene Gesellschafts-, Wirtschafts- u. Politiklehre, die auf dem historischen u. dialektischen → Materialismus u. dem wissenschaftlichen → Sozialismus basiert. Danach sollen alle Produktionsmittel Volkseigentum werden u. nach einer Diktatur des Proletariats soll eine klassenlose Gesellschaft entstehen; → Kommunismus.
Masern, Viruserkrankung mit Husten, Fieber u. charakteristischem Ausschlag.
Maskulinum (das, lat.), Wort männlichen Geschlechts.
Masochismus, sexuelle Erregung durch zugefügte Schmerzen u. Erniedrigungen.
Massai, Hirtennomaden in Kenia u. Tansania (Niloten), oft über 2 m groß.

Massai: Hirten mit Lanze

Masse, Eigenschaft der Materie, die die Ursache für Trägheit u. Schwere ist.
Massenmedien, durch Verwendung techn. Einrichtungen (→ Medien) werden Informationen an ein Großpublikum weitervermittelt, daher spricht man von Massenmedien; damit sind Presse, Rundfunk sowie Fernsehanstalten gemeint; ihre Aufgabe sind Information, Bildung, Unterhaltung, Kontrolle u. Kritik, Mitwirkung an der Meinungsbildung.
Maßeinheiten, siehe Kasten oben.
Maßstab, 1) Längenmessgerät; 2) Maß der Vergrößerung bzw. Verkleinerung einer Abbildung im Verhältnis zum Original.
Materialismus (der, lat.), 1) phil. Auffassung; die Materie (alle festen Stoffe, die unsere Umwelt bilden) ist Grundlage aller Wirklichkeit; 2) dialektischer M.;

Mathematik

Die Mathematik gilt als eine der ältesten Wissenschaften. In der griechischen Antike wandte man sich der theoretischen Seite zu. Die Teilbarkeitseigenschaften der natürlichen Zahlen wurden von → *Pythagoras* (um 570–um 500 v. Chr.) und seinen Schülern untersucht. Daher der **pythagoreische Lehrsatz**: Das Quadrat über der Hypotenuse eines rechtwinkligen Dreiecks entspricht der Summe der Quadrate über den Katheten ($a^2 + b^2 = c^2$). Der griechische Mathematiker → *Euklid* (um 300 v. Chr.) schrieb das erste Mathematikbuch, in dem er das Wissen seiner Zeit zusammenfasste. → *Archimedes* (um 285–212 v. Chr.) berechnete **Flächen-** und **Rauminhalte**. In römischer Zeit stand die Lösung praktischer Aufgaben im Vordergrund. Erst die Araber entwickelten ab dem 9. Jahrhundert die Mathematik weiter, z. B. in der **Trigonometrie**, wobei sie die indische und chinesische Mathematik aufgriffen. Durch sie gelangte das Wissen ins mittelalterliche Europa. Hier befassten sich Mathematiker u. a. mit der **Algebra** und lösten Mitte des 15. Jahrhunderts Gleichungen 3. und 4. Grades. Die **Differenzial-** und **Integralrechnung** wurde von *Gottfried Wilhelm von* → *Leibniz* (1646–1716) und *Isaak* → *Newton* (1643–1727) begründet. Weitere entscheidende Entwicklungen, z. B. die **Analysis** und die Theorie der komplexen Zahlen, gingen von großen Mathematikern wie *Leonhard* → *Euler* (1707–1783) oder *Carl Friedrich* → *Gauß* (1777–1855) aus, das neue Gebiet der **Mengenlehre** begründete schließlich *Georg Cantor* (1845–1918).

nur die sinnlich wahrnehmbare Materie ist Wirklichkeit 3) historischer M.; gesellschaftliche Entwicklung wird von materiellen Werten bestimmt.

Materie (die, lat.), Substanz oder Stoff, der durch das Vorhandensein einer Ruhemasse gekennzeichnet ist.

materiell, 1) stofflich, körperlich; 2) auf Gewinn eingestellt, finanziell.

Mathematik, siehe Kasten oben.

Matinee (die, frz.), künstlerische Vormittagsvorstellung.

Matisse, Henri (1869–1954), frz. Maler, Grafiker u. Bildhauer. Mitbegründer der Malergruppe *Fauves*.

Matriarchat (das, lat.), Herrschaft der Frau u. Mutter in Familie u. Gesellschaft.

Matrikel (die, lat.), amtl. Personenverzeichnis, z. B. Verzeichnis der immatrikulierten Studenten an einer Universität.

Matrize (die, lat.), Modellform zum Nachbilden oder Vervielfältigen; Hohlform.

Matrose (der, niederländ.), unterster Mannschaftsdienstgrad der Marine.

Matterhorn, 4478 m, Gipfel der Walliser Alpen an der schweizer.-ital. Grenze.

Matthäus, einer der 12 Apostel.

Maulesel, Kreuzung aus Pferd (männl. Tier) u. Esel (weibl. Tier).

Maultier, Kreuzung aus Pferd (weibl. Tier) u. Esel (männl. Tier).

Maulwurf, schwarzer Pelz, 15 cm lang, spitze Schnauze. Baut unterird. Gangsysteme. Vorderpfoten sind Grabschaufeln, mit denen er den Aushub an die Oberfläche schafft (Maulwurfshügel). Frisst Würmer, Engerlinge u. Schnecken.

Mauren, Berber der Atlasländer. Eroberer Spaniens 8.–15. Jh.

Mauretanien

Militärdiktatur in Nordwestafrika, 1 Mio. km², 3,4 Mio. EW, *Hauptst.* Nouakchott, *Staatsoberhaupt:* Mohamed Ould Abdel Aziz (seit 2009), *Regierungschef:* Moulaye Ould Mohamed Laghdhaf (seit 2008). *Naturraum:* westafrikan. Wüste, im S Dornsavanne. *Bevölkerung:* Mauren, Haratin, Schwarz-Afrikaner. *Wirtschaft:* Ackerbau im Überschwemmungsgebiet des Senegal; Dattelpalmen in Oasen, Fischerei; Eisenerz- u. Kupfererzbergbau.

Mauritius

Republik im Ind. Ozean, 2040 km², 1,3 Mio. EW, *Hauptst.* Port Louis, *Staatsoberhaupt:* Kailash Purryag (seit

Mathematik: Isaac Newton

Maulwurf

2012), *Regierungschef:* Anerood Jungnauth (seit 2014). *Naturraum:* Vulkaninseln Mauritius, Rodrigues, Cargados-Carajos u. Agalega südwestl. von Madagaskar; trop.-ozean. Klima. *Bevölkerung:* 66 % Inder, 29 % Kreolen, 3 % Chinesen, zu 54 % in Städten. *Wirtschaft:* Zuckerrohr (70 % der landwirtschaftlichen Nutzfläche; Fischerei; Zuckerverarbeitung; Fremdenverkehr.

Maus, Zeigegerät am Computer. 1. Maus: 1963. Ermöglichte Entwicklung einer grafischen Benutzeroberfläche.

Mauser, Erneuerung des Federkleids bei Vögeln.

Mausoleum (das, gr.), großes Grabmal, benannt nach dem Grabmal des Königs Mausolos von Karien.

Maut, Entgelt für gebührenpflichtige Straßen.

Maxime (die, lat.), leitender Grundsatz.

Maximum (das, lat.), mathematisch: Höchstwert einer veränderlichen Größe (z. B. Funktion). Ggs.: → Minimum.

May, Karl (1842–1912), dt. Schriftsteller, v. a. Abenteuerromane: *Durch die Wüste* (1892), *Der Schatz im Silbersee* (1894), *Winnetou* (1893–1910).

Maya: Tempel in Guatemala

Maya: Terrakottateil eines Tempels

Maya, indianische Hochkulturstämme in Südmexiko, Yucatán, Guatemala u. Honduras (altes Reich zw. 300 u. 900 n. Chr., neues Reich ab 10. Jh.). Hatten wie die → Inka eine hoch entwickelte Landwirtschaft, Städtebau mit Palästen, Tempel- u. Festungsanlagen. Fertigten kunstvolle Keramik- u. Tonarbeiten an, hatten Bilderschrift. Fielen im 13. Jh. unter die Herrschaft der Tolteken (Vorläufer der → Azteken), Befreiung Mitte des 15. Jh. 1524 wurde das Mayareich von dem Spanier P. de Alvarado erobert.

Mayflower, Name des Schiffes, mit dem die puritanischen (calvinistischen) Pilgerväter aufgrund religiöser Unfreiheit im Heimatland England 1620 nach Amerika auswanderten.

Mazedonien, → Makedonien.

Mäzen (der, lat.), Freund u. Förderer der Künste, vermögend.

Mechanik (die, gr.), Teilgebiet der Physik; befasst sich mit der Bewegung von Körpern durch Kraft.

Mecklenburg-Vorpommern, seit 1990 Bundesland der BR Dtl., 23.421 km^2, 1,6 Mio. EW, Hauptst. → Schwerin.

Medaillon, runde oder ovale Schmuckanhänger.

Medici, Adelsgeschlecht aus Florenz 15.–17. Jh. Bes. unter Cosimo dem Alten u. Lorenzo I. Höhepunkt der Renaissance. Förderung von Kunst (Michelangelo, Leonardo da Vinci u. a.) u. Wissenschaft. Auch Päpste u. zwei frz. Königinnen (Katharina u. Maria) stammen aus dem Geschlecht der M.

Medien, siehe Kasten S. 193.

Medina, 1) Stadt in Saudi-Arabien, 919.000 EW, Pilgerort der Muslime; 2) in Nordafrika: der islam. Stadtteil im Unterschied zum Europäerviertel.

Meditation (die, lat.), 1) religiöse Versenkung; 2) Technik, die auf physische u. psychische Entspannung abzielt.

Medium (das, lat.), 1) Mitte, Mittel; 2) Träger physikalischer oder chem. Erscheinungen; 3) angeblich zur Vermittlung spiritistischer Phänomene befähigte Person.

Medizin (die, lat.), ärztliche Heilkunde, Erforschung u. Behandlung (Therapie) der Krankheiten von Mensch (**Human-M.**) u. Tier (**Veterinär-M.**). Einzelne Fachrichtungen der angewandten M.: z. B. Innere M., Chirurgie, Frauenheilkunde, Hals-, Nasen-, Ohrenheilkunde, Urologie, Orthopädie, Zahnheilkunde.

Medizinmann, Heilkundiger einfacher Völker. Versucht mit Zauber u. praktischen Kenntnissen Krankheiten zu heilen.

Medwedew, Dmitri (*1965), ehem. Staatspräsident von Russland (2008–2012); Jurist u. Dozent, seit 1999 Teil des Regierungsapparates.

Meer, Ozean, zusammenhängende Wasserfläche der Erde (71 % der Erdoberfläche). Man unterscheidet: → Pazifik, 178,8 Mio. km^2; → Atlantik, 106,2 Mio. km^2; → Ind. Ozean, 75,8 km^2. Daneben gibt es Mittelmeere (zw. Kontinenten), Binnenmeere (in Kontinenten) u. Randmeere (am Rand von Kontinenten). Das Wasser des M. ist ständig in Bewegung (Wellen, → Gezeiten u.

M.-Strömungen, z. B. Golfstrom u. Labradorstrom im Atlantik).

Meeresspiegel (mittleres Meeresniveau), in Ruhezustand gedachte Meeresoberfläche, dient als Nullpunkt bei der Höhenbestimmung.

Megabyte (das, engl.), Abk. MB, 1.048.576 → Byte.

Mehrheitswahl, Verfahren, bei dem Ämter in direkter Wahl an den Bewerber, der die Stimmenmehrheit bekommt, vergeben werden. Dieses Wahlverfahren wird meist in einem Wahlgebiet (z. B. Stimmbezirk) oder innerhalb eines Gremiums (z. B. Bundestag) vorgenommen. Bei der Entscheidung kommt es auf die Größe des Stimmenanteils (relative Mehrheit) oder die Erreichung von mindestens der Hälfte der Stimmen (absolute Mehrheit) an. Bei der Bundestagswahl ist die → Erststimme eine M.

Mehrwertsteuer, → Steuer (zurzeit 19 %), die ausschließlich dem Bund zusteht.

Meineid, falsches Schwören von → Eiden vor Gericht.

Meinungsforschung, → Demoskopie.

Meinungsfreiheit, im → Grundgesetz garantiertes Recht eines jeden Bürgers, seine Ansichten „in Wort, Schrift u. Bild frei zu äußern u. zu verbreiten".

Meir, Golda (1898–1978), israel. Politikerin; 1969–1974 Ministerpräsidentin; suchte Gespräche mit den arabischen Nachbarstaaten, um die israel. Grenzen zu sichern.

Meisen, Insekten fressende, in Höhlen brütende Singvögel, z. B. Kohl-, Haubenmeise.

Mekka, Stadt in → Saudi-Arabien, 1,5 Mio. EW, wichtigster Wallfahrtsort der Muslime, Geburtsort → Mohammeds; → Kaaba.

Mekong, hinterind. Fluss, 4184 km lang, entspringt in Tibet.

Melancholie (die, gr.), 1) Schwermut; 2) bei manisch-depressiver Gemütserkrankung die depressive Phase mit Mut- u. Antriebslosigkeit, Minderwertigkeitsgefühlen.

Melanchthon, Philipp, eigentlich P. Schwarzerd (1497–1560), dt. Reformator u. Humanist.

Melanesien, Inselgruppe im Westpazifik, nördl. von Australien, 967.000 km², ca. 10 Mio. EW, umfasst Neuguinea, den Bismarck- u. Louisiadearchipel, die Salomon- u. Santa-Cruz-Inseln, die Neuen Hebriden, Fidschi u. Neukaledonien.

Melanom (das, gr.), durch Melanineinlagerungen bräunlich-schwarz gefärbte, bösartige Geschwulst.

Philipp Melanchthon

Medien

Das Wort Medium kommt vom lateinischen medium = Mitte. Man gebraucht es meist in der Mehrzahl Medien und meint damit die unterschiedlichen technischen Mittel zur Verbreitung von Informationen. Da auch z. B. der private Brief ein Kommunikationsmedium ist, sollte man besser von **Massenmedien** sprechen, um den Informationstransport zu einer Vielzahl von Empfängern zu charakterisieren. Zu den Massenmedien zählen die sog. **Printmedien**, also alles Gedruckte wie Zeitungen, Bücher oder Zeitschriften. Daneben stehen die **elektronischen Medien** wie Fernsehen, Hörfunk oder Datennetze. Außerdem gehören Film, Tonträger, CD-ROM, Video u. ä. Informationsträger zu den Massenmedien. Nach der **Erfindung des Buchdrucks** mit einzelnen, wieder verwendbaren Buchstaben (Lettern) durch *Johannes → Gutenberg* (um 1397–1468) konnten zum ersten Mal Bücher einfach vervielfältigt werden, auch wenn die Auflagen zunächst niedrig waren, sodass man noch nicht von Massenkommunikation sprechen konnte. Aber bereits im 17. Jahrhundert erschienen erste Zeitungen und Zeitschriften, die sich in der Folgezeit rasch verbreiteten und ihre Blüte im 19. und 20. Jahrhundert erlebten. Nachdem *Heinrich → Hertz* (1857–1894) 1887 die elektromagnetischen Wellen entdeckt hatte, begann die Entwicklung des Rundfunks, der sich ab den 1920er-Jahren als **Hörfunk** ausbreitete. Daraus entstand zu Beginn der 1930er-Jahre das **Fernsehen**, das in Deutschland seit 1952 ausgestrahlt wird. Die Verbreitung von **Personalcomputern** seit Ende der 1980er-Jahre führte zur Einrichtung internationaler Datennetze.

Menschenaffe: Orang-Utan

Felix Mendelssohn-Bartholdy

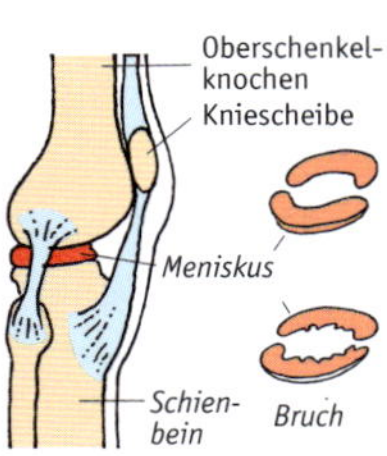

Meniskus

Melioration (die, lat., „Verbesserung"), Maßnahmen zur Bodenverbesserung in der Landwirtschaft, z. B. durch Be- oder Entwässrung.

Melisse, Heil- u. Teepflanze, riecht nach Zitronen.

Melodrama (das, gr.), gesprochenes Schauspiel mit Musikbegleitung.

Membran, dünnwandige, durchlässige Hautschicht zur Abgrenzung von Organen (z. B. Trommelfell) oder Zellen.

Memnon, in der gr. → Mythologie König der Äthiopier, der im Trojanischen Krieg von → Achilles getötet wurde.

Memoiren (die, frz., „Erinnerungen"), literarische Darstellung der eigenen Lebenserinnerungen.

Memorandum (das, lat.), Denkschrift, Gutachten.

Mendel, Gregor Johann (1822–1884), österr. Naturforscher u. Augustinerabt, Begründer der modernen Vererbungslehre (mendelsche Regeln).

Mendelssohn-Bartholdy, Felix (1809–1847), dt. Komponist. Schrieb u. a. Orchesterwerke (5 Sinfonien) u. für das Klavier (*Lieder ohne Worte*).

Mengenlehre, Lehre von Mengen u. ihren Elementen. Begründer: Mathematiker Georg Cantor.

Menhir (der, keltisch), Hünenstein; hoher, aufrecht stehender Stein von kultischer Bedeutung; meist aus der Jungsteinzeit.

Meningitis (die, gr.), Gehirnhautentzündung.

Meniskus (der, gr.), aus Knorpel u. Bindegewebe bestehende Scheibe im Kniegelenk; beim Sport oft verletzt.

Mensch (lat. homo; gr. anthropos), Säuger mit stärkster Gehirnentwicklung u. aufrechtem Gang. 4-fingrige Greifhände mit gegenübergestellten Daumen ermöglichen Werkzeuggebrauch. Haut-, Haar-, Augenfarbe u. Größe sind verschieden. Durch die gute Gehirnentwicklung sind ihm abstraktes Denken, artikulierte Sprache u. Werkzeuggebrauch möglich. Hat damit in der Natur eine herrschende Rolle eingenommen. Durch die Schaffung eines eigenen Kulturkreises unterscheidet sich der M. von anderen Säugern. Systematisch gehört er zu den Altweltaffen (Catarrhina). Der heutige M. (Homo sapiens) ging aus der Australopithecusgruppe hervor. Ihre Vorfahren stammen von einer Übergangsform (Vormenschen) von Mensch u. Affe ab. Diese Vormenschen gingen aufrecht u. benutzten Naturgegenstände als Werkzeug. Erst der Australopithecus stellte Geräte selbst her u. begann sich durch Sprache zu verständigen.

Menschenaffen (Pongiden), Familie der Schmalnasen, deren Junge sehr menschenähnliche Züge aufweisen, die sich aber mit zunehmendem Alter verwachsen (bes. die Schnauzenpartie), z. B. Schimpanse, Gorilla u. Orang-Utan. Sind v. a. Pflanzenfresser; leben in familiären Verbänden u. legen abends Schlafnester in Bäumen an.

Menschenrechte, dem Menschen angeborene u. unveräußerliche Rechte wie Gleichheit, Eigentum, Unversehrtheit, Meinungs- u. Glaubensfreiheit, Widerstand gegen Unterdrückung, Recht auf Arbeit, Bildung, soziale Sicherheit; in den Verfassungen der europäischen Staaten als Grundrechte aufgenommen.

Menstruation (die, lat.), Monatsblutung, Regel(-blutung). Einmal im Monat erfolgt bei der nicht schwangeren Frau die Abstoßung der Gebärmutterschleimhaut. Dauer: 3–5 Tage, von Hormonen gesteuert, kann schmerzhaft sein.

Mentalität (die, lat.), charakteristische Denkweise, Wesensart.

Mentor (der, gr.), väterlicher Freund u. Berater, Erzieher (benannt nach dem Lehrer des Telemach, des Sohnes Odysseus').

Menü (das, frz.), 1) aus mehreren Gängen bestehende Mahlzeit 2) in der Datenverarbeitung eine auf dem Bildschirm gezeigte Auswahlliste für bestimmte Programmfunktionen.

Menuett (das, frz.), 1) Tanz im Dreivierteltakt; 2) Musikstück.

Mercator, Gerhard, eigentlich G. Kremer (1512–1594), flämischer Kartograf u. Geograf. Entwickelte 1. modernen Atlas 1585.

Meridian (der, lat.), Längenkreis, besteht aus zwei Längengraden; → Gradnetz der Erde.

Merkantilismus (der, lat.), Wirtschaftssystem im → Absolutismus mit dem Ziel der Bildung eines einheitlichen Staates u. Förderung des Exports.

Merkel, Angela (*1954), dt. Politikerin (→ CDU). Seit 2000 als 1. Frau Bundesvorsitzende der CDU u. seit 2005 1. dt. Bundeskanzlerin.

Merkur, 1) 1. u. sonnennächster Planet des Sonnensystems. Durchmesser 4840 km; Masse $^{1}/_{19}$ der Erdmasse; mittlerer Sonnenabstand 57,9 Mio. km; Umlaufzeit 88 Tage; keine Atmosphäre; Temperaturschwankungen zw. +350 °C u. -200 °C; 2) im röm. Mythos der Götterbote.

Merlin, 1) Zwergfalke Europas u. Nordamerikas; 2) Zauberer u. Prophet der Artusrunde.

Merowinger, ältestes fränkisches Königsgeschlecht; gründete mit Chlodwig I. (418-511) das fränk. Reich. Der letzte König der M., Childerich III., wurde 751 von den → Karolingern abgelöst.

Mesolithikum (das, gr.), Mittelsteinzeit.

Mesopotamien (gr.), Zweistromland zw. Euphrat u. Tigris. Hier fand zw. dem 4. u. 1. Jt. v. Chr. der Aufstieg u. Untergang hochkultureller Reiche statt, z. B. der → Sumerer, Akkader, Babylonier, Assyrer, Chaldäer. Wurde 539 v. Chr. von den Persern erobert, ab dem 7. Jh. n. Chr. war es arabisch, ab 1534 osmanisch; seit 1921 gehört es zum Irak.

Mesozoikum (das, lat.), Erdmittelalter, begann vor ca. 230 Mio. Jahren u. dauerte bis vor 100 Mio. Jahren.

Messe (die, lat.), 1) kath. Gottesdienst; 2) auf Schiffen der Wohn- u. Essraum; 3) Veranstaltung mit Marktcharakter, z. B. Buchmesse, Modemesse.

Messias (der, hebräisch-lat., „Gesalbter"), im A. T. Bezeichnung für den König oder Hohepriester, im N. T. für Jesus Christus.

Messing, Kupfer/Zinklegierung, hohe Festigkeit, korrosionsbeständig, antibakteriell.

Messner, Reinhold (*1944), südtiroler Alpinist; bezwang als Erster alle 14 Achttausender der Erde.

Mestize (der, span.), Nachfahre von Europäern u. Einheimischen in Südamerika.

Metalle, chem. Elemente, elektr. u. thermisch leitend, absorbieren elektromagnet. Wellen, formbar.

Metamorphose (die, gr.), vollständige Verwandlung; das aus dem Ei geschlüpfte Tier ist vom erwachsenen Tier (Imago) völlig verschieden, z. B. Schmetterling: Ei – Larve (Raupe) – Puppe – Imago; Frosch: Ei – Larve (Kaulquappe) – Frosch; Maikäfer: Ei – Larve (Engerling) – Puppe – Käfer.

Metapher (die, gr.), bildlich veranschaulichender Ausdruck.

Metastase (die, gr.), bösartige (→ Krebs-) Tochtergeschwulst; Krebszellen sind durch das Blut- oder Lymphsystem in andere Organe gelangt.

Meteor (der, gr.), Lichterscheinung, beim Eindringen einzelner Körper in die Erdatmosphäre, auch → Sternschnuppe.

Meteorit (der, gr.), außerirdischer Gesteinsbrocken aus Nickel/Eisen oder aus Silikatgestein, der auf die Erde aufprallt; hierbei erzeugt der Aufprall eines M. von 10 m Durchmesser bereits die Wirkung der Hiroshima-Atombombe.

Meteorologie (die, gr.), Wetterkunde einschließlich der Wettervorhersagen.

Methadon (das, engl.), synthetische, nicht bewusstseinsverändernde Droge. Als Ersatzrauschmittel seit 1988 in der BR Dtl. für schwer Süchtige zulässig. Lindert nur Entzugserscheinungen, keine Suchtbekämpfung.

Methan (Grubengas, Sumpfgas), farb- u. geruchloses, brennbares Gas; entsteht bei der Vermoderung pflanzl. Stoffe unter Luftabschluss; im Erdgas u. im Faulschlammgas enthalten. Bildet mit Luft explosive Gemische; schlagende Wetter (Grubengas).

Methodisten, protestantische Erweckungsbewegung des 18. Jh. Betonen Bibelfrömmigkeit, Erlösung von Schuld u. Sühne sowie Nächstenliebe; v. a. in den USA, ca. 20 Mio. Mitglieder.

Methusalem (der, hebräisch), sehr alter Mann; Patriarch des A. T., soll 969 Jahre alt geworden sein.

Metrik (die, gr.), 1) Verslehre; 2) Lehre von Takt oder Taktbetonung.

Metropole (die, gr.), polit., wirtschaftl., kulturelles Zentrum einer Region, auch Weltstadt; in der Antike: Gründer- bzw. Mutterstadt.

Mette (die, lat.), Nachtgottesdienst, v. a. vor hohen Festen, z. B. Christmette.

Merowinger: Helm

Mesopotamien

Mesopotamien: Stierkopf

Fürst von Metternich

Metternich, Klemens Wenzel Nepomuk Lothar von (1773–1859), österr. Fürst u. Staatsmann. Gegner → Napoleons I.; hatte den Vorsitz beim → Wiener Kongress. Musste nach der Revolution von 1848 abdanken.

Mexiko

präsidiale Bundesrepublik in Mittelamerika, 2 Mio. km², 120,3 Mio. EW, *Hauptst.* Mexiko-Stadt, *Staatsoberhaupt* u. *Regierungschef:* Enrique Peña Nieto (seit 2012). *Naturraum:* Hochland von Mexiko (1100 bis 2300 m über dem Meeresspiegel), mit Küstenebene am Golf von Mexiko; gebirgige Halbinsel Niederkalifornien u. 5073 Inseln. Hochland im S vulkanisch (Popocatépetl 5452 m, Paricutin 3292 m). Klima mit Höhenstufen: a) Tierra caliente (heiße Zone) unter 800 m, trop. Regenwald, Küste Mangrovensümpfe; b) Tierra templada (gemäßigte Zone) zw. 800 u. 2000 m; c) Tierra fria (kalte Zone) über 2000 m, Nadelwald; darüber wie in den Alpen Grasfluren, Felsregion, ewiger Schnee. *Bevölkerung:* v. a. Mestizen, Weiße, Indios; zu 69 % in Städten. *Wirtschaft:* Nur 12 % der Fläche landwirtschaftl. genutzt; u. a. trop. Plantagen; v. a. in Hochregionen Viehzucht; Export von Blei-, Zink-, Silbererzen, Erdöl u. -gas; bereits vielseitige Industrie, z. B. Automobilindustrie.

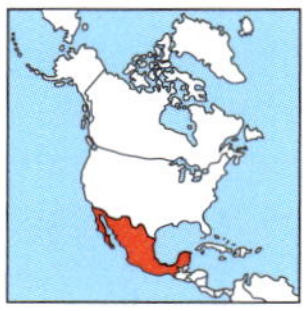

Miesmuscheln

Conrad F. Meyer

Meyer, Conrad Ferdinand (1825–1898), schweizer Schriftsteller; *Das Amulett*, *Jürg Jenatsch*.

MEZ, Abk. für → **m**ittel**e**uropäische **Z**eit.

Mezzosopran (der, ital.), mittlere Frauen- oder Knabenstimme, zw. Sopran u. Alt.

MHP, Abk. für engl. → **M**ultimedia **H**ome **P**latform.

Michelangelo Buonarroti (1475–1564), florentinischer Maler, Bildhauer, Architekt u. Dichter. Berühmt durch 5,5 m hohe Marmorstatue des David (Florenz), größtes Werk: Deckengemälde (40 x 13 m) der → Sixtinischen Kapelle in Rom. Entwarf → Peterskirche in Rom; war dort bis zu seinem Tod Bauleiter.

Miesmuscheln, Muscheln mit schwarzblauen Schalen, setzten sich an Steinen u. Pfählen in Küstengebieten fest.

Mies van der Rohe, Ludwig (1886–1969), dt. Architekt, Städteplaner u. Möbeldesigner. Seine Architektur besteht vorwiegend aus Glas u. Stahl.

Migräne (die, gr.), anfallsartige starke Kopfschmerzen, meist halbseitig, mit Augenflimmern u. Übelkeit.

Migration (die, lat.), Wanderung.

Mikado (das, japan.), 1) ehrende Bezeichnung des japan. Kaisers; 2) Geschicklichkeitsspiel mit dünnen Holzstäbchen.

Mikroben (gr.), → Mikroorganismen.

Mikrokosmos (der, gr., „kleine Welt"), seit Demokrit Bezeichnung für den Menschen als Spiegel des Universums.

Mikronesien

Republik seit 1980, unabhängig seit 1986, Inselstaat im → Pazifik; 702 km², 104.000 EW, *Hauptst.* Palikir, *Staatsoberhaupt u. Regierungschef*: Präsident Manny Mori (seit 2007), *Naturraum*: Atolle (Korallen- u. Vulkaninseln), tropisches Klima, *Bevölkerung*: verschiedene ethnische Gruppen, *Wirtschaft*: Fischfang u. Landwirtschaft.

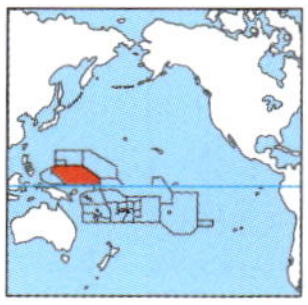

Mikroorganismen (gr.), Kleinstlebewesen, Bakterien, Viren u. a. mikroskopisch kleine Lebewesen.

Mikroprozessor, zentrale Einheit eines Computers. Beinhaltet mindestens das logische Rechenwerk u. Steuerfunktionen für angeschlossene Speicher u. Ein- u. Ausgabeeinheiten. M. holt sich das Programm u. verarbeitet ihm angebotene Daten, erzeugt neue Daten oder gibt Steuerbefehle an angeschlossene Geräte.

Mikroskop (das, gr.), optisches Instrument zur Vergrößerung kleinster Gegenstände bis auf das 2000-Fache (Lichtmikroskop); → Elektronen.

Mikrowellen, elektromagnet. Wellen mit Wellenlängen unter 10 cm.

Milchstraßensystem, eine Galaxis, das Sternsystem, in dem unsere Sonne steht. Da wir uns etwa auf der Symmetrieebene befinden, sehen wir nachts die Milchstraße als helles, sternenreiches Lichtband. Das Zentrum des M. liegt in Richtung Südhimmel; Durchmesser ca. 100.000 Lichtjahre.

Milieu (das, frz.), soziale Umwelt.

Militär (das, frz.), gesamtes Heerwesen.

Miliz (die, lat.), Streitkräfte im Frieden (Bürgerwehr); Ggs.: stehendes Heer.

Miller, Glenn (1904–1944), amerik. Jazzmusiker; Posaunist u. Orchesterleiter; *In the Mood, Moonlight Serenade*.

milli..., Milli... (lat.), bedeutet 1 Tausendstel.

Milliarde, 1000 Millionen; 10^9.

Million, 1000 x 1000; 10^6.

Milz, Organ im Oberbauch. Dient der Säuberung u. Aufbereitung des Blutes.

Mimik (die, gr.), Ausdruck von Stimmungen u. Gefühlen durch Gesicht u. Gebärden.

Mimikry (die, engl.), bei Tieren Veränderung von Farbe oder Form als Schutz oder zur Tarnung; → Chamäleon.

Mimose (die, gr.), 1) Blütenpflanze mit gelben Blüten u. gefiederten Blättern, klappt bei geringster Berührung zusammen; 2) übertragen für überempfindlicher Mensch.

Minarett (das, arabisch), Turm einer → Moschee, von dem der Muezzin das Gebet ausruft.

minderjährig, Kinder u. Jugendliche bis zur → Volljährigkeit.

Mine (die, frz.), 1) Sprengkörper; 2) Bergwerk, Stollen; 3) Einlagen von Schreibstiften (z. B. Kugelschreiber-M.); 4) altmesopotamische Gewichtseinheit (60 Schekel); 5) altgr. Münzeinheit (100 Drachmen).

Ministerpräsidenten

der Bundesrepublik Deutschland

Baden-Württemberg	Winfried Kretschmann (Grüne)
Bayern	Horst Seehofer (CSU)
Berlin	Michael Müller (SPD)
Brandenburg	Dietmar Woidke (SPD)
Bremen	Jens Böhrnsen (SPD)
Hamburg	Olaf Scholz (SPD)
Hessen	Volker Bouffier (CDU)
Mecklenburg-Vorpommern	Erwin Sellering (SPD)
Niedersachsen	Stephan Weil (SPD)
Nordrhein-Westfalen	Hannelore Kraft (SPD)
Rheinland-Pfalz	Malu Dreyer (SPD)
Saarland	Annegret Kramp-Karrenbauer (CDU)
Sachsen	Stanislaw Tillich (CDU)
Sachsen-Anhalt	Reiner Haseloff (CDU)
Schleswig-Holstein	Thorsten Albig (SPD)
Thüringen	Bodo Ramelow (Linke)

http://www.deutschland.de

Minerale (frz.), Bestandteile von Gesteinen. Manche M. sind wichtige Rohstoffe, z. B. → Quarz, Ton, andere spielen in der Ernährung eine wichtige Rolle.

Mineralogie, Lehre von den Mineralien.

Minerva, im röm. Mythos Göttin der Weisheit; gr. → Athene.

Minimum (das, lat.), kleinster Wert einer veränderlichen Größe, Ggs.: → Maximum.

Minister (der, lat.), Mitglied einer Regierung, meist Leiter eines bestimmten Fachbereichs (Verkehrs-M., Verteidigungs-M. usw.), Behörde ist das entsprechende Ministerium.

Ministerpräsident, in vielen Ländern Bezeichnung für den Regierungschef, in der BR Dtl. Chef einer Landesregierung (Bundesland) im → Landtag; Bezeichnung für M. bei den Stadtstaaten: Senatspräsident (Bremen), Erster Bürgermeister (Hamburg), Regierender Bürgermeister (Berlin).

Ministrant (der, lat.), Messdiener bei der katholischen → Messe.

Minnesang, höf. Lyrik in Dtl. (12.–14. Jh.); bedeutender Bestandteil des Minnedienstes; dichter. Verehrung der unerreichbaren, gesellschaftlich höher gestellten Geliebten (→ Walther von der

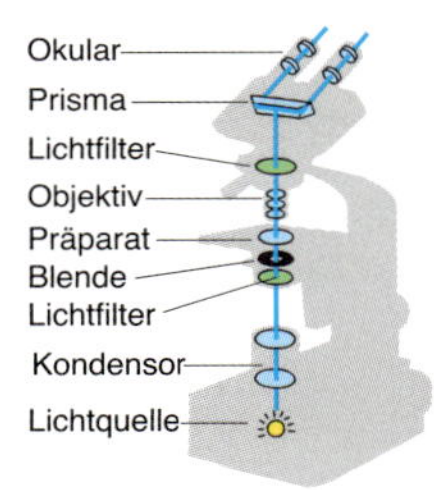

Mikroskop

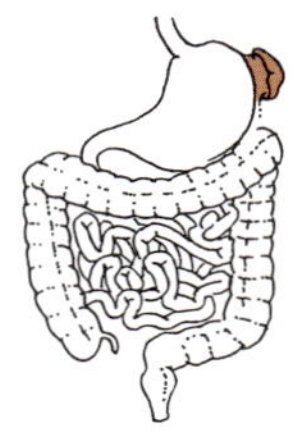
Milz

Minarett

Mississippi

Mittelalter: illustrierter Gesangstext

Vogelweide, Der Kürenberger, Wolfram von Eschenbach, Dietmar von Aist).

minoische Kultur, vorgr. Kultur → Kretas um 2600–1400 v. Chr., die nicht indogerm. Ursprungs war; benannt nach dem legendären kretischen König Minos; 1. europäische Hochkultur, mit Palastbauten, Herausbildung einer Hieroglyphenschrift, Götterkult u. hoch entwickelter Kunst. Um 1400 v. Chr. wurde Kreta durch Mykene erobert, die m. K. zerstört.

Minorat (das, lat.), dem Jüngsten eingeräumtes Vorrecht bei der Erbteilung von Bodenbesitz. Ggs.: → Majorat.

Minorität (die, lat.), Minderheit.

Minotaurus, mythisches Ungeheuer, halb Mensch, halb Stier, im Labyrinth von Knossos gefangen gehalten.

Miozän (das, gr.), zweitjüngste Abteilung des Tertiär.

Mirakel (das, lat.), Wunder, Wundertat.

Miró, Joan (1893–1983), span. Maler, Grafiker u. Keramiker; stellte v. a. eine heitere Welt dar.

Misanthrop (der, gr.), Menschenfeind. Ggs.: Philanthrop.

Mischling, bei Tieren u. Pflanzen Nachkomme unterschiedlicher Arten; beim Menschen Kinder von Eltern verschiedener geografischer Herkunft; teilweise abwertend gebraucht.

Misere (die, lat.-frz.), Unglück, Not.

Mission (die, lat.), Sendung, Auftrag, Aufgabe.

Missionar (der, lat.), Glaubensbote.

Mississippi, 1) längster Strom Nordamerikas, 3778 km, entwässert mit 3,23 Mio. km^2 Einzugsgebiet fast 40 % der USA; 2) Staat der USA, 123.584 km^2, 2,9 Mio. EW, Hauptst. Jackson.

Misstrauensvotum, Beschluss, in dem die Mehrheit des Parlaments der regierenden Partei, dem Regierungschef oder einem anderen Minister das Vertrauen abspricht u. somit zum Rücktritt auffordert; → konstruktives Misstrauensvotum.

Mistral (der, frz.), kalter Fallwind aus den Alpen, der im Rhônetal auftritt.

Mitesser, Ansammlung von Talg in Hautporen, dadurch Verhornung u. Verstopfung der Drüsengänge. Bei Krankheitskeimen kann → Akne entstehen.

Mitochondrien (gr.), Zellorganellen in fast allen pflanzl. u. tierischen Zellen. Dienen der Atmung u. dem Stoffwechsel der Zelle.

Mitra (die, gr.), Bischofsmütze.

Mittelalter (MA), kulturgeschichtlicher Zeitraum des Abendlandes zw. dem Untergang des weström. Reiches (476 n. Chr.) u. dem Beginn der Neuzeit (um 1500). War gekennzeichnet durch Verschmelzung von Germanentum, Antike u. Christentum zur kulturellen Einheit, Vorherrschen einer allg. religiösen Grundhaltung u. dem → Feudalismus als maßgebliche Wirtschafts-, Rechts- u. Gesellschaftsordnung.

Mittelamerika, siehe Kasten unten.

Mittelamerika

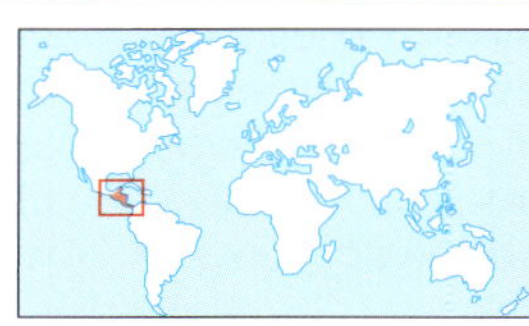

Zu Mittelamerika zählen → Mexiko und die schmale Festlandsbrücke zwischen Nord- und Südamerika von → Guatemala bis → Panama sowie die → Westindischen Inseln (Karibische Inseln). Mit einer Fläche von 1,96 Mio. km^2 und 120,3 Mio. Einwohnern ist **Mexiko** das größte mittelamerikanische Land. Es besteht vorwiegend aus Hochland zwischen 1000 und 2000 m, das im Westen und Osten von über 3000 beziehungsweise 4000 m hohen Gebirgen begrenzt wird. Im Süden erhebt sich ein Gebirge mit zahlreichen → Vulkanen, darunter der → Popocatépetl. Bedingt durch die starken Höhenunterschiede zwischen **Küste**, **Hochland** und **Gebirgen** findet man sowohl tropisches als auch gemäßigtes und kühles Klima. Die Festlandsbrücke mit Guatemala, → Belize, → El Salvador, → Honduras, → Nicaragua, → Costa Rica und Panama ist von den zentralen, bis zu 4000 m hohen vulkanischen Gebirgen geprägt, an die sich teilweise flache Küstenlandschaften anschließen. Auch die Westindischen Inseln von den Bahamas über → Kuba, → Jamaika, → Haiti bis → Trinidad sind meist gebirgig. Neben den Savannen der tieferen und mittleren Lagen und den → Mangroven der Küste sind weite Teile Mittelamerikas von tropischem → **Regenwald** bedeckt.

Mitteleuropa, Kernregion Europas, reicht von den Alpen u. Karpaten bis zur Nord- u. Ostsee.
mitteleuropäische Zeit, Abk. MEZ, → Zeitzonen.
Mittelgebirge, Gebirge in 800–1000 m Höhe mit abgerundeten flachen Bergen.
Mittelhochdeutsch (mhd.), Form der hochdt. Sprache (v. a. Dichtersprache) vom Ende des 11. bis Mitte des 14. Jh.
Mittelmeer, 1) jedes Meer zw. Kontinenten, 2) das Meer zw. Europa u. Afrika; amerik. Mittelmeer = Golf von Mexiko.
Mittelstreckenlauf, olymp. Laufsport auf einer 600 m bis 2000 m langen Strecke, meist 800 m bis 1609 m (1 Meile).
Mitterrand, François (1916–1996), frz. Politiker; 1981–1995 Staatspräsident. Trat für ein militärisch starkes Frankreich innerhalb der → Europäischen Union u. die Nutzung der Atomenergie ein.
MMS (die, engl.), Abk. für **M**ultimedia **M**essaging **S**ervice, Nachfolger von → SMS u. EMS (Formatierungs- u. Bildmöglichkeit). Multimediale Nachrichten können zu anderen mobilen Geräten oder E-Mail-Adressen versendet werden.
Modem (der oder das, engl.), Abk. für **Mo**dulator-**Dem**odulator, Gerät zur Umwandlung digitaler in analoge Signale u. umgekehrt; ermöglicht den Datenaustausch von Computern über Telefonleitungen.
moderne Kunst, mit dem → Impressionismus einsetzende Loslösung von der Darstellung des Gegenstandes.
Modul (das, lat.), 1) mathematisch: Verhältniszahl zur Umrechnung von natürlichen Logarithmen in Zehnerlogarithmen u. umgekehrt; 2) physikalisch: spezielle physikalische Eigenschaften von Substanzen, z. B. Elastizitätsmodul.
Modus (der, lat.), 1) Art u. Weise; 2) Verhältnis der Verbalformen zur Wirklichkeit.
Mogadischu, Hauptst. von → Somalia, liegt am Indischen Ozean; ca. 1 Mio. EW, größter Hafen des Landes; Erdöl, Lebensmittelindustrie.
Mogul (der, persisch), islam. Herrschergeschlecht in Indien.
Mohammed (arabisch, „der Gepriesene"), ca. 570–632; Begründer des → Islams. Eigentlich arabischer Geschäftsmann, fühlte sich zum Propheten Allahs bestimmt. Zog nach Medina, von wo er die arab. Halbinsel bekehrte u. polit. einte. Mekka wurde 630 religiöser Mittelpunkt seines Reiches.
Mohikaner, von J. F. Cooper erdachter Indianerstamm in Nordamerika. Heute sind drei Stämme unter diesem Namen zusammengefasst.

Moldau

(Moldawien), parlamentarische Demokratie nördl. des Schwarzen Meeres, 33.800 km², 3,15 Mio. EW, *Hauptst.* Kischinjow. *Staatsoberhaupt:* Nicolae Timofti (seit 2012), *Regierungschef:* Chiril Gaburici (seit 2015). 1991 Unabhängigkeit. *Wirtschaft:* Obst-, Gemüse-, Wein- u. Tabakanbau.

Molekül (das, frz.), Verbindung von Atomen.
Molière, Jean-Baptiste Poquelin, (1622–1673), frz. Dramatiker; *Tartuffe, Der eingebildete Kranke.*
Moll, das „weiche" der beiden Tongeschlechter mit kleiner Terz; → Dur.
Molukken (Gewürzinseln), indon. Inselgruppe im Malaiischen Archipel.

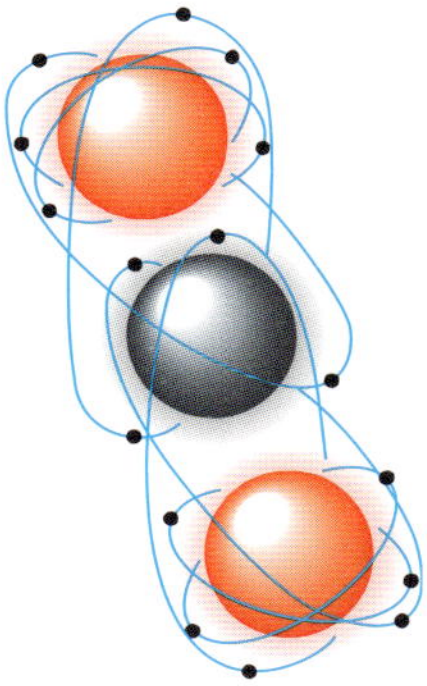

Molekül (Modell)

Monaco

parlament. Monarchie in Südeuropa, 1,89 km², 36.000 EW, *Hauptst.* Monaco, *Staatsoberhaupt:* Fürst Albert II. (seit 2005), *Regierungschef:* Michel Roger (seit 2010). *Naturraum:* Stadt auf felsigem Küstenabschnitt der ligurischen Riviera, Hafenbucht mit Seebad, im O Monte Carlo mit Spielcasino. Mildes Mittelmeerklima, u. a. Palmen. *Bevölkerung:* Monegassen, Franzosen, Italiener. *Wirtschaft:* Tourismus u. Spielbank, chem. Industrie.

Monaco: Monte Carlo

Mond: Beleuchtung durch Sonne

Marilyn Monroe

Mongolische Pferdehirten

Monarchie (die, gr.), 1) Staatsform mit einem Träger der Krone (Monarch) als alleiniges Staatsoberhaupt; 2) → konstitutionelle M.; 3) parlament. M.: Staat wird von einem gewählten Parlament regiert, der Monarch hat nur noch eine repräsentative Funktion; 4) absolute M.: Monarch ist an keine Gesetze oder Zustimmungen gebunden.

Mond, erdnächster Himmelskörper. Erdumrundung in 27,32 Tagen; Entfernung ca. 384.000 km; Durchmesser 3480 km; durch die verschiedenen Beleuchtungswinkel der Sonne erscheint der M. unterschiedlich (Neumond, zunehmender M., Vollmond, abnehmender M.).

Monet, Claude (1840–1926), frz. Maler u. Grafiker, bedeutender Impressionist (→ Impressionismus). Kathedrale in Rouen (1893/94).

Mongolei, Hochfläche Zentralasiens, umrahmt u. in einzelne Becken gegliedert von Hochgebirgen: Im W Mongolisches Altai, im N Jabkolonowy-Gebirge, im O Großer Chingan, im S Nanschan; wüstenhaft trocken (Wüste Gobi); im MA das mongolische Großreich Dschingis Khans.

Mongolische Republik

parlamentarische Demokratie in Zentralasien, 1.565.000 km^2, 3,2 Mio. EW, *Hauptst.* → Ulan-Bator, *Staatsoberhaupt:* Tsakhiagiin Elbedorj (seit 2009), *Regierungschef:* Tschimediin Saichanbileg (seit 2014). *Naturraum:* Die → Mongolei nördl. der Wüste Gobi: trockenes, winterkaltes Kontinentalklima. *Bevölkerung:* Mongolen, chinesische Minderheit. *Wirtschaft:* Viehnomadismus, wenige Oasen mit Anbau; Export von Vieh, Fleisch, Wolle; große, meist noch ungenutzte Bodenschätze.

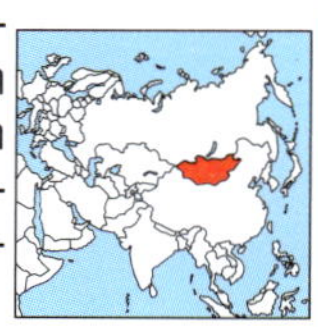

Monogamie (die, gr.), Einehe; Ggs.: → Polygamie (Mehrehe).

Monokel (das, gr.-lat.), Einglas.

Monokultur, großflächiger Anbau einer einzigen Pflanzenart. Lässt sich leicht mit Maschinen bearbeiten, zerstört aber das biologische Gleichgewicht. Dem Boden werden viele gleiche Nährstoffe entzogen, die durch Kunstdünger ersetzt werden müssen. Die Anfälligkeit der M. für Schädlinge erzwingt chem. Schädlingsbekämpfung; z. B. Fichtenwälder.

Monolith (der, gr.), aus einem einzigen Steinblock hergestelltes monumentales Denkmal, z. B. Obelisk.

Monolog (der, gr., „Alleinrede"), Selbstgespräch, auch längerer Solopart im Theater.

Monopol (das, gr., „Alleinverkauf"), beherrschende Marktstellung eines Unternehmens.

Monotheismus (der, gr.), Glaube an einen einzigen Gott (als Schöpfer u. Erhalter); → Judentum, → Islam, → Christentum. Ggs. → Polytheismus; → Weltreligionen.

Monroe, Marilyn (1926–1962), eigentlich Norma Jean Baker, amerik. Filmschauspielerin; *Manche mögen's heiß, Blondinen bevorzugt*.

Monstranz (die, lat.), kostbares Gefäß der kath. Kirche, in dem die geweihte → Hostie aufbewahrt wird.

Monsun (der, arabisch), halbjährlich wechselnder Wind in der äußeren Tropenzone (v. a. charakteristisch in Südasien). Im Sommerhalbjahr weht der M. vom Meer her landeinwärts u. ist daher feucht (Regenzeit), der trockene Winter-M. weht vom Land aufs Meer.

Montblanc, mit 4809 m höchster Berg Europas, in den frz. Alpen an der ital. Grenze; Wetterstation; Straßentunnel.

Monte Carlo, Stadtteil von → Monaco, 15.507 EW; bekanntes Spielcasino.

Montenegro

seit 2006 Republik in Südosteuropa auf der Balkanhalbinsel, 13.812 km^2, 625.000 EW, *Hauptst.* Podgorica, *Staatsoberhaupt:* Filip Vujanovic (seit 2003), *Regierungschef:* Milo Duhanović (seit 2012). *Naturraum:* dünn besiedeltes Gebirgsland; im W überwiegend karge Karstlandsch., im N die zentralen Hochgebirgsmassive. *Bevölkerung:* 44 % Montenegriner, 32 % Serben, 8 % Bosniaken.

Wirtschaft: überwiegend Landwirtschaft, Eisenerz- u. Bauxitabbau, Tourismus.

Montevideo, Hauptst. → Uruguays am Rio de la Plata, 1,4 Mio. EW.
Montezuma II. (um 1466–1520), letzter Herrscher der → Azteken.
Montgolfière, → Heißluftballon.
Moräne (die, frz.), Ablagerungen von mitgeschlepptem Gestein durch Gletscher. Nach Lage: Rand-, End-, Mittel- u. Grundmoränen.
Morgenland, → Orient.
Morgenstern, Christian (1871–1914), dt. Dichter; *Galgenlieder, Der Ginganz.*
Mörike, Eduard (1804–1875), dt. Schriftsteller.
Morphium (das, gr.), starkes Suchtmittel mit einschläfernder u. schmerzstillender Wirkung.
Morphologie (die, gr.), 1) allg.: Gestalt-, Formenlehre; 2) grammatisch: Formenlehre; 3) biologisch: Studium von Form u. Gestalt von makro- oder mikroskopisch beobachtbaren Gegenständen (Zellen, Organen usw.).
Morrison, Toni (*1931), amerik. Schriftstellerin; behandelt u. a. Rassismus in den USA. 1993 → Nobelpreis für Literatur.
Morsen, telegrafische Übermittlung von Texten mithilfe eines international genormten Codes (Morsealphabet), der nur aus Strichen u. Punkten besteht. Benannt nach F. B. Morse (1791–1872).
Mosaik (das, frz.), Bildnis aus zusammengesetzten Steinen oder Scherben.

Mosambik

(Mocambique), Republik in Südostafrika, 801.590 km², 24,7 Mio. EW, *Hauptst.* Maputo, *Staatsoberhaupt:* Filipe Nyusi (seit 2014), *Regierungschef:* Carlos Agastinho do Rasário (seit 2015). *Naturraum:* Küstentiefland u. Tafelland im O der Gebirge des ostafrikan. Grabens u. das Sambesital einschließlich Cabor-Bassa-Stausee. Wechselfeuchte Tropen, Trockensavanne, Trockenwald, Galeriewälder; Küste Mangrovensumpf. *Bevölkerung:* 98 % Bantu. *Wirtschaft:* trop. Anbau; Fischerei; Steinkohlebergbau, Stromerzeugung (Export nach Südafrika). Bis 1990 sozialistischer Staat.

Moschee (die, arabisch), religiöser Versammlungsort im → Islam.
Moses, Religionsstifter u. zentrale Gestalt im A. T., ca. 13. Jh. v. Chr.; führte das Volk Israel aus Ägypten, empfing am Berg Sinai die Gesetze Gottes (→ Zehn Gebote).
Moskau, Hauptst. → Russlands, an der Moskwa, 10,5 Mio. EW; Kreml u. Roter Platz.
Moskitos (Stechmücken), nachtaktive Mücken mit Stechrüssel, Männchen saugen Pflanzensäfte, Weibchen Blut. Viele Arten v. a. der Tropen sind Krankheitsüberträger.
Motiv (das, lat.), 1) Beweggrund, Ursache des Willens oder einer Handlung; 2) Ausgangspunkt für das Thema eines Kunstwerkes; 3) musik.: kleinste Einheit einer melodisch-rhythmisch gespannten Tonfolge.
Motor (der, lat., „Beweger"), Maschine, die zugeführte Energie in Arbeit umwandelt, z. B. als Antrieb.
Mountainbike (das, engl.), Geländefahrrad.
Mount Everest, mit 8848 m höchster Berg der Erde, in der Himalaja-Hauptkette bei Katmandu/Nepal. Erstbesteigung 1953 durch Sir Edmund Hillary u. Tensing Norgay.
Mozart, Wolfgang Amadeus (1756–1791), österr. Komponist; *Die Hochzeit des Figaro, Die Zauberflöte.*
MP3-Player, Gerät, das digital gespeicherte u. verkleinerte Audiodateien im MP3-Format abspielt.

Montgolfière

Eduard Mörike

Morseapparat

Moskau: Basiliuskathedrale

Mosaik

MTV, Abk. für **M**usic **T**ele**v**ision, privater Fernsehsender seit 1981, zeigt v. a. Musikvideos.
Mulatten, Kinder eines schwarzen u. eines weißen Elternteils; oft abwertend gebraucht.
Multikulturalismus, funktionierendes Zusammenleben kultureller u. religiöser Gruppen unterschiedl. Herkunft; von Kritikern als unrealistisch bezeichnet.
multilateral (lat.), mehrseitig, bezeichnet insbesondere zwischenstaatliche Vereinbarungen; Ggs.: → bilateral.
Multimedia (das, lat., „viele Medien"), 1) kombinierter Einsatz von Bild, Musik, Sprache, Animationen, Video, Grafiken usw.; 2) Publizistik: Unternehmen, die mit verschiedenen Medienbetrieben, z. B. mit Buch- u. Presseverlagen, Film-, Video- u. Rundfunkgesellschaften tätig sind. 3) Computerbranche: elektron. Medium (z. B. → CD-ROM) mit mind. 2 Elementen wie Text, Bild, Ton oder Video.
Multimedia Home Platform (MHP), spezifiziert die Übertragung u. Darstellung interaktiver Inhalte im Digitalen Fernsehen; rundfunkbasierte (Videotext, Spiele) u. interaktive Dienste (Quizfragen, Homeshopping).
multiple Sklerose (MS; die, lat.-gr.), schwere chronische, in Schüben verlaufende Erkrankung des Nervensystems mit Lähmungen der Beine, Augenzittern, Seh- u. Sprachstörungen.
Multiplikation (die, lat.), 3. Grundrechenart; Malnehmen von Zahlen, z. B. Faktor 3 mal Faktor 4 = Produkt 12.
Mumbai, zweitgrößte Stadt in → Indien, an der Westküste, 12,5 Mio. EW.
Mumie (die, arabisch), durch gänzliche Austrocknung konservierte Menschen- oder Tierleichen. Bei verstorbenen ägyptischen Königen durch Einbalsamieren erreicht.
Munch, Edvard (1863–1944), norweg. Maler u. Grafiker, Vorläufer des → Expressionismus; *Der Schrei*.
München, Hauptst. des Freistaates → Bayern u. des Regierungsbezirks Oberbayern, an der Isar, 1,4 Mio. EW; 1158 gegründet von → Heinrich dem Löwen.
Münchhausen, Karl Friedrich Hieronymus, Freiherr von, genannt Lügenbaron (1720–1797). Seine Abenteuergeschichten wurden von G. A. Bürger aus dem Engl. rückübersetzt.
Mundart, Dialekt.
Mündel, unter → Vormundschaft stehende → minderjährige Kinder u. Jugendliche bis zur → Volljährigkeit.
Mündigkeit, → Volljährigkeit.
Münster, 1) Hauptst. des Regierungsbezirks M., 300.000 EW, Dom aus dem 13. Jh.; Universität; Maschinen-, Fahrzeug-, Nahrungsmittel- u. Textilindustrie; 2) ursprünglich Kirche mit Abtssitz; inzwischen ist M. auch allg. für große Kirchen gebräuchlich.
Muränen, räuberische, aalartige, schuppenlose Fische ohne Brust- u. Bauchflossen, bis 3 m lang, in warmen Meeren.
Mure, Schlamm- u. Gesteinsstrom in Gebirgen, durch starken Regen oder Hochwasser entstanden.
Murmeltier, Alpen-M.; graupelziger Nager, bis zu 73 cm lang; lebt über der Waldgrenze auf Wiesen, legt tiefe Bauten an, versteckt sich u. hält Winterschlaf darin. Warnt mit einem Pfeifton; Pflanzenfresser.
Mururoa, → Atoll im Südpazifik; Zentrum der frz. Kernwaffenversuche.
Muscheln, am Wassergrund lebende kopflose Weichtiere; Körper in Schalenhälften geborgen, entziehen dem durchströmenden Wasser das Plankton als Nahrung. Vermehrung über Ei u. Larve.
Musen, die 9 Töchter des → Zeus; schützen Kunst u. Wissenschaft.
Musical (das, engl.), Musiktheater mit Dialogen, Liedern u. Tanzeinlagen; Leonard → Bernstein.
Musik, siehe Kasten S. 203.
Musikportal, eine Internetplattform, von der gegen ein geringes Entgelt Songs heruntergeladen werden können; dient dem Austausch von Musik.
Muskeln, dienen der Bewegung von Organen oder Körperteilen. Bestehen aus Muskelzellen, die miteinander in Verbindung stehen u. immer größere Einheiten bilden: M.-Zellen – M.-Fibrillen – M.-Fasern – M.-Faserbündel – Muskeln. Einzelne Einheiten sind jeweils von Bindegewebe umhüllt.
Muslim (Moslem; der, arabisch), Anhänger des → Islam.

Bodybuilder spannt Muskeln an

Murmeltiere

Sarkophag mit Musen

Freiherr von Münchhausen

Mussolini, Benito (1883–1945), ital. Politiker, Begründer und Führer („Duce“) der faschistischen Partei, seit 1922 Machtinhaber und Diktator. Im → Zweiten Weltkrieg Bündnis mit → Hitler. Er starb 1945 bei einem Fluchtversuch durch Partisanen. → Faschismus.
Mussorgskij, Modest Petrowitsch (1839–1881), russ. Komponist; Opern u. Musikstücke; *Boris Godunow, Bilder einer Ausstellung*.
Mustang, verwildertes, in Herden lebendes, ursprünglich europäisches Pferd der nordamerik. Prärien.
Mutation (die, lat.), Veränderung an einem → Gen; kann zu veränderten Eigenschaften führen; tritt durch Hitze, Strahlung, Chemikalien oder zufällig auf u. ist Grundlage der Entstehung neuer Arten.
Muttermal, Pigmentmal (Leberfleck).

Myanmar

ehemals Birma, Militärdiktatur in Hinterindien, 676.578 km², 51,4 Mio. EW, *Hauptst.* → Naypyidaw, *Staatsoberhaupt u. Regierungschef:* Thein Sein (seit 2011). *Naturraum:* fruchtbare Täler des Irawadi, Chindwin u. Sittang, im O Schanhochland, trop. Monsunklima. *Bevölkerung:* Birmanen, Schan, Karen. *Wirtschaft:* v. a. Agrarwirtschaft (Reis), Kautschuk, Teakholz, Zinnbergbau.

Mykene, antike gr. Ruinenstätte auf dem Peloponnes, Zeuge der indogerm.-frühgr. mykenischen Kultur (1700–1150 v. Chr.). Mykenische Kultur wurde im 16. Jh. v. Chr. durch die → minoische Kultur beeinflusst, im 12. Jh. v. Chr. durch die → Dorer zerstört.
Myrrhe, Gummiharz aus verschiedenen Arten des arab.-afrik. M.-Strauches, wirkt desinfizierend; Räucherwerk.
Mystik (die, gr.), religiöses Bestreben, das nicht auf das Jenseits gerichtet ist, sondern die diesseitige Vereinigung mit der Gottheit zum Ziel hat.
Mythologie (die, gr.), Wissenschaft, die sich mit der Entstehung u. dem Wesen der Mythen (Einzahl → Mythos) befasst; Gesamtheit der Mythen.
Mythos (der, gr., „Erzählung“), früheste mündliche Überlieferung eines Volkes mit Götter-, Tier- u. Heldensagen u. Weltentstehungs- u. Untergangsgeschichten.

Mykene

Frau aus Myanmar

Musik

Rein technisch gesehen ist Musik die bewusste Aneinanderreihung von Tönen. Ein Ton wird dabei als eine regelmäßige Luftschwingung definiert. Da Musik aus vielen Tönen zusammengesetzt ist, müssen diese geordnet werden: Der → **Rhythmus** ordnet den zeitlichen Ablauf, den Takt, das Tempo der Töne. Die **Melodie** ist die Aufeinanderfolge verschieden hoher Töne. Durch das gleichzeitige Erklingen dieser Töne entsteht die Harmonie. Daneben spielen die Klangfarbe der verschiedenen Instrumente oder Singstimmen und die Dynamik, d. h. die **Lautstärke**, eine wichtige Rolle. Diese Definition allein reicht nicht aus, um das Wesen der Musik zu beschreiben. Denn Musik ist auch eine **Kunstform**, mit der Gefühle ausgedrückt und erzeugt werden können. Deshalb war Musik von jeher wichtig für die Menschen, um sich von den Klängen berauschen oder beruhigen, sich in Trauer oder Fröhlichkeit versetzen oder auch zum Kampf anspornen zu lassen. Ein **Komponist** ist meist der Schöpfer dieser Kunst. Daneben gibt es aber auch die **Volksmusik**, die oft nicht auf einen Künstler zurückgeführt werden kann. Man unterteilt die Musik nach verschiedenen Gesichtspunkten, z. B. nach den Mitteln, mit denen sie erzeugt wird, nach → **Vokalmusik** (Gesang) und **Instrumentalmusik**. Sind an der Instrumentalmusik viele verschiedene Musikinstrumente beteiligt, wird sie als Orchestermusik bezeichnet, bei wenigen handelt es sich um → Kammermusik. Außerdem kann man nach dem Musikstil wie → Jazz- oder → Rockmusik oder nach dem Zweck wie Marsch- oder Tanzmusik einteilen.

N

Nagasaki nach der Atombombe

n, Abk. für 1) Nano...; 2) → Neutron; 3) → netto; 4) → Neutrum. – **N**, Abk. für 1) → Newton; 2) Norden.

Nabe, zentraler Teil eines Rades, der auf der Welle aufsitzt u. an dem die Speichen befestigt sind.

Nachlass, Vermögen, das der Erblasser nach seinem Tode hinterlässt.

Nachrichtentechnik, Teilgebiet der Elektronik, das sich mit der Übertragung von elektrischen Signalen befasst.

Nachtschattengewächse, ihre Blüten haben eine trichter- oder röhrenförmige Krone, 5 Staubgefäße u. einen Stempel. Z. B. Tomate u. Kartoffel.

Nagasaki, japanische Hafenstadt an der Nordwestküste des Landes; 432.000 EW; Schiffbau, Fischerei. Die Stadt wurde 1945 durch die 2. Atombombe der USA zerstört. → Hiroshima.

Napoleon I.

Nagetiere, Nager, pflanzen- oder körnerfressende → Säugetiere mit langen Vorderzähnen. Leben meist in Erdhöhlen, wo sie überwintern. Unterteilung in Biber, Hasen, Mäuse, Hörnchen u. Wühler.

Naher Osten (Nahost), Vorderer Orient, die Staaten → Asiens, → Arabiens u. → Afrikas, die an das Mittelmeer grenzen u. somit nahe an Europa liegen.

Nährstoffe, Stoffe, aus denen Lebewesen ihre Körpersubstanz aufbauen u. ständig regenerieren, z. B. Eiweiß, Fett, Kohlenhydrate, Mineralstoffe.

Nairobi, Hauptst. → Kenias, ca. 3 Mio. EW.

Narzissen

Namibia

Republik in Südwestafrika. 824.292 km², 2,1 Mio. EW, *Hauptst.* Windhuk, *Staatsoberhaupt:* Hifikepunye Pohamba (seit 2005), *Regierungschef:* Hage Geingob (seit 2012). *Naturraum:* der Südwestteil des großen südafrikanischen Beckens mit Etoscha-Pfanne im N, Teilen der Kalahari-Steppe im O, gebirgiger Randstufe im W u. vorgelagerter Küstenwüste. *Bevölkerung:* vorwiegend Bantu, Damara, Hottentotten, Buschmänner; 7% teils dt.stämmige Weiße. *Wirtschaft:* Viehzucht, Fischerei; Ausfuhr von Diamanten u. Erzen.

Nansen, Fridtjof (1861–1930), norweg. Zoologe, Polarforscher u. Diplomat. 1922 Friedensnobelpreis für seine Verdienste um die internationale Flüchtlingshilfe.

Napoleon I. Bonaparte (1769–1821), frz. Kaiser von 1804–1814/15. Zuerst General der Revolutionstruppen, machte er sich zum 1. Konsul u. 1804 zum Kaiser Frankreichs. Eroberte fast ganz Europa; erst seine Niederlage auf dem Russlandfeldzug führte zu den → Befreiungskriegen u. zur Verbannung nach Elba. 2. Machtergreifung endete mit vernichtender Niederlage bei Waterloo u. seiner 2. Verbannung auf die Insel St. Helena. Durch N. wurden die Freiheitsideale der → Französischen Revolution verbreitet.

Narbe, 1) sichtbares Wundmal; 2) Botanik: Spitze der Samenanlage, die den Blütenstaub aufnimmt.

Narkose (die, gr., „Erstarrung"), künstliche Betäubung des Zentralnervensystems.

Narziss (der, gr.), in der gr. Mythologie schöner Jüngling, der sich in sein Spiegelbild verliebte u. sich nach seinem Tod in eine Narzisse verwandelte.

Narzissmus, Selbstverliebheit; meist krankhaftes, aber auch gesundes Selbstbewußtsein.

NASA, Abk. für engl. **N**ational **A**eronautics and **S**pace **A**dministration, US-Behörde für Luft- und Raumfahrt.

Nase, Geruchsorgan der Wirbeltiere, unterteilt in Nasenbein, Nasenknorpel u. Nasenscheidewand. Das Innere ist mit Schleimhaut ausgekleidet, die Schmutz zurückhält u. die Atemluft anwärmt. Riechzellen im oberen N.-Teil.

Nashorn (Rhinozeros), massiger → Unpaarhufer mit gepanzerter, empfindlicher Haut; harmloser Pflanzenfresser; die Hörner sind Oberhautgebilde ohne Knochenkern; alle Arten sind gefährdet.

Nasiräer (der, hebräisch), in der Bibel Asket (→ Askese), der streng nach einem Gelübde lebt.

Nassau, Hauptst. der → Bahamas auf New Providence Island, 248.948 EW.

Nasser, Gamal Abd-el (1918–1970), ägyptischer Politiker; 1954–1970 Regierungschef u. Staatspräsident; löste mit der Sperrung des Golfes von Akaba für israelische Schiffe 1967 den → Sechstagekrieg aus.

Nathan (hebräisch), Prophet u. Ratgeber Davids im A. T., Erzieher Salomons.

Nation (die, lat.), ein Staat oder eine größere Menschengruppe mit gemeinsamen Merkmalen (Kultur, Sprache).

nationale Minderheiten, Volksgruppen innerhalb eines Staates, die sich ethnisch, sprachlich oder religiös von der Mehrheit der Staatsangehörigen unterscheiden.

Nationalhymne, das Nationalbewusstsein eines Volkes ausdrückendes Lied, das bei offiziellen Anlässen gesungen bzw. gespielt wird.

Nationalismus (der, lat.), eine Überbewertung der politischen Interessen des eigenen Staates u. eine damit verbundene abwertende Haltung gegenüber anderen Staaten u. Völkern; als Bezeichnung im 19. Jh. geprägt.

Nationalität (die, lat.), 1) Zugehörigkeit zu einer Nation; 2) Volksgruppe in fremdem Staat, nationale Minderheit.

Nationalparks, größere Gebiete, in denen die Pflanzen- u. Tierwelt unter strengem Naturschutz steht, z. B. → Bayerischer Wald, Schweizer Nationalpark u. N. → Serengeti (Afrika).

Nationalsozialismus, siehe Kasten unten.

Nationalversammlung, Bezeichnung für ein → Parlament oder eine außerordentlich einberufene Volksvertretung zur Ausarbeitung einer Verfassung.

NATO, Abk. für engl. **N**orth **A**tlantic **T**reaty **O**rganisation, bis 1991 westl. Verteidigungsbündnis (Nordatlantikpakt), danach für Zusammenarbeit u. Friedensbewahrung (1991 wurden die 11 → GUS-Staaten in den 1991 gegründeten Kooperationsrat aufgenommen). 1999 traten erstmals 3 ehemalige Mitglieder des → Warschauer Paktes bei (Polen, Tschechien, Ungarn).

Natrium (Na), chem. Element; wachsartiges, silbrig glänzendes Alkalimetall; sehr gute Strom- u. Wärmeleitfähigkeit.

Natron, doppeltkohlensaures Natrium, Mittel gegen Magen-Übersäuerung (Bullrichsalz).

Naturalien, 1) landwirtschaftliche Produkte, Rohstoffe; 2) Gegenstände in einer naturwissenschaftlichen Sammlung.

Naturalismus (der, lat.), in der → Kunst der Versuch, die Wirklichkeit so naturgetreu wie möglich abzubilden, Übersteigerung des → Realismus; Bewegung in der 2. Hälfte des 19. Jh.

Naturheilkunde, Heilmethode, bei der die Heilkräfte des Kranken mit Mitteln

Nationalpark Yellowstone, USA

Nashörner

Nationalsozialismus

Beim Nationalsozialismus handelt es sich um eine totalitäre Weltanschauung, die sich als politische, rechtsradikale Bewegung in Deutschland nach dem → Ersten Weltkrieg unter der Führung *Adolf → Hitlers* und der → **NSDAP** bildete. Der Nationalsozialismus als eine Form des → **Faschismus** beinhaltete den rassistischen Herrschaftsanspruch des deutschen, arischen Volkes in der Welt, den → **Antisemitismus** und den Kult um Macht und Gewalt. Er wendete sich gegen die demokratische Verfassung der → Weimarer Republik und wurde auch als Bollwerk gegen den → Bolschewismus gesehen. 1933 kam es zur Errichtung der nationalsozialistischen → **Diktatur** des → Dritten Reiches. Durch aggressive Propaganda und rücksichtslosen Terror wurde ein Großteil der Deutschen „gleichgeschaltet“ und alle Autorität auf Hitler als Führer konzentriert.
Im Nationalsozialismus verlor der Mensch jede Würde, seinen Wert an sich. In der Konsequenz kam es zur Vernichtung „unwerten Lebens“ durch → **Holocaust** und → **Euthanasie**.

Jawaharlal Nehru

Nazareth

Negev

Neandertaler

der Natur (anstatt mit chemischen Medikamenten) gefördert werden sollen.
Naturvölker, kleinere Kulturgemeinschaften, die unmittelbar mit ihrer natürlichen Umwelt in Kontakt stehen, sie nutzen, aber auch pflegen.
Naturwissenschaft, alle Wissenschaften, die das Naturgeschehen erforschen.

Nauru

parlamentarische Republik in Ozeanien, 21 km^2, 10.175 EW, *Hauptst.* Yaren. *Staatsoberhaupt* u. *Regierungschef:* Baron Waga. *Naturraum:* Pazifikatoll, durch Äquatorlage trop. Klima. *Bevölkerung:* v. a. Nauruner, ca. 40 % Auswärtige. *Wirtschaft:* Phosphatabbau (fast erschöpft), Fischerei.

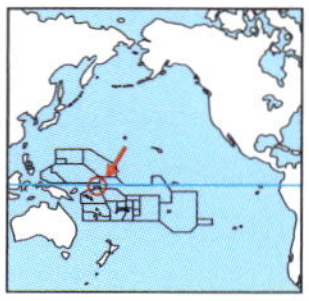

Nautik (die, gr.), Schifffahrtskunde.
Navigation (die, lat.), Kurs- u. Standortbestimmung, z. B. bei Wasserfahrzeugen.
Navratilova, Martina (*1956), amerik. Tennisspielerin, tschech. Herkunft. Gewann 9-mal das Einzel in → Wimbledon (1978, 1979, 1982–1987).
Naypyidaw, Hauptst. → Myanmars, ca. 925.000 EW.
Nazareth, israel. Stadt in Galiläa, 65.000 EW; das biblische N. war Wohnort der Heiligen Familie.
Neandertaler, altsteinzeitliche Menschen. Skelettreste wurden 1856 im Neandertal bei Düsseldorf gefunden. Ca. 1,60 m groß, niedrige Stirn u. dicke Augenbrauenwülste. Kein direkter Vorfahre des heutigen Menschen, sondern Nebenlinie (Neandertalgruppe), die zw. 80–35.000 Jahre v. Chr. lebte; → Mensch.
Nebelhorn, akustische Warneinrichtung auf Schiffen u. Leuchttürmen.
Nebenhöhlen, luftgefüllte, mit Schleimhaut ausgekleidete Hohlräume in den die Nase umgebenden Schädelknochen; mit der Nasenhöhle verbunden.
Nebenlinie, Nachkommenschaft des Zweit-, Drittgeborenen usw.
Nebukadnezar II., babylonischer König von 605–562 v. Chr. Eroberte Syrien u. zerstörte den Staat Juda.
Negativ (das, lat.), 1) durch Abguss vom Original erhaltene Form; 2) entwickeltes fotograf. Bild mit umgekehrten Farbwerten.
negativ, 1) allg.: verneinend, ungünstig; 2) mathematisch: kleiner als null.
Negev (der oder die, hebräisch), Wüstengebiet in Israel, 12.800 km^2.
Nehru, Jawaharlal (1889–1964), indischer Politiker. Von 1947–1964 1. Ministerpräsident des neuen Staates → Indien.
Nehrung, ital. Lido, der sandige Strandwall vor einem → Haff (Lagune).
Nekrolog (der, gr.), Nachruf, kurze Lebensbeschreibung des Verstorbenen.
Nekropole (die, gr.), antike Begräbnisstätte.
Nektar (der, gr.), 1) in der gr. Mythologie Göttertrank, der ewige Jugend verleiht; 2) zuckerhaltiges, pflanzliches Drüsensekret, Lockmittel für bestäubende Insekten; 3) verdünnter Fruchtsaft.
Nelson, 1) Horatio (1758–1805), brit. Admiral; besiegte die frz. u. span. Flotte 1805 vor Trafalgar; 2) beim Ringen Bezeichnung für Nackenhebel.
Nemesis, in der gr. Mythologie Göttin der Vergeltung.
Nennwert (Nominalwert), der auf einer Banknote, Münze oder einem → Wertpapier aufgedruckte Wert.
neo…, Neo…, in Wortzusammensetzungen Bedeutung von neu, jung.
Neofaschismus, → Faschismus.
Neoliberalismus, nach dem Zweiten Weltkrieg entwickelte wirtschaftspolit. Lehre, die dem Staat die Regelung des freien Wettbewerbs u. die Ergreifung konjunktureller Maßnahmen einräumt; auf ihr basiert die soziale Marktwirtschaft.
Neolithikum (das, lat.), → Jungsteinzeit.
Neologismus (der, gr.), Wortneubildung.
Neon (Ne), Edelgas, stark elektrisch leitfähig. Ermöglicht schon bei niedrigen Spannungen leuchtende Entladungen (Neonlicht).
Neozoikum (das, gr.), Erdneuzeit, umfasst Tertiär u. → Quartär.

Nepal

parlamentarische Demokratie (seit 2008) am Himalaja, 147.181 km², 26,4 Mio. EW, *Hauptst.* → Kathmandu, *Staatsoberhaupt:* Ram Baran Yadav (seit 2008); *Regierungschef:* Sushil Koirala (seit 2014). *Naturraum:* Südhänge des Himalaja mit Siwalik-Vorbergen u. dazwischenliegendem Längstal. Subtrop. Klima. *Bevölkerung:* überwiegend Newar, Tibeter, Inder, Gurkha; nur 7 % in Städten. *Wirtschaft:* in Tälern Reisanbau; Viehzucht; Holzwirtschaft; Textilindustrie; starker Fremdenverkehr.

Nepotismus (der, lat.), Vetternwirtschaft, Begünstigung von Verwandten.
Neptun, 1) röm. Meeresgott, mit dem Dreizack, gr. → Poseidon; 2) 8. Planet des Sonnensystems, im 19. Jh. entdeckt; 2 Monde (Triton, Nereide).
Nero, von 54–68 n. Chr. röm. Kaiser. Berüchtigt für seine Grausamkeit, tötete er z. B. seine beiden Frauen u. den Philosophen → Seneca. Der Brand Roms (wohl von ihm gelegt) diente ihm zur Juden- u. Christenverfolgung. Selbstmord.
Nerven, Gehirn, Ganglien, Rückenmark u. N. bilden zusammen ein **Nervensystem**. Bei Tieren u. Menschen werden über N. Reize aus der Umwelt oder dem Körper selbst registriert, weitergeleitet u. verarbeitet. Gehirn u. Rückenmark bezeichnet man auch als → Zentralnervensystem (ZNS); hier wird der Reiz ausgewertet u. ein neuer Reiz (z. B. an Beinmuskulatur) „abgeschickt“. ZNS ist also die Schaltstelle für N.-Impulse. N. bestehen aus einzelnen N.-Zellen (Neurone), die baumähnlich aussehen. Im Kroneninneren befindet sich der Zellkörper (mit Kern), von ihm zweigen Äste (Dendriten) ab, die die Erregung aufnehmen. Durch den Stamm (Neurit) wird der Reiz dann an andere N. weitergeleitet.
Nervengas, chemisches Kampfmittel, das die Nerven lähmt oder abtötet.
Nervosität (die, lat.), Zustand innerer Unruhe, u. a. mit erhöhter Reizbarkeit u. Beeinträchtigung der Konzentrationsfähigkeit verbunden.
Nesselfieber, juckende, allergische Hautreaktion bei Überempfindlichkeit gegenüber bestimmten Nahrungsmitteln oder Medikamenten.
Nesseltiere, mit Nesselorganen ausgestattete Hohltiere.
Nestflüchter, Tiere, deren Junge schon kurz nach der Geburt selbstständig sind u. das Nest verlassen.
Nesthocker, hilflose neugeborene Jungtiere, die noch gefüttert u. gepflegt werden müssen.
Nestroy, Johann Nepomuk (1801–1862), österr. Dramatiker, spöttisch-satirische Gesellschaftskritik.
netto (ital.), nach Abzug; z. B. Nettolohn nach Abzug der Steuern.
Netzgerät, zum Anschluss an das elektrische Stromnetz geeignetes Gerät.
Netzhaut, lichtempfindliche Innenhaut des → Auges. Helldunkelempfindliche Stäbchen u. farbempfindliche Zapfen empfangen das Licht. Am blinden Fleck führt der Sehnerv von der N. zum Gehirn. Der gelbe Fleck weist bes. viele Zapfen auf, hier sieht man am schärfsten.
Neu-Delhi, Hauptst. von → Indien, 13,8 Mio. EW, Zentrum von Handel u. Industrie.
Neuengland, 6 Staaten der USA, die zuerst v. a. von England aus besiedelt wurden: Connecticut, Rhode Island, Massachusetts, Vermont, Maine, New Hampshire.
Neue Welt, Nord- u. Südamerika.
Neues Testament (N. T.), → Bibel.
Neufundland, kanadische Insel vor der Nordostküste Nordamerikas, 108.860 km², zerklüftete Küste, im Südosten die N.-Bank, fischreiches Flachseegebiet.
Neugriechisch, Sprache der Griechen seit 1500, gegenüber dem → Altgriechischen lautlich verändert u. grammatikalisch vereinfacht.
Neuguinea, Pazifikinsel im N von Australien, mit 771.900 km² die zweitgrößte Insel der Erde; Westostausdehnung über 2000 km. Die Urwaldinsel wird von Nordwesten nach Südosten vom Zentralgebirge (Puncak Jaya 5029 m, Mount

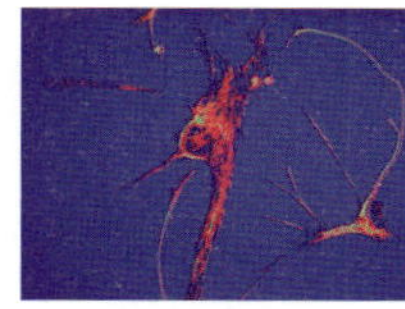

Nervensystem (Ausschnitt)

Nepal: Gewürzhändler

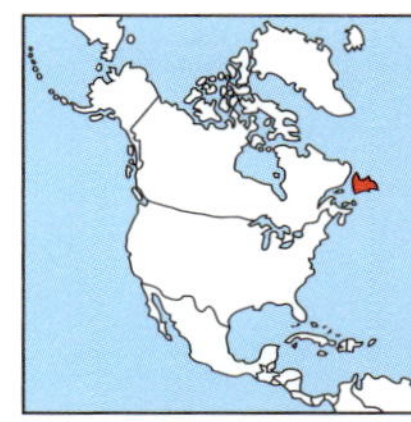

Neufundland

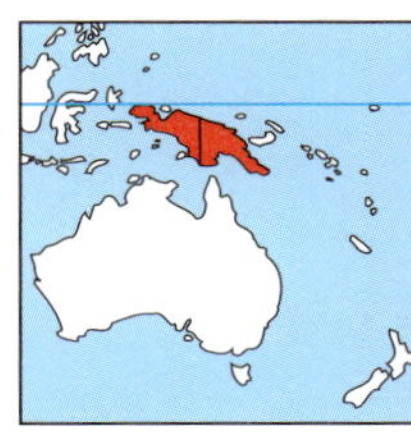

Neuguinea

Nero

Niagarafälle

New York: Empire State Building

New York

Wilhelm 4694 m) durchzogen, das im O ein Hochland einschließt. Die Nordküste fällt steil zum Meer ab. Südküste Schwemmlandebene, Mangrovensumpf. Trop. Plantagen; Erdöl- u. Erzvorkommen, → Indonesien, → Papua-Neuguinea.

Neukaledonien, frz. Überseeterritorium im Pazifik, im O Australiens, 19.060 km², 268.767 EW, Hauptst. Noumea.

Neumann, Balthasar (1687–1753), dt. Baumeister des → Barock. Entwarf z. B. das Treppenhaus der Würzburger Residenz u. schuf mit der Wallfahrtskirche Vierzehnheiligen in Oberfranken einen bedeutenden → Rokoko-Bau.

Neumond, Mondphase, bei der Sonne u. Mond in einer Richtungslinie stehen, der Mond also nicht zu sehen ist.

Neurologie (die, gr.), ein Gebiet der Medizin, das sich mit Nervenerkrankungen befasst.

Neuron (das, gr.), einzelne Nervenzelle mit ihren Fortsätzen, Grundelement des Nervensystems.

Neurose (die, gr.), krankhafte Veränderung einer Person durch seelische Konflikte. Der **Neurotiker** leidet unbewusst z. B. an → Komplexen, Angstzuständen usw.

Neuseeland

parlament. Monarchie in Ozeanien, 270.534 km², 4,4 Mio. EW, *Hauptst.* Wellington, *Staatsoberhaupt:* Königin → Elisabeth II. vertreten durch Jerry Mateparae (seit 2011), *Regierungschef:* John Key (seit 2008). *Naturraum:* gebirgige Nordinsel mit Vulkanen u. Regenwald, durch die Cook-Straße getrennt von der Südinsel mit den Neuseeländischen Alpen (Mount Cook 3764 m). Buchenwälder; feucht-gemäßigtes Klima. *Bevölkerung:* Weiße engl., schottischer u. irischer Abstammung, Minderheiten: Maori, Polynesier, Chinesen, Inder; 83 % leben in Städten. *Wirtschaft:* Viehzucht (Schafe, Rinder) u. Ackerbau; Bergbau; Industrie.

Neusiedler See, 320 km², 1–2 m flacher See an der österr.-ungarischen Grenze im Burgenland; Vogelschutzgebiet.

Neutralität (die, lat.), Unparteilichkeit; im → Völkerrecht die Nichteinmischung eines Staates in politische Spannungen oder einen Krieg zw. anderen Staaten.

Neutron (das, lat.), der ladungsfreie Baustein des Atomkerns.

Neutronenbombe, Kernwaffe, die bei der Explosion Neutronenstrahlung freisetzt.

Neutrum, sächliches Geschlecht, sächliches Substantiv, z. B. das Haus.

Neuzeit, Zeit nach dem Ende des MA (um 1500). Wurde durch → Reformation eingeleitet u. ist die Epoche der überseeischen Entdeckungen. In Europa begannen sich Staaten herauszubilden.

Newton, Sir Isaac (1643–1727), engl. Mathematiker u. Physiker, einer der größten Naturforscher in der Geschichte. Er begründete die klassische theoretische Physik. Die Einheit der Kraft ist nach ihm benannt. 1 Newton (n) = 1 kg x m/s².

newtonsche Axiome, von → Newton zusammengestellte Grundgesetze der Mechanik. 1) Die Ursache der Beschleunigung eines Körpers ist eine auf ihn einwirkende Kraft; 2) die Bewegungsänderung eines Körpers ist zur einwirkenden Kraft proportional u. ihr gleichgerichtet; 3) die Wirkung ist stets gleich der Gegenwirkung.

New York, 1) Staat im Nordosten der USA, 122.409 km², 19 Mio. EW, Hauptst. Albany; 2) N. Y. City, gegliedert in die Bezirke Manhattan, Bronx, Brooklyn, Queens, Richmond, 780 km², 8,17 Mio. EW; N. Y. ist Sitz der UNO u. Finanz-, Handels-, Industrie- u. Pressezentrum sowie größter Hafen der USA; Bevölkerung unterschiedlichster Nationen; Spitzname „Big Apple".

Niagarafälle, 50 m hohe Wasserfälle des Niagara River, der amerik. Fall ist 350 m breit, der kanadische Hufeisenfall 800 m breit. Der Niagara River fließt vom → Erie- zum Ontariosee (56 km), der Grenze zw. USA u. Kanada; viele Stromschnellen.

Nibelungenlied, mittelhochdt. Heldendichtung eines anonymen Verfassers (um 1200), in vierzeiligen Strophen.

Nicaragua

Präsidialrepublik in Mittelamerika, 130.000 km², 5,72 Mio. EW, *Hauptst.* → Managua, *Staatsoberhaupt* u. *Regierungschef:* Daniel Ortega Saavedra (seit 2011). *Naturraum:* an der Pazifikküste steil aufragende Vulkane, dahinter der Nicaragua-See. Im O gebirgig u. zum Atlantik in eine breite Tiefebene auslaufend. Trop. Klima. *Bevölkerung:* Nachkommen der Indios, Afrikaner u. Europäer. *Wirtschaft:* Viehzucht; Plantagen; Bergbau; Holzexport. Von 1981–1987 Bürgerkrieg; 1988 Aufhebung des Ausnahmezustands; 1990 Wahlsieg der konservativen Opposition nach 10-jähriger Herrschaft der linksgerichteten Sandinisten.

Nickel (Ni), Metall, Legierungsbestandteil für schwere Spezialstähle, als Schutz vor → Korrosion wird Eisen vernickelt.

Niederlande

parlamentarische Monarchie in Westeuropa, 41.500 km², 16,8 Mio. EW, *Hauptst.* → Amsterdam, *Regierungssitz:* Den Haag, *Staatsoberhaupt:* König Willem Alexander (seit 2013), *Regierungschef:* Mark Rutte (seit 2010). Gegliedert in 12 Provinzen u. Überseegebiet der Niederländ. Antillen. *Naturraum:* im S Geest (Gletscherablagerungen der Eiszeit) bis 322 m, sonst Tiefland, 38 % unter dem Meeresspiegel, eingedeicht, 50 % fruchtbare Marschböden, Rest sandige Geest mit Heide u. Kiefernwald, im O kultivierte Moore. Die Westküste säumt ein bis zu 60 m hoher Dünenwall. Seit 1920 wurden im Gebiet des Ijsselmeers (durch Sturmflut im 12. Jh. entstanden) 2200 km² Neuland gewonnen. Zahlreiche Flussarme u. Kanäle durchziehen als Wasserstraßen das Land. Gemäßigtes Seeklima. *Bevölkerung:* Niederländer, Friesen, Molukken. *Wirtschaft:* Hoch entwickelte spezialisierte Landwirtschaft, bes. Milchwirtschaft, Glashauslandschaften; Bergbau; hoch entwickelte Industrie; Fischerei.

Niedersachsen, Bundesland der BR Dtl., zw. Elbe u. niederländischer Grenze, an der Nordsee, 47.438 km², 8 Mio. EW, Hauptst. → Hannover.

Niederschlag, 1) chem.: Ausfällung eines Stoffes aus einer Lösung; 2) Schnee, Hagel, Regen, Tau, Reif.

Nieren, paariges Organ im hinteren Bauchraum bei Wirbeltieren. Blut wird von Abbauprodukten gereinigt u. der Wasserhaushalt des Körpers reguliert.

Nietzsche, Friedrich Wilhelm (1844–1900), dt. Philosoph. In Fortführung von → Schopenhauers Kulturpessimismus die „Umwertung aller Werte" hin zum „Antichrist und Antinihilist"; *Also sprach Zarathustra* (1883–85).

Niger

präsidiale Republik in Westafrika, 1.269.000 km², 17,1 Mio. EW, *Hauptst.* Niamey, *Staatsoberhaupt:* Mahamadou Issoufou (seit 2011), *Regierungschef:* Birgi Rafini (seit 2011). *Naturraum:* zum größten Teil Fels-, Kies- u. Sandwüste rund um das Air-Gebirge im N, im S Dornbusch-, an der Grenze zu Benin u. Nigeria Trockensavanne. *Bevölkerung:* Hausa, Fulbe, Tuareg, Sudanvölker; konzentriert im Nigertal. *Wirtschaft:* Anbau vorwiegend zur Selbstversorgung; Erdnüsse für Export; Viehnomadismus; Fischfang.

Nicaragua: Baumwollernte

Friedrich W. Nietzsche

Nil

Nigeria

präsidiale Republik in Westafrika, 923.768 km^2, 152 Mio. EW, *Hauptst.* Abuja, *Staatsoberhaupt* u. *Regierungschef:* Goodluck Jonathan (seit 2010). *Naturraum:* an der Küste Nigerdelta u. Tiefland mit tropischem Regenwald, sonst Hochland mit Savannen. *Bevölkerung:* im N Haussa, Kanuri, Fulbe, Tuareg; im S Ibo, Yoruba, Tiv. N. ist das volkreichste Land Afrikas. *Wirtschaft:* im trockenen N Viehnomadismus u. Erdnussanbau (Export), im S Plantagen; Holzeinschlag; Abbau von Steinkohle u. Zinnerz, Erdöl- u. Erdgasvorkommen .

Nihilismus (der, lat.), weltanschauliche, absolute Verneinung aller Normen u. Werte.

Nike, in der gr. Mythologie Göttin des Sieges; röm. Victoria.

Nikosia, Hauptst. → Zyperns, 276.000 EW, Sitz eines Erzbischofs, Bauten der Kreuzfahrer; seit 1974 geteilt.

Nikotin (das, frz.), pflanzliches Gift in Tabakblättern; je nach Menge anregend bis lähmend für das Nervensystem. Starker Zigarettenkonsum führt zu chronischer Vergiftung.

Nofretete

Nil, mit 6671 km längster Fluss der Erde, in Nordostafrika.

Nilpferd, → Flusspferd.

Nimbus (der, lat.), 1) Heiligenschein; 2) bes. Ansehen.

Nintendo, weltweiter Hersteller von Spielkonsolen u. Videospielen. Zu den neuesten Produkten zählen z. B. Nintendo DS Lite (ein tragbares Videospielsystem) u. Wii (eine an den Fernseher gebunde Spielkonsole).

Nippon, Bezeichnung für → Japan.

Nirwana (das, Sanskrit, „Erlöschen"), Heilsziel im → Buddhismus. Erlösung von der individuellen Existenz, d. h. vom Schicksal des Wiedergeborenwerdens.

Niveau (das, frz.), 1) waagerechte Fläche oder Lage, Meeresspiegel, Stand von Flüssigkeiten; 2) Rang, Bildungsstand.

Nixon, Richard (1913–1994), amerik. Politiker (Republikaner); 1969–1974 Präsident der USA; wegen der → Watergate-Affäre 1974 zum Rücktritt gezwungen.

Noah, Patriarch des A. T.; Nachkomme Kains, der vor der Sintflut die → Arche baute, wodurch er sich mit seiner Familie u. den Tieren rettete.

Nobel, Alfred (1833–1896), schwed. Chemiker; erfand 1867 das Dynamit u. gründete die Stiftung zur Vergabe der → Nobelpreise.

Nobelpreis, siehe Kasten unten.

Nofretete, ägypt. Königin im 14. Jh. v. Chr., Gemahlin → Echnatons.

Nobelpreis

Der Nobelpreis ist nach seinem Stifter *Alfred* → *Nobel* benannt, der testamentarisch verfügte, dass die Zinsen seines Vermögens zur Auszeichnung herausragender Leistungen auf verschiedenen wissenschaftlichen Gebieten verwendet werden sollen. Er wird seit 1901 immer am 10. Dezember, dem Todestag Alfred Nobels, in den Kategorien **Physik**, **Chemie**, **Physiologie oder Medizin**, **Literatur** und für besondere **Friedensbemühungen** vergeben und ist inzwischen mit ca. 10 Mio. Schwedischen Kronen (ca. 1,1 Mio. €) dotiert. Die Preisträger erhalten eine Urkunde, eine Goldmedaille und den vom Jahreszinsbetrag abhängigen Geldwert. Seit 1969 wird auch ein Preis in den **Wirtschaftswissenschaften** verliehen, den allerdings die Schwedische Reichsbank stiftet. Außerdem gibt es seit 1980 den von *Jakob von Uexküll* gestifteten Alternativen Nobelpreis für Ökologie und Entwicklung und seit 1991 sogar einen satirischen Ig-Nobelpreis (von engl. Ignoble, „unwürdig"), der als Auszeichnung für unwichtige oder skurrile wissenschaftliche Arbeiten von der Harvard-Universität in Cambridge (USA) verliehen wird.

Nordamerika

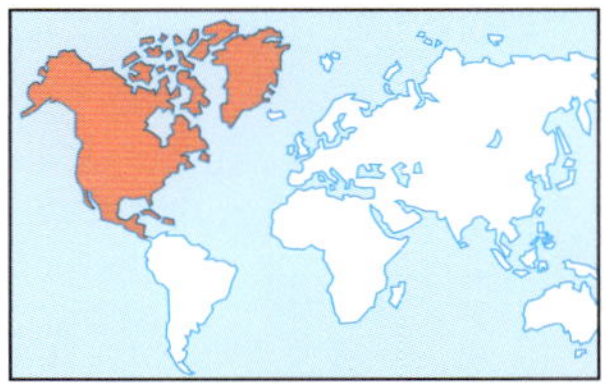

Nordamerika wird die nördliche Hälfte des Erdteils Amerika genannt, die von → Grönland bis zum → Golf von Mexiko reicht. Die Landfläche beträgt rund 21,5 Mio. km², hier leben etwa 528 Mio. Menschen, d. h. ungefähr 7 % der Weltbevölkerung. Im Norden begrenzt das Nordpolarmeer, im Westen der → Pazifk und im Osten der → Atlantische Ozean den Halbkontinent. Der Norden besteht aus zahlreichen, teils gebirgigen, teils flachen **Inseln.** Im Westen zieht sich entlang des Pazifischen Ozeans von Alaska bis Mexiko ein Gebirgssystem mit den rund 4300 km langen → **Rocky Mountains,** die bis 4398 m hoch sind. Im Osten Nordamerikas liegen die → **Appalachen** mit Höhen zwischen 500 und über 2000 m und ein ihnen vorgelagerter flacher Küstenstreifen. Zwischen den Gebirgen breiten sich weite Ebenen aus, die im Südosten in das Tiefland am → **Mississippi** übergehen.
Im **Polarklima** des Nordens findet man anschließend an das Eis Grönlands einen Tundrengürtel mit Flechten und Moosen, wo Rentiere und Moschusochsen leben. Darauf folgt eine Nadelwaldzone, die weiter südlich in Laubwald übergeht. An der Westküste herrscht ein feuchtkühles **Meeresklima,** das nach Süden zu trockener und heißer wird, sodass in Kalifornien und Arizona sogar **Wüsten** vorkommen. Im Inneren ist das Klima trocken und warm. Hier liegen die großen Prärien, die früher den großen Bisonherden als Lebensraum dienten. Im Osten nimmt die Feuchtigkeit wieder zu, sodass hier große **Laub-** und **Mischwälder** wachsen. Im Süden (Florida und Golf von Mexiko) gehen sie in **tropische Vegetation** über.

Nolde, Emil (eigentlich Emil Hansen, 1867– 1956), dt. Maler u. Grafiker des → Expressionismus. Malte Landschaften, Menschengruppen u. religiöse Bilder; verwendete eine „feurige“ Farbgebung zur Steigerung des Ausdrucks.

Nomaden, Hirtenvölker ohne festen Wohnsitz.

Nomen (das, lat.), 1) → Substantiv; 2) alle deklinierbaren Wortarten (Substantiv, Adjektiv, Pronomen, Numerale).

Nominativ (der, lat.), 1. Fall, bezeichnet das Subjekt eines Satzes.

nominieren, bezeichnen, ernennen.

Nonchalance (die, frz.), Unbekümmertheit, Lässigkeit.

Nordamerika, siehe Kasten oben.

Nordamerikanischer Unabhängigkeitskrieg (1776–1783), Krieg zw. den nordamerik. Kolonien Englands u. dem engl. Mutterland. Einengende Wirtschaftspolitik Englands (→ Merkantilismus) u. gleichzeitiges Streben der amerik. Siedler nach polit. Selbstbestimmung im Geiste der → Aufklärung führten 1776 zur Erklärung ihrer Unabhängigkeit von England. Daraufhin Kriegserklärung Englands an die „Vereinigten Staaten von Amerika“, wie sich die Kolonien jetzt nannten. Sie bekamen Hilfe von Frankreich, Spanien u. Holland u. gewannen den Krieg. 1783 erkannte England die amerik. Unabhängigkeit an.

Nordatlantikpakt, → NATO.

Norddeutscher Bund (1866–1871), nach Zerfall des Dt. Bundes u. preuß.-österr. Krieg 1866 von Bismarck gegründeter Staatenbund unter preuß. Führung; vereinte 22 dt. Länder nördl. des Mains u. ging 1871 im 2. dt. Kaiserreich auf.

Nordfriesland, friesisches Siedlungsgebiet an der Nordsee in → Schleswig-Holstein; → Friesische Inseln.

Nordirland, der Nordosten Irlands, 14.148 km², 1,82 Mio EW, Hauptst. → Belfast, Teil des Vereinigten Königreichs Großbritannien u. Nordirland. Von 1969–2005 bekämpften sich radikale Anhänger der sozial u. politisch benachteiligten katholischen Minderheit (IRA) u. der protestantischen Mehrheit (UDA) mit Waffengewalt; → Irland.

nordische Kombination, olymp. Disziplin, bestehend aus → Skispringen u. → Langlauf.

Nordkorea, → Korea.

Nordpol, 1) Geografisch: nördl. Schnittpunkt von Erdachse u. Erdoberfläche, nördl. Schnittpunkt aller Meridiane; 2) Magnetisch: Punkt, auf den die

Nomaden

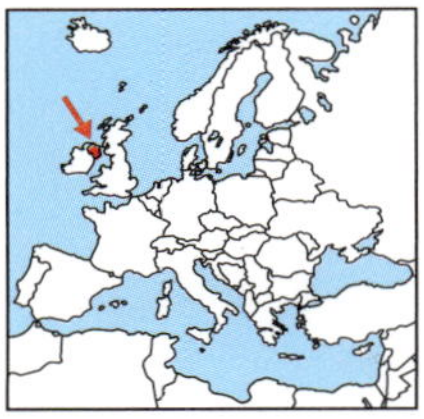

Nordirland

Novalis

Norwegen: Stadt Bergen

Numismatik: Münze Heinrichs VII. von Luxemburg

Kompassnadel zeigt; Nadelabweichung zum geograf. N.

Nordrhein-Westfalen, Bundesland im Nordosten der BR Dtl., 34.067 km², mit 17,58 Mio. EW bevölkerungsreichstes Bundesland; Hauptst. → Düsseldorf.

Nordsee, Randmeer des Atlantiks auf dem Schelfsockel des europäischen Kontinents zw. den Britischen Inseln u. Skandinavien. 575.000 km², im Mittel 94 m tief, maximal 725 m, 3,5 % Salzgehalt; fischreich; bedeutende Erdölvorkommen.

Normannen (Wikinger), nordgermanische Volksgruppe. Breiteten sich vom 8.–11. Jh. n. Chr. von Skandinavien über weite Teile Europas aus. Gründeten 862 Fürstentum Nowgorod u. damit erstes russisches Reich. Besiedelten im 9. Jh. Island, entdeckten im 10. Jh. Grönland u. erreichten um 1000 als Erste den amerik. Kontinent. Gründeten im 10. Jh. das Herzogtum Normandie u. nahmen 1066 endgültig von England Besitz. Im 11. Jh. nach Kämpfen mit den Sarazenen Reichsgründungen in Unteritalien.

Norwegen

konstitutionelle Monarchie in Nordeuropa, 324.000 km², 4,63 Mio. EW, *Hauptst.* → Oslo, *Staatsoberhaupt:* König Harald V. (seit 1991), *Regierungschef:* Erna Solberg (seit 2013). *Naturraum:* Westskandinavien, Svalbard (Spitzbergen, Bäreninsel), Jan Mayen u. die Bouvet- u. Peter-Insel im Südpolargebiet; durch Fjorde stark gegliederte Küste im W u. S, viele vorgelagerte Schäreninseln, im Landesinneren baumlose Hochfläche (Fjell) mit Tundrenvegetation, Heide u. Mooren; teils vergletschertes Hochgebirge; eiszeitliche Seen; Fichten-, Kiefer- u. Birkenwälder. *Klima:* an der Küste mild, regenreich; im Hochland kontinentaler. *Bevölkerung:* Norweger, 40.000 Lappen, 12.000 Finnen; 73 % in Städten. *Wirtschaft:* nur 3 % der Fläche (im Südosten) landwirtschaftlich genutzt; Forstwirtschaft; Fischerei; Steinkohle (Spitzbergen), Erdöl- u. Erdgasvorkommen in der Nordsee; vielseitige Industrie; Handels- u. Fischereiflotte.

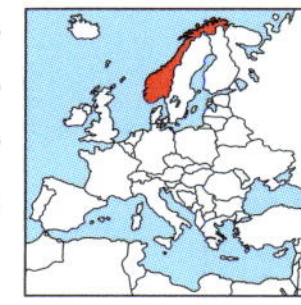

Notebook (das, engl., „Notizbuch"), tragbarer PC, der bes. klein ist.

Notstandsgesetze, Verfassung, die in Ausnahmezuständen (polit. Umsturzgefahr, Naturkatastrophe) in Kraft treten kann. Bei einem Notstand sind die im Grundgesetz garantierten Grundrechte außer Kraft gesetzt.

Novalis, eigentlich Freiherr Friedrich Leopold von Hardenberg (1772–1801), dt. Schriftsteller. Vertreter der Romantik; vermischt in seinen Werken Traum u. Realität u. offenbart Todessehnsucht; *Hymnen an die Nacht.*

Novelle (die, lat.), kurze Erzählung.

Novemberrevolution, durch Meuterei der dt. Marine in → Kiel 1918 ausgelöst. Bildung von Arbeiter- u. Soldatenräten nach dem Vorbild der russ. → Oktoberrevolution überall in Deutschland. Führte zur Beseitigung des dt. Kaisertums u. zur Ausrufung der → Weimarer Republik.

NSDAP, Abk. für **N**ational**s**ozialistische **D**eutsche **A**rbeiter**p**artei; 1919 als Deutsche Arbeiterpartei in München gegründet u. 1920 umbenannt. 1921 übernahm → Hitler die Parteiführung. Nach Verbot 1922 wurde die NSDAP 1925 als politische Organisation des → Nationalsozialismus von Hitler neu gegründet.

Nudismus (der, lat.), Freikörperkultur.

nuklear (lat.), Atomkern bzw. Atomwaffen betreffend.

Nuklearwaffen, → Atombombe.

Numismatik (die, lat.), Münzkunde.

Nuntius (der, lat.), ständiger diplomatischer Vertreter des Papstes bei einer Regierung, entspricht dem Botschafter.

Nürnberger Prozesse, von 1945–1950 gegen führende Personen u. Organisationen des → Nationalsozialismus abgehaltene Gerichtsprozesse vor dem internationalen Militärgerichtshof der alliierten Siegermächte in Nürnberg.

Nymphen (gr.), in der gr. → Mythologie Naturgöttinnen: Najaden (Quell-N.), Oreaden (Berg-N.), Dryaden (Baum-N.), Nereiden u. Okeaniden (Meer-N.).

O

O, 1) Zeichen für → Sauerstoff; 2) Abk. für Ost(en).
Oase (die, ägypt.-gr.), eine durch Wasservorkommen bewachsene Stelle in der Wüste. Es gibt Grundwasser-, Quell- u. Flussoasen.
Obama, Barack Hussein (* 1961), 44. und erster afroamerikanischer Präsident der → USA. Seit 2009 Friedensnobelpreisträger.
Obduktion (die, lat.), medizinische Leichenöffnung.
Oberflächenspannung, durch die Wirkung der Molekularkraft an der Oberfläche einer Flüssigkeit wird eine Verkleinerung der Oberfläche erreicht, die eine gewisse Spannung erzeugt.
Oberon (frz.), Elfenkönig, Gestalt aus dem altfrz. Versepos *Huon de Bordeaux* (um 1220).
Objekt (das, lat.), Gegenstand oder Ziel des Handelns; Grammatik: Satzglied, welches das Ziel einer Handlung angibt.
Objektiv, Linsensystem in optischen Geräten, z. B. in Kamera, Fernrohr.
obligatorisch (lat.), verpflichtend, bindend, Ggs.: → fakultativ.
Oboe (die, frz.), Holzblasinstrument mit Doppelrohrblatt.
Ode (die, gr.), Gesang der gr. Antike; Gedicht.
Ödem (das, gr.), Ansammlung von Flüssigkeit im Zellgewebe der Unterhaut, in der Bauchhöhle oder anderen Gewebespalten.
Oder, 1) Ostdt. Strom, 912 km, entspringt in Mähren; 2) rechter Nebenfluss der Rhume/Harz.
Oder-Neiße-Linie, seit 1990 östliche Grenze BR Dtl. zu Polen, von der Ostsee entlang den Flüssen Oder u. Neiße. Diese Grenze wurde von den → Alliierten nach dem Zweiten Weltkrieg festgelegt u. wird von einigen Verbänden in der BR Dtl. nicht anerkannt.
Ödipus, in der gr. Mythologie Sohn des thebanischen Königs Laios u. der Iokaste; da ihm prophezeit wurde, er werde seinen Vater Laios töten u. seine Mutter Iokaste heiraten, wurde er ausgesetzt. Das Orakel bewahrheitete sich; Dramen in der Antike von → Sophokles, → Aischylos, → Euripides u. → Seneca, in der Neuzeit u. a. von Corneille, → Voltaire, → Cocteau u. Gide.
Odyssee, Homers Epos von der zehnjährigen abenteuerlichen Irrfahrt des → Odysseus nach dem Trojanischen Krieg.
Odysseus, in der gr. Mythologie König von Ithaka; listenreicher Kämpfer im Trojanischen Krieg. Seine Irrfahrten u. Rückkehr nach Ithaka werden in Homers → *Odyssee* geschildert.
Oe, Kenzaburo, (*1935), japan. Schriftsteller; gesellschaftskritische Erzählungen u. Romane; 1994 → Nobelpreis für Literatur; *Stolz der Toten*.
OECD, Abk. für **O**rganization for **E**conomic **C**ooperation and **D**evelopment, Organisation für wirtschaftliche Zusammenarbeit u. Entwicklung; Gemeinschaft von 30 Mitgliedstaaten, die sich für hohes Wirtschaftswachstum, verbesserten Welthandel u. die Unterstützung von Entwicklungsländern einsetzt.
öffentlicher Dienst, alle Arbeitnehmer, deren Arbeitgeber die BR Dtl., ein Bundesstaat, ein Bundesland oder eine Gemeinde sind.
Öffentlichkeit, 1) gesamte Gemeinschaft der Bürger eines Staates; 2) Durchschaubarkeit u. Zugänglichkeit von privaten oder staatlichen Einrichtungen u. Maßnahmen für die Bürger.
Offizier (der, lat.), Führer u. Ausbilder beim Militärdienst.
offline (engl.), der Status eines Computers, wenn er nicht über ein → Modem oder über → ISDN mit einem anderen Computer verbunden ist; Ggs.: → online.
Ohm, Einheit des elektrischen Widerstandes (Ω). 1 Ohm ist der elektrische Widerstand zw. zwei Punkten eines Leiters, wenn eine Spannung von 1 → Volt zw. diesen Punkten im Leiter einen Strom von 1 → Ampere erzeugt, benannt nach dem dt. Physiker Georg Simon Ohm (1789–1854).

Oase

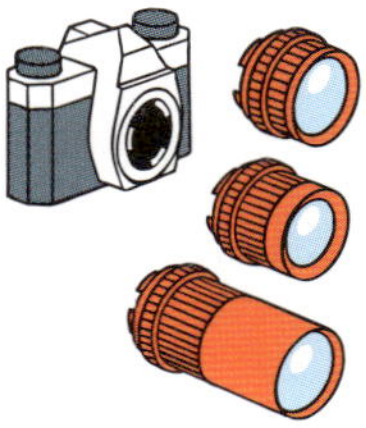
Objektive einer Kamera

Oboe

Ödipus (antike Schale)

Ökosystem

Einen Lebensraum mit Pflanzen und Tieren bezeichnet man als **Ökosystem**. Die unbelebten Faktoren darin (Licht, Temperatur, Wind, Bodenverhältnisse usw.) bestimmen, ob ein Ort für eine Pflanze oder ein Tier geeignet ist. Entscheidend für ihr Gedeihen ist natürlich auch die belebte Umwelt: So dienen z. B. Insekten als Nahrung für Singvögel, die wiederum von Greifvögeln gefressen werden. Man bezeichnet den Lebensraum von Tieren und Pflanzen als → **Biotop**, das so klein wie eine Pfütze oder so riesig wie ein Regenwald sein kann.
Alle Lebewesen lassen sich in drei Gruppen einteilen: Pflanzen sind **Produzenten** (Hersteller), da sie über die → Fotosynthese organische Stoffe produzieren. Diese Stoffe sind Nahrung für alle Lebewesen. Da Tiere dieses Material verbrauchen, werden sie als **Konsumenten** (Verbraucher) bezeichnet. Die verschiedenen Konsumenten (Pflanzen- und Fleischfresser) bilden untereinander eine Nahrungskette: Eine Raupe frisst ein Blatt, wird aber von einer Spinne gefressen, die dann von einem Singvogel verspeist wird, der wiederum einem Greifvogel als Beute dient. Der Mensch steht als „Allesfresser" am Ende dieser **Nahrungskette.** → Bakterien, → Pilze und Kleinsttiere im Boden werden **Destruenten** (Zersetzer) genannt. Sie bauen totes tierisches und pflanzliches Material bis zu den einzelnen Mineralien ab, die von Pflanzen wieder aufgenommen werden. Der so entstehende Kreislauf ist das entscheidende Merkmal des Ökosystems, das sich in einem natürlichen, → **ökologischen Gleichgewicht** befindet. Aber der Mensch bringt z. B. durch Straßenbau, Waldrodung und Umweltverschmutzung die Ökosysteme immer wieder aus diesem Gleichgewicht, sodass Tiere und Pflanzen ihren Lebensraum verlieren. Um die Artenvielfalt zu erhalten, ist ein sorgsamer Umgang des Menschen mit der Natur vonnöten.

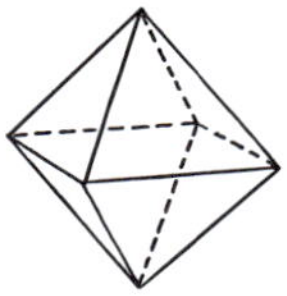

Oktaeder

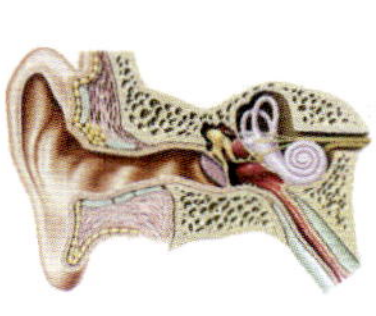

Ohr

ohmscher Widerstand, elektrischer Widerstand eines Leiters für → Gleichstrom u. frequenzunabhängiger Teil seines Widerstands für → Wechselstrom.

Ohr, paariges Sinnesorgan der Wirbeltiere. Die Ohrmuschel ist durch den äußeren Gehörgang mit dem Mittelohr verbunden. Die innen liegende Paukenhöhle enthält 3 Gehörknöchelchen (Hammer, Amboss u. Steigbügel), die den Schall leiten. Das Mittelohr ist durch das Trommelfell nach außen verschlossen. Im Innenohr leitet ein mit Flüssigkeit gefülltes Schlauchsystem (Labyrinth) den akustischen Reiz an einen Nerv weiter. Hier befinden sich auch die 3 Bogengänge, die für den Gleichgewichts- u. Drehsinn zuständig sind.

Okklusion (die, lat.), 1) Aufsaugen von Gasen durch feste Körper; 2) das durch eine nachfolgende Kaltfront bedingte Aufsteigen warmer Luftmassen.

Okkultismus (lat.), Bezeichnung für die Beschäftigung mit übersinnlichen u. übernatürlichen Erscheinungen, die sich nicht wissenschaftlich erklären lassen.

Okkupation (die, lat.), Aneignung, Besitzergreifung. Völkerrechtlich: → Annexion.

Ökologie (die, gr.), Lehre vom Naturhaushalt; beschreibt die Beziehungen der Lebewesen untereinander u. zu ihrer Umwelt.

ökologisches Gleichgewicht, die Lebensgemeinschaften aus Tieren u. Pflanzen eines abgegrenzten Gebietes gleichen bestimmte Veränderungen selbstständig aus. Wenn eine Insektenart z. B. stark zunimmt, wächst auch die Zahl der Insektenräuber. Finden so viele Räuber nicht mehr genügend Nahrung, sinkt ihre Zahl wieder auf die ursprüngliche Größe. Das ö. G. ist wieder hergestellt.

Ökonomie (die, gr.), Wirtschaft oder Wirtschaftswissenschaft; ökonomisch bedeutet wirtschaftlich, d. h. möglichst großer Nutzen bei möglichst geringem Aufwand.

Ökosystem, siehe Kasten oben.

Oktaeder (das, gr.), von 8 gleichseitigen Dreiecken begrenzter regelmäßiger Körper.

Oktant (der, lat.), 1) der 8. Teil eines Kreises bzw. einer Kugeloberfläche; 2) nautisches Winkelmessgerät, ähnlich dem Sextanten.

Oktave (die, lat.), der 8. Ton einer → diatonischen Tonleiter.

Olympische Spiele

Olympische Spiele gab es schon in der → **Antike**, vor etwa 2800 Jahren. Die alten Griechen riefen die Olympischen Spiele ins Leben, um → Zeus, den Göttervater, mit einem großen Fest zu ehren. Bereits die ersten Spiele fanden alle 4 Jahre statt, dauerten aber nur 1 Tag und die einzige Disziplin war ein Stadionlauf von 192 m Länge (= Länge des Stadions). Im Laufe der Zeit kamen viele weitere Wettbewerbe hinzu, u. a. Kurz- und Langstreckenlauf, Fünfkampf, Pferde- und Wagenrennen. Auch die Dauer der Spiele wurde verlängert, bis etwa 468 v. Chr. waren es 3, später 5 Tage. Sie fanden das letzte Mal 393 n. Chr. statt, dann wurden sie vom oströmischen Kaiser Theodosius verboten, der sie als „heidnische Feste" brandmarkte. *Pierre de → Coubertin*, der Begründer der **Olympischen Spiele der Neuzeit**, wurde vor allem durch die Ausgrabungen im griechischen → Olympia dazu angeregt, dieses Sportereignis wieder ins Leben zu rufen. So fanden die ersten modernen Olympischen Spiele 1896 in Athen (zu Ehren der alten Griechen) statt. Seitdem werden sie alle 4 Jahre ausgetragen und wurden bisher nur 1916, 1940 und 1944 aufgrund der Weltkriege unterbrochen. Seit 1924 finden auch olympische Winterspiele statt, die seit 1994 immer zwei Jahre nach den Sommerspielen ausgetragen werden. Heute dauern die Olympischen Spiele 14 Tage. Zur feierlichen Eröffnung wird die olympische Flagge mit den 5 Ringen (Symbol für die 5 Kontinente) gehisst und die olympische Flamme, die jedes Jahr vom Olymp an den Austragungsort gebracht wird, entzündet. Die Olympischen Spiele enden mit einer weniger förmlichen Abschlusszeremonie, bei der die Athleten ihren Sieg, vor allem aber im Sinne des olympischen Gedankens „Dabei sein ist alles" fröhlich feiern.

Oktoberrevolution, gewaltsamer Sturz der bürgerlichen Regierung im Oktober 1917 in Russland durch die → Bolschewiken. Die Anführer der O. waren → Lenin u. → Trotzki.

Oktopus (der, gr.), Kopffüßer mit 8 Fangarmen; → Krake.

Okular (das, lat.), dem Auge zugewandtes Linsensystem eines optischen Instrumentes, Gegenstück → Objektiv.

Ökumene (die, gr.), Gesamtheit der christlichen Kirchen; im ökumenischen Gottesdienst feiern Christen verschiedener → Konfessionen miteinander.

Ölberg, südlicher Teil eines Höhenzuges östlich von → Jerusalem; gilt als Stätte der Himmelfahrt → Jesu.

Öle, flüssige Fette tierischer oder pflanzlicher Herkunft, wasserunlöslich.

Oligarchie (die, gr.), Herrschaft einer kleineren Gruppe (Minderheit) über die Bürger (Mehrheit) eines Staates.

Ölmalerei, im 15. Jh. von van → Eyck geübte Malweise. Die Farben werden auf der → Palette mit Öl gemischt; nachträglich erhält das Gemälde dann noch einen Überzug aus Firnis.

Olme, im Wasser lebende, wurmförmige Schwanzlurche; Grottenolm.

Ölpest, Umweltverschmutzung an Meeresküsten oder Flüssen, die dadurch entsteht, dass große Mengen Erdöl ins Wasser gelangen.

Olymp, 1) höchster Berg → Griechenlands (2917 m) im N Thessaliens; Sitz der Götter in der gr. Mythologie.

Olympia, heiliger Bezirk im westlichen Peloponnes, in der Antike Austragungsort der → Olympischen Spiele.

Olympiade, in der Antike Zeitspanne von 4 Jahren zw. 2 → Olympischen Spielen.

Olympische Spiele, siehe Kasten oben.

Oman

unabhängiges Sultanat im O der Arabischen Halbinsel 309.500 km², 3 Mio. EW, *Hauptst.* Maskat, *Staatsoberhaupt* u. *Regierungschef:* Qabus ibn Sa'id Al Sa'id (seit 1970). *Naturraum:* Teile der Großen Arabischen Wüste, Kuria-Muria-Inseln. *Bevölkerung:* Araber; Inder, Pakistaner, Iraner. *Wirtschaft:* Landwirtschaft , Erdölexporte.

Oktopus

Olympische Spiele (antike Vase)

Orang-Utan

Opossum

Oman, Golf von, Nordwestteil des Arabischen Meeres, zw. der Arabischen Halbinsel u. Südiran.

Omega, 1) 24. u. letzter Buchstabe des gr. Alphabets; 2) Zeichen für → Ohm.

Omen (das, lat.), Glück oder Unglück verheißendes Zeichen.

online (engl.), der Status eines Computers, wenn er über ein → Modem oder → ISDN mit dem → Internet oder einem Netzwerk verbunden ist; Ggs. → offline.

Ontogenese (die, gr.), Entwicklung des Einzellebewesens; → Phylogenese.

OPEC, Abk. für **O**rganization of **P**etroleum **E**xporting **C**ountries, Organisation Erdöl exportierender Länder; Zusammenschluss Erdöl fördernder Staaten, um auf dem Weltmarkt einheitliche Preise zu erzielen.

Opel, Adam (1837–1895), dt. Industrieller; gründete 1862 eine Nähmaschinenfabrik, die ab 1898 auch Autos herstellte.

Oper, siehe Kasten unten.

Operating System (dt., „Betriebssystem"), alle Programme, die für den Betrieb des Computers u. die Ausführung der Anwenderprogramme nötig sind.

Operation (die, lat.), 1) Handlung, Arbeitsgang; 2) chirurgischer Eingriff; 3) kriegerische Handlung.

Opium (das, gr.), aus dem Milchsaft des Schlafmohns gewonnenes Narkotikum, als Rauschgift missbraucht.

Opossum, amerik. Beutelratte mit Greifschwanz.

Oppenheimer, Julius Robert (1904–1967), amerik. Atomphysiker; an der Entwicklung der ersten → Atombombe beteiligt.

Opportunismus (der, lat.), Entscheidung aufgrund von Nützlichkeitserwägungen.

Opposition (die, gr.), die in einem Parlament vertretenen Parteien, die nicht an der Regierung beteiligt sind. Ihre Aufgabe ist die Kontrolle der Regierungspolitik.

Optik (die, gr.), die Lehre vom Licht, seiner Entstehung u. seiner Ausbreitung.

optische Speicher, mittels Lasertechnik werden auf ein Trägermaterial helle u. dunkle Punkte aufgebracht, die digitale Information mit einer Laser-Fotodiodenkombination. Eine Compactdisc (→ CD) arbeitet nach diesem Verfahren.

Orakel (das, lat.), in der klassischen → Antike göttliche Weissagung, die bei wichtigen Entscheidungen eingeholt wurde; → Delphi.

Orang-Utan, großer Menschenaffe, lebt in den → Regenwäldern Sumatras u. Borneos. Das rötliche, langhaarige Tier ernährt sich von Pflanzen. Weil immer größere Teile des Regenwaldes verschwinden u. der O. vom Aussterben bedroht ist, steht er unter Artenschutz.

Orbit (der, lat.), Umlaufbahn von Himmelskörpern u. künstlichen Satelliten.

Orchester (das, gr.), ein Instrumentalensemble, in dem die Instrumente in

Oper

Eine Oper ist ein → Drama, das **Musik und Schauspiel** vereint. Während die Personen auf der Bühne singen, werden sie von einem → Orchester begleitet. Je nach Handlung kann ein → Ballett dazu tanzen. Dabei geht es fast immer um die großen **Gefühle** der Liebe, Leidenschaft, Freude, Enttäuschung und Trauer, die vor allem in den → Arien zum Ausdruck gebracht werden. *L'Orfeo* von *Claudio Monteverdi* (1567–1643) gilt als erste große Oper, die 1607 in Mantua, Italien, uraufgeführt wurde. In den frühen Opern stand nicht etwa die Musik, sondern die Sprache im Vordergrund. Seit dem 18. und 19. Jahrhundert rückte die Musik dann eindeutig in den Vordergrund. Die zunächst nur für den Adel bestimmten und an Fürstenhäusern aufgeführten Opern gewannen im Laufe der Zeit solch große Beliebtheit, dass man 1637 das erste öffentliche Opernhaus in Venedig eröffnete. Bis heute werden Opern komponiert. Aus dem 20. Jahrhundert haben sich zwar u. a. die Opern von *Richard → Strauss, Alban → Berg, Benjamin Britten* und *Hans Werner Henze* (*1926) durchgesetzt. Aber Kompositionen aus dem 18. und 19. Jahrhundert, wie z. B. von *Wolfgang Amadeus → Mozart, Guiseppe → Verdi, Giacomo → Puccini* und *Richard → Wagner*, sind die bis heute bekanntesten.

Gruppen zusammengefasst sind u. das von einem Dirigenten geleitet wird.

Orchideen (gr.-frz.), prächtige Blütenpflanzen mit fantastischen Farben u. Formen. Viele Arten sind geschützt.

Orden (der, lat.), 1) Ehrenabzeichen für besondere Verdienste; 2) freiwilliges Zusammenleben von Gläubigen unter Befolgung bestimmter kirchlicher anerkannter Regeln; → Kloster.

Ordinalzahlen, festlegende Ordnungszahlen. Beispiel: 1. (erster/-s).

Ordinariat (das, neulat.), 1) bischöfliche Zentralverwaltungsstelle in der katholischen Kirche; 2) Lehrstuhl eines ordentlichen Professors (Ordinarius).

Orff, Carl (1895–1982), dt. Komponist, schrieb das *Orffsche Schulwerk* als Musiklehre für Kinder; bekanntestes Werk *Carmina Burana*.

Organisation, 1) Planmäßigkeit der Anlage, des Aufbaus u. der Gestaltung insb. in Staat, Politik u. Wirtschaft; 2) Bauplan eines pflanzlichen oder tierischen Organismus.

organisch, 1) zur belebten Natur gehörend; 2) ein Organ betreffend; 3) zur → organischen Chemie gehörend.

organische Chemie, Kohlenstoffchemie; Kohlenstoffoxide u. Carbide zählen nicht dazu; → Chemie.

Orgasmus (der, gr.), Höhepunkt der sexuellen Erregung bei Geschlechtsverkehr oder Selbstbefriedigung.

Orgel (die, gr.), Tasteninstrument mit Pfeifen, die durch einen Luftstrom erklingen.

Orient (der, lat.), 1) der Osten; 2) das Morgenland bzw. die Länder Vorderasiens.

Orkan, Sturm mit mehr als 120 km/h Windgeschwindigkeit.

Orpheus, in der gr. → Mythologie ein Sänger, scheiterte an der Heimführung seiner Frau Eurydike aus der Unterwelt.

orthodox (gr.), rechtgläubig. Die orthodoxen Kirchen sind aus der Kirchentrennung im 11. Jh. hervorgegangen; ca. 250 Mio. Anhänger.

Orthopädie (die, gr.), Lehre von der Erkennung, Behandlung u. Verhütung von Fehlentwicklungen oder Verbildungen der Knochen, Gelenke u. Muskeln.

Oscar, von der Filmkunstakademie in Hollywood alljährlich verliehener Preis für die besten Einzelleistungen im Bereich des Films.

Osiris, altägypt. Fruchtbarkeitsgott, Bruder u. Gemahl der → Isis.

Oslo, Hauptst. → Norwegens, 640.000 EW. Fjord u. Schloss.

Osmanisches Reich, nach dem Fürsten Osman I. benanntes alttürkisches Reich von 1288 bis zur Gründung der türkischen Republik 1923; → Türkei.

Osmose (die, gr.), Stoffaustausch zw. flüssigen Körpern durch eine halbdurchlässige Membran; bewirkt u. a. den Stoffaustausch in pflanzlichen u. tierischen Zellen.

Ostblock, Gesamtheit der ehemals kommunistischen Staaten in Europa, eingeführt von der → UdSSR; der Begriff stammt aus der Zeit des → Kalten Krieges.

Osterinsel, chilenische Insel im Ostpazifik, 165 km², 5800 EW.

Ostern, Jahrestag der Auferstehung → Jesu, am 1. Sonntag nach Frühlingsvollmond.

Österreich

parlamentarisch-demokratischer Alpenstaat in Mitteleuropa, Bundesrepublik, 83.854 km², 8,58 Mio. EW, *Hauptst.* → Wien, *Staatsoberhaupt:* Heinz Fischer (seit 2004), *Bundeskanzler:* Werner Faymann (seit 2008). 9 *Bundesländer:* Burgenland, Kärnten, Nieder-Ö., Ober-Ö., Salzburg, Steiermark, Tirol, Vorarlberg, Wien. *Naturraum:* N u. O der Ostalpen mit den Längstälern von Inn, Salzach, Enns, Mur u. Drau, Alpenvorland u. Teile des Böhmischen Massivs. Über die Zentralalpen führen nur wenige Pässe (Brenner, Reschenpass). Das Alpenvorland ist ein Moränenhügelland, Mühlviertel u. Waldviertel (nördlich der Donau) sind Mittelgebirgslandschaften. *Bevölkerung:* Österreicher, tschechische, kroatische, ungarische u. slowenische Minderheiten. *Wirtschaft:* Im Alpenvorland Ackerbau,

Carl Orff

Orgel (Passauer Dom)

Osterinsel: Steinfiguren aus Tuff

Österreich: Kaiserin Maria Theresia

Ovid

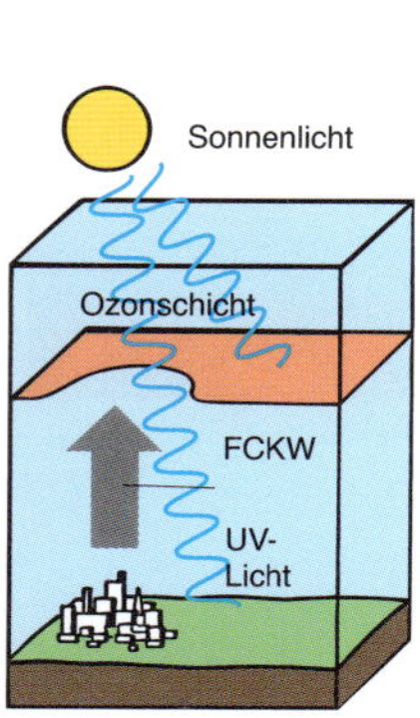

Ozonschicht

im O auch Wein. In den Alpen Viehzucht u. Forstwirtschaft; Eisenerzbergbau (Steiermark), Salz u. a. Bodenschätze, Industrie v. a. in u. um Wien u. die Landeshauptst., Energie wird im Sommer aus Wasserkraft gewonnen u. sogar exportiert, im Winter importiert; Tourismus. *Politik:* Staatsoberhaupt ist der → Bundespräsident. Er ernennt den → Bundeskanzler. Das Parlament ist die → Bundesversammlung. *Geschichte:* Nach dem Zweiten Weltkrieg musste sich Ö. im sog. Staatsvertrag von 1955 zu dauernder (bewaffneter) Neutralität verpflichten. Ö. ist seit 1.1.1995 Mitglied der → Europäischen Union.

Ostfriesland, der dt. Teil des friesischen Siedlungsgebiets an der südlichen Nordseeküste; gehört zu → Niedersachsen.
Ostgoten, einer der beiden großen Stämme der → Goten; gründeten unter Ermanarich Mitte des 4. Jh. n. Chr. ein Reich im N des → Schwarzen Meeres; König wurde 471 → Theoderich der Große.
Östrogen (das, gr.), Hormon, das bei Frauen den → Zyklus u. die Ausprägung weibl. Geschlechtsmerkmale steuert.
Oströmisches Reich, → Byzantinisches Reich.
Ostsee (Baltisches Meer), Nebenmeer des Atlantik zw. Skandinavien u. dem Festland, 422.000 km^2, im Mittel 50 m tief, geringer Salzgehalt, kaum Gezeiten; im Winter teilweise vereist.
Osttimor, → Timor-Leste.
Ostverträge, Sammelbezeichnung für Vertragswerke, die 1970–1973 zw. der BR Dtl. u. der UdSSR, der Volksrepublik Polen u. der Tschechoslowakei abgeschlossen wurden.
Ostwald, Wilhelm (1853–1932), dt. Chemiker; entdeckte den Mechanismus der Katalyse (Beschleunigung); 1909 → Nobelpreis für Chemie.
OSZE, Abk. für **O**rganisation für **S**icherheit u. **Z**usammenarbeit in **E**uropa; zur Konfliktverhütung u. Durchsetzung der Menschenrechte.
Ottawa, Hauptst. → Kanadas, 883.000 EW; Provinz Ontario.
Otto I., der Große, dt. König von 936–973 u. Kaiser aus dem Hause der Sachsen, → deutsche Herrscher. Schränkte die Macht der weltlichen zugunsten der geistlichen Fürsten ein. O. besiegte die Ungarn auf dem Lechfeld; vergrößerte sein Reich um Lothringen u. Norditalien.
Ottomotor, Benzinmotor mit Vergaser. Arbeitsweise: Ein Kolben in einem Zylinder saugt das Kraftstoffgemisch an u. verdichtet es. Durch einen elektrischen Funken wird das Gemisch gezündet. Der Druck der heißen Verbrennungsgase bewegt den Kolben. Dabei wird Arbeit geleistet, z. B. zur Fortbewegung eines Autos. Benannt ist der O. nach seinem Erfinder Nikolaus Otto (1832–1891).
Output (engl. Ausstoß), Menge an hergestellten Produkten, die z. B. eine Firma verlassen. Man kann so messen, ob eine Firma erfolgreich arbeitet.
Ouvertüre (die, frz.), einleitendes Instrumentalstück zu Bühnenwerken, auch Konzert-O.
Ovid (Publius Ovidius Naso, 43 v. Chr. bis 17 n. Chr.), schrieb die *Ars amatoria* (Liebeskunst) u. die *Metamorphosen*; gilt als Meister der erotischen Dichtung.
Oxford, neben → Cambridge älteste engl. Universität (12. Jh.).
Oxidation (die, gr.-frz.), Anlagerung von Sauerstoff.
Oxymoron (das, gr.), rhetor. Verbindung zweier einander widersprechender Begriffe (z. B. schwarze Milch).
Ozeanien, die pazifische Inselwelt (→ Melanesien, → Mikronesien, → Polynesien).
Ozon (das, gr.), Gasmolekül aus drei Sauerstoffatomen. Der sich abspaltende freie Sauerstoff macht es sehr aggressiv.
Ozonloch, Lücke in der → Ozonschicht, bes. über dem → Südpol. Sie entsteht u. a. durch → Fluorchlorkohlenwasserstoffe aus Treibgas, das in Spraydosen enthalten war. Durch das O. nehmen die Hautkrebserkrankungen zu, die Erde heizt sich auf (→ Treibhauseffekt).
Ozonschicht, sie schützt die Erde vor den schädlichen → UV-Strahlen der Sonne. Die O. befindet sich in 15 bis 50 km Höhe u. wurde in den letzten Jahren immer dünner; → Ozonloch.

P

p, Abk. für 1) piano (Musik); 2) → Proton; 3) Pond.

p. a., Abk. für lat. **p**ro **a**nno, „fürs Jahr“.

Paarhufer, Paarzeher, Säugetierordnung; Huftiere, bei denen nur die 3. u. 4. Zehe entwickelt sind; z. B. Schweine (Nichtwiederkäuer), Horntiere, Hirsche (Wiederkäuer).

Packeis, zu Wällen übereinander geschobene Meereisschollen.

Pädagogik (die, gr.), Lehre von der Erziehung; ihre Aufgaben gliedern sich gemäß dem Ziel (Verbindung mit den Geisteswissenschaften), dem Objekt (Verbindung mit der Psychologie) u. den Methoden (praktisch angewandte P.) der Erziehung.

Päderastie (die, gr.), geschlechtliche Liebe von Männern zu Knaben.

pädophil (gr.), die sexuelle Zuneigung Erwachsener zu Kindern betreffend.

Paganini, Niccolò (1782–1840), ital. Violinist u. Komponist.

Pagode (die, Sanskrit-portugies.), buddhistischer Tempelturm mit weit vorspringendem, oft geschwungenem Dach; kein Gotteshaus, sondern Reliquienschrein.

Pakistan

islamische Republik in Südasien, präsidiale Bundesrepublik, 796.095 km², 182,6 Mio. EW, *Hauptst.* Islamabad, *Staatsoberhaupt:* Mamnoon Hussain (seit 2013), *Regierungschef:* Nawaz Sharif (seit 2013). *Naturraum:* gebirgiges Hochland von Belutschistan im W des Indus, mittleres (Pandschab) u. unteres Indusland u. Teile des Hindukusch- u. Pamirgebirges. *Klima:* Im Pandschab Monsunregen, sonst subtropisches Trockenklima. *Bevölkerung:* indoarische u. iranische Völker. *Wirtschaft:* Landwirtschaft; Viehnomadismus (Nordwesten); bedeutende Textilindustrie. *Geschichte:* P. entstand 1947 nach dem Abzug der Briten. 1971 erklärte sich Ost-P. als Republik Bangladesch unabhängig.

Pakt, politisches oder militärisches Bündnis; Vertrag.

Paläolithikum (das, gr.), die ältere → Steinzeit.

Paläontologie (die, gr.), Wissenschaft von der versteinerten (fossilen) Tier- u. Pflanzenresten sowie menschlichen Resten der Vorzeit.

Paläozoikum (das, gr.), Erdaltertum. Es begann vor 570 Mio. Jahren u. endete vor 240 Mio. Jahren. Entwicklung der Pflanzen- u. der Tierwelt; → Kambrium, Karbon.

Palästina, bereits 3000 v. Chr. von Ägyptern beherrscht, bis 1200 v. Chr. wanderten verschiedene semitische Völker ein (Hebräer, Edomiter, Moabiter, Amoniter, Aramäer). Nach der Eroberung durch Assyrer, Babylonier u. Perser wurde P. schließlich dem Röm. Reich einverleibt, später gehörte es zum Byzantinischen bzw. Osmanischen Reich. Im Ersten Weltkrieg wurde P. von den Engländern erobert u. blieb bis nach dem Zweiten Weltkrieg brit. Treuhandgebiet. Auf UNO-Beschluss wurde 1947 das Gebiet in einen jüdischen u. einen arabischen Staat aufgeteilt. 1948 wurde ein unabhängiger Staat → Israel ausgerufen. Seit 1993 erfolgt die schrittweise Umsetzung der palästinensischen Teilautonomie in den besetzten Gebieten. 1996 wurde ein Palästinenserrat gewählt mit J. → Arafat als Vorsitzendem der Autonomiebehörde. Seit 2005 ist Mahmud Abbas Präsident des Autonomierates.

Palästinenserrat, im Zuge der Friedensverhandlungen mit Israel beschlossene polit. Vertretung der Palästinenser,

Pagode in Nara

Packeis (Detail)

Paarhufer: Hirsch

Papagei

Panamakanal

Palermo: Kathedrale

Pantomime: Marcel Marceau

1996 zum 1. Mal gewählt. Der P. soll neben dem Palästinensischen Nationalrat für die polit. Stabilität in den autonomen Gebieten sorgen.

Palau

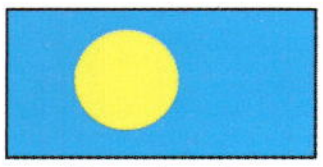

Inselstaat im → Pazifik; 508 km², 20.000 EW, *Hauptst.* Melkeok, *Staatsoberhaupt u. Regierungschef:* Tommy Remengesau (seit 2013), *Naturraum:* 200 Inseln, davon 8 bewohnt; trop. Klima, *Bevölkerung:* 70 % Palauer, 28 % Asiaten, 2 % Europäer, *Wirtschaft:* Tourismus, Fischfang, Plantagen.

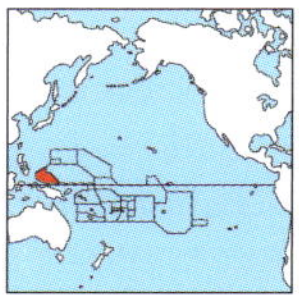

Palermo, Hauptst. der ital. autonomen Region → Sizilien; 670.000 EW.
Palette (die, ital.), 1) Malscheibe, auf der der Maler Farben mischt; 2) Plattform, die als Ladehilfe für Transportmittel dient.
Palma de Mallorca, Hauptst. u. Hafen der span. Mittelmeerinsel → Mallorca, 400.000 EW.
Pampa(s) (die, span.), landwirtschaftlich genutzte ehemalige Präriefläche in Argentinien.
pan..., Pan..., in Wortzusammensetzungen Bedeutung von „all", „ganz", „gesamt".
Pan, in der gr. → Mythologie der Waldgott, Sohn des Hermes. Bocksbeiniger u. gehörnter Hirtengott mit Flöte.

Panama

präsidiale Republik in Mittelamerika (starker Einfluss der Armee), 75.517 km², 3,3 Mio. EW, *Hauptst.* Panama-Stadt, *Staatsoberhaupt* u. *Regierungschef:* Juan Carlos Varela (seit 2014). *Naturraum:* Der schmalste Teil im S der mittelamerik. Landbrücke, gebirgig mit breiter pazifischer Küstenebene, an der flachsten Stelle durch den Panamakanal u. die zu USA gehörende Kanalzone zweigeteilt. Tropisches Klima; atlantische Seite Regenwald, pazifische Seite Savanne u. Laubwald. *Bevölkerung:* Nachkommen der Einwanderer, Sklaven u. Ureinwohner. *Wirtschaft:* Viehzucht; tropische Plantagen; Haupteinnahmen Kanalgebühren.

Panamakanal, quert die Landenge von → Panama, verbindet auf 81,3 km Atlantik u. Pazifik. Gebaut 1881–1914 von Ferdinand de Lesseps.
Panda, Bambusbär, großflächig weiß-schwarz gezeichneter großer Bär, lebt in den Bambuswäldern Chinas. Er ernährt sich von Bambus.
Pandora (die, gr.), in der gr. → Mythologie von Zeus zur Bestrafung der Menschen geschaffene verführerische Frau. Die *Büchse der P.* enthält alle Übel der Menschheit.
Panik (die, gr.), plötzlicher Angstzustand, insb. bei Massenansammlungen; ursprünglich Schrecken, den der gr. Gott → Pan einflößte.
Pansen, Hauptteil des Magens der → Wiederkäuer, Vormagen.
Pantomime (die, gr.), schauspielerische Darstellung nur durch → Mimik, Gebärden, Bewegungen, ohne Worte.
Papageien, Klettervögel der tropischen u. subtropischen Gebiete, mit stark gebogenem, spitzen, sehr beweglichen Oberschnabel. Sie fressen Pflanzen u. Körner u. leben gesellig; z. B. Kakadus.
Papier, meist aus Holz hergestellt. Von Zweigen u. Rinde befreite Baumstämme werden in einer Papierfabrik zerkleinert. Das Holz wird mit Wasser, Chemikalien u. Leim zu einem Brei vermischt u. getrocknet. Als Erfinder des P. gilt der Chinese T'Jsai Lin (105 n. Chr.).
Papst, Titel des Bischofs von Rom als Oberhaupt der katholischen Kirche.

Papua-Neuguinea

Staat in Ozeanien; 462.840 km², 6,8 Mio. EW, *Hauptst.* Port Moresby, parlament. Monarchie im Commonwealth, *Staatsoberhaupt:* Königin → Elisabeth II. vertreten durch Michael Ogio (seit 2011), *Regierungschef:* Peter O'Neill (seit 2011). *Naturraum:* Ostteil von → Neuguinea, Bismarckarchipel, Bougainville, Buka, 600 kleine Inseln. *Bevölkerung:* Papua, Malaien, Melanesier. *Wirtschaft:* Landwirtschaft, Fischfang, Holzeinschlag; Export von Kupfererzen, Plantagenprodukten, Holz.

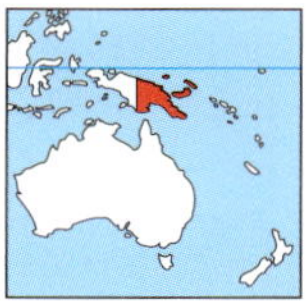

Papyrus (der, altägypt.), beschreibbarer Stoff, hergestellt aus den Stängeln der P.-Staude. Wurde in Ägypten seit dem Anfang des 3. Jt. v. Chr. benutzt.
Parabel (die, gr.), 1) literarisch: lehrhaftes → Gleichnis in Erzählform; 2) mathematisch: der geometrische Ort aller Punkte, die von einem festen Punkt – dem Brennpunkt – u. von einer festen Linie – der Leitlinie – gleich weit entfernt sind.
Parabolspiegel, Spiegel, der parabelförmig gekrümmt ist. Parallel einfallendes Licht wird auf einen Punkt gespiegelt. Umgekehrt sendet eine Lichtquelle im Brennpunkt parallele Lichtstrahlen aus (z. B. Scheinwerfer).
Paracelsus, eigentlich Philippus Aureolus Theophrastus Bombastus von Hohenheim (1493–1541), Arzt, Naturforscher u. Philosoph; erkannte die chem. Grundlagen der Lebensvorgänge u. wendete sie in der Heilkunde an.
Paragraf (der, gr.), §, Zeichen für einen Abschnitt.

Paraguay

präsidiale Republik in Südamerika, 406.752 km², 6,35 Mio. EW, *Hauptst.* Asunción, *Staatsoberhaupt* u. *Regierungschef:* Horacio Cartes (seit 2013). *Naturraum:* Nordteil der Ebenen des Gran Chaco u. bewaldete Sandsteintafeln östlich des Paraguay-Flusses (bis 680 m). Wintertrockenes, subtropisches Klima. *Bevölkerung:* 95 % Mestizen; Indios, Weiße. *Wirtschaft:* Trop. Anbau, Viehzucht; Erze; Fleischverarbeitung u. chemische Industrie; bedeutende Binnenschifffahrt.

Parallelen (gr.), Geraden, die in derselben Ebene liegen u. im Endlichen keinen gemeinsamen Punkt haben; A.: **parallel,** gleichlaufend.

Parallelogramm

Parallelogramm, Viereck in der Ebene, bei dem je 2 gegenüberliegende Seiten parallel u. gleich lang sind.
Parameter, Hilfsgröße bei physikalischen oder mathematischen Berechnungen oder Darstellungen.
Paranoia (die, gr., „Verrücktheit"), Geisteskrankheit mit Wahn (z. B. Verfolgungswahn) u. Sinnestäuschungen.

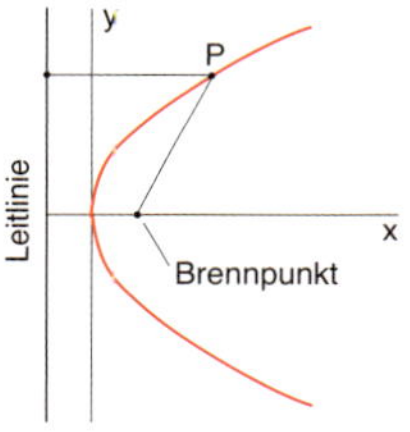

Parabel

Parasit (der, gr.), Schmarotzer, Lebewesen, das seinem Wirt (Tier oder Pflanze) fertige Nährstoffe entzieht, in der Regel ohne ihn zu töten.
Paris, in der gr. → Mythologie Sohn des Priamos. Entschied im P.-Urteil zugunsten der Schönheit Aphrodites. Löste mit dem Raub der → Helena den Trojanischen Krieg aus.
Paris, Hauptst. u. Departement → Frankreichs, an der Seine, 2,24 Mio. EW. P. ist der politische, kulturelle u. wirtschaftliche Mittelpunkt Frankreichs.

Paris: Montmartre

Pariser Verträge, 1954 in Paris von Vertretern Amerikas, Westdeutschlands, Frankreichs, Kanadas, Großbritanniens, Belgiens, der Niederlande, Luxemburgs u. Italiens unterzeichnete Verträge; regelten v. a. die Zusammenarbeit Deutschlands mit den Westmächten u. stellten seine Souveränität wieder her. Außerdem wurde die Aufnahme Deutschlands in die → NATO beschlossen.
Parkinson, James (1755–1824), brit. Neurologe; beschrieb als Erster die *Schüttellähmung* oder nach ihm benannte *parkinsonsche Krankheit.*
Parlament (das, altfrz.), Volksvertretung mit beratender u. gesetzgebender Funktion, z. B. der → Bundestag. Ein Parlamentarier ist ein → Abgeordneter.
Parlamentarischer Untersuchungsausschuss, wichtige Einrichtung zur Kontrolle der Regierungspolitik; tritt zu-

Parteienlandschaft in Deutschland, Österreich, Schweiz

Deutschland, → Österreich und die → Schweiz sind parlamentarische → Demokratien und dort spielen → Parteien die führende Rolle in der Politik. All die Politiker, die als gewählte Volksvertreter in den Parlamenten sitzen, gehören den Parteien des jeweiligen Landes an. Da nur Menschen mit gleichen oder ähnlichen politischen Ansichten und Interessen sich zusammenschließen, haben die einzelnen Parteien unterschiedliche Ziele und Gesinnungen, die sich grob in drei Richtungen einteilen lassen: Als politische „Rechte" bezeichnet man konservative Parteien, die für traditionelle Werte eintreten und ihre Politik auch an religiösen Werten ausrichten. Zur politischen „Mitte" werden meist liberale Parteien gezählt, welche die Zurückhaltung des Staates bei der Gestaltung des Privat- und Wirtschaftslebens fordern. Und als politische „Linke" bezeichnet man sozialdemokratische Parteien, die auch sozial schwachen Menschen zu mehr Wohlstand verhelfen und den Besitz gerechter verteilen wollen.

Die politische Einteilung der Parteien in Österreich und der Schweiz entspricht derjenigen in Deutschland. Neben den parlamentarischen Parteien existieren auch sogenannte **extremistische Parteien**. Diese sind nicht bereit, sich an demokratische Regeln zu halten und verfolgen radikale Ziele, welche die bestehende staatliche Ordnung zerstören würden. „Rechtsextremistische" Parteien sind z. B. stark nationalistisch eingestellt. Für sie steht das eigene Volk über allen anderen Völkern, sie sind rassistisch und ausländerfeindlich. „Linksextremistische" Parteien kämpfen für den Sozialismus und wollen die freie Marktwirtschaft und das private Eigentum abschaffen.

Pass: Islandpferd

Passion: Die Geißelung Christi (Gemälde)

sammen, wenn ein Viertel des Bundestages einen solchen Antrag stellt.

Parlamentarismus, Regierungsform u. politisches System, das auf der → Gewaltenteilung u. dem Gleichgewicht zw. → Legislative (Parlament) u. → Exekutive (Regierung) beruht.

Partei, 1) Vereinigung von Gleichgesinnten; 2) Beklagter u. Kläger vor Gericht; 3) Vereinigung von Menschen mit gemeinsamer politischer Weltanschauung (siehe auch Kasten oben).

Parthenogenese (die, gr.), Jungfernzeugung, Fortpflanzung durch unbefruchtete Eier, z. B. bei Blattläusen.

Partikel (die, lat.), 1) Teilchen; 2) nicht deklinierbare Verhältnis-, Umstands- u. Bindewörter.

Partisanen (frz.), freiwillige Kämpfer, die gegen die Besetzung ihrer Heimat kämpfen (Partisanenkrieg).

Partitur (die, ital.), schriftliche Aufzeichnung aller Stimmen eines Musikstückes, die Takt für Takt genau untereinander stehen.

Partizip (das, lat.), adjektive Form des Verbs, z. B. schreibend, geschrieben.

Pascal (Pa), Maßeinheit des Drucks.

Pascal, Blaise (1623–1662), frz. Mathematiker u. Philosoph. Die Maßeinheit des Drucks wurde nach ihm benannt. 1 Pascal (pa) = 1 N/m^2.

Pass, 1) Personalausweis; 2) niedrigster Punkt eines Bergkamms oder -rückens, meist mit Übergang; 3) im Sport Bezeichnung für genaue Ballabgabe; 4) P.-Gang, Gangart von 4-beinigen Tieren, bei der die Beine einer Seite gleichzeitig bewegt werden.

Passage (die, frz.), 1) Durchgang, Unterführung; 2) Flug- oder Schiffsreise; 3) schnelle Tonfolge; 4) beim Reiten Gangart der hohen Schule.

Passah (das, hebräisch), 7 Tage währendes jüdisches Fest im Frühling zum Andenken an den Auszug aus Ägypten.

Passat, 2 Windgürtel der Erdatmosphäre, die von den → Rossbreiten zum Äquator hinwehen, von N der Nordost-, von S der Südostpassat.

Passion (die, lat.), 1) die in den Evangelien geschilderte Leidensgeschichte Jesu Christi bis zur Grablegung; 2) Leidenschaft.

Passiva, (Mehrzahl), das auf der rechten Seite der → Bilanz verzeichnete Fremd- u. Eigenkapital eines Unternehmens.

Passwort, persönlich zugeteilte, geheime Zeichenfolge, die zur Benutzung eines Computers oder zum Zugriff auf geschützte Datenbestände notwendig ist (→ Datenschutz, Hacker).

Pasternak, Boris (1890–1960), russ. Schriftsteller; den ihm verliehenen → Nobelpreis für Literatur musste er unter politischem Druck der ehemaligen Sowjetunion ablehnen; *Dr. Schiwago*.

Pasteur, Louis (1822–1895), frz. Chemiker u. Mikrobiologe, erforschte Lebensmittelkonservierung (**Pasteurisieren** durch schonende Erhitzung); stellte erstmals Impfstoffe gegen Infektionskrankheiten wie Tollwut u. Milzbrand her.

Pastor (der, lat.), evangelischer Geistlicher, Pfarrer; katholischer Priester.

Patagonien, südlichster Teil Südamerikas; Ost-P. ist ein trockenes Steppenhochland, West-P. ein regenreiches, bewaldetes Faltengebirgsland.

Patent (das, lat.), verbrieftes Nutzungsrecht an einer Erfindung; wird vom Patentamt ausgestellt.

Pater (der, lat.), katholischer Ordensgeistlicher.

Pathologie (die, gr.), Lehre vom Wesen der Krankheit, ihrer Entstehung, der krankheitsbedingten Organveränderungen u. der dadurch hervorgerufenen Störungen.

Pathos, Leidenschaft; bewegte, feierliche Ausdrucksweise.

Patina (die, lat.), 1) graugrüner Belag auf Kupfer oder Kupferlegierungen; 2) nachgedunkelte Firnisschicht, z. B. bei Bildern.

Patriarchat (das, gr.), 1) Vaterherrschaft; von der herrschenden Stelle des männlichen Familienoberhauptes geprägte Gesellschaftsform; 2) Würde- u. Wirkungsgebiet des kirchlichen **Patriarchen.**

Patrizier (lat.), in der röm. Republik die Angehörigen der vornehmen grundbesitzenden Geschlechter, die zur Ausübung von Regierungs- u. Verwaltungsämtern berechtigt waren. Im MA die ratsfähigen Stände des Adels u. Bürgertums.

Patron (der, lat.), 1) in der Antike röm. Schutzherr von Freigelassenen u. Klienten; 2) Schutzheiliger.

Patt (das, frz.), 1) allg.: Gleichgewicht der Kräfte; 2) beim Schach unentschiedener Ausgang einer Partie.

Pauke, Schlaginstrument mit Kupferkessel u. gespanntem Fell.

Pauling, Linus (1901–1994), amerik. Chemiker, lieferte u. a. bedeutende Arbeiten zur Struktur von Proteinen u. engagierte sich für Friedensbewegung u. gegen Atomwaffentests; 1954 → Nobelpreis für Chemie, 1962 Friedensnobelpreis.

Paulus, Apostel, um 10 n. Chr., wurde zw. 63 u. 67 n. Chr. enthauptet; Verfasser der ältesten Schriften des N. T.

Paviane, meist boden- u. felsbewohnende afrikanische Affen mit hundeartig verlängerter Schnauze u. auffallenden Gesäßschwielen, die oft leuchtend rot gefärbt sind.

Pawlow, Iwan Petrowitsch (1849–1936), russ. Physiologe; Entdecker der sog. bedingten Reflexe (z. B. Auslösung des Speichelflusses beim Hund durch ein bestimmtes, vor jeder Fütterung ertönendes Glockenzeichen); 1904 → Nobelpreis für Medizin.

Pay-TV, Empfang spezieller Fernsehprogramme gegen Gebühr, die sich nach der Empfangszeit richtet.

Pazifik, Pazifischer oder Stiller Ozean, größter der drei Ozeane, zw. Amerika, Asien, Antarktis u. Australien. Er bedeckt 35 % der Erdoberfläche (181,34 Mio. km^2 mit Nebenmeeren), ist im Mittel 4180 m tief u. weist zahlreiche Tiefseegräben, Korallen- u. Vulkaninseln auf. Häufig Taifune u. Orkane, Seebeben u. Flutwellen wegen Vulkanismus. Spärliche Fischbestände; Salzgehalt ca. 3,5 %.

Pazifismus, absolute Ablehnung von Gewalt, Krieg u. Kriegsdienst.

PDA, Abk. für **P**ersonal **D**igital **A**ssistent, → Handheld, Palm(top), kleines elektronisches Adress-, Termin- u. Notizbuch, oft auch in Kombination mit → Handy.

PDS, Abk. für **P**artei des **d**emokratischen **S**ozialismus, seit 1990 Folgepartei der → SED in der ehemaligen DDR; → Die Linke.

Pearl Harbor, Flottenstützpunkt u. Luftwaffenbasis der USA auf → Hawaii. Der japanische Angriff auf P. H. im Jahre 1941 bewog die USA (u. Großbritannien) zum Eintritt in den → Zweiten Weltkrieg.

Louis Pasteur

Patagonien

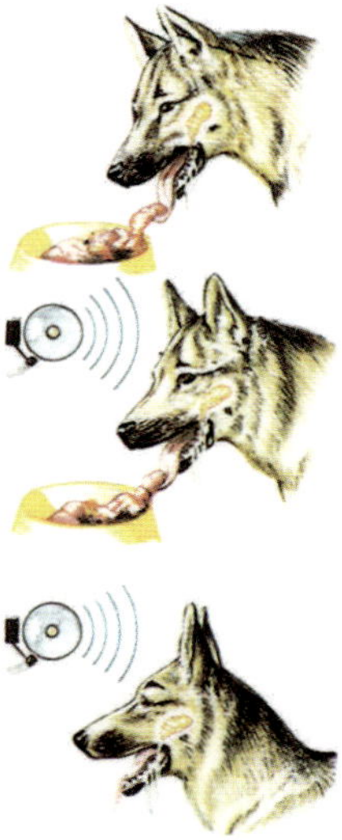

Pawlowscher Reflex

Pentagon

Pelikan

Percussion, z. B. ein Schlagzeug

Pelikan

Pech, zähflüssiger bis fester, schwarzer Rückstand der Teerdestillation; Verwendung u. a. zur Herstellung von Briketts u. Dachpappe.
Pedal (das, lat.), 1) Fußhebel zur Betätigung verschiedener Mechanismen; 2) an der Orgel die Fußklaviatur, am Klavier zur Verminderung der Tonstärke u. zum Nachklingen der Töne.
Pegasus, in der gr. → Mythologie geflügeltes Pferd.
Peking, → Beijing.
Pelikane, etwa 10 kg schwere, weißgefiederte Vögel aus der Familie der Ruderfüßer mit gelbem, sehr langem Schnabel, Unterschnabel mit dehnbarem Hautsack; ernähren sich nur von Fischen, die mit dem Hautsack aufgenommen u. unzerkleinert verschluckt werden. Sie leben in Kolonien.
Peloponnes, südl. Halbinsel Griechenlands, 21.439 km^2, durch den Isthmus von Korinth mit dem Festland verbunden. Sehr gebirgig, steil abfallende Felsküsten, nur an Flussmündungen fruchtbare Tiefländer, die schon in der Antike dicht besiedelt waren (Olympia, Akrokorinth, Mykenä, Tiryns, Epidauros, Sparta). Der heutige Haupthafen Patras liegt an der Nordküste.
Peloponnesischer Krieg (431–404 v. Chr.), Krieg zw. dem Attisch-Delischen Seebund (Athen u. Verbündete) u. dem Peloponnesischen Bund (Sparta u. Verbündete) um die Vorherrschaft in Griechenland. Der P. K. endete mit dem Sieg Spartas u. der Auflösung des Attisch-Delischen Seebundes.
PEN-Club, Abk. für **P**oets, **E**ssayists, **N**ovelists (Dichter, Essayisten, Romanciers), internationaler Schriftstellerverband, 1921 in London gegründet.
Pendel, ein starrer Körper, der um eine Achse hin- u. herschwingt (pendelt). 1851 bestätigte J. B. L. → Foucault mit einem P. die Erddrehung.
Penicillin, Antibiotikum aus hoch wirksamen Pilzstoffwechselprodukten; gegen bestimmte Bakterien.
Penis (der, lat. „Rute"), männliches → Geschlechtsorgan. Der P. besteht aus Schaft, Vorhaut u. Eichel. Durch Schwellkörper, die sich bei Erregung mit Blut füllen, versteift sich der P.
Pension (die, frz.), 1) Ruhegehalt, Altersrente; Witwen- u. Waisengeld; 2) kleineres Hotel, Fremdenheim, meist mit Verpflegung.
Pentagon (das, gr.), 1) Fünfeck; 2) Bezeichnung des Verteidigungsministeriums der USA, Gebäude mit fünfeckigem Grundriss.
Pentagramm (das, gr.), aus den Diagonalen eines regelmäßigen Fünfecks gebildetes magisches Zeichen, auch Drudenfuß genannt.
Pentateuch (der, hebräisch), die 5 Bücher Mose.
Percussion (die, engl.), Schlaginstrumente im → Jazz u. in der → Popmusik.
Peres, Shimon, (*1923), israelischer Politiker, war mehrmals Minister, 1984–1986 u. 1995/96 Ministerpräsident; war von 2007–2014 Staatspräsident Israels; 1994 Friedensnobelpreis (mit J. → Arafat u. Y. → Rabin).
Perestroika (die, russ.), Umgestaltung; in der Sowjetunion unter Michail → Gorbatschow eingeführter innenpolitischer Prozess, der einen gesellschaftlichen Umbau forderte; Ziel war eine Steigerung der wirtschaftlichen Leistungsfähigkeit.
Perfekt (das, lat.) Zeitform des Verbs; vollendete Gegenwart (z. B. er hat gelesen).
Perfektionismus (der, lat.), Hang zur Vollkommenheit; A: **perfekt.**
Performance (die, engl.), künstlerische Darbietung; Präsentationsform der Aktionskunst.
Pergament (das, lat.), nach der Stadt → Pergamon in Kleinasien benannte, ungegerbte u. enthaarte Tierhaut; wurde ab 1000 v. Chr. bis ins MA als Schreibmaterial benutzt.
Pergamon, antike Stadt im Nordwesten von Kleinasien (heute Türkei), in der Antike Hauptst. des Pergamenischen Reiches (283–133 v. Chr.) u. Zentrum der gr.-hellenistischen Kultur.
Pergamonaltar, monumentaler Zeusaltar aus dem 2. Jh. v. Chr. mit Relieffries.
Pergola (die, ital.), Laube, Laubengang aus rankenden Pflanzen.
Perigäum (das, gr.), erdnächster Punkt der Mond- oder einer Satellitenbahn.

Perikles (ca. 490–429 v. Chr.), athenischer Staatsmann. In seiner Regierungszeit seit 461 Blütezeit Athens; Ausbau (Parthenon) u. Befestigung der Stadt; Förderung von Kunst u. Wissenschaft (Phidias, Herodot u. a.).

Periode, 1) regelmäßige Wiederholung von in sich abgeschlossenen Erscheinungen u. Größen; 2) kunstvolles Satzgefüge aus Haupt- u. Nebensätzen; 3) → Menstruation.

Periodensystem der Elemente, die systematische Ordnung der chem. Elemente, nach steigender (Neutronen-)Kernladungszahl, bei der man aus der Stellung im System ihre Eigenschaften ablesen kann.

Peripherie (die, gr.), 1) Begrenzung einer Fläche; 2) Umkreis, Randzone, Stadtrand.

Periskop (das, gr.), ausziehbares Sehrohr mit einem Spiegelsystem, durch das man „um die Ecke sehen" kann; wird z. B. in → U-Booten verwendet.

Perlen, runde Perlmuttgebilde, die sich im Inneren einiger Meer- u. Süßwassermuscheln bilden.

Perlmutt, innere Auskleidung der Schalen von Muscheln u. Schnecken. Der Perlglanz entsteht durch Beugung u. → Interferenz des Lichts.

Permeabilität (die, lat.), 1) Durchlässigkeit von → Membranen für Lösungsmittel u. Lösungen; 2) eine für das magnetische Verhalten einer Substanz charakteristische Größe.

Perpetuum mobile (das, lat.), eine Maschine, die ohne Zufuhr von Fremdenergie dauernd Arbeit leistet. Nicht realisierbar, da es den Naturgesetzen widerspricht.

Persephone, in der gr. Mythologie Natur- u. Vegetationsgöttin.

Persepolis, Ruinenstätte nördlich von Schiras, Iran; in der Antike Hauptst. des Perserreiches.

Perser, indogermanisches Volk im Iran, überwiegend → Schiiten.

Perseus, 1) in der gr. Mythologie Sohn des Zeus u. der Danae, Bezwinger der Medusa, Befreier der Andromeda von einem Seeungeheuer; 2) Sternbild des nördlichen Himmels.

Persien, bis 1934 Name für den → Iran.

Persiflage (die, frz.), geistreiche Verspottung.

Persischer Golf, Nebenmeer des Indischen Ozeans zw. Asien u. Arabien, hoher Salzgehalt, Erdölvorkommen.

Personal Computer (PC), vielseitig einsetzbarer Mikrocomputer, der durch Zukauf von Hard- u. Software in den Funktionen erweitert werden kann. Besteht aus Tastatur, Bildschirmgerät, einem oder mehreren externen Speichern u. Drucker.

Personalien (die, lat.), Angaben zur Person (Name, Vorname, Geburtstag, Beruf u. a.).

Personalunion, 1) Vereinigung mehrerer Ämter in einer Person; 2) Herrschaft eines Staatsoberhauptes über 2 Staaten.

Personenstand, familienrechtliches Verhältnis einer Person zu einer anderen. Der P. wird beim Standesamt angemeldet.

Personifikation (lat.), Vermenschlichung von Dingen, Begriffen u. a.

Persönlichkeit, 1) die verschiedenen Eigenschaften, die zusammen das Wesen einer Person ausmachen; 2) charakterlich gefestigter, durch ausgeprägte Eigenschaften ausgezeichneter Mensch.

Persönlichkeitsrecht, das jedem Menschen um seiner selbst willen zuerkannte Recht auf Achtung u. Geltung seiner Persönlichkeit.

Perspektive (die, mittellat.), 1) räumliche Darstellung eines Gegenstandes in einer Bildebene; 2) Ausblick, Standpunkt, Zukunftspläne.

Perspektivismus, phil. Lehre, nach der es keine allg. gültigen, sondern nur dem jeweiligen Standpunkt entsprechende Erkenntnisse geben kann.

Peru

präsidiale Republik im W Südamerikas, 1,28 Mio. km², 30,1 Mio. EW, *Hauptst.* Lima, *Staatsoberhaupt:* Ollanta Humala (seit 2011), *Regierungschef:* Ana Jara (seit 2014). *Naturraum:* die Anden u. die pazifische Küste zw. Ecuador u. Chile u. der östlich anschließende Teil des Amazonastieflands. Küstenstreifen (Costa) am Pazifik größ-

Persischer Golf

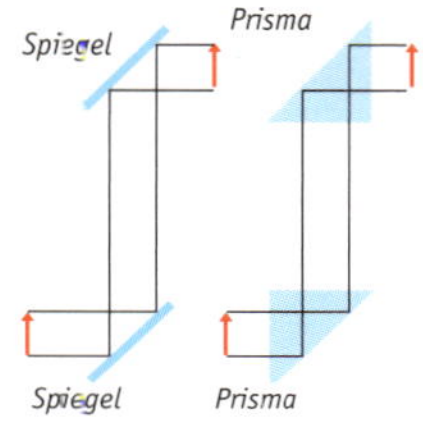

Zwei Arten von Periskopen

Perikles

Johann H. Pestalozzi

tenteils wüstenhaft (Flussoasen); Ostabhang der Anden (Montana) von Regenwald bedeckt u. dünn besiedelt. *Bevölkerung:* Nachkommen der Einwanderer u. Ureinwohner. *Wirtschaft:* Bis 2500 m Anbau von Zuckerrohr, Koka (illegal), Baumwolle; bis 4000 m vielseitiger Ackerbau; Rinder- u. Schafhaltung. Über 4000 m andine Steppe (Puna) mit Lama- u. Alpakazucht. In der Sierra bedeutende Bodenschätze (Edelmetalle, Kohle); im N Erdöl; auf den Inseln Guano (Vogelmist = Dünger).

Peru: Ackerbauterrasse

Pessar (Mutterring), Stützeinlage (z. B. zur Lagekorrektur) aus Gummi oder Silikon für die Gebärmutter; dient auch zur → Empfängnisverhütung.

Pessimismus (der, lat.), Neigung, die Welt u. das Leben negativ zu betrachten.

Pest, seuchenartige, bakterielle Infektionskrankheit. Im MA entvölkerte die P. („Schwarzer Tod") in mehreren Wellen große Teile Asiens u. Europas.

Pestalozzi, Johann Heinrich (1746–1827), schweizer. Pädagoge.

Pestizide (die, lat.), Sammelname für alle chemischen Pflanzenschutzmittel, → Insektizide, → Herbizide, Fungizide. Sie vernichten Nützlinge u. Schädlinge u. schädigen den Menschen, der durch das Essen viele P. aufnimmt.

Peterskirche

Peter der Große, russischer Zar von 1682–1725. Gründete St. Petersburg (von 1924–1991 Leningrad), das er zur neuen Hauptst. machte.

Peterskirche, größter Kirchenbau in der Vatikanstadt → Rom, mit Grab des Apostels → Petrus.

Petroleum (das, gr.), Destillationsprodukt des Erdöls, wird als Lampenöl oder Reinigungsöl verwendet.

Petrus, eigentlich Simon, Apostel u. führende Persönlichkeit im Jüngerkreis Jesu. Nach katholischer Lehre der erste Bischof von Rom, d. h. der erste Papst.

Petting (das, engl.), Austausch sexueller Zärtlichkeiten ohne Geschlechtsverkehr.

Pfadfinder, internationale Jugendorganisation; Erziehung der Jugend durch jugendliche Führer zu praktischen, hilfsbereiten Menschen.

Pfalz, im MA die Burgen des reisenden königlichen oder kaiserlichen Hofstaates u. zur Unterbringung der Hofämter u. Tagungsort der Hofgerichte.

Pfand, Gegenstand, der dem → Gläubiger zur Sicherung seines Anspruchs übergeben bzw. überschrieben wird.

Pfändung, amtliche Beschlagnahmung des Vermögens eines Schuldners.

Pferdestärke (PS), nicht gesetzliche Einheit der Leistung in der Technik; 1 PS = 0,75 mkp/s = 736 Watt.

Pferdsprung, olympische Disziplin im Kunstturnen; Sprünge von einem elastischen Sprungbrett über das längs (bei Männern) oder quer (bei Frauen) gestellte Sprungpferd; Sprungpferd für Männer 1,35 m, für Frauen 1,20 m hoch.

Pfingsten, 1) israelitisches Erntedankfest, 50 Tage nach → Passah; 2) christlicher Festtag zum Gedenken an die Herabkunft des Heiligen Geistes, 50 Tage nach Ostern.

Pflanzen, siehe Kasten S. 227.

Pflanzenschutz, → biologische u. chemische Schädlingsbekämpfung zum Schutz der Pflanzen vor „Unkraut", Krankheit oder tierischen Schädlingen.

Pflegschaft, Fürsorge für eine hilfsbedürftige Person im Rahmen des Vormundschaftsrechts.

Pflichtteil, Mindesterbanspruch des nächsten Angehörigen auf den Nachlass.

Pfund, 1) → Maßeinheiten; 2) Währungseinheit in zahlreichen Nordstaaten Afrikas u. des Nahen Ostens sowie in Großbritannien, entspricht 100 Pennies.

Phalanx (die, gr.), in der gr. Antike geschlossene Schlachtreihe der Fußtruppen.

Phallus (der, gr.), das erigierte männliche Glied, Symbol der Fruchtbarkeit in zahlreichen antiken Kulturen.

Phänologie (die, gr.), Lehre von den jahreszeitlich gebundenen Lebensvorgängen bei Pflanzen u. Tieren, z. B. Blüte, Reife, Paarung, Vogelzug.

Phänotypus (der, gr.), Summe aller Merkmale im Erscheinungsbild eines Lebewesens, vgl. → Genotypus.

Pharao, Mehrzahl Pharaonen, Titel des Monarchen im alten Ägypten.
Pharisäer (der, aramäisch), 1) Angehöriger einer altjüdischen, streng gesetzesfrommen Partei; 2) selbstgerechter Mensch, Heuchler.
Pharmakologie (die, gr.), Wissenschaft von der Anwendung, Dosierung u. Wirkung der Arzneimittel.
Phase (die, gr.), 1) Entwicklungsabschnitt; 2) Lichtgestalt des Mondes oder der Planeten; 3) bei Wechselstrom der zeitliche Abstand zw. den einzelnen Nulldurchgängen von Spannungen, Strömungen usw.
Philharmonie (die, gr.), 1) Bezeichnung vieler → Orchester u. Musikgesellschaften; 2) Konzerthaus.
Philipp II., span. König von 1555–1598. Erbte von seinem Vater → Karl V. Spanien, die Niederlande, Burgund u. große Teile Italiens. Der Untergang seiner → Armada läutete den langsamen Verfall des span. Weltreiches ein.

Philippinen

präsidiale Republik (Inselstaat) in Südostasien. 300.000 km², ca 100 Mio. EW, *Hauptst.* → Manila, *Staatsoberhaupt* u. *Regierungschef:* Benigno Simeon Aquino (seit 2010). *Naturraum:* Die großen Inseln sind gebirgig, mit zahlreichen tätigen Vulkanen. An den Ostküsten Regenwald, an den Westküsten Savanne; tropisches Monsunklima. *Bevölkerung:* Filipinos (ein Zweig der Indonesier), Urbevölkerung (Aeta), chinesische Minderheit. *Wirtschaft:* Tropischer Anbau, Hanf-, Kokospalmen- u. Zuckerrohrplantagen, Tabak; Erzbergbau; Ausfuhr von Halbleiterbauteilen. Der Name leitet sich ab von König Philipp II. von Spanien; die Ph. waren 1565– 1898 span. Kolonie.

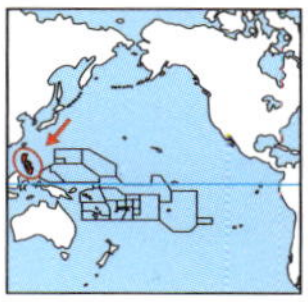

Philippus, einer der 12 Apostel Christi, gehörte nach dem Johannesevangelium zu den erstberufenen Jüngern.
Philister, 1) nichtsemitisches Volk, das um 1200 v. Chr. in der palästinensischen Küstenebene ansässig wurde; 2) kleinbürgerlicher Mensch, Spießbürger.
Philologie (die, gr.), wissenschaftliche Beschäftigung mit Sprache u. Literatur antiker u. moderner Kulturvölker.
Philosophie (die, gr.), 1) Gesamtheit des Wissens, Streben nach Weisheit; 2) Wissenschaft von den verschiedenen phil. Systemen.

Pharao Haremhab

Philipp II. von Spanien

Pflanzen

Anders als Tiere besitzen Pflanzen, wie Blüten- oder Samenpflanzen, Farne, Moose und Algen, keine Organe oder Nervenbahnen. Da sie sich auch nicht fortbewegen können, müssen sie an dem Ort, wo sie wachsen, alles Lebenswichtige finden.
Mithilfe des Sonnenlichtes produzieren Pflanzen in ihren **Blättern** (→ Blatt) aus dem Kohlendioxid der Luft den Nährstoff Zucker (→ Fotosynthese). Dafür benötigen sie einen grünen Farbstoff, das Blattgrün (Chlorophyll). Weitere Nährstoffe für ihr Wachstum, wie Mineralsalze und auch Wasser, holen sie sich über die → **Wurzeln** und den **Stängel** aus der Erde. Die Wurzeln geben der Pflanze außerdem Halt. Die **Blüten** der Blüten- oder Samenpflanze dienen der Fortpflanzung. Über ihren Duft werden viele Insekten angelockt, die sie bestäuben (→ Bestäubung). Algen, Moose und Farne, die keine Blüten haben, vermehren sich dagegen durch → **Sporen. Algen** sind die einfachsten Pflanzen und leben im Wasser. **Moose** und **Farne** sind vor allem Waldpflanzen. Viele Moose haben winzige Blättchen und sehen aus wie ein kleiner grüner Teppich. Farne bilden Blattwedel, die direkt aus dem Boden wachsen. Da Pflanzen mithilfe des Sonnenlichts aus **anorganischen Stoffen** die für alle Lebewesen notwendigen **organischen Stoffe** (Zucker, Sauerstoff) aufbauen können, sind Tiere und Menschen auf sie angewiesen.

Piercing

Phlegma (das, gr.), geistige Trägheit.

Phnom Penh, Hauptst. von → Kambodscha am Mekong, 1,5 Mio. EW.

Phobie (die, gr.), krankhafter Angstzustand.

Phonetik (die, gr.), Teil der Lautlehre, der Wissenschaft der Lautformen von Sprachen.

Phönix (der, lat.), in der ägyptischen Mythologie ein Vogel, der sich ins Feuer stürzte u. aus der Asche wiederauferstand; Symbol der Unsterblichkeit.

Phosphate, Salze der Phosphorsäure, dienen u. a. zur Herstellung künstl. Dünger, sind in Wasch- u. Reinigungsmitteln sowie in manchen Lebensmitteln enthalten.

Phosphor, 1) weißer Ph., hoch reaktiv, brennt an der Luft, unlöschbar, giftig; 2) roter Ph., entsteht bei Hitze u. Druck aus weißem Ph. (träge, ungiftig); 3) schwarzer Ph., entsteht aus weißem Ph. unter Druck; wichtig für die Herstellung von Dünger.

pH-Wert, Maßzahl für den Säuregrad einer wässrigen Lösung. 1–6 = sauer; 7 = neutral, 8–14 = alkalisch.

Phylogenese (die, gr.), Stammesgeschichte (Stammesentwicklung) der Lebewesen.

Physik, siehe Kasten unten.

Physikum (das, gr.), Prüfung nach den vorklinischen Semestern des Medizinstudiums.

Physiognomie (die, gr.), die für einen Menschen charakteristischen Gesichtszüge u. der aus ihnen entstehende Gesichtsausdruck.

Physiologie (die, gr.), Lehre von den Funktionen der Organe, Gewebe u. Zellen der Lebewesen.

Piano, eigentlich Pianoforte, → Klavier.

piano (ital.), musikal. für leise.

Picasso, Pablo (Ruiz y P., 1881–1973), span. Maler, Grafiker, Bildhauer u. Keramiker. P. gilt als eines der vielseitigsten Genies des 20. Jh. Nach seiner blauen u. rosanen Periode, in denen er zarte, traurige u. träumerische Gestalten schuf, entwickelte er mit George Braque den → Kubismus, berühmtes Bild *Les Demoiselles d'Avignon*: nackte Frauenfiguren aus geometrischen Formen.

Piercing (das, engl.), Durchbohren oder Durchstechen der Haut zum Anbringen von Körperschmuck.

Pieta (die, ital.), Darstellung der trauernden Maria mit dem Leichnam Jesu auf dem Schoß.

Pietismus (der, lat.), protestantische Bewegung im 17. u. 18. Jh., die das Wesen der Religion im Gefühlserlebnis sieht.

Physik

Die Physik wird als Wissenschaft definiert, die sich mit Erscheinungen und Vorgängen der unbelebten Natur beschäftigt, soweit sie gemessen, im Experiment erforscht und mathematisch dargestellt werden können. Das Wort „Physik" leitet sich von dem griechischen Wort physikos („Naturphilosophie") ab.

Wie bei vielen anderen Wissenschaften liegen auch die Wurzeln der Physik im antiken Griechenland, wo man sich bereits vor rund 2500 Jahren mit Fragen der → Mechanik, der → Optik oder der → Atome beschäftigte. Arabische Gelehrte nahmen das Wissen der alten Griechen auf, entwickelten es seit dem 9. Jahrhundert und brachten es nach Europa.

Die bis zum Ende des 19. Jahrhunderts erforschten Naturerscheinungen zählt man zur **klassischen Physik.** Sie wird in folgende Gebiete eingeteilt: Die **Mechanik** untersucht die Bewegung von Körpern und die Kräfte, die die Bewegung verursachen. Die **Akustik** befasst sich mit dem → Schall und seinen Auswirkungen, z. B. auf den Menschen. Die **Thermodynamik** ist die Lehre von den durch Wärme verursachten Energieformen, z. B. Druck. Die Gebiete der **Elektrodynamik** sind die → Elektrizität und der → Magnetismus. Die **Optik** beschäftigt sich mit dem sichtbaren und unsichtbaren Licht und seiner Wirkung. Die Erkenntnisse und Entdeckungen des 20. Jahrhunderts, vor allem im Bereich der Atome, gehören zur **modernen Physik.** Sie wird auch als **Mikrophysik** bezeichnet, die z. B. die Atom- und Kernphysik umfasst und sich mit den kleinsten Teilchen der Welt beschäftigt, den Atomen, Elementarteilchen und → Quarks.

Pigment (das, lat.), 1) Farbstoff im Gewebe von Mensch, Tier u. Pflanze; 2) Farbkörper in einer Mal- oder Anstreichfarbe.
Pilatus, Pontius, von 26–36 n. Chr. fünfter röm. Prokurator von Judäa; bekannt durch den Prozess gegen Jesus im N. T.
Pilgerväter, nach Neuengland, USA ausgewanderte engl. → Puritaner (→ Mayflower); 1620 erste Koloniegründung.
Pilze, Gruppe von Sporenpflanzen mit etwa 100.000 bekannten Arten. Sie haben kein Blattgrün, können also Nahrung nicht selbst aufbauen u. sind daher auf fertige Nahrung angewiesen. Sie leben auf Kosten anderer Lebewesen, sind Schmarotzer u. Fäulnisbewohner. Es gibt höhere P. (z. B. → Champignon, → Steinpilz) u. niedere P. (z. B. Schimmelpilze.); Vermehrung durch Sporen, Fruchtkörper der höheren P., die aus dem sog. Myzel (spinnfädiger, fortwachsender Pflanzenkörper der P.) wachsen.
Pinguine, flugunfähige Vögel, deren Flügel zu elastischen Flossen wurden; durch dichte, borstenartige Federn gegen Wasser u. Kälte geschützt. Sie können bis zu 100 min u. 200 m tief tauchen. Lebensraum: subantarktisches Meer; nur zum Brüten u. während der Mauser an Land.
Pinter, Harold (1930–2008), brit. Schriftsteller; Vertreter des absurden Theaters; verfasste Hörspiele, Theaterstücke, *Der Hausmeister* (1960); 2005 → Nobelpreis für Literatur.
Pionier (der, frz.), Bezeichnung für technische Truppen; übertragen: Bahnbrecher.
Pipeline (die, engl.), Rohrleitungen zur Beförderung von Erdöl oder Erdgas über weite Entfernungen.
Pipette (die, frz.), meist geeichtes, zu einer Spitze ausgezogenes Glasrohr zum Ansaugen u. Abmessen von Flüssigkeiten.
Pippin der Jüngere (714–768), wurde nach der Absetzung des letzten → Merowingers König der Franken. Vereinigte ganz Gallien in seiner Hand, besiegte die → Langobarden u. übergab dem Papst deren Gebiete („Pippinische Schenkung" = Kirchenstaat); Vater → Karls des Großen.
Piranha (der, portugiesisch), südamerik., in Schwärmen lebender Raubfisch.
Pirouette (die, frz.), 1) wirbelnde Drehung auf einem Fuß bei → Ballett, Rollschuh- u. → Eiskunstlauf; 2) beim Dressurreiten Kreiswendung im Galopp um die Hinterhand.
Pisa, Stadt in der Toskana, bekannt durch ihren Turm, einem seit 1174 schief stehenden → Campanile.
PISA, Abk. für engl. **P**rogramme for **I**nternational **S**tudent **A**ssessment, internationale Vergleichsstudie der Leistungen 15-jähriger Schüler u. Schülerinnen in den Bereichen, Lesen, Mathematik u. Naturwissenschaften, durchgeführt von der → OECD.
Pixel (das), Kurzwort aus engl. **pic**ture **el**ement, kleinstes Bildelement bei der digitalisierten Bilddarstellung; die so entstandenen Bildpunkte können einem Rechner eingegeben werden.
Pizarro, Francisco (1478–1541), span. Konquistador; 1531–1533 Entdeckung u. Eroberung des Inkareiches; 1535 Gründung von Lima.
Plädoyer (das, frz.), Schlussvortrag des Staatsanwalts u. Verteidigers im Strafprozess.
Planck, Max (1858–1947), dt. Physiker, Begründer der modernen Physik; 1918 → Nobelpreis für Physik.
Planet (der, gr.), großer Himmelskörper, der ein Zentralgestirn (Sonne) umkreist u. durch dessen Reflexion leuchtet. Die heute bekannten 8 P. des Sonnensystems sind: Merkur, Venus, Erde, Mars, Jupiter, Saturn, → Uranus, → Neptun. Die 5 hellsten (→ Merkur, → Venus, → Mars, → Jupiter, → Saturn) sind mit bloßem Auge sichtbar.
Planetarium (das, gr.-lat.), kuppelförmige Einrichtung zur Darstellung des Sternhimmels; mittels eines um mehrere Achsen beweglichen Projektionsgerätes werden verschiedene Himmelskörper auf das Kuppelinnere projiziert.
Plankton (das, gr.), Sammelbezeichnung für Pflanzen (z. B. Algen, Bakterien) u. kleine, niedere Tiere (z. B. Krebse, Borstenwürmer), die frei im Wasser schweben, deren Eigenbewegung aber

Pisa: Dom

Max Planck

Felsenpinguine

Plankton

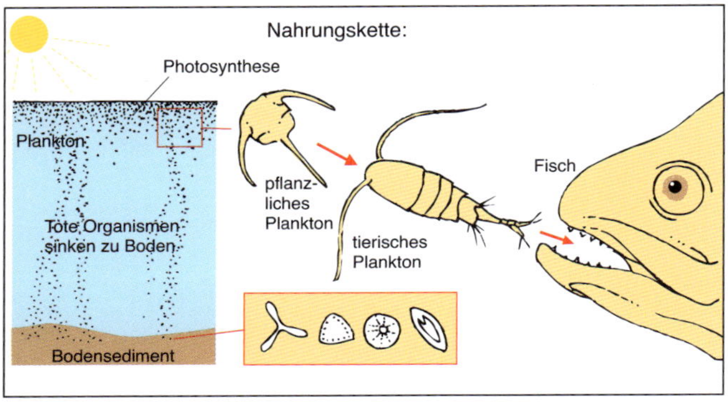

Plankton

so gering ist, dass sie von den Wasserströmungen abhängig sind. Nahrung für zahlreiche große Tiere.

Plantage (die, frz.), großes Landgut, z. B. in den Tropen, mit Großkulturen.

Planwirtschaft, (Zentralverwaltungswirtschaft), sozialistisches Wirtschaftssystem, bei dem eine zentrale Wirtschaftsbehörde einen einheitlichen Plan erstellt, der die Warenproduktion auf mehrere Jahre im Voraus festlegt; meist ein Fünfjahresplan.

Plastik, 1) (die), ein Produkt der Bildhauerkunst, das man aus einem formbaren Material, z. B. Ton, erarbeitet. Der Begriff wird in der Kunst aber auch oft für das ganze dreidimensionale Gestalten verwendet; 2) (das), ugs. Bezeichnung für Kunststoff.

Platin, chemisches Element; grauweißes, dehnbares, widerstandsfähiges Edelmetall.

Platon

Platon (427–347 v. Chr.), gr. Philosoph, Schüler des → Sokrates.

platonische Liebe, Bezeichnung für eine rein geistige Liebe.

Plattensee, ungarisch Balaton, 592 km², größter See Mitteleuropas, im Mittel nur 3 m tief, tiefste Stelle 11 m.

Playback (das, engl.), bei Film- u. Fernsehaufzeichnung Einspielen einer bereits bestehenden Tonaufnahme, zu der die Lippen synchron bewegt werden.

Playstation (die, engl.), Spielkonsole mit CD-ROM-Laufwerk.

Plazenta (die, lat.), aus Frucht- u. Mutterkuchen bestehendes blutreiches Organ, das über den Nabelstrang den Stoffaustausch zw. Mutter u. Embryo vermittelt; wird nach der Geburt ausgestoßen.

Plebiszit, unmittelbare Volksabstimmung; das Volk entscheidet selbst (u. nicht wie sonst die Abgeordneten) über Sachfragen; → Volksentscheid.

Plebs (die, lat.) im alten Rom die vom politischen Leben ausgeschlossenen Volksschichten; heute Synonym für Pöbel.

Pleistozän (das, gr.), Abschnitt der → Erdgeschichte, älterer Abschnitt des → Quartärs; im P. fanden große Vereisungen statt (→ Eiszeiten).

Plejaden, 1) in der gr. Mythologie die 7 Töchter des Atlas; 2) Siebengestirn, offener Sternhaufen im Sternbild des Stiers.

Plektron (das, gr.), Plättchen zum Schlagen der Saiten von Instrumenten.

Plenum, Plenarsitzung, Vollversammlung des → Parlaments.

PLO, Abk. für **P**alestine **L**iberation **O**rganization, Palästinensische Befreiungsorganisation; die PLO kämpft im Namen der Palästinenser für die Errichtung eines unabhängigen palästinensischen Staates.

Plombe, 1) Zahnfüllung; 2) Bleisiegel zur Sicherung der Verschnürung von verpackten Waren oder zum Verschließen von Wagontüren bei der Zollabfertigung.

Plural (der, lat.), Mehrzahl bei Nomen u. Verb, Adjektiv u. Pronomen.

Pluralismus (der, lat.), politisch-soziologische Vorstellung, die das gleichberechtigte Nebeneinander verschiedener Anschauungen, (politischer) Programme u. sozialer Gruppen zum Grundsatz der Gesellschaftsordnung erhebt (z. B. pluralistische Gesellschaft der BR Dtl.)

Plusquamperfekt (das, lat.), grammatikalische Bezeichnung für die Vorvergangenheit, z. B. er hatte gesagt.

Pluto, vermutlich äußerster Zwergplanet des Sonnensystems, mit bloßem Auge nicht sichtbar; 1930 entdeckt; sein Satellit Charon wurde 1978 entdeckt.

Plutokratie (die, gr.), Herrschaftsform, in der die Macht vom wirtschaftlichen Reichtum ausgeht.

Plutonium (das, gr.), künstl. hergestelltes, radioaktives chem. Element, selbst in geringsten Mengen tödlich; Ausgangsmaterial für → Atombombe.

Pneumatik (die, gr.), Teilgebiet der Mechanik; befasst sich mit der Anwendung von Gasen, bes. Druckluft.

Pocken, 1) hochfieberhafte, schwere Viruserkrankung mit vereiternden, narbig heilenden Pusteln auf der Haut u. den Schleimhäuten; 2) Blatternkrankheit, Vorkommen bei allen Tieren, seuchenartig beim Schaf.

Podium (das, lat.), erhöhte Fußbodenfläche in Konzert- u. Theatersälen.

Poe, Edgar Allen (1809–1849), amerik. Schriftsteller; oft unheimliche Erzählungen, *Der Rabe* (dt. 1883).

Poesie (die, gr.), allg.: Dichtung, Dichtkunst; im engeren Sinne die Versdichtung.

Pogrom (der oder das, russ.), allg. Verwüstung, Zerstörung; im zaristischen Russland Bezeichnung für Judenverfolgungen; im engeren Sinne gewalttätige Massenausschreitungen gegen religiöse u. rassische Minderheiten.

Pointe (die, frz.), verblüffende Wendung, unerwartetes Zusammentreffen; springender Punkt, Höhepunkt, z. B. bei einem Witz.

Pol, 1) Endpunkt der Umdrehungsachse eines sich drehenden Körpers; 2) bei Magneten Punkt der stärksten Anziehung bzw. Abstoßung; 3) Anschlussklemme einer Stromquelle, Plus- u. Minus-P.

Polargebiete, die Gebiete zw. Pol u. Polarkreis; → Arktis, → Antarktis.

Polarisation, allg. die Ausbildung von Punkten oder Zonen mit gegensätzlichem Verhalten.

Polarkreise, die Breitenkreise, an denen die Sonne einmal im Jahr auch um Mitternacht zu sehen bzw. auch mittags nicht zu sehen ist. Sie liegen auf 66,33 Grad nördlicher bzw. südlicher Breite.

Polarlicht, Nordlicht, Südlicht, Leuchterscheinung in der Erdatmosphäre, hervorgerufen durch elektrisch geladene Teilchenströme der Sonne, die durch das Erdmagnetfeld zu den Polen hin abgelenkt werden u. Gase der → Atmosphäre zum Leuchten anregen.

Polarnacht, die sechsmonatige Periode an den Polen, in der die Sonne nicht aufgeht.

Polarstern, hellster Stern im Sternbild Kleiner Bär, dient nachts zur Feststellung der Himmelsrichtungen. Wegen der Kreiselbewegung der Erdachse steht von Zeit zu Zeit ein anderer Stern in Polstellung, in etwa 14.000 Jahren z. B. wird die Wega der P. sein.

Polemik (die, gr.), heftige Auseinandersetzung auf literarischem oder wissenschaftlichem Gebiet.

Polen

Republik in Ostmitteleuropa, 312.685 km², 38,4 Mio. EW, *Hauptst.* → Warschau, *Staatsoberhaupt:* Bronisław Komorowski (seit 2010), *Regierungschef:* Ewa Kopacz (seit 2014). *Naturraum:* baltische Tiefebene u. Seenplatte u. Pommersche Seenplatte im N, anschließend Mittelgebirge, im S die dicht bewaldeten Karpaten (bis 2499 m); im Südwesten Sudeten. Hauptflüsse sind Weichsel u. Oder. *Bevölkerung:* Polen; kleine nationale Minderheiten. *Wirtschaft:* Rinderzucht; Forstwirtschaft; Bergbau (Steinkohle, Erze); stark industrialisiert. *Geschichte:* Im Zweiten Weltkrieg wurde Polen zw. der UdSSR u. Deutschland aufgeteilt; nach dem Zweiten Weltkrieg entstand ein neues Polen, dessen Westgrenze Oder u. Neiße bilden; ebenso kam der Südteil Ostpreußens zu P.; dafür wurden die poln. Ostgebiete der UdSSR angegliedert; seit 1.5.2004 in der EU.

Polis (die, gr.), Stadtstaat im antiken Griechenland.

Politik, siehe Kasten S. 232.

Politiker, Staatsmann, jemand, der intensiv an der Gestaltung des Staates mitwirkt.

Polonaise (die, frz.), ursprünglich poln. Schreittanz im 3/4-Takt.

poly..., Poly..., in Wortzusammensetzungen Bedeutung von „viel“, „vielfach“.

Edgar Allan Poe

Pole

Polarlicht

Politik

Der Begriff Politik leitet sich von dem griechischen Wort polis ab, der Bezeichnung für den → Stadtstaat im alten Griechenland. Im engeren Sinne versteht man darunter die Gesamtheit aller Bestrebungen, der Gesellschaft eines Gemeinwesens im privaten und öffentlichen Leben Wohlstand, Frieden und Sicherheit zu ermöglichen. Als Politik bezeichnet man sowohl die Tätigkeit von gewählten → Politikern, die sich an den Zielen und Regeln orientieren, welche die → Verfassung vorgibt, als auch die Handlungen von Einzelpersonen und Organisationen zur Durchsetzung ihrer Ziele gegenüber dem Staat.

Man gliedert die Politik nach verschiedenen Gesichtspunkten, z. B. nach der Ebene, in der politische Handlungen stattfinden: Die **Bundespolitik**, über die in der BR Dtl. im → Bundestag beraten und entschieden wird, umfasst sämtliche Maßnahmen und Gesetze, nach denen sich alle Bürger im Staat richten müssen. In den Landesparlamenten der 16 deutschen Bundesländer kümmern sich die Politiker um diejenigen Angelegenheiten ihrer Länder, für die Bundestag und Bundesregierung nicht zuständig sind. Die Beschlüsse der **Landespolitik** betreffen dann auch nur die Einwohner der jeweiligen Bundesländer. Am deutlichsten werden die Auswirkungen der Politik für jeden Einzelnen in der **Kommunalpolitik** der Stadt- und Gemeinderäte. Dort wird z. B. über neue Kindergärten und die Seniorenbetreuung entschieden.

Betrachtet man die Ziele politischen Handelns, lässt sich von **Friedens-**, **Macht-** und **Interessenpolitik**, wie z. B. von Gewerkschaften oder Verbänden, sprechen.

Auch nach dem jeweiligen Sachbereich, den die Politik betrifft, kann man gliedern, z. B. in **Außen-**, **Innen-**, **Wirtschafts-**, **Justiz-**, **Bildungs-**, **Gesundheits-**, **Finanz-**, **Verteidigungs-**, **Verkehrspolitik** usw. Auf diese Weise entstehen auch die Ministerien des Staates. Große Weltpolitik wird bei den Vereinten Nationen (→ UN) gemacht, in denen 192 Staaten vertreten sind.

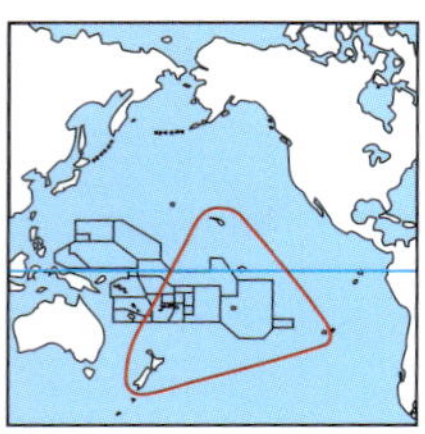

Polynesien

Polynesien: Steinfiguren auf der Osterinsel

Pompeji: Forum

Polyäthylen, vielseitig verwendeter thermoplastischer Kunststoff aus polymerisiertem (zu riesigen → Molekülen verknüpftem) → Äthylen.

Polygamie, Form der Ehe, bei der ein Mann oder eine Frau mit mehreren Partnern verbunden ist.

Polymere (das, gr.), makromolekulare Verbindungen, die durch Verknüpfung von sehr vielen → Molekülen zustande kommen.

Polymerisation (die, gr.), Verbindung vieler gleichartiger Moleküle zu einem Riesenmolekül.

Polynesien, Inselgruppen im O Ozeaniens, u. a. → Neuseeland, → Tonga, → Hawaii, Cook-,→ Samoa-, Gesellschafts- u. Marquesas-Inseln u. die Osterinsel; vulkanischen Ursprungs oder Koralleninseln.

Polytheismus (der, gr.), Glaube an viele Götter; → Weltreligionen.

Pommern, Landschaft an der Ostsee.

Pompeji, antike Stadt in → Italien, die 79 n. Chr. durch den Vulkanausbruch des → Vesuv zerstört wurde; seit dem 18. Jh. fördern Ausgrabungsarbeiten nicht nur Kunstwerke von unschätzbarem Wert, sondern v. a. Zeugnisse des Alltagslebens aus der Vergangenheit zutage.

Pompejus, Gnaeus P. Magnus (106–48 v. Chr.), röm. Staatsmann. Erfolgreicher Feldherr im O des Reiches; schloss mit → Caesar u. Crassus das 1. → Triumvirat. Im Bürgerkrieg von Caesar bei Pharsalos besiegt, in Ägypten ermordet.

Pompidou, Georges (1911–1974), frz. Politiker, 1962–1968 Ministerpräsident, 1969–1974 Staatspräsident.

Pontifikat (das, lat.), päpstliche oder bischöfliche Amtsperiode.

Pop-Art, Kunstrichtung, die Ende der 1950er-Jahre in England u. Amerika entstand. In der P.-A. werden Dinge des modernen Alltags oft überdimensional groß oder akribisch genau als Kunstwerke dargestellt, meist mit dem Ziel, die banale Lebensweise der Konsumwelt sichtbar zu machen. Bekannte Vertreter sind z. B. Claes Oldenburg, → Warhol, → Lichtenstein oder Robert Rauschenberg.

Popmusik, 1) allg.: Unterhaltungsmusik; 2) angloamerik. geprägte Populärmusik.

Popocatépetl, Vulkan in der Sierra Madre Oriental, Mexiko, 5452 m hoch; bildet mit dem erloschenen Ixtacihuatl einen Doppelvulkan.

Pornografie (die, gr.), die als obszön eingestufte Darstellung des Sexuellen in Schrift u. Bild.

Porsche, Ferdinand (1875–1951), österr. Ingenieur u. Autokonstrukteur; Volkswagen ab 1934, Porsche ab 1950.

Portugal

parlamentarisch-demokratische Republik in Südwesteuropa, 92.082 km^2, 10,6 Mio. EW, *Hauptst.* → Lissabon (Lisboa), *Staatsoberhaupt:* Aníbal Cavaco Silva (seit 2005), *Regierungschef:* Pedro Passos Coelho (seit 2011). Zu P. gehören die Azoren, Madeira u. die Überseeprovinz Macao. *Naturraum:* im N Hochland mit mittelmeerischem Eichen- u. Edelkastanienwald, von Flusstälern durchzogen; im S Flachland mit niedrigen Gebirgen u. Macchia. Mäßig heißes Mittelmeerklima, im N feuchter. *Wirtschaft:* Agrarland mit mittelmeerischem Anbau, Weinexport (Port); Korkgewinnung; Viehzucht; Fischerei, Tourismus. *Geschichte:* P. stieg im Zeitalter der Entdeckungen zur Weltmacht auf (Vasco da → Gama, → Magellan; Kolonien in Afrika, Indien, China, Brasilien). Seit 1986 Mitglied der → Europäischen Union.

Porzellan, rein weiße, durchscheinende Tonware, besteht aus den Gesteinen Kaolin (45–60 %), Quarz u. Feldspat. Bei den Chinesen war P. schon im Altertum bekannt. Die erste europäische P.-Manufaktur entstand 1710 in Meißen.

Posaune (die, mittelhochdt.), Blechblasinstrument mit u-förmigem Zug.

Poseidon, in der gr. Mythologie der Gott des Meeres; → Neptun.

Positivismus (der, lat.), insb. der Metaphysik entgegengesetzte phil. Richtung, für die nur wirklich ist, was unmittelbar in der Erfahrung (positiv) gegeben ist. Grundlage für die materialistische Weltanschauung.

Positron (das, lat.), positiv geladenes → Elementarteilchen, das Antiteilchen des → Elektrons.

Possessivpronomen, das besitzanzeigende Fürwort, z. B. mein, dein.

Postmoderne, in den 1970er-Jahren von Amerika ausgehender Kunststil, der sich vor allem auf → Architektur u. Gestaltung von Gebrauchsgegenständen bezieht. Die klaren, zweckmäßigen Formen seit dem → Bauhaus wurden als Verarmung empfunden; die P. übernahm deshalb aus dem Formenschatz aller bisherigen Stile verschiedene Details u. verwendet sie nicht funktionell-zweckgebunden, sondern rein dekorativ.

postum/posthum (lat.), nach dem Tode erfolgend.

Potemkin, Grigorij Alexandrowitsch (1739–1791), russ. Feldherr u. Staatsmann; leitete unter der Zarin → Katharina II. die Innen- u. Außenpolitik.

Potemkinsche Dörfer, Vorspiegelung falscher Tatsachen. Potemkin soll angeblich 1787 Katharina II. auf einer Reise nach Südrussland durch Attrappen von ganzen Dörfern blühende Siedlungen vorgetäuscht haben.

Potenz (die, lat.), 1) Produkt aus gleichen Faktoren. Beispiel: $2 \times 2 \times 2 \times 2 = 2^4$. Jede Potenz besteht aus einer Grundzahl u. einer Hochzahl. Beispiel: a^b; a = Grundzahl, b = Hochzahl; 2) Vermögen, Fähigkeit; 3) Fähigkeit des Mannes zum Geschlechtsverkehr, auch Zeugungsfähigkeit.

Potenzial, 1) Leistungs-, Arbeitskraft; 2) skalare Ortsfunktion zur mathematischen Beschreibung bestimmter Vektorfelder.

Potpourri (das, frz.), 1) Allerlei, Kunterbuntes; 2) Zusammenstellung verschiedener Melodien.

Potsdam, Hauptst. von → Brandenburg, 161.000 EW, südwestlich von Berlin; Filmstudios; ehemalige Residenzstadt der preuß. Könige; Sanssouci, Orangerie, Friedrichskirche.

Popocatépetl

Portugal: Aquädukt bei Tomar

Chinesische Porzellanvase

Potsdam: Neues Palais

Potsdam: Schloss Sanssouci

Prärie in Nordamerika

Elvis Presley

Pottwal

Potsdamer Abkommen, nach Ende des → Zweiten Weltkrieges 1945 trafen sich die Regierungsvertreter der Siegermächte USA, Großbritannien, Frankreich u. der Sowjetunion in Potsdam, um über die Zukunft Deutschlands zu entscheiden. Beschlossen wurden u, a.: die Aufteilung Deutschlands in 4 Besatzungszonen; die Durchsetzung von Reparationsleistungen; die Ausweisung der dt. Bevölkerung aus der Tschechoslowakei u. Ungarn; die Entmilitarisierung, Entnazifizierung, Demokratisierung u. Umerziehung des dt. Volkes; die Neuzulassung von Kommunalwahlen, Parteien u. Gewerkschaften.

Pottasche, Kaliumkarbonat; ältestes bekanntes Reinigungsmittel.

Pottwal, größter Zahnwal, räuberischer Meeressäuger, wird bis 23 m lang, riesiger hammerförmiger Kopf mit nur einer Nasenöffnung an der Stirn. Durch Jagd vom Aussterben bedroht.

Pour le Mérite (frz. = für das Verdienst), Orden für militärische u. zivile Verdienste, 1740 von Friedrich dem Großen gestiftet.

PR, Abk. für **P**ublic **R**elations, Öffentlichkeitsarbeit.

prä..., Prä..., in Wortzusammensetzungen Bedeutung von „vor".

Präambel (die, lat.), Vorrede, Einleitung, z. B. vor dem eigentlichen Text von Verfassungen, Staatsverträgen u. a. Urkunden.

Prädikat (das, lat.), 1) Titel, Beiname; 2) Satzaussage (Verb); das über das Subjekt Ausgesagte.

Präfekt (der, lat.), 1) im antiken Rom Amtstitel in Heer u. Verwaltung; 2) der Repräsentant des Staates in einem frz. Departement bzw. der oberste Verwaltungsbeamte einer ital. Provinz.

Prag (tschechisch Praha), Hauptst. der → Tschechischen Republik, an der Moldau, 1,2 Mio. EW, mittelalterlicher Stadtkern mit Burg, erste dt. Universität (1357).

Pragmatismus (der, lat.), phil. Richtung, die im Handeln das Wesen des Menschen erblickt u. Wert u. Unwert des Denkens danach misst.

Praktikum (das, lat.), akademischer Kurs zur prakt. Anwendung theoretischer Erkenntnisse; auch Vorbereitung auf den Beruf durch vorübergehende, meist unbezahlte prakt. Tätigkeit.

Prälat (der, lat.), in der katholischen Kirche Titel für amtierende kirchliche Würdenträger.

Präludium (das, lat.), Vorspiel (Musik).

Prämie (die, lat.), 1) Belohnung für bestimmte Leistungen; 2) staatlicher Zuschuss zur Förderung der Aus- oder Einfuhr; 3) Beitrag des Versicherungsnehmers an den Versicherer.

Pranger, Schandpfahl auf öffentlichen Plätzen, an dem im MA Missetäter zur Schau gestellt wurden.

Prärie (die, frz.), Grasland zw. den → Appalachen u. den → Rocky Mountains; Acker- u. Weideland.

Präsens (das, lat.), grammatisch: Zeitform der Gegenwart, z. B. du singst.

Präsenz (die, lat.), Anwesenheit, Gegenwart.

Präsident (der, lat.), Oberhaupt eines Staates (→ Bundespräsident) oder Vorsitzender einer Versammlung.

Präzedenzfall, Musterfall, der für spätere Gerichtsurteile in gleicher oder ähnlicher Sache richtungweisend ist.

Präzision (die, lat.), Genauigkeit.

Predigt (die, lat.), Rede im Gottesdienst.

Premiere (die, frz.), Erstaufführung eines Theaterstücks oder eines Films.

Premierminister (der, frz., engl. Prime Minister, Kurzform Premier), ist ein Regierungschef (Ministerpräsident).

Presley, Elvis (1935–1977), amerik. Rocksänger u. Gitarrist, nahm 1953 seine 1. Schallplatte als Geburtstagsgruß für seine Mutter auf. Seit 1955 hatte er weltweiten Erfolg u. wurde zum Idol einer ganzen Generation. Mit ihm begann der Durchbruch des → Rock 'n' Roll.

Presse, 1) Maschine zum Drücken, Verformen oder Trennen von Werkzeugen oder zum Herauspressen eingeschlossener Flüssigkeiten; 2) Gesamtheit der Zeitungen u. Zeitschriften.

Pressefreiheit, das im → Grundgesetz Artikel 5 garantierte Recht der ungehinderten Verbreitung von Nachrichten, Mitteilungen u. Gedanken durch die Presse innerhalb der gesetzlichen Schranken.

Preußen, 1) baltischer (germanischer) Volksstamm, im 10. Jh. an der unteren Weichsel ansässig u. im 13. Jh. vom Deutschritter-Orden unterworfen; 2) ehemaliger dt. Staat, der sich v. a. im 18. Jh. unter Friedrich Wilhelm I. u. Friedrich dem Großen zur europäischen Großmacht entwickelte. Auch unter → Bismarck u. im geeinigten dt. Kaiserreich von 1871–1918 hatte P. eine Vormachtstellung. Danach wurde es Freistaat der → Weimarer Republik. Im Dritten Reich Aufteilung in Gaue, nach dem → Zweiten Weltkrieg Auflösung. Das Gebiet wurde auf die Länder der BR Dtl. u. die Bezirke der DDR verteilt, Ostpreußen kam unter poln. u. sowjet. Verwaltung.

Preview (die, engl.), allg. Vorschau, 1) Druckvorschau einer Computersoftware; 2) Vorpremiere eines neuen Films, bevor er in allen Kinos gezeigt wird.

Primärenergie (Erstenergie), Energie aus nicht umgewandelten Primärenergieträgern wie Steinkohle, Rohbraunkohle, Wasserkraft, Kernkraft, Sonnenstrahlung, Wind u. Müll.

Primaten, Ordnung höchstentwickelter Säugetiere (Halbaffen, Affen, Menschenaffen), schließt im zoologischen System die Menschen ein.

Primzahlen, natürliche Zahlen, die nur durch 1 u. durch sich selbst teilbar sind.

Prinzip (das, lat.), Grundsatz, Grundbegriff.

Prisma (das, gr.), 1) Mathematik: ein ebenflächiger, geometrischer Körper, dessen Grund- u. Deckfläche aus kongruenten Vielecken in parallelen Ebenen besteht. Die Seitenflächen sind → Parallelogramme. 2) Physik: Körper aus einem lichtbrechenden Stoff, der Lichtstrahlen ablenkt oder ein Farbengemisch in seine Spektralfarben (→ Farbe) zerlegt.

Privatfernsehen, Ausstrahlung von Fernsehprogrammen durch private Anbieter über Satellit oder Kabelnetz.

Produkt (das, lat.), Erzeugnis, Ertrag, Folge, Ergebnis.

Prognose (die, gr.), Vorhersage einer Entwicklung (Krankheitsverlauf, Wetter).

Programm (das, gr.), 1) in Teilziele zerlegtes Vorhaben; 2) festgelegte Abfolge von Darbietungen bei einer Veranstaltung.

Programmiersprachen, Sprachen zur Formulierung von Rechenvorschriften, die von einem Computer ausgeführt werden können.

progressiv (lat.), fortschreitend, fortschrittlich.

Prohibition (die, lat.), staatliches Verbot von Herstellung, Ein- u. Ausfuhr, Kauf u. Besitz bestimmter Rauschmittel; bestand für Alkohol u. a. in den USA von 1920–1933.

Projektionsapparat, Gerät, das durchsichtige (Diaskop) oder undurchsichtige Bilder (Episkop) vergrößert auf einer Leinwand wiedergibt.

Proklamation (die, lat.), amtliche Verkündigung, öffentliche Erklärung mit politischem Inhalt.

Proletariat (das, lat.), 1) von Karl → Marx verwendeter Begriff für die Arbeiterklasse (Arbeiter, Bauern, Soldaten); 2) im antiken Rom die unterste Gesellschaftsklasse; von Steuerpflicht u. Heeresdienst ausgenommene Bürger.

Prolog (der, gr.), Vorrede, Vorspiel eines Bühnenstücks.

Prometheus, Figur in der gr. Mythologie, stahl den Göttern das Feuer u. schenkte es den Menschen (Kulturbringer). Zur Strafe ließ ihn Zeus an einen Felsen schmieden, wo ein Adler täglich seine immer wieder nachwachsende Leber fraß, bis → Herakles ihn befreite.

Promille (das, lat.), ein Tausendstel vom Ganzen.

Promotion (die, lat.), Verleihung der Doktorwürde.

Propaganda (die, lat.), gezielte Werbung u. Beeinflussung für eine bestimmte Idee, eine politische → Ideologie, aber auch Ware.

Prophet (der, gr.), in vielen Religionen Verkünder des göttlichen Willens; Weissager.

Prophylaxe (die, gr.), Vorbeugung, Verhütung.

Proportion (die, lat.), Verhältnis, Ebenmaß.

Prosa (die, lat.), die nicht durch Metrik oder Reim gebundene Sprachform.

Prostitution (die, lat.), körperliche Liebe gegen Bezahlung.

Preußen: Kaiser Wilhelm I.

Primaten: Schimpanse

Primaten: Affenjunges

Giacomo Puccini

Provence

Provence: Saint-Michel-l'Observatoire

Proteine (gr.), Eiweiße; riesige organische → Moleküle, die aus → Aminosäuren aufgebaut sind u. zu den wichtigsten Bestandteilen der Lebewesen gehören. Sie haben wichtige Aufgaben als Biokatalysatoren (→ Enzyme), → Hormone, Transportstoffe, als Stütz- u. Gerüstsubstanz; maßgeblich am Organ- u. Gewebeaufbau beteiligt.

Protestantismus, Bezeichnung für sämtliche Kirchen u. Glaubensbewegungen, die sich im Zuge der → Reformation herausgebildet haben.

Prothese (die, gr.), künstlicher Ersatz für ein verlorenes Körperglied.

Protokoll (das, gr.), die Niederschrift einer Verhandlung.

Proton (das, gr.), ein positiv geladenes → Elementarteilchen.

Provence, Landschaft im Südosten Frankreichs zw. Alpen u. Mittelmeer; größte Stadt ist Marseille.

Provider (engl.), Firma oder Organisation, die ihren Kunden gegen eine Gebühr die Verbindung zu einem Netzwerk bereitstellt.

Provision (die, lat.), meist in Prozenten der Kaufsumme oder des Gewinns berechnete kaufmännische Vergütung für Besorgung von Geschäften u. a. Dienstleistungen.

Prozent (das, lat.), Zeichen %; 1 % bedeutet 1 Hundertstel vom Ganzen.

Prozessor (der, lat.), zentrale Funktionseinheit einer elektronischen Rechenanlage.

PS, 1) Abk. für **P**ferde**s**tärke, frühere Einheit für die Leistung; 2) Abk. für **P**ost**s**kriptum.

pseudo…, Pseudo…, falsch…, schein…

Pseudonym (das, gr.), Deck-, Künstlername.

psychisch (gr.), seelisch.

Psychoanalyse (die, gr.), von Sigmund → Freud entwickeltes psychotherapeutisches Verfahren zur Aufdeckung verborgener bzw. ins Unterbewusstsein verdrängter Zusammenhänge.

Psychologie (die, gr.), wissenschaftliche Erforschung seelischer Vorgänge unter Berücksichtigung der Lebensvorgänge u. Umwelteinflüsse.

Psychose (die, gr.), zusammenfassende Bezeichnung für verschiedene Krankheiten, bei denen wichtige → psychische Funktionen erheblich gestört sind; Fehleinschätzung der Wirklichkeit u. a. durch Wahn, → Halluzinationen.

Ptolemäus, Claudius (um 140 n. Chr.), gr. Astronom u. Geograf. Sein ptolemäisches Weltsystem sah die Erde als Mittelpunkt des Alls.

Pubertät (die, lat.), Geschlechtsreife; ca. zw. dem 11. u. 15. Lebensjahr erfolgt die Ausbildung der Geschlechtsmerkmale (Schambehaarung, Brüste, Stimmbruch etc.). Bei Mädchen tritt die erste → Menstruation auf, bei Jungen der erste Samenerguss. Durch Hormonumstellung kommt es auch zu Veränderungen im seelischen Bereich, Unausgeglichenheit, Unsicherheit u. ä.

Public Relations (PR; engl.), Öffentlichkeitsarbeit; eine Firma oder Person versucht, sich in der Öffentlichkeit gut darzustellen, damit die Allgemeinheit ihr vertraut. Ob Politiker oder Chipsfirma, alle haben bestimmte Angestellte, die sich um die PR kümmern.

Public Viewing, öffentliche Großbildleinwand, auf der Sportveranstaltungen übertragen werden; insb. die Fußball-WM 2006 u. -EM 2008.

Publikation (die, lat.), Veröffentlichung; A.: **publik**, öffentlich bekannt.

Publizistik (die, lat.), öffentliche Verbreitung von aktuellen Themen u. Informationen durch Zeitungen, Zeitschriften, Funk, Fernsehen u. a.; auch die Wissenschaft von den Massenmedien.

Puccini, Giacomo (1858–1924), ital. Komponist, bedeutender Vertreter der ital. Oper nach Verdi; z. B. *La Bohème* (1896), *Tosca* (1900).

Puck, 1) in der german. Überlieferung ein Hausgeist oder Kobold; 2) beim Eishockey die Scheibe aus Hartgummi.

Puerto Rico, Insel der Großen Antillen/Karibik, 8897 km^2, 4,1 Mio. EW, Hauptst. San Juan. Tropischer Anbau, Rumexport. Seit 1898 Teil der USA, seit 1852 im Commonwealth, freiwillig mit den USA assoziiert.

Pulitzerpreis, amerik. Auszeichnung für beste journalistische u. literarische Leistungen.

Puls (der, lat.), an Schlagadern fühlbare Druckänderung des Herzens.

Puma, Silberlöwe, Berglöwe; amerik. Großkatze, etwa 105–160 cm Körperlänge; einfarbig hellbraun, dicht behaart; guter Kletterer, Einzelgänger.
Pumpe, Gerät zur Förderung von Flüssigkeiten oder Verdichtung u. Verdünnung von Gasen, z. B. Luftpumpe.
Punchingball (der, engl.), birnenförmiges Trainingsgerät des Boxers.
Punier, röm. Name für die Karthager.
Punische Kriege, Kriege zw. Rom u. → Karthago, benannt nach den Phöniziern (Karthagern), die von den Römern Punier genannt wurden. *1. P. K.* (264–241 v. Chr.): Ziel war Vorherrschaft im westl. Mittelmeer, v. a. Beherrschung Siziliens; am Ende Verzicht Karthagos auf Sizilien, Sardinien u. Korsika. *2. P. K.* (218–201 v. Chr.): Auslöser war Eroberungszug → Hannibals von Spanien über die Alpen bis nach Italien; H. siegte zunächst, wurde aber 202 v. Chr. von den Römern geschlagen. Karthago musste Spanien an Rom abtreten u. Tribut an die Römer zahlen. *3. P. K.* (149–146 v. Chr.): macht- u. handelspolitischer Vernichtungskrieg Roms gegen Karthago, das am Ende völlig zerstört wurde.
Punk (der, engl.), Protestbewegung gegen soziale Missstände Mitte der 1970er-Jahre, bes. in Großbritannien. Anstreben von Unvollkommenheit; gegen Konsum u. Gesellschaft.
Punkrock, Mitte der 1970er-Jahre in England entstandene Form der → Rockmusik, durch hohe Aggressivität u. Härte gekennzeichnet.
Pupille (die, lat.), Sehloch; runde Öffnung in der Mitte der Regenbogenhaut des Auges.
Purcell, Edward Mills (1912–1997), amerik. Physiker. Arbeiten über Spektroskopie (→ Spektrum); 1952 → Nobelpreis für Physik.
Purgatorium (das, lat.), Fegefeuer.
Purismus (der, lat.), 1) das Streben nach Reinigung der Sprache von Fremdwörtern u. mundartlichen Formen; 2) in der bildenden Kunst das Streben nach Vereinfachung u. Stilreinheit.
Puritaner (der, lat.), Anhänger einer streng calvinistischen Bewegung, die gegen die anglikanische Staatskirche auftrat; → Calvin.
Purpur (der, gr.), schon den Phöniziern bekannter violetter Farbstoff aus dem Sekret einer Drüse der P.-Schnecke.
Puschkin, Alexander Sergejewitsch (1799–1837), russ. Dichter, z. B. *Eugen Onegin* (dt. 1840), *Die Hauptmannstochter* (dt. 1848).
Puszta (die, ungarisch), baumlose Steppe der ungarischen Tiefebene.
Putsch, Staatsstreich, politischer Umsturz oder Umsturzversuch; meist mithilfe der Armee (Militärputsch).
Putin, Wladimir (*1952), russ. Politiker u. Jurist; arbeitete lange Zeit für den Geheimdienst; seit 1999 in der Politik, 2000–2008 Staatspräsident, von 2008–2012 Ministerpräsident, seit 2012 erneut Staatspräsident.
Putten (ital.), nackte Kinderfiguren in der Renaissance- u. Barockkunst; gelegentlich geflügelt als Liebesgötter oder Engel.
Puzzle (das, engl.), Zusammensetz-, Geduldspiel.
PVC, Abk. für **P**oly**v**inyl**c**hlorid, viel verwendeter, schwer entflammbarer Kunststoff für Böden, Folien u. Rohre.
Pygmäen (gr.), Zwergvölker in Südostasien u. Afrika, Körpergröße der Männer unter 145 cm. Jäger u. Sammler, deren Lebensraum durch die fortschreitende Zivilisation stark eingeschränkt wird.
Pyramiden (gr.), auf quadratischer Grundfläche aufgebaute, oben spitz zulaufende, monumentale Grabstätten, die man im alten → Ägypten u. in Mittelamerika für Herrscher errichtete. Berühmteste P. bei → Gise(h), die schon im Altertum zu den → sieben Weltwundern zählten.
Pyrenäen, Grenzgebirge zw. Spanien u. Frankreich, bis 3404 m hoch. Wie die Alpen Teil des eurasischen Faltengebirges.
Pyrotechnik, Sammelbezeichnung für Herstellung u. Abbrennen von Feuerwerkskörpern.
Pythagoras (um 570–um 500 v. Chr.), gr. Philosoph aus Samos, gründete den Geheimbund der Pythagoreer u. formulierte den pythagoreischen Lehrsatz: Das Quadrat über der Hypotenuse eines rechtwinkligen Dreiecks entspricht der Summe der Quadrate über den Katheten ($a^2 + b^2 = c^2$).
Python, Riesenschlange; → Schlangen.

Puma

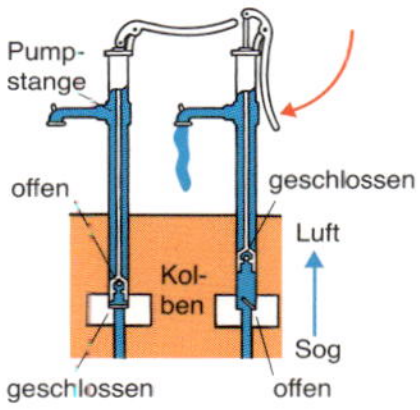

Pumpe

Pyrenäen

Königspython

Q

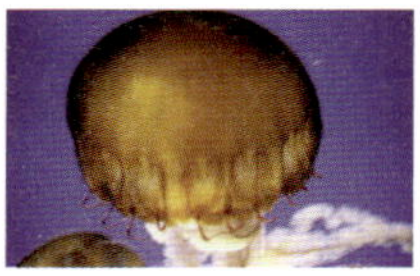
Schirmqualle

q, bei Flächenmaßen Abk. für Quadrat, z. B. qkm (veraltet).
Quader (der, lat.), Körper, der aus 6 zueinander senkrechten, rechteckigen Seiten besteht.
Quadrat (das, lat.), 1) Geometrie: ein Rechteck mit 4 gleich langen Seiten; 2) Arithmetik: die 2. → Potenz.
quadratische Gleichung, Gleichung 2. Grades für eine oder mehrere Unbekannte ($ax^2 + bx + c = 0$).
Quadratwurzel, die zweite Wurzel aus einer Zahl a. Es ist die positive Zahl, die mit sich selbst multipliziert a ergibt. Beispiel: $\sqrt{16} = 4$, da $4 \times 4 = 16$.

Quito: Kathedrale

Quadriga (die, lat.), Vierergespann, auch der von 4 Pferden gezogene antike Rennwagen.
Quäker (engl.), kleine protestantische Freikirche in England u. Amerika.
Qualifikation (die, lat.), offizielle, z. B. durch Zeugnisse bescheinigte Befähigung.
Qualität (die, lat.), Beschaffenheit, Wert, Eigenschaft.
Qualle, freischwimmende Form (Meduse) der Hohltiere. Q. kommen in allen Meeren vor, haben einen gelatineartigen Körper. Die Nesselzellen an den Tentakeln dienen dem Beutefang.

Quito

Quantentheorie, Beschreibung der (von der Mechanik u. Elektrodynamik abweichenden) Gesetze, denen mikrophysikalische Systeme folgen.
Quantum (das, lat.), Menge, Anzahl.
Quarantäne (die, frz.), vorübergehende Absonderung von infektionskranken oder -verdächtigen Personen oder Tieren zur Verhinderung der Einschleppung oder Verbreitung einer Seuche.
Quarks (engl.), Bezeichnung für die Grundbausteine, aus denen sich die kleinsten Bausteine der Materie zusammensetzen.
Quartal (das, lat.), Vierteljahr.
Quartär (das, lat.), jüngster Abschnitt der → Erdgeschichte, begann vor 1,5 Mio. Jahren, unterteilt in → Pleistozän u. → Holozän.
Quarte (die, lat.), 1) 4. Stufe einer → diatonischen Tonleiter; 2) das entsprechende Intervall zum Grundton.
Quartett (das, ital.), 1) Komposition für 4 Stimmen; 2) Gruppe von 4 Musikern.
Quarz, häufigstes → Mineral, das in vielen Formen vorkommt, z. B. als → Bergkristall, → Achat u. Feuerstein.
Quarzlampe, Quecksilberdampflampe, die UV-Licht aussendet; dient v. a. zur Heilbehandlung in der Medizin.
Quarzuhr, Uhr, die statt einer mechanischen Unruh die elektrische Schwingung eines Quarzkristalles als Maßstab für die Zeiteinteilung hat.
quasi (lat.), sozusagen.
Quastenflosser, Knochenfische mit quastenförmigen Flossen; gab es bereits vor 300 Mio. Jahren, lebten in flachen Binnengewässern. 1938 entdeckte man eine Art dieser längst ausgestorben geglaubten Fische im Indischen Ozean.
Quecksilber (Hg), einziges bei Zimmertemperatur flüssiges Metall. Die hoch giftigen Q.-Dämpfe verursachen Nervenschäden.
Quellen, natürl. Austrittsstelle des Grundwassers an die Erdoberfläche.
Querflöte, Holzblasinstrument mit Klappen, wird quer gehalten.
Quersumme, die Summe aus den Ziffern einer Zahl. Beispiel: Quersumme von $238 = 2 + 3 + 8 = 13$.
Querulant (der, lat.), halsstarriger, Streit suchender Mensch.
Quinte (die, lat.), 1) 5. Ton einer diatonischen Tonleiter; 2) das entsprechende Intervall zum Grundton.
Quintessenz (die, lat.), das Wesentliche, das wichtigste Ergebnis.
Quintett (das, ital.), 1) Komposition für 5 Stimmen; 2) Gruppe von 5 Musikern.
Quito, Hauptst. → Ecuadors, 2,2 Mio. EW.
Quote (die, lat.), Teilbetrag, verhältnismäßiger Anteil.
Quotient (der, lat.), Ergebnis einer mathematischen Teilung, → Division.

R

Rabat, Hauptst. → Marokkos, 800.000 EW, königliche Residenz.
Rabbiner, (von hebräisch Rabbi = „mein Herr“), Lehrer u. Seelsorger der jüdischen Gemeinde.
Rabin, Yitzhak (1922–1995), israel. Politiker u. General, seit 1992 Ministerpräsident; 1994 Friedensnobelpreis.
R&B (**R**hythm and **B**lues), Musikstil der Afroamerikaner in den USA, der sich in den 1930er-Jahren aus dem Blues entwickelt hat. In den 40er u. 50er-Jahren wurden → Blues, → Jazz u. Swing zum R&B verschmolzen.
Rachmaninow, Sergej Wassiljewitsch (1873–1943), russ. Komponist, Dirigent u. Pianist.
Racine, Jean (1639–1699), frz. Dramatiker; z. B. *Andromache*, *Iphigenie*.
Rad, 1) Rollkörper, bei dem ein Rollkranz (Felge) über Speichen oder eine Scheibe drehbar um eine Achse gelagert ist. Das R. war als Fortbewegungsmittel für Fahrzeuge schon seit etwa 3500 v. Chr. bekannt; 2) beim Bodenturnen ein seitlicher Überstand, ähnlich dem Handstand.
Radar (der oder das), Abk. für engl. **ra**dio **d**etecting **a**nd **r**anging, Verfahren zur Ortung, Vermessung u. Geschwindigkeitsbestimmung fester bzw. bewegter Körper.
Radierung, grafische Technik, bei der zuerst eine Metallplatte mit Wachs oder Asphalt überzogen wird. In diesen Ätzgrund wird mit einer Radiernadel die Zeichnung eingeritzt. Beim nachfolgenden Ätzen kann sich die Säure nur an den mit der Nadel freigelegten Stellen ins Metall einfressen. Von der Metallplatte wird anschließend der Druck abgenommen.
Radikalismus (der, lat.), kompromissloses, bis zum Äußersten gehendes Verfechten der einmal gefassten (politischen oder religiösen) Grundsätze.
Radioaktivität, 1) *natürliche R.*: Die Atomkerne einiger bes. schwerer chemischer Elemente zerfallen von selbst u. senden dabei Strahlung aus; 2) *künstliche R.*: Bestimmte Verfahren wandeln auch die Kerne anderer stabiler Elemente um. Beim Zerfall der Atomkerne entstehen drei Strahlungsarten: Alpha-, Beta- u. Gammastrahlung.
Radioteleskop, Gerät zur Messung kosmischer Radiostrahlung mithilfe von Antenne, Verstärker u. Anzeige- bzw. Aufzeichnungsgerät.
Radium (Ra; das, von lat. radius = „Strahl“), chemisches Element mit natürlicher → Radioaktivität.
Radius, der gemeinsame Abstand aller Punkte auf der Kreislinie oder auf der Kugeloberfläche vom Mittelpunkt.
Radon (Rn), radioaktives Edelgas, kommt in tieferen Erdschichten vor u. tritt manchmal mit Quellwasser aus. Rn hat angeblich Heilwirkung.
Radsport, Sammelbegriff für alle Sportarten, die mit dem Fahrrad betrieben werden; olympische Disziplinen: → Straßenrennen u. → Bahnradsport seit 1896, → Mountainbike seit 1996.
RAF, Abk. für 1) **R**ote **A**rmee **F**raktion, linksextremistische Terrorgruppe; 2) **R**oyal **A**ir **F**orce, die brit. Luftwaffe.
Raffael (Raffaello Sanzio, 1483–1520), florentin. Maler u. Architekt. In seinem Schaffen erreicht die Idealisierung des Menschenbildes ihren Höhepunkt. Berühmt sind seine Heiligen- u. v. a. seine innigen Madonnenbilder. Als Architekt entwarf R. Kirchen, Villen u. Paläste.
Rafting (das, engl.), Wildwasserfahren mit mehreren Personen in einem Schlauchboot.
Raketen (die, ital.), Flugkörper, die durch Rückstoß (Raketentriebwerk) angetrieben werden. Sie benötigen keine Flügel wie das Flugzeug. Durch eine Explosion (Zündung) des Treibstoffs werden heiße Gase erzeugt, die sich gewaltig ausdehnen u. so für die nötige Schubkraft sorgen. Dadurch bewegt sie sich entgegengesetzt zu den ausströmenden Gasen (Rückstoßprinzip, von → Newton entdeckt).

Zeichen für Radioaktivität

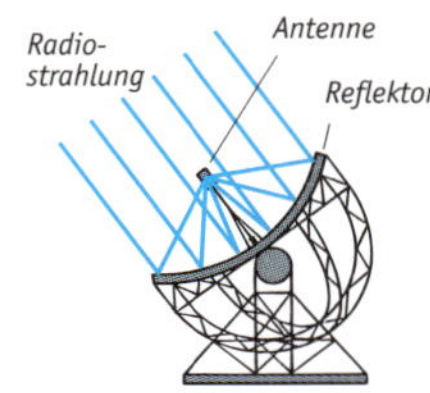

Radioteleskop

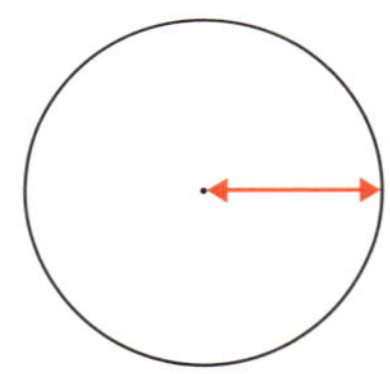

Radius

Raffael: Madonna

Raubtier: Löwe

Rangun: Shwe-Dagon-Pagode

Raubtier: Braunbär

Raleigh, Sir Walter (um 1552–1618), engl. Seefahrer u. Schriftsteller; gründete 1585 Virginia, 1. engl. Kolonie in Nordamerika.

RAM, Abk. für engl. **R**andom **A**ccess **M**emory, Schreib/Lesespeicher, bei dem jeder Speicherplatz einzeln adressier- u. veränderbar ist.

Ramadan (der, arabisch), der islamische Fastenmonat, in dem von Sonnenauf- bis -untergang Essen, Trinken u. Rauchen verboten sind.

Ramses, Name von 11 ägyptischen Pharaonen der 19. u. 20. Dynastie (1330–1085 v. Chr.).

Rangun, ehemalige Hauptst. → Myanmars, 4,5 Mio. EW; vergoldete Shwe-Dagon-Pagode, größtes buddhist. Heiligtum Hinterindiens.

Rap (der, engl.), Musikstil mit rhythmischem Sprechgesang über hartem Disco-Beat, der Ende der 1970er-Jahre in New York entstanden ist.

Raphael, im A. T. einer der Erzengel; Schutzheiliger der Apotheker, Reisenden, Dachdecker u. Bergleute.

Rasmussen, Knud (1879–1933), dän. Polarforscher; erforschte v. a. → Grönland u. gründete 1910 die Station Thule an der Nordwestküste der Insel.

Rasse, Gruppe von Lebewesen, die sich durch ihre gemeinsamen Erbanlagen von anderen Angehörigen der Art unterscheiden. In der Tier- u. Pflanzenzucht sind R. gezüchtete Formengruppen mit gleichen charakteristischen Merkmalen, die erwünscht sind.

Rassismus, Abwertung anderer Volksgruppen bei gleichzeitiger Aufwertung der eigenen Volksgruppe (früher „Rasse"); Menschen, die diese Haltung haben, nennt man **Rassisten**.

Raster, 1) Liniennetz mit Feldern für Ansichten; 2) in der Drucktechnik verwendete Folie oder Glasplatte mit R.-Struktur zur Auflösung von Halbtonvorlagen; 3) Abtasten der Zeilen eines Bildschirmes in einer bestimmten Zeiteinheit.

Räterepublik, auch Rätesystem, eine radikal-demokratische Gesellschaftsordnung, in der die Staatsgewalt während der Revolutionszeit aus Räten gebildet wird; die Räte werden aus den unterprivilegierten sozialen Schichten (Arbeiter, Soldaten, u. a.) gewählt; z. B. während der russ. → Revolution 1917.

Ratifikation (die, lat.), Abnahme oder Genehmigung eines ausgearbeiteten völkerrechtlichen Vertrages durch die verfassungsmäßig zuständigen Organe, meist das Parlament.

rationale Zahlen, Zahlen, die als Bruch mit ganzzahligem Zähler u. Nenner geschrieben werden können.

Rationalisierung, die planmäßige, optimale Gestaltung wirtschaftlicher Einrichtungen u. Vorgänge.

Rationalismus, Begriff für phil. Richtungen, die im Ggs. zum → Empirismus Vernunft u. logische Ordnung der Dinge in den Mittelpunkt stellen.

Rätoromanen, romanische Volksgruppen in Graubünden, Südtirol (Ladiner) u. Friaul; ihre Sprache ähnelt dem Lateinischen.

Rau, Johannes (1931–2006), dt. Politiker (SPD); 1978–1998 Ministerpräsident von Nordrhein-Westfalen; 1999–2004 Bundespräsident.

Raubkopie, das verbotene Nachkopieren von geistigem Eigentum (Buch, CD) zu gewerblichen Zwecken.

Raubtiere, Säugetierordnung, umfasst alle fleischfressenden Säugetiere, die andere Tiere jagen u. erlegen. Ein gemeinsames Kennzeichen sind die Fang- oder Reißzähne.

Raumfahrt, siehe Kasten S. 241.

Raumsonde, unbemannter Raumflugkörper, der mithilfe von → Raketen in den interplanetarischen Raum gesteuert wird, für Messungen im Weltraum u. auf anderen → Planeten.

Raumstation, in einer Erdumlaufbahn errichteter bemannter Flugkörper, mit Aufenthaltsräumen u. Einrichtungen zur Beobachtung für eine längere Zeit.

Raupen, Larven der Schmetterlinge, die sich in einem Kokon verpuppen, in dem sie sich zum fertigen Schmetterling entwickeln. Die Raupengestalt der einzelnen Schmetterlingsgattungen ist sehr verschieden. Raupen treten oft in Massen auf, fressen Pflanzen u. werden so zu Schädlingen.

Rauschgifte, das zentrale Nervensystem beeinflussende pflanzliche oder synthetisch hergestellte Drogen; führen

Raumfahrt

Unter Raumfahrt versteht man den Flug unbemannter und bemannter Raumfahrzeuge im Weltall hauptsächlich zum Zweck der Forschung und der Nachrichtenübermittlung. Die Geburtsstunde der Raumfahrt war im Oktober 1957, als die ehemalige Sowjetunion (→ UdSSR) die erste → Rakete in den Weltraum schickte. An Bord der Rakete befand sich der Satellit **Sputnik 1**, der die Erde 92 Tage lang auf einer Erdumlaufbahn umkreiste. Bald schickten die Russen in einer weiteren Rakete das erste Lebewesen ins All: eine Hündin namens Laika. Der russische Kosmonaut *Jurij → Gagarin* flog am 12. April 1961 als erster Mensch in den Weltraum. Die amerikanische Raumfahrtbehörde **NASA** war bei diesem Wettlauf zunächst hinter den russischen Forschern zurückgeblieben. Aber am 20. Juli 1969 kam dann das Landegerät „Eagle" von **Apollo 11** auf dem Mond an und der amerikanische Astronaut *Neil → Armstrong* betrat als erster Mensch den Mond! 1986 errichteten die Russen die Weltraumstation **Mir**, um Experimente im All durchzuführen. Heute arbeiten Russen, Europäer und Amerikaner gemeinsam auf der Internationalen Raumstation (**ISS**). Außerdem umkreist heute eine große Zahl von → Satelliten unseren Planeten, die z. B. der Erdbeobachtung oder als Wettersatelliten dienen. → Raumsonden wie **Viking**, **Voyager** oder **Galileo** erforschen die Nachbarplaneten der Erde, den Mond und die Sonne.

zu Halluzinationen, Erregungszuständen u. häufig zu körperlicher u./oder seelischer Abhängigkeit.

Ravel, Maurice (1875–1937), frz. Komponist, bedeutender Vertreter des musik. → Impressionismus; *Bolero*.

Razzia (die, span.-arabisch), groß angelegte polizeiliche Streife zur Festnahme verdächtiger Personen.

Re (Ra), altägyptischer Sonnengott; auch andere Götter erhielten den Namen Re u. die Sonnenscheibe als Beifügung.

Reagan, Ronald (1911–2004), amerik. Schauspieler u. Politiker (Republikaner); 1981–1989 Präsident der USA.

Reaktor (der, lat.), Vorrichtung, in der eine physikalische oder chemische Reaktion abläuft.

Realismus, 1) Wirklichkeitssinn; 2) Stilrichtung in der Kunst, etwa Mitte des 19. Jh., in der oft die Welt der Arbeit u. der einfachen Menschen dargestellt wird. Berühmte Vertreter sind u. a. A. Menzel, W. → Leibl oder Millet; 3) literarische Strömung zw. 1830 u. 1880; strebt eine wirklichkeitsgetreue Schilderung des alltäglichen Lebens an. Hauptvertreter sind z. B. H. de → Balzac, Th. → Fontane.

Reality-TV (das, engl., reality = „Wirklichkeit", television = „Fernsehen"), Fernsehformat, in dem echte Ereignisse entweder wirklichkeitsgetreu nachgestellt oder durch originales Filmmaterial dokumentiert werden, z. B. Doku-Soaps wie *Big Brother*.

Realschule, in der BR Dtl. weiterführende Schulform, die mit der 5. bzw. 7. Klasse beginnt u. mit der Mittleren Reife abgeschlossen wird.

Rebhuhn, zu den → Fasanen zählender, etwa 30 cm langer, braun-rötlicher Standvogel; lebt auf Feldern u. in Hecken; Bodenbrüter. Pflanzen- u. Körnerfresser; heute eher selten.

Receiver (der, engl.), 1) Kombination aus Empfangsteil u. Verstärker, 2) Hochfrequenzgerät für den Satellitenempfang.

Rechtsanwalt, juristisch ausgebildeter unabhängiger Berater u. Vertreter, der in Rechtsangelegenheiten aller Art vor Gerichten, Behörden aufzutreten berechtigt ist.

Rechtschreibreform, Neuregelung zur Vereinfachung der dt. Rechtschreibung, gilt für alle dt.sprachigen Staaten; trat am 1.8.1998 mit siebenjähriger Übergangszeit in Kraft; allg. verbindlich seit 31.7.2005.

Rechtschreibung, richtige Schreibweise von Wörtern u. Abkürzungen, korrekte Zeichensetzung; in der dt. Sprache seit Ende des 19. Jh. aufgrund des von K. Duden 1880 veröffentlichten „Orthographischen Wörterbuches" einheitlich geregelt.

Rechtsfähigkeit, Fähigkeit einer Person, Träger von Rechten u. Pflichten zu sein; beginnt mit der Geburt.

Maurice Ravel

Rebhuhn

Realismus: Frauen beim Getreidesieben (G. Courbet)

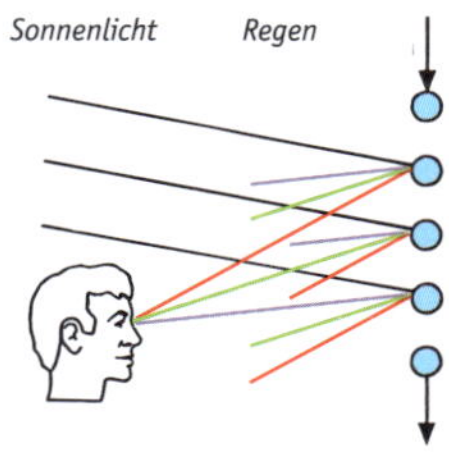

Regenbogen

Reggae: Bob Marley

Reh

Reformation: Martin Luther

Rechtsstaat, Staat, in dem die Ausübung der Staatsgewalt in einer Verfassung genau festgelegt ist u. die Rechte des Einzelnen gesetzlich garantiert sind.

Reck, 1) Turngerät aus waagrechter Stahlstange zw. 2 Stützen in 2,5 m Höhe, 2) Teildisziplin des olympischen Geräteturnens der Männer. Typische Elemente sind Riesenfelgen vorwärts u. rückwärts, Drehungen um die Körperlängsachse u. Flugelemente mit erneutem Fangen der Stange.

Reconquista (die, span.), die im MA geführten Kämpfe der Christen in Spanien gegen die Araber.

Recycling (das, engl.), Wiederverwendung von gebrauchten Stoffen (Metalle, Glas, Papier); trägt durch die damit verbundene Abfallbeseitigung zum → Umweltschutz bei.

Redundanz (die, lat.), Informationsüberladung, Überflüssiges.

Referendar (der, lat.), erste akademische Stufe der dt. Beamtenlaufbahn; Anwärter auf Probe im praktischen Vorbereitungsdienst nach dem 1. Staatsexamen.

Referendum, Zustimmung des Volkes als Bedingung für das In-Kraft-Treten eines staatlichen Erlasses, → Volksentscheid.

Reflektor (der, lat.), 1) Gerät zum Zurückwerfen (Reflektieren) von Licht, z. B. Spiegel; 2) Spiegelteleskop; 3) Vorrichtung aus Drahtgeflecht zur Erhöhung der Richtwirkung einer Antenne.

Reflex (der, lat.), Reaktion des Körpers auf einen Reiz, die nicht beeinflusst werden kann.

Reflexion (die, lat.), 1) das Zurückwerfen von Teilchen oder Wellen (z. B. Licht, Schall) an Grenzflächen zw. 2 Medien; 2) Überlegung, abwägendes Denken, kritische Selbstbetrachtung.

Reformation (die, lat.), im 16. Jh. von Martin → Luther ausgelöste religiöse Umgestaltung, die zur Aufspaltung der abendländischen Kirche in Katholizismus u. Protestantismus führte. Die Kirchenspaltung zog Auseinandersetzungen im Reichsinnern nach sich (→ Schmalkaldischer Krieg), beeinflusste die bäuerlichen Befreiungskriege u. löste den → Dreißigjährigen Krieg aus. Der Protestantismus breitete sich in der Folgezeit in Nord- und Westdeutschland, England, Skandinavien u. der Schweiz aus. Dagegen konnte sich der Katholizismus in Süddeutschland, Österreich, Italien, Spanien u. Portugal behaupten; → Gegenreformation.

Regenbogen, kreisförmige, farbige Lichterscheinung der Atmosphäre, durch Regentropfen in die Spektralfarben gebrochenes Sonnenlicht, als Himmelsbogen der Sonne gegenüber.

Regeneration (die, lat.), 1) Ersatz defekter Organe oder abgetrennter Körperteile durch nicht differenzierte, teilungsfähige Zellen (z. B. Verheilung von Wunden); 2) Erneuerung, Wiederauffrischung; 3) Rückgewinnung chemischer Stoffe.

Regenwald, siehe Kasten S. 243.

Regenzeit, Jahreszeit in den Tropen, in der fast der ganze jährliche Niederschlag fällt. Sie folgt dem Sonnenhöchststand.

Reggae, Mitte der 1960er-Jahre auf Jamaika entstandene Musikform, Tanzmusik u. sozialer Protest zugleich.

Regie (die, frz.), Einstudierung eines Werkes bei Theater, Film, Funk u. Fernsehen; Spielleitung liegt beim Regisseur.

Regierung, Träger der obersten Staatsgewalt, → Exekutive. In der BR Dtl. u. Österreich heißt die oberste R. → Bundesregierung, dem folgen die Länderregierungen; in der Schweiz heißt die R. → Bundesrat.

Region (die, lat.), durch bestimmte geografische, politische u. wirtschaftliche Merkmale gekennzeichnetes, größeres Gebiet.

Register (das, lat.), 1) Verzeichnis; 2) bei Tasteninstrumenten (z. B. Orgel) Pfeifenreihe mit gleicher Klangfarbe; beim Sänger der Tonbereich, der mit gleicher Stimmbandeinstellung gesungen werden kann (Brust-R., Kopf-R.).

Registertonne (RT), früher das Raummaß eines Schiffes (1 RT = 2,83 m^3).

Reh, europäische Art der → Hirsche. Bewohnt alle Wälder, kommt zum Äsen auf Freiflächen, lebt im Winter in kleinen Rudeln.

Rehabiliation (die, lat.), 1) Wiederherstellung des sozialen Ansehens einer

Regenwald

Der Regenwald ist ein immergrüner → Urwald in ganzjährig feuchten Gebieten der Tropen. Als Tropen werden die Klimazonen beiderseits des → Äquators bezeichnet: Das sind der größte Teil Mittelamerikas, der Norden Südamerikas, die Mitte Afrikas und Südostasien. Charakteristisch für das **Tropenklima** ist, dass es keine verschiedenen Jahreszeiten gibt, sondern die Temperaturen ziemlich gleich bleibend 25–27 °C betragen. Dazu fällt regelmäßig viel, teilweise heftiger Regen, sodass die Luftfeuchtigkeit hoch ist. Hier gedeiht der pflanzen- und tierartenreiche tropische Regenwald, der eine Reihe von Besonderheiten aufweist: So besteht der Wald meist aus drei so genannten Stockwerken. Das oberste Stockwerk bilden die Kronen der höchsten Bäume, die etwa 40 m, manchmal sogar bis zu 60 m aufragen. Darunter folgen die nächsten Stockwerke mit bis zu 30 m bzw. 15 m hohen Bäumen. Da der Lichteinfall nach unten immer mehr abnimmt, können sich am Boden fast keine anderen **Pflanzen** entwickeln. Um ans Licht zu gelangen, leben daher Lianen, Moose, Farne sowie → Orchideen und andere Blütenpflanzen (Epiphyten) in der Baumschicht. Mit ihren besonderen Luftwurzeln können sie Wasser und Nährstoffe aus der Luft aufnehmen. Sei sind typische Lebewesen des Regenwaldes. Auch viele Arten der reichen **Tierwelt** wie z. B. → Affen, → Faultiere, Baumfrösche, Geckos, → Schlangen leben auf den Bäumen.
Der tropische Regenwald ist vor allem durch die zunehmende Rodung durch den Menschen gefährdet. Diese erfolgt zur Gewinnung von Ackerflächen oder von Holz. Da die Böden aber verhältnismäßig wenig Nährstoffe enthalten, sind sie schnell erschöpft, sodass für die Landwirtschaft erneut gerodet wird. Auf der zurückgelassenen Fläche kann sich der Regenwald aber nur sehr langsam wieder erholen.

Person; 2) Wiedereingliederung in die Gesellschaft; 3) in der Medizin Wiederherstellung der Leistungsfähigkeit u. Gesundheit eines durch Krankheit u. Unfallfolgen Geschädigten.

Reibung, die Widerstandskraft, die sich einem zu bewegenden Körper entgegensetzt.

Reichsdeputationshauptschluss, Beschluss auf dem Reichstag zu Regensburg 1803 über Gebietsentschädigungen an die dt. Fürsten im Gegenzug für die Abtretung linksrheinischer Gebiete nach Beendigung der frz. Revolutionskriege.

Reichsmark (RM), Währungseinheit des → Deutschen Reichs; → Mark.

Reichsstädte, im Heiligen Römischen Reich (bis 1806) die freien Städte, die direkt dem König oder Kaiser unterstanden u. im → Reichstag vertreten waren.

Reichsstände, im Heiligen Römischen Reich (bis 1806) die feudalen weltlichen u. geistlichen Stände (Kurfürsten, Erzbischöfe usw.) sowie die Reichsstädte. Die R. hatten Recht auf Sitz u. Stimme im → Reichstag.

Reichstag, 1) im Heiligen Römischen Reich (bis 1806) die Versammlung der → Reichsstände u. der freien Reichsstädte. Ab 1663 Gesandtenkongress in Regensburg; 2) im → Norddeutschen Bund, im 2. dt. Kaiserreich (1871–1918) u. in der → Weimarer Republik (1918–1933) das dt. Parlament.

Reinheitsgebot, dt. Rechtsvorschriften für die Zusammensetzung von Lebensmitteln; das R. für Bier wurde erstmals 1516 für Bayern erlassen u. ist noch heute gültig.

Reinkarnation (die, lat.), Wiedergeburt der Seele nach dem Tod in einem anderen menschlichen Leib, einem Tier oder einer Pflanze, → Seelenwanderung.

Reis, in den asiatischen Tropen Getreidegras mit 30 cm langer Rispe; Hauptnahrungsmittel für 1/3 der Menschheit; wird vorwiegend in tropischen, aber auch in subtropischen Gebieten (Italien, Frankreich, Spanien) angebaut.

Rekultivierung, unfruchtbar gewordenen Boden wieder fruchtbar machen (z. B. Kiesgruben, Tagebau).

Relais (das, frz.), Schaltelement zum Steuern großer Energiemengen durch vergleichsweise sehr kleine Energien.

relativ (lat.), nur unter bestimmten Gesichtspunkten zutreffend, im Vergleich zu absolut.

Regenwald: Straßenbau

Regenwald: Aufbau

Relativitätstheorie

1905 veröffentlichte *Albert → Einstein* seine **Spezielle Relativitätstheorie.** Sie besagt, dass Masse und Zeit von der Bewegung beeinflusst werden. Die → **Lichtgeschwindigkeit** ist dabei die höchstmögliche Geschwindigkeit, die ein Körper erreichen kann. Nach der Relativitätstheorie sind Raum und Zeit keine absoluten, festen Größen, sondern müssen immer in Relation, also im Verhältnis zu anderen Gegenständen, betrachtet werden. D. h. z. B., dass eine Uhr, die sich in einem fahrenden Zug oder Flugzeug befindet, im Vergleich zu einer sich außerhalb des Fahrzeugs in Ruhe befindenden Uhr langsamer geht. Und je mehr sich die Geschwindigkeit des Fahrzeugs der Lichtgeschwindigkeit annähert, desto langsamer geht die Uhr darin. Aber nicht nur die Geschwindigkeit, sondern auch die Höhe hat eine solche Wirkung: So geht die Uhr auf einem Berggipfel schneller als eine sich zeitgleich im Tal befindende Uhr. Im Alltag aber sind solche Zeitdifferenzen gar nicht wahrnehmbar – zum einen ergeben sich diese Unterschiede nur im Vergleich – also „relativ" – zu anderen Uhren, zum anderen benötigt man für solch präzise Messungen höchst exakte Cäsium-Chronometer. In der Nähe der Lichtgeschwindigkeit (c) nimmt außerdem die Masse unendlich zu. Die Energie (E), die durch die hohe Geschwindigkeit gewonnen wurde, zeigt sich somit als Masse (m). Einstein behauptete, dass Masse und Energie einander entsprächen und man beide ineinander verwandeln könne, wovon seine berühmte Formel $\mathbf{E = mc^2}$ zeugt.
1916 stellte Einstein die **Allgemeine Relativitätstheorie** auf. Diese besagt, dass Licht durch ein Schwerefeld beeinflussbar ist, also große Massen wie Sterne das Licht ablenken können. Das Licht eines weit entfernt liegenden Sterns muss demnach nicht aus dessen Richtung kommen, sondern kann unterwegs von den Schwerefeldern eines oder mehrerer Sterne abgelenkt worden sein. Als es jeweils 1919 und 1922 eine → Sonnenfinsternis gab, wurde die Theorie in Experimenten geprüft und bestätigt.

Röm. Relief (um 100 v. Chr.)

Renaissance: Kuppel der Peterskirche

A. Renoir: Lisa mit Schirm

Relativitätstheorie, siehe Kasten oben.
Relativsatz, durch ein Relativpronomen oder ein Relativadverb (z. B. wo) eingeleiteter Nebensatz.
Relief (das, frz.), 1) Teilgebiet der Plastik: herausgearbeitete Figuren bleiben an eine Fläche gebunden, stehen also nicht rundum frei. Je nach Höhe der Erhebung: Tiefen-R. u. Hoch-R.; 2) Höhengestaltung der Erdoberfläche, in Karten plastisch wiedergegeben durch Gips- oder Kunststoffmodelle.
Religion, die Bindung des Einzelnen u. der menschlichen Gemeinschaft an eine überweltliche u. zugleich eine weltüberlegene Macht. Die großen → Weltreligionen sind Buddhismus, Hinduismus, Christentum, Islam.
Religionsfreiheit, Glaubensfreiheit, Grundrecht, einem beliebigen religiösen Glauben oder einer freien religiösen Weltanschauung nachzugehen.
Religionskriege, aus dem Ggs. religiöser Bekenntnisse entstandene, meist zu politischen Machtkämpfen ausartende Kriege, z. B. → Dreißigjähriger Krieg, Hugenottenkriege.
Remake (das, engl.), Neufassung einer künstlerischen Produktion, bes. Neuverfilmung eines Stoffs.
Rembrandt, Harmenszoon van Rijn (1606–1669), niederländ. Maler u. Radierer; bes. Kennzeichen: starke Hell-Dunkel-Kontraste. Neben hunderten von Gemälden (z. B. *Nachtwache*), davon zahlreiche Selbstbildnisse, hinterließ R. fast ebenso viele Radierungen.
Remittenden (lat.), Bücher, die dem Verlag wegen Fehlern oder Unverkäuflichkeit zurückgegeben werden.
Remus, in der röm. Mythologie Bruder des → Romulus, legendärer Mitbegründer Roms.
Renaissance (die, frz.), Zeit von der Mitte des 14. bis zur Mitte des 16. Jh.; Kulturwende („Wiedergeburt" der → Antike), die von Italien ausging.
Rendite (die, ital.), der in Prozenten ausgedrückte Gewinn einer Kapitalanlage.
Renoir, Pierre Auguste (1841–1919), frz. Maler, Grafiker u. Bildhauer. Sein Bild *La Moulin de la Galette* ist beispielhaft für die impressionistische Malerei (→ Impressionismus).

Rentabilität (die, frz.), Wirtschaftlichkeit; Verhältnis zw. Jahresertrag u. investiertem Kapital eines Unternehmens.
Rente (die, frz.), regelmäßiges Einkommen, das auf Vermögensbesitz, Versicherungs- oder Versorgungsansprüchen beruht; → Rentenversicherung.
Rentenversicherung, eine gesetzliche Pflichtversicherung für Arbeiter u. Angestellte, die später Altersruhegeld, Berufs- oder Erwerbsunfähigkeitsrente sowie Witwen- u. Waisenrente auszahlt.
Rentier, nordeuropäische Hirschart, rund 1,2 m hoch, 2 m lang, mit graubrauner Decke u. ausladendem Geweih; Pflanzenfresser; lebt in großen Rudeln in der Tundra, weite Herbst- u. Frühjahrswanderungen zur Nahrungssuche.
Reparationen (lat.), im Völkerrecht den Besiegten eines Krieges vom Sieger auferlegten Leistungen zur Wiedergutmachung von Kriegsschäden, z. B. Geld- oder Sachforderungen.
Repertoire (das, frz.), alle Bühnenstücke im Spielplan; alle von Orchestern, Schauspielern, Musikern eingeübten Stücke bzw. Rollen.
Replik (die, lat.), 1) Gegenrede, Erwiderung; 2) Nachbildung des eigenen Kunstwerkes durch den Künstler; Ggs. Kopie.
Repräsentantenhaus, in einigen Staaten (USA, Australien, Neuseeland) die Parlamentskammer, die gesetzgeberische Funktionen hat.
Repressalie (die, lat.), Vergeltungsmaßnahme, Druckmittel, um etwas gewaltsam durchzusetzen.
Reprise (die, frz.), 1) im Sonatensatz der 3., den 1. wiederholende Teil; 2) Wiederaufnahme eines früher gespielten Theaterstücks; 3) im Seerecht Zurückgewinnung vom Feind gemachter Beute.
Reptilien (die, lat.), Kriechtiere; wechselwarme Wirbeltiere, → Schildkröten, → Krokodile, Brückenechsen u. Schuppenkriechtiere (Echsen u. Schlangen); mit meist 4 Gliedmaßen; ihr Körper ist mit Hornschilden oder Schuppen bedeckt; hauptsächlich Eier legend, lebend gebärend ist z. B. die → Kreuzotter; vorwiegend Landbewohner, Lungenatmung.
Republik (die, frz., von lat. res publica = „Gemeinwesen“), Staatsform, bei der die Staatsgewalt von der Volksgesamtheit oder ihren Vertretern ausgeübt wird.
Requiem (das, lat.), 1) Toten- oder Seelenmesse der katholischen Kirche; 2) musik. Vertonung der Gesänge.
Reservat (das, lat.), 1) umgrenztes Schutzgebiet für Tiere u. Pflanzen; Naturschutzgebiet; 2) Schutzgebiet für Volksgruppen; insb. sind R. Landgebiete, die den Resten der Indianerbevölkerung seit Ende des 19. Jh. in den USA u. Kanada zugewiesen wurden.
Residenz (die, lat.), Regierungs- oder Amtssitz eines Landesoberhauptes oder eines hohen kirchlichen Würdenträgers.
Résistance (die, frz., „Widerstand“), Widerstandsbewegung, die während des Zweiten Weltkrieges gegen die dt. Besatzung Frankreichs kämpfte.
Resonanz (die, lat.), 1) allg. Reaktion, Antwort; 2) das Mitschwingen mit einem anregenden Schwingungsträger, dessen Frequenz gleich der Eigenfrequenz des angeregten Mitschwingers ist.
Resonanzboden, bei Musikinstrumenten dünne Platte, die durch Mitschwingung den Klang verstärkt.
Resozialisierung, Wiedereingliederung von Straftätern in die Gesellschaft.
Restauration (die, lat.), Wiederherstellung eines früheren, meist revolutionär beseitigten politischen Zustandes. Insb. die Zeit der „Wiederherstellung“ der absoluten → Monarchien nach der Niederlage → Napoleons (1815–1848).
Retorte (die, lat.), birnenförmiges Glasgefäß mit seitlich nach unten abgebogenem Hals zur → Destillation.
Retortenbaby, durch künstliche → Befruchtung gezeugt. Die Eizelle wird der Mutter entnommen u. künstlich in einem Labor befruchtet. Danach wird die befruchtete Zelle in die Gebärmutter der Frau eingepflanzt, wo der Embryo sich entwickelt u. auf natürliche Weise ausgetragen wird.
Retusche (die, frz.), Ausbesserung oder Überarbeitung z. B. von Fotos oder Negativen zur Verbesserung der Qualität oder um bestimmte Effekte zu erzielen.
Réunion, Insel vulkan. Ursprungs im Indischen Ozean, östlich Madagaskar, frz. Überseedepartment, 2512 km²,

Rentier

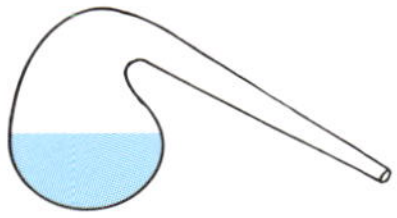

Retorte

Reptilien: Krokodil

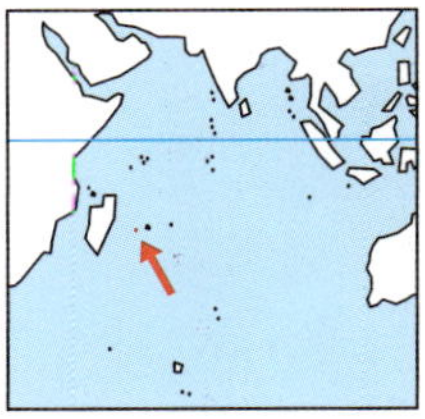

Réunion

833.900 EW, Hauptst. Saint-Denis; 1513 entdeckt, seit 1643 frz.

Revanchismus (der, frz.), politische Einstellung mit dem Ziel der gewaltsamen Vergeltung politischer oder militärischer Niederlagen.

Revers (das, frz.), 1) Aufschlag an Jacken, Mänteln u. Kleidern; 2) schriftliche Verpflichtung oder Erklärung; 3) Rückseite einer Münze.

Rhein

Revier (das, frz.), 1) Bezirk, Gebiet; 2) Jagd- u. Forstgebiet; 3) Fördergebiet im Bergbau; 4) kleinere Polizeidienststelle.

Revision (die, lat.), 1) Überprüfung; 2) letztes Rechtsmittel zur Prüfung eines noch nicht rechtskräftigen Urteils beim nächsthöheren Gericht.

Revolution (die, lat.), 1) gewaltsame Änderung der bestehenden politischen Verhältnisse in einem Staat; 2) Umwälzung durch neue Erkenntnisse u. Methoden; 3) in der Astronomie Umlauf eines Himmelskörpers um einen anderen, insb. die Bewegung der → Erde um die Sonne.

Revolver (der, engl.), mehrschüssige Handfeuerwaffe, bei der die Patronen in einer Trommel mit mehreren Kammern hinter dem Lauf angeordnet sind.

Reykjavik, Hauptst. → Islands, 121.000 EW.

Rezeptoren (die, lat.), Sinneszellen oder -organe, die Reize empfangen u. weiterleiten.

Rezession (die, lat.), rückläufige Konjunktur (Gesamtlage der Wirtschaft).

Island: Reykjavik

Rezitation (die, lat.), künstlerischer Vortrag eines literarischen Werkes nur mit sprachlichen Mitteln.

Rhapsodie (die, gr.), vokales oder instrumentales Musikstück in freier Form, oft balladenhaft, mit folkloristischen Zügen (z. B. bei M. → Ravel, G. → Gershwin).

Rhea, in der gr. Mythologie Mutter des Göttervaters Zeus.

Rhein, längster Strom im W Mitteleuropas, 1320 km. Entspringt in Graubünden (Vorder- u. Hinterrhein), fließt als Alpenrhein zum Bodensee, als Hochrhein westwärts (Rheinfall bei Schaffhausen, 20 m), biegt bei Basel als **Oberrhein** nach N in die Oberrheinische Tiefebene ein, durchbricht als **Mittelrhein** das Rheinische Schiefergebirge, tritt als **Niederrhein** in das Norddt. Tiefland ein, teilt sich in den Niederlanden in mehrere Arme u. mündet mit seinem südlichen Hauptarm in die Nordsee.

Rheinbund (1806–1813), Bund dt. Staaten, die von Preußen u. Österreich unabhängig sein wollten u. unter der Schutzherrschaft Frankreichs standen. Als die Rh.-Fürsten ihren Austritt aus dem dt. Kaiserreich erklärten, dankte Kaiser Franz II. ab – damit ging das „Heilige Römische Reich Deutscher Nation" zu Ende. 1813 lösten die Rh.-Fürsten ihr Bündnis mit → Napoleon I. Bonaparte u. schlossen sich auf der Gegenseite den → Befreiungskriegen an.

Rheinland, Landschaft beidseits des Rheins, von der schweizer. bis zur niederländ. Grenze.

Rheinland-Pfalz, Bundesland der BR Dtl., 19.847 km^2, 5,7 Mio. EW, Hauptst. Mainz.

Rhein-Main-Donau-Kanal, internationaler Großschifffahrtsweg; die quer durch Europa verlaufende Binnenwasserstraße verbindet die Nordsee mit dem Schwarzen Meer (rund 3500 km).

Rhesusfaktor, Abk. Rh-Faktor, erbliches Merkmal der roten Blutkörperchen (an Rhesusaffen zuerst entdeckt); mehr als 85 % aller weißen Menschen sind Rh-positiv (Rh). Sein Fehlen wird als Rh-negativ (rh) bezeichnet, unter anderem wichtig bei Schwangerschaften: Ist die Mutter rh, der Vater Rh, ist auch der

Embryo Rh. Der Körper der Mutter bildet Antikörper, die in den Blutkreislauf des Embryos gelangen u. zu Fehlgeburt oder Schädigung des Kindes führen; Rettung des Kindes durch Austauschtransfusionen sofort nach der Geburt.

Rhetorik (die, gr.), Theorie der Redekunst.

Rhodesien, Region im südlichen Afrika, umfasst die heutigen Länder → Simbabwe und → Sambia.

Rhodos, 1) Hauptinsel des Dodekanes, Griechenland, 1398 km^2, 88.200 EW; 2) Hauptst. von R., 115.000 EW, Hafen; in der Antike überspannte ein 35 m hohes Standbild (Koloss von Rhodos → sieben Weltwunder) die Hafeneinfahrt, das als Leuchtturm diente.

Rhombus (der, gr.), Parallelogramm mit vier gleich langen Seiten.

Rhön, Teil des Hessischen Berglandes, zw. Werra u. Fulda; höchste Erhebung die Wasserkuppe mit 950 m.

Rhythmische Sportgymnastik, Wettkampfgymnastik mit Handgeräten (Ball, Band, Keulen, Reifen, Seil); olymp. Disziplin. Bei Einzelwettkämpfen werden Titel im Mehrkampf (Vierkampf) u. an den einzelnen Handgeräten vergeben. Übungen in Musikbegleitung auf einer Bodenmatte.

Rhythmus (der, gr.), 1) allg. gleichmäßige Wiederholung eines Vorganges; 2) in der Musik die einen musik. Verlauf prägende Ordnung, Gliederung u. Gestaltung der Töne nach Dauer u. Betonung.

Riad (Er Riad, Rijad, Riyadh), Hauptst. → Saudi-Arabiens mitten in der Wüste, 5,7 Mio. EW.

Richelieu, Armand Jean du Plessis (1585–1642), frz. Staatsmann. Seit 1624 Kardinal u. Minister unter Ludwig XIII., bekämpfte er die protestantischen Hugenotten u. den Adel zugunsten des Königs (Beginn des → Absolutismus). Führte Frankreich auf der Seite der Protestanten gegen → Habsburg in den → Dreißigjährigen Krieg.

Richtantenne, Antenne, die elektromagnetische Wellen in eine Richtung absendet u. aus einer Richtung empfängt.

Richterskala, nach oben offene Skala zur Feststellung der Erdbebenstärke; stärkste bekannte Beben liegen zw. 8,5 u. 9; nach dem amerik. Seismologen Charles Francis Richter (1900–1985) benannt.

Richtfunk, Funkverkehr mithilfe von → Richtantennen; insb. zur Übertragung von Ton- u. Fernsehprogrammen zw. 2 Stationen (R.-Strecke).

Ricke, weibliches → Reh.

Riemen, 1) endloses Band zur Kraftübertragung als Rund-, Flach- oder Keilriemen; 2) in der Bautechnik langes, schmales Brett; 3) langes Ruder, das mit beiden Händen bewegt wird.

Riemenschneider, Tilmann (um 1460–1531), dt. Bildhauer. R. schuf Skulpturen aus Holz u. schnitzte ganze Figurengruppen für Altäre, z. B. *Heiligblutaltar* in Rothenburg ob der Tauber.

Ries, 1) fruchtbares Becken zw. Schwäbischem u. Fränkischem Jura, durch Meteoriteneinschlag entstanden; 2) Papierzählmaß, 1 R = 1000 Bogen.

Ries, Adam (1492–1559), dt. Rechenmeister; Verfasser von Rechenbüchern, fälschlicherweise Adam Riese genannt.

Riesengebirge, nördlicher Teil der Sudeten, bis 1603 m (Schneekoppe).

Riesenslalom, alpine Disziplin im Skisport, Teil des olympischen Programms. Die Strecke (etwa 1500 m) ist länger als im → Slalom, aber kürzer als im → Super-G., die Tore sind weiter gesteckt als im Slalom, aber enger als im Super-G.

Riester-Rente, 2002 von dem damaligen Bundesminister für Arbeit u. Soziales, Walter Riester (*1943), eingeführte private, freiwillige u. staatlich geförderte Zusatzvorsorge, soll die sog. Rentenlücken schließen.

Riff, im Meer bis nahe an die Wasseroberfläche reichender Felsrücken; in tropischen Meeren häufig Korallenriff.

Riga, Hauptst. Lettlands, an der Duna gelegen, 700.000 EW.

Rikscha (die, jap.), meist dreirädriges Verkehrsgefährt in Süd- u. Ostasien; von Menschen gezogen.

Rilke, Rainer Maria (1875–1926), dt. Dichter, schrieb vorwiegend Lyrik, *Dinggedicht*, *Das Buch der Bilder*, *Sonette an Orpheus*.

Rinderwahnsinn (→ BSE), schwammartige Gehirnerkrankung beim Rind, seit Ende der 1980er-Jahre in Großbritan-

Rhodos

Kardinal Richelieu

Riviera

Rio de Janeiro: Zuckerhut

Maximilien de Robespierre

nien auftretende Seuche, die auch auf den Menschen übertragen werden kann.

Ringelnatz, Joachim (1883–1934), eigentlich Hans Bötticher, dt. Dichter u. Kabarettist; Gedichte wie *Kuttel Daddeldu, Die Schnupftabaksdose*.

Ringen, sportlicher Zweikampf, bei dem beide Gegner versuchen, den jeweils anderen mit verschiedenen Griffen u. a. Techniken mit den Schultern zu Boden zu zwingen (Schultersieg). Man unterscheidet zw. Freistil u. gr.-röm. Stil; olympische Disziplin.

Ringeturnen, 1) Turngerät aus zwei an Seilen hängenden Holzringen von 18 cm Durchmesser; 2) olympische Disziplin im Kunstturnen der Herren, bei der sich der Turner mit den Händen an den beiden Ringen festhält; mit Schwung-, Kraft- u. Halteelementen.

Rio de Janeiro, Hauptst. des gleichnamigen brasilianischen Staates, an der Bucht von Guanabara; 44.268 km^2, ca. 6,4 Mio. EW; Wahrzeichen der Stadt ist der 395 m hohe Zuckerhut.

Risikofaktoren, gesundheitsschädigende Lebensgewohnheiten, die Krankheiten verursachen oder ihre Entstehung fördern, z. B. Übergewicht, Stress, Alkohol, Rauchen.

Ritter, im MA Stand des niederen Adels, der in der Zeit der → Kreuzzüge aufkam. Mit dem Rittertum entstand eine eigene Kultur mit festgelegten Rechten, Pflichten u. Sitten. Der Niedergang des Rittertums vollzog sich im ausgehenden MA durch die Aufstellung von Söldnerheeren; → Landsknechte.

Ritter

Ritterorden, zur Zeit der → Kreuzzüge gegründet, zum Schutz des Heiligen Landes u. christlicher Pilger, auch um Kranken, Schwachen u. Notleidenden zu helfen. Die R. setzten sich aus Rittern, Priestern u. Mönchen zusammen; bedeutende Orden: Templerorden, Dt. Orden u. Johanniterorden.

Riviera, die Küste des Ligurischen Meers, in Frankreich Côte d'Azur, in Italien Riviera di Ponente (westlich Genua) u. Riviera di Levante (östlich Genua).

Robespierre, Maximilien de (1758–1794), frz. Revolutionär. Als einer der radikalsten → Jakobiner ließ er in den Wirren nach der Französischen Revolution von 1789 zahlreiche Gegner (z. B. Danton) hinrichten u. errichtete wenige Monate lang eine Diktatur; wurde abgesetzt u. guillotiniert (geköpft).

Robin Hood, engl. Sagenheld; in Volksballaden des späten MA verherrlicht; edler Räuber, Helfer des armen Volkes gegen Klerus u. Adel.

Robinson Crusoe, Titelfigur eines Romans von Daniel → Defoe; verbrachte nach Schiffbruch 28 Jahre auf einer einsamen Insel.

Roboter (der, tschechisch), elektronisch gesteuerte Maschine, die selbsttätig Arbeiten verrichtet; wird z. B. bei Fließbandproduktion eingesetzt.

Rockefeller, John Davidson (1839–1937), amerik. Industrieller; gründete 1870 die Standard Oil Company (US-Ölmonopol).

Rocker (der, engl.), Mitglied einer jugendlichen Motorradgruppe; provozierendes Auftreten aus Protest gegen das bürgerliche Leben.

Rockmusik, seit Mitte der 1960er-Jahre Begriff für elektrisch verstärkte Musik, die sich durch einen geraden, oft harten Rhythmus auszeichnet.

Rock 'n' Roll, Mitte der 1950er-Jahre in den USA entstanden, als weiße Country u. Western-Musiker schwarzen Rhythm and Blues nachzuspielen begannen; Bill Hayley, Elvis → Presley.

Rocky Mountains, die östliche Hauptkette der Kordilleren Nordamerikas.

Rodeo (der oder das, span.), sportlicher Reiter-Mehrkampf der Cowboys in den USA.

Rodin, Auguste (1840–1917), frz. Bildhauer. R. arbeitete zwar naturalistisch, doch drücken seine Plastiken dramatische Gefühls- u. Gemütszustände aus; z. B. Bronzegruppe *Bürger von Calais*.

Rogen, Fischeier, die bei Lachs u. Stör als → Kaviar bezeichnet werden.

Röhrenwürmer, Ringelwürmer, die sich Gehäuse aus Sand u. Kies zum Schutz vor Feinden bauen.

Röhricht, Schilfbestände an Gewässern; ist als „Wohnwald" u. natürliche „Kläranlage" für das → ökologische Gleichgewicht eines Gewässers wichtig.

Rohrkolben, gras- oder schilfähnliche Sumpfpflanzen. mit rotbraunen Samenkolben, zählt zu den Leitpflanzen des → Röhrichts.

Rohrzucker, wichtigste Zuckerart, v. a. im Saft von Zuckerrohr u. Zuckerrüben enthalten.

Rokoko, europäische Stilepoche (um 1720–1780), die auf den → Barock folgte u. als dessen Weiterentwicklung u. Verfeinerung angesehen werden kann. Die Kunst des R. ist eleganter, gekünstelter u. zerbrechlicher; Bauten wirken leichter u. anmutiger, bes. durch das Spiel der Ornamentik. In der Malerei werden oft zarte Pastelltöne verwendet.

Rolling Stones, 1962 gegründete, brit. Rockgruppe; Welthit *Satisfaction*.

ROM, Abk. für engl. **R**ead **O**nly **M**emory. Halbleiterspeicher, der im Ggs. zum → RAM nur das Lesen der in einem Spezialverfahren vom Hersteller eingebrachten Information erlaubt.

Rom, Hauptst. → Italiens, am Tiber, 2,7 Mio. EW; eine der ältesten Städte der Welt, mit großer Anzahl historischer Bau- u. Kunstwerke.

Roma, Selbstbezeichnung einer weltweit verbreiteten Volksgruppe indischer Herkunft (früher als Zigeuner bezeichnet), rund 12 Mio.; → Sinti.

Romanik (die, lat.), erste Stilepoche des MA (Beginn ca. 10. Jh.). Die Kunst der R. wirkt, im Ggs. zur → Gotik, robust u. kraftvoll. In der Malerei der R. gab es fast nur religiöse Motive. Die Plastik stand im Dienste der Architektur – so fanden Skulpturen als Säulen Verwendung. Stilelemente in der Architektur sind die massive u. solide Bauweise u. der Rundbogen in der Gestaltung der Innenräume, Portale u. Fenster.

romanische Sprachen, die aus der lat. Umgangssprache (Vulgärlatein) entstandenen Sprachen: Rumänisch, Rätoromanisch, Italienisch, Sardisch, Provenzalisch, Französisch, Katalanisch, Spanisch, Portugiesisch.

Romanismus, Richtung der niederländ. Malerei im 16. Jh., an ital. Renaissance orientiert.

Romantik (die, frz.), Geisteshaltung Ende des 18./Anfang des 19. Jh., die als Reaktion auf das vernunftbezogene Zeitalter der → Aufklärung v. a. in Literatur u. Kunst ihren Ausdruck fand. Der Künstler der R. erfährt u. deutet die Welt durch Fühlen u. Ahnen, nicht durch logische, nüchterne Erklärungen. Berühmte Vertreter der R. sind in der Malerei z. B. Caspar David → Friedrich, Ph. O. Runge, E. Delacroix u. W. Turner, in der Literatur C. → Brentano, J. v. Görres u. a.

Römerbrief, theologische, wichtigste Schrift des Apostels Paulus im N. T. (an die Christen in Rom gerichtet).

römische Kunst, (ca. 3. Jh. v. Chr. bis 5. Jh. n. Chr.). Zunächst basierte sie auf der etruskischen u. gr. Kunst, wobei die Kunstwerke der eroberten Provinzen entweder einfach geraubt oder kopiert wurden. Im 1. Jh. v. Chr. setzte dann eine eigenständige Entwicklung ein, v. a. im Bereich der Statuen u. Porträts. Im Bereich der Malerei gab es v. a. Mosaike u. Wandbilder. Die größte Leistung der r. K. liegt in der Baukunst: Mit der Anwendung der Bogenwölbung konnte man große Räume u. gewaltige Ingenieurbauten, z. B. → Aquädukte, errichten.

Römisches Reich, umfasste ab 63 v. Chr. alle Länder des Mittelmeers. Seit 1200 v. Chr. drangen die indogermanischen Italiker nach Italien ein, später weitere Stämme, bes. die Latiner, zu denen die Römer zählen. Um 1000 v. Chr. gründeten sie als Siedlung die Stadt Rom. Im 8. Jh. v. Chr. entstanden gr. u. karthagische Kolonien in Italien, außerdem bildete sich das Etruskerreich heraus. Mit der Vertreibung der Etrusker durch die Römer 509 v. Chr. entstand die röm. Republik, die bis 31 v. Chr. dau-

Romantik: Der Wanderer über dem Nebelmeer

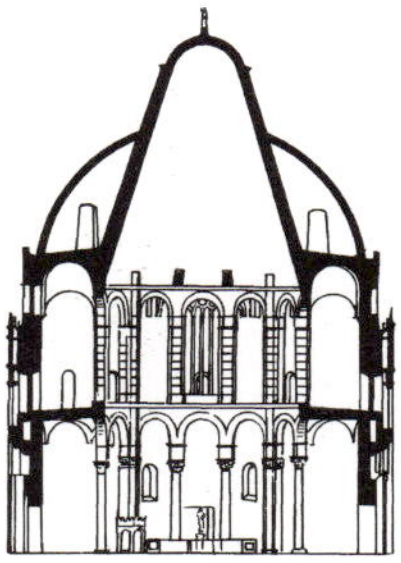

Romanik: Kathedrale von Pisa (Schema)

Romanik: Dom von Trani (Schema)

Römisches Reich: Kolosseum

Römisches Reich: Gaius Julius Caesar

Romulus und Remus

G. Rossini: Illustration zu „Wilhelm Tell"

erte. In dieser Zeit breiteten sich die Römer nicht nur über das ital. Festland aus, sondern eroberten auch die südlichen u. westlichen Mittelmeergebiete (→ Punische Kriege). Im 2. u. 1. Jh. v. Chr. (Marius, Sulla, Pompejus, Caesar) jahrzehntelanger Bürgerkrieg, außerdem Kämpfe mit Kimbern u. Teutonen u. Sklavenaufstände. Unter → Caesar erfolgte die Eroberung ganz → Galliens im gallischen Krieg (58–51 v. Chr.), nach seiner Ermordung teilten sich zunächst Oktavian u. Antonius die Macht, dann wurde Oktavian (Augustus) Alleinherrscher, nachdem er Antonius u. die ägyptische Flotte in der Seeschlacht von Aktium besiegt hatte. Augustus begründete die röm. Kaiserzeit (julisch-claudische Kaiser, Flavier, Adoptivkaiser). 193–305 herrschten die vom Heer aufgestellten u. abgesetzten Soldatenkaiser, in dieser Zeit bedrängten Germanen u. Perser das R. R. Konstantin (306–377) verlegte den Regierungssitz nach Byzanz (Konstantinopel) u. beendete die Christenverfolgung (seit dem 1. Jh.). Theodosius (379–395) erklärte das Christentum zur Staatsreligion u. teilte das Reich unter seinen Söhnen in eine östliche u. eine westliche Hälfte; → Byzantinisches Reich.

römische Ziffern, röm. Zeichen für Zahlen; es gibt 7 verschiedene Zeichen: I = 1, V = 5, X = 10, L = 50, C = 100, D = 500, M = 1000.

Romulus, sagenhafter Gründer u. 1. König von Rom; wurde mit seinem Zwillingsbruder → Remus ausgesetzt u. der Sage nach von einer Wölfin gesäugt.

Röntgen, Wilhelm Conrad (1845–1923), dt. Physiker. Entdeckte z. B. die **Röntgenstrahlen**: elektromagnetische Strahlen – sie sind unsichtbar, haben ein hohes Durchdringungsvermögen u. können in der Medizin u. in der Technik eingesetzt werden. 1901 → Nobelpreis für Physik.

Roosevelt, 1) Franklin Delano (1882–1945). Wurde als einziger amerik. Präsident (Demokrat) 4-mal gewählt, regierte von 1933–1945. Im Zweiten Weltkrieg unterstützte R. die → Alliierten. Mit → Stalin u. → Churchill Neuordnung Europas; 2) Theodore (1858–1919), 26. Präsident der USA (Republikaner); vermittelte den japanisch-russischen Frieden, erhielt dafür 1906 den Friedensnobelpreis.

Rosengewächse, Pflanzenfamilie, zu der Rosen u. auch zahlreiche andere Pflanzen gehören, z. B. Obstsorten wie Apfel, Birne, Pfirsich, Brom- u. Himbeere oder Stauden wie Frauenmantel.

Rossbreiten, windschwache u. niederschlagsarme subtropische Hochgebiete um 30° nördlicher u. südlicher Breite.

Rossini, Gioacchino (1792–1868), ital. Komponist, schrieb etwa 40 Opern, z. B. *Der Barbier von Sevilla*.

Rote Armee, von 1918–1946 Bezeichnung für die sowjet. Heereseinheiten.

Rote-Armee-Fraktion, Abk. RAF, Ende der 1960er-Jahre aus der Studentenbewegung hervorgegangene terroristische Gruppe; ideologischer Kampf gegen den „imperialistischen Machtapparat" durch gezielte Attentate auf führende Vertreter aus Politik u. Wirtschaft.

Rote Khmer, kommunistisch orientierte Guerillabewegung in Kambodscha, hervorgegangen aus der Kommunistischen Partei Kambodschas (Machthaber 1975–78).

Rote Liste, im Auftrag der Bundesregierung u. der Länder erstellte Bestandsaufnahme ausgestorbener bzw. gefährdeter Tier- u. Pflanzenarten.

Rotes Kreuz, von Henri Dunant 1863/64 in Genf gegründete internationale Bewegung freiwilliger u. privater Hilfsorganisationen. Ziel ist die Linderung der Leiden u. die Wahrung der

Menschlichkeit im Krieg. Symbol ist das rote Kreuz auf weißem Grund, in islamischen Ländern der rote Halbmond.

Rotes Kreuz

Rotes Meer, Nebenmeer des Indischen Ozeans zw. Arabien u. Afrika, 440.000 km², bis 2600 m tief (Grabenbruch), hoher Salzgehalt (etwa 4 %).
Rotor, kreisendes Teil an Maschinen, z. B. der Drehflügel an einem Hubschrauber.
Rotterdam, niederländ. Hafenstadt an der Neuen Maas, 618.000 EW; größter Hafen Europas.
Rousseau, Jean-Jacques (1712–1778), frz.-schweizer. Philosoph, wurde durch seine Forderung nach Freiheit u. Gleichheit zum Vorläufer der Frz. Revolution. *Über den Gesellschaftsvertrag*.

Jean-Jacques Rousseau

Rowling, Joanne K. (*1965), engl. Schriftstellerin. Seit 1997 Welterfolg mit den → *Harry Potter*–Romanen.

Ruanda

präsidiale Republik, Binnenstaat in Ostafrika; 26.340 km², 11,4 Mio. EW, *Hauptst.*: Kigali, *Staatsoberhaupt:* Präsident Paul Kagame (seit 2000), *Regierungschef:* Pierre Habumuremyi (seit 2011), *Naturraum:* tropisches Hochland, *Bevölkerung:* Volksgruppen Hutu (85 %), Tutsi (14 %), Twa-Pygmäen (1%), *Wirtschaft:* Bananen, Getreide, Kaffee, Tee, Zinn- u. Wolframerze.

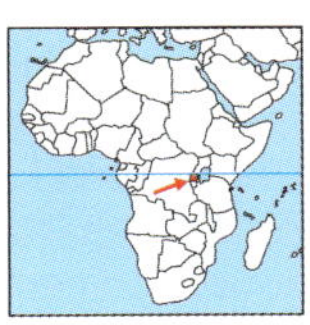

Rubel (Rbl; der, russ.), russ. Währungseinheit.
Rubens, Peter Paul (1577–1640), fläm. Maler. Hauptmeister der europäischen Barockmaler; schuf religiöse, geschichtliche u. mythologische Bilder sowie Porträts u. Landschaften. Seine Werke sind gekennzeichnet durch Farbenpracht u. Sinnlichkeit; *Die drei Grazien*.

P. P. Rubens: Landung der Maria von Medici in Marseille

Rübezahl, Berggeist aus dem Riesengebirge; Helfer der Armen.
Rubrik (die, lat.), 1) Abschnitt, Spalte; 2) in mittelalterlichen liturgischen Büchern die rot gedruckte Textstelle.
Rückenmark, vom Gehirn ausgehender Nervenstrang, der im Wirbelsäulenkanal liegt. Die 31 Nervenpaare sind für → Reflexe u. für die Verbindung der Körpernerven zum → Zentralnervensystem zuständigen → Nerven.
Rückenschwimmen, Kraulschwimmen in Rückenlage; die Arm- u. Beinbewegung erfolgt wechselseitig; olympische Disziplin.
Rückkoppelung, Regelungsmechanismus, bei dem die Ausgangsgröße wieder auf die Eingangsgröße eines Systems einwirkt, bes. in der Elektrotechnik.
Rüde, Männchen der Hundeartigen u. Marder.
Rudern, Wassersportart mit Ruderbooten für Frauen u. Männer; man unterscheidet Riemenboote (als Zweier, Vierer u. Achter gesteuert) u. Skullboote (als Einer, Doppelzweier u. Doppelvierer gerudert). Seit 1908 für Männer, seit 1976 für Frauen olympische Disziplin.
Rudolf I. von Habsburg, dt. König von 1273–1291. R. legte den Grundstein für das spätere Habsburger Weltreich.
Rugby (das, engl.), Zwischenform von → Fußball u. → Handball für 2 Mannschaften, je 15 Spieler. Der eirunde Ball darf auch mit den Händen getragen u. über die Torlatte getreten werden; Spielzeit 2 x 40 Minuten.
Rügen, größte dt. Insel in der Ostsee, 926 km²; berühmte, buchtenreiche Kreide-Kliffküste.
Rühmann, Heinz (1902–1994), dt. Schauspieler; tragikomische Rollen, u. a. *Die Feuerzangenbowle*.
Ruhr, 1) eitrige Darminfektionskrankheit, deren Erreger Bakterien oder Einzeller sein können; ansteckend; 2) rechter Nebenfluss des Rheins, wichtigstes Wasserreservoir für das Ruhrgebiet.
Ruhrgebiet, wichtigstes dt. u. europäisches Industriegebiet, bedeutende Steinkohlevorkommen.

Rumänien

Republik in Südosteuropa, 237.500 km², 20,1 Mio. EW, *Hauptst.* Bukarest, Einkammersystem, *Staatsoberhaupt:* Klaus Johannis (seit 2014),

Rumänien: Kirche in der Bukowina

Russland: Basiliuskirche (Moskau)

Rüstung (Ende 15. Jh.)

Regierungschef: Victor Ponta (seit 2012). *Naturraum:* Der waldreiche Karpatenbogen trennt das hügelige Siebenbürgen vom flachen südlichen u. östlichen Karpatenvorland. Die Walachei reicht bis zur Donau, die Moldau bis zum Pruth, die Dobrudscha mit dem Donaudelta erstreckt sich zw. Donau u. Schwarzem Meer. Im W hat R. mit dem Banat Anteil an der Ungarischen Tiefebene. *Klima:* Südosteuropäischkontinental. *Bevölkerung:* Nachkommen der romanisierten Daker. Minderheiten: Ungarn, Deutsche (Siebenbürgen, Banat), Türken u. a. *Wirtschaft:* Ertragreicher Ackerbau; bedeutende Viehzucht; Waldwirtschaft. Bedeutende Bodenschätze, z. B. Erdöl; vielseitige Industrie. Die schwere Wirtschaftskrise der 1980er-Jahre führte im Dezember 1989 zur Revolution. Absetzung u. Hinrichtung des Staatsratsvorsitzenden N. → Ceauçescu.

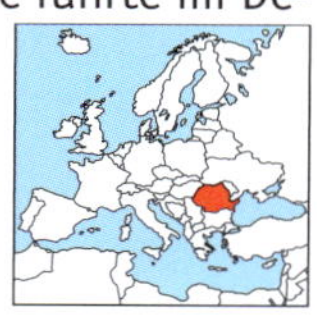

Rumba, kubanischer Tanz im 4/4-Takt.

Rundfunk, die rein akustische Verbreitung von Ton- u. Bildprogrammen auf drahtlosem Wege mithilfe → elektromagnetischer Wellen.

Runen, älteste germanische Schriftzeichen mit meist mystischer Symbolik.

Runge, Philipp Otto (1777–1810), dt. Maler; bedeutender Romantiker (Kreis um C. D. → Friedrich); *Die Hülsenbeck'schen Kinder*.

Rupfen, leichter Jutestoff für Säcke, Wandbespannung u. Ä.

Rupie (die, Sanskrit), Abk. R, indische Silbermünze.

Russland

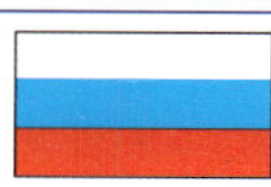

seit 1993 präsidiale Republik, 17 Mio. km^2 (flächenmäßig der größte Staat der Erde), 143 Mio. EW, *Hauptst.* → Moskau, *Staatsoberhaupt:* Wladimir Putin (seit 2012), *Regierungschef:* Dmitri Medwedew (seit 2012). *Naturraum:* Das Staatsgebiet erstreckt sich von der Ostsee u. dem Schwarzen Meer im W über Osteuropa u. Nordasien (Sibirien) bis zum Pazifischen Ozean im O; im Landschaftsbild überwiegend Ebenen, die durch den Ural in Osteuropäische Ebenen u. Westsibirisches Tiefland geteilt werden; daran schließen sich im Nordwesten die Bergländer Kareliens, im S der Kaukasus u. die kaspische Senke, im O das Mittelsibirische Bergland an. *Klima:* R. hat Anteil an fast allen Klimazonen der Erde. *Bevölkerung:* 83 % Russen, mehr als 100 nationale Minderheiten, z. B. Tataren, Ukrainer, Dagestaner, Baschkiren, Weißrussen. *Wirtschaft:* bis nach dem → Ersten Weltkrieg Agrarstaat, bes. nach dem Zweiten Weltkrieg Entwicklung zum zweitgrößten Industriestaat der Erde; Hauptanbauprodukte sind Getreide, Futterpflanzen, Zuckerrüben, Sonnenblumen, Kartoffeln; Viehzucht, Pelztierzucht, Fischerei; reich an Bodenschätzen (Kohle, Erdgas, Erdöl, Eisenerz, Diamanten, Bauxit, Uran); Industrie (Maschinen- u. Fahrzeugbau, chemische u. Rüstungsindustrie).

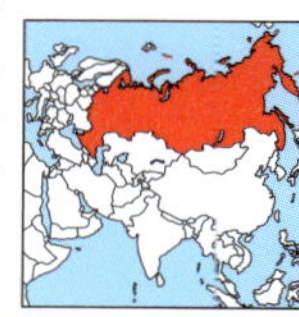

Rüstung, 1) Schutzkleidung eines Kriegers. Die mittelalterliche Ritterrüstung bestand zuerst aus einem Schuppen- oder Kettenpanzer, der unter der Oberkleidung getragen wurde. Später Plattenpanzer mit beweglichen Beinschienen, Hand- u. Fußschutz; 2) sämtliche Maßnahmen u. Mittel zur Vorbereitung u. Führung von Kriegen.

Rutherford, 1) Ernest (1871–1937), brit. Physiker; Arbeiten über die radioaktive Zerfallstheorie; 1908 → Nobelpreis für Chemie; 2) Margaret (1892–1972), brit. Schauspielerin; bekannt v. a. durch ihre Rollen als Miss Marple von Agatha → Christie.

Rütli-Schwur, auf der Bergwiese Rütli im Schweizer Kanton Uri 1291 beschworener Ewiger Bund der drei Urkantone Uri, Schwyz u. Unterwalden; Gründung der Schweizer Eidgenossenschaft.

S

S, Abk. für Seite, Schilling, Sekunde, siehe; Zeichen für Schwefel.

Saarbrücken, Hauptst. des → Saarlandes, 177.000 EW, an der Saar; Universität, Konservatorium; Sitz des Saarländischen Rundfunks.

Saarland, Bundesland der BR Dtl., 2569 km², 989.000 EW, Hauptst. → Saarbrücken.

Saba, antikes Reich der Sabäer im heutigen Jemen; gegründet um 1200 v. Chr.; ab 576 n. Chr. unter persischer, ab 632 unter islamischer Herrschaft.

Sabbat (der, hebräisch), 7. Tag der jüdischen Woche (Samstag), strenger Ruhe- u. religiöser Feiertag.

Säbelfechten, Fechtsportart, die nur von Männern ausgeübt wird. Der moderne Säbel hat einen schaufelförmigen Handschutz, der gebogen über die Hand verläuft u. V-förmige Klinge. Treffer oder Punkte erzielt man durch Stöße oder Hiebe (schlagende Bewegungen) mit der Klingenkante.

Säbelzahntiger, ausgestorbene große Raubkatze des Jungtertiärs u. Pleistozäns mit verlängerten, säbelförmig gekrümmten oberen Eckzähnen.

Sacharow, Andrej (1921–1989), russ. Atomphysiker; maßgeblich an der Entwicklung der sowjetischen Wasserstoffbombe beteiligt; 1970 Deklaration der Menschenrechte, 1980–86 in Verbannung; 1975 Friedensnobelpreis.

Sachsen, 1) westgermanischer Volksstamm, ursprünglich an der Unterelbe angesiedelt. Teile zogen im 5. Jh. mit den Angeln nach England. 2) seit 1990 Bundesland der BR Dtl., 18.357 km², 4 Mio. EW., Hauptst. → Dresden.

Sachsen-Anhalt, seit 1990 Bundesland der BR Dtl., 20.445 km², 2,2 Mio. EW. Hauptst. → Magdeburg.

Sächsische Schweiz, Teil des Elbsandsteingebirges; Naturschutzgebiet.

Sadismus (der, frz.), sexuelle Befriedigung durch Misshandlung anderer.

Safran (der, arabisch), gelber Pflanzenfarbstoff, aus den getrockneten Blütennarben des S.-Krokusses gewonnen.

Saga, isländische Prosagattung in sachlichem Stil.

Sage, mündlich überlieferte, meist lokal begrenzte Volkserzählung.

Sahara (die, arabisch), größte Wüste der Erde, in Nordafrika; 9 Mio. km²; teils Sandwüste (Erg) mit Dünen, teils Fels- u. Steinwüste (Hammada), Kieswüste (Sserir) oder Lehm- u. Salzpfannen (Sebcha, Schotts). Das Zentrum ist gebirgig. Trockenklima; es regnet äußerst selten; die Flusstäler liegen trocken (Wadis), abgesehen von den mächtigen Strömen (Nil, Niger). Daher ist die S. größtenteils ohne Pflanzen, außer in → Oasen u. – sehr selten – nach Regen.

Sahara

demokratische Republik in der Westsahara; 266.000 km², 507.000 EW; ausgerufen 1976, von 53 Staaten anerkannt; *Sitz der Exilregierung:* Tindouf in Algerien; *Staatsoberhaupt:* Mohamed Abdelaziz (seit 1976); *Regierungschef:* A. T. Oumar (seit 2003); *Naturraum:* heißes u. trockenes Wüstengebiet; *Bevölkerung:* v. a. Araber u. Berber; *Wirtschaft:* Fischerei, Bodenschätze, Dattelpalmen. Gebiet war bis 1976 von Spanien besetzt, seitdem beansprucht von Marokko; seit 1991 Waffenstillstand.

Sahelzone, der im N u. S an die → Sahara anschließende Dorn- u. Trockensavannengürtel mit geringer Niederschlagsmenge u. -dauer.

Saint-Exupéry, Antoine de (1900–1944), frz. Schriftsteller u. Flieger; beschreibt Flieger als Realitätsanalyse; z. B. *Der kleine Prinz, Nachtflug*.

Antoine de Saint-Exupéry

Sahara: Beduinen

Säbelzahntiger

Salomo

Saint Kitts und Nevis

Saint Kitts und Nevis

parlamentarische Monarchie, Inselstaat der Kleinen → Antillen; 269 km^2, 50.000 EW. *Hauptst.*: Basseterre, *Staatsoberhaupt:* Königin → Elisabeth II., vertreten durch Edmund Lawrence (seit 2013), *Regierungschef:* Timothy Harris (seit 2015), *Naturraum:* karibische Inseln, vulkanisch, *Bevölkerung:* Schwarze u. Mulatten, *Wirtschaft*: Zuckerrohr.

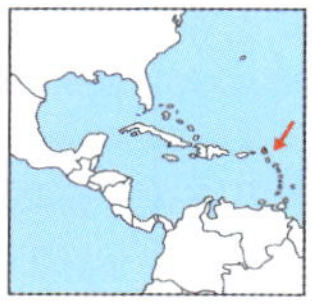

Saint Lucia

Inselstaat der Kleinen Antillen, 616 km^2, 166.000 EW, *Hauptst.* Castries, unabhängige konstitutionelle Monarchie im → Commonwealth, *Staatsoberhaupt*: Königin → Elisabeth II., vertreten durch Pearlette Louisy (seit 1997), *Regierungschef:* Kenneth Anthony (seit 2011). *Naturraum:* gebirgige Vulkaninsel, teils bewaldet. *Bevölkerung:* 87 % Schwarze; Inder, Weiße. *Wirtschaft:* tropische Plantagen, Elektroindustrie; Fremdenverkehr.

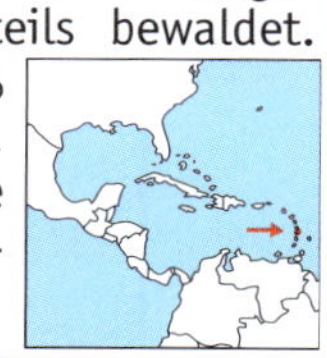

Saint Vincent und die Grenadinen

Inselstaat der Kleinen Antillen, 388 km^2, 117.000 EW, *Hauptst.* Kingstown, unabhängige konstitutionelle Monarchie im → Commonwealth, *Staatsoberhaupt:* Königin → Elisabeth II., vertreten durch Frederich Ballantyne (seit 2002), *Regierungschef:* Ralph E. Gonsalves (seit 2001). *Naturraum:* bewaldete, gebirgige Vulkaninseln. *Bevölkerung:* 65% Schwarze; Inder. *Wirtschaft:* tropischer Anbau, Tourismus.

Sakrament (das, lat.), religiöse Handlungen, die dem Menschen Heil bringen sollen.

Sakrileg (das, lat.), Entweihung heiliger Dinge, Verletzung religiöser Tabus.

Sakristei (die, lat.), Nebenraum der Kirche zur Vorbereitung des Gottesdienstes.

Säkularisation (die, lat.), Überführung von Kirchengütern in weltlichen Besitz.

Salamander, Land bewohnende → Schwanzlurche mit drüsenreicher Haut, z. B. Alpen-S., Feuer-S.

Salicylsäure, organische Säure mit antibakterieller u. fäulnishemmender Wirkung; Ausgangsstoff für fiebersenkende u. schmerzlindernde Heilmittel.

Salier, Hauptstamm der Franken; Bezeichnung für die dt. Herrscher aus dem Frankengeschlecht der Konradiner (1024–1125).

Saline (die, lat.), Salzwerk, Anlage zur Gewinnung von Kochsalz aus Steinsalz durch Ausspülen der Gesteinsschicht mit Wasser.

Salmonellen, Bakterien, Krankheitserreger, die sich im Darm vermehren; Infektion durch infiziertes Fleisch, z. B. → Typhus.

Salomo, in der Bibel israel. König von 971–929 v. Chr. Erbaute den Tempel zu Jerusalem. Berühmt durch seine Weisheit u. Dichtkunst.

Salomonen

Parlament. Monarchie, Inselgruppe → Melanesiens; 28.896 km^2, 538.000 EW, *Hauptst.* Honiara, *Staatsoberhaupt:* Königin → Elisabeth II., vertreten durch Frank Kabui (seit 2009), *Regierungschef:* Mannasseh Sogavare (seit 2014), *Naturraum:* vulkanische Inselgruppe mit trop. Regenwald; *Bevölkerung:* v. a. Melanesier; *Wirtschaft:* Landwirtschaft, Fischerei, Herstellung von

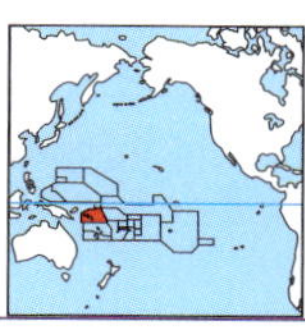

Salpetersäure (HNO_3), farblose, stechend riechende Säure, die stark oxidierend wirkt u. Silber von Gold trennen kann; Scheidewasser.

Salzburg, Hauptst. des österr. Bundeslandes Salzburg, an der Salzach; 146.000 EW; barocke Altstadt, Geburtshaus → Mozarts; Feste Hohensalzburg; Salzburger Festspiele.
Salze, chemische Verbindungen v. Metallen mit Nichtmetallen.
Salzsäure, farblose, stechend riechende, wässrige Lösung von Chlorwasserstoff.
Sambesi, 2736 km, langer Fluss Südafrikas; entspringt in Nordsambia, mündet in den Indischen Ozean, Victoria-Fälle, Cabora-Bassa-Damm.

Sambia

Binnenstaat in Südafrika, 752.614 km², ca. 13 Mio. EW., *Hauptst.* Lusaka, Republik im Commonwealth, *Staatsoberhaupt* u. *Regierungschef:* Edgar Lungu (seit 2015). *Naturraum:* Savannen-Hochebene mit Trockenwald, im N Einzugsgebiet des Sambesi. *Bevölkerung:* Bantu; Buschmänner, Weiße, Inder. *Wirtschaft:* Bergbau ist der wichtigste Wirtschaftszweig (Kupfer); Landwirtschaft für Eigenbedarf; Plantagen; Forstwirtschaft.

Samen, bei Blütenpflanzen zur Verbreitung dienender Keim, der nach der Befruchtung im Fruchtknoten entsteht; in ihm ist der Keimling bereits angelegt.
Samenzelle, männliche Keimzelle der mehrzelligen Tiere u. des Menschen; beim Menschen aus Kopf, Rumpf u. Schwanz.

Samoa

parlamentarische Demokratie im → Commonwealth, Inselstaat im südlichen → Pazifik, westlicher Teil der Samoainseln; 2.944 km², 187.000 EW, *Hauptst.* Apia, *Staatsoberhaupt:* Tupuola Taisi Tufuga Efi (seit 2007), *Premierminister:* Sailele Tuila'epa Malielegaoi (seit 1998), *Naturraum:* tropische Inseln, *Bevölkerung:* Samoaer (93 %), Euronesier, *Wirtschaft:* Vieh- u. Landwirtschaft.

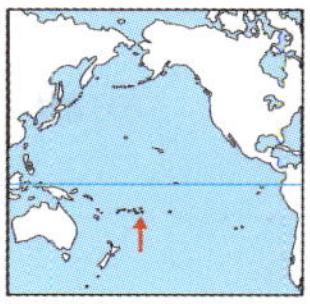

Samoainseln, gebirgige vulkanische Inseln im Südpazifik. Die östlichen Inseln sind Territorium der USA (Amerik. Samoa), die westlichen bilden die Republik Westsamoa.
Samos, gr. Insel der Sporaden, vor der kleinasiatischen Küste, 476 km², 32.000 EW, Hauptort Vathi.
Sampler (der, engl.) , Zusammenstellung von Musiktiteln eines oder verschiedener Interpreten.
Samurai (der, japanisch), adelige Krieger (Ritter) in der japanischen Feudalzeit. Sie bildeten sich gegen Ende des 11. Jh. u. konnten während des MA eine führende Machtstellung ausbauen. Im 19. Jh. verloren sie ihre Vorrechte.
San Francisco, Hafenstadt in Kalifornien, USA; 805.000 EW; Golden Gate Bridge, Oakland Bay Bridge.
Sanktion (die, lat.), 1) Zwangsmaßnahme des Staates; 2) wirtschaftliche oder militärische Druckmittel einer internationalen Organisation gegen einen widerrechtlich Krieg führenden Staat.
Sankt-Lorenz-Strom, Fluss in Nordamerika, 3350 km, entwässert die Großen Seen zum St.-Lorenz-Golf.
Sankt Petersburg, hieß 1914–1924 Petrograd, 1924–1991 Leningrad; Stadt in Russland; 4,87 Mio. EW; berühmtes Museum Eremitage.

San Marino

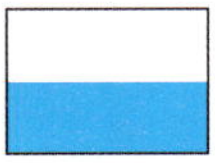

Kleinstaat in Mittelitalien; 61 km², 32.400 EW; *Hauptst.* San Marino, *Staatsoberhaupt:* jeweils halbjährig amtierende Regierungsräte, gewählt vom Parlament, *Wirtschaft:* Weinbau u. Fremdenverkehr.

Salzburg

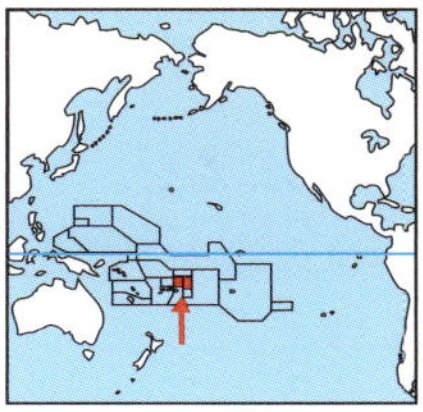

Samoainseln

Sambesi: Victoriafälle

Sambia: Rituelle Maske

Sankt Petersburg: Kirche

Schloss Sanssoucis

Sardinien

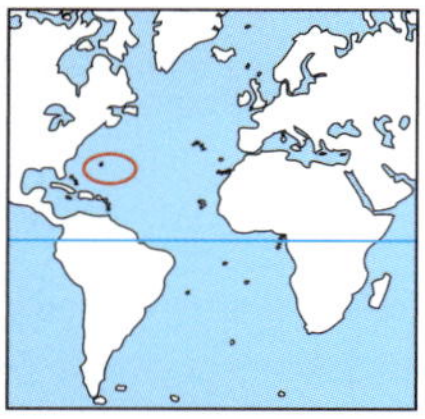

Sargassomeer

San Salvador, Hauptst. von → El Salvador, 316.000 EW, nahe der Pazifikküste.
Sansibar, Teilstaat → Tansanias, die Inseln S. u. Pemba; 1,1 Mio. EW., Hauptst. S.
Sanskrit, die Sprache der klassischen Literatur der arischen Inder im 5. bis 4. Jh.
Sanssoucis (frz.), Schloss u. Park bei Potsdam; 1745–1747 von G. W. v. Knobelsdorff für Friedrich II. errichtet.
Santiago de Chile, Hauptst. → Chiles, ca. 5 Mio. EW.
Santo Domingo, Hauptst. der → Dominikanischen Republik an der Südseeküste; 2,9 Mio. EW.
São Paulo, Hauptst. des gleichnamigen südostbrasilianischen Staates, größte Stadt → Brasiliens; 11,8 Mio. EW; zwei internationale Flughäfen; wichtigstes Industriezentrum Brasiliens.

Sao Tóme und Principe

präsidiale Demokratie, Inselstaat im Golf von → Guinea; 1001 km², 167.000 EW, *Hauptst.* São Tomé, *Staatsoberhaupt:* Manuel Pinto da Costa (seit 2011), *Premierminister:* Gabriel Arcanjo da Costa (seit 2012), *Naturraum:* Vulkaninseln nahe des Äquators, tropisch, *Bevölkerung:* keine ethnische Differenzierung, *Wirtschaft:* tropische Landwirtschaft (Kakao, Kaffee, Kokosnüsse, etc.).

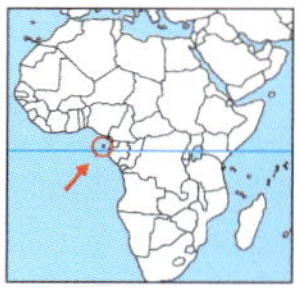

Sappho, gr. Dichterin, um 600 v. Chr.
Sarajevo, Hauptst. von → Bosnien und Herzegowina; 291.000 EW; 1984 Olympische Winterspiele; im Bürgerkrieg von 1991–1994 von serbischen Truppen belagert.
Sardinien, ital. Sardegna, gebirgige Insel im Tyrrhenischen Meer, autonome Region, 23.813 km², 1,65 Mio. EW, Hauptst. Cagliari; Landwirtschaft, Bergbau, Fremdenverkehr.
Sargassomeer, Seegebiet südlich der Bermudas im Atlantik, plankton- u. algenreich; Laichgebiet der Flussaale.
Sarkophag (der, gr.), monumentaler Sarg aus Stein, Holz oder Metall.
Sarkozy, Nikolas (*1955), konservativer frz. Politiker, ehem. Staatspräsident → Frankreichs (2007–2012).
SARS, Abk. für engl. **S**evere **A**cute **R**espiration **S**yndrom (schweres akutes respiratorisches Syndrom), hoch ansteckende, atypische Viruserkrankung der Lunge, oft tödlich; erstmalig 2000 in China aufgetreten.
Sartre, Jean-Paul (1905–1980), frz. Schriftsteller u. Philosoph, Begründer des Existenzialismus; Romane (*Der Ekel*) u. Dramen (*Die Fliegen*).
Satan (der, hebräisch), im A. T. Urfeind Gottes u. des Menschen, später Teufel.
Satellit (der, lat.), 1) Himmelskörper (Mond) eines Planeten; 2) künstlicher Erd-S., künstlicher Flugkörper, der mit einer Rakete auf eine kreisähnliche Umlaufbahn gebracht wird. Je nach Verwendung unterscheidet man geophysikalische u. astronomische Messsatelliten, Wetter-, Nachrichten- u. Navigationssatelliten.
Satire (die, lat.), in der röm. → Antike entstandene literarische Gattung, in der ironische Kritik an zeitgenössischen Personen oder Zuständen geübt wird.
Saturn (der, lat.), 1) röm. Gott des Ackerbaus; 2) amerik. Trägerrakete; 3) 6. u. zweitgrößter Planet des Sonnensystems; Masse 95-mal so groß wie die Erdmasse; Atmosphäre aus Wasserstoff, Helium, Methan u. Ammoniak.

Saudi-Arabien

absolute islamische Monarchie auf der Arabischen Halbinsel, Vorderasien, 2.149.690 km², ca. 29 Mio. EW, *Hauptst.* Er-Riad (→ Riad), *Staatsoberhaupt* u. *Regierungschef:* König Salmin ibn Adb al-Aziz. *Naturraum:* umfasst den größten Teil der Halbinsel Arabien; eine zum Persischen Golf hin abgeflachte trockene Hochfläche mit riesigen Sandwüsten, die im W mit einer steilen Randstufe zum Roten Meer abfällt. Die Küstengebiete haben ein feucht-heißes Klima. *Bevölkerung:* 1/3 Nomaden, daher die Zahl nicht genau zu ermitteln, 6 Mio. Ausländer, davon mehrere Mio. Gastarbeiter (Araber, Asiaten, Perser), schwarze u. weiße Minderheit; 72 % in Städten. *Wirtschaft:* Wichtigster Wirtschaftsfaktor ist das Erdöl. Neben der Erdölförderung traditioneller Viehnomadismus (Export von Fellen u. Häuten) u. Oasenkulturen.

Sauerstoff (O), das häufigste Element der Erde, Verbindungen mit fast allen Elementen heißen Oxide. Zum Atmen für Tiere u. Pflanzen notwendig.

Säugetiere, warmblütige Wirbeltiere, die ihre Jungen lebend gebären (Ausnahme: Kloakentiere) u. sie über eine Drüsenausscheidung (Milch) ernähren. Heute gibt es weltweit etwa 6000 Arten, darunter S., die nur im Wasser, u. solche, die an Land leben. Sie sind Fleisch-, Pflanzen- u. Allesfresser. Die Vielfalt dieses Stammes zeigt der Vergleich des größten Säugers, des Blauwals mit 33 m Länge u. 130 Tonnen Gewicht, u. des kleinsten, einer 3 cm kleinen, 8 g schweren Maus.

Saul, im A. T. der erste König Israels (um 100 v. Chr.), an dessen Hof der junge → David lebte.

saurer Regen, die im Abgas enthaltenen Schwefeloxide u. Stickstoffoxide werden in den Wolken zu Schwefel- u. Salpetersäure umgewandelt. Diese Säuren kommen mit dem Regen zur Erde zurück u. versäuern den Boden, zerfressen die Wachsschicht von Blättern u. Nadeln, töten Gewässer ab u. zerstören Bauwerke.

Saurier (gr., „Echse"), Bezeichnung für ausgestorbene → Reptilien des Erdmittelalters, z. B. → Dino- u. → Ichthyosaurier.

Savanne (die, indianisch), eine Vegetationsgesellschaft der wechselfeuchten Tropen. Man gliedert in: 1) Feuchtsavanne: mehrere m hohes Gras mit artenreichem Wald, Trockenzeit 3–5 Monate; 2) Trockensavanne: niedrigere, geschlossene Grasflächen, weniger dichter Wald, Trockenzeit 5–7,5 Monate; 3) Dornsavanne: Trockenzeit 7,5–10 Monate, Dorngewächse als Einzelgebüsch oder niedriger Wald, keine geschlossene Grasdecke, wasserspeichernde oder tiefwurzelnde Pflanzen.

Saxofon, Holzblasinstrument, das aber tatsächlich aus Metall ist.

Scanner (der, engl.), Apparat zur Erfassung einer codierten Information durch optisches, magnetisches oder mechanisches Abtasten eines Datenträgers; → Strichcode.

Schädlinge, Tiere (z. B. → Insekten), Pflanzen (z. B. Misteln) u. Mikroorganismen (→ Bakterien, → Viren), die am Menschen, an Nutztieren u. -pflanzen Schaden verursachen. Man unterscheidet Gesundheits-, Pflanzen- u. Vorrats-S.

Schadstoffe, alle Stoffe, von denen schädliche Wirkung auf Lebewesen u. Sachen ausgeht, z. B. Abgas, Atommüll, → Pestizide.

Schafott (das, niederländ.), Gerüst für öffentliche Hinrichtungen durch Enthaupten.

Schah (der, persisch), Titel der ehemaligen Monarchen in → Iran.

Schakal, hundeartiges, nachtaktives Raubtier, das in Rudeln lebt; teils Aasfresser; Vorkommen in Südosteuropa, Asien u. Afrika.

Schall, mechanische Schwingungen u. Wellen in einem elastischen Medium (z. B. Luft, Wasser, Holz), die sich im Frequenzbereich des menschlichen Hörens befinden.

Schallgeschwindigkeit, Ausbreitungsgeschwindigkeit fortschreitender Schallwellen in einem festen, flüssigen oder gasförmigen Medium; → Machzahl.

Schallmauer, Bezeichnung für den Geschwindigkeitsbereich in der Nähe der Schallgeschwindigkeit der Luft.

Schalom (hebräisch), hebräische Begrüßungsformel; Friede.

Schaltjahr, gegenüber dem Normaljahr (365 Tage) um 1 Tag (29. Februar) verlängertes Jahr, um den Sonnenumlauf der Erde von 365,25 Tagen auszugleichen.

Schamane (der, Sanskrit), bei Naturvölkern ein mit ungewöhnlichen seelischen Kräften begabter Mensch, der

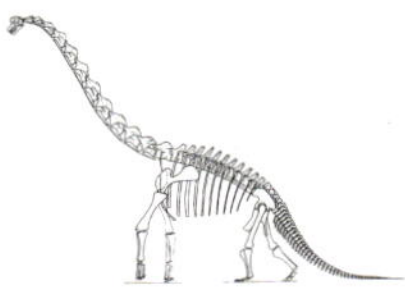

Saurier: Skelettrekonstruktion eines Brachiosaurus

Savanne

Schakal

Gazellen

Schamane: Statue aus Haida

Scheherezade

Friedrich Wilhelm J. von Schelling

Kranke heilen, Unheil ab- u. zuwenden u. mit Verstorbenen Kontakt aufnehmen kann.

Schanghai, größte Stadt der Volksrepublik → China im Mündungsgebiet des → Jangtsekiang; 23 Mio. EW; bedeutendster Hafen des Landes.

Scharade (die, frz.), Rätsel, bei dem ein Wort pantomimisch dargestellt u. erraten werden muss.

Schattenkabinett, inoffizieller Ausschuss aus Politikern der stärksten Oppositionspartei, dem verschiedene Spezialisten angehören, die im Falle eines Regierungswechsels die entsprechenden Ministerien übernehmen könnten.

Schaumstoffe, künstlich hergestellte Werkstoffe, die durch ihre zellige Struktur sehr leicht sind u. gut dämmen.

Schauspiel, 1) Theaterstück, in dem das gesprochene Wort vorherrscht; 2) Drama, das zw. Komödie u. Tragödie steht.

Scheckkarte, von Banken an Kunden ausgegebene Garantiekarte, die sie verpflichtet, auf sie bezogene Schecks bis zu einer bestimmten Höhe auszuzahlen.

Scheel, Walter (*1919), dt. Politiker (FDP), 1969–1974 Außenminister, 1974– 1979 Bundespräsident.

Scheherezade (die, persisch), Erzählerin der Märchen aus → *Tausendundeiner Nacht*.

Scheich (der, arabisch), Stammesoberhaupt der → Beduinen.

Scheide, Teil des weiblichen Geschlechtsorgans; dient der geschlechtlichen Vereinigung (im Geschlechtsakt dringt der → Penis in die bei Erregung feuchte S. ein) u. dem Austritt des Kindes bei der Geburt (das Kind wird aus der → Gebärmutter durch die gedehnte S. nach außen gepresst).

Scheitel, 1) Schnittpunkt der Schenkel eines Winkels; 2) höchster Punkt einer Kurve; 3) höchstgelegener, mittlerer Teil des Kopfes; 4) Linie, die das Kopfhaar teilt.

Schelf (der, engl.), von der Flachsee (bis 200 m Tiefe) bedeckter Sockel der Kontinente; am S.-Rand beginnt der Abfall zur Tiefsee.

Schelling, Friedrich Wilhelm Joseph von (1775–1854), dt. Philosoph; Entwurf einer spekulativen Naturphilosophie.

Schengener Abkommen, zwei in dem luxemburgischen Ort Schengen abgeschlossene Vereinbarungen (1985, 1990), mit dem Ziel der Abschaffung von Personen- u. Warenverkehrskontrollen in bestimmten europäischen Ländern u. der grenzübergreifenden Zusammenarbeit der Sicherheitsbehörden; seit 1995 in Kraft.

Schiedsgericht, 1) Entscheidungsinstanz in Streitfällen bei sportlichen Wettkämpfen; 2) im Zivilrecht ein von privaten Parteien zur Beilegung ihrer Rechtsstreitigkeiten eingesetztes Gericht außerhalb der staatlichen Gerichtsbarkeit; 3) im Völkerrecht Gericht zur Schlichtung zwischenstaatlicher Streitigkeiten; Haager Schiedshof.

Schiedsrichter, 1) unparteiischer Leiter eines sportlichen Wettkampfes; 2) Angehöriger des → Schiedsgerichts.

schiefe Ebene, die Ebene, die um einen festen Winkel gegen die Horizontale geneigt ist.

Schießpulver, Explosivstoff, dient als Treibmittel für Schusswaffen. Man unterscheidet Schwarzpulver (aus Kohlenstoff, Schwefel u. Salpeter) u. rauchschwaches Pulver (aus Nitrocellulose, eventuell mit → Nitroglycerin).

Schießsport, Sammelbezeichnung für Sportarten für Frauen u. Männer, bei denen die Wettkampfteilnehmer auf fest stehende oder bewegliche Ziele schießen; Disziplinen: Gewehrschießen, Pistolenschießen sowie Wurftaubenschießen.

Schiff, 1) größeres Wasserfahrzeug zur Personen- u. Güterbeförderung; 2) im Kirchenbau Bezeichnung für den Innenraum.

Schiiten (von arabisch schia, „Partei"), eine der beiden Hauptrichtungen des → Islam. Anders als die → Sunniten erwarten sie einen letzten Imam als „Führer der Gemeinde", der ein Friedensreich errichten soll; → Weltreligionen.

Schildbürger, die durch einfältiges Handeln bekannt gewordenen Bewohner des fiktiven Städtchens Schilda; Synonym für einfältiges Kleinbürgertum *(Schildbürgerstreich)*.

Schilddrüse, Hormondrüse im Hals. Sie ist u. a. für die Produktion des Wachstumshormons Thyroxin zuständig. Bei

Jodmangel vergrößert sich die S., es bildet sich ein Kropf.
Schildkröten, Ordnung der → Reptilien. Die heute etwa 200 Arten tragen alle einen mitwachsenden Panzer aus Horn- u. Knochenplatten, der am Rücken gewölbt u. am Bauch flach ist. Sie haben sich seit ihrer Entstehung vor etwa 200 Mio. Jahren nur in Größe, Vielzahl u. Verbreitung verändert, nicht im Körperaufbau (lebende Fossilien). Alle Sch. vermehren sich durch Eier ohne Brutpflege, sie fallen bei Nahrungsmangel in Sommer-Winter-Starre.
Schilfrohr, bis zu 4 m hohe Süßgräser am Rande von Gewässern; junge Halme werden als Viehfutter, getrocknete Halme zur Herstellung von Matten, Flechtwerk oder zur Dachdeckung verwendet.
Schiller, Johann Christoph Friedrich von, (1759–1805), dt. Schriftsteller, gilt als wichtigster Dramatiker der Weimarer Klassik. Unter Einfluss des → Sturm und Drang entstehen seine Jugendwerke *Die Räuber* (1781) sowie *Kabale und Liebe* (1784); zahlreiche phil. u. historische Schriften. Ab 1791 entwirft er ästhet.-phil. Theorien, die in seinem klass. Spätwerk zum Tragen kommen. So schuf Sch. ab 1798 Balladen u. Gedankenlyrik (*Das Lied von der Glocke*); Dramen, z. B. *Wallenstein*, *Maria Stuart*, *Wilhelm Tell*.
Schilling, entspricht 100 Groschen; ehemalige österr. Währungseinheit.
Schimmel, 1) meist weißer, grauer oder grünlicher Überzug auf organischem Material (z. B. Brot, Käse), hervorgerufen durch Schimmelpilze; 2) Pferd mit weißem Fell.
Schimpansen, Menschenaffen der tropischen Urwälder Zentralafrikas; Männchen bis 1,70 m, Weibchen bis 1,30 m groß; leben in Familienverbänden, sind mit 13–14 Jahren geschlechtsreif; Allesfresser.
Schinderhannes (1783–1803), eigentlich Johann Bückler, dt. Räuberhauptmann.
Schinkel, Karl Friedrich (1781–1841), dt. Baumeister; streng klassizistische u. romantisierende Formen der Neugotik; u. a. Schloss Tegel, Neue Wache, Altes Museum in Berlin.
Schintoismus, japanische Naturreligion, in der Naturkräfte u. Ahnen als göttlich verehrt werden. Der Sch. war bis 1945 Staatsreligion u. lebt auch heute in der modernen japanischen Gesellschaft fort.
Schirokko (der, arabisch), heißer, trockener Wüstenwind aus Nordafrika, der im Mittelmeergebiet auftritt.
Schisma (das, gr.), 1) Kirchenspaltung der röm. Kirche 1054 in die lat. Kirche (Rom) u. die gr.-orthodoxe Ostkirche wegen Glaubensunterschieden (Morgenländisches S.); 2) Bezeichnung für die gleichzeitige Herrschaft von Papst u. Gegenpapst, Bischof u. Gegenbischof durch Doppelwahl, z. B. Abendländisches Schisma zw. Rom u. Avignon (1378–1417).
Schiwa (der, Sanskrit), Hauptgott im → Hinduismus, Weltschöpfer u. Weltzerstörer.
Schizophrenie (die, gr.), psychische Erkrankung, die durch charakteristische Veränderung der Persönlichkeit, des Denkens, Fühlens u. Verhaltens gekennzeichnet ist. Symptome: Wahnbildungen, Sinnestäuschungen, Erregungszustände; Ursachen unbekannt, Behandlung mit Psychopharmaka (Stimmung u. Verhaltenweisen beeinflussende Arzneimittel) u. Psychotherapie.
Schlafkrankheit, durch z. B. die Tsetse-Fliege übertragene Infektionskrankheit im tropischen Afrika.
Schlafwandeln, auch Nachtwandeln, schlafähnlicher Zustand, in dem Handlungen wie unbewusstes Aufstehen u. Umhergehen ausgeführt werden; nach dem Aufwachen bestehen keine Erinnerungen mehr.
Schlagzeug, Gruppe von Schlaginstrumenten (Trommeln, Pauke, Becken, Glockenspiel, Triangel) in einem Instrumentalensemble.
Schlangen, Unterordnung der → Reptilien; sie bewegen ihre langen Körper ohne Gliedmaßen schlängelnd fort, die Haut ist mit Schuppen bedeckt, glatt u. trocken. Die Haut wird in bestimmten Zeitabständen abgestreift („Natternhemd"). Sch. spüren Beutetiere mit dem sehr guten Geruchssinn der gespalteten Zunge auf, töten durch Biss, Gift oder Würgen u. verschlingen die Beute im Ganzen. Sie leben auf Bäumen, an Land u. im Wasser; über 2000 Arten.

Riesenschildkröte

Schiwa (Bronzestatue)

Friedrich von Schiller

Schimpansen

Schlange, hier ein Netzpython

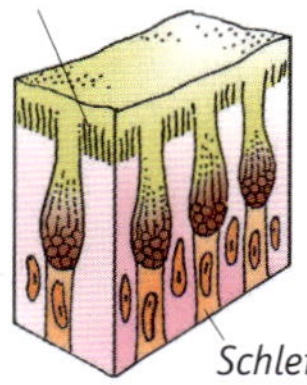

Schleimhaut

Schleimhaut, wasserreiche, zarte Hautschicht mit Schleim absondernden Drüsen, mit der alle Hohlorgane (→ Nase, Luftwege, Magen-Darm-Kanal) ausgekleidet sind; schützt die Körperöffnungen vor Bakterien.

Schlesien, historisches Gebiet in Mitteleuropa; im Südwesten begrenzt von den Sudeten, im O auf die Oberschlesische Platte übergreifend, von der Oder durchflossenes Moränenhügelland; in Oberschlesien bedeutende Kohle- u. Erzvorkommen; seit 1945 bis zur Oder-Neiße-Linie unter poln. Verwaltung.

Schmetterlinge: Admiral

Schlesische Kriege, Kriege, die Friedrich der Große gegen → Maria Theresia um den Besitz Schlesiens führte: 1. Schl. K. 1740–1742; 2. Schl. K. 1744/45, 3. Schl. K. → Siebenjähriger Krieg.

Schleswig-Holstein, Bundesland der BR Dtl., 15.727 km², 2,8 Mio. EW, Hauptst. → Kiel.

Schleuse, 1) Bauwerk in Kanälen zur Überwindung von Höhenunterschieden; 2) Durchlass zw. 2 gegeneinander dicht zu haltenden Räumen unterschiedl. Luftdrucks oder Temperatur.

Helmut Schmidt

Schliemann, Heinrich (1822–1890), dt. Archäologe; entdeckte vor- u. frühgr. Mittelmeerkulturen, Ausgrabungen u. a. in → Troja, → Mykene.

Schlitten, 1) Beförderungsmittel auf Kufen zum Fahren auf Schnee u. Eis; 2) gleitender Maschinenteil; 3) gleitender Unterbau für den Stapellauf eines Schiffes.

Schlot, 1) Kamin; 2) Aufstiegskanal vulkanischer Produkte.

Heinrich Schliemann

Schlüsselreiz, Außenreiz, der bestimmte (meist angeborene) Verhaltensmechanismen auslöst.

Schmalkaldischer Bund, Bündnis der protestantischen Stände, das Philipp von Hessen 1530 gründete.

Schmalkaldischer Krieg (1546–1547), Krieg zw. dem → Schmalkaldischen Bund u. Kaiser Karl V., um die protestantischen Stände niederzuwerfen. Er endete mit dem Sieg des Kaisers; → Reformation.

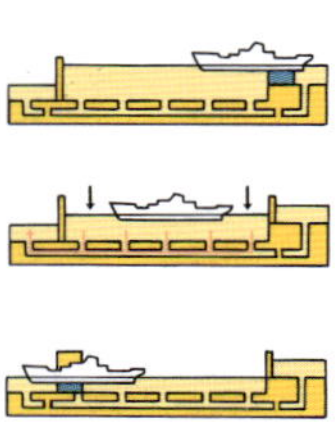
Schleuse

Schmeling, Max (1905–2005), dt. Boxer; 1930–1932 Weltmeister im Schwergewicht.

Schmelzofen, Anlage zum Schmelzen von Metallen, Glas oder Teer.

Schmelzpunkt, der Temperaturpunkt, bei dem eine Substanz vom festen in den flüssigen → Aggregatzustand übergeht.

Schmerz, unangenehme Empfindung, die durch Reizung von Schmerzrezeptoren an der Körperoberfläche u. in den Organen hervorgerufen wird; ein Warnsignal des Körpers. Manche Gewebe sind schmerzunempfindlich, z. B. das Knochenmark, andere besitzen sehr viele → Nerven u. sind sehr empfindlich, z. B. die Knochenhaut.

Schmetterlinge, zu den Insekten gehörende Ordnung mit weltweit etwa 100.000 Arten, davon 2300 in Mitteleuropa. Sch. haben 4 mit Schuppen bedeckte Flügel, 3 verwachsene Brustringe, 2 Beinpaare u. einen Saugrüssel. Wir unterteilen in Tagfalter, Spanner, Spinner, Eulenfalter, Schwärmer, Motten, Wickler.

Schmidt, Helmut (*1918), dt. Politiker. Bekleidete zuerst verschiedene Ministerämter u. war von 1974–1982 nach → Brandt der 2. Bundeskanzler der → SPD.

Schmuggel, Warenverkehr über Staatsgrenzen unter Verletzung von Zollvorschriften.

Schnabel, 1) verlängerte, zahnlose, von Hornleisten überzogene Kiefer von Vögeln, Schildkröten, Schnabeligel u. Schnabeltier; 2) Mundstück von Klarinette, Saxofon u. Blockflöte.

Schnabeltier (Kloakentier), Eier legendes Säugetier mit entenartigem Schnabel u. Schwimmhäuten zw. den Zehen; lebt in Gewässern Australiens.

Schnecken, Land- oder Wasser bewohnende → Weichtiere mit oder ohne Schale; meist Pflanzenfresser; → Zwitter.

Schnee, 1) Niederschlag in Form von Eiskristallen, je nach Temperatur: Pulverschnee, Nassschnee u. Firn; 2) Deckname für → Kokain.

Schneekoppe, höchste Erhebung des → Riesengebirges, 1603 m.

Schneemensch (Yeti), rätselhafter, angeblich affenähnlicher Bewohner des → Himalaja.

Schneise, schmaler, von Bäumen freier oder freigehauener Waldstreifen, zur Waldeinteilung, für den Holztransport, Feuerschutz.

schneller Brüter, Kernreaktor, bei dem die → Neutronen nicht gebremst werden. Deshalb entsteht mehr Brennstoff (→ Plutonium), als der Reaktor verbraucht. Der s. B. muss mit sofort brennendem Natrium gekühlt werden, darum ist das Restrisiko groß.

Schnittstelle, Kupplungsstelle zw. verschiedenen Daten austauschenden Hard- bzw. Softwareeinheiten.

Schnitzler, Arthur (1862–1931), österr. Schriftsteller; impressionistische Werke über die Wiener Gesellschaft, u. a. *Reigen*, *Fräulein Else*.

Schnorchel, 1) bei U-Booten ausfahrbare Röhre zum Ansaugen von Frischluft; 2) etwa 30 cm langes, gebogenes Rohr zum Atmen beim Schwimmen dicht unter der Wasseroberfläche.

Schock (der, engl.), Störung des zentralen Nervensystems. Puls u. Atmung werden verlangsamt, Organe nicht mehr richtig durchblutet.

Schöffe, ehrenamtlicher (unbezahlter) Laienrichter bei Strafprozessen, hat das gleiche Stimmrecht wie der Berufsrichter.

Schogun (der, japanisch), von 1192–1867 japanischer Kronfeldherr, Träger der tatsächlichen Regierungsgewalt neben dem machtlosen König.

Scholastik (die, lat.), an den Klosterschulen u. Universitäten des MA Philosophie u. Theologie.

Scholl, Hans (1918–1943) u. Sophie (1921–1943), Geschwister, dt. Studenten; Mitglieder der Widerstandsgruppe → Weiße Rose gegen den Nationalsozialismus; bei Flugblattverteilung in der Münchner Universität verhaftet u. hingerichtet.

Scholle, 1) ein Plattfisch der europäischen Küstengewässer (bis 200 m tief); in Deutschland wichtiger Speisefisch; 2) auf Gewässern treibendes Eisstück; 3) zusammenhängender Erdbrocken.

Schonung, junge Bäume, die meist durch einen Zaun vor Wildverbiss geschützt werden.

Schonzeit, im Jagdgesetz festgelegte Zeit, in der bestimmte jagdbare Tiere nicht erlegt werden dürfen.

Schopenhauer, Arthur (1788–1860), dt. Philosoph; vertrat eine pessimistische Philosophie, in der der Wille als Lebensdrang die treibende Kraft der Vorstellung ist; höchste Weisheit ist die Verneinung des Willens zum Leben. Kritik an E. → Kants Morallehre.

Schöpfung, 1) Erschaffung der Welt durch Gott aus dem Nichts; 2) (künstlerisches) Meisterwerk.

Schotten, 1) verschließbare Quer- u. Längswände, die den Schiffskörper in mehrere wasserdichte Räume unterteilen; 2) die keltischen Bewohner Schottlands.

Schottland, Teil der brit. Hauptinsel nördlich des Solway Firth u. der Cheviot Hills, umfasst die Southern Uplands im S, die schottische Senke, die Highlands im N sowie die → Hebriden, Orkneys u. Shetlandinseln. Bes. die Westküste ist durch Fjorde stark gegliedert, ozeanisches Klima: im W milde, regnerische Winter, im O trockener u. kühler. Die Hochländer sind waldlos, mit Heide u. Moor bedeckt (Schafe u. Hochlandrinder), die Täler dicht bewaldet, die schottische Senke (Lowlands) u. östlichen Küstenebenen landwirtschaftlich genutzt. Wirtschaft: bedeutende Schwerindustrie (Steinkohle). Namensgebung durch die keltischen **Skoten**, die im 5. Jh. aus Irland einwanderten. Das Königreich Sch. existierte seit 844, 1707 Vereinigung mit England zum Königreich → Großbritannien.

Schrein, 1) Behälter für wertvolle Gegenstände; 2) Mittelteil des Flügelaltars.

Schriftgrad, Größeneinteilung von Druckschriften, ausgehend vom typografischen Punkt 0,376 mm.

Schröder, Gerhard (*1944), dt. Politiker (SPD). 1990–1998 Ministerpräsident von Niedersachsen; 1999–2004 Vorsitzender der SPD, 1998– 2005 Bundeskanzler.

Schrot, 1) grob gemahlenes Getreide; 2) Bleikügelchen als Jagdmunition.

Schub, die Kraft, mit der ein von einem Raketen- oder Stahltriebwerk angetriebener Körper vorwärts bewegt wird.

Schubert, Franz (1797–1828), österr. Komponist, schrieb über 600 Lieder, z. B. *Heidenröslein*, u. komponierte 8 Sinfonien, darunter die *Unvollendete*. Sein Werk ist der erste Höhepunkt der Romantik.

Arthur Schopenhauer

Arthur Schnitzler

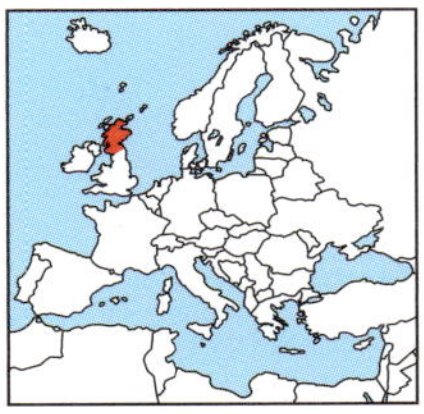

Schottland

Schottland: Burg von Glamis

Franz Schubert

Schwalben

Schwan

Bogenschützen

Schufa, Abk. für **Schu**tzgemeinschaft **f**ür **a**llgemeine Kreditsicherung; Wirtschaftsorganisation, die Daten über die finanziellen Verhältnisse von in der BR Dtl. ansässigen Personen sammelt u. auf Anfrage weitergibt.

Schuldfähigkeit, Fähigkeit eines Menschen, das Unrecht einer Tat einzusehen u. danach zu handeln. Jugendliche unter 18 Jahren sind nur bedingt schuldfähig; Kinder unter 14 Jahren sind schuldunfähig.

Schulpflicht, gesetzliche Verpflichtung zum Besuch einer Schule ab dem 6. Lebensjahr für 8–9 Jahre; anschließend besteht eine 3-jährige Berufsschulpflicht, sofern nicht statt der → Hauptschule eine weiterführende Schule besucht wird.

Schumacher, 1) Kurt (1895–1952), dt. Politiker (SPD); 1949–1952 Vorsitzender der Bundestagsfraktion der SPD; 2) Michael (*1969), dt. Rennfahrer; 1994, 1995 u. 2000–2004 Weltmeister der → Formel 1.

Schumann, Robert (1810–1856), dt. Komponist. Sch. Werk zählt neben dem → Schuberts zum Höhepunkt der Romantik. Er schrieb z. B. Klaviermusik *(Album für die Jugend)* u. Lieder.

Schuppen, 1) trockene Abschilferungen v. a. der Kopfhaut; 2) aus → Chitin (Schmetterlinge), Knochen (Fische) oder Horn (Echsen, Säugetiere) bestehende, schützende Hautgebilde.

Schuppentiere, zahnlose, beschuppte, langschwänzige Säugetiere mit kräftigen Krallen u. langer, klebriger Zunge; Ameisen- u. Termitenfresser; Nachttiere der Urwälder Afrikas u. Südasiens.

Schüttelreim, scherzhafte Reimform, bei der die Anfangsbuchstaben zweier Silben oder Wörter vertauscht werden. Beispiel: Es klapperten die Klapperschlangen, bis ihre Klappern schlapper klangen.

Schütze, 1) Benutzer einer Schusswaffe; 2) unterster Mannschaftsdienstgrad bei der → Infanterie; 3) südlichstes Sternbild des Tierkreises.

Schützengraben, lange, schmale Gräben, zum Schutz der Gewehrschützen; in der modernen Kriegsführung bedeutungslos geworden.

Schutzimpfung, zur Vorbeugung gegen Infektionskrankheiten wird eine künstliche Immunität erzeugt. Durch Impfung mit abgetöteten (z. B. → Cholera) oder geschwächten (z. B. → Kinderlähmung) Erregern oder deren unschädlich gemachten Giften (z. B. Tetanus).

Schwaben, 1) dt. Volksstamm in Württemberg u. Teilen Bayerns bis zum Lech; 2) Landschaft zw. Schwarzwald, Lech u. Bodensee; 3) Regierungsbezirk von Bayern, 9992 km², 1,78 Mio. EW, Hauptst. Augsburg.

Schwalben, Familie kleiner → Singvögel, mit langen, spitzen Flügeln, häufig gegabeltem Schwanz; gewandter Flieger u. Insektenjäger; weltweit verbreitet außer in Polargebieten u. Neuseeland; bauen kugel- oder halbkugelförmige Nester aus Lehm u. Speichel unter Dachvorsprüngen. Alle heimischen Schw., z. B. Haus- u. Uferschwalbe, sind Zugvögel.

Schwäne, Gattung der → Entenvögel; große, langhalsige, schwarze oder weiße Wasservögel; fressen vorwiegend Wasserpflanzen; bauen große Nester aus Schilf u. Treibgut im flachen Wasser. Paare bleiben zeitlebens zusammen.

Schwangerschaft, Zustand der Mutter von der Befruchtung bis zur Geburt des Kindes; Dauer meist 280 Tage.

Schwangerschaftsabbruch, Abtreibung; vorsätzliche Beendigung einer Schwangerschaft durch gynäkologische oder operative Maßnahmen. Seit 1995 in der BR Dtl. nur innerhalb von 12 Wochen nach der Empfängnis u. nur nach Beratung erlaubt. Nicht rechtswidrig ist der S. bei bestimmten Bedingungen, z. B. medizinische Indikation (bei Gefahr für das Leben der Frau) oder kriminalistische Indikation (bei Schwangerschaft durch eine Sexualstraftat).

Schwank, 1) anekdotenhafte Erzählung über einen Streich oder eine lustige Begebenheit, oft mit derbem Charakter; 2) humorvolle dramatische Form.

Schwanzlurche, eidechsenförmige, plumpe → Amphibien mit nackter, drüsenreicher Haut u. bleibendem Schwanz, z. B. Molche, Salamander.

Schwarzarbeit, Arbeit, bei der gesetzliche oder behördliche Vorschriften umgangen werden; wird mit Geldbußen geahndet.

schwarzer Freitag, Bezeichnung für eine schwere Krise der Wirtschaft, Börse oder des Bankensystems, benannt nach Freitag, dem 25.10.1929, an dem es an der New Yorker Börse zu starken Kursrückgängen kam; leitete die große Weltwirtschaftskrise ein.

schwarzes Loch, Stern im Endstadium seiner Existenz, dessen → Gravitation so stark ist, dass keine Strahlung u. keine Materieteilchen nach außen abgegeben werden können.

Schwarzes Meer, nordöstliches Nebenmeer des Mittelmeers; 424.000 km^2, 2245 m tief, 1,5–1,8 % Salzgehalt.

Schwarzhandel, Verkauf von Waren unter Umgehung der gesetzlichen Vorschriften (Preise, Mengen, Steuer); meist in Krisenzeiten.

Schwarzpulver, ältester bekannter Explosivstoff; Mischung aus Salpeter, Holzkohle u. Schwefel; für Feuerwerk, Zündschnüre, Jagdpatronen.

Schwarzwald, Mittelgebirge in Südwestdeutschland, im S Urgestein, im N Buntsandstein, dicht bewaldet, bis 1493 m hoch.

Schwebebahn, an Schiene oder Drahtseil aufgehängtes oder mithilfe von Magnetfeldern über Metallschienen schwebendes Fahrzeug zur Personen- oder Güterbeförderung, z. B. die Wuppertaler S.

Schweden

Königreich in Nordeuropa, 449.964 km^2, 9,6 Mio. EW, *Hauptst.* → Stockholm, parlamentarisch-demokratische Monarchie, *Staatsoberhaupt:* Carl XVI. Gustav (seit 1973), *Regierungschef:* Stefan Löfren (seit 2014). *Naturraum:* Östliche Abdachung des Skandinavischen Gebirges zw. Kattegat u. Ostsee, gegliedert in: 1. Nordschweden, (Lappland u. Norrland), welliges Gebirgs- u. Moränenland, Tundra u. Nadelwald, viele Gebirgsflüsse u. Seen; 2. Mittelschweden (Svealand), umfasst Dalarna u. die großen Seen, schwed. Kernlandschaft; 3. Südschweden (Götaland), bewaldete Urgesteinsplatte mit Seenbecken u. der dicht besiedelten Halbinsel Schonen im S, der Kornkammer Schwedens. *Bevölkerung:* Schweden, im N Lappen u. Finnen. *Wirtschaft:* 9 % der Fläche landwirtschaftlich genutzt, vorwiegend in Svealand u. Schonen; Vieh- u. Milchwirtschaft; Fischerei; bedeutende Holzwirtschaft; in Nordschweden Rentierzucht, Forstwirtschaft; intensiver Ackerbau, Viehzucht in Mittelschweden; bedeutende Magneteisenerzlager bei Kiruna u. Gällivare; Abbau von Erzen u. Kohle, hoch entwickelte Industrie.

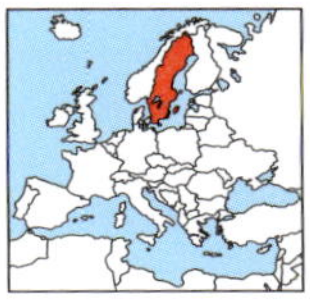

Schwefel (S), gelbes, nichtmetallisches Element, kommt in Vulkan- u. Schichtgesteinen u. in Pyrit (Schwefelkies) vor.

Schwefeldioxid (SO_2), farbloses, nicht brennbares, stechendes Gas. Es entsteht durch Verbrennung schwefelhaltiger Stoffe u. ist im Abgas enthalten.

Schweigepflicht, gesetzliche Pflicht bestimmter Berufsgruppen (Ärzte, Rechtsanwälte, Seelsorger u. a.), Stillschweigen über das zu bewahren, was ihnen in ihrer Berufsausübung anvertraut wurde.

Schweitzer, Albert (1875–1965), elsässischer evangelischer Theologe, Philosoph u. Arzt, Missionsarzt in Afrika; erhielt 1952 den Friedensnobelpreis.

Schweiz

(Schweizer Eidgenossenschaft), republikanischer Bundesstaat im Südwesten Mitteleuropas mit 26 Kantonen, 41.293 km^2, 7,4 Mio. EW, *Hauptst.* → Bern, *Staatsoberhaupt:* wechselt jährlich unter den 7 Mitgliedern des Bundesrates; 2015: Simonetta Sommaruega. *Politik:* Das Parlament ist die → Bundesversammlung mit Zweikammersystem, → Ständerat u. Nationalrat. Regierungssystem ist die Direktoriale

Schwarzes Meer

Schwarzwald: Frauen in Tracht

Albert Schweitzer

Schweden: Stabkirche

Schweiz: Burg im Engadin

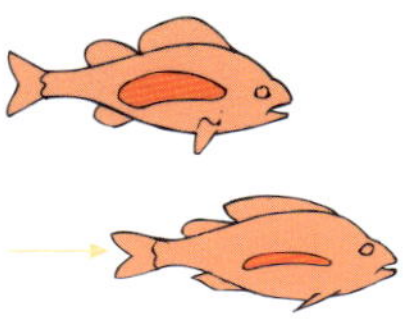

Schwimmblase

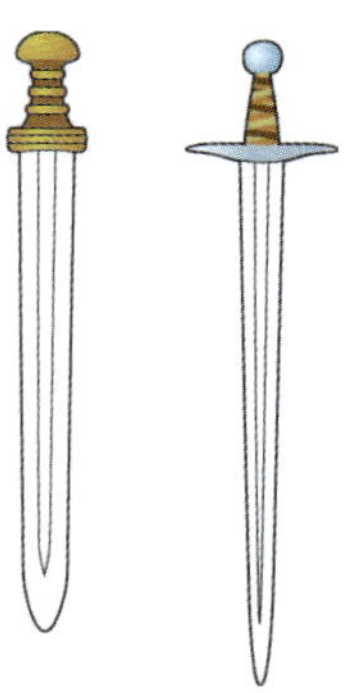

Schwerter

Demokratie; es gibt keine Opposition, da in der Sch. möglichst alle Parteien (→ Parteienlandschaft) an der Regierungsbildung beteiligt werden; die Opposition bildet hier das Volk, → Volksentscheid. Seit 1815 ist die Sch. ein neutrales Land; seit 1972 Freihandelsabkommen mit der EU. *Naturraum:* drei Hauptlandschaften: Im S die Alpen mit bewaldeten Vorbergen (50 % der Fläche), im N u. Nordwesten der 300 km lange Jura, dazw. die Moränenlandschaft des Mittellandes. *Klima:* Übergangsklima, außerdem bilden die Alpen die Grenze zw. dem gemäßigten mitteleuropäischen Klima mit vorwiegend Sommerregen u. dem Winterregenklima des Mittelmeers. Mit zunehmender Höhe besondere Lufttrockenheit u. größere Sonnenscheindauer. *Wirtschaft:* bedeutende Vieh- u. Milchwirtschaft; große Uhren-, Schmuck- u. chemische Industrie. Der Fremdenverkehr spielt eine große Rolle, bes. an den Wintersportplätzen.

Schweizer Franken (sfr), Währungseinheit der Schweiz.

Schweizergarde, seit 1506 Leibgarde im Vatikan; aufgenommen werden nur katholische Schweizer, die in der schweizer. Armee gedient haben.

Schwellenwert, kleinster Wert einer Größe, der eine erkennbare Reaktion hervorruft.

Schwellkörper, organisches Gewebe, das bei Reizung mit erhöhter Blutzufuhr reagiert (→ Penis).

Schwerelosigkeit, Zustand eines Körpers, wenn auf ihn keinerlei Kräfte einwirken, der v. a. beim freien Fall kurzzeitig erreicht wird.

Schwerin, Hauptst. von → Mecklenburg-Vorpommern, 91.000 EW, gotischer Backsteindom.

Schwerindustrie, Unternehmen im Bergbau, in der Eisen- u. Stahlbranche.

Schwerkraft, → Gravitation.

Schwermetalle, Sammelbegriff für alle Metalle mit Dichten über 5 g/cm^3, z. B. → Eisen, → Kupfer, Kobalt (für Lebewesen wichtige Spurenelemente), → Blei, → Cadmium, → Quecksilber (giftig u. nicht abbaubar, daher umweltbelastend).

Schwerpunkt, Mittelpunkt eines Körpers, in dem man sich seine Gesamtmasse als vereinigt denken kann. Ein im S. unterstützter Körper bleibt im Gleichgewicht, ein frei beweglicher Körper rotiert um seinen S.

Schwert, 1) Hieb- u. Stoßwaffe mit meist gerader ein- oder zweischneidiger Klinge; 2) beim Segeln u. Surfen absenkbare Platte, die die Abdrift vermindert u. ein Kreuzen ermöglicht.

Schwimmblase, ausgestülptes Stück des Vorderdarms, das mit Luft gefüllt ist, u. mit dem die Fische ihren Auftrieb regulieren.

Schwimmer, in einer Flüssigkeit schwimmender Hohlkörper, der als Pegelstandsanzeiger oder zur Regulierung des Flüssigkeitsstandes dient.

Schwingung, zeitlich periodische Änderung eines physikalischen Systems, wenn der Gleichgewichtszustand gestört wird u. dabei Kräfte auftreten, die diesen Zustand wieder herzustellen versuchen.

schwul, ugs. für homosexuell (→ Homosexualität).

Schwungrad, rotierendes schweres Rad zur Speicherung von mechanischer Energie; es sorgt z. B. bei Getrieben für Gleichlauf.

Schwurgericht, Gericht, bes. für Straftaten mit Todesfolge, bei dem Geschworene (Schöffen) am Urteil mitwirken.

Scotland Yard, Bezeichnung für die Londoner Kriminalpolizei.

Scott, Robert Falcon (1868–1912), brit. Polarforscher erreichte am 18.1.1912, 4 Wochen nach → Amundsen, den Südpol.

Sechstagekrieg, Bezeichnung für den Krieg zw. Israel u. seinen arabischen Nachbarstaaten vom 5. bis 10.6.1967.

SED, Abk. für **S**ozialistische **E**inheitspartei **D**eutschlands, 1946 in der → SBZ, der ehemaligen DDR, durch Zusammenschluss der → SPD u. → KPD gegründete kommunistische Staatspartei; oberstes

Organ waren das Zentralkomitee u. das Politbüro. Im Februar 1990 wurde als Nachfolgepartei der SED die PDS (Partei des Demokratischen Sozialismus) gegründet.

Second Life (engl., „zweites Leben"), ist eine seit 2003 im → Internet verfügbare virtuelle Welt, in der → Avatare anstelle der wirklichen Personen agieren. Der sog. Bewohner kann sich eine Welt nach seinen eigenen Wünschen gestalten u. über sein Avatar mit anderen kommunizieren u. interagieren. Diese Welt ist der realen nachempfunden.

Sediment (das, lat.), 1) Bodensatz; 2) abgelagertes oder abgeschiedenes, lockeres Gestein.

Sedimentgestein, durch Ablagerung oder Absetzen gebildete Gesteine.

See, Wasseransammlung in Vertiefungen u. geschlossenen Hohlformen der Erdoberfläche, ohne unmittelbare Verbindung zum Meer.

Seebeben, Erdbeben unter Wasser; verursacht heftige Flutwellen (→ Tsunami).

Seegras, Wasserpflanze der Küstengewässer mit grasartigen Blättern; dient getrocknet als Polstermaterial.

Seehunde, Familie der Robben; die bis 2 m langen, weißgrauen Pelztiere verbringen die meiste Zeit im Wasser; dort können sie sogar schlafen, oft leben sie in großen Herden zusammen. Sie fressen Fische, Krebse u. Muscheln u. kommen an den Küsten des Nordatlantiks, der Nord- u. Ostsee vor.

Seeigel, kugelförmige Stachelhäuter mit aus Kalkplatten bestehendem Außenskelett u. Saugfüßchen, die zur Fortbewegung u. Nahrungsaufnahme dienen; im Meer lebend.

Seekrankheit, Überbeanspruchung der Gleichgewichtszentren durch schaukelnde Bewegungen, Schwindelgefühl u. Erbrechen.

Seekühe, gesellig in Küstengewässern lebende Säugetiere mit flossenartigen Extremitäten; rund 350 kg schwer; Pflanzenfresser.

Seelenwanderung, in vielen Religionen verbreitete Vorstellung, nach der die Seele nach dem Tod in einem anderen Wesen wiedergeboren wird.

Seemeile (sm), → Maßeinheiten.

Seenotrettungsdienst, Organisation zur Suche u. Rettung Schiffbrüchiger u. in Seenot geratener Schiffe.

Seepferdchen, im Meer lebende, bis 20 cm lange Knochenfische, die senkrecht im Wasser schweben, sich mit der Rückenflosse vorwärts bewegen u. den Schwanz als Greiforgan verwenden; Männchen mit Bauchtasche, in die das Weibchen die Eier ablegt.

Seerose, Schwimmblattpflanze mit bis zu 12 cm großen, weißen Blüten. Sie wächst in bis zu 1,5 m tiefen, stillen Gewässern u. blüht von Juni bis August; steht unter Naturschutz.

Seesterne, Stachelhäuter, strahlenförmig gebauter Körper mit meist 5 Armen. Über 1500 im Meer lebende Arten sind bekannt; in Farbe, Form u. Größe sehr verschieden. Seesterne fressen Muscheln u. Schnecken, indem sie den Magen darüberstülpen, Vermehrung durch Eier.

Seezeichen, an Schifffahrtswegen installierte Signale zur Kennzeichnung der Seewasserstraßen, z. B. Bojen, Tonnen.

Segel, am Mast befestigte Stoffflächen aus Baumwolle oder Kunststoff zum Antrieb von Wasserfahrzeugen durch Windkraft.

Segelflug, Flug mit antriebslosen (motorlosen) Flugzeugen unter Ausnutzung von Aufwinden u. → Thermik.

Segeln, Freizeit- u. Urlaubsvergnügen bei Langfahrten sowie Wettkampfsport, bei dem sich ein Schiff oder Boot nur durch den Wind mithilfe von Segeln fortbewegt. Seit 1896 olympische Disziplin, seit 1966 7 verschiedene olympische Klassen.

Segment (das, lat.), Ausschnitt eines Kreises, der durch eine → Sehne u. den durch die Sehne entstehenden Kreisbogen gebildet wird.

Sehne, 1) in der Mathematik Strecke zw. 2 Punkten einer Kurve, z. B. eines Kreises; 2) Faserbündel aus Bindegewebe, das die Muskelkraft auf den Knochen überträgt. Die Sehnenscheide umgibt die Sehne als schleimige Hülle.

Seide, natürliche Textilfaser, erzeugt von der Raupe des (Maulbeer-)Seidenspinners, die sich zur Verpuppung einen

Seepferdchen

Seestern

Seehund

Seeigel

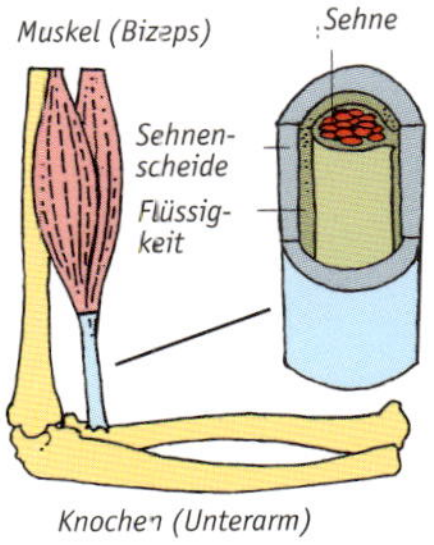

Sehne

Senegal: Viehzucht

Senegal: Frau mit Festschmuck

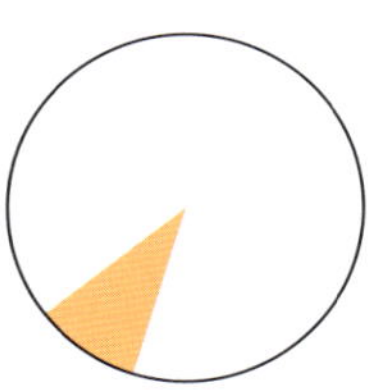

Sektor

Kokon aus einem etwa 4000 m langen Seidenfaden spinnt. Der Kokon wird mit der Puppe in kochendes Wasser gelegt, das die Puppe tötet, den Klebstoff auflöst u. den wertvollen Faden freigibt.

Seidenstraße, Bezeichnung für die Karawanenstraße zw. China u. Syrien; besteht seit dem 2. Jh. v. Chr.; benannt nach dem wichtigsten Handelsgut, der Seide.

Seife, aus tierischen oder pflanzlichen Ölen (Talg, Palm- oder Kokosöl) durch Kochen (Verseifen) mit Natron- oder Kalilauge entstehendes Waschmittel.

Seilbahn, Verkehrs- u. Fördermittel (Bergbahn), deren Wagen von einem Zugseil fortbewegt werden. Man unterscheidet S., die hängen (z. B. Drahts., Sessellift) u. solche, die auf Schienen gezogen werden (Stand-S.).

Seismograf (der, gr.), Gerät, das automatisch Erdstöße registriert u. somit die Stärke von Erdbeben messen kann.

Sekretion (die, lat.), Absonderung von im Körper produzierten Substanzen (Sekreten) mit bestimmter Funktion.

Sekte (die, lat.), kleine Religionsgemeinschaft, die in bestimmten Punkten von Lehre u. Kult der etablierten Kirche abweicht; → Jugendsekten.

Sektion (die, lat.), 1) Leichenöffnung zu Forschungszwecken oder zur Erkennung der Todesursache; 2) Abteilung, Gruppe, Bereich.

Sektor (der, lat.), 1) Ausschnitt, Teilgebiet; 2) ein durch 2 Punkte auf der Kreislinie u. den Kreismittelpunkt begrenztes Flächenstück (wie ein Stück Torte). Auch als Kugelsektor möglich.

Sekundarbereich, umfasst die weiterführenden Schulen, **Sekundarstufe I** (Klassen 5–10), **Sekundarstufe II** (Klassen 11–13).

Sekundärenergie, Energie, die aus → Primärenergie umgewandelt wird, z. B. Strom, der aus Wasserkraft gewonnen wurde.

Sekunde (s), 1) mathematisch der 60. Teil einer Bogenminute; 2) in der Zeitrechnung der 60. Teil einer Minute.

Selen (Se), schwefelähnliches Element, Nichtmetall mit einer metallähnlichen Erscheinungsform; wird für Halbleiter u. Fotozellen verwendet.

Semantik (die, gr.), Lehre von den Wortbedeutungen; Teilgebiet der Sprachwissenschaft.

Seminar (das, lat.), Bildungsanstalt für Geistliche oder Lehrer; Hochschulinstitut; Lehrveranstaltung.

Semiramis (gr.), Name der assyrischen Königin Sammuramat, der Sage nach Bauherrin der → Hängenden Gärten.

Semiten, uneinheitliche Völkergruppe mit semitischer Sprache Vorderasiens, Nord- u. Nordostafrikas, heute v. a. Araber, Juden u. Äthiopier.

Senat (der, lat.), 1) bei den Römern der Rat der Alten; 2) die 1. Kammer der Volksvertretung in Zweikammersystemen (z. B. USA, Italien); 3) die Regierung der Länder Bremen, Berlin u. Hamburg; 4) Kammer höherer Gerichte; 5) Selbstverwaltungsorganisation von Hochschulen.

Sender, Gerät zur Aussendung von Schallwellen oder elektromagnetischen Schwingungen zur Nachrichtenübertragung oder Richtungsbestimmung.

Seneca, Lucius Annaeus (um 4. v. Chr.–65 n. Chr.), röm. Dichter u. Philosoph.

Senegal

präsidiale Republik in Westafrika, 196.192 km², 12,5 Mio. EW, *Hauptst.* → Dakar, *Staatsoberhaupt:* Mucky Soll (seit 2012), *Regierungschef:* Mohammed Ben Abdallah Dionne (seit 2014). *Naturraum:* flache Steppe u. Savanne. *Bevölkerung:* Sudanvölker, Fulbe. *Wirtschaft:* Erdnussanbau für Export; Viehnomadismus im N; Export von Titan, Phosphaten; Erdöl.

Sennerei, Milchwirtschaft in den Alpen während des Sommers.

Sensoren (lat.), elektronische „Fühler", Messgeräte zur Echtzeitverarbeitung u. Umsetzung von Eingangssignalen.

Seoul, Hauptst. der Republik (Süd-)Korea, 9,7 Mio. EW, historische Gebäude, kulturelles u. wirtschaftliches Zentrum des Landes.

Sexualität

Unter dem Begriff Sexualität sind alle Empfindungen und Verhaltensweisen des Menschen zu verstehen, die durch sein Verlangen nach geschlechtlicher Beziehung und Befriedigung hervorgerufen werden. Neben den → Hormonen ist bei höher entwickelten Tieren und besonders beim Menschen das → Gehirn an der Steuerung des Geschlechtstriebs beteiligt. Dadurch sind Lernprozesse im Sexualverhalten möglich, die z. B. zu sexuellen Praktiken oder Geschlechtspartnern führen, die bei niederen Tieren nicht vorkommen. So löst sich die Sexualität der höher entwickelten Lebewesen auch von ihrem eigentlichen Zweck der Fortpflanzung und bekommt einen eigenen lustbetonten Wert. Auf die Sexualität des Menschen wirken nicht nur seine eigenen Wünsche ein, sondern auch die jeweils in einer Gesellschaft vorherrschenden Normen. Neben der sexuellen und gefühlsbedingten Verbindung zwischen Mann und Frau (→ Heterosexualität) gibt es auch Beziehungen zwischen gleichgeschlechtlichen Partnern (→ Homosexualität).

Separatismus (der, lat.), Bestreben von Gruppen oder Landesteilen, sich aus dem staatlichen Verbund herauszulösen, um selbstständig zu werden oder sich einem anderen Staat anzuschließen.

Sequenz (die, lat.), 1) Wiederholung einer Tonfolge von verschiedenen Tonstufen aus; 2) Folge der Bausteine in kettenförmigen Riesenmolekülen, z. B. → Aminosäuren in Proteinen.

Serbien

seit 2006 Republik in Südosteuropa auf der Balkanhalbinsel, 77.474 km², 7,1 Mio. EW, *Hauptst.* → Belgrad, *Staatsoberhaupt:* Tonislav Nikolić (seit 2012), *Regierungschef:* Aleksandar Vučić (seit 2014). *Naturraum:* fruchtbare Mittelgebirgslandschaft. *Klima:* gemäßigt kontinental. *Bevölkerung:* 83 % Serben, 4 % Ungarn, 2 % Bosniaken, 1 % Montenegriner. *Wirtschaft:* ausgeprägte Landwirtschaft (Anbau von Getreide, Mais, Obstkulturen, Flachs, Hanf, Tabak), reiche Blei-, Eisen-, Kupfer-, Silbererzlagerstätten, Tourismus.

Serengeti, Savannenlandschaft im Nordosten Tansanias, S.-Nationalpark (Großwild).

Serum (das, lat.), 1) Immunserum, enthält Impfstoff; 2) farblose Blutflüssigkeit, → Blut.

Server (der, engl.), Spezialrechner in einem Netzwerk, der anderen Rechnern bestimmte Leistungen zur Verfügung stellt, z. B. E-Mail-Dienst im Internet; auch Bezeichnung für den Rechner des Anbieters (Providers), der den Zugang zum Internet ermöglicht.

Seth, altägypt. Gott, der seinen Bruder → Osiris erschlug.

Seuche, ansteckende, sich schnell ausbreitende Infektionskrankheit wie Pest, Cholera, Malaria.

Sevilla, südspan. Stadt am Guadalquivir, 696.000 EW.

Sexismus, Benachteiligung u. Unterdrückung eines Menschen (im Allg. der Frau) wegen seines Geschlechtes.

Sextant (der, lat.), 1) ein Kreissektor mit dem Mittelpunktswinkel 60°; 2) nautisches Winkelmessgerät zur Bestimmung von Ort u. Zeit nach der Sonnenhöhe.

Sextett (das, ital.), 1) Musikstück für 6 Instrumente oder Singstimmen; 2) Gruppe von 6 Musikern.

Sexualität, siehe Kasten oben.

Seychellen

Inselstaat im westlichen Indischen Ozean, 455 km², 90.000 EW, *Hauptst.* Victoria (auf Mahé), Republik im → Commonwealth; sozialistischer Einparteienstaat, *Staatsober-*

Serengeti

Sevilla: Stadttor

Seychellen

haupt u. *Regierungschef:* James Michel (seit 2004). *Naturraum:* 90 Inseln im tropischen Klima, Granit- oder Korallenfelsen. *Bevölkerung:* konzentriert auf die Insel Mahé, europä., indischer, afrikan. Herkunft. *Wirtschaft:* Plantagenwirtschaft; Fischfang; Guano-Export; Badetourismus.

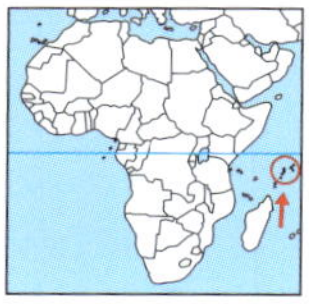

Sezession (die, lat.), Trennung neuer Künstlergruppen von einer bestehenden Künstlervereinigung, z. B. Münchner S. 1892, Wiener S. 1897.

Sezessionskrieg (1861–1865), Bürgerkrieg zw. den Nord- u. Südstaaten der USA, der durch die Sklavereifrage ausgelöst wurde. Der S. endete mit der Niederlage der Südstaaten.

William Shakespeare

Shakespeare, William (1564–1616), engl. Dichter, bes. Dramen, aber auch Lyrik (Sonette). Hatte einen großen Einfluss auf die gesamte Weltliteratur; *Romeo und Julia, Hamlet, Macbeth*.

Shaw, George Bernhard (1856–1950), irischer Schriftsteller; von → Ibsen beeinflusster Schöpfer des modernen engl. Dramas; 1925 → Nobelpreis für Literatur; *Frau Warrens Gewerbe, Pygmalion*.

Sheriff (der, engl.), Leiter der Bezirkspolizei u. Friedensrichter in den USA.

Sherlock Holmes, Detektivgestalt aus den Romanen von A. C. → Doyle.

Shetlandinseln, im Nordosten Schottlands, 1426 km², 23.210 EW, Hauptst. Lerwick; Fischerei, Schaf- u. Ponyzucht.

Showview® (engl.), Zahlencode zum Vorprogrammieren eines Videorekorders.

Siam, → Thailand.

Sibirien

Sibirien, asiatischer Teil der Republik → Russland, östlich des Ural u. nördlich der südsibirischen Randgebirge, ca. 10 Mio. km², 38 Mio. EW. Kontinentalklima mit geringen sommerlichen Niederschlägen, im N strenge Kälte (→ Kältepol), über 50 % Dauerfrostboden. Im äußeren N Tundra, anschließend Taiga, in den südlichen Becken in Steppe übergehend; artenreiche Tierwelt. Bedeutende Bodenschätze (Erdöl, -gas, Kohle, Erze, Flussspat, Grafit).

Sicherheitsglas, Glas mit höherer Bruchsicherheit u. geringerer Splitterwirkung, z. B. Verbundglas.

Sicherheitsrat, eines der Hauptorgane der Vereinten Nationen (→ UN); besteht aus 15 Mitgliedern, darunter 5 ständigen: Frankreich, Großbritannien, Russland, USA, VR China. Versucht internationale Streitfälle friedlich beizulegen.

Sicherung, Vorrichtung, die automatisch einen Stromkreis bei Überschreiten einer zulässigen Stromstärke unterbricht.

Siebenbürgen (Transsilvanien)

Siebenbürgen (Transsilvanien), das Siedlungsgebiet mehrerer ethnischer Minderheiten (auch Deutsche) im Karpatenbogen im Nordwesten → Rumäniens.

Siebengebirge, Teil des rheinischen Schiefergebirges, am rechten Rheinufer, Naturschutzgebiet.

Siebenjähriger Krieg (1756–1763), Krieg zw. Preußen (verbündet mit England) u. Österreich (verbündet mit Frankreich, Russland u. Sachsen-Polen). Er entwickelte sich gleichzeitig zum Kolonialkrieg zw. England u. Frankreich, das am Ende Kanada u. fast alle überseeischen Kolonialgebiete an England abtreten musste. Der Sieg Preußens wurde im Friedensvertrag von Hubertusburg 1763 besiegelt.

Siebenkampf, leichtathletischer Mehrkampf für Frauen, wird an 2 aufeinander folgenden Tagen ausgetragen: 100-m-Hürden, Hochsprung, Kugelstoßen, 200-m-Lauf (1. Tag), Weitsprung, Speerwurf, 800-m-Lauf (2. Tag). Der S. ersetzte 1984 den Fünfkampf als Mehrkampfwettbewerb der Frauen; olympische Disziplin.

Siebenschläfer

Siebenschläfer, bis 16 cm langes Nagetier mit grauem Fell, der buschige Schwanz bis 15 cm; nachtaktiv, lebt in Laubwäldern, hohlen Bäumen, frisst Samen, Nüsse, Triebe u. Insekten, hält Winterschlaf u. kommt in ganz Europa vor.

sieben Weltwunder, in der Antike bes. bewunderte Bauwerke: die ägyptischen Pyramiden, der Leuchtturm auf Pharos vor Alexandria, der Koloss von → Rhodos, die Hängenden Gärten der → Semiramis, der Artemistempel in Ephesos, der olympische Zeus des Phidias u. das Mausoleum zu Halikarnassos.

Siedepunkt, der Temperaturpunkt, bei dem der Übergang vom flüssigen in den gasförmigen → Aggregatzustand erfolgt.
Siegel, Abdruck eines Stempels mit eingraviertem Bild u. Schrift in eine weiche Masse (z. B. Ton, Wachs, Siegellack).
Siegfried, germanischer Sagenheld, Hüter des Nibelungenschatzes, Gemahl der Kriemhild, von Hagen von Tronje getötet.
SI-Einheiten, im Internationalen Einheitensystem (SI) festgelegte physikalische Einheiten: Länge (m), Zeit (sec), Masse (kg), elektrische Stromstärke (Ampere), Temperatur (Kelvin), Stoffmenge (Mol), Lichtstärke (Candela).
Siel, Durchlassöffnung in Fluss- u. Seedeichen.
Sielmann, Heinz (1917–2006), dt. Biologe u. Tierfilmer; Fernsehsendungen u. a. *Expeditionen ins Tierreich*.
Siemens, Werner von (1816–1892), dt. Industrieller u. Erfinder; Begründer der Starkstromtechnik.

Sierra Leone

Staat in Westafrika, 71.740 km², 5,6 Mio. EW, *Hauptst.* Freetown, Republik im → Commonwealth, *Staatsoberhaupt* u. *Regierungschef:* Ernest Bai Koroma (seit 2007). *Naturraum:* Südabdachung der Nordguineaschwelle mit Savanne im N, Regenwald u. Mangrovensumpf an der Küste. *Bevölkerung:* Sudanvölker. *Wirtschaft:* Viehwirtschaft; Ausfuhr von Gold u. Diamanten, Plantagenprodukte.

Sigel, Bezeichnung für die bes. in der → Stenografie für Silben, Wörter oder Wortgruppen verwendeten Abkürzungszeichen.
Signatur (die, lat.), 1) Unterschrift; 2) Urheberzeichen eines Künstlers; 3) Symbole z. B. auf Plänen; 4) Standortbezeichnung von Büchern in Bibliotheken.

Sikh (Hindi), Religionsgemeinschaft, die v. a. im Pandschab (→ Indien) verbreitet ist.
Silbe (die, gr.), kleinste lautliche Einheit eines Wortes.
Silber (Ag), chemisches → Element, weiches u. sehr dehnbares, daher gut formbares Edelmetall.
Silicium (Silizium), zweithäufigstes Element der Erde, Legierungsbestandteil für sehr harte Stähle; in der Halbleitertechnik zur Herstellung von → Chips verwendet.
Silicone, temperaturbeständige, elastische Kunststoffe, die Silicium enthalten.
Silicon Valley, („Silicium-Tal", nach dem Hauptbestandteil des → Chip benannt), Landstrich südlich von → San Francisco, Zentrum der amerik. Mikroelektronikindustrie, Entstehungsort der ersten Heimcomputer.

Simbabwe

präsidiale Republik im S Afrikas 390.580 km², 12,1 Mio. EW, *Hauptst.* Harare, 2003 Austritt aus dem → Commonwealth, *Staatsoberhaupt* u. *Regierungschef:* Robert Mugabe (seit 1987). *Naturraum:* zentrales Savannenhochland, im N u. S Flachland mit Dornsavanne u. Trockenland. *Bevölkerung:* Bantu, weiße u. asiatische Minderheiten. *Wirtschaft:* tropischer Anbau, Viehnomadismus; Export von Metallen u. Erzen.

Simplicissimus, 1) Titelheld in *Der abenteuerliche Simplicissimus Teutsch* von → Grimmelshausen; 2) 1896 in München gegründetes politisch-satirisches Wochenblatt, erschien bis 1944 u. von 1954–1967.
Simulator (der, lat.), Gerät, das Eigenschaften von technischen Maschinen möglichst originalgetreu nachbildet (Flug-S., Fahr-S.).
Sinai, gebirgige Halbinsel zw. dem Golf von Suez u. dem Golf von Akaba im N des Roten Meeres; gehört zu → Ägypten.

Sikh: Nanak Sadhu (Miniatur, 19. Jh.)

Werner von Siemens

Simbabwe: Medizinmann

Sinai

Frank Sinatra

Sioux-Häuptling

Sitting Bull

Sizilien

Sinatra, Frank (1915–1998), amerik. Sänger (z. B. *My Way*) u. Schauspieler (z. B. *Verdammt in alle Ewigkeit*).
Sinfonie (die, ital.; Symphonie), Instrumentalwerk für großes Orchester mit meist 4 Sätzen.

Singapur

Inselstaat in Südostasien, 704 km^2, 5,4 Mio. EW, *Hauptst.* Singapur, unabhängige Republik im → Commonwealth, *Staatsoberhaupt:* Tony Tan Keng Yam (seit 2011), *Regierungschef:* Lee Hsien Loong (seit 2004). *Naturraum:* Stadt auf einer Insel mit Dammverbindung zur Halbinsel Malakka. *Bevölkerung:* 76,3 % Chinesen; Malaien, Inder, Pakistani. *Wirtschaft:* Handels- u. Bankenzentrum Südostasiens mit großem Hafen; Stahl-, Erdöl- u. Elektroindustrie.

Single (engl.), 1) (die), Schallplatte, mit meist nur einem Titel pro Seite; 2) (der), jemand, der ohne feste Bindung an einen Partner lebt.
Singular (der, lat.), Einzahl bei Nomen u. Verb.
Singvögel, Unterordnung der Sperlingsvögel mit etwa 4000 Arten (fast die Hälfte aller Vogelarten). Allen gemeinsam ist der bes. Stimmapparat, der sie zu einem wohl klingenden Gesang befähigt.
Sinnesorgane, aus Sinneszellen zusammengesetzte spezialisierte Organe, die zur Reizaufnahme dienen. Zu den S. gehören Gesichts-, Gehör-, Gleichgewichts-, Geschmacks-, Geruchs-, Tast-, Wärme- u. Schmerzsinn. Bei Tieren können die S. völlig anders gebaut sein, z. B. Seitenlinie auf der Körperoberfläche der Fische (Gleichgewichtssinn), Wahrnehmung von Ultraschall bei → Fledermäusen.
Sintflut, im A. T. Überschwemmung der Erde als Strafe Gottes.
Sinti (und → Roma), weltweit verbreitetes Volk nordindischen Ursprungs, überwiegend in Europa: Sinti in Mitteleuropa, Roma in Südeuropa, schätzungsweise 12 Mio. Angehörige. Die früher übliche Bezeichnung „Zigeuner" wird heute als diskriminierend empfunden.
Sinus (sin), eine Winkelfunktion.
Sioux (sprich engl. Su), Gruppe nordamerik. Indianer in den USA; ursprüngl. Ackerbauern u. Büffeljäger.
Siphon (das, frz.), 1) u-förmiges Rohr zur Wasserableitung; 2) Flasche mit Auslassventil.
Sippe, Gruppe von Verwandten, die ihre Abstammung auf einen gemeinsamen Ahnen zurückführen.
Sir (der, engl.), 1) engl. Titel des niederen Adels, immer vor dem Vornamen; 2) ohne Zusatz eines Namens höfliche Anrede für Herren.
Sirenen (gr.), in der gr. Mythologie Meeresdämoninnen, die Seefahrer mit ihrem Gesang in den Tod lockten.
Sirius, der hellste Stern am Nachthimmel (im Sternbild Großer Hund).
Sisyphos, in der gr. → Mythologie König von Korinth, wurde wegen Gottesfrevel dazu verdammt, einen immer wieder herabrollenden Felsen auf die Spitze eines Berges zu wälzen.
Sitting Bull (um 1830–1890), Sioux-Häuptling. Führer des letzten indianischen Freiheitskampfes, bei dem ein US-Kavallerieregiment vernichtet wurde; bei der Gefangennahme erschossen.
Sixtinische Kapelle, Hauskapelle des Vatikans mit berühmten Wand- u. Deckenmalereien.
Sizilien, größte Insel des Mittelmeers, 25.708 km^2, ital. Region, vom Festland getrennt durch die Straße von Messina, 4,9 Mio. EW, Hauptst. Palermo.
Skagerrak, Meeresarm der Nordsee zw. Jütland (→ Dänemark), Norwegen u. Schweden. Verbindung zur Ostsee; 1916 Schauplatz einer Seeschlacht zw. Großbritannien u. Deutschland.
Skala (die, ital.), Maßeinteilung an Messinstrumenten.
Skalp (der, engl.), Kopfhaut mit anhaftendem Haarbüschel, galt früher bei bestimmten Indianerstämmen als Siegestrophäe.
Skalpell (das, lat.), kleines chirurgisches Messer.

Skandinavien, nordeuropäische Halbinsel zw. Nordatlantik, Nord- u. Ostsee; umfasst die Staaten Norwegen u. Schweden, weiter gefasst auch Dänemark u. Finnland.

Skarabäus (der, lat.-gr.), Pillendreher, ein Blatthornkäfer, dessen Weibchen in die von ihm gedrehten Dungkugeln Eier legt. Wurde im alten Ägypten für heilig gehalten u. häufig als Amulett oder Siegelring abgebildet.

Skelett (das, gr.), Stützgerüst des Tier- u. Menschenkörpers; Außen-S. als Panzer oder Schalen, z. B. bei Weichtieren, Innen-S. v. a. bei Wirbeltieren.

Ski alpin, Bezeichnung für die 4 alpinen Disziplinen (Abfahrt, Slalom, Riesenslalom, Super-G) im Skisport.

Skinheads (die, engl.), Jugendliche, die zu militantem Verhalten neigen; äußere Kennzeichen: kurz geschorene Haare, Springerstiefel. Heute sind S. sowohl politisch links- (sog. Red-Skins) als auch rechtsradikal (sog. Nazi-Skins) oder neutral (sog. Oi-Skins).

Ski nordisch, Form des Skisports, die sich in Skilanglauf u. → Skispringen gliedert.

Skispringen, nordischer Skiwettbewerb, bei dem mit Spezialskiern von Sprungschanzen gesprungen wird, um die größtmögliche Weite zu erzielen; olympische Disziplin.

Sklaverei, das Verfügen über Menschen als Sacheigentum, um ihre Arbeitskraft auszubeuten. Der Sklave ist seinem Herrn völlig unterworfen, von ihm rechtlich u. wirtschaftlich abhängig. S. war im Altertum verbreitet u. wurde in gemilderter Form vom MA übernommen (→ Leibeigenschaft). In den amerik. Südstaaten Sklaverei der Schwarzafrikaner vom 16.–19. Jh. In den brit. Kolonien wurde der Sklavenhandel 1833, in den frz. 1848 u. in den Südstaaten der USA 1865 abgeschafft; → Sezessionskrieg. 1926 internationales Verbot der S.

Skorpione (die, gr.), nachtaktive, räuberische Spinnentiere; verbreitet in trockenen, warmen Gebieten. Kopfbrustteil mit mächtigen, Scheren tragenden Kiefern, am Hinterleib ein gekrümmter Stachel mit Giftdrüsen. S. greifen mit den Scheren die Beute (Asseln, Spinnen, Insekten) u. töten sie mit einem Stich des Stachels. Fortpflanzung durch Eier, ohne Brutpflege. Für Menschen lebensgefährlich.

Skulptur (die, lat.), Bezeichnung für das einzelne Werk der Bildhauerkunst.

Skythen, antikes Volk iranischer Abstammung; ursprünglich nomadische Stämme, die im 8. Jh. v. Chr. nach Südrussland drangen, es besiedelten, u. anschließend in Kleinasien u. Südosteuropa einfielen. Im 3. Jh. v. Chr. wurden sie von den Sarmaten, einem iranischen Reitervolk, verdrängt. Hoch entwickelte Goldschmiedekunst.

Slalom (der, norwegisch), alpiner Skiwettbewerb für Damen u. Herren; Skirennen auf einer mit Toren ausgesteckten steilen Piste; olympische Disziplin.

Slawen, indogermanische Völkergruppe; in ganz Ost- u. Südosteuropa, gegliedert in Ost-S. (Russen, Weißrussen, Ukrainer), West-S. (Polen, Tschechen, Slowaken, Serben, Kaschuben, Sorben) u. Süd-S. (Slowenen, Kroaten, Serben, Bulgaren).

Slowakische Republik

ehemalige Teilrepublik der Tschechoslowakei, seit 1993 souveräne Republik, 49.035 km², 5,4 Mio. EW, *Hauptst.* → Bratislava (Pressburg), *Staatsoberhaupt:* Andrej Kiska (seit 2014), *Regierungschef:* Robert Fico (seit 2012). *Naturraum:* Gebirgsland zw. den Karpaten u. slowakischen Erzgebirge, im W bis an die Waag. *Bevölkerung:* 86 % Slowaken; Ungarn, Roma, Tschechen. *Wirtschaft:* Ackerbau, Viehzucht, Waldwirtschaft; Braunkohle-, Ergas- u. Erdölgewinnung.

Slowenien

ehemalige Teilrepublik von Jugoslawien, seit 1991 unabhängige Republik im südöstlichen Mittel-

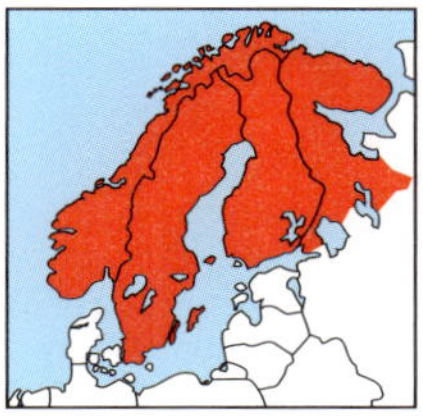

Skandinavien

Skythische Kunst

Slowakische Republik: Burg in den Karpaten

Skorpion

Bedřich Smetana

Solarzellen

Solon

Sofia: Alexander-Newski-Kathedrale

Sokrates trinkt den Giftbecher (Manuskript, 15. Jh.)

europa, 20.251 km², 2 Mio. EW, *Hauptst.* Ljubljana/Laibach, *Staatsoberhaupt:* Borut Pahor (seit 2012), *Regierungschef:* Miro Cerar (seit 2014). *Naturraum:* im N waldreiches Bergland, Hügelland, im S Anteil an der Adriaküste. *Bevölkerung:* 84 % Slowenen; Kroaten, Serben, Ungarn. *Wirtschaft:* Rinderzucht, Ackerbau, Holz, Maschinen-, Metall- u. chemische Industrie.

Smetana, Bedřich (1824–1884), tschechischer Komponist. S. ist der Begründer der tschechischen Nationalmusik. 8 Opern, 9 sinfonische Dichtungen (*Die Moldau*).

Smog (der, engl.), Zusammensetzung aus den engl. Wörtern smoke = „Rauch" u. fog = „Dunst"; dichter, rauchdurchsetzter Nebel, der bei windschwachen Inversionswetterlagen bes. über größeren Stadtgebieten durch Abgase von Industrie, Kraftfahrzeugen u. Heizungen auftritt; verursacht Atem- u. Kreislaufbeschwerden.

Smoking (engl.), dunkler Abendanzug für Herren; bestehend aus Hose, Sakko mit Seidenrevers u. gleichfarbiger Weste, Krawattenschleife.

SMS (Abk. für **S**hort **M**essage **S**ervice), Bezeichnung für eine Technik zum gebührenpflichtigen Versenden kurzer Nachrichtentexte mittels → Handy an andere Mobilfunkteilnehmer.

Snowboard (das, engl.), breites Brett, auf dem man mit beiden Beinen steht u. Skipisten hinunterfährt; S.-Fahren seit 1998 im Programm der Olympischen Winterspiele.

Sodomie (die, lat.), geschlechtlicher Verkehr von Menschen mit Tieren, in BR Dtl. seit 1969 straffrei.

Sodom und Gomorrha, im A. T. 2 Städte am Toten Meer, auf die Gott wegen bes. Sündhaftigkeit ihrer Bewohner Feuer u. Schwefel regnen ließ.

Sofia, Hauptst. → Bulgariens, 1,2 Mio. EW.

Softball (der, engl.), in den USA entstandene Variante des → Baseball; seit 1996 olympische Disziplin.

Software (die, engl.), zusammenfassender Begriff für alle auf einem Computer lauffähigen Programme.

Sog, eine Saugkraft, die durch eine Strömung auf einen Körper ausgeübt wird.

Sojus (russ.), bemanntes russ. Weltraumfahrzeug, seit 1967 im Einsatz.

Sokrates (um 470–399 v. Chr.), gr. Philosoph. Versuchte seine Zeitgenossen durch eindringliches Fragen zu einem sittlichen Lebenswandel zu bringen. S. wurde als Jugendverführer u. Leugner der Götter zum Tode durch den Giftbecher verurteilt.

Sol (lat.), in der röm. → Mythologie Sonnengott.

Solarenergie, Sonnenenergie; Strahlungsenergie der Sonne, die mit Sonnenkollektoren zur Wärmegewinnung (z. B. Warmwasserbereitung) genutzt oder durch Solarzellen direkt in elektrische Energie umgewandelt werden (→ Solarkraftwerk).

Solarium (das, lat.), Anlage zur Bestrahlung des Körpers mit Lichtquellen, die dem Sonnenspektrum ähneln, v. a. zur Bräunung der Haut.

Solarkraftwerk, Anlage zur Erzeugung von Strom durch Ausnutzen der Sonnenstrahlen, die über große Solarzellen direkt umgewandelt werden.

Solarzelle, ein großflächiges Fotoelement, das einfallendes Sonnenlicht in elektrische Energie umwandelt.

Solist (der, frz.), Sänger oder Instrumentalist, der eine Einzelstimme, namentlich das Solo in einem Konzert, ausführt.

Solon (ca. 640–561 v. Chr.), athen. Staatsmann. Schuf eine damals einzigartige Verfassung, in der er die Rechte u. Pflichten des Einzelnen darlegte.

Solschenizyn, Alexander Issajewitsch (1918–2008), sowjet. Schriftsteller; bekannte Werke: *Krebsstation, Archipel Gulag.* 1970 → Nobelpreis für Literatur; 1974 aus der UdSSR ausgewiesen.

Somalia

Staat in Nordafrika, 637.657 km², 7,5–13 Mio. EW, *Hauptst.* Mogadischu, *Staatsoberhaupt:* Hassan

Sheikh Mohamad (seit 2012). *Regierungschef:* Omar Abdiraschid Ali Sharmarke (seit 2014); bis 1991 war S. Republik, dann Bürgerkrieg bis 2003/2004, seitdem Übergangsregierung. *Naturraum:* Die Nordostküste Ostafrikas zw. Indischem Ozean u. Golf von Aden, im O flach, nach N zu ansteigend, mit gebirgiger Nordküste; im N Halbwüste, sonst Dornbuschsavanne. *Bevölkerung:* 95 % Somal, 40 % Nomaden. *Wirtschaft:* Viehzucht; im S trop. Anbau, Fischfang.

Sommerzeit, gegenüber der normalen Zeit (Winterzeit) um eine Stunde vorverlegte Uhrzeit.

Sonarsysteme, Systeme zur Ortung von Gegenständen (z. B. U-Booten) im Wasser mithilfe von Schallwellen. Sie senden Schallwellen aus u. empfangen den vom Gegenstand zurückgeworfenen Schall wieder.

Sonate (die, ital.), Instrumentalwerk für kleines Ensemble oder Solisten in mehreren Sätzen.

Sonde (die, frz.), 1) Medizin: stabförmiges Instrument zum Abtasten von Höhlen u. Gängen im Körper; 2) Bergbau: bis zu 10 m tiefe Probebohrung; 3) → Raumsonde.

Sonett (das, ital.), aus 2 vierzeiligen Strophen (Quartetten) u. 2 dreizeiligen Strophen (Terzetten), bestehendes Gedicht; meist → Alexandriner-Vers.

Sonne, Zentralstern unseres Sonnensystems. Entfernung von der Erde etwa 8 Lichtminuten, d. h. 149,6 Mio. km. Dreht sich in 26 Tagen einmal um die eigene Achse u. in 220 Mio. Jahren um das Zentrum der Milchstraße. Die S. besteht aus gasförmigem Wasserstoff, Helium, Kohlenstoff, Stickstoff u. Sauerstoff.

Sonnenfinsternis, wenn der Mond sich zw. Erde u. Sonne schiebt, ist die Sonne ganz, teilweise oder ringförmig verdeckt.

Sonnenflecken, dunkle Störgebiete in der Sonnenatmosphäre, von starken Magnetfeldern begleitet. Sie treten in einem etwa 11-jährigen Zyklus auf u. beeinflussen Wetter, Funk u. andere Vorgänge auf der Erde.

Sonnenstich, eine nicht von Keimen verursachte Hirnhautentzündung durch zu intensive Sonnenbestrahlung, Symptome: Schwindel, Kopfschmerzen, Bewusstlosigkeit.

Sonnentau, eine → fleischfressende Pflanze. Sie besiedelt Moore u. lockt Insekten durch klebrigen, in der Sonne wie Tau glitzernden Schleim an.

Sonnwendfeier, Fest zur Sommer- u. Wintersonnenwende, vorchristl. Ursprungs.

Sophokles (um 497–um 406 v. Chr.), gr. Dramatiker, führte einen 3. Schauspieler in die Tragödie ein.

Sopran (der, ital.), höchste Stimmlage der Frauen u. Kinder.

SOS, internationales (See-)Notrufsignal. Auslegung: „Save Our Souls" (Rettet unsere Seelen), Morsezeichen ...- - -...

SOS-Kinderdörfer, Fürsorgeeinrichtungen für elternlose oder verlassene Kinder in familienähnlichen **Hausgemeinschaften**, gegründet im Jahr 1956 von dem österr. Sozialpädagogen H. Gmeiner.

Soutane (die, frz.), langes, geknöpftes Obergewand katholischer Geistlicher.

Souveränität (die, frz.), im Völkerrecht die Unabhängigkeit eines Staates von anderen Staaten in Verbindung mit dem Recht, seine Regierungsform u. alle inneren Angelegenheiten selbst zu bestimmen.

Sozialabgaben, Beiträge zur → Sozialversicherung.

Sozialdemokratie, sozialreformerische Richtung der → Arbeiterbewegung, die (ursprünglich auf revolutionärem Wege) die Verwirklichung des → Sozialismus anstrebte. Politisch organisiert ist sie in den sozialdemokratischen Parteien; → SPD, SPS, SPÖ.

soziale Marktwirtschaft, Wirtschaftskonzept, das den freien Wettbewerbsgedanken mit der sozialen Gerechtigkeit verbindet; es gibt staatliche Wettbewerbsrichtlinien wie Monopolkontrolle, Kartellgesetzgebung, Arbeits- u. Tarifrecht; wenn nötig, greift der Staat regulierend ein; → freie Marktwirtschaft.

Somalia: Brava

Sophokles

Sonnenfinsternis

Spaceshuttle

Span. Kunst: Die Erschießung am 3. Mai 1808 (F. Goya)

Sozialhilfe (Sozialfürsorge), persönliche oder finanzielle Hilfsleistungen von Sozialämtern für Personen in außerordentlichen Notlagen, z. B. nach langer Arbeitslosigkeit oder Krankheit.

Sozialisation (die, lat.), Prozess u. Ergebnis der Einordnung des Einzelnen in die Gesellschaft.

Sozialismus (der, lat.), Bezeichnung verschiedener politischer Systeme, die durch eine gezielte Verstaatlichung der Produktionsgüter (Industrieanlagen, Bauernhöfe usw.) u. die Verringerung von Privatbesitz eine klassenlose Gesellschaftsordnung verwirklichen wollen; steht im Ggs. zu → Liberalismus u. → Kapitalismus.

Sozialleistungen, die Beiträge der Arbeitgeber zur → Sozialversicherung sowie Lohnzulagen u. -zuschläge.

Sozialprodukt (Nationalprodukt), der Wert aller wirtschaftlichen Leistungen, die eine Volkswirtschaft in einer Rechnungsperiode hervorbringt; dies entspricht dem Bruttosozialprodukt.

Sozialstaat, ein Staat, der sich die Überwindung sozialer Ggs. u. den Ausbau der sozialen Wohlfahrt zur Aufgabe macht; die BR Dtl. ist ein S.

Sozialversicherung, die Gesamtheit der gesetzlichen Pflichtversicherungen: → Arbeitslosenversicherung, → Krankenversicherung, → Rentenversicherung, Unfallversicherung.

Spaceshuttle (der, engl.), wieder verwendbarer Raumtransporter (Raumfähre) der USA, 1981 erstmals gestartet.

Spam, Abk. für engl. **s**end **p**henomenal **a**mounts of **m**ail), E-Mail, die v. a. zu Werbezwecken als Massensendung an beliebige Empfänger unverlangt geschickt wird.

Spanien

parlamentarisch-demokratische Monarchie in Südwesteuropa, 504.782 km², 46 Mio. EW, *Hauptst.* → Madrid, *Staatsoberhaupt:* König Felipe IV. (seit 2014), *Regierungschef:* Mariano Rajoy (seit 2011). *Naturraum:* der größte Teil der Iberischen Halbinsel, Balearen, Kanarische Inseln sowie Ceuta u. Melilla; 700–800 m hohes Tafelland (Meseta), unterteilt durch das Kastilische Scheidegebirge in Altkastilien im Nordwesten u. Neukastilien im Südosten; das Kantabrische Gebirge im N, das Iberische Randgebirge im Nordwesten, zum Ebrobecken hin abfallend; im S die Sierra Morena, anschließend das Tiefland von Andalusien, an der Südküste die Sierra Nevada. Die Grenze zu Frankreich bilden die Pyrenäen. Im feuchteren Nordwesten Bergwälder (Laubwald mit Edelkastanien, Mischwald), im sommertrockenen O Eichen, Ölbäume, Macchia; im S auch Palmen, Oleander, Agaven; die östliche Beseta ist weithin steppenhaft. *Bevölkerung:* 73 % kastilische Spanier, 18 % Katalanen, 6 % Galicier, 1,5 % Basken; 77 % in Städten. *Wirtschaft:* überwiegend Landwirtschaft. Anbau von Orangen u. Datteln in Küstentiefländern des S u. O. Mit Ausnahme des Nordwestens überall Weinbau, Schafzucht, im Nordwesten Rinderzucht, im S Pferde. Umfangreiche Küsten- u. Hochseefischerei. Viele Bodenschätze, Textilindustrie, Schwerindustrie im Baskenland u. in Galicien.

Spanischer Erbfolgekrieg, 1701–1714 Krieg um die Nachfolge des letzten span. Habsburgers Karl II. zw. Frankreich u. Österreich mit seinen Verbündeten. In den Friedensschlüssen von Utrecht (1713), Rastatt u. Baden (1714) wurde dem Bourbonen Philipp V. der span. Thron zugesprochen.

Sparring (das, engl.), beim Boxen Training mit bestimmten Partnern, meist mit Kopfschutz u. dickeren Boxhandschuhen.

Sparta, in der Antike straff organisierter Stadtstaat u. Hauptst. von Lakonien, im S des → Peloponnes, gegründet Ende des 10. Jh. v. Chr. An der Spitze des Staates standen jeweils 2 Könige, politische Rechte besaßen nur die Spartiaten, eine Eliteschicht. Unter ihnen standen die Periöken u. Heloten. Ab dem 6. Jh. hatte Sparta neben Athen eine führende Stellung in Griechenland; im → Peloponnesischen Krieg besiegte es Athen, 146 v. Chr. wurde es von den Römern unterworfen.

Spartakus, Anführer des 3. Sklavenaufstandes gegen die Römer. Nach 5 Siegen verlor er die entscheidende Schlacht gegen Crassus, in der S. auch den Tod fand.

Spartakusbund, 1917 von Rosa → Luxemburg u. Karl → Liebknecht gegründete radikale sozialistische Gruppe.

SPD, Abk. für **S**ozialdemokratische **P**artei **D**eutschlands, 1) bundesdt. Partei; 1890 aus der Sozialdemokratischen Arbeiterpartei Deutschlands hervorgegangen; die SPD war stärkste Partei in der Weimarer Republik; 1933 Verbot; 1945 Neugründung. Die SPD war 1966–1969 in der großen Koalition mit der CDU/CSU, 1969–1982 mit der FDP u. von 1998–2005 mit Bündnis 90/Die Grünen Regierungspartei im Bundestag. Seit 2013 regiert sie zusammen mit der → CDU in einer → Großen Koalition. Seit 1959 Abkehr vom Kommunismus u. Verfolgung eines demokratischen → Sozialismus. 2) In der ehemaligen sowjetischen Besatzungszone 1946 Zwangsvereinigung der SPD u. KPD zur → SED.

Spätaussiedler, dt. Volksangehörige, die nach 1945 aus den dt. Ostgebieten oder den Staaten Osteuropas in die BR Dtl. zogen.

Spechte, in Waldgebieten verbreitete Vögel mit stark bekrallten Kletterfüßen u. meißelförmigem Schnabel; hacken Insekten aus Rinde u. Holz frei u. erbeuten sie mit ihrer klebrigen Zunge; meißeln ihre Nisthöhlen in morsche Bäume. Weltweit über 200 Arten, z. B. Bunt-, Grün-, Schwarzspecht.

Speer, Stich- u. Wurfwaffe mit langem Stab u. scharfer Spitze; Sportgerät.

Speerwerfen, eine Wurfdisziplin in der Leichtathletik; Werfen eines 260 cm (Männer) bzw. 220 cm (Frauen) langen Speers aus Metall. Bei den Männern seit 1902, bei den Frauen seit 1932 im olympischen Programm.

Speicher, 1) Vorratsraum, Lagerhaus; 2) elektrische Schaltungen oder Geräte, die z. B. Daten u. Programme speichern können.

Speiseröhre, muskulöse schlauchartige Verbindung zw. Mundhöhle u. Magen; durch wellenförmiges Zusammenziehen kann die Nahrung vom Mund zum Magen transportiert werden.

Spektrum (das, lat.), Gesamtheit der Bestandteile des Lichts in einer Lichtquelle; es entsteht ein farbiges Lichtband, wenn man Licht in seine einzelnen Wellenlängenanteile aufspaltet.

Spekulation (die, lat.), An- u. Verkauf von Waren oder Wertpapieren, um Preisschwankungen u. Kursveränderungen gewinnbringend auszunutzen.

Sperma (das, gr.), Flüssigkeit mit → Samenzellen, die bei der → Ejakulation von dem männlichen Begattungsorgan ausgeschleudert wird.

Spesen (ital.), vom Auftraggeber zu ersetzende Auslagen, die bei der Ausführung eines Geschäftes entstehen.

Sphäre (die, gr.), 1) Bezeichnung für Himmelskugel; 2) Bereich, Umwelt, Wirkungskreis.

Sphinx (die, gr.), 1) in der ägypt. Mythologie Fabelwesen in Löwengestalt mit Männerkopf; 2) in der gr. Mythologie geflügeltes Fabelwesen mit Frauenkopf. Stellte Vorüberziehenden Rätsel.

Spiegelreflexkamera, Fotoapparat, bei dem das Bild über einen Spiegel auf einer Mattscheibe abgebildet wird.

Spikes (engl.), 1) Laufschuh mit Metalldornen; 2) Winterreifen mit eingelassenen Metalldornen (in der BR Dtl. verboten).

Spinett (das, ital.), kleines Tasteninstrument des 16./17. Jh., bei dem die Saiten quer zu den Tasten laufen.

Spiritismus (der, lat.), Lehre, nach der Geister Verstorbener durch ein Medium (z. B. Klopfzeichen) in Verbindung zu Lebenden treten können.

Spiritual (das, engl.), geistliche Gesänge der Afroamerikaner in den USA.

Spitzbergen, norwegische Inseln im Nordpolarmeer, Tundra, umfangreiche Vergletscherung, bedeutender Steinkohlebergbau.

Spoiler (der, amerik.), strömungstechnisch wirksames Blechteil an Flug- u. Fahrzeugen zur Verminderung des Auftriebs.

Sphinx von Gise(h)

Schwarzspecht

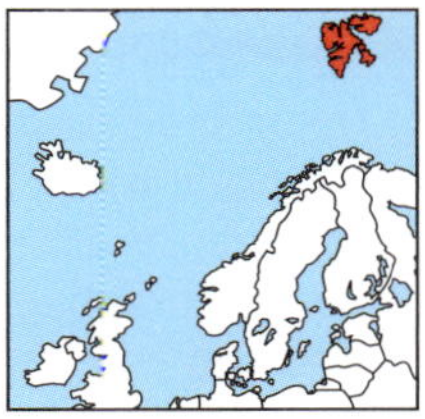

Spitzbergen

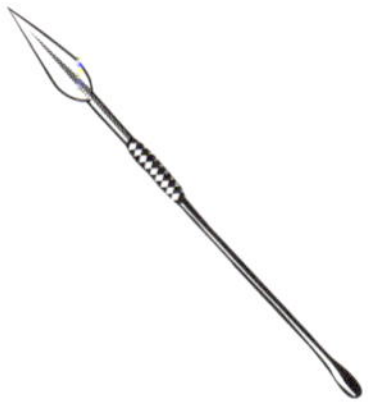

Speer

Sri Lanka: Tempelruine (12. Jh.)

Sporen (die, gr.), Zellen, die der ungeschlechtlichen Fortpflanzung vieler blütenloser Pflanzen dienen, z. B. Farne.
Sporentierchen, einzellige Urtierchen, die sich durch → Sporen vermehren; leben als Parasiten im Körper anderer Lebewesen u. können Krankheiten verursachen.
Sport, siehe Kasten unten.
Spot (der, engl.), kurze Werbesendung, die im Rundfunk oder Fernsehen eingeblendet wird.
Sprachwissenschaft (Linguistik), Lehre von der Sprache, beschäftigt sich mit der Sprache als Verständigungsmittel u. als Zeichensystem.
Sprengstoff, Stoffe oder Mischungen aus Stoffen, die durch Zündung zur Explosion gebracht werden können.
Sprichwort, im Volksmund verbreitete kurze, bildhafte Formulierung einer Lebensweisheit.
Springreiten, im Reitsport Überspringen von künstlichen Hindernissen auf einem Parcours; olympische Disziplin.
Sprint (der, engl.), im Sport Zurücklegen einer kurzen Strecke in Maximalgeschwindigkeit; z. B. in den leichtathletischen Laufwettbewerben (100 m, 200 m u. 400 m), im Eisschnelllauf (500 m, 1000 m) u. im Radrennsport.
Spurenelemente, chemische Elemente, die nur in sehr geringen Mengen im Körper vorkommen, für den Organismus jedoch von großer Bedeutung sind.
Spurt, Geschwindigkeitssteigerung im sportlichen Endkampf beim Laufen, Radfahren, Rudern u. a.
Sputnik (der, russ.), erster künstlicher Erdsatellit; mit seinem Start 1957 begann das Weltraumzeitalter.
Squash (das, engl.), ein dem Tennis ähnliches Ballspiel für 2 oder 4 Personen, bei dem der Ball gegen eine Wand geschlagen wird.

Sri Lanka

Inselstaat im Indischen Ozean, 65.610 km², 20 Mio. EW, *Hauptst.* → Colombo (de facto), präsidiale Republik im → Commonwealth, *Staatsoberhaupt:* Maithripala Sirisena (seit 2015), *Regierungschef:* Ranil Wickremesinghe (seit 2015). *Naturraum:* die im Innern gebirgige Insel Ceylon, im S tropische Vegetation, im N u. O Savanne, Monsunklima. *Bevölkerung:* Singhalesen, Tamilen, Wedda, Weiße. *Wirtschaft:* Kautschuk- u. Kokospalmenplantagen, Reisanbau; Fischfang; Tee; Bergbau auf Grafit u. Edelsteine.

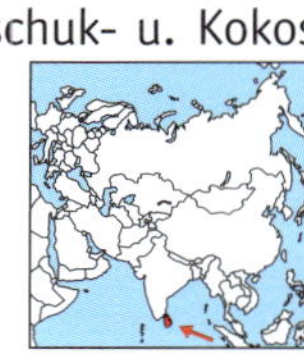

Sport

Unter Sport versteht man eine Form der körperlichen Betätigung, die den menschlichen Körper trainiert und damit leistungsfähiger macht. Sportliche Aktivitäten kann man einzeln oder in Gruppen als Mannschaftssport ausüben. In der Antike stand der Wettbewerb (→ Olympische Spiele), in späteren Jahrhunderten der Zeitvertreib, die Zerstreuung und das Vergnügen im Vordergrund. Der Begriff Sport ist im 18. Jahrhundert in England aus dem Wort disport, ursprünglich Vergnügen, Spaß, Freizeit, entstanden. Zu dieser Zeit begann man dort auch, den Amateur- oder Breitensport vom Spitzen- oder Berufssport zu unterscheiden.
Das Ziel des Breitensports ist es, vielen Menschen die Möglichkeit zum Körpertraining zu geben, aber darüber auch soziale Kontakte zu knüpfen. **Freizeitsport** dient vor allem der körperlichen Fitness und Gesundheit, dem persönlichen Wohlbefinden und soll Spaß machen.
Da sportliche Leistungen oft messbar sind, enthält der Sport den Gedanken des Wettbewerbes zwischen Konkurrenten. Der sportliche Wettkampf kann dabei spielerisch oder ernsthaft sein: So werden im **Profisport** Höchstleistungen in nationalen und internationalen Wettbewerben erbracht. Die größten sportlichen Ereignisse im Wettkampfsport sind neben Weltmeisterschaften die Olympischen Sommer- und Winterspiele.

Staat (der, lat.), die auf einem abgegrenzten Gebiet bestehende unabhängige Organisation zur Verwirklichung einer bestimmten Rechtsordnung für das menschliche Zusammenleben.
Staatenbund, politischer Zusammenschluss unabhängiger Staaten; die Einzelstaaten behalten weitgehende Selbstständigkeit.
Staatsangehörigkeit (Nationalität), Zugehörigkeit eines Menschen zu einem Staat u. dadurch gewährter Rechtsschutz.
Staatsexamen, staatl. Prüfung, die zur Ausübung bestimmter Berufe vorgeschrieben ist, z. B. Rechtsanwalt, Arzt, Lehrer.
Staatskanzlei, Regierungssitz u. Behörde eines → Ministerpräsidenten.
Staatspräsident, Oberhaupt einer Republik.
Staatsstreich, gegen die Verfassung gerichteter Umsturz durch den Inhaber der Regierungsgewalt oder einen anderen Träger staatlicher Gewalt (z. B. Militär) mit dem Ziel, ein eigenes, meist autoritäres oder diktatorisches System zu errichten.
Stabhochsprung, Sprungwettbewerb in der Leichtathletik; der Athlet überspringt die Latte mittels eines 4–5 m langen Glasfiberstabs; olympische Disziplin.
staccato (lat.), musik. für abgestoßen, voneinander getrennt zu spielen.
Stachelschweine, Familie der Nagetiere, mit bis zu 40 cm langen, braunweiß geringelten Stacheln auf dem Rücken, die sich bei Gefahr aufrichten; der Bauch ist hell behaart. Nachtaktive Pflanzenfresser.
Stadion (das, gr.), 1) in der Antike Weg- u. Längenmaß; 2) meist ovale Anlage für große sportliche Veranstaltungen mit ansteigenden Zuschauertribünen.
Stadt, größere geschlossene Siedlung, meist mit zentraler wirtschaftlicher, politischer u. kultureller Funktion für das umliegende ländliche Gebiet.
Stadtstaat, eine Stadt, die ein eigenständiges Staatswesen führt, z. B. Hamburg, Bremen u. Berlin sind sowohl Stadtgemeinden als auch Länder.
Staffellauf, Mannschaftswettbewerb in der Leichtathletik, bei dem meistens 4 Läufer einer Mannschaft nacheinander einen Abschnitt der Strecke zurücklegen. Dabei wird der Staffelstab vom Start- zum Schlussläufer weitergereicht. Der 4 x 100-Meter-Lauf u. der 4 x 400-Meter-Lauf für Damen u. Herren sind Teil des olympischen Programms.
Stalagmiten und Stalaktiten, Tropfsteingebilde in Karsthöhlen. Die Stalagmiten wachsen vom Boden empor, die Stalaktiten von der Decke nach unten.
Stalin, Jossif Wissarionowitsch (1879–1953), sowjet. Politiker. Nach → Lenins Tod 1924 setzte er sich gegen seine Gegner, bes. → Trotzki, durch u. war seit 1928 praktisch Diktator. „Säuberung" des Volkes (11 Mio. Tote!) u. radikale Industrialisierung der UdSSR. Große Gebietsgewinne in Osteuropa (Baltikum u. a.) durch Nichtangriffspakt mit Hitler u. Errichtung kommunistischer Diktaturen in den Staaten des → Warschauer Paktes nach dem Zweiten Weltkrieg. Beginn des → Kalten Krieges mit den USA.
Stalinismus, die nach → Stalin benannte Form des → Marxismus-Leninismus; gemeint sind damit die während der Diktatur Stalins in der Sowjetunion vorherrschenden politischen Verhältnisse: Willkürherrschaft, Personenkult, der absolute Machtanspruch von Staat u. Partei, Verfolgung u. Hinrichtung politischer Gegner.
Stände, gesellschaftliche Rangordnung des MA. Zu den privilegierten St. zählten Adel u. hohe Geistlichkeit gegenüber der Masse des Volkes, hauptsächlich Bauern u. Landarbeiter (Bauernstand). In den Städten bildete sich das Bürgertum (Kleinunternehmer, Händler, Handwerker) heraus; 3. Stand. Seit der → Französischen Revolution wurde die feudale Ständeordnung in Europa aufgehoben.
Ständerat, Vertretung der Kantone in der → Schweiz; 2. Kammer der Bundesversammlung, die einmal im Jahr tagt.
Standesamt, Gemeindebehörde zur Beurkundung von Geburten, Eheschließungen u. Todesfällen durch Eintragung in die Personenstandsbücher.
Star (der, engl.), 1) Bezeichnung für verschiedene Augenkrankheiten, z. B.

Jossif W. Stalin

Stachelschwein

Münchener Olympiastadion

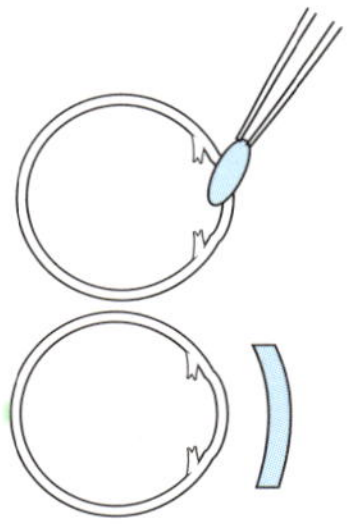
Grauer Star: Entfernung der Linse und Ersatz durch entsprechende Brillengläser (Stargläser)

Sterne

Wenn wir nachts den Himmel beobachten, sehen wir leuchtende, glitzernde Punkte, die in Wirklichkeit große glühende Himmelskörper sind, die aus Gasen bestehen und durch die Schwerkraft zusammengehalten werden – die Sterne. Unsere → Sonne ist beispielsweise ein Stern, um den die → Erde und die anderen → Planeten unseres Sonnensystems kreisen. In unserer → Galaxie, der Milchstraße, befinden sich Milliarden von Sternen, von denen wir von der Erde aus mit bloßem Auge etwa 8000 erkennen können. Je nach ihrer Helligkeit und Größe unterscheidet man zwischen **Überriesen**, **Hellen Riesen**, **Riesen**, **Unterriesen** und **Zwergen**, zu denen auch unsere Sonne gehört. Im Inneren eines Sterns herrschen unvorstellbare Temperaturen. Im Kern der Sonne beispielsweise entsteht durch **Kernfusion** (Wasserstoff- und Heliumkerne verschmelzen) ständig Licht- und Wärmeenergie bei etwa 14 Millionen Grad Celsius! Die Sonne und andere Sterne leuchten, weil sie bei diesen Vorgängen Lichtenergie erzeugen, die sie dann aussenden. Ein Stern entsteht im Laufe von vielen Millionen Jahren aus einer Gas- und Staubwolke, die sich aus → Atomen im Weltall bildet. Viele lösen sich wieder auf, manche werden aber von der Schwerkraft zusammengehalten. Je größer die Masse eines Sterns ist, desto schneller verbraucht er den → Wasserstoff, seinen Energielieferanten, und desto kürzer ist sein Leben. Das Ende eines Sterns beginnt in seiner Mitte. Wenn sein Gasvorrat knapp geworden ist, läuft die Kernfusion nur noch in der äußeren Hülle ab. Dadurch bläht sich der Stern auf und wird zu einem **Roten Riesen**. Aber bald beginnt er wieder zu schrumpfen, bis die Kernfusion endgültig endet, und wird zu einem **Weißen Zwerg**, also einem sterbenden Stern. Das wird auch mit der Sonne passieren, die seit 5 Milliarden Jahren brennt und noch einmal so lange bestehen wird.

Star

Steinzeitkunst

grauer S. (Trübung der Augenlinse); 2) berühmte u. populäre Persönlichkeit, v. a. aus Theater, Film u. Fernsehen.

Stare, Sing- u. Zugvögel, mit glänzend dunklem Gefieder; in Schwärmen auftretend; Insekten- oder Früchtefresser, bauen ihre Nester in Höhlen.

Stasi, ugs. Abk. für **Sta**ats**si**cherheitsdienst (SSD), die polit. Polizei der ehemaligen → DDR; zuständig für die geheimpolizeiliche Überwachung der Bürger u. für die Auslandsspionage. 1990 aufgelöst, seitdem sind die St.-Akten für Betroffene zugänglich.

Statik (die, gr.), die Lehre vom Gleichgewicht der Kräfte an einem Körper.

Statistik (die, lat.), Darstellung von Ergebnissen einer Untersuchung.

Statue (die, lat.), vollplastisches Werk der Bildhauerkunst; → Skulptur.

Status (der, lat.), Stand, Zustand; Stellung innerhalb einer Gesellschaft.

Stauffenberg, Claus Graf Schenk von (1907–1944), dt. Generalstabsoffizier; führte am 20.7.1944 ein missglücktes Attentat auf Hitler aus u. wurde daraufhin hingerichtet.

Steckling, abgeschnittener Pflanzenteil, der in Erde oder Wasser gesteckt wird, um eine Pflanze ungeschlechtlich zu vermehren.

Stegreif, ursprünglich Steigbügel; aus dem S., ohne Vorbereitung (eigentlich aus dem Steigbügel, ohne abzusteigen).

Steinbeck, John (1902–1968), amerik. Schriftsteller; v. a. sozialkritische Romane über die kalifornische Landbevölkerung. 1962 → Nobelpreis für Literatur.

Steingut, gebrannte Tonware; Verwendung für Kunstgegenstände, Essgeschirr u. Einrichtungen für Sanitäranlagen.

Steinkohle, → Kohle von höherer Festigkeit, dunklerer Farbe u. höherem Brennwert als Braunkohle.

Steinobst, Schließfrüchte mit fleischiger Außen- u. harter Innenschicht der Fruchtwand, z. B. Kirsche, Pflaume; Ggs. Kernobst.

Steinpilz, Speisepilz aus der Familie der Röhrenpilze mit brauner, flach gewölbter Kappe (30 cm breit, 10 cm dick); wächst von Mai bis Herbst in Laub- u. Nadelwäldern.

Steinzeit, Zeit der vorgeschichtlichen Kultur, in Europa unterteilt in 1. Altsteinzeit (500.000–8000 v. Chr.), 2. Mittelsteinzeit (8000–6000 v. Chr.) u. 3. Jungsteinzeit (6000–1800 v. Chr.).

Stenografie (die, gr.), Kurzschrift mit vereinfachten Schriftzeichen, flüssigen Verbindungen u. Abk. für Silben, Worte u. Wortgruppen, ermöglicht eine große Schreibgeschwindigkeit.
Steppe (die, russ.), baumlose, offene Ebene außerhalb der Tropen, mit Gräsern u. Krautpflanzen.
Stereoskop (das, gr.), Gerät, mit dem man Bilder betrachtet, die mit Stereokameras aufgenommen wurden u. so einen räumlichen Eindruck geben.
Sterilisation (die, lat.), 1) Entkeimung, Desinfektion; 2) Unfruchtbarmachung, z. B. durch operative Durchtrennung oder Abbindung der Samen- bzw. Eileiter.
Sterne, siehe Kasten S. 278.
Sternschnuppe, → Meteorit.
Stethoskop (das, gr.), Instrument zum Abhören der Herz-, Lungen- u. Darmgeräusche.
Steuern, Geldleistungen an den Staat bzw. ein öffentlich-rechtliches Gemeinwesen; → Lohnsteuer, Umsatzsteuer, → Mehrwertsteuer.
Stevenson, Robert Louis (1850–1894), schott. Schriftsteller; neuromantische Naturschilderungen u. Abenteuerromane, *Die Schatzinsel*.
Stich, Michael (*1968), ehem. dt. Profi-Tennisspieler; → Wimbledon-Sieger von 1991, bei den Olympischen Spielen 1992 mit B. → Becker Goldmedaille im Doppel, Gewinner der ATP-Weltmeisterschaft 1993.
Stickstoff (N), farb- u. geruchloses, nicht brennbares Gas, Hauptbestandteil der Luft. Pflanzen brauchen N-Verbindungen zum Wachstum. Bei Verbrennung entstehen Stickstoffoxide (NO_x), wobei v. a. Stickstoffmonoxid (NO_2) gebildet wird (Photooxidantien).
Stier, 1) männliches geschlechtsfähiges Rind (Bulle); 2) Sternbild des → Tierkreises.
Stifter, Adalbert (1805–1868), österr. Schriftsteller; realistische Erzählungen, z. B. *Bunte Steine*.
Stigma (das, gr.), 1) Zeichen, Brand-, Wundmal; 2) Öffnungen der Atemröhren bei tracheenatmenden Tieren.
Stil (der, lat.), Eigenart eines Kunstwerks, bestimmte Darstellungsmethode.
Stilett (das, ital.), kurze Stichwaffe, Dolch.
Stillleben, Darstellung von Gegenständen bzw. reglosen Dingen in einer vom Künstler bestimmten Anordnung.
Stimmbruch, Senkung der Stimme durch die Pubertät infolge der starken Vergrößerung des Kehlkopfs; hauptsächlich bei Jungen.
Stimmgabel, Stahlgabel mit zwei Zinken, erzeugt beim Anschlagen den → Kammerton, dient zum Festlegen der absoluten Tonhöhe.
Stinktiere (Skunks), nachtaktive, mit dem Dachs verwandte Säugetiere Amerikas, mit dunklem Fell u. weißen Längsstreifen. Bei Gefahr verspritzen S. eine stinkende Flüssigkeit aus den Analdrüsen auf den Gegner.
Stipendium (das, lat.), vom Staat, von einer Gemeinde oder einer Stiftung gewährte finanzielle Unterstützung für Studierende.
Stockholm, Hauptst. → Schwedens, 868.000 EW.
Stonehenge, vorgeschichtliche Steinkreisanlage in Südengland; im 3.–2. Jt. Kultstätte.
Störche, große, weiße Stelzvögel mit schwarzen Flügelenden, langem rotem Schnabel u. roten Beinen, leben in wasserreicher Umgebung, fressen Frösche, Schlangen u. kleine Nager. Der häufige Weiße S. nistet oft auf Gebäuden, der Schwarze S. ist selten. Geschützt, vom Aussterben bedroht.
Störe, eine altertümliche Ordnung der Knochenfische; Lebensraum: Meere u. Flüsse der Nordhalbkugel, laichen aber im Süßwasser. Sie werden bis 6 m lang. Die Eier des Störs kommen als Kaviar in den Handel. Vom Aussterben bedroht.
Störfall, technische Panne, bei der Menschen oder Umwelt gefährdet sein können, z. B. bei Kernkraftwerken.
Storm, Theodor (1817–1888), dt. Schriftsteller; spätromantische Lyrik, stimmungsvolle Novellen, u. a. *Der Schimmelreiter, Pole Poppenspäler*.
Story (die, engl.), Erzählung, Geschichte.
Stoß, Veit (1447/48–1533), dt. Bildhauer u. Grafiker der Spätgotik. Er schuf v. a. Heiligenfiguren u. Altäre aus Holz.

Stilett

Stinktier

Theodor Storm

Adalbert Stifter

V. Stoß: Madonna mit Kind

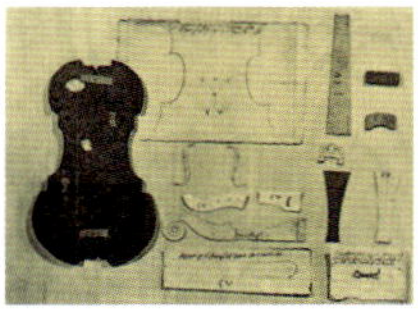

Teile einer Stradivari-Geige

Richard Strauss

Gustav Stresemann

Stoßdämpfer, Vorrichtung zur Dämpfung von mechanischen Schwingungen, v. a. bei Autos zum Ausgleichen von Unebenheiten des Untergrundes.

Stottern, Sprechstörung, bei der Worte mehrmals wiederholt werden u. sich die Atemmuskulatur verkrampft.

Stradivari, Antonio (1644–1737), ital. Geigenbauer aus Cremona. Von seinen Violinen sind mehr als 500 erhalten u. zählen zu den besten u. teuersten Instrumenten der Welt.

Strafgesetzbuch (StGB), gesetzmäßig festgelegte Strafvorschriften der BR Dtl. von 1871, in der Neufassung von 1998.

Strahlenbelastung, nicht mehr gebräuchliche Bezeichnung für die Einwirkung von Strahlen, insb. für radioaktive Strahlung, auf Organismen oder Gegenstände. **Natürliche Strahleneinwirkung** aus dem Erdinneren u. dem All, **künstliche Strahleneinwirkung** z. B. durch Kernkraftwerke oder Röntgengeräte.

Strahlung, Ausbreitung von Energie oder Materie im Raum.

Straßenrennen, Schnelligkeitswettbewerb auf Straßen mit Kraftfahrzeugen u. Rennrädern; → Radsport.

Strategie (die, gr.), die umfassenden Vorbereitungen eines Krieges; auch die Kunst der Kriegsführung.

Stratosphäre (die, gr.), bestimmte Schicht der → Atmosphäre, reicht von etwa 12 km bis 30 km Höhe.

Strauch, Pflanzenform bei Gehölzen mit mehreren gleich starken Stämmchen im Ggs. zu Bäumen mit nur einem Stamm; meistens bis 3 m hoch.

Strauss, Richard (1864–1949), dt. Komponist u. Dirigent, schrieb sinfonische Dichtungen (*Also sprach Zarathustra*) u. 15 Opern (*Salome*).

Strauß, 1) Franz Josef (1915–1988), dt. Politiker. Als Vorsitzender der → CSU u. seit 1953 als Minister in verschiedenen Ämtern; ab 1978 Ministerpräsident in Bayern; 2) Johann (Sohn von 3, 1825–1899), österr. Komponist, Beiname „Walzerkönig". Er schrieb über 170 Walzer u. 16 Operetten (*Die Fledermaus*, *Der Zigeunerbaron*); 3) Johann (Vater von 2, 1804–1849), österr. Komponist, *Radetzkymarsch*.

Strauß, größter (bis 2,5 m hoch, 135 kg schwer) lebender Vogel. Schneller, flugunfähiger Laufvogel mit schwarzem oder grauem Gefieder. Das Straußenei ist die größte tierische Zelle mit einem Volumen von 40 Hühnereiern; Brutpflege meist durch Männchen. Strauße leben in den Savannen Afrikas.

Strawinsky, Igor (1882–1971), russ. Komponist, hatte seit 1945 die amerik. Staatsbürgerschaft. S. wurde bekannt mit seinen Ballettkompositionen *Der Feuervogel*, *Petruschka* u. *Le sacre du printemps*.

Streetworker (der, engl.), Sozialarbeiter in einem Wohngebiet, der gefährdete, insb. drogenabhängige Jugendliche betreut.

Streichinstrumente, Saiteninstrumente, bei denen der Klang durch Streichen über die Saiten mit einem Bogen erzeugt wird, z. B. Geige, → Bratsche.

Streik (der, engl.), Ausstand: gemeinsame zeitweilige Arbeitsniederlegung durch eine größere Zahl von Arbeitnehmern zum Zweck der Verbesserung der Arbeitsbedingungen oder zur Durchsetzung politischer Forderungen.

Stresemann, Gustav (1878–1929), dt. Politiker. Außenminister der → Weimarer Republik seit 1923; erreichte den Eintritt Deutschlands in den Völkerbund. S. erhielt 1926 den Friedensnobelpreis.

Stress (der, engl.), Sammelbezeichnung für starke Belastung des menschlichen Organismus, z. B. Kälte, Hitze, Krankheit, berufliche Überforderung, Ärger, Lärm.

Strichcode, Strichmarkierung auf Verkaufsartikeln, die codierte Angaben über Artikelart, Herkunftsland usw. enthält u. in elektronische Kassensysteme eingelesen wird.

Stroboskop (das, gr.), ein optisches Gerät zur periodischen Unterbrechung eines Lichtstrahls (z. B. mittels einer rotierenden Lochscheibe) zum Beobachten u. Messen rasch ablaufender Vorgänge, z. B. Drehzahlmessung.

Strontium (Sr), Erdalkalimetall, das sich wegen seiner Ähnlichkeit zu Kalk in den Knochen einlagert. Das immer bei Kernspaltungen entstehende radioaktive Isotop des Sr schädigt die Blut bildenden Zellen u. erzeugt Krebs. Verwendung zur Herstellung spezieller Legierungen.

Strophe (die, gr.), aus mehreren Verszeilen bestehende, regelmäßig wiederholte, geschlossene Einheit der Versdichtung.

Strychnin (das, lat.), äußerst giftiges → Alkaloid aus den Samen von Strychnosgewächsen (z. B. Brechnuss); wirkt erregend auf das Zentralnervensystem. Bei Vergiftung mit St. Tod durch Atemlähmung; als Arzneimittel nicht mehr in Gebrauch.

Studio (das, lat.), 1) Atelier eines Künstlers, Fotografen u. a.; 2) Aufnahmeraum der Film- u. Schallplattenindustrie sowie beim Rundfunk.

Stufenbarren, 1) Turngerät, dessen von je 2 Säulen getragene Holme unterschiedliche Höhe haben; 2) olympische Teildisziplin im Kunstturnen der Frauen; Wettkampfhöhen der Holme: 2,30 m u. 1,50 m.

Stuntman (der, engl.), Bezeichnung für einen Darsteller, der Schauspieler in gefährlichen oder akrobatischen Filmszenen ersetzt.

Sturm und Drang, dt. literarische Bewegung in der 2. Hälfte des 18. Jh. Vertreter u. a.: der junge → Goethe, der junge → Schiller, Lenz, Klinger.

Stute, weibliches geschlechtsreifes Tier bei Einhufern (z. B. Pferd) u. Kamel.

Stuttgart, Hauptst. von → Baden-Württemberg, 604.000 EW, am Neckar, im MA Residenzstadt, bedeutendes Industriezentrum.

Styx (der, gr.), in der gr. Mythologie Fluss der Unterwelt (Arkadien).

Subjekt (das, lat.), 1) sprachwissenschaftlich: Satzgegenstand; 2) phil.: das Ich, Träger von Selbstbewusstsein im Ggs. zum → Objekt.

Subkultur (die, lat.), kulturelle Gruppierung, die meist in Opposition zum herrschenden Kulturbereich steht.

Substantiv (das, lat.), Hauptwort, Nomen.

Subtraktion (die, lat.), Abziehen; eine der 4 Grundrechenarten, wird durch ein Minuszeichen (-) gekennzeichnet; Beispiel: Minuend 7 - Subtrahend 3 = Differenz 4.

Subtropen, die Übergangsgebiete zw. Tropen u. gemäßigten Breiten; vom Wendekreis bis ca. 40. Breitengrad.

subtropisches Klima, Wechsel zw. Hochdruck im Sommer (trocken) u. Westwind im Winter (Regen); entspricht dem Mittelmeerklima.

Subvention (die, lat.), finanzielle Beihilfe oder Unterstützung der öffentlichen Hand an private Unternehmen.

Suchmaschine, Programmsystem zur Informationsrecherche im Internet; sucht das → WWW nach Schlüsselbegriffen in Dateien u. Dokumenten ab. Die gefundenen Dokumente können aus der angezeigten Liste heraus mit einem Mausklick abgerufen werden.

Sucht (Abhängigkeit), krankhaftes Verlangen nach bestimmten Mitteln oder Tätigkeiten, zur Erzeugung von bestimmten Gefühlszuständen; z. B. → Alkoholismus, → Drogenabhängigkeit.

Südafrika

parlamentarische Bundesrepublik im S Afrikas, 1.221.937 km², 54 Mio. EW, *Hauptst.* Pretoria (Regierungssitz), Parlamentssitz in Kapstadt, 1994 erste freie Wahlen, *Staatsoberhaupt* u. *Regierungschef:* Jacob Zuma (seit 2007). *Naturraum:* Becken u. Hochebenen mit Inselbergen, nach N zur Kalahari abgesenkt, nach O u. S. Randgebirge, in Stufen zum schmalen Küstenvorland abfallend. Meist Steppen, in den Randgebirgen Hartlaubwald (W Wüste), Ost- u. Südküste Regenwald. Tropisches bis subtropisches (äußerster S) Klima. *Bevölkerung:* 70 % Schwarze, 18 % Weiße; Mischlinge u. Inder. Bis 1991 Politik der Rassentrennung (→ Apartheid), dann unter W. de → Klerk Reformen. 1996 Verabschiedung einer neuen Verfassung. *Wirtschaft:* Hauptwirtschaftszweig ist der Bergbau, v. a. Diamanten, Kohle, Erze (Gold); stark industrialisiert.

Südamerika

Der südliche Teil des amerikanischen Kontinents umfasst eine **Fläche** von knapp 18 Mio. km² und ist von rund 380 Mio. Menschen bevölkert. Die Staaten Südamerikas sind: → Argentinien, → Bolivien, → Brasilien, → Ecuador, → Guyana, → Kolumbien, → Paraguay, → Peru, → Suriname, → Uruguay und → Venezuela. In Nord-Süd-Richtung erstreckt sich Südamerika über etwa 7600 km, von West nach Ost über mehr als 5000 km. Im Nordwesten ist Südamerika durch eine schmale Landbrücke Mittelamerikas mit Nordamerika verbunden und im Norden vom Karibischen Meer, im Westen vom Pazifischen Ozean, im Osten vom Atlantischen Ozean begrenzt. An der Westküste zieht sich das Hochgebirge der Anden entlang, die im Norden bis über 5000 m, im zentralen und südlichen Teil bis über 6800 m aufragen. Bergländer mit mittleren Höhen bilden den Osten und Nordosten, dazwischen findet man ausgedehnte Tiefländer, z. B. am → Amazonas.
Das **Klima** Südamerikas ist größtenteils tropisch oder subtropisch, d. h. feucht und warm, nur im Süden und natürlich im Hochgebirge ist es kühl. Entsprechend zeigt sich die Vegetation, die im Norden vorwiegend aus dem artenreichen tropischen → Regenwald mit Palmen, Kautschukbäumen, → Mangroven, → Farnen und → Orchideen besteht. Nach Süden hin schließen sich Savannen und die Steppen der Pampa sowie im äußersten Süden Halbwüsten an. Viele **Tierarten** kommen nur in Südamerika vor, bei den Vögeln sind das beispielsweise viele → Kolibris, → Kondors, Nandus und Hokkohühner, bei den Säugetieren u. a. Ameisenbär, → Faultier, → Jaguar, Guanako, → Lama oder das Vikunja. Außerdem findet man hier einige der giftigsten Schlangen überhaupt, z. B. die Korallenschlangen und Reptilien (z. B. der Pfeilgiftfrosch) sowie besondere Raubfische, die → Piranhas.

Sudan

Südamerika, siehe Kasten oben.

Sudan

Republik in Afrika, 2.508.813 km², 38,3 Mio. EW, *Hauptst.* → Khartum, *Staatsoberhaupt* u. *Regierungschef:* Umar Hassan al-Baschir (seit 1993). *Naturraum:* größter Staat Afrikas; außerhalb des Niltals im N Halbwüste, im S Savanne, Niloase am oberen Nil. *Bevölkerung:* Araber, Nubier, Niloten; äthiopische u. ugandische Flüchtlinge, konzentriert am Nil. *Wirtschaft:* Überwiegend Viehnomadismus, Bewässrungsfeldbau; u. a. Export von Baumwolle, Erdnüssen, Sesam; Holzwirtschaft, Erdölförderung, Abbau von Eisen- u. Manganerzen.

Sudetendeutsche, 1902 geprägter Name für die Deutschen in Böhmen u. Mähren, 1938 dem dt. Reich zugeschlagen, 1945 in die Tschechoslowakei eingegliedert; die S. wurden aus ihrer Heimat vertrieben.

SuDoKu, japanisches Zahlenrätsel, das in 3 x 3 Quadrate mit je 3 x 3 Kästchen eingeteilt ist. Jede Zeile muss am Ende alle Zahlen von 1-9 enthalten.

Südkorea, → Korea.

Südpol, → Antarktis.

Südsee, der Südwesten des Pazifiks.

Südtirol, der 1919 von Österreich abgetrennte Teil Tirols südlich des Brenners, heute ital. Provinz Bozen in der autonomen Region Trentino-S.; überwiegend dt.sprachig.

Sueskanal, schleusenlose Großschifffahrtsstraße, die das Mittelmeer mit dem Roten Meer verbindet; 171 km lang, 16 m tief, 1859–1869 von F. de Lesseps erbaut.

Suggestion (die, lat.), unterschwellige Beeinflussung des Fühlens, Denkens, Wollens oder Handelns durch sich selbst (Auto-S.) oder durch andere (Fremd-S.).

Suite (die, frz.), 1) Zimmerfolge in Hotels; 2) mehrsätzige Folge verschiedener Tänze, im 17. Jh. entstanden.

Sukkulenten (die, lat.), Pflanzen, die über große Zeiten hinweg Wasser speichern können, v. a. in Trockengebieten verbreitet.
Sultan (der, arabisch), islamischer Herrschertitel, im Osman. Reich von etwa 1288–1923 Titel des Herrschers.
Sumatra, zweitgrößte indonesische Insel, 425.000 km², 50 Mio. EW; W Hochgebirge, O Tiefland, sumpfig, Regenwald, Savanne. Tropische Plantagen, bedeutende Bodenschätze.
Sumerer, Volk ungeklärter Herkunft, das Mitte des 4. Jt. v. Chr. in den S → Mesopotamiens (Sumer) einwanderte. Die S. schufen die erste (bis heute bekannte) Hochkultur der Welt, mit den Stadtstaaten Uruk, Ur, Lagasch u. a., der Entwicklung einer Keilschrift, Dammbau, Kanalisation u. Bewässrungsanlagen, dem Betrieb von Ackerbau u. Viehzucht, der Entwicklung von Metallverarbeitung u. wissenschaftlichen Anfängen in Astronomie u. Mathematik. Die S. wurden um 2350 v. Chr. von den semitischen Akkadern unterworfen, mit denen sie sich vermischten.
Sumo (das, japanisch), alte Form des Ringens in Japan.
Sunna (die, arabisch), im → Islam Gesamtheit der von → Mohammed überlieferten Aussprüche, neben dem → Koran die zweite Glaubens- u. Rechtsquelle des Islams.
Sunniten, Anhänger der Hauptrichtung des → Islam, die sich auf → Koran u. → Sunna berufen; → Weltreligionen.
Sun Yat-sen (1866–1925), chinesischer Politiker u. Revolutionär. 1912 Präsident der chines. Republik. 1917/18 u. 1920–1925 Präsident der südchines. Gegenregierung in Kanton.
Super-G, Superriesenslalom, alpiner Skiwettbewerb mit Elementen aus → Abfahrtslauf u. → Riesenslalom; wird in einem Durchgang ausgetragen. 1983 eingeführt; olympische Disziplin.
Superlativ (der, lat.), höchster Steigerungsgrad; → Komparation.
Supernova, aus dem Inneren explodierender Stern. Kleinere Sterne kollabieren zu weißen oder schwarzen Zwergsternen, größere zu Neutronensternen oder zum → Schwarzen Loch.

Sure (die, arabisch), Kapitel des → Korans.
Surfen (das, engl.), ugs. Bezeichnung für das wahllose oder gezielte Suchen nach Informationen im Internet.
Surfing (das, engl.), → Wellenreiten, Windsurfing.

Surfing

Suriname

präsidiale Republik mit sozialistischer Ausrichtung im N Südamerikas, 163.265 km², 541.000 EW, *Hauptst.* Paramaribo. *Staatsoberhaupt* u. *Regierungschef:* D. Delano Bouterse (seit 2010). *Naturraum:* Hochland von Guayana mit sumpfiger Küste, tropischem Regenwald, Gebirge, Savanne. *Bevölkerung:* Kreolen, Inder, Javaner. *Wirtschaft:* Tropischer Anbau, bedeutende Bauxitvorkommen, Erze; Fischfang; Aluminiumindustrie.

Surrealismus (der, frz.), künstlerisch-literarische Avantgardebewegung. Künstler des S., darunter → Dalí, de Chirico, Ernst, Miró, Picabia u. Magritte, wollten die Ggs. Traum u. Wirklichkeit zu einer höheren Wirklichkeit (= Surrealität) vereinen.
Süßwasser, Wasser mit weniger als 0,5 % Salzgehalt.
Suttner, Bertha Freifrau von (1843–1914), österr. Schriftstellerin; pazifistisch engagiert, z. B. die Romane *Die Waffen nieder!*, *Hanna*; 1905 Friedensnobelpreis.

Bertha Freifrau von Suttner

Swasiland

(Ngwane), Königreich im östlichen Südafrika, 17.373 km², 1,3 Mio EW, *Hauptst.* Mbabane, selbstständige Monarchie im → Commonwealth, *Staatsoberhaupt:* Mswati III. (seit 1986), *Regierungschef:* Barnabas Sibusio Deamini (seit 2008). *Naturraum:* hochgelegene Savanne im W (bis 200 m); subtropisches Hügelland mit Farmen; im

O Tiefland (heiß-trocken). *Bevölkerung:* Swasi. *Wirtschaft:* Ackerbau; Viehzucht; Bergbau (Eisenerz, Asbest).

Swift, Jonathan (1667–1745), irisch-engl. Schriftsteller, schrieb Pamphlete gegen kirchliche u. soziale Missstände sowie Satiren; *Gullivers Reisen*.

Sydney, Hauptst. des austral. Staates New South Wales; 4,6 Mio. EW; wichtigstes Industrie- u. Handelszentrum → Australiens.

Sylt, größte der nordfriesischen Inseln, 100 km², 20.800 EW, Bahndamm zum Festland; Seebad.

Syrisches Dorf

Symbol (das, gr.), 1) Sinnbild; 2) allg. anerkannte, teils international festgelegte Kurzbezeichnungen, u. a. für Maße, chemische Elemente.

Symbolismus (der, gr.), Ende des 19. Jh. von Frankreich ausgehende literarische Bewegung, im Widerspruch zur objektiven Realitätsdarstellung des → Naturalismus.

Syrien: Römische Säulenstraße

Symmetrie (die, gr.), 1) Algebra: Ist eine Gleichung äquivalent (gleichwertig) zu einer zweiten Gleichung, so ist diese wiederum äquivalent zur ersten; 2) Geometrie: Sammelbezeichnung für die Zerlegbarkeit von Figuren in spiegelgleiche Teile; 3) Gleich-, Ebenmaß; A.: symmetrisch.

Symptom (das, gr.), Anzeichen, Warnungszeichen, Merkmal insb. einer Krankheit.

Synagoge (die, gr.), Versammlungshaus der Juden für Gottesdienst u. religiöse Belehrung.

Synapse (die, gr.), Kontaktstelle einer Nerven- oder Sinneszelle mit einer anderen Nervenzelle oder einem Organ (z. B. → Muskeln) zur Weiterleitung nervöser Reize.

Jonathan Swift

Syndikat (das, gr.), 1) straff organisiertes → Kartell; 2) in den USA Bezeichnung für eine Gangsterorganisation.

Syndrom (das, gr.), für eine bestimmte Krankheit typische Kombination von Krankheitszeichen.

Synode (die, gr.), Kirchenversammlung.

Synonym (das, gr.), gleichbedeutendes oder sinnverwandtes Wort, z. B. „Metzger" – „Fleischer" oder „alt" – „betagt".

Syntax (die, gr.), Satzlehre, Untersuchung der Satzarten, Satzglieder, der Wortstellung u. des Satztones.

Synthese (die, gr.), Verbindung einzelner Teile zu einem Ganzen.

Synthesizer (der, engl.), elektronisches Musikinstrument, das Töne u. Klänge erzeugt.

Syphilis (die, lat.), Infektionskrankheit, deren Erreger z. B. durch Haut- oder Schleimhautverletzungen in den Organismus gelangen u. fast ausschließlich durch Geschlechtsverkehr übertragen werden; führt ohne Behandlung zum Tode.

Syrien

präsidiale Republik mit sozialistischer Ausrichtung in Vorderasien, 185.180 km², 20 Mio. EW, *Hauptst.* Damaskus, *Staatsoberhaupt:* Baschar al-Assad (seit 2000), *Regierungschef:* Wael al-Halki (seit 2012). *Naturraum:* erstreckt sich vom Mittelmeer nach O bis ins Zweistromland (Euphrat) im Nordosten; schmales Küstentiefland mit Mittelmeerklima, landeinwärts Bergketten, dahinter Steppe, im Südosten Syrische Wüste. *Bevölkerung:* Araber, Syrer, Kurden, Armenier, Drusen. *Wirtschaft:* Anbau von Baumwolle, Weizen, Gemüse u. Früchte, Oasenwirtschaft; Viehnomadismus; u. a. Erdöl, Phosphate, Eisenerze.

System (das, gr.), 1) ein nach bestimmten Prinzipien geordnetes Ganzes der Erkenntnis (Lehrgebäude einer Wissenschaft); 2) Staatsform.

Szent-Györgyi, Albert von (1893–1986), amerik. Biochemiker ungarischer Herkunft; entdeckte das Vitamin C; 1937 → Nobelpreis für Medizin.

T

t, 1) Abk. für Tonne, → Maßeinheiten; 2) Abk. → Temperatur.
Tabu (das, polynesisch), 1) in zahlreichen religiösen Kulten eine geheimnisvolle, heiligende, oft auch vernichtende Kraft; 2) gesellschaftliche Norm, die als unantastbar gilt.

Tadschikistan

seit 1991 Präsidialrepublik in Zentralasien, 143.100 km², 7,9 Mio. EW, *Hauptst.* Duschanbe, *Staatsoberhaupt:* Emomalii Rahmon (seit 1994), *Regierungschef:* Kochir Rasulsoda (seit 2013). *Naturraum:* Gebirgszüge des Alai u. des Pamir; trockenes Kontinentalklima. *Bevölkerung:* 80 % Tadschiken, 15 % Usbeken; Russen, Tataren. *Wirtschaft:* Nahrungsmittel- u. Textilindustrie.

Tadsch Mahal, Marmorbau mit Kuppeldach u. 4 Minaretten in einem großen Park in Indien; Hauptwerk der indo-islamischen Baukunst.
Taekwondo (das, korean.), Kampfsport des → Budo, ähnlich dem → Karate.
Tafelberg, ein massiger, oben abgeplatteter Berg.
Tagebau, Abbau von Lagerstätten an der Erdoberfläche.
Tagundnachtgleiche, am 21. März u. am 23. September. Die Sonne steht über dem Äquator senkrecht. Auf- u. Untergang jeweils um 6 Uhr .
Tahiti, die größte der Gesellschaftsinseln. Frz. Polynesien/Pazifik, 1042 km², 168.000 EW, Hauptst. Papeete.
Taifun (der, chin.), verwüstende Wirbelstürme im Küstengebiet Ostasiens.
Taiga (die, russ.), subarktische Nadelwaldregion, oft mit Dauerfrostboden.
Taipeh, Hauptst. der Republik → China (Republik), 2,6 Mio. EW.
Taiwan, → China (Republik).
Takt (der, lat., „Schlag"), regelmäßige Einteilung eines Musikstückes nach Betonung u. Zeitmaß, wird mit Taktstrichen dargestellt.
Taktik (die, gr.), 1) Militär: die Lehre von der Truppen- u. Gefechtsführung; 2) geschicktes Verhalten, planmäßiges Vorgehen, z. B. im Sport.
Talg, 1) duftstoffhaltige, fettreiche Absonderung der Talgdrüsen; 2) Fett von Rind u. Schaf, wird roh zur Herstellung von Kerzen, Seifen u. Ä. verwendet, geschmolzen als Speisefett.
Taliban (Paschto, „Koranschüler"), politische Bewegung in → Afghanistan, die von 1996 bis 2001 weite Teile des Landes beherrschte; entstand im Umfeld der in → Pakistan lebenden paschtunischen Flüchtlinge; radikalislamische Ordnung bei strikter Anwendung der Scharia (islamisches Recht nach Quellen des → Korans).
Talisman (der, gr.), Gegenstand, der als magischer Glücksbringer angesehen wird.
Talk (der, arabisch), sich seifig anfühlendes, sehr weiches Mineral; zur Herstellung von Pudern, Farben u. Schmiermitteln.
Talkshow (die, engl.), unterhaltendes Rundgespräch in Hörfunk oder Fernsehen, lockeres Gespräch mit prominenten Gästen u. einem Talkmaster.
Tallinn, Haupt- u. Hafenst. → Estlands, 430.000 EW.
Talmud (der, hebräisch), jüdische Schriftensammlung von Auslegungen des A. T., mit Lehrsätzen u. Kommentaren der → Rabbiner.
Talsperre, Stauwerk, das ein ganzes Tal abschließt u. die Wasserläufe in einem Stausee speichert, dient der Energiegewinnung, Trinkwasserversorgung oder Wasserstandsregulierung.
Tamilen, Volk im S Indiens u. N Sri Lankas. Hoch stehende Kultur u. Literatur.
Tandem (das, engl.), 1) Fahrrad, auf dem 2 Personen hintereinander sitzen u. treten können; 2) Gespann mit 2 hintereinander gehenden Pferden; 3) T.-

Tadsch Mahal

Tahiti

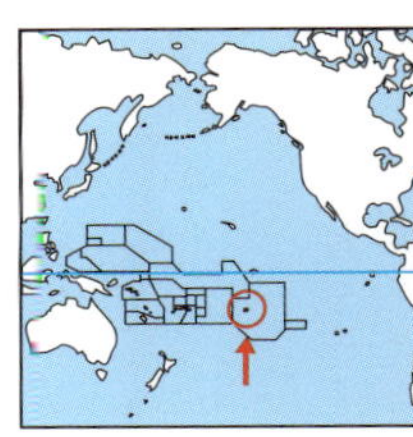

Tahiti

Schabrackentapir

Tang

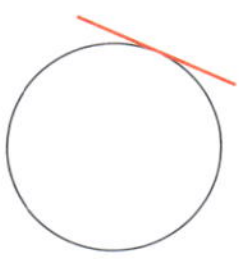
Tangente

Tansania: arabische Festung Kilva

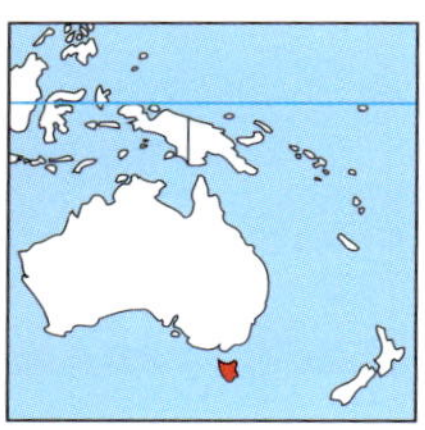
Tasmanien

Taufe (Gemälde von R. van der Weyden)

Maschine, Maschine mit 2 hintereinander geschalteten Antrieben.

Tang, ein- oder mehrzellige Alge, die im Wasser lebt. Es gibt sehr kleine (Plankton) u. auch meterlange Arten.

Tangens (der, lat.; tan), eine Winkelfunktion.

Tangente (die, lat., „Berührende"), eine Gerade, die eine Kurve an genau einem Punkt berührt.

Tango (der, span.), aus Argentinien stammender Gesellschaftstanz.

Tanker (Tankschiff), Schiff zum Transport flüssiger Ladung (z. B. Rohöl); die größten T. haben einen Raumumfang von 500 → Bruttoregistertonnen (BRT).

Tanne, ein bis zu 30 m hoher Nadelbaum mit Zapfen, in denen die Samen liegen.

Tannin (das, neulat.), Gerbsäure; im Holz, der Rinde u. in Blättern zahlreicher Pflanzen vorkommend.

Tansania

Staat in Ostafrika, 945.087 km², 41 Mio. EW, *Hauptst.* Dodoma, präsidiale Bundesrepublik im → Commonwealth, *Staatsoberhaupt:* Jakaya Kikwete (seit 2005), *Regierungschef:* Mizengo Pinda (seit 2008). *Naturraum:* umfasst Tanganjika, die Inseln Sansibar u. Pemba. T. steigt vom östlichen Küstentiefland zum Hochland an, das durch den Ostafrikanischen Graben geteilt ist u. von Vulkanen überragt wird (→ Kilimandscharo 5895 m). Hochfläche; Savannen; Küste; tropischer Buschwald, im N Salzseen, die → Serengeti u. der Ngorongoro-Krater. *Bevölkerung:* Bantu, Massai. *Wirtschaft:* Hackbau; Viehnomadismus; tropische Plantagen (z. B. Kaffee); Binnenfischerei; Baumwollindustrie. T. erzeugt 80 % der Weltproduktion an Gewürznelken!

Tantra (das, Sanskrit), hinduistische Texte über Magie u. Mystik.

Taoismus, chines. Religion, die von der Tao-Lehre des → Laotse ausging.

Tapir (der, indianisch), tropischer Unpaarhufer mit rüsselartiger Schnauze u. Stummelschwanz; pflanzenfressender Waldbewohner Südostasiens u. Mittel- u. Südamerikas.

Tarantel (die, ital.), nachtaktive Wolfsspinne im Mittelmeerraum. Sie jagt Insekten; ihr Gift führt auch beim Menschen zu Entzündungen.

Tarifvertrag, Abkommen zw. → Gewerkschaften u. Arbeitgebern oder Arbeitgeberverbänden (zwei Tarifpartnern).

Taschkent, Hauptst. von → Usbekistan, 2,2 Mio. EW.

Tasmanien, Insel vor der Südküste Australiens, 67.800 km², 514.000 EW, Hauptst. Hobart; Getreide- u. Obstanbau; Bergbau; 1803–72 brit. Strafkolonie.

Tastatur (die, ital.), gesamtes Tastenwerk von Schreib- u. Setzmaschinen, Computern, Klavieren u. a. Tasteninstrumenten.

Tastsinn, aus verschiedenen Rezeptoren (Tastkörperchen) in der Hautoberfläche bestehendes Sinnesorgan zur Wahrnehmung mechanischer Reize (Druck, Berührung).

Tataren, ursprünglich mongolisches Volk, später Sammelbegriff für mongolische u. türkische Völker. Heute Bezeichnung für einige Turkvölker in der GUS.

Tätowierung, eigentl. Tatauierung (tahit.), Körperverzierung, die durch Einstechen der Haut mit einer Nadel u. Einreiben mit bestimmten Farbstoffen entsteht.

Tau, 1) Ablagerung kleiner Wassertröpfchen infolge der Kondensation von Wasserdampf; 2) kräftiges Seil.

Taufe, christliches Sakrament der Aufnahme in die Kirche.

Taunus, bewaldetes Mittelgebirge zw. Rhein, Main u. Lahn, im Nordwesten Frankfurts.

Tausendundeine Nacht, durch eine Rahmenhandlung verbundene Sammlung orientalischer Märchen, Fabeln u. Liebeserzählungen in arabischer Sprache.

Taxonomie (die, gr.), Einordnung in ein bestimmtes System.

Teakbaum, bekanntester der tropischen Nutzholzbäume. Er wird bis 40 m

hoch, wirft die elliptischen Blätter ab u. vermehrt sich ungeschlechtlich.
Technik, siehe Kasten unten.
Technisches Hilfswerk, Abk. THW; ziviler technischer Notdienst, gegründet 1953.
Techno (das oder der, engl.), elektr. Tanzmusik mit harten Rhythmen; Spielarten sind Ambient, Trance, → House.
Technologie (die, gr.), die, Verfahrenskunde; Lehre von der Planung u. Durchführung möglichst wirtschaftlicher Fertigungsverfahren.
Teer, schwarze bis braunschwarze, dickflüssige Masse; Nebenprodukt bei der Destillation organischer Naturstoffe, wie z. B. Steinkohle oder Braunkohle.
Teestrauch, als Wildpflanze kommt er bis 2000 m Höhe in den Vorbergen des Himalaja vor, als Kulturpflanze wird er je nach Sorte bis zu 12 m hoch; wächst z. B. in Japan, China oder Sri Lanka.
Teheran, Hauptst. des → Iran, ca. 7,7 Mio. EW.
Teilchenbeschleuniger, Anlage zur Beschleunigung von elektrisch geladenen Teilchen (Elektronen, Protonen oder Ionen).
Teilzeitarbeit, regelmäßige Arbeitszeit, die jedoch unter der eines vollbeschäftigten Arbeitnehmers liegt.
Tein, in Teeblättern enthaltenes → Koffein.
Tektonik (die, gr.), 1) Lehre vom Bau der Erdkruste; 2) Lehre von der Baukonstruktion.
Telefon (das, gr.), Fernsprecher, Gerät zur Übertragung von Nachrichten; es besteht im Wesentlichen aus Mikrofon- u. Hörerkapsel, der Erfinder war Johann Philipp Reis (1869).
Telegrafie (die, gr.), Übermittlung von Nachrichten über räumliche Entfernungen mittels Kabel oder per Funk.
Telekommunikation, alle nachrichtentechnischen Verfahren zur Übertragung analoger u. digitaler Daten über räumliche Entfernungen, um den einseitigen oder wechselseitigen optischen oder akustischen Informationsaustausch zu ermöglichen.
Telenovela (die, span., wörtl. „Fernsehroman"), Begriff für eine Fernsehserie, in deren Mittelpunkt meist der Alltag mehrerer Hauptfiguren in einer Geschichte steht. Im Ggs. zu Seifenopern steht zu Beginn der Fernsehproduktion die Anzahl der Folgen fest u. es gibt immer ein Happyend.
Tell, Wilhelm, schweizer. Sagenheld aus Uri; Symbolfigur des schweizer. Freiheitswillens gegen die Habsburger.
Tempel, nicht christlicher Kultbau.
Temperament (das, lat.), Wesensart, Gemütsveranlagung; → Choleriker; → Melancholie; → Phlegma; Sanguiniker.

Teeblätter

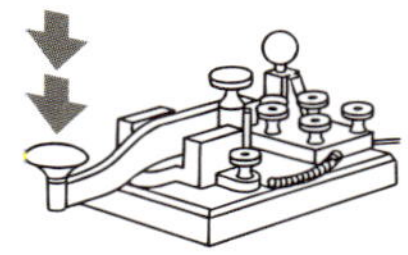

Telegraf

Tempel „Ziqqurat" (schematische Rekonstruktion)

Technik

Allgemein versteht man unter Technik die Beherrschung der zweckmäßigsten Mittel, um ein bestimmtes Ziel zu erreichen, z. B. die Technik des Fliegens oder die Technik der Malerei. Hier sind vor allem Kenntnisse und Fertigkeiten gefragt. Aber im engeren Sinne bedeutet Technik **Entwicklung**, **Herstellung** und sinnvolle **Anwendung** von Werkzeugen aller Art. Das Wort Technik leitet sich von dem griechischen Wort téchne ab, was so viel wie „Kunstfertigkeit" bedeutet.
Die ersten technischen Hilfsmittel, die der Mensch benutzte, waren wohl der Faustkeil und das Feuer in der Altsteinzeit. Später, in der Jungsteinzeit, entwickelte sich mit der Landwirtschaft auch die Technik weiter, z. B. mit dem Pflug. Die Erfindung der Dampfmaschine stellt einen Wendepunkt in der Geschichte dar: Sie steht für die → **Industrielle Revolution**, welche die Änderung alter Produktionsweisen und damit des Gesellschaftsgefüges zur Folge hatte. Die maschinelle Fertigungsweise führte zu der modernen Industriegesellschaft, wie wir sie heute kennen.
Allerdings beeinflusst die Technik unser Leben nicht nur positiv: Durch sie steigt z. B. die Umweltverschmutzung. Die → Gentechnologie wird auch zur Manipulation unserer Nahrungsmittel eingesetzt. Und mit den modernsten Waffen als Ergebnis einer hoch entwickelten Militärtechnik können innerhalb von Sekunden tausende von Leben vernichtet werden.

Tennis

Tennis ist ein **Rückschlagspiel** für zwei Spieler im sogenannten Einzel bzw. vier Spieler im Doppel, das im Freien oder in der Halle ausgeübt werden kann. Man spielt auf einem **Rasen-**, **Sand-**, **Teppich-** oder **Kunststoffbelag**. Das Spielfeld ist fast 24 Meter lang und etwas über 8 Meter breit. Die beiden Spielhälften werden durch ein straff gespanntes **Netz** geteilt, das in der Mitte 91, außen 106 cm hoch ist. Die **4 Aufschlagfelder** werden von der Mittelaufschlaglinie und der Aufschlaglinie begrenzt. Die weißen Linien sind Teil des Spielfeldes. Gespielt wird mit einem weißen oder gelben Ball aus Gummi, der mit Filz überzogen ist. Mit dem **Tennisschläger** versuchen die Spieler, den Ball so über das Netz zu schlagen, dass der Gegner ihn nicht mehr regelgerecht zurückspielen kann. Das Spiel beginnt mit dem Aufschlag, der nur in das jeweils diagonal gegenüberliegende Aufschlagfeld gespielt werden darf. Im Laufe des Spiels kann der Ball in jedes Feld geschlagen werden. Bei jedem Fehler eines Spielers (z. B. beim Spiel des Balls ins Netz oder ins Aus) erhält der Gegner einen Punkt. Mit zwei Punkten Abstand ist ein **Spiel**, mit sechs Siegspielen ein **Satz** gewonnen. Frauen müssen zwei, Männer drei Sätze gewinnen, um ein Match für sich zu entscheiden.
Tennis wurde 1875 in → Großbritannien entwickelt. Die wichtigsten internationalen Turniere werden als **Grand-Slam-Turniere** bezeichnet und finden jährlich in Wimbledon (→ Großbritannien), → Paris (Frankreich), → New York (USA) und Melbourne (Australien) statt.

Mutter Teresa

Thailand: Buddha in den Ruinen von Wat Mahathat

Temperatur (die, lat.), ein Maß für den Wärmezustand eines Körpers.
Tempo (das, ital., „Zeit"), 1) Geschwindigkeit; 2) Zeitmaß eines Musikstücks.
Tennis, siehe Kasten oben.
Tenno (japanisch), Titel des Kaisers von Japan.
Tentakel (der oder das, lat.), lange Körperanhänge bei niederen Tieren, die dem Nahrungserwerb oder als Tastorgane dienen, Fangarme.
Teresa, genannt Mutter T., (1910–1997), alban.-kathol. Ordensfrau; von 1929 bis zu ihrem Tod in selbstloser Fürsorge für Arme u. Kranke in Kalkutta tätig; 1979 Friedensnobelpreis.
Termiten, lichtempfindliche, weißliche Insekten der Tropen u. Subtropen, leben wie Ameisen in Staaten mit verschiedenen Kasten: König, Königin, Soldaten, Arbeiter. T. errichten z. T. meterhohe Bauten aus Speichel, Erde u. Kot.
Terror (der, lat.), Schreckensherrschaft, gewaltsames (politisches) Handeln.
Terrorismus, die planmäßige Anwendung von Gewalt (Entführungen, Attentate) um extreme politische Ziele durchzusetzen.
Terz (die, lat.), 1) 3. Ton einer diatonischen Tonleiter; 2) das entsprechende Intervall zum Grundton.
Terzett (das, ital.), Komposition für 3 Stimmen.
Testosteron (das, lat.), männliches Geschlechtshormon.
tetra..., Tetra..., in Wortzusammensetzungen Bedeutung von „vier".
Tetraeder (das, gr.), ein Körper, der von 4 gleichseitigen Dreiecken begrenzt wird.
Teutoburger Wald, bewaldetes Mittelgebirge zw. Ems u. Weser.
Teutonen, nordgermanischer Volksstamm, im 4. Jh. v. Chr. in Norddeutschland ansässig. Die T. zogen mit den → Kimbern um 120 v. Chr. Richtung S u. erreichten 113 v. Chr. die nordital. Grenze. 102 v. Chr. wurden sie beim Angriff auf Italien von den Römern besiegt.

Thailand

Konstitutionelle Monarchie in Hinterindien. 514.000 km^2, 69,5 Mio. EW, *Hauptst.* Bangkok, *Staatsoberhaupt:* Bhumibol Adulyadej (seit 1946), *Regierungschef:* Prayut Chan-o-cha (seit 2014). *Naturraum:* Stromtiefland des Menam (Chao Phraya), mit Koratplateau u. Mekong im O, im N u. an der Westgrenze Hochgebirge; tropisches Monsunklima, Regenwald; auf dem Koratplateau Savanne. *Bevölkerung:* Thai; Chinesen, Malaien.

Wirtschaft: tropische Landwirtschaft; Kautschuk; Viehzucht; Fischerei; Erzbergbau; verarbeitende Industrie. Gutes Straßen- u. Bahnnetz.

Theoderich der Große (um 453–526), Ostgotenkönig. In → Byzanz erzogen, führte er sein von den Hunnen vertriebenes Volk nach Italien. Dort besiegte er Germanenkönig Odoaker u. errichtete ein Reich, das bald nach seinem Tod von → Justinian zerstört wurde.

Theologie (die, gr.), die Lehre von Gott u. den göttlichen Dingen (bes. im Christentum).

Theorie (die, gr.), System allg. Sätze zur Erklärung von Tatsachen, meist aus einer → Hypothese entwickelt.

Thermen (die, gr.), in der röm. Kaiserzeit öffentliche (Hallen-)Bäder, meist mit Heißluft beheizt.

Thermik (die, gr.), aufwärts gerichtete Luftströmungen, die durch Wärmequellen verursacht werden, z. B. durch die sonnenerwärmte Erdoberfläche.

Thermometer (das, gr.), Instrument zur Messung der Temperatur, meist durch eine Quecksilbersäule; daneben elektrisches Thermostat, Gerät, das die Temperatur regelt, verbunden mit einem Wärmegerät.

Thomas von Aquin (1225/26–1274), Dominikaner u. katholischer Kirchenlehrer. Er machte die Lehre des → Aristoteles u. Augustinus zur Grundlage der Scholastik.

Thor (Donar), in der nordischen Mythologie der bedeutendste Gott der Asen. Offenbart seine Macht im Donner, Beschützer der Menschheit. Nach ihm ist der Donnerstag benannt.

Thora (die, hebräisch), die Erzählungen u. Gesetze enthaltenden „5 Bücher Mose".

Thriller (der, engl.), Film oder Roman, der mit Spannungseffekt oder Horror Nervenkitzel erzeugen will.

Thüringen, seit 1990 Bundesland der BR Dtl., 16.172 km², 2,1 Mio. EW, Hauptst. → Erfurt.

Thüringer Wald, bewaldetes Mittelgebirge im südlichen Thüringen, bis 982 m hoch; Schieferbrüche, Eisenlager.

Thymian, Heil- u. Gewürzpflanze aus der Familie der Lippenblütler, enthält ätherische Öle.

Tiara (die, gr.), 1) kegelförmige Kopfbedeckung altorientalischer Könige; 2) außerliturgische Kopfbedeckung des Papstes für feierliche Anlässe; 1964 abgeschafft.

Tiber, ital. Fluss, durchfließt Rom, mündet bei Ostia ins Tyrrhenische Meer.

Tiberius, Claudius Nero (42 v. Chr.–37 n. Chr.), röm. Kaiser; sicherte die Reichsgrenzen.

Tibet, größtes Hochland der Erde, autonome Region der VR China, zw. Kunlungebirge u. Transhimalaja; 1,22 Mio. km², 3,03 Mio. EW, Hauptst. Lhasa. Fast abflusslose Hochebene (4000–5000 m) mit noch höheren Gebirgen, Quellgebiet der großen asiatischen Ströme. Die Bevölkerung lebt hauptsächlich in den südlichen Tälern; Viehzucht u. Handel. Beherrschende Religion ist der → Lamaismus mit dem 14. → Dalai Lama als geistigem Oberhaupt; dieser musste nach der Besatzung durch die VR China 1959 nach Indien fliehen. Gegen die chines. Besatzung gab es wiederholt Aufstände, zuletzt 1987, 1989 u. 2008.

Tief, Gebiet niedrigen Luftdrucks. Der Wind umkreist den Kern des T. auf der nördlichen gegen den Uhrzeigersinn, auf der südlichen Halbkugel mit dem Uhrzeigersinn.

Tiefsee, umfasst den unteren Teil des Kontinentalabhangs in mehr als 800 m Tiefe, den **Tiefseeboden** (2400–5500 m) u. die **Tiefseegräben** (mehr als 5000 m tief, Marianengraben). Die T. ist Gegenstand der **Tiefseeforschung**, die sich z. B. mit den auf dem Tiefseeboden gefundenen Erzen beschäftigt.

Tiepolo, Giovanni Battista (1696–1770), venezianischer Maler u. Grafiker. Er wurde v. a. wegen seiner → Fresken berühmt, mit denen er Kirchen u. Paläste ausschmückte.

Tierkreis, Zone am Himmel, die von den zwölf **T.-zeichen** besetzt ist. Sie heißen: Widder, Stier, Zwillinge, Krebs, Löwe, Jungfrau, Waage, Skorpion, Schütze, Steinbock, Wassermann u. Fische u. werden im jährlichen Wandel von der Sonne durchzogen.

Thailand: Maske für rituelle Tänze

Thymian

Tibet

G. Tiepolo: Mädchen mit Papagei

Tierkreis

Tiflis, Hauptst. von → Georgien, an der Kura; 1,1 Mio. EW; Industrie- u. Wirtschaftszentrum.

Tiger

Tiger, größte Katzenart, gelbes Fell mit dunklen Querstreifen, bis 300 kg schwer, Körperrumpflänge 140–300 cm; lebt in asiatischen Dschungel- u. Steppengebieten; vom Aussterben bedroht.

Tigris, vorderasiatischer Fluss, 1899 km, entspringt im Taurus (→ Türkei), durchfließt Mesopotamien (heute → Irak) u. mündet mit dem Euphrat im Schatt-El-Arab in den Persischen Golf.

Timor, größte der Kleinen Sundainseln, Westtimor (Indonesien), → Timor-Leste (unabhängig), 33.600 km², ca. 2,8 Mio. EW; Reis- u. Kaffeeanbau, Sandelholz- u. Schildpattgewinnung.

Tintoretto: Danae

Timor-Leste

parlamentarische Republik in Südostasien, 15.470 km², ca. 1 Mio. EW, *Hauptst.* Dili, unabhängig seit 2002. *Staatsoberhaupt:* Taur Matan Ruak (seit 2012). *Regierungschef:* Rui Maria de Araújo (seit 2015). *Naturraum:* Berge u. Täler, trop. Monsunklima. *Bevölkerung:* ca. 15 Ethnien. *Wirtschaft:* v. a. Landwirtschaft, Fischerei.

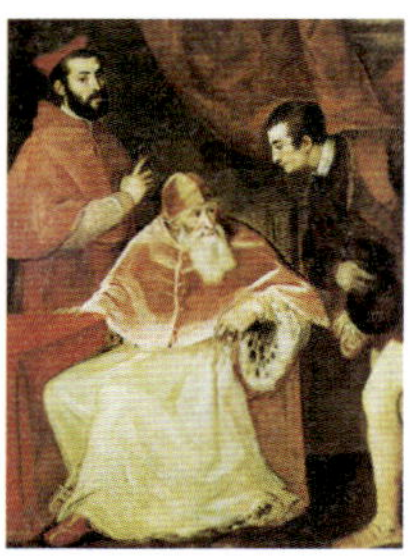

Tizian: Paul III.

Tintenfische, Kopffüßer mit 10 Armen u. Tintenbeutel am Enddarm, der bei Gefahr entleert wird.

Tintoretto (1518–1594), eigentlich Jacopo Robusti, ital. Maler; Hauptmeister des venezianischen Manierismus; Fresken, Tafel- u. Altarbilder, Porträts; wirkte ausschließlich in → Venedig.

Tirana, Hauptst. → Albaniens, ca. 418.000 EW.

Togo

Tischtennis, ein im Prinzip dem → Tennis ähnliches Rückschlagspiel als Einzel oder Doppel mit Bällen aus → Zelluloid auf einer durch ein Netz in 2 Hälften getrennten Tischplatte von 274 x 152,5 cm in 76 cm Höhe. T. wird mit beschichteten Holzschlägern gespielt; olympische Disziplin.

Titan (das, gr.; Ti), hartes, schmiedbares, korrosionsbeständiges Leichtmetall.

Titanen, Riesengeschlecht der gr. Mythologie.

Titanic, brit. Passagierdampfer; kollidierte auf seiner Jungfernfahrt am 14.4.1912 südlich von Neufundland mit einem Eisberg u. sank; über 1500 Tote.

Titicacasee, See im Andenhochland → Perus u. → Boliviens. 3810 m über dem Meeresspiegel, 8288 km², 281 m tief.

Titus, Flavius Vespasianus (39–81 n. Chr.), röm. Kaiser; beendete 70 den jüdischen Krieg mit der Zerstörung Jerusalems.

Tizian (Tiziano Vecellino, um 1488/90–1576), ital. Maler, Hauptmeister der venezianischen Renaissance.

Tobago, Insel der Kleinen → Antillen, nördlich von Trinidad; 300 km², 54.000 EW; Hauptort Scarborough.

Tod, endgültiger Stillstand aller Lebensfunktionen, also der Tätigkeit von Gehirn, Herz u. Kreislauf.

Todesstrafe, Bestrafung einer Untat mit dem Tod; in der BR Dtl. seit 1949 abgeschafft.

Tofu, aus China u. Japan stammender, eiweiß- u. vitaminreicher Sojabohnenextrakt.

Toga (die, lat.), wollenes Oberkleid der Römer.

Togo

präsidiale Republik mit Einparteiensystem in Westafrika, 56.785 km², 6,5 Mio. EW, *Hauptst.* Lomé, *Staatsoberhaupt:* Faure Gnassingbé (seit 2005), *Regierungschef:* Kwesi Ahoomey-Zunu (seit 2012). *Naturraum:* Küstenebene, im N Hügelland mit tropischem Regenwald u. Savanne. *Bevölkerung:* Sudanvölker. *Wirtschaft:* Viehzucht; Küstenfischerei; Landwirtschaft.

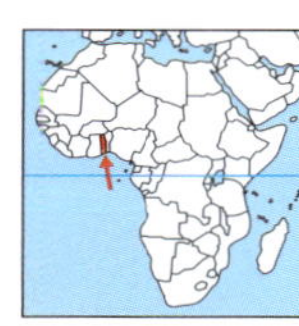

Tokio, Hauptst. → Japans, an der Ostküste von Hondo; 8,5 Mio. EW. Kulturelles, polit. u. wirtschaftl. Zentrum Japans; Kaiserpalast, Tempel, Museen, Theater, zahlr. Universitäten, Hafen, Flughafen. Seit dem 11. Jh. nachweisbar, seit 1869 Hauptst. u. kaiserliche Residenz.

Tolkien, J. R. R. (1892–1973), engl. Schriftsteller. Mit seiner Romantrilogie *Der* → *Herr der Ringe* schuf er einen Klassiker der → Fantasy-Literatur; bekannt auch *Der kleine Hobbit*.

Tollkirsche, ein giftiges Nachtschattengewächs mit kirschenähnlichen, dunklen Beeren.

Tollwut, tödlich verlaufende Virusinfektion, v. a. von Füchsen u. Hunden; weltweit verbreitet; wird v. a. durch Biss übertragen; auch auf den Menschen übertragbar.

Tolstoj, Leo (Lew, 1828–1910), russ. Schriftsteller, stellte in seinen Werken das russ. Leben u. die Natur in kritischer u. realistischer Weise dar; *Krieg und Frieden*, *Anna Karenina*.

Tolteken, historisches Volk im vorkolumbianischen Mexiko; besiedelte Anfang des 9. Jh. das Tal von Mexiko; gelten als Vorläufer der Azteken. 1168 von anderen Volksgruppen verdrängt.

Tomahawk (der, indianisch), Streitaxt nordamerik. Indianer.

Tomografie (die, gr.), röntgenologisches Schichtaufnahmeverfahren zur scharfen Darstellung bestimmter Körper- bzw. Organschichten.

Ton (der, lat.), Gehörempfindung, die durch eine mechanische sinusförmige Schwingung in einem Medium ausgelöst wird. Dabei ist die **Tonstärke** von der → Amplitude der Schwingung abhängig. Die **Tonhöhe** wird durch die Anzahl der Schwingungen in einem Zeitraum festgelegt (**Tonfrequenz**).

Tonband, verschieden stark magnetisiertes Kunststoffband zur Speicherung von Sprache u. Musik.

Tonga

Königreich im Südwestpazifik, 748 km², 104.000 EW, *Hauptst.* Nuku'alofa, konstitutionelle Monarchie im → Commonwealth, *Staatsoberhaupt:* König Siaosi Tupou VI. (seit 2012), *Regierungschef:* 'Akilisi Pohiva (seit 2014). *Naturraum:* Tonga- oder Freundschaftsinseln, ca. 170 vulkanische oder Koralleninseln. *Bevölkerung:* Polynesier. *Wirtschaft:* Trop. Landwirtschaft, Ausfuhr von Vanille u. Fisch, Tourismus.

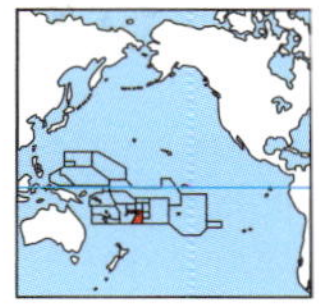

Tonleiter, Folge von Tönen, die stufenweise u. in bestimmten Intervallabständen angeordnet sind.

Tonsur (die, lat.), seit dem 4. Jh. im Mönchtum übliche Rasur des Kopfhaares in verschiedener Form.

Torf, abgestorbene, nur zum Teil zersetzte Pflanzenreste im → Moor. Er wird zum Heizen oder zur Lockerung von Gartenerde verwendet.

Tornado (der, span.), Wirbelsturm in Nordamerika, auch heftiges Gewitter in Westafrika.

Torso (der, ital., „Rumpf"), Skulptur, entweder beschädigt oder unvollendet; meist ohne Kopf u. Gliedmaßen.

Totalitarismus (der, lat.), Staats- u. Gesellschaftsform, die durch Ausschaltung der Prinzipien des Rechtsstaates u. Unterdrückung der öffentlichen Meinung mit Mitteln des Terrors gekennzeichnet ist, z. B. → Bolschewismus, → Faschismus, → Nationalsozialismus.

Totes Meer, abflussloser Salzwassersee im Jordangraben, ca. 420 m unter dem Meeresspiegel, 600 km², bis 300 m tief, 28–33 % Salzgehalt.

Touchscreen (engl.), ist ein Bildschirm, bei dem mittels Berührung Programme gesteuert werden statt durch einen per Maus geleiteten Cursor.

Toulouse-Lautrec, Henri de (1864–1901), frz. Maler u. Grafiker. Sein Interesse galt v. a. der Darstellung von Menschen. T. L. fand seine Modelle in der Halbwelt von Paris, z. B. im Theater, Kabarett u. Zirkus.

Tour de France, siehe Kasten S. 292.

Tower (der, engl., „Turm"), Zitadelle im O der Altstadt Londons; ältestes erhaltenes Bauwerk (1078); lange Staatsgefängnis, heute Museum.

toxisch (gr.), giftig.

Trab, mittelschnelle Gangart des Pferdes.

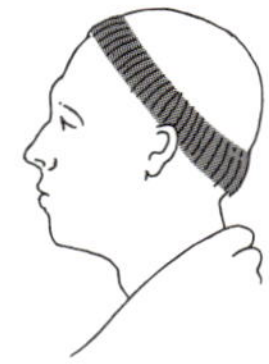

Tonsur

Tomahawk der Sioux

H. de Toulouse-Lautrec: Moulin Rouge

H. de Toulouse-Lautrec: Divan Japonais

Trab

Tour de France

Die Tour de France ist wohl das berühmteste Radsportereignis der Welt. Sie ist ein **Etappenrennen**, d. h. die Gesamtstrecke setzt sich aus mehreren Teilstrecken (Etappen) zusammen und ist 4000 bis 4500 Kilometer lang. Wie der Name schon sagt, findet dieses Rennen jährlich in → Frankreich statt, führt aber auch in die Nachbarländer wie → Belgien, → Spanien, → Italien, → Deutschland oder die → Schweiz und dauert 25 bis 30 Tage. Die Strecke wird jedes Jahr neu festgelegt. Das letzte Stück der letzten Etappe führt immer über die **Champs Élysées** in → Paris.
Fast jeden Tag wird eine Etappe gefahren. Es gibt z. B. das **Zeitfahren** und **Bergetappen**, die durch die Pyrenäen und die Alpen führen. Die Ergebnisse jeder Etappe gehen in die Gesamtwertung ein. Der in der Gesamtwertung führende Fahrer darf in der jeweils nächsten Etappe das **gelbe Trikot** tragen. Der beste Sprinter trägt das **grüne Trikot** und der Führende der Bergwertung ein **weißes Trikot mit roten Punkten**.
Die Tour de France gibt es seit 1903 und führte damals in 6 Etappen über 2428 Kilometer. Seit ihrer Gründung fand die Tour jedes Jahr statt, außer 1915 bis 1918 und 1940 bis 1946, aufgrund der Weltkriege. Der bisher erfolgreichste Fahrer ist *Lance → Armstrong*, der die Tour de France zwischen 1999 und 2005 als Erster sechsmal hintereinander gewinnen konnte. Mit *Jan → Ullrich* siegte 1997 erstmals in der Geschichte der Tour der France ein Deutscher.

Trajan

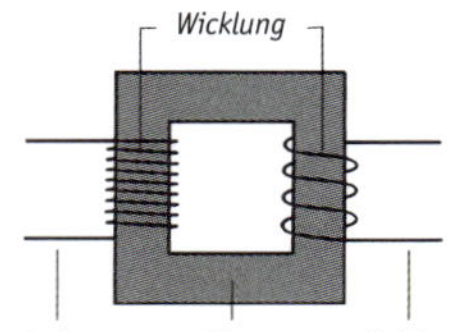

Transformator

Trabant (der, slawisch), 1) im MA: geworbener Krieger; später Leibwächter hoch gestellter Personen; 2) Himmelskörper (Mond), der um einen Planeten kreist; 3) Kleinwagen („Trabbi") in der ehemaligen DDR.

Trabantenstadt, größere, geschlossene Siedlung nahe einer Großstadt.

Trägheit, das Bestreben jedes Körpers, seinen Bewegungszustand beizubehalten. Maß für Trägheit ist die → Masse.

Trajan, Marcus Ulpius, röm. Kaiser von 98–117 n. Chr. Er besiegte Parther u. Daker (im heutigen Rumänien); unter T. größte Ausdehnung des → Römischen Reiches (bis zum Persischen Golf).

Trampolin, 1) in einem Metallrahmen ausgespanntes elastisches Tuch für Sprünge; 2) T.-Turnen: Ausführung von Sprungfiguren; olympische Disziplin seit 2000.

Tränengas, flüchtige chemische Verbindungen, die die Schleimhäute angreifen u. zu starkem Tränenreiz führen.

Transformator (der, lat.), elektrische Maschine, die durch elektromagnetische Induktion Ein- oder Mehrphasenwechselstrom gegebener Spannung in Strom anderer Spannung, aber gleicher Frequenz umformt.

Transistor (der, lat.), dreischichtiges elektronisches Halbleiterbauelement zur Steuerung von elektrischen Strömen.

Transit (der, lat.), Transitverkehr; Durchfuhr von Waren u. Beförderung von Personen von einem Staat zum anderen durch das Territorium eines dritten.

Transpiration (die, lat.), Abgabe von Wasser (Verdunstung) bei Pflanzen; bei Säugetieren Schwitzen.

Transrapid, in Deutschland entwickelte → Magnetschwebebahn; für Geschwindigkeiten bis 500 km/h ausgelegt.

Transsibirische Eisenbahn (Transsib), etwa 9300 km lange Eisenbahnstrecke zw. Moskau u. Wladiwostok.

Transvestit (der, lat.), jemand, der Kleider des anderen Geschlechts trägt u. dessen Benehmen nachahmt.

Trapez (das, gr.), 1) Mathematik: ein ebenes Viereck mit 2 parallelen Seiten; 2) Artistik: Schaukelreck aus einer Stange (Holz oder Metall) an 2 Halteseilen.

Traum, Fantasieerlebnisse während des Schlafes. Erinnerungen, teilweise bewusste Erlebnisse u. unbewusste Wünsche werden verarbeitet. T. können teilweise psychologisch ausgewertet werden (**Traumdeutung**).

Trauma (das, gr.), 1) körperliche Verletzung durch Gewalteinwirkung; 2) seelische Erschütterung, Unfallschock.

Travestie (die, ital.), literarische Satire, Darbietung eines ernsten, erhabenen Stoffes in lächerlicher, überzogener Form.

Trendsportarten

Unter dem Begriff Trendsport werden Sportarten zusammengefasst, die in jüngster Zeit entstanden sind und immer beliebter werden. Beim Trendsport geht es vor allem darum, neue Bewegungsformen mit neuartigen Geräten zu entwickeln, wobei Spaß und Action, der sogenannte Kick, im Vordergrund stehen. Trendsportarten zählt man größtenteils zum Freizeitsport (→ Sport). Die aktuellsten sind unter anderem **Walking** (schnelles Gehen, bei dem die Füße von der Ferse über die Ballen abgerollt werden), **Nordic Walking** (Form von Walking, bei der wie beim Skilanglauf zwei Stöcke zur Unterstützung der Bewegung eingesetzt werden), **Spinning** (Radfahren auf speziellen Standfahrrädern im Fitnessstudio), **Pilates** (Fitnessprogramm, das Yoga und Schattenboxen mit westlicher Gymnastik verbindet), **Kickboarding** (Fahren mit einem zusammenklappbaren Tretroller), **Windskating** (Surfen auf Straßen und Plätzen auf einem Skateboard mit Segel), **Kitesurfing** (der Surfer lässt sich auf einem ca. 2 m langen Board von einem Drachen ziehen), **Freeclimbing** (Extrem-Klettern an besonders schwierigen Felswänden ohne technische Steighilfen), **Beachbasketball** (Variante des Basketballspiels im Freien auf Sandboden).

Treibhaus, Gewächshaus aus Glas, in dem sich die Luft durch Sonneneinstrahlung leicht erwärmt u. empfindlichen Pflanzen Schutz bietet.

Treibhauseffekt, Bezeichnung für die Aufheizung der Erdatmosphäre durch → Kohlendioxid, Methangas u. FCKW; dadurch erwärmt sich die Erde; → Versteppung, → Klimaveränderung.

Trendsportarten, siehe Kasten oben.

Trias, älteste Periode des → Mesozoikums, unterteilt in Buntsandstein, Muschelkalk u. Keuper.

Triathlon (der, gr., „Dreikampf"), sportlicher Dreikampf aus Langstrecken-Schwimmen, -Radfahren u. -Laufen; olympische Disziplin seit 2000.

Trichinen (gr.), Fadenwürmer, die im Dünndarm von Menschen, Schweinen, Hunden, Katzen u. Ratten schmarotzen. Die Larven der T. dringen in die Muskeln ein, bilden Kapseln u. verursachen die tödlich verlaufende Infektionskrankheit Trichinose.

Trickfilm, Film, der aus Einzelaufnahmen von jeweils verändert gezeichneten Figuren zusammengesetzt ist.

Trigonometrie (die, gr.), der Teil der Mathematik, der Winkelfunktionen im rechtwinkligen Dreieck behandelt.

Trikolore (die, lat.-frz.), allg.: eine dreifarbige Fahne, bes. die frz. Nationalflagge.

Trilliarde (die, lat.), 1 mit 21 Nullen.

Trillion (die, lat.), 1 mit 18 Nullen.

Trilogie (die, gr.), dreiteiliges literarisches oder musik. Werk.

Trinidad und Tobago

karibischer Inselstaat in Mittelamerika, 5128 km², 1,3 Mio. EW, *Hauptst.* Port of Spain, parlamentarische Demokratie im → Commonwealth, *Staatsoberhaupt:* Anthony Carmona (seit 2013), *Regierungschef:* Kamla Persad-Bissessar (seit 2010). *Naturraum:* Inseln Trinidad u. Tobago; gebirgig, tropischer Regenwald (Nordosten) u. Savannen (W). *Bevölkerung:* u. a. Afroamerikaner, Inder. *Wirtschaft:* Erdöl, Erdölprodukte; Anbau von Zuckerrohr, Kakao, Zitrusfrüchten; Tourismus.

Trinidad und Tobago: Strand

Trio (das, ital.), 1) Komposition für 3 Gesangsstimmen; 2) Gruppe von 3 Musikern.

Tripolis, 1) Hauptst. von → Libyen, 1,7 Mio. EW; 2) Hauptst. der gr. Provinz Arkadien, 47.300 EW.

Tripolis: Tempelruinen in Sabrata

Triptychon (das, gr.), dreiteiliges Tafelbild.

Triumphbogen, frei stehendes ein- oder dreibogiges Siegestor der röm. Kaiserzeit.

Triumphbogen (Rom)

Triumvirat (das, lat.), in der röm. Republik die gleichzeitige Herrschaft von drei politisch einflussreichen Männern.

Trochäus, Versfuß aus einer langen (betonten) u. einer kurzen (unbetonten) Silbe.

Troja: Ruinen

Troja, Hauptst. der antiken Landschaft Troas an der kleinasiatischen Küste. Nach der Sage → Homers *(Ilias)* fand hier der Trojanische Krieg (1194–1184 v. Chr.) statt. Nach zehnjähriger Belagerung siegten die Griechen u. zerstörten Troja.

Trommelfell, faserige Haut im → Ohr, überträgt die Schallwellen durch Schwingungen auf die Gehörknöchelchen.

Tropen (gr.), geografisch das Gebiet zw. den Wendekreisen; Regenwald oder Savanne; Tropenklima: Wechsel v. Regenzeiten u. Trockenzeiten, keine jahreszeitlichen Temperaturunterschiede.

Tropfsteinhöhle

Tropfsteinhöhle, Höhle mit → Stalagmiten u. Stalaktiten.

Troposphäre (die, gr.), unterster Bereich der → Atmosphäre, bis 8 km (am Pol) bzw. 16 km Höhe (am Äquator).

Lew Trotzki

Trotzki, Lew Dawidowitsch (1879–1940), russ.-bolschewist. Politiker, Begründer der Roten Armee u. engster Mitarbeiter → Lenins. Nach dessen Tod unterlag er im Machtkampf → Stalin.

Troubadour (der, frz.), provenzalischer Dichter u. Sänger des 12. u. 13. Jh.

Trüffel, Schlauchpilz mit unterirdischem kartoffelähnlichem Fruchtkörper; wertvoller Speise- u. Würzpilz.

Tschad

präsidiale Republik in Zentralafrika, 1,3 Mio. km², ca. 10,9 Mio. EW, *Hauptst.* N'Djaména, *Staatsoberhaupt:* Idriss Déby (seit 2011), *Premierminister:* Kalzeubé Pahimi Deubet (seit 2013). *Naturraum:* Nordhälfte Wüste (Tibesti 3415 m), S Dorn- u. Trockensavanne mit Flussoasen, teils sumpfig. Im W der abflusslose Tschadsee mit starken Wasserspiegelschwankungen. Randtropisches Klima mit unsicherer Regenzeit (Sahel). *Bevölkerung:* Sudanvölker, Araber, konzentriert in Flussoasen u. am Tschadsee. *Wirtschaft:* v. a. Landwirtschaft, Anbau von Baumwolle, Erdnüssen; Viehzucht (Rinder, Schafe, Ziegen) wird von Nomaden betrieben; eines der ärmsten Länder der Welt.

Tschaikowski, Pjotr Iljitsch (1840–1893), russ. Komponist, schrieb Sinfonien *(Pathétique)*, 10 Opern *(Eugen Onegin)* u. die Ballette *Schwanensee*, *Dornröschen*, *Der Nussknacker*.

Tschechische Republik

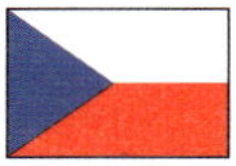

ehemalige Teilrepublik der Tschechoslowakei, 78.863 km², 10,51 Mio. EW, *Hauptst.* → Prag, *Staatsoberhaupt:* Miloš Zeman (seit 2013), *Regierungschef:* Bohuslav Sobotka (seit 2014). *Naturraum:* Im W eine von Böhmerwald, Erzgebirge, Sudeten u. der Böhmisch-Mährischen Höhe eingerahmte Beckenlandschaft, im O zur Slowakei von den Karpaten begrenzt. *Bevölkerung:* Tschechen, ungarische u. a. Minderheiten. *Wirtschaft:* Landwirtschaft, zum Teil sehr fruchtbare Böden, Vieh- u. Forstwirtschaft; Bergbau; hoch entwickelte Industrie. Nach Auflösung der Tschechoslowakei 1993 bildeten sich die Tschechische u. die → Slowakische Republik.

Tschernobyl, Ort in der → Ukraine mit mehreren Kernkraftwerken; am 26.4.1986 ereignete sich dort der erste Super- → GAU mit verheerenden Folgen für ganz Europa.

Tschetschenien, Teilrepublik Russlands (Nordkaukasus), 16.000 km², 1,2 Mio. EW, Hauptst. Grosny; Vieh- u. Landwirtschaft; Erdölförderung. 1991 einseitige Unabhängigkeitserklärung. 1994 Einmarsch der russ. Truppen in T.; bis heute Unruhen.

Tschiang Kai-schek (1887–1975), chinesischer Politiker. Nach der Absetzung des letzten Kaisers Führer der national-

Tsunami

Tsunami ist japanisch und bedeutet „große Welle“. Ein Tsunami ist eine gewaltige **Meereswoge**, die durch Seebeben hervorgerufen wird. **Seebeben** entstehen durch → Erdbeben oder Vulkanausbrüche am Meeresboden. Tsunamis werden oft als Flutwellen bezeichnet, haben aber mit → Ebbe und Flut nichts zu tun. Sie kommen hauptsächlich im → Pazifik vor. Tsunamis treten selten auf, haben aber eine gewaltige Energie. Sie breiten sich vom Ort des Erdbebens oder Vulkanausbruchs aus, können hunderte von Kilometern zurücklegen und erreichen dabei Geschwindigkeiten von bis zu 700 km/h. Beim Auflaufen auf die Küste können sie sich dann bis zu einer Höhe von 30 m auftürmen und große Schäden anrichten.

Die schwersten Tsunamis ereigneten sich z. B. 1960 vor der chilenischen Küste, 1964 vor → Alaska, 1996 vor der Küste → Perus und 1998 vor der Küste → Papua-Neuguineas. Der letzte gewaltige Tsunami wurde Ende 2004 durch ein extrem starkes Seebeben an der Nordwestküste → Sumatras ausgelöst und führte zu einer verheerenden **Naturkatastrophe**. Durch das Seebeben und den Tsunami kamen über 250.000 Menschen ums Leben. Daher wurde ein Frühwarnsystem entwickelt, um die Bevölkerung betroffener Gebiete im Pazifischen Ozean rechtzeitig warnen zu können.

republikanischen Kuomintang u. Regierungschef. Nach der Vertreibung der Japaner u. dem Zweiten Weltkrieg von den Kommunisten unter → Mao vertrieben, floh T. nach Taiwan. Blieb dort bis zu seinem Tod Staatspräsident.

Tsetsefliegen, afrikanische Stechfliegen; Überträger der gefährlichen Schlafkrankheit u. Naganaseuche.

Tsunami, siehe Kasten oben.

Tuareg, muslimisches Berbervolk in der Westsahara, Kamelnomadismus. Auch Männer tragen einen Gesichtsschleier!

Tuba (die, lat.), Blechblasinstrument in Basslage.

Tuberkulose (Tbc, die, lat.), meldepflichtige Infektionskrankheit, verursacht durch den von R. → Koch entdeckten Tuberkelbazillus.

Tucholsky, Kurt (1890–1935), dt. Schriftsteller; satirische u. gesellschaftskritische Gedichte, Chansons u. Prosa; *Schloß Gripsholm*.

Tudor, engl. Königshaus; regierte von 1485–1603; danach ging die Krone an das Haus Stuart über.

Tumor (der, lat.), gut- oder bösartige, nichtentzündliche Geschwulst.

Tundra (die, finnisch), Vegetationsform feuchter Böden jenseits der Waldgrenze polarer Breiten.

Tuner (der, engl.), Hochfrequenzempfangsteil in Fernseh- oder Radiogeräten; im Audiobereich auch selbstständiges Empfangsgerät für UKW-Stereo-Rundfunk.

Tunesien

präsidiale Republik in Nordafrika, 164.150 km², 10,7 Mio. EW, *Hauptst.* Tunis, *Staatsoberhaupt:* Béji Caid Essebsi (seit 2014), *Regierungschef:* Habib Essid (seit 2015). *Naturraum:* östlicher Ausläufer des Atlasgebirges, Teile des östlichen Großen Erg. An der Küste Mittelmeerklima, sonst Wüste. *Bevölkerung:* Araber, Berber. *Wirtschaft:* Phosphat- u. Erzabbau; an der Küste Anbau von Oliven, Südfrüchten u. Wein; Schwammtaucherei, Thunfischfang; Viehnomadismus; Erdölexport.

Tunika (die, lat.), altröm. Untergewand, unter der → Toga getragen.

Tunis, Hauptst. → Tunesiens, 728.000 EW.

Turbine (die, frz.), Maschine zur Energieumsetzung mittels Gasen u. Flüssigkeiten, indem das wesentliche Teil (Laufrad) mechanische Arbeit in Strömungsenergie umsetzt oder aus Strömungsenergie mechanische Arbeit gewinnt.

Turbulenz (die, lat.), ungeordneter Strömungszustand von Gasen oder Flüs-

Tunesien: Monastir

Tuareg

Tundra

Tutenchamun: Totenmaske

Desmond Tutu

sigkeiten, durch Wirbelbildung gekennzeichnet; beginnt oberhalb einer kritischen Geschwindigkeit.

Türkei

Republik in Südosteuropa u. Kleinasien, 780.576 km², 77 Mio. EW, *Hauptst.* → Ankara. *Staatsoberhaupt:* Recep Tayyip Erdoğan (seit 2014), *Regierungschef:* Ahmed Davutoğlu (seit 2013). *Naturraum:* kleiner Teil des thrakischen Tafellandes, das Anatolische Hochland mit dem Pontischen Gebirge im N u. dem Taurus im S, Gebirgsknoten u. Becken des ostanatolischen Hochlands u. kleiner Teil Mesopotamiens im Südosten. Im N gemäßigtes Seeklima, im W u. S Mittelmeerklima, im Hochland u. Südosten kontinental. *Bevölkerung:* Türken; Kurden, Armenier, Griechen. *Wirtschaft:* Landwirtschaft; Tabak, Weizen, Mohn (Opium), Baumwolle, Südfrüchte, Obst; Viehzucht; Fischerei; Waldwirtschaft; Bodenschätze (Chrom, Kupfer, Eisen, Quecksilber, Kohl, Erdöl); v. a. Textil-, Metall-, Papier-, Nahrungsmittel- u. Glasindustrie; Teppichknüpferei, Tourismus.

Turkmenistan

seit 1991 Präsidialrepublik im Südwesten Asiens, 488.100 km², 6,7 Mio. EW, *Hauptst.* Aschgabad, *Staatsoberhaupt* u. *Regierungschef:* Gurbanguly Berdymuhammedow (seit 2012). *Naturraum:* mit Wüsten durchsetztes Tiefland, im Südosten gebirgig. *Bevölkerung:* 77 % Turkmenen; Usbeken, Russen, Kasachen. *Wirtschaft:* Anbau von Baumwolle, Getreide, Obst; Erdgas- u. Erdöl- sowie Textilindustrie.

Turkvölker, asiatische Völker u. Stämme, die durch die Turksprachen verbunden sind; überwiegend Anhänger des → Islam; z. B. Usbeken, Tataren, Kasachen, Turkmenen, Baschkiren.

Tutenchamun, (etwa 1347–1339 v. Chr.), ägyptischer König der 18. Dynastie, dessen nahezu unversehrtes, reich ausgestattetes Grab 1922 im Tal der Könige entdeckt wurde.

Tutu, Desmond (*1931), südafrikanischer Erzbischof; für seinen gewaltlosen Einsatz gegen die → Apartheid erhielt er 1984 den Friedensnobelpreis.

TÜV®, Abk. für **T**echnischer **Ü**berwachungs-**V**erein.

Tuvalu

Inselstaat im Westpazifik, 26 km², 10.800 EW, *Hauptst.* Funafuti, unabhängige konstitutionelle Monarchie im → Commonwealth, seit 1978 unabhängig, *Staatsoberhaupt:* Königin → Elisabeth II., vertreten durch Iakoba Italeli (seit 2010), *Regierungschef:* Enele Sopoaga (seit 2013). *Naturraum:* umfasst die Ellice-Inseln, 9 Koralleninseln nördlich von → Fidschi. *Wirtschaft:* kaum entwickelt; wichtigste Anbauprodukte sind Kokosnüsse, Bananen, Taro (tropische Knollenfrucht) u. einige Gemüsesorten; Produktion von Kopra (getrocknetes Kokosfleisch); Fischerei.

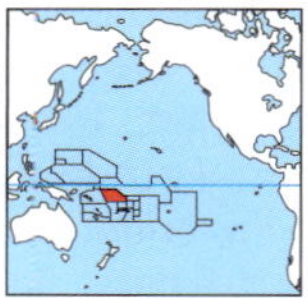

TV-SAT, → Satellit zur Übertragung von Fernsehprogrammen aus der ganzen Welt.

Typhus (der, gr.), ansteckende Darminfektion; durch T.-Bakterien in verseuchtem Wasser oder Nahrung; meldepflichtig.

Tyrann (der, gr.), 1) widerrechtlich, oft durch Gewalt an die Macht gelangter unumschränkter Herrscher, ursprünglich im antiken Griechenland; 2) herrschsüchtiger Mensch, Unterdrücker.

Tyrrhenisches Meer, Teil des westlichen Mittelmeeres zw. Italien, Korsika, Sardinien u. Sizilien.

U

u, Kurzzeichen für die atomare Masseneinheit. 1/12 der Masse eines Atoms des Nuklides 12C. – **U,** chemisches Zeichen für → Uran.

Überschallgeschwindigkeit, die Geschwindigkeit eines Körpers, die größer ist als die → Schallgeschwindigkeit im umgebenden Medium. Beim Übergang von Unterschall- in Überschallgeschwindigkeit spricht man vom Durchbrechen der Schallmauer.

Überweisung, bargeldlose Zahlung vom Konto des Zahlenden auf das Konto des Zahlungsempfängers.

U-Boote, Unterseeboote, seit Ende des 19. Jh. entwickelte Schiffe, die luftdicht geschlossen sind u. so gänzlich unter Wasser fahren können.

UdSSR, Abk. für **U**nion **d**er **S**ozialistischen **S**owjet**r**epubliken (1922–1991). Ehemaliger Staat in Osteuropa u. Nordasien, 22.274.200 km², 284,4 Mio. EW. (verschiedene Nationalitäten), Hauptst. Moskau. Die UdSSR war bis zu ihrer Auflösung 1991 als sozialistischer Bauernstaat mit 15 Unionsrepubliken aufgebaut. Politik: Staatsoberhaupt war der Vorsitzende des Präsidiums des Obersten Sowjets, Regierungschef der Vorsitzende des Ministerrates. Die einzig zugelassene Partei war die → KPdSU, die das gesamte politische Leben bestimmte. Im Zuge der von → Gorbatschow betriebenen Politik von → Glasnost u. → Perestroika wurde in der UdSSR versucht, eine liberalere Politik zu gestalten, die die Freiheiten der Bürger vergrößerte. Im August 1991 Putschversuch orthodoxer-kommunistischer Politiker. Danach Verbot der KPdSU, Anerkennung der baltischen Republiken als souveräne Staaten. Unabhängigkeitsbestrebungen der einzelnen Unionsrepubliken führten schließlich zum Zerfall der UdSSR. Mit Gründung einer Gemeinschaft unabhängiger Staaten (GUS) im Dezember 1991 hörte die UdSSR auf zu existieren.

UEFA, Abk. für engl. **U**nion **E**uropean **F**ootball **A**ssociations, europäischer Fußball-Dachverband.

Ufo, Abk. für engl. **U**nidentified **F**lying **O**bjekt, unbekanntes Flugobjekt, ugs. Bezeichnung „fliegende Untertasse".

Uganda

präsidiale Republik in Ostafrika, 241.038 km², 34 Mio. EW, *Hauptst.* → Kampala, *Staatsoberhaupt:* Yoweri Museveni (seit 2011), *Regierungschef:* Ruhakana Rugunda (seit 2014). *Naturraum:* Wellige Savanne am Victoriasee, am Mount Elgon (4310 m) u. Ruwenzori (5109 m) tropischer Regenwald. *Bevölkerung:* Bantu, Niloten, Inder. *Wirtschaft:* Viehnomadismus; Binnenfischerei; tropische Plantagen (Kaffee, Tee); Kupferbergbau u. -export.

Uhr, Zeitmesser. Die Zeiteinheit wird durch Schwingungen eines Bauteils, z. B. Pendel, → Unruh, vorgegeben.

Uhu, größte europäische → Eule.

Ukraine

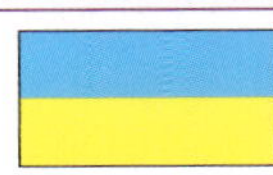

Staat im Südwesten Osteuropas, 603.700 km², 45 Mio. EW, *Hauptst.* → Kiew, *Staatsoberhaupt:* Petro Poroschenko (seit 2014), *Regierungschef:* Arsenij Jazenjuk (seit 2014). Seit 1991 unabhängig. *Naturraum:* überwiegend ausgedehnte Niederungen, kaum Wald, fruchtbarer Schwarzerdeboden; galt als Kornkammer der UdSSR. 1986 machte ein schwerer Unfall im Kernkraftwerk → Tschernobyl (nördlich von Kiew) einen großen Teil der Agrarfläche unbrauchbar. *Bevölkerung:* 78 % Ukrainer; Russen, Weißrussen, Polen. *Wirtschaft:* intensive

Uhu

Uganda: Karamojong-Krieger

Ukraine: Volkstänzer in Tracht

Landwirtschaft, Anbau von Getreide, Obst, Wein, Tabak; Fleisch- u. Milchviehzucht; reich an Bodenschätzen (Kohle, Eisenerz, Mangan); Schwer-, Textil-, Nahrungsmittelindustrie.

Ulan Bator: Kloster

Ulan Bator, Hauptst. der → Mongolei, am Tola; 1,3 Mio. EW; Industrie- u. Handelszentrum; Verkehrsknotenpunkt.
Ullrich, Jan (*1973), ehem. dt. Radrennfahrer. Gewann 1997 die → Tour de France, 2-facher Weltmeister im Zeitfahren (1999 u. 2001), Olympiasieger im Straßenrennen 2000, Straßenweltmeister der Amateure 1993. Karriereende 2007.
Ultimatum (das, lat.), eine letzte Frist, die gesetzt wird.
Ultrakurzwellen (UKW), Frequenzbereich zw. 87,5 u. 108 MHz zur Ausstrahlung von Rundfunksendungen.
Ultraschall, Schall, der vom menschlichen Ohr nicht wahrgenommen wird. Seine Frequenz ist höher als 20 Kilohertz. Mithilfe der **Ultraschalldiagnostik** kann man z. B. menschliche Organe „abtasten" u. auf einem Bildschirm sichtbar machen.
Ultraviolett (UV), Bezeichnung für → elektromagnetische Wellen, deren Frequenzen höher sind als die des sichtbaren Lichts. Eine natürliche Strahlungsquelle von U. ist die Sonne. **Ultraviolette Strahlung** liegt in einem Spektralbereich, der für das menschliche Auge nicht sichtbar ist.
Umlaut, durch Umlautung entstandener → Vokal: ä, ö, ü.
UMTS, Abk. für engl. **U**niversal **M**obile **T**elecommunications **S**ystems, internationaler Standard für die Bereiche Satelliten-, Digital- u. Mobilfunk; soll Standard wie Mobilfunk u. drahtlose lokale Netzwerke zusammenführen.
Umwelt, siehe Kasten unten.
Umweltschutz, alle staatlichen u. privaten Maßnahmen, um Umweltbelastungen möglichst gering zu halten.
UN, Abk. für engl. **U**nited **N**ations, Vereinte Nationen; 1945 als Nachfolgeorganisation des → Völkerbunds gegründete Vereinigung von Staaten mit ständigem Sitz in → New York zur Wahrung des Weltfriedens sowie zur Förderung der internationalen Zusammenarbeit auf allen Gebieten. 2001 (zusammen mit Generalsekretär Khofi → Annan) Friedensnobelpreis.
Unabhängigkeitskrieg, Nordamerik., Krieg von 1775–1783, in dem sich die amerik. Kolonien von Großbritannien lösten; → USA.
UNESCO, Abk. für engl. **U**nited **N**ations **E**ducational **S**cientific and **C**ultural **Or**-

UNESCO-Logo

Umwelt

Als Umwelt bezeichnet man die Gesamtheit der natürlichen Lebensgrundlagen von Menschen, Tieren und Pflanzen. Die **ökologische Umwelt** besteht sowohl aus Lebewesen als auch aus den unbelebten Faktoren Luft, Wärme, Licht, Wasser und Boden. Die gesamte Umwelt der Erde nennt man → **Biosphäre.** Organismen können sich zwar ihrer Umwelt bis zu einem gewissen Grad anpassen, gehen aber zugrunde, wenn bestimmte Grenzen überschritten werden.
Diese Lebensgrundlagen werden vor allem durch die Eingriffe des Menschen empfindlich gestört. Er rodet Wälder, begradigt Flüsse, baut Straßen und Industrieanlagen, so dass der Lebensraum für Wildtiere und Wildpflanzen immer enger wird. Verlieren Tiere, Pflanzen und Mikroorganismen ihren Lebensraum, verschiebt sich das → **ökologische Gleichgewicht.** Da aber unsere Umwelt von dem Gleichgewicht der → Ökosysteme abhängt, ist die Erhaltung einer lebenswerten Umwelt auch für das Überleben der Menschheit von größter Bedeutung. Die Umwelt verändert sich auch ohne das Eingreifen des Menschen, z. B. durch natürliche Klimaveränderungen. Auch diese Vorgänge führen dazu, dass bestimmte Tier- oder Pflanzenarten aussterben. Dennoch ist in erster Linie der Mensch für tief greifende **Umweltveränderungen** verantwortlich. Nur durch vernünftigen Umwelt- und Naturschutz kann man diese negativen Entwicklungen aufhalten.

ganization, Sonderorganisation der → UN zur Förderung u. Abstimmung von Erziehungs-, Wissenschafts- u. Kulturthemen.
UN-Friedenstruppe, von der UN gestellte Truppen zum Schutz u. zur Erhaltung des Friedens in Krisengebieten; 1988 Friedensnobelpreis.

Ungarn

Staat in Südosteuropa, 93.030 km², 9,9 Mio. EW, *Hauptst.* → Budapest, seit 1989 Republik, *Staatsoberhaupt:* János Áder (seit 2012), *Regierungschef:* Viktor Orbán (seit 2010). *Naturraum:* Nordteil des pannonischen Beckens zw. Karpaten, Alpen u. Dinarischem Gebirge. Vorwiegend Tiefland, im N das ungarische Mittelgebirge (Matra), im S das Mecsek-Gebirge, Übergang zw. mitteleuropäischem u. südosteuropäischem Klima mit heißen, trockenen Sommern u. kalten Wintern. *Bevölkerung:* v. a. Magyaren; Roma, Deutsche, Kroaten. *Wirtschaft:* 60 % der Fläche Ackerland; bedeutende Vieh- u. Geflügelzucht; Bergbau; stark industrialisiert. Seit 2004 EU-Mitglied.

UNHCR, Abk. für engl. **U**nited **N**ations **H**igh **C**ommissioner for **R**efugees, hoher Flüchtlingskommissar der Vereinten Nationen, zum Schutz von Flüchtlingen u. Staatenlosen; gegründet 1950, Hauptsitz → Genf.
UNICEF, Abk. für engl. **U**nited **N**ations **I**nternational **C**hildren's **E**mergency **F**ound, Kinderhilfswerk der → UN; hilft in 115 Staaten Not leidenden Kindern; Friedensnobelpreis 1965.
Unikat (das, lat.), einzelnes, einzigartiges Stück.
Union (die, lat.), Verbindung, Vereinigung, Zusammenschluss, z. B. von Staaten.
Union Jack, volkstümliche Bezeichnung der britischen Nationalflagge.
universal (lat.), umfassend, weltweit.
Universität (die, lat.), seit dem MA bestehende Einrichtung zur wissenschaftlichen Forschung u. Lehre; die erste U. wurde 1119 in Bologna, die erste dt. U. 1348 in Prag gegründet.
Universum (das, lat.), Weltall.
UNO, Abk. für engl. **U**nited **N**ations **O**rganization), → UN.
Unpaarhufer, zu den Huftieren gehörende Ordnung der Säugetiere, umfasst Familien mit ungerader Zehenzahl; z. B. **Einhufer**, die auf der Mittelzehe laufen (Esel, Pferd) oder **Dreihufer**, die auf den 3 mittleren Zehen laufen (z. B. Nashörner).
unplugged (engl., „den Stecker herausgezogen"), musik. Spielweise ohne elektrische Verstärkung; mit rein akustischen Instrumenten in deren natürlicher Lautstärke gespielt.
Unruh, hin- u. herschwingender Ring, Gangregler einer Uhr.
Unterhaltspflicht, familienrechtliche Pflicht zur Deckung des Lebensbedarfs z. B. von Kindern bzw. des Ehepartners.
Upgrade (engl.), Bezeichnung für eine neue, verbesserte Version eines Produkts, bes. eines Computerprogramms.
Ur, → Auerochse.
Ural, 1) Gebirge in Russland, trennt das osteuropäische Flachland vom Westsibirischen Tiefland, natürliche Grenze zw. Europa u. Asien; 2) Fluss in Russland, 2534 km, entspringt im Südural u. mündet ins Kaspische Meer.
Uran (U), radioaktives Element, das im Bergbau gewonnen wird. Im Kernreaktor wird die Radioaktivität verstärkt u. U. als Brennstoff eingesetzt.
Uranus, von der Sonne aus gezählt der 7. Planet im Sonnensystem; 4-facher Erddurchmesser, 14,5-fache Erdmasse; ein Sonnenumlauf dauert 84 Jahre. U. hat fünf Monde u. drei Ringe.
urban (lat.), städtisch, weltmännisch.
Urheber, Schöpfer eines eigenständigen geistigen Werkes (etwa Literatur, Musik, Malerei, aber auch Software). Das **Urheberrecht** (engl. Copyright) schützt das Werk vor Nachahmung u. regelt die Aufführungs-, Wiedergabe-, Vortrags-, Sende- u. Übersetzungsrechte.
Urknall (engl.: Big Bang), Theorie der Entstehung des Weltalls, der zufolge

UNO: Emblem

Ungarn: Reiter in der Puszta

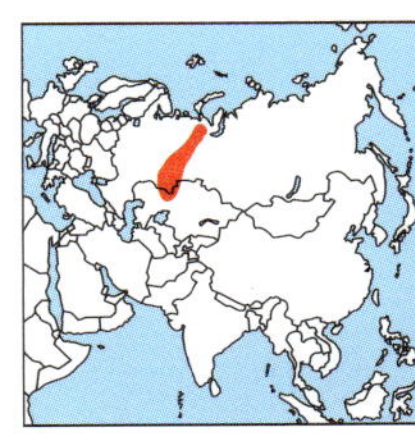

Ural

unicef

USA

Die USA (**U**nited **S**tates of **A**merika, Vereinigte Staaten von Amerika) nehmen mit einer Fläche von 9.826.630 km² den größten Teil → Nordamerikas ein. Das Land hat 317,2 Mio. EW, von denen 74 % Weiße, 12 % Afroamerikaner, 14 % Lateinamerikaner, Indianer sind. Die Hauptstadt ist → Washington D. C. Die USA sind eine präsidiale Bundesrepublik mit Zweikammersystem (Senat u. Repräsentantenhaus). An der Spitze steht der Präsident, die gesetzgebende Gewalt liegt beim Kongress. Staatsoberhaupt und Regierungschef ist *Barack* → *Obama* (seit 2009). Die USA setzen sich aus **50 Gliedstaaten** und einem Bundesdistrikt (District of Columbia, D. C.) zusammen und sind die weltweit führende Industriemacht.

Das ursprünglich von Indiandern bewohnte Land wurde seit dem 16. Jahrhundert von Europäern besiedelt, 1776 erklärte es sich unter → *Washington* vom Königreich England unabhängig. Mit dem → Sezessionskrieg 1861–65 wurde die Sklaverei abgeschafft, die Gleichstellung der afroamerikanischen Bevölkerung erfolgte jedoch erst 1964. Die USA waren an beiden Weltkriegen des 20. Jahrhunderts beteiligt, außerdem in den 1970er-Jahren am Vietnamkrieg. Zudem führten sie 1991 unter George Bush Krieg gegen den Irak (Golfkrieg), 2003 unter G. W. Bush gegen Afghanistan und den Irak.

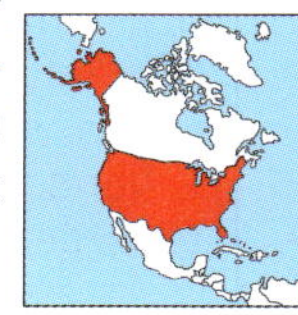

Raum, Materie u. Energie in einer gewaltigen Explosion entstanden u. sich seitdem ausbreiten.

Urkunde, Schriftstück zum Beweis einer rechtlichen Tatsache.

Uruguay

präsidiale Republik im Südosten Südamerikas, 177.414 km², 3,3 Mio. EW, *Hauptst.* → Montevideo, *Staatsoberhaupt* u. *Regierungschef:* Taboré Vázquez (seit 2015). *Naturraum:* welliges Grashügelland im N des Rio de la Plata, der U.-Fluss ist die Grenze zu Argentinien. *Bevölkerung:* Uruguayer span. u. ital. Abstammung, Mestizen. *Wirtschaft:* Viehzucht u. Fleischindustrie; ertragreicher Anbau; Fleisch- u. Wollexport.

Uruguay: Montevideo

Urwald, ursprünglich erhaltener Wald, der sich ständig selbst erneuert; wichtiger Lebensraum für viele Tiere u. Pflanzen ist; verbreitet in den Tropen, z. B. → Regenwald, → Mangroven, Nadelwälder in Sibirien, Kanada u. Alaska; in Europa selten geworden (Bayerischer Wald).

USA, siehe Kasten oben.

USB (Abk. für engl. **u**niversal **s**erial **b**us), in der Datenverarbeitung Bezeichnung für eine standardisierte multifunktionale Schnittstelle für Nebengeräte wie Maus, Tastatur, Drucker, **USB-Stick** (kleines, längliches Gerät mit großer Speicherkapazität zum Aufladen von Dateien, z. B. von Musik-CD, kann direkt abgespielt werden).

Usbekistan

Staat im nördlichen u. mittleren Teil Mittelasiens, 447.400 km², 26,5 Mio. EW, *Hauptst.* → Taschkent, *Staatsoberhaupt:* Islom Karimow (seit 1991), *Regierungschef:* Sharkat Mirziyoyev (seit 2003). Seit 1991 unabhängige Republik. *Naturraum:* überwiegend Wüsten u. Halbwüsten. *Bevölkerung:* Usbeken; Russen, Tadschiken, Kasachen, Tataren. *Wirtschaft:* Baumwollanbau, Erdgas- u. Erdölförderung; Industriezweige v. a. Petrochemie, Textilindustrie.

Utopie (die, gr.), Idealbild von der Zukunft; unerfüllbarer Wunschtraum, nicht zu verwirklichender Plan.

UV-Strahlen, → Ultraviolett.

V

V, Abk. für Volt.
Vaduz, Haupt- u. Residenzst. des Fürstentums → Liechtenstein, am Rhein; 5391 EW; Sitz zahlreicher Handels- u. Finanzgesellschaften.
Vagina (die, lat.), → Scheide.
Vakuum (das, lat.), ein Raum, in dem ein Druck herrscht, der wesentlich geringer ist als der Druck, der den Raum umgibt.
Valenz (die, lat.), Wertigkeit, gibt an, mit wie vielen Atomen des einwertigen Wasserstoffes sich ein Atom des betreffenden Elementes zu einem Molekül verbinden kann.
Valletta, Hauptst. der Republik → Malta, 5719 EW. Kathedrale, Festungsanlagen, Altstadt Weltkulturerbe.
Vampir, 1) im Volksglauben u. der Literatur (Dracula, Nosferatu) ein Toter, der nachts das Grab verlässt u. schlafenden Menschen das Blut aussaugt; 2) Name verschiedener südamerik. Fledermäuse, mit etwa 70 cm Flügelspannweite; ernähren sich vom Blut kleiner Säugetiere u. Vögel.
Vanille (die, frz.), mexikanische Orchideengattung; am bekanntesten ist die Echte V., deren Schoten den aromatischen Stoff Vanillin liefern.

Vanille

Vanuatu

(Neue Hebriden), Staat im Südwestpazifik, 12.190 km², 252.000 EW, *Hauptst.* Vila; unabhängige Republik im → Commonwealth, *Staatsoberhaupt:* Baldwin Lonsdale (seit 2014), *Regierungschef:* Joe Natuman (seit 2014). *Naturraum:* 70 zum Teil vulkanische Inseln, u. a. Espiritu Santo, Malekula, Ambrym, Efate (mit Hauptst.), Eromanga; tropischer Regenwald. *Bevölkerung:* Melanesier, Europäer. *Wirtschaft:* Fischfang, Manganabbau, Kopra- u. Kaffeeexport.

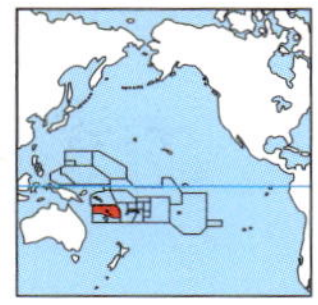

Variable (die, lat.), ein mathematischer Platzhalter, der verschiedene Werte aus einem bestimmten Definitionsbereich annehmen kann.
Varus, Publius Quintilius (um 46 v. Chr.–9 n. Chr.), röm. Feldherr; 9 n. Chr. Niederlage in der Schlacht im → Teutoburger Wald; beging Selbstmord.
Vasall (der, keltisch), 1) Lehensmann, Untertan, der sich im MA gegenüber dem adeligen Landesherrn zu Abgaben u. Diensten als Gegenleistung für ein → Lehen verpflichtet hat, → Feudalismus; 2) übertragen: ein Untergebener, ein Abhängiger.
Vaseline, Rückstand bei der Erdöldestillation, geruch- u. geschmackloses, salbenartiges Gemisch; dient als Grundlage zur Salbenherstellung.
Vaterunser, im N. T. „Gebet des Herrn"; Gebet aller christl. Konfessionen.
Vatikan (der, lat.), seit dem 14. Jh. ständige Residenz des Papstes auf dem vatikanischen Hügel nahe der Peterskirche in Rom, mit 100 Sälen, Zimmern u. Kapellen, darunter die → Sixtinische Kapelle.

Vatikanmuseum

Vatikanstadt

Staat innerhalb Roms; 0,44 km², etwa 850 EW, Hoheitsgebiet des Papstes mit Vatikan u. Petersdom, päpstlicher Palast; dazu gehören auch Lateran, Santa Maria Maggiore, Santo Paolo u. Castel Gandolfo. Eigene Armee: → Schweizergarde.

Vatikan: Petersplatz

Vegetarier (lat.), Menschen, die aus gesundheitlichen oder auch weltanschaulichen Gründen kein Fleisch u. keinen Fisch essen.

D. Velázquez: Wasserverkäufer von Sevilla

Venedig: Ca' d'Oro

Giuseppe Verdi

Venezuela: Anden

Vegetation (die, lat.), Pflanzenbestand, Pflanzendecke; Gesamtheit aller Pflanzen in einem Gebiet.

vegetativ (lat.), 1) Biologie: ungeschlechtlich; 2) Medizin: unbewusst wirkend, → vegetatives Nervensystem.

vegetatives Nervensystem, Teil des Nervensystems, der ohne Wirkung von Bewusstsein u. Willen tätig ist; steuert alle lebensnotwendigen Prozesse wie z. B. Atmung, → Blutkreislauf, Stoffwechsel, Hunger- u. Durstempfindung, Vorgänge der → Fortpflanzung.

Vektor (der, lat.), Vertreter einer Pfeilklasse (Mathematik); ist durch Betrag u. Richtung eindeutig bestimmt.

Velázquez, Diego (1599–1660), span. Maler, Hofmaler von König Philipp IV.

Venedig, Hauptst. der ital. Region Venetien, in einer Lagune am Adriatischen Meer gelegen; durch Strandwälle (Lidi) vor dem offenen Meer geschützt, durch eine Bahn- u. Straßenbrücke mit dem 4 km entfernten Festland verbunden, auf Pfahlrosten erbaut; 175 Kanäle (Canale Grande mit der Rialtobrücke); 264.000 EW; Weltkulturerbe; bedeutende Bauwerke: Dogenpalast, Markuskirche, Campanile (viereckiger Glockenturm); Mittelpunkt ist der Markusplatz; Kunstausstellungen (Biennale), Film- u. Musikfestspiele, berühmte Kunstgewerbe in Gold, Silber und Glas. Einer der wichtigsten Handelshäfen Italiens.

Venen (lat.), Blutgefäße, die kohlendioxidreiches (venöses) Blut zum Herzen zurückleiten.

Venezuela

präsidiale föderative Republik im N Südamerikas, 912.050 km², 28 Mio. EW, *Hauptst.* Caracas, *Staatsoberhaupt* u. *Regierungschef:* Nicolás Maduro (seit 2013). *Naturraum:* Tiefland von Maracaibo, Ausläufer der Anden, Tiefland von Llanos, Teile des Berglands von Guayana, tropisches Klima. *Bevölkerung:* überwiegend Mestizen; Weiße, Afroamerikaner, Indianer. *Wirtschaft:* eines der bedeutendsten Erdölländer; bedeutender Bergbau; Bauxitabbau; vielseitige Industrie; in den Llanos Viehwirtschaft, in Gebirgstälern tropischer Anbau.

Ventil (das, lat.), 1) Absperrvorrichtung für Flüssigkeiten u. Gase in Rohren; 2) bei Blasinstrumenten Vorrichtung zur Verkürzung oder Verlängerung der Schallröhre.

Venus, 1) röm. Göttin der Äcker u. Gärten; in der röm. Mythologie Göttin der Schönheit u. Liebe; in der gr. Mythologie → Aphrodite; 2) 2. Planet des Sonnensystems, Durchmesser 12.400 km; Masse 81 % der Erdmasse; Sonnenumlaufzeit 224,7 Tage; Rotationsdauer 243 Tage.

Verb(um) (das, lat., „Wort"), Zeit-, Tätigkeitswort. Es drückt einen Vorgang aus, z. B. gehen.

Verbrennung, Oxidation von Stoffen ohne Flammenbildung. Mit Flammenbildung ist es eine ablaufende Reaktion von Stoffen mit Sauerstoff nach dem Erreichen der jeweiligen Entzündungstemperatur.

Verbrennungsmotoren, Motoren, deren Antrieb durch die Verbrennung eines Kraftstoff-Luft-Gemisches bewirkt wird (z. B. der Dieselmotor oder → Ottomotor).

Verbundwerkstoffe, Werkstoffe aus mindestens 2 miteinander verbundenen verschiedenartigen Materialien.

Verdauung, mechanische u. chemische Verarbeitung der Nahrung. Beim Menschen zählen Mund, Magen, Darm, V.-Drüsen, Speicheldrüsen, Pankreas u. Leber zu den **V.-Organen**. Die Nahrung wird bei der V. in Stärke, Fette u. Eiweiße zerlegt.

Verdi, Giuseppe (1813–1901), ital. Komponist, war der überragende Opernkomponist Italiens im 19. Jh. Berühmt: *Aida, La Traviata, Nabucco.*

Veredelung, ein meist bei Obstbäumen angewendetes Verfahren, um die Frucht u. den Ertrag des Wildlings (die ursprüngliche robustere Pflanzenart) mit einem Edelreis (Zweig einer edleren Pflanzensorte) zu verbessern.

Vereinigte Arabische Emirate

Föderation aus 7 Emiraten am Persischen Golf, 83.600 km^2, 5,4 Mio. EW, *Hauptst.* Abu Dhabi, Staatenbund der autonomen Emirate Abu Dhabi, Dubai, Schardscha u. Kalba, Ras al-Chaima, Fudscheira, Umm al-Kaiwain, Adschman. Jeder der 7 Staaten hat einen eigenen Herrscher (Scheich). *Naturraum:* vorwiegend Wüste. *Bevölkerung:* vorwiegend Araber; Anteil der Ausländer (Pakistani, Perser, Inder, Afrikaner) bei etwa 75 %. *Wirtschaft:* Haupteinnahmequelle Erdöl- u. Erdgasförderung; Oasenwirtschaft u. Viehnomadismus.

Vereinte Nationen, → UN.

Vererbung, Übertragung von genetischen Informationen (Erbanlagen) der Eltern auf die Nachkommen bei Mensch, Tier u. Pflanze.

Verfassung, rechtliche Grundordnung eines Staates; darin werden Aufbau u. Gliederung der Staatsgewalt, die Zuständigkeit der Staatsorgane (z. B. Regierung), die Grundeinrichtungen des Staates (z. B. Streitkräfte), die politische u. verwaltungsrechtliche Aufteilung des Staates (z. B. Bund, Länder, Gemeinden), Richtlinien der Sozialordnung (z. B. Eigentum, Familie) u. die Rechte u. Pflichten der Bürger (→ Grundrechte) festgelegt. Die V. der BR Dtl. ist das → Grundgesetz.

Verfassungsschutz, Gesamtheit der Abwehrmaßnahmen gegen staatsfeindliche u. staatsgefährdende Umtriebe.

Vergaser, Bauteil des → Verbrennungsmotors, zerstäubt den flüssigen Kraftstoff u. stellt das für die Verbrennung notwendige Kraftstoff-Luft-Gemisch her.

Vergewaltigung, Nötigung einer Person zum außerehelichen oder ehelichen Geschlechtsverkehr oder sexuellen Handlungen durch Androhung oder Anwendung von Gewalt; strafbar.

Vergil (Publius Vergilius Maro), röm. Dichter. Gilt als größter Dichter der röm. Antike: beeinflusst von Theokrit u. Catull; stärkte die Idee des röm. Sendungsbewusstseins: *Georgica, Aeneis.*

Verhaltensforschung (Ethologie), Teilgebiet der Biologie, das sich mit der Erforschung genetisch bedingten, arttypischen u. erworbenen Verhaltens bei Tieren u. Menschen beschäftigt.

Verhältniswahl, Wahlsystem, bei dem von den politischen Parteien aufgestellte Listen gewählt werden (Zweitstimme); die → Mandate werden im Verhältnis der abgegebenen Stimmen verteilt (z. B. Bundestagswahl).

Verkarstung, Bezeichnung für eine Abtragung des Bodens bis auf das Ausgangsgestein, bedingt durch Wasser- u. Winderosion; tritt häufig in Bergregionen auf.

Verklappung, Beseitigung von flüssigem Sonderabfall, der von Spezialschiffen aus ins Meer eingeleitet wird.

Verlies, nur durch eine Deckenöffnung zugängliches Gefängnis, v. a. in mittelalterlichen Burgen.

Vermeer, Jan (1632–1675), niederländ. Maler. Meister der im Licht leuchtenden Farbe. V. ist v. a. für seine Darstellungen des häuslichen Lebens bekannt; *Die Briefleserin, Die Spitzenklöpplerin.*

Verne, Jules (1828–1905), frz. Schriftsteller, schrieb zahlreiche utopische Abenteuerromane, z. B. *In 80 Tagen um die Welt.*

Versailler Vertrag, Friedensvertrag nach dem → Ersten Weltkrieg, in Versailles 1919 von den Siegermächten u. ihnen angeschlossenen Staaten (ohne USA) an Deutschland überreicht (Friedensdiktat); → Weltkriege.

Versmaß, mehr oder minder festgelegte Silbenabfolge eines Verses; → Metrik.

Versorgungsbetriebe, Betriebe der Grundversorgung: Wasser-, Gas- u. Elektrizitätswerke.

Verstaatlichung, Übernahme von Privateigentum durch den Staat (durch Kauf oder Enteignung).

Verstädterung (Urbanisierung), Anwachsen der städtischen innerhalb der Gesamtbevölkerung; heute leben fast 50 % der Weltbevölkerung in Städten.

J. Vermeer: Atelier des Malers

Jules Verne

Schloss von Versailles

Viadukt in Italien

Vespasian(us)

Vielfraß

Verstärker, elektronisches Bauteil zur Vergrößerung von elektrischen Strömen u. Spannungen.
Versteppung, langsames Austrocknen der Landschaft, dabei zunehmende Ausbreitung von Steppenvegetation (z. B. Büsche, Dornhecken u. Trockengräser). Ursachen: Senkung des Grundwasserspiegels durch Flussbegradigungen, Staudämme u. Kanäle; → Verkarstung.
Verwerfung, durch Bewegungen im Erdinnern entstandene Erdspalte oder Bruchfläche mit gegeneinander verschobenen Gesteinsschollen.
Verwesung, durch Mikroorganismen (z. B. Bakterien) bewirkter Abbau organischer, abgestorbener Substanz; → Fäulnis.
Verwitterung, die Veränderung oder Zerstörung des Gesteins durch äußere Kräfte wie Hitze, Frost, aggressive Gase u. Wasser, Pflanzen.
Vespasian(us), Titus Flavius (9–79 n. Chr.), röm. Kaiser; Begründer der Dynastie der → Flavier; ließ u. a. das → Kolosseum in Rom errichten.
Vespucci, Amerigo (um 1451/54–1512), ital. Seefahrer u. Abenteurer, der von 1499–1502 mittel- u. südamerik. Küstengebiete erforschte. Aufgrund seiner Reisebeschreibung hielt man ihn fälschlicherweise für den eigentlichen Entdecker dieses Kontinents.
Vesuv, einziger tätiger Vulkan des europäischen Festlandes, am Golf von Neapel; 1277 m. Verheerender Ausbruch 79 n. Chr. (Herculaneum, Pompeji zerstört).
Viadukt (der oder das, lat.), Brücke über ein Tal für eine Straße oder Eisenbahnlinie.
Vibrafon (das, lat.), Schlaginstrument mit abgestimmten Stahlstäben u. darunterhängenden Resonanzröhren.
Victoria, in der röm. → Mythologie Siegesgöttin.
Victoriafälle, 110 m hohe, 1,7 km breite Wasserfälle des → Sambesi.
Victoriasee, größter See Afrikas, in Ostafrika; 1134 m über dem Meeresspiegel, 69.484 km^2, 81 m tief, fischreich.
Video, Fernsehtechnik mit magnetischer Bildaufzeichnung, die vielfältig nutzbar ist.
Video Community, Gemeinschaft, die über das Internet vorwiegend Privatvideos austauscht bzw. einstellt oder ansieht.
Videoclip, kurzer Videofilm zu einem Musikstück aus der Rock- u. Popmusik, der von Plattenfirmen produziert wird.
Videokamera, elektronische Farbkamera zur magnetischen Bildaufzeichnung, auch für den Privatgebrauch.
Videokassette, in ein Kunststoffgehäuse eingeschlossenes Magnetband zur Aufzeichnung von Fernsehsendungen oder Filmen.
Videokonferenz, über Breitbandverbindungen (→ ISDN) hergestellte Bild- u. Tonverbindungen zw. Gesprächsteilnehmern.
Videorekorder, Gerät zur Aufzeichnung von Fernsehsendungen auf Videokassetten u. zu deren erneuter Wiedergabe über den Fernsehschirm; zum Abspielen von Filmen.
Videospiele, Spiele, die mithilfe eines an den Fernseher anschließbaren Zusatzgeräts am Bildschirm gespielt werden können. Die Steuerung der Aktionen erfolgt über eine Tastatur oder über einen Joystick.
Videothek, 1) Sammlung von bespielten Videokassetten; 2) Verleih- oder Verkaufsgeschäft für Videofilme.
Vielfraß, Marder-Gattung, mit braunem Pelz u. gedrungener Gestalt, bis 85 cm lang, lebt in der → Taiga u. Waldtundra, räuberischer Allesfresser.
Vielseitigkeitsprüfung (Military), im Reitsport aus der Kombination von Dressur- u. Springprüfung sowie Geländeritt bestehender Wettbewerb; olympische Disziplin.
Vierfarbendruck, Verfahren des Farbendrucks, bei dem neben den 3 Grundfarben Blau, Gelb, Rot auch Schwarz zur Erzielung besserer Tiefenwirkung verwendet wird.
Vierkampf, 1) im Eisschnelllauf aus 4 Disziplinen bestehender Mehrkampf, bei den Männern aus den Disziplinen 500 m, 1500 m, 5000 m u. 10.000 m, bei den Frauen aus 500 m, 1500 m, 3000 m u. 5000 m; 2) im Kunstturnen der Frauen Mehrkampf aus den Kürübungen → Pferdsprung u. Bodenturnen, → Schwe-

bebalken u. → Stufenbarren; olympische Disziplin.

Vierschanzentournee, seit 1953 jährlich am 30. Dezember, 1. Januar, 3. Januar u. 6. Januar auf den Schanzen von Oberstdorf, Garmisch-Partenkirchen, Innsbruck u. Bischofshofen ausgetragenes → Skispringen.

Viertaktmotor, → Verbrennungsmotor mit 4 Phasen: Ansaugen u. Verdichten, Zünden, Arbeiten, Ausstoßen.

Vierte Welt, Bezeichnung für jene → Entwicklungsländer, die die Merkmale der → Dritten Welt haben, aber über keine Rohstoffe verfügen.

Vietnam

Kommunistische Volksrepublik in Hinterindien, 331.690 km², 83,5 Mio. EW, *Hauptst.* Hanoi, *Staatsoberhaupt:* Truong Tan Sang (seit 2011), *Regierungschef:* Nguyen Tan Dung (seit 2006). *Naturraum:* Tiefland am Golf von Tongking u. Küstenstreifen am Südchinesischen Meer, im Binnenland im N Ausläufer der Hochgebirge von Jünnan, im W Gebirge von Annam. Gebirge dicht bewaldet, Tiefland intensiv landwirtschaftlich genutzt. Tropisches Monsunklima. *Bevölkerung:* Vietnamesen, Chinesen, Thai, Khmer. *Wirtschaft:* hauptsächlich Reisanbau, tropische Plantagen; Fischerei, Forstwirtschaft; Bergbau.

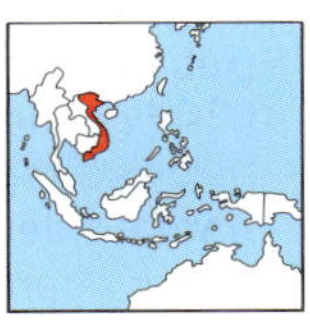

Vietnamkrieg, in Indochina zw. 1946 u. 1975 um die Einheit u. Unabhängigkeit Vietnams geführt. 1946–1954 Indochinakrieg, Kampf der von Ho Chi Minh geführten Vietminh gegen die frz. Kolonialherrschaft; 1954 Sieg der Vietminh u. Beendigung des Krieges. 1957–1975 Krieg zw. Nord- u. Südvietnam. Unterstützung Südvietnams durch die USA; über 2 Mio. Tote; 1975 Kapitulation der südvietnamesischen Streitkräfte u. Errichtung einer provisorischen Revolutionsregierung des Vietkong.

Vikar (der, lat.), Stellvertreter eines kirchlichen Amtsträgers.

Viktoria, 1837–1901 Königin von Großbritannien u. Irland. Ihre Zeit ist geprägt von bürgerlichem Wohlstand u. → Imperialismus des brit. Reiches.

Villeneuve, Jacques (*1971), kanad. Automobilrennfahrer. Gewann 1997 den Weltmeistertitel in der → Formel 1.

Vilnius, Hauptst. von → Litauen, 578.400 EW. Wirtschafts- u. Kulturmittelpunkt; Altstadt Weltkulturerbe.

Viola (die, ital.), Sammelbegriff für verschiedene Streichinstrumente, u. a. → Bratsche, Gambe.

Violine (die, ital.), Geige, wichtigstes Streichinstrument mit 4 Saiten, aus der → Viola entwickelt.

Violoncello (das, ital.), Kurzform Cello, viersaitiges Streichinstrument in Bass- u. Tenorlage.

VIP, Abk. für engl. **V**ery **I**mportant **P**erson; sehr wichtige, prominente Persönlichkeit mit besonderen Privilegien.

Vipern, Familie der Giftschlangen, bewohnen vorwiegend trockenwarme Gebiete (Afrika, Asien), lebendgebärend; häufigste mitteleuropäische Art ist die Kreuzotter; Sandviper in Südeuropa, Puffotter in Afrika.

Viren (lat.), Bezeichnung für Stücke genetischen Materials (RNS, DNS), die in Proteinhüllen verpackt sind. V. haben keinen eigenen Stoffwechsel, brauchen daher für ihre Vermehrung Wirtszellen (von tierischen, pflanzlichen oder bakteriellen Organismen), die danach zerstört werden. Erreger vieler Krankheiten, z. B. Grippe, Kinderlähmung, Pocken, Mumps, → Aids.

Virgin Islands, → Jungferninseln.

virtueller Speicher, externer Speicher, auf den man Computerprogramme auslagert, um den Arbeitsspeicher zu entlasten.

Viskosität (die, lat.), Zähigkeit von Flüssigkeiten u. Gasen.

visuelles Gedächtnis, Gedächtnisleistung, die sich mehr am Gesehenen orientiert.

Visum (Sichtvermerk; das, lat.), der Ein- oder Durchreisevermerk im Reisepass; wird vom Konsulat des betreffenden Landes erteilt.

Königin Viktoria von England

Violine

Gabunviper

Nashornviper

Vogelspinne

Antonio Vivaldi

Vögel: Graureiher

Vögel: Schleiereule

Vitamine, lebenswichtige Substanzen, die für den Stoffwechsel unentbehrlich sind; sie können vom Körper nicht selbst gebildet werden, sind aber in der Nahrung vorhanden. Falsche Ernährung kann zu Vitaminmangelkrankheiten u. schweren Stoffwechselstörungen führen, z. B. Rachitis (Vitamin-D-Mangel).

VIVA, Fernsehsender, der hauptsächlich Doku-Soaps, Shows u. Musikvideos für Jugendliche sendet; gegründet 1993 in Köln, gehört heute zusammen mit → MTV zum amerik. Medienkonzern Viacom; Sitz: Berlin.

Vivaldi, Antonio (1678–1741), ital. Komponist u. Violinist; von seinen Kompositionen sind etwa 770 bekannt, davon über 200 Konzerte, u. a. *Die Vier Jahreszeiten*.

V-Leute, Abk. für Vertrauens- oder Verbindungsleute; Personen, die der Polizei Hinweise zur Verhinderung oder Aufklärung einer Straftat geben u. deren Identität geheim bleibt.

Vögel, Klasse warmblütiger, meist flugfähiger Wirbeltiere mit etwa 8600 Arten, weltweit verbreitet. Sie tragen ein Federkleid zum Flug u. als Schutz des Körpers; Männchen oft mit bes. Färbung u. Schmuckfedern. Feste Knochen, die durch Lufteinlagerung bes. leicht sind. Horniger, zahnloser Schnabel, je nach Ernährungsweise Körner-, Insekten- bis Allesfresser. Alle V. legen Eier, die von einem oder beiden Elternteilen in einem Nest betreut (Brutpflege) werden, Ausnahme: → Kuckuck. Stammesgeschichtlich sind V. aus den → Reptilien (Sauriern) hervorgegangen; Merkmale beider Klassen zeigt → Archäopteryx.

Vogelgrippe, durch Influenzaviren ausgelöste Geflügelkrankheit, die in Epidemien auftritt; kann durch engen Kontakt mit infizierten Tieren auch auf Menschen übertragen werden, verläuft dann häufig tödlich; nicht von Mensch zu Mensch übertragbar.

Vogelperspektive, räumliche Darstellung einer Landschaft oder eines Objektes aus großer Höhe.

Vogelspinnen, Familie giftiger, tropischer Spinnen, lang behaart, bis 10 cm lang. Sie bauen kein Netz, sondern jagen Insekten u. kleine Wirbeltiere, die sie mit einem giftigen Biss töten; vorwiegend Nachttiere.

Vogelzug, jahreszeitlich bedingter Ortswechsel bei manchen Vogelarten. Die → Zugvögel beginnen den Wanderflug zu festen Zeiten, bevor das Nahrungsangebot knapp wird, sie halten sich an bestimmte Zugstraßen, orientieren sich an geografischen, astronomischen u. magnetischen Merkmalen; die Zugbereitschaft ist hormonell gesteuert.

Vokabel (die, lat.), einzelnes Wort aus einer fremden Sprache; das **Vokabular** ist der Wortschatz.

Vokal (der, lat.), Selbstlaut (a, e, i, o, u).

Vokalmusik, Gesangsmusik mit oder ohne Instrumentalbegleitung.

Volk, 1) durch Abstammung, Kultur u. Geschichte verbundene Gruppe von Menschen; 2) die Gesamtheit der Bürger eines Staates.

Völkerbund, 1919 gegründete erste internationale Sicherheitsorganisation mit Sitz in Genf; 1945 durch die → UNO ersetzt.

Völkerkunde, Wissenschaft von den Kulturen, den sozialen, kulturellen u. historischen Gegebenheiten, v. a. der sog. Naturvölker.

Völkerrecht, alle Rechtsformen, die die Rechte u. Pflichten der Staaten dieser Erde untereinander regeln.

Völkerwanderung, gigantische „Massenbewegung" verschiedener indogerman. Völker, v. a. der Germanen, die durch den Einfall der → Hunnen im 4. Jh. ausgelöst wurde u. zum Zusammenbruch des Römischen Reiches führte. Nach dem Vorstoß der Hunnen 175 ließen sich die Westgoten in Frankreich nieder, die → Wandalen siedelten sich in Nordafrika an, die Angeln u. Sachsen in Britannien. Die Ostgoten unterlagen zuerst dem Hunnenansturm, eroberten dann nach ihrer Befreiung Italien.

Volksbegehren, das in der Verfassung garantierte Recht, dass eine Mindestzahl von Bürgern über einen Gesetzesentwurf eine Abstimmung des Parlaments herbeiführen kann; → Volksentscheid.

Volksentscheid, unmittelbare Beteiligung des Volkes an politischen Entscheidungen durch eine Abstimmung in Sachfragen (Gesetzgebung) als Form

unmittelbarer Demokratie; meist durch ein → Volksbegehren eingeleitet.
Volkshochschule (VHS), Einrichtung zur Förderung der Erwachsenenbildung.
Volkskunst, Begriff, der sich auf mit handwerklichem Geschick gestaltete Gebrauchsgegenstände aller Art bezieht.
Volkslied, das mündlich überlieferte, schlichte Lied, das in breiten Volksschichten lebendig ist.
Volkstanz, überlieferte (folkloristische) Tanzformen im Ggs. zum Gesellschafts- oder Kunsttanz.
Volkswirtschaft, Gesamtheit der Einzelwirtschaften eines Staates.
Volleyball, Ballspiel zw. 2 Mannschaften zu je 6 Spielern, die einen Lederball mit den Händen über das 2,43 m hohe Netz ins gegnerische Feld schlagen; olympische Disziplin.
Volljährigkeit, das Alter, mit dem die volle Geschäftsfähigkeit eintritt, in der BR Dtl. mit Vollendung des 18. Lebensjahres. Ggs.: Minderjährigkeit.
Volt (V), die Einheit für die elektr. Spannung. 1 Volt ist die Spannung, die bei einem Widerstand von 1 Ohm einen Strom von 1 Ampere erzeugt. Die Spannung wird mit dem **Voltmeter** gemessen.
Voltaire (1694–1778), frz. Philosoph, wichtigster Vertreter u. Verbreiter der → Aufklärung. Trat für Toleranz ein; *Abhandlung über die Toleranz.*
Voodoo, Sammelbezeichnung für aus Westafrika stammende magisch-religiöse Geheimkulte der afroamerik. Bevölkerung der Karibik, Brasiliens u. der Südstaaten der USA.
Vorderasien, der Südwesten Asiens: Türkei (Kleinasien), Halbinsel Arabien, Armenien u. Kaukasus, Irak, Iran, Afghanistan.
Vorderindien, Subkontinent im S des → Himalaja: Pakistan, Indien, Himalajastaaten u. Bangladesch.
Vorgeschichte, Vorgeschichte der Menschheit ohne schriftliche Überlieferung; von den Anfängen in der Altsteinzeit bis zum Beginn der Bronze- u. Eisenzeit.
Vormundschaft, die Übernahme der gesetzlichen Vertretung für eine → minderjährige oder entmündigte Person durch eine gerichtlich bestellte Person (Vormund).
Vorsorgeuntersuchung, ärztliche Untersuchung zur frühzeitigen Erkennung u. Behandlung von bestimmten Krankheiten, z. B. Krebs.
vulgär (lat.), gemein, gewöhnlich, ordinär.
Vulkan, siehe Kasten unten.
Vulkanismus, Bezeichnung für alle geologischen Vorgänge, die mit dem Ausbruch eines → Vulkans in Zusammenhang stehen.

Voltaire

Vulkanausbruch

Volleyball

Vulkan

Ein Vulkan ist ein Feuer speiender Berg, aber man bezeichnet jede Stelle der Erdoberfläche, an der → **Magma** austritt, ebenfalls als Vulkan: Die Erde ist von einer festen Gesteinshülle umgeben, die aus vielen größeren und kleineren Platten besteht, die sich ständig gegeneinander verschieben. Manchmal zerreißen diese Platten und aus solchen Bruchzonen der Erdkruste dringt heißes, flüssiges Gestein empor. Der innere Bereich des Erdmantels besteht aus fließfähigem Gestein, wobei nur wenig von diesem Gestein geschmolzen vorliegt, da dort ein sehr hoher Druck herrscht. Erst wenn die großen Platten sich bewegen, wird der Druck kleiner und das Gestein kann an bestimmten Stellen schmelzen und fließen. Dieses Magma gelangt durch einen schmalen Kanal, einen Schlot, an die Erdoberfläche, wo es durch einen Krater austritt. Bei Vulkanausbrüchen nennt man es **Lava**. Die Lava hat Temperaturen von 1000 bis 1300 °C. Lavamassen fließen langsam, bedecken aber weite Gebiete. Es gibt verschiedene Lavaformen, die man nach ihrer Oberflächenform als Blocklava und Fladenlava bezeichnet.
Weltweit gibt es ungefähr 550 erloschene und tätige Vulkane. Etwa $^2/_3$ aller tätigen Vulkane befinden sich rings um den Pazifischen Ozean (→ Pazifik). Diesen Ring nennt man **„Ring of Fire"**. Auch in Europa gibt es aktive Vulkane, z. B. Ätna auf Sizilien, Vesuv in Süditalien, Vulkaninsel Stromboli.

W

Waben

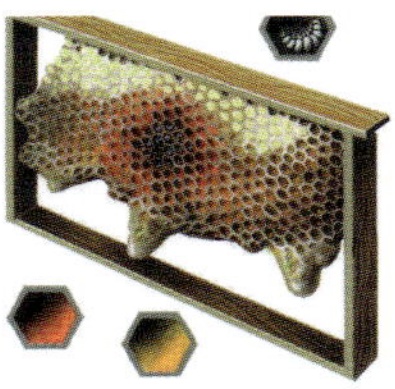

Waben, Detail

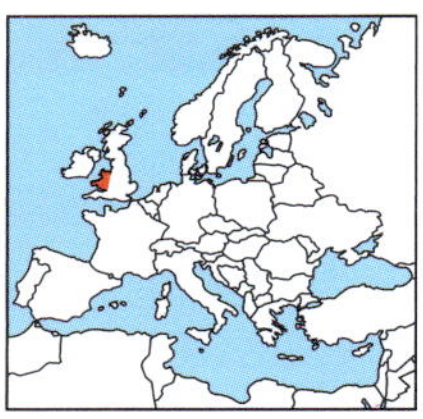

Wales

W, 1) Abk. für → Watt; 2) chem. Zeichen für Wolfram.

Waben, der aus Wachs gebildete Teil des Bienenstocks; dient zur Aufbewahrung des Honigs u. zur Aufzucht der Brut.

Wachse, fettähnliche organisch-chemische Verbindungen; man unterscheidet zw. tierischen, pflanzlichen u. mineralischen Wachsen.

Wadi (das, arabisch), ein Trockental in der Wüste, das von äußerst seltenen, aber wegen des Fehlens von Vegetation extrem starken Regengüssen geschaffen wurde.

Wagner, Richard (1813–1883), dt. Komponist, entwickelte die traditionelle Oper zum Musikdrama; z. B. *Der Fliegende Holländer, Tristan und Isolde, Meistersinger von Nürnberg, Tannhäuser und der Sängerkrieg auf Wartburg*.

Wahl, durch die Abstimmung einer Anzahl Wahlberechtigter erfolgende Berufung einer Person in ein Amt.

Wahlmänner, Personen, die durch die Wähler in ein Gremium gewählt werden, das wiederum einen oder mehrere Kandidaten wählt.

Wahlrecht, alle gesetzlichen Regelungen, die eine Wahl betreffen. Das Wahlverfahren ist in Wahlgesetzen u. Wahlverordnungen festgelegt. Das **aktive Wahlrecht** gewährleistet, dass jeder Bürger wählen darf; das **passive Wahlrecht** ist das Recht einer Person, gewählt zu werden.

Wahrscheinlichkeitsrechnung, Berechnung der mathematischen Wahrscheinlichkeit über das Eintreten oder Nichteintreten zufälliger Ereignisse.

Währung, die innerhalb eines Staatsgebietes gesetzlich gültigen Zahlungsmittel.

Währungsfonds, Internationaler W. (IWF), Fond, in den die Mitgliedsländer zur Erleichterung des internationalen Zahlungsverkehrs, zur Förderung des Welthandels u. der Kreditvergabe Beiträge einzahlen.

Waldsterben, großflächiges Absterben von Wäldern. Es wird heute v. a. durch → Luftverschmutzung u. → sauren Regen verursacht. Möglicherweise sind auch Krankheitserreger u. elektromagnetische Strahlung beteiligt.

Wale, siehe Kasten unten.

Wales, brit. Halbinsel in der Irischen See zw. Bristolkanal u. Liverpool, mit

Wale

Wale sind → **Säugetiere**. Sie haben einen torpedoförmigen, strömungsgünstigen Körper. Ihre Vordergliedmaßen sind zu Flossen umgebildet (Flipper); sie haben eine waagerechte Schwanzflosse (Fluke) und eine Rückenflosse (Finne); die Hintergliedmaßen sind rückgebildet. Obwohl Wale im Wasser leben, haben sie Lungen und atmen Luft durch ihre verschließbaren Nasenlöcher (Spritzlöcher) an der Kopfoberseite. Sie können 3 bis 5 Minuten, manche auch 1 Stunde, bis 1000 Meter tief tauchen. Wale bringen lebende Junge zur Welt, die wie alle Säugetiere mit Muttermilch ernährt werden. Wale werden in zwei Unterordnungen eingeteilt:

1. **Bartenwale** haben lange, federartig gefaserte Hornplatten (Barten) im zahnlosen Maul, die beim Schließen des Rachens wie ein Sieb die Nahrung (→ Plankton, Krebse, Weichtiere) zurückhalten; hierzu gehören Blau-, Grau-, Finn- u. Buckelwal. 2. **Zahnwale** tragen zwei bis über 200 Zähne im Maul und jagen meist Fische; hierzu gehören Pottwal, → Delfin und Flussdelfin.

Wale verständigen sich untereinander durch Töne im Ultraschallbereich. Sie gehören zu den größten Tieren, die je gelebt haben – z. B. wird der → Blauwal über 30 m lang und 100 t schwer. Viele Walarten sind durch die Waljagd und die Schleppnetzfischerei vom Aussterben bedroht: Ihre Zahl in arktischen Gewässern ist im 20. Jahrhundert stark zurückgegangen, z. B. beim Pottwal von 1,2 Mio. auf 10.000, beim Buckelwal von 250.000 auf 1000. Die meisten Arten sind heute weltweit geschützt.

Anglesey, 20.758 km², 2,9 Mio. EW, Hauptst. → Cardiff; Kohle- u. Erzbergbau, Schwerindustrie; Seebäder. Eigene keltische Sprache (Walisisch).

Walesa, Leszek (= Lech, *1943), poln. Gewerkschafter. Kämpfte seit 1970 als Streikführer u. seit 1980 als Vorsitzender des freien Gewerkschaftsbundes Solidarnosc für ein demokratisches → Polen. 1983 Friedensnobelpreis. 1990–1995 1. poln. Staatspräsident.

Walküren, in der nordischen Mythologie göttl. Jungfrauen, die gefallene Krieger nach Walhalla führen.

Wallace, 1) Alfred Russel (1823–1913), brit. Biologe; Evolutionstheoretiker u. Begründer der Tiergeografie; 2) Edgar (1875–1932), brit. Schriftsteller; v. a. Kriminalromane, z. B. *Der Hexer*; 3) Lewis (1827–1905), amerik. Schriftsteller; Welterfolg mit *Ben Hur*.

Wallach, kastrierter Hengst.

Wallach, Otto (1847–1931), dt. Chemiker. Untersuchte die Struktur des Kampfers u. verschiedener ätherischer Öle. 1910 → Nobelpreis für Chemie.

Wallenstein, Albrecht Wenzel Eusebius von (1583–1634), dt. Feldherr. Kämpfte im → Dreißigjährigen Krieg als kaiserlicher General gegen die protestantische Seite. Zu mächtig geworden, wurde W. auf kaiserlichen Befehl ermordet. Gleichnamiges Drama von → Schiller.

Albrecht Wallenstein

Wallfahrt, in vielen Religionen verbreitete Pilgerreise zu Stätten besonderer Heiligkeit, seit der Antike bekannt.

Wallonen, frz.-sprachige Bevölkerung Südbelgiens; romanisierte Kelten.

Walpurgisnacht, nach dem Fest der heiligen Walpurga nachträglich benannte Nacht vor dem 1. Mai; im Volksglauben Nacht der Hexen auf dem Blocksberg, → Brocken.

Walross, eine Robbe arktischer Meere; dieses Säugetier lebt meist in Herden an den Küsten der Polarmeere; bis 4,5 m lang u. über 1000 kg schwer. W. fressen Fische, Muscheln u. Krebse.

Walross

Walther von der Vogelweide (um 1170–um 1230), mittelhochdt. Dichter, schuf die vollendete Form des Minnesangs.

Walzer, Rundtanz im 3/4 Takt.

Wandalen (Vandalen), ostgermanischer Volksstamm, der im 1. Jh. n. Chr. im Oder-Weichsel-Gebiet ansässig war. Im Zuge der → Völkerwanderung zogen die W. 406 westwärts nach Spanien. Anschließend eroberten sie die westlichen Mittelmeerinseln (Korsika, Sardinien, Balearen) u. plünderten Rom (455). Ihr Reich zerfiel 477 nach dem Tod ihres Königs Geiserich.

Wanderheuschrecken, tropische u. subtropische Feldheuschreckenarten, die riesige Schwärme bilden u. mehrere 100 km weit fliegen können; vernichten oft ganze Ernten durch Kahlfraß.

Wandmalerei, Malerei auf Wänden, Gewölben u. Decken; → Fresko.

Wankelmotor (Kreiskolbenmotor), → Verbrennungsmotor, bei dem die Verbrennungsenergie durch einen Drehkolben direkt in eine Drehbewegung umgewandelt wird.

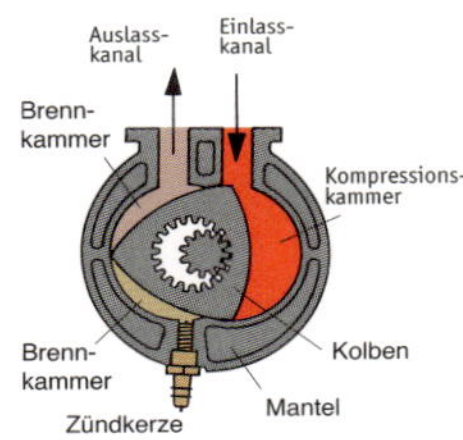

Wankelmotor

Wanzen, Schnabelkerfe, käferähnliche Insekten mit Saugrüssel u. Stinkdrüsen; sind Pflanzensaft- oder Blutsauger. **Land-W.**: Feuerwanze, Bettwanze; **Wasser-W.**: Wasserläufer, Rückenschwimmer.

WAP, Abk. für engl. **w**ireless **a**pplication **p**rotocol, Standard für Datenübertragungen, der es ermöglicht, Internetinhalte u. elektronische Dienstleistungen auf mobilen Endgeräten wie → Handys verfügbar zu machen

Warhol, Andy (1928–1987), amerik. Filmemacher, Bildhauer, Schriftsteller, Maler. Einer der wichtigsten Vertreter der → Pop-Art.

Warmblut, Pferderassen mit lebhaftem Temperament; sog. Sportpferde.

Warmblüter, Tiere, die im Ggs. zu den → Kaltblütern eine von der Außentemperatur unabhängige, gleich bleibende Körpertemperatur haben (Vögel u. Säugetiere, auch der Mensch).

Wärme, eine Energieform, die in Kalorien gemessen wird. Nach der kinetischen Wärmetheorie ist die W. durch die Bewegungsenergie der Teilchen eines Stoffes bestimmt.

Wärmeleiter, fester, flüssiger oder gasförmiger Körper, der fähig ist, Wärmeleitung, d. h. Energietransport, zu übernehmen.

Warschau, Hauptst. → Polens, an der Weichsel, 1,67 Mio. EW; kultureller u. wirtschaftlicher Mittelpunkt Polens.

Warschauer Pakt, von 1955–1991 zw. den kommunistischen Staaten bestehendes militärisches Bündnis. Er löste sich infolge des politischen Umbruchs in Osteuropa 1991 auf.

Wartburg, Burg in Thüringen, in die Martin → Luther nach dem → Wormser Edikt von seinem Landesherrn, dem sächsischen Kurfürsten Friedrich dem Weisen, zu seinem Schutz gebracht wurde.

Waschbär

Wasa, schwed. Königsgeschlecht, das 1523–1654 in Schweden u. 1587–1668 in Polen regierte.

Waschbär, nordamerik. Kleinbär mit schwarz-weiß gestreiftem, buschigem Schwanz; Allesfresser, der oftmals seine Nahrung aus flachem Wasser fischt; Nachttier.

Waschbär

Washington, 1) Bundeshauptst. der → USA, im District of Columbia am Potomac River, 646.500 EW, geometrische Anlage mit Kapitol u. Weißem Haus als Mittelpunkt; seit 1800 Regierungssitz; 2) Bundesstaat im Nordwesten der USA.

Washington, George (1732–1799), amerik. Politiker. Im Unabhängigkeitskrieg der 13 Kolonien gegen Großbritannien von 1775–1783 befehligte er die aufständischen Truppen. Maßgeblich an der Verfassung beteiligt, war W. von 1789–1797 der 1. Präsident der → USA.

Washington: Kapitol

Wasser (H_2O), chemische Verbindung aus Wasserstoff u. Sauerstoff, eine geruch- u. geschmacklose Flüssigkeit, die bei 0 °C gefriert u. bei 100 °C siedet. Ohne W. ist kein Leben möglich.

Wasserball, im Wasser (mindestens 1,80 m tief) ausgeübtes Torspiel der Schwimmer, von 2 Mannschaften aus je 7 Spielern mit einem Lederball gespielt; Spielzeit 4 x 7 Minuten mit 3 Pausen von jeweils 2 Minuten; olympische Disziplin.

Wasserhärtegrade, Maßeinheiten für den Gehalt des Wassers an Natriumhydrogencarbonat (= „Kalk"). **Weiches** (kalkarmes) Wasser hat Härtegrade zw. 1 u. 7, sehr **hartes** (kalkreiches) Wasser über 22.

George Washington

Wasserkraftwerk, Kraftwerk zur Erzeugung elektrischer Energie durch Nutzung der Strömungsenergie fließenden Wassers.

Wasserläufer, räuberische → Wanzen, die mit ihren langen Beinen auf der Wasseroberfläche gleiten.

Wasserpfeife, in Afrika u. Asien verbreitete Form der Tabakspfeife. Der Rauch wird durch ein mit Wasser gefülltes Gefäß geleitet, somit abgekühlt u. gefiltert.

Wasserrad, Wasserkraftmaschine mit Schaufelrädern v. a. für Mühlen, Schleifereien u. Sägewerke.

Wasserscheide, Linie im Gelände, von der die Gewässer nach beiden Seiten zu verschiedenen Einzugsgebieten fließen.

Wasserschutzgebiet, Landschaftsbereiche, in denen zum Schutz des Grundwassers u. der Trinkwassergewinnung verschiedene Tätigkeiten (z. B. Autowaschen, Tanken) verboten sind.

Wasserschutzpolizei, Polizei, die auf den schiffbaren Wasserstraßen polizeiliche Aufgaben wahrnimmt.

Wasserspringen, Sportart, bei der vom 1 m oder 3 m hohen Sprungbrett (Kunstspringen) oder von einer 5 m, 7,5 m oder 10 m hohen Plattform (Turmspringen) gesprungen wird; olympische Disziplin.

Wasserstoff (H), Element mit dem Atomgewicht 1. Verbrennt mit Sauerstoff zu Wasser.

Wasserstoffbombe, Kernwaffe, deren hohe Explosionsenergie aus der Verschmelzung von Deuterium zu Helium herrührt.

Wasserstoffmotor, neuartige Entwicklung eines Motors, der mit flüssigem Wasserstoff betrieben wird.

Wasserstoffperoxid, farblose Flüssigkeit, wichtiges Oxidations-, Bleich- u. Desinfektionsmittel.

Wasserturbine, wichtigste Wasserkraftmaschine zur Umwandlung der Strömungsenergie von Wasser in mechanische Energie, z. B. zur Erzeugung von elektrischem Strom.

Wasserzeichen, in Banknoten, Aktien, Briefmarken u. Ä. bei der Papierherstellung angebrachtes durchscheinendes Muster oder Kennzeichen.

Watergate-Affäre, Wahlkampfskandal 1972 in den USA, heraufbeschworen durch das Wiederwahlkomitee Präsident → Nixons, das zur Installation von Abhörgeräten einen Einbruch in das Hauptquartier (Watergate-Apartments) des Kandidaten der Demokraten, G. McGovern, veranlasste.

Waterloo, Gemeinde in der belgischen Provinz Brabant, 29.400 EW; 18.6.1815 Schlacht bei W.; entschied die Freiheitskriege durch den Sieg Blüchers u. Wellingtons über → Napoleon I.

Watson, James D. (*1928), amerik. Biochemiker u. Molekularbiologe; 1962 Nobelpreis für Medizin.

Watson-Crick-Modell, von J. D. → Watson u. F. H. C. → Crick entwickeltes Modell des DNS-Moleküls als Doppelspirale (Doppelhelix).

Watt, James (1736–1819), engl. Ingenieur u. Erfinder. 1765 erfand er die erste betriebsfähige Dampfmaschine. Die Einheit der Leistung wurde nach ihm benannt: 1 Watt = 1 Volt x 1 Ampere.

Wattenmeer, flaches Schwemmland vor der Nordseeküste, das bei Flut unter Wasser steht u. bei Ebbe trocken liegt. Es dient vielen Vogelarten als Lebensraum.

Web 2.0, Bezeichnung für eine seit 2004 neue Dimension des → Internets, die mehr auf den einzelnen Benutzer u. dessen Austausch von Videos, Informationen usw. über das Netz ausgerichtet ist.

Webdesign (das, engl.), die Gestaltung von → Webseiten.

Weber, Carl Maria von (1786–1826), dt. Komponist; romantische Opern *(Der Freischütz)*, Orchesterwerke, Kammermusik.

Weberaufstand, Aufstand der schlesischen Weber 1844 nach Lohnkürzungen u. Arbeitszeitverlängerungen.

Webervögel, Familie der Sperlingsvögel mit 260 Arten (z. B. Prachtfinken, Witwenvögel); Weibchen u. Männchen bauen kunstvolle, runde, meist hängende Nester, gemeinsame Brutpflege; leben v. a. in tropischen Ländern.

Weblog (Blog), öffentlich einsehbares Internet-Tagebuch; Leser können die Einträge kommentieren oder Gedanken u. Meinungen mit dem Schreiber austauschen.

Webseite, Bezeichnung für ein Dokument im → WWW, einem Dienst im Internet, der das Anbieten u. Austauschen von Informationen ermöglicht. W. enthalten Texte, Computeranimationen u. Videoclips.

Wechselstrom, elektrischer Strom, dessen Richtung u. Stärke sich mit einer bestimmten Frequenz periodisch ändert. Ggs. → Gleichstrom.

Weda (Veda; der, Sanskrit), altes religiöses Schrifttum der Inder.

Wehen, Zusammenziehen der Gebärmuttermuskulatur als Einleitung des Geburtsvorgangs; → Geburt.

Wehr, fester oder beweglicher Teil einer Stauanlage zur Hebung des Wasserspiegels, zur Regulierung der Wasserführung u. zur Nutzung der Wasserkraft.

Wehrbeauftragter, ein Mitglied des Bundestages, das die Bundeswehr in Bezug auf die Achtung der Grundrechte überwacht.

Wehrdienst, 1) aufgrund der Wehrpflicht abzuleistender Dienst bei der → Bundeswehr; daneben gibt es die Möglichkeit der **Wehrdienstverweigerung**; nach einem Anerkennungsverfahren ist dann ein → Zivildienst zu leisten. 2) Österreich u. Schweiz: Es besteht Wehrpflicht, Ersatzdienst ist möglich.

Weichmacher, organische Stoffe, die Kunststoffen, Klebemitteln u. a. zugesetzt werden, um die Elastizität zu erhöhen oder eine geringere Härte zu erreichen.

Weichtiere, wirbellose Tiere mit weichem, nicht untergliedertem Körper, von nackter Schleimhaut umgeben, die auf dem Rücken des Tieres eine Hautfalte (Mantel) bildet, der eine einfache oder zweiklappige Kalkschale abscheidet; Land- u. Wasserbewohner; zu W. gehören die Napfschaler, Grabfüßer, Kopffüßer, Muscheln u. Schnecken.

Weihbischof (Hilfsbischof), in der katholischen Kirche ein Titularbischof (auf ein erloschenes Bistum geweihter Bischof), der den Diözesanbischof in der Ausübung von Weihehandlungen unterstützt.

Weihe, in der katholischen u. orthodoxen Kirche die Berufung (Ordination) zum geistlichen Amt.

Weihnachten, Fest der Christen zu → Jesu Geburt am 25. Dezember.

Nordfriesisches Wattenmeer

James Watt

Weihnachten

Wellenreiter

Weltall: Milchstraße

Weißes Haus

Fuchswelpe

Weihrauch, duftendes Harz der arabischen Weihrauchbäume.
Weihwasser, in der katholischen Kirche vom Priester geweihtes Wasser, das bei Segnungen verwendet wird.
Weill, Kurt (1900–1950), dt. Komponist; schrieb die Musik zu einigen Bühnenwerken von B. → Brecht; *Die Dreigroschenoper*.
Weimarer Republik, das dt. Reich von 1919–1933 mit republikanisch-demokratischer Verfassung. Endete mit der Machtergreifung → Hitlers u. dem → Nationalsozialismus 1933.
Weinbrand, durch Destillation von Wein gewonnener Trinkbranntwein; mindestens 38 Volumenprozent Alkohol.
Weisheitszähne, die letzten Mahlzähne beim Menschen, die oft erst im Erwachsenenalter durchbrechen.
Weiße Rose, aktive Widerstandsgruppe von Studenten, Gelehrten u. Künstlern, die an der Münchner Universität Flugblattaktionen gegen den Nationalsozialismus durchführten. Die führenden Mitglieder (H. u. S. → Scholl) wurden nach der Zerschlagung im Februar 1943 hingerichtet.
Weißes Haus, seit 1800 Amts- u. Wohnsitz des Präsidenten der USA in → Washington, D. C.
Weißgold, mit Silber oder Platinmetallen legiertes Gold mit weißlichem Schimmer.

Weißrussland

amtlich Belarus, präsidiale Republik in Osteuropa, nördlich der Ukraine; 207.600 km², 9,4 Mio. EW, *Hauptst.* Minsk, *Staatsoberhaupt:* Aljaksandr Lukaschenko (seit 1994), *Regierungschef:* Andrej Kabjakou (seit 2014). *Naturraum:* überwiegend ebenes Land mit Seen, ausgedehnten Wäldern u. Sumpfgebieten. *Bevölkerung:* 81 % Weißrussen; Russen, Polen, Ukrainer. *Wirtschaft:* gut entwickelte Landwirtschaft; Bekleidungs- u. Nahrungsmittelindustrie.

Weitsprung, Sprungwettbewerb in der → Leichtathletik; Sprung erfolgt nach einem 30–45 m langen Anlauf von einem 20 cm breiten Balken in eine Sandgrube; olympische Disziplin.
Weizsäcker, Richard Freiherr von (1920–2015), dt. Jurist u. Politiker (CDU). 1981–1984 regierender Bürgermeister von Berlin, 1984–1994 → Bundespräsident der BR Dtl.
Welfen, dt. Fürstengeschlecht mit Stammsitz in Augsburg seit dem 8. Jh.
Wellenlänge, Maß zur Beschreibung einer elektromagnetischen Welle.
Wellenreiten (Surfen), Wassersportart mit einem breiten Brett; man treibt damit auf dem Kamm einer Welle.
Welles, Orson (1915–1985), amerik. Schauspieler u. Regisseur; z. B. *Citizen Cane* (1941), *Der dritte Mann* (1949).
Wellington, Arthur Wellesley, Herzog von (1769–1852), brit. Feldherr u. Staatsmann; siegte 1815 bei → Waterloo über Napoleon I.
Welpe, Junges von Hund, Fuchs, Wolf u. Dachs.
Welse, schuppenlose Knochenfische; über 2000 Arten; räuberische, nächtlich jagende Grundfische. Der Echte W. (Waller) ist über 3 m lang, jung beliebter Speisefisch.
Weltall (Universum, Kosmos), die Welt als Ganzes, d. h. der Sternsysteme (Galaxien) enthaltende Raum, zu dem auch unser Sonnensystem mit den Planeten gehört. Eine dieser Galaxien ist das → Milchstraßensystem, in dem das Sonnensystem steht. Das Alter des W. wird auf 10 bis 20 Mrd. Jahre geschätzt.
Weltausstellung, internationale Ausstellung, die an wechselnden Orten u. in unregelmäßigen Zeitabständen einen Überblick über die technischen Entwicklungen, wirtschaftlichen Erzeugnisse u. das kulturelle Schaffen in den teilnehmenden Ländern vermittelt; erste W. fand 1851 in London statt.
Weltbank, 1944 gegründetes Kreditinstitut für den Wiederaufbau kriegszerstörter Industrie; vergibt heute Kredite an Entwicklungsländer; bildet zusammen mit der Internationalen Entwicklungsorganisation (engl. IDA), der Internationalen Finanz-Corporation (IFC), der Multi-

Weltkriege

Ein Weltkrieg ist ein Krieg, an dem viele Völker und Staaten der Erde, vor allem aber die Großmächte, beteiligt sind. Obwohl der Befreiungskrieg von 1813–15 damals als Weltkrieg bezeichnet wurde, haben erst die beiden großen Kriege des 20. Jahrhunderts die Weltordnung nachhaltig verändert. Für den Ausbruch des → **Ersten Weltkriegs** (1914-1918) waren verschiedene Ursachen verantwortlich, aber der äußere Anlass war die Ermordung des österreichisch-ungarischen Thronfolgers Erzherzog Franz Ferdinand durch serbische Nationalisten am 28.6.1914 in Sarajewo. Der Erste Weltkrieg endete 1918 mit dem Sieg der Alliierten und dem → Versailler Vertrag: Deutschland wurde die Alleinschuld am Ausbruch des Ersten Weltkriegs und der Ersatz aller Kriegsschäden (Reparationen) aufgebürdet. Der Versailler Vertrag wurde in Deutschland überwiegend als ungerecht empfunden und von fast allen politischen Kräften abgelehnt. Diese Unzufriedenheit nutzte besonders die → NSDAP für propagandistische Zwecke. In dieser Zeit ergriff in Deutschland → Hitler die Macht, dessen auf politische Machterweiterung bedachte Außenpolitik im Zeichen des → Nationalsozialismus und der Einmarsch der deutschen Wehrmacht in Polen letztlich zum Ausbruch des → **Zweiten Weltkriegs** (1939–1945) führten. Dieser Krieg endete mit der bedingungslosen Kapitulation Deutschlands. Die Folgen des Zweiten Weltkriegs waren besonders für Deutschland tief greifend, denn wegen des damals entstehenden Ost-West-Konflikts zwischen den USA und der UdSSR kam kein Friedensvertrag zustande – das Land wurde geteilt. Eine abschließende Regelung für Deutschland brachte erst der Zwei-plus-vier-Vertrag (zwischen den vier Siegermächten des Zweiten Weltkriegs, der BR Dtl. und der DDR) von 1990, der im Rahmen des Wiedervereinigungsprozesses geschlossen wurde.

lateralen Investitions-Garantie-Agentur (MIGA) u. dem Internationalen Zentrum zur Beilegung von Investitionsstreitigkeiten (engl. ICSID) die **W.-Gruppe**.

Weltgesundheitsorganisation (WHO, Abk. für World Health Organization), 1948 gegründete Sonderorganisation der → Vereinten Nationen mit Sitz in Genf; mit länderübergreifenden Gesundheitsfragen betraut.

Welthandelsorganisation (WTO, World Trade Organization), Nachfolgeorganisation des → GATT, gegründet 1995 zur weltweiten Liberalisierung der Handelspolitik.

Weltklimagipfel, jährliches Treffen der → UN-Mitgliedstaaten, um weltweit gültige Vereinbarungen zum Klimaschutz zu treffen. Berühmtestes Treffen fand 1997 in Kyoto statt, dort auch Abkommen des → Emissions(rechte)handels.

Weltkriege, siehe Kasten oben.

Weltrekord, international anerkannte bisherige Weltbestleistung in einer bestimmten Sportart.

Weltreligionen, siehe Kästen S. 314 u. 315.

Weltwirtschaft, die Gesamtheit der internationalen Wirtschaftsbeziehungen. Durch den New Yorker Börsenkrach 1929 wurde eine **Weltwirtschaftskrise** ausgelöst, die sich auf alle Staaten ausbreitete. Als Folge Zusammenbruch des Bank- u. Kreditwesens, Produktionsrückgang, Schrumpfung des Welthandels u. Massenarbeitslosigkeit.

Weltzeit (WZ oder UT), mittlere Sonnenzeit des durch → Greenwich laufenden Nullmeridians.

Wendekreise, diejenigen Breitenkreise beiderseits des Äquators (23,5 Grad nördlicher bzw. südlicher Breite), über denen die Sonne einmal im Jahr mittags senkrecht steht.

Werfel, Franz (1890–1945), österr. Schriftsteller; Expressionist; z. B. *Jakobowski und der Oberst*, *Schweiger*.

Wertpapiere, Urkunden über Vermögensrechte, die an der → Börse gehandelt werden (z. B. Aktien).

Werwolf, nach dem Volksglauben ein Mensch, der sich bei Vollmond in einen reißenden Wolf verwandelt.

Wesir (der, arabisch), früher leitender Minister in islamischen Staaten.

Wespen, Hautflügler, meist gelbschwarz gestreift; leben einzeln oder bilden einjährige Staaten in freihängenden oder in Erdhöhlen angelegten Nestern; besitzen Giftstachel.

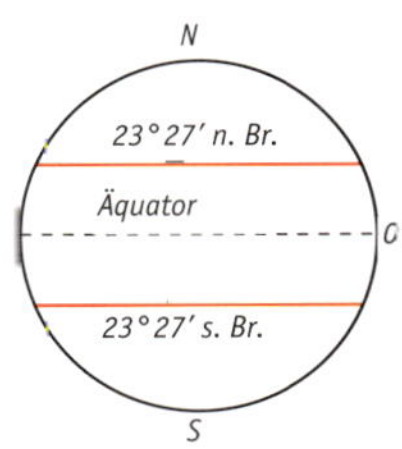

Wendekreis (rot)

Franz Werfel

Monotheistische Weltreligionen

Als Weltreligionen bezeichnet man Religionen, die über weite Räume verbreitet sind und eine universelle Geltung beanspruchen. **Monotheistische Religionen** (= Glaube an einen Gott) sind das Judentum, das Christentum und der Islam.

Das **Judentum** ist die älteste dieser Religionen. Sie entstand dort, wo heute der Staat Israel und die palästinensischen Gebiete liegen. Die Gläubigen bezeichnen sich selbst als „Volk Israel". Sie verbindet die Hoffnung auf den Messias, den Gesandten Gottes, der auf der Welt ein Reich der Gerechtigkeit und des Friedens schaffen wird. Die Schriften des Judentums sind das → Alte Testament und der → Talmud.

Im **Christentum** steht Jesus im Mittelpunkt des Glaubens, der als Sohn Gottes auf die Erde kam, um die Menschen zu erlösen und mit seiner Auferstehung den Tod zu überwinden. Das Christentum entstand vor etwa 2000 Jahren in Judäa (im heutigen Staat Israel) und hat seine Wurzeln im Judentum. Christen glauben an einen allmächtigen Gott. Neben der Befolgung der → Zehn Gebote ist die Nächsten- und Feindesliebe die wichtigste Idee des Christentums. Heilige Schrift ist die → Bibel. Das Christentum hat weltweit etwa 2,2 Milliarden Anhänger vor allem in der katholischen, protestantischen, orthodoxen Kirche und prägte nach seiner Anerkennung als Staatsreligion die Kultur und Gesellschaft des Abendlandes.

Der **Islam** ist eine von → Mohammed gestiftete Religion aus jüdischen, christlichen und arabischen Elementen. → Allah ist der einzige verehrte Schöpfer der Welt, die Engel sind seine Boten, Mohammed sein letzter Prophet (nach Abraham, Moses und Jesus). Die Gesetze des Islams sind im Koran festgeschrieben. Zur Ausübung der Religion gehören Glaubensbekenntnis, tägliches, fünfmaliges Gebet, Fasten im Monat Ramadan, Almosengaben und eine Wallfahrt nach → Mekka. Es gibt zwei Glaubensrichtungen im rund 1,6 Milliarden Anhänger zählenden Islam – die der → Sunniten (90 %) und der → Schiiten.

Gemeine Wespe

Wiederkäuer: Kuh

Westfälischer Friede, 1648 in Münster u. Osnabrück mit Frankreich u. Schweden abgeschlossene Verträge, die den → Dreißigjährigen Krieg beendeten; u. a. Anerkennung des Augsburger Religionsfriedens.

Westfriesische Inseln, die niederländ. Nordseeinseln, u. a. Texel, Vlieland, Terschelling.

Westindische Inseln, die Inseln zw. Florida u. Karibischem Meer, z. B. die → Bahamas.

Wetter, 1) unter Tage im Bergbau manchmal entstehende entzündliche Gasgemische (Schlagwetter); 2) Zustand der Atmosphäre über einem bestimmten Gebiet (Temperatur, Luftdruck, Niederschlag usw.).

Wetterleuchten, Widerschein eines fernen Gewitters am Himmel.

Whisky (der, gälisch), Branntwein aus Gerste (Scotch), Roggen (Rye) oder Mais (Bourbon).

Widerstand, 1) in der Mechanik eine Kraft, die der Bewegung eines Körpers entgegenwirkt; 2) in der Elektrotechnik der Quotient aus Spannung u. Stromstärke; elektrisches Bauteil zur Verminderung d. Stromstärke im Leiterkreis.

Wiederaufarbeitung, Zurückgewinnung von noch nicht verbrauchtem spaltbarem Material aus abgebrannten Brennstäben von Kernreaktoren. Die Aufarbeitung findet in Wiederaufarbeitungsanlagen (WAA) statt.

Wiederkäuer, Paarhufer, bei denen die Verdauung der aufgenommenen Pflanzennahrung durch den mehrteiligen Magen u. den Wiederkäuvorgang im Maul erfolgt; dabei wird die Nahrung wieder „aufstoßen" u. ein zweites Mal gekaut. Zu W. zählen u. a. Giraffen, Rinder, Schafe.

Wiedervereinigung, war von 1949–1990 eine im provisorischen → Grundgesetz aufgeführte „Verpflichtung für alle politischen Organe der BR Dtl., mit allen Kräften die Einheit Deutschlands anzustreben". Nach Protesten kam es 1989 endlich zur Öffnung der DDR-Grenzen u. am 3. Oktober 1990 zur Wiedervereinigung Deutschlands.

Andere Weltreligionen

Der Hinduismus ist mit etwa 900 Millionen Anhängern die vorherrschende Religion Indiens und nach Christentum und Islam die drittgrößte Weltreligion. Er ist eine **polytheistische Religion** (= Glaube an die Existenz vieler Götter; Wischnu, → Schiwa, → Brahma) und fasst eine Vielzahl unterschiedlicher religiöser Vorstellungen zusammen. Die Inder selbst nennen ihre Religion Santana Dharma, „ewiges Gesetz". Dharma ist die heilige Ordnung der Welt. Es schreibt alle Regeln vor, die ein Mensch befolgen muss, damit sein Leben gelingen kann. Die heiligen Schriften werden Veda genannt. Zum hinduistischen Glauben kann man nicht übertreten. Hindu wird man durch die Geburt in eine der vier Kasten: Brahmanen (Priester) haben die höchste Rangordnung, dann folgen Krieger, Bauern und Handwerker.

Der **Buddhismus** – aus dem Hinduismus entstanden – ist nach seinem Gründer Buddha („der Erwachte") benannt, der vor etwa 2500 Jahren in Nordindien lebte. Der Buddhist steht durch Wiedergeburt mit der gesamten Welt in Verbindung. Abhängig vom Karma, also von seinen Taten im Leben, kann er als Tier, Mensch, Geist oder Gott wieder geboren werden. Ziel ist jedoch die Erlösung aus dem Rad der Wiedergeburten und das Eingehen ins → Nirwana. Der Weg zu diesem Ziel ist die Befolgung der Lebensregeln: Gewaltlosigkeit, mitleidige Liebe, Enthaltsamkeit, Meditation. Der Buddhismus ist vor allem in Südost- und Ostasien verbreitet.

Wien, Hauptst. u. Bundesland → Österreichs, an der Donau, 414 km², 1,7 Mio. EW; 1278–1918 Residenz der → Habsburger; zahlreiche historische Gebäude, z. B. Stephansdom, Hofburg, Schloss Schönbrunn.

Wiener Kongress (1814–1815), Verhandlungen aller europäischen Staaten über eine Neuordnung Europas nach den → Befreiungskriegen u. dem Sturz → Napoleons I., den Vorsitz führte Fürst → Metternich. Ziel war die → Restauration.

Wiesbaden, Hauptst. von → Hessen, 273.000 EW, Thermalbad am Südabhang des Taunus; bedeutende Bibliothek; Sitz des Statistischen Bundesamts u. des → Bundeskriminalamts.

Wikinger, → Normannen.

Wilder, 1) Billy (1906–2002), österr.-amerik. Regisseur; z. B. *Manche mögen's heiß*; 2) Thornton Niven (1897– 1975), amerik. Schriftsteller; 1957 Friedenspreis des Deutschen Buchhandels.

Wildkräuter, Sammelbezeichnung für Kräuter u. Stauden, die wild in der Natur wachsen, oft auch als Unkräuter bezeichnet; biologisch von größter Bedeutung für das → ökologische Gleichgewicht eines Lebensraumes.

Wildschwein, braunschwarzes Säugetier mit Borstenkleid u. Hauern; Familie der Schweine; lebt in Waldgebieten Europas, Nordafrikas u. Nordasiens.

Wilhelm II. (1859–1941), dt. Kaiser von 1888–1918. Erzwang 1890 → Bismarcks Entlassung als Reichskanzler; dankte 1918 nach dem Ende des → Ersten Weltkriegs ab.

Williams, 1) Robbie (*1974), brit. Popsänger. 1990–1995 Mitglied der Boyband *Take That*; später erfolgreiche Solokarriere: *Angels, Feel, Let me entertain you, She's Madonna;* 2) Serena (*1981), amerik. Tennisspielerin. 2002 u. 2003 → Wimbledonsiegerin; 3) Venus (*1980), amerik. Tennisspielerin, Schwester von Serena W. 2000, 2001 u. 2005 → Wimbledonsiegerin.

Wilson, Thomas Woodrow (1856–1924), amerik. Politiker (Demokrat), 1913–1921 Präsident der USA. Setzte nach Ende des → Ersten Weltkriegs die Gründung des → Völkerbunds durch; 1919 Friedensnobelpreis.

Wimbledon, Villenvorort von London, in dem seit 1877 das bedeutendste internationale Tennisturnier ausgetragen wird.

Wind, fühlbare Luftströmung zum Ausgleich von Luftdruckunterschieden. Die Windstärken reichen von 1 (Windstille) bis 17 (Jetstream, über 600 km/h).

Windkanal, Einrichtung zur Erzeugung eines möglichst gleichmäßigen, von Wirbeln freien Luftstromes für aerodynamische Untersuchungen, z. B. im Automobilbau.

Wien: Belvedere

Wildschwein

Windmühle

Wolga

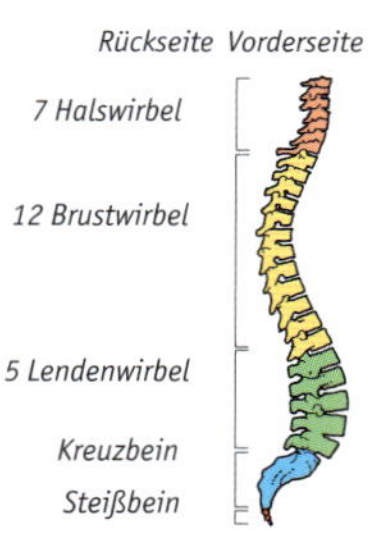

Wirbelsäule

Wüste in Algerien

Windkraftwerk, Windenergie nutzende Anlage zur Be- u. Entwässrung, zum Antrieb von Mühlen (**Windmühle**) u. zur Erzeugung elektrischer Energie.

Windrose, Scheibe, auf der die Himmelsrichtungen eventuell mit Gradeinstellung eingezeichnet sind.

Winkel, Unterschied in der Richtung zweier Strahlen a u. b, die von demselben Punkt S ausgehen.

Winterschlaf, lange anhaltender Ruhezustand, den Säugetiere in der nahrungsarmen Zeit (im Winter) mit einem Absenken der Körpertemperatur u. Verringerung der Körperfunktionen durch hormonelle Veränderung erreichen.

wirbellose Tiere, Tiere ohne Wirbelsäule, → Zentralenervensystem u. geschlossenen Blutkreislauf.

Wirbelsäule, verknöchertes Achsenskelett aller Wirbeltiere, als Stütze des Oberkörpers, trägt den Schädel u. dient als Organaufhängung.

Wirbeltiere (Vertebraten), höchstentwickelter Stamm im Tierreich. Der zweiseitig-symmetrische Körper wird durch eine → Wirbelsäule gestützt. W. besitzen ein → Zentralnervensystem aus Rückenmark u. Gehirn sowie einen geschlossenen Blutkreislauf.

Wittelsbacher, süddt. Herrschergeschlecht seit dem 12. Jh. Ab 1180 waren sie Herzöge von Bayern, ab 1214 Kurfürsten von Rheinland-Pfalz.

Wohlfahrtsstaat, ein Staat, der für das soziale u. materielle Wohl seiner Bürger Maßnahmen ergreift.

Wolf, graugelb gefärbtes Raubtier aus der Unterfamilie der Hunde, in Wäldern Steppen u. Gebirgen Asiens u. Nordamerikas, in Europa selten geworden. Der W. ist der Vorfahr unserer heutigen Hunde. Er wird bis 140 cm lang u. 75 kg schwer u. jagt in Rudeln; Dämmerungs- u. Nachttier.

Wolga, mit 3531 km längster Fluss Europas, entspringt an den Waldaihöhen u. mündet in einem riesigen Delta in das Kaspische Meer; bedeutende Binnenwasserstraße.

Workshop (der, engl.), Seminare oder Kurse, in denen besondere Themen, Projekte oder Ideen vorgestellt u. erarbeitet werden.

World Trade Center (das, engl.), Welthandelszentrum; 1967–1973 im New Yorker Stadtteil Manhattan errichtetes Bürohochhaus mit 110 Stockwerken, 412 m hoch (Doppelturm). Wurde am 11.9.2001 bei einem Terroranschlag zerstört; → USA.

World Wide Fund For Nature (WWF, engl.), 1961 gegründete private internationale Organisation mit dem Ziel, bedrohte Tier- u. Pflanzenarten sowie deren natürl. Lebensraum zu erhalten.

Wormser Edikt, Verhängung der Reichsacht über Martin → Luther 1521 durch den dt. Kaiser.

Wortschatz, Gesamtheit der Wörter einer Sprache. Man unterscheidet **aktiven W.** (wird vom Sprecher in Rede u. Schrift verwendet) u. **passiven W.** (wird nur verstanden).

WTA, Abk. für **W**oman **T**ennis **A**ssociation, Internationaler Dachverband im Profitennis der Frauen mit Sitz in Hartford; gegründet 1970. Es gibt eine eigene Rangliste innerhalb der WTA.

Wundstarrkrampf (Tetanus), gefährliche Wundinfektion, verursacht durch Bakterien, die in die Wunde gelangen. Vorbeugung durch Schutzimpfung.

Wurzel, 1) die Lösung einer Gleichung $x^n = a$. Die Lösung ist $x = \sqrt[n]{a}$; $\sqrt{\ }$ ist das Wurzelzeichen; 2) meist unterirdischer Pflanzenteil, der die Pflanze mit Wasser u. Nährstoffen versorgt.

Wüste, Gebiet mit sehr spärlicher oder fehlender → Vegetation. Es gibt **Trocken-W.** (entstehen durch Wassermangel), **Kälte-W.** (entstehen wegen fehlender Wärme) u. **Eis-W.** (entstehen durch völlige Bedeckung mit Schnee/Eis). Oberflächenformen: 1) Sandwüsten (Erg, mit Wanderdünen), 2) Geröll- u. Kieswüsten (Sserir), 3) Gesteinswüsten (Hammada), 4) Lehmwüsten (harte, rissige Oberfläche), 5) Staubwüsten (feines, salzreiches Gesteinsmehl).

WWW, Abk. für **W**orld **W**ide **W**eb; Internetdienst mit grafischer Benutzeroberfläche, der neben der Textübertragung auch die Übertragung von Bildern, Ton- u. Videosequenzen ermöglicht. Durch das WWW wurde die kommerzielle Nutzung des → Internets möglich; ab 1994 weltweiter Durchbruch.

X/Y/Z

X, röm. Zahlzeichen für 10.
Xanthippe (gr.), Gattin des → Sokrates, galt als streitsüchtig, wird darum übertragen für streitbare Frauen verwendet.
Xbox, Spielkonsole, die von Microsoft entwickelt wurde u. 2002 auf den dt. Markt kam; gehört zur selben Konsolengeneration wie → Playstation. Als Speichermedium dient → DVD; kann auch Audio-CDs u. DVD-Filme abspielen.
X-Chromosom, → Geschlechtschromosom.
Xenophon (um 430–um 355 v. Chr.), gr. Historiker. Seine berühmte Geschichtsschreibung ist mit poetischen Elementen vermischt.
Xerxes I., (519–465 v. Chr.), persischer König; unterwarf Ägypten u. Babylonien; griff Griechenland in den Perserkriegen an; wurde 480/79 vernichtend geschlagen u. später ermordet.
Xylofon (das, gr.), Schlaginstrument, dessen Ton durch Anschlagen von abgestimmten Klangstäben aus Holz erzeugt wird.
Yak (Grunzochse, der, tibetisch), langhaariges Rind im → Himalaja, dient als Last-, Reit- u. Milchtier.
Yard (yd), angelsächsisches Längenmaß. 1 yd = 0,914 m.
Y-Chromosom, → Geschlechtschromosomen.
Yeats, William Butler (1865–1939), irischer Schriftsteller; Erneuerer des poetischen Theaters; 1923 Nobelpreis für Literatur.
Yen (Y; der, jap.), japanische Währungseinheit.
Yeti, → Schneemensch.
YMCA, Abk. für **Y**oung **M**en's **C**hristian **A**ssociation. Internationaler u. überkonfessioneller Zusammenschluss für die religiöse, soziale, geistige u. materielle Betreuung von Jugendlichen.
Yoga, in Verbindung mit der indischen Philosophie entwickeltes Konzentrations- u. Körpertraining.
Yucatán, 1) mittelamerik. Halbinsel zw. Golf von Mexiko u. Karibischem Meer, ca. 180.000 km², mit Ruinen der Mayas; 2) mexikanischer Staat im N der Y.-Halbinsel, 38.400 km², 1,65 Mio. EW, Hauptst. Merida.
Zagreb, seit 1992 Hauptst. → Kroatiens, an der Save; 790.000 EW; Messestadt; Nationaltheater.
Zahlensystem, ein nach Prinzipien geordnetes Ganzes zum Rechnen mit Zahlen, z. B. → Binärsystem usw.
Zähne, harte Gebilde aus Knochensubstanz zum Festhalten u. Zerkleinern der Nahrung in der Mundhöhle der Wirbeltiere, dienen beim Menschen auch der Lautartikulierung; bilden in ihrer Gesamtheit das Gebiss.
Zahnrad, Maschinenteil, Rad mit Zacken zur Übertragung von Drehbewegungen von einer Welle auf eine andere, wobei die Räder mit ihren Zähnen ineinander greifen.
Zahnradbahn, Eisenbahn, die so steil bergauf fährt, dass normale Räder nicht mehr haften würden u. daher eine zusätzliche Schiene (Zahnstange) eingebaut ist, in die ein → Zahnrad des Antriebs greift.
Zar (der, slawisch), ehemaliger Herrschertitel (Kaiser) bei Russen, Bulgaren u. Serben.
Zarathustra (6. Jh. v. Chr.), altpersischer Prophet u. Religionsstifter.
Zäsur (die, lat.), Einschnitt in einer Entwicklung.
Zebras, wild lebende afrikanische Steppenpferde, schwarz- oder braun-weiß gestreift; stehende Nackenmähne.
Zehn Gebote, Gesetze, die Moses laut A. T. auf dem Berg Sinai in Form zweier steinerner Tafeln von Gott selbst empfing.
Zehnkampf, in der Leichtathletik Mehrkampf für Männer aus 100-m-Lauf, Weitsprung, Kugelstoßen, Hochsprung, 400-m-Lauf, 110-m-Hürdenlauf, Diskuswerfen, Stabhochsprung, Speerwerfen sowie 1500-m-Lauf; olympische Disziplin.
Zeitlupe, Filmverfahren, bei dem schnelle Vorgänge – z. B. ein Zieleinlauf

Yucatán

Xenophon

Xylofonspieler (Afrika)

Zebras

im Sport – verlangsamt wiedergegeben werden.

Zeitzonen, Einteilung der Erde in 15° breite Zonen, beginnend mit dem Nullmeridian von → Greenwich.

Zelle, siehe Kasten unten.

Zellfusion, Verschmelzung von 2 oder mehreren Zellen zu einer einzigen, funktionsfähigen → Zelle.

Zelluloid (das, lat.-gr.), ältester warm verformbarer Kunststoff; wichtiges Rohmaterial für fotografische Filme.

Zelle: Aufbau

Zellulose (die, lat.), Hauptbestandteil der Zellwände von Pflanzen; wichtiger Rohstoff für Kunstseide u. Papierfabrikation.

Zement (der, lat.), mineralischer Bindestoff, der mit Wasser angerührt selbstständig erhärtet.

Zen-Buddhismus, Form des → Buddhismus, seit dem 13. Jh. in Japan. Mittelpunkt ist Zazen, die „sitzende Versenkung". Zen prägte die jap. Kunst, die Gestaltung von Gärten u. Teezeremonien.

Zenit (der, arabisch), Scheitelpunkt, der höchste Punkt der Himmelskugel, der von allen Punkten des Horizonts gleichen Abstand hat.

Zensur (die, lat.), 1) behördl. Überwachung von Inhalt u. Verbreitung einer Veröffentlichung (Presse, Film, Theater); 2) Schulnote; 3) Überwachung von Inhalten aus sittlichen oder religiösen Gründen.

Zentralafrikanische Republik

präsidiale Republik mit Einparteiensystem in Zentralafrika, 622.984 km², 4,6 Mio. EW, *Hauptst.* Bangui, *Staatsoberhaupt:* Catherine Santsa-Panza (seit 2014), *Regierungschef:* Mahamat Kamoun (seit 2014). *Naturraum:* Hochebene mit tropischem Regenwald, im N Savanne, tropisches Monsunklima. *Bevölkerung:* Bantu- u. Sudanvölker, Pygmäen. *Wirtschaft:* Plantagen, bedeutende Forstwirtschaft; Diamantenminen; Industrie wenig entwickelt.

Zentraleinheit (CPU), der zentrale Teil des Computers, mit Prozessor, Arbeitsspeicher, Ein-/Ausgabeprozessor.

Zentralnervensystem (ZNS), zusammenfassende Bezeichnung für → Gehirn u. → Rückenmark, im Ggs. zu allen frei im Körper verlaufenden → Nerven (peripheres Nervensystem).

Zelle

Die Zelle ist **Grundbaustein** und kleinste Einheit aller Lebewesen. Zellen können wachsen, sich entwickeln und fortpflanzen. Man unterscheidet zwei Grundformen: 1. Die **prokaryontische Zelle** (bei Bakterien und Blaualgen) ist von einer Zellmembran umgeben, an die eine Zellwand anschließt. Sie besitzt keinen Zellkern, das genetische Material (→ DNS) liegt als geschlossener Ring im Grundplasma. 2. Die **eukaryontische Zelle** (bei allen anderen Lebewesen) ist sehr kompliziert aufgebaut und besitzt einen **Zellkern**, der die „Steuerzentrale" der gesamten Zelle ist. Er enthält die Erbinformation (DNS in Form von → Chromosomen) und steuert den Aufbau der → Proteine. Die eukaryontische Zelle besitzt auch Zellorganellen: Die **Mitochondrien** sind die „Kraftwerke" der Zelle und dienen der Energiegewinnung. Der **Golgi-Apparat** sorgt für den Weitertransport der Proteine. Das **endoplasmatische Retikulum** bildet ein weit verzweigtes Membransystem innerhalb der Zelle und trägt die **Ribosomen**, an denen die Proteine gebildet werden. Pflanzenzellen besitzen anders als tierische Zellen auch **Chloroplasten**, die das Chlorophyll (Blattgrün) enthalten und der → Fotosynthese dienen. Außerdem ist die pflanzliche Zelle von einer Zellwand umgeben. Alle Zellen vermehren sich durch **Zellteilung.** Die Zellen von Tieren und Pflanzen sind jeweils auf ganz bestimmte Aufgaben spezialisiert: Nervenzellen z. B. transportieren Nachrichten durch den Körper und die Schließzellen einer Pflanze regulieren die Spaltöffnungen der Laubblätter, durch die Luft in das Blatt eintreten kann.

Zentrifugalkraft (Fliehkraft), Trägheitskraft, die der Änderung der Bewegungsrichtung eines Körpers, z. B. einer Kreisbewegung, entgegenwirkt.

Zentrifuge (die, lat.), Gerät zum Trennen von Flüssigkeiten oder Gasen mit verschiedener Dichte durch schnelles Schleudern.

Zentripetalkraft, der → Zentrifugalkraft entgegengerichtete, gleich große Kraft, die das Gleichgewicht hält.

Zentrumspartei, 1870 gegründete Partei der dt. Katholiken, nach ihrem Sitz im Reichstag benannt; hatte als Regierungspartei in der → Weimarer Republik eine wichtige Schlüsselrolle.

Zeppelin, Ferdinand Graf von (1838–1917), erbaute erstmals praktisch verwendbare Starrluftschiffe, „Zeppeline“ genannt.

Zeremoniell (das, lat.), genau geregelte Vorschriften bei höfischen, staatlichen oder kirchlichen Feierlichkeiten.

Zeus, in der gr. Mythologie höchster Gott, Herrscher auf dem Olymp.

Ziffern (arabisch), Symbole zur Darstellung von Zahlen. Beispiel: die Zahl 123 besteht aus den Ziffern 1, 2 u. 3.

Zink (Zn), in Säuren u. Laugen leicht lösliches Metall, zum Überziehen (Verzinken) von Eisen.

Zinn (Sn), weiches, leicht reagierendes Metall, dient z. B. der Herstellung von Weißblech.

Zins (der, lat.), Preis für die Verleihung von fremdem Geld, bes. für Inanspruchnahme eines → Kredits oder Darlehens.

Zionismus (der; Zion = Jerusalem), Bewegung zur Gründung eines eigenständigen jüdischen Staates in Palästina.

Zisterne (die, lat.), meist unterirdischer Behälter zum Speichern von Regenwasser.

Zitat (das, lat.), wörtliche Wiedergabe aus einer Schrift oder Rede.

Zitrus, Gattung immergrüner Rautengewächse mit essbaren Früchten, z. B. Orange, Zitrone, Grapefruit.

Zivildienst, ziviler Ersatzdienst, von anerkannten Kriegsdienstverweigerern anstatt des → Wehrdienstes, abzuleisten in gemeinnützigen Einrichtungen.

Zivilisation (die, lat.), geformte, durchdachte Ordnung des sozialen Lebens.

Zola, Emile (1840–1902), frz. Schriftsteller, Vertreter des → Naturalismus; z. B. *Nana*, *Thérèse Raquin*.

Zölibat (der oder das, lat.), Ehelosigkeit, bes. von katholischen Geistlichen.

Zoll, 1) altes dt. Längenmaß, das örtlich verschieden bemessen wurde. 1 Zoll beträgt etwa 2,6 cm; 2) Behörde, die an der Staatsgrenze Steuern auf Waren erhebt.

Zoo, zoologischer Garten, Tiergarten. Dient v. a. der Beobachtung u. Erhaltung seltener u. bedrohter Arten.

Zoologie (die, gr.), Wissenschaft von Tieren, Teilgebiet der → Biologie.

Zucker, süßes, in Wasser leicht lösliches Kohlehydrat; wird aus Zuckerrohr oder Zuckerrüben gewonnen.

Zuckerkrankheit (Diabetes mellitus), Stoffwechselkrankheit; gestörter Abbau von Kohlehydraten durch Insulinmangel. Der Kranke muss eine bestimmte Diät einhalten. Zur Unterstützung des Kohlehydratstoffwechsels bekommt er Insulin, das normalerweise in der → Bauchspeicheldrüse hergestellt wird.

Zugspitze, höchster Berg Deutschlands, 2962 m, im Wettersteingebirge.

Zugvögel, Vögel, deren Brut- u. Winterquartiere weit auseinander liegen, meist durch Nahrungsmangel bedingt.

Zulu, Bantuvolk in der Republik Südafrika mit eigener Sprache; ca. 7,6 Mio. Angehörige; Bauern u. Viehzüchter.

Zündkerze, eine Vorrichtung an → Verbrennungsmotoren, die das im Verbrennungsraum eingeschlossene Kraftstoff-Luft-Gemisch zum Entzünden bringt.

Zunft (→ Gilde), fachgenossenschaftl. Verband von Handwerkern, Kleinhändlern u. a. Berufsgruppen einer Stadt. Z. entstanden im 12. Jh. u. vertraten die wirtschaftl. u. berufl. Interessen gegenüber Stadtrat u. auswärtiger Konkurrenz; Z.-Ordnungen regelten innerbetriebl. u. wettbewerbsbezogene Rechte.

Zunge, mit Schleimhaut überzogenes Muskelorgan am Boden der Mundhöhle von Wirbeltieren; dient zum Schmecken, Kauen, Schlucken u. Sprechen. Am hinteren Teil der Z. sitzen die Geschmacksknospen.

Zweig, Stefan (1881–1942), österr. Schriftsteller; v. a. von der Psychoanaly-

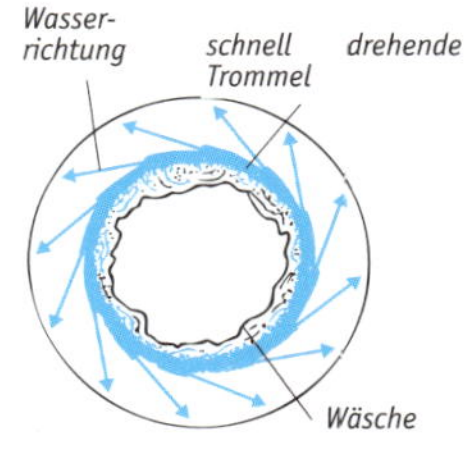

Prinzip einer Zentrifuge am Beispiel einer Waschmaschine

Zentripetalkraft

Ferdinand Graf von Zeppelin

Zuckerrohr

Tanzende Zulu

Stefan Zweig

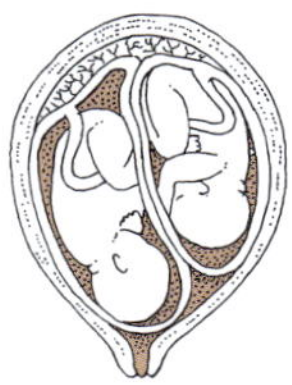

Zwillinge

Zwinger in Dresden

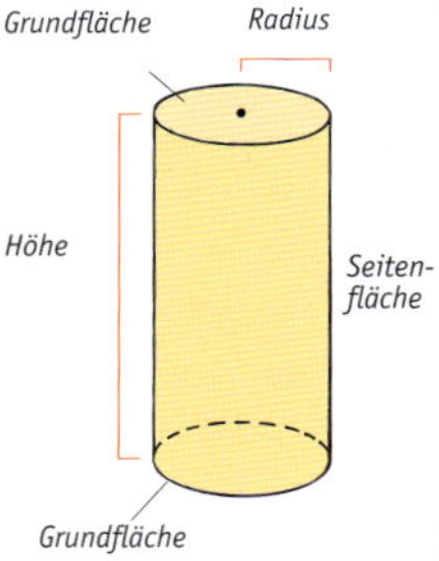

Zylinder

se beeinflusste Novellen; *Schachnovelle* (1942).

Zweitaktmotor, Verbrennungsmotor: 4 Phasen des Viertaktmotors auf 2 zusammengedrängt; 1. Takt: Ansaugen u. Verdichten, 2. Takt: Zünden, Arbeiten u. Ausstoß verbrannter Gase.

Zweiter Weltkrieg (1939–1945), dem nationalsozialist. Deutschland, unterstützt von Italien u. Japan, standen die alliierten Mächte Großbritannien, Frankreich, Sowjetunion u. USA gegenüber. Nach Einfall in Polen erfolgte 1940 Besetzung Dänemarks u. Norwegens durch dt. Truppen, Einmarsch in Holland, Belgien u. Frankreich; dt. Luftangriff auf England, 1941 dt. Überfall auf die Sowjetunion. Der japan. Überfall auf → Pearl Harbor bewog USA zum Kriegseintritt. 1943/44: Rückzug der dt. Armee aus der Sowjetunion u. russ. Gegenangriff, Vorstoß der brit. u. amerik. Armee in Italien, Abfall Italiens von Deutschland. Befreiung Frankreichs, 1945 Einbruch der sowjet. Armee im O u. der alliierten Truppen im W Deutschlands. Am 7.5.1945 bedingungslose Kapitulation Deutschlands. Amerik. Abwurf von → Atombomben auf Hiroshima u. Nagasaki beendet Krieg mit Japan, japan. Kapitulation 14.8.1945; → Weltkriege.

Zwerchfell, Atemmuskel zw. Brust- u. Bauchraum. Dehnt sich beim Einatmen u. vergrößert so den Brustraum.

Zwergplanet, kugelförmiger Himmelskörper, der die → Sonne umkreist; im Unterschied zu einem → Planeten befinden sich in seiner Umlaufbahn noch andere Objekte. → Pluto.

Zwillinge, zur gleichen Zeit in der Gebärmutter heranwachsende Keimlinge. **Eineiige Z.:** befruchtete Eizelle spaltet sich in 2 Hälften, aus jeder entwickelt sich ein Lebewesen. Beide haben identischen Chromosomensatz u. daher auch gleiches Geschlecht. **Zweieiige Z.:** Beim → Eisprung entwickeln sich 2 Eizellen u. werden befruchtet. Ähneln sich wie Geschwister, sind aber nicht erbgleich.

Zwinger, ursprünglich von Mauern u. Wachtürmen umschlossener Hof der mittelalterl. Burg; davon abgeleitet die Bezeichnung für Käfig zur Tierhaltung.

Zwitter, Wesen, das gleichzeitig männl. u. weibl. Geschlechtsorgane besitzt.

Zwölftonmusik, von Arnold Schönberg entwickelte Kompositionstechnik, bei der alle 12 Töne der temperierten Skala nur auf sich selbst bezogen sind u. eine Reihe bilden.

Zyankali (das, gr.), Bezeichnung für das hochgiftige Kaliumcyanid, Salz der → Blausäure.

Zygote (die, gr.), befruchtete Eizelle nach der Verschmelzung der beiden Geschlechtskerne.

Zyklon (der, gr.), tropischer Wirbelsturm im Indischen Ozean.

Zyklopen, einäugige Riesen der gr. → Mythologie.

Zyklus (der, gr.), 1) Kreis, Kreislauf; 2) periodische Regelblutung der Frau (→ Menstruation).

Zylinder (der, gr.), geometrischer Körper, bei dem Grund- u. Deckfläche aus zwei parallelen, ebenen Flächen bestehen, die durch eine Mantelfläche miteinander verbunden sind.

Zypern

präsidiale Republik, Inselstaat im östlichen Mittelmeer, seit der türkischen Invasion 1974 geteilt. 9251 km², 1,1 Mio. EW, *Hauptst.* → Nikosia, *Staatsoberhaupt* u. *Regierungschef:* Nikos Anastasiadis (seit 2013). International anerkannt. *Geschichte:* 1925–60 brit. Kronkolonie. 1963 Ausbruch des Bürgerkriegs. Der 1983 ausgerufene autonome Staat der Türkischen Republik Nordzypern wurde (mit Ausnahme der Türkei) international nicht anerkannt. *Naturraum:* Im Nordteil trockenes Kalkgebirge, im S vulkanisches Gebirge (bis 1951 m); Mittelmeerklima. *Bevölkerung:* 80 % gr., 18 % türkische Zyprioten; Minderheiten. *Wirtschaft:* Anbau von Oliven, Wein, Südfrüchten, Getreide, Baumwolle; Tourismus.